COMMUNITY
WELFARE

지역사회복지론

지은구 · 조성숙 공저

community welfare

학지사

머리말

지역사회에서 실천행동을 통해 지역사회복지공동체를 구현하는 것을 목적으로 하는 지역사회복지학은 실천학문으로 거시사회복지실천 영역에 해당된다. 거시사회복지실천 영역으로서의 지역사회복지실천은 개인이나 집단보다는 조직, 나아가 지역사회에 대한 개입을 통하여 지역주민뿐만 아니라 지역사회의 역량을 강화하여 지역사회에 대한 위협을 예방하고 제거하여 보다 살기 좋은 지역사회를 건설하는 것을 추구한다. 지역사회복지학은 지역사회복지실천을 다루는 학문 영역으로 지역주민의 삶에 직접적인 영향을 미치는 모든 현상을 분석하고 지역주민이 안정적인 삶을 영위할 수 있는 구체적인 방법을 모색한다. 최근 들어 지방자치와 지방분권화 등의 영향으로 지역사회복지에 대한 중요성이 어느 때보다도 부각되면서 지역사회복지실천을 위한 다양한 이론과 개입방법이 현장에 적용되고 있다. 특히 우리나라의 경우 2000년 이후 지역주민의 삶에 부정적 영향을 미치는 문제들을 지역주민이 직접 해결할 수 있도록 하는 다양한 시도가 지역사회에 뿌리를 내리고 있다.

이 책은 지역사회중심의 문제해결구조를 구축하여 보다 나은 지역사회를 건설하기 위해 필요한 다양한 실천개입방법을 이론과 실천모델, 실천기술, 그리고 현재 지역사회에서 운영되고 있는 제반 지역사회복지서비스 추진체계를 중심으로 다루고 있다. 이 책의 내용을 구체적으로 살펴보면, 제1부에서는 지역사회복지 개념과 이론, 그리고 지역사회실천개입의 역사 등 지역사회복지의 기초를 다루고 있으며, 제2부에서는 지역사회실천모델에 대한 소개, 지역사회문제를 해결하기 위한 구체적인 전략과 전술 및 지역사회에 개입하기 위한 지역사정, 그리고 지역사회개입 평가와 개입행동을 위해 반드시 고려하여야 하는 지역사회개입 원칙과 가치 등을 다룬다. 제3부에서는 지역사회개입의 실천기술로 사회복지사들이 반드시 습득하여야 하는 지역자원개발 및 자원연계와 네트워크 기술, 지역사회조직화와 지역주민을 위한 옹호와 임파워먼트(역량강화)를 다루고 있으며, 제4부와 제5부에서는 각각 공공 지역사회복지실천 추진체계와 민간 지역사회복지실천 추진체계를 다루고 있다.

이 책을 집필하게 된 가장 결정적인 동기는 지역사회개입을 위한 이론, 실천모델, 기술, 그리고 지역사회추진체계를 통합적으로 다룰 수 있는 실천교본에 대한 필요성이 제기되었기 때문이다. 지역사회협력체계 구축을 위한 사회네트워크와 사회적 자본 등 최근 그 중요성이 강조되고 있는 다양한 이론과 실천개입기술을 지역사회복지실천 현장에 적용하고 활용하기 위해서는 이론, 실천모델, 실천기술을 통합적으로, 그리고 체계적으로 학습하는 것이 매우 중요하다. 이런 맥락에서 지역사회복지실천을 이해하고자 하는 학생들과 실무자들이 이 책을 통하여 현재 지역사회구조를 포괄적으로 이해하고 지역사회복지학에 대한 폭넓은 관점과 실천 가능한 적용기술을 학습하는 데 미력하나마 도움이 되기를 희망한다.

20010년 8월

지은구 · 조성숙

차 례

제4부 공공 지역사회복지실천 추진체계

제5부 민간 지역사회복지실천 추진체계

제1부
지역사회복지의 기초

1 지역사회와 지역사회복지의 개념
2 지역사회복지의 역사
3 지역사회복지에 관한 이론

01

지역사회와 지역사회복지의 개념

지역사회복지학은 지역으로의 개입을 통해 지역주민이 개인적·집단적으로 사회적 번영과 안정을 유지하고 발전시킬 수 있는 방안을 연구하는 분야라고 할 수 있고, 지역사회복지실천은 지역사회복지학의 학문적 연구를 현실에 적용하여 실천하는 분야라고 할 수 있다. 따라서 사회복지사들은 언제나 지역사회에 개입하여 주민의 개인적, 그리고 전체 지역사회의 번영을 위하여 자신의 이론적 지식과 실천기술을 발휘하는 것을 그 중심으로 한다.

지역사회는 지역사회복지학과 지역사회복지실천의 연구 영역이자 실천이 일어나는 현장이라고 할 수 있다. 지역사회복지는 지역사회(community)와 복지라는 명사가 더해져서 지역사회의 복지를 위한 실천방안을 연구하고 현실에 적용함을 추구한다는 근본 뜻을 내포하고 있다. 특히 지역사회복지실천은 개인적 치료와 정신치료 중심의 임상사회복지사들이 지역사회에 대한 지식과 기술 없이는 지역사회의 구성원인 지역주민을 완전히 이해하고 지원하는 데 한계가 있을 수밖에 없으며, 지역주민의 삶에 영향을 미치는 중요한 강점들을 관리하고 형성하는 데에도 한계가 있을 수밖에 없고, 지역주민이 스스로 역량강화를 하도록 돕고 개인적·사회적 자원을 활용하고 관리하도록 하는 데에도 한계가 있을 수밖에 없다는 사실을 깨닫게 된 이후 사회복지 분야에서 거시사회복지실천 분야의 구체적인 실천방법으로서 자리 잡고 발전하게 되었다(지은구,

2003). 미시사회복지실천 분야가 개인이나 집단과의 직접적 실천개입에서 임상적 경쟁력을 강조하는 반면, 거시사회복지실천 분야는 지역과 조직의 틀에서 행정과 서비스를 평가하고 설계하는 데 일련의 관련된 경쟁력을 강조한다. 특히 거시사회복지실천 분야는 사회정책을 발전시키고, 효과적인 서비스 전달을 조직화하며, 지역의 삶을 강화시키고, 사회문제를 예방하는 인간행동을 강조한다(Rothman & Tropman, 1987)는 특징이 있다.

지역사회복지와 지역사회복지실천의 정의 및 범위, 실천모델과 이론 등 지역사회복지실천에서 다루는 다양한 분야에 대한 본격적인 설명에 앞서 가장 먼저 이해하여야 하는 것이 바로 지역사회에 대한 개념이다. 왜냐하면 지역사회는 지역사회복지실천이 일어나는 배경이기도 하지만 지역사회복지실천의 대상인 지역주민을 포함하는 사회적 단위이면서 지역사회 자체가 사회문제가 일어나고 해결되어야 하는 실천대상 영역이기 때문이다.

1. 지역사회의 개념

지역사회의 사전적 정의는 하나의 장소에서 살고 있는 사람들의 조직체, 그리고 공통의 종교, 직업 등을 가지고 있는 사람들의 조직체다. 사전적 정의에 따르면 지역사회는, 첫째 장소적 개념, 둘째 공동 관심이나 공동의 이익행동이라는 개념을 포함한다. 즉, 사전적으로 지역사회는 장소적으로 사람들이 살고 있는 곳이 되고, 공동의 이익이나 관심을 추구하는 곳이 된다. 따라서 지역사회의 개념을 이해하기 위해서는 가장 기본적으로 지역사회는 하나의 장소라는 장소적 개념(물리적 환경)과 공동의 이익을 추구하는 것이라는 점을 이해하여야 한다. 이는 지역사회가 하나의 장소에서 살고 있기 때문에 물리적으로 눈에 보일 수도 있지만, 공동의 이익이나 관심을 추구하는 조직체의 경우는 조직 구성원들이 여러 지역사회에 분산되어 살지만 공동의 관심을 실현하기 위하여 함께 움직인다는 측면에서 장소라는 공간적 · 시간적 범위를 뛰어넘는다는 것을 의미한다. Jacobson과 Heitkamp(1995)는 장소적 개념을 강조하여 지역사회가 도시, 농촌, 이웃 등과 같은 지리적 경계를 가지고 있는 것으로 정의하였지만, 기본적으로 지역사회는 지리적 장소의 기능과 함께 공유하는 이익과 관심으로 지역사회를 정의하는 두 분류가 있다고 볼 수 있다(Kemp, 1995). 공동의 이익과 관심으로 지역사회를 정의한다면 지역사회 안에 있는 사람들은 공동의 무엇인가를 함께 추구한다거나 가지고 있는 것으로 간주할 수 있다. 그리고 지역사회를 정치적으로 해석하는 경우도 있는데, 이 경우 지역사회는 집합적 정치적 힘 또는 조직화되어 있는 선거구로 정의할 수 있다(Heller, 1989).

지역사회복지학자인 Brueggemann(2002)은 지역사회를 우리가 욕구를 충족하고 상호 간의 목적을 성취하며, 우리의 삶의 의미를 제공해 주는 공통의 경험과 관계의 묶음에 기초한 자연적 인간협의체라고 정의하였다. 그는 지역사회가 시간과 공간에 위치해 있는 지역사회와 시간과 공간의 범위에 위치해 있지 않은 지역사회가 있다고 하며 지역사회를 두 개의 영역으로 나누었다. Norlin과 Chess(1997)는 지역사회를 지리적 영역에 기초하여 있으며, 대부분의 사람은 지역사회에서 자신들의 공통의 욕구와 갈망을 만족시키고, 자신들의 공통의 문제를 다루며, 자신들의 번영을 추구하는 수단을 찾으며, 자신들의 사회에 연관이 있는 사회적 조직의 내재적 형태라고 정의하였다. Hardina(2002)와 Fellin(2001)은 지역사회를 장소, 이익, 동질성으로 구분하였는데, 이는 장소와 공동의 이익이라는 사전적 정의에 동질성이라는 의미를 강조한 것이다. Fellin에 따르면, 지역사회는 사람들로 구성된 한 집단이 공동의 장소, 이익, 동질성, 문화, 공동의 행동 또는 상호 행동에 기초해서 하나의 사회적 단위를 형성할 때 나타나게 된다. Cnnan과 Rothman(1995)은 지역사회가 소속된 사람들 또는 구성원들에게 일련의 집합적 동질성을 제공한다고 하면서 역시 동질성을 강조하였다. 따라서 동질성과 이익으로서의 지역은 사회적 계급, 민족성, 종교, 정신적 · 육체적 장애, 성(gender), 나이, 삶의 방식(lifestyle), 공통의 문제 등의 측면에서 설명될 수 있다.

결론적으로, 지역사회란 지리적 장소로서의 지역사회 개념이 한 축을 이루고 공동의 이익으로서의 지역사회 개념이 좀 더 분화 · 발전하여서 동질성과 이익, 상호 행동으로서의 지역사회로 발전하게 되었음을 알 수 있다. 따라서 지역사회는 지리적 장소, 동질성, 이익과 상호 행동의 측면에서 정의할 수 있다. 이러한 개념들을 적용해 보면, 지역사회란 지리적 영역에 기초하며 집합적 동질성을 가진 구성원들이 상호 행동하여 공동의 욕구를 충족시키고 공동의 목적을 성취해 나가는 사회적 단위라고 정의할 수 있다(지은구, 2003).

2. 지역사회 관점

지역사회를 해석하고 설명하는 데는 다양한 관점이 존재하는데, 이러한 지역사회 관점들은 지역사회를 어떻게 바라보아야 하는가에 대한 해답을 제시한다. 지역사회를 어떻게 바라볼 것인지에 대한 다양한 관점은 지역사회에 개입하는 사회복지사들이 지역사회에서 일어나는 모든 현상에 대한 나름대로의 해석을 할 수 있도록 돕는다. 따라서 지역사회를 바라보는 관점은 지역사회복지실천을 수행하기 위해 반드시 사회복지사들이 이해하고 학습해야 하는 분야라고 할 수 있는데, 이는 지역사회를 어떻게 설명하는가에 따라, 또는 지역사회를 어떻게 이해하는가에 따라 지역사회복지실천을 위한 관점 또는 이론과 실천모델이 다르게 적용될 수 있기 때문이다. 지역사회에 대한 관점들은 많은 학자에 의해 제기되었는데, 여기에서는 Warren(1972, 1978)이 정리한 관점을 중심으로 살펴보도록 한다. Warren(1972)은 지역을 설명하기 위하여 구조관점, 사회-심리관점, 사람과 영역 관점, 기능 및 행동과정적 관점, 사회체계이론관점을 제시하고 있다.

다음에서는 이러한 지역사회 관점들을 살펴보고자 한다.

1) 구조관점

지역사회를 설명하는 구조관점의 가장 큰 특징은 지역사회가 몇 개의 하위체계로 구성되어 있다고 본다는 것이다. 구조관점은 지역사회가 크게 세 개의 관점으로 구성되어 있다고 보는데, 첫 번째 관점은 정치적-법적 관점이고, 두 번째 관점은 지리적-공간적 관점, 세 번째 관점은 사회 성층화와 권력구조 관점이다. 이 관점들을 차례로 살펴보면 다음과 같다(지은구, 2003).

(1) 정치적-법적 관점

지역사회에 대한 정치적-법적 관점은 지역을 수도, 구, 시 등과 같은 공식적 행정단위로 구분하는 관점이다. 즉, 지역사회에 대한 정치적-법적 관점은 지역사회를 중앙정부나 지방정부로부터 공공서비스를 받고, 정부에 세금을 지불하고, 투표를 하는 측면에서 지역사회를 구분하는 관점으로서, 지역사회 주민들의 역할, 책임성, 혜택에 따라 지역사회를 구분하는 것을 의미한다. 정치적-법적 관점은 국가가 지역사회를 운영하고 지역사회 주민을 통치하고 관리하는 것을 손쉽게 하기 위해서 행정 편의상 지역을 구분하여 지역사회에 명칭을 부여함으로써 탄생되기도 한다. 예를 들어, 서울시 송파구 방이동, 대구시 달서구 용산동 등과 같은 이름은 국가가 편리하게 지역을 관리 · 운영하기 위한 정치적-법적 관점으로 지역사회에 명칭을 부여한 것이라고 할 수 있다.

(2) 지리적-공간적 관점

지역사회에 대한 지리적-공간적 관점은 사람들이 물리적으로 함께 모여 사는 영토적 공간으로 지역사회를 바라보는 시각이다. 따라서 공간 내에 함께 살고 있는 사람들이 지역사회를 정의하는 기초를 제공한다고 볼 수 있다. 지리적-공간적 관점의 개념은 하나의 장소에 살고 있는 사람들의 조직체로 지역사회를 바라보는 사전적 의미의 대표적 개념이라고 할 수 있다.

(3) 사회 성층화와 권력구조 관점

지역사회에 대한 사회 성층화와 권력구조 관점은 지역 안에서 결정 수립의 권한(누가 결정하는가), 경제적 자원, 지위, 불평등한 분배의 영향 등에 의해서 지역사회가 구분된다고 본다. 즉, 사회 성층화와 권력구조 관점은 권력, 힘의 관계, 계급과 계층으로 지역사회가 구성된다고 보는데, 빈곤지역이나 부유지역 등은 모두 사회 성층화와 권력구조 관점으로 이해 및 해석이 가능하다고 할 수 있다. 따라서 이 관점에 따르면, 지역사회에 대한 연구는 누가 지배하는지, 무엇에 의해 지배당하는지, 그리고 지배의 위치나 종속관계가 수년 동안 어떻게 변화하는지 등의 계급구조와 권력에 대한 조사를 의미한다.

2) 사회-심리관점

사회-심리관점은 지역사회를 세 개의 관점으로 설명한다. 즉, 사회-심리관점으로 지역사회를 구분할 때는 지역사회를 이익지역관점, 개인-심리적 지역관점, 문화-인류적 지역관점으로 나누어 설명한다(지은구, 2003).

(1) 이익지역관점

지역사회를 이익으로 구분하는 관점은 지역이란 공동의 이익이나 관심에 의해 함께 묶여 있는 일련의 집단의 사람들이라는 측면이 강조된다. 이 집단에 있는 구성원들은 상호 소속감, 공유된 목적, 가치 또는 행동에 기초한 연계나 연대감을 가지고 있으며, 이러한 연계나 연대에 대한 공동의 감정이 곧 지역사회를 구성하게 된다. 사전적 정의에서 지역사회를 공공의 관심이나 이익을 실현하는 사람들의 조직체라고 바라보는 관점은 바로 이익지역으로 지역사회를 바라보는 관점을 의미한다.

(2) 개인-심리적 지역관점

지역사회를 개인-심리적으로 바라보는 시각은 개개인의 입장에서 지역사회를 바라보는 것을 특징으로 한다. 즉, 아동은 아동의 시각으로 지역사회를 바라보며, 그들 나름대로 기준을 가지고 지역사회를 결정하고 구분한다. 특히 아동은 지역사회를 성인보다 좁게 보는 경향이 있다. 빈곤자는 그들 나름대로의 속성이나 특징을 가지고, 중간 또는 상위 계층이 사는 지역과 비교해서 자신이 살고 있는 지역사회를 정의하고 경계를 지으려고 하는 경향이 있다. 예를 들어, 한 가족구성원으로 아버지, 어머니, 그리고 아이가 모두 같은 지역사회에 살고 있지만 그들은 모두 자기 나름대로의 지역사회를 경험하고 한정하여 각자의 지역사회를 경계 지으며 구분하는 경향이 있다. 따라서 같은 지역사회에 포함되어 있는 구성원들의 심리적·개인적 성향에 따라 지역사회가 다르게 이해될 수 있으므로 같은 지역사회구성원이라고 해도 모두 동일하게 지역사회를 이해하고 구분하지 않을 수도 있음을 이해하는 것은 매우 중요하다.

(3) 문화-인류적 지역관점

문화-인류적 지역관점으로 지역사회를 바라보는 시각은 지역사회를 종교행동, 풍습, 규범, 태도 등을 포함하여 비슷한 문화나 언어, 그리고 비슷한 태도나 풍습을 갖는 사회적 삶의 형태로 바라보는 것이다. 즉, 문화-인류적 관점에 따르면, 지역사회란 비슷한 언어를 사용하는 사람들의 집합체 혹은 비슷한 종교나 문화 등을 가지고 있는 사람들의 집합체라고 규정할 수 있다. 예를 들어, 같은 종교를 가지고 있는 사람들이 모여 있는 지역사회는 문화-인류적 관점으로 이해할 수 있다.

3) 사람과 영역 관점

사람과 영역 관점에 따르면, 지역사회는 본질적으로 인구통계적이고 생태적이다. 즉, 사람과 영역 관점이 인구통계적이라는 의미는 자기가 살고 있는 지역사회는 인구통계에 기초한다는 것을 뜻한다. 즉, 인구통계학 또는 인구학은 인구 출산율, 유아 사망률, 수년 동안의 다양한 인구의 특징과 변화, 인구 이동, 실업률, 빈곤율, 집 보유 상태, 월세 · 전세 비율, 세대 소득, 학력 등 인구에 대한 통계적 조사를 의미한다. 결국 이러한 관점에서 지역사회는 사람들과 각종 인구통계들의 총체적 특성으로 구분되고 구성될 수 있다. 특히 인구통계를 강조하는 사람과 영역 관점은 인구조사나 정부 통계에 나타나 있는 인구통계자료의 특성으로 지역을 구분하기 때문에 이 자료들을 기초로 지역사회가 이해되고 구분됨으로써 지역사회에 대한 개념이 정의될 수 있다.

사람과 영역 관점에서 생태적 관점이란 자기가 살고 있는 주변 환경이 곧 지역사회라는 것을 의미한다. 즉, 자기가 살고 있는 지역의 물리적 환경이 곧 지역사회를 설명한다. 예를 들어, 자신이 살고 있는 장소에서 자신과 연관이 있고 자신과 상호 행동하는 주변 환경을 지역사회라고 이해한다. 따라서 생태적 관점에서 지역사회를 이해하기 위해서는 사람과 그 사람이 속해 있는 환경과의 상호 행동을 조사하는 것이 중요하다고 할 수 있다. 이 관점에 따르면, 지역사회는 인간 삶과 사회조직에 대한 환경의 효과에 대한 관심과 연관이 있다. 따라서 생태적 관점에서 지역사회는 개개인을 둘러싼 시설(또는 물리적 환경)의 공간적 배분이 중요한 측면을 이룬다고 볼 수 있다.

4) 기능 및 행동과정적 관점

기능 및 행동과정적 관점은 지역사회의 기능을 강조하는 기능적 관점과 지역사회구성원들의 행동을 강조하는 행동과정적 관점으로 나누어 볼 수 있다.

(1) 기능적 관점

지역사회를 기능적 관점으로 해석하고 이해하는 것은 지역사회가 어떠한 기능을 수행하는가로 구분하며 지역사회가 기능에 따라 분류된다는 것을 의미한다. 기능적 관점에 따르면, 지역사회는 어떤 목적, 기능 또는 욕구가 해결되어야 하는 문제의 측면에서 정의된다. Ross(1967)에 따르면, 기능적 지역사회란 복지, 농업, 교육, 종교, 경제, 행정, 정치 등과 같은 공동의 이익이나 기능을 공유하는 사람들의 집합체다. 즉, 행정도시, 정치도시, 교육도시, 과학도시 등과 같은 지역사회의 구분은 그 지역의 기능을 의미하는 것으로, 정치도시는 정치와 관련된 시설과 집단들이 모여 있으며, 지역사회구성원들이 정치적 행동을 지향하는 사람들로 구성된다. 예를 들면, 제주도는 관광도시의 기능을 갖고 있고, 울산은 자동차산업도시, 포항은 철강도시의 기능을 가지고 있다고 볼 수 있다.

(2) 행동과정적 관점

지역사회에 대한 행동과정적 관점은 지역사회를 일반적으로 하나의 장소, 그리고 특정 기능이나 공동의 이익을 추구하는 집합체로 보는 대신 공동의 행동을 추구하는 집합체로 보는 경향이 있다. 다시 말해, 지역사회에서 일어나는 행동에 따라 지역사회를 구분한다는 것을 의미한다(지은구, 2003). Kaufman(1959)에 따르면, 지역사회란 추구되어야 하는 포괄적인 관심이나 이익, 행동의 확인, 행동에 대한 참여의 정도, 행동에 참여하는 조직의 범위를 포함하는 상이한 지역행동을 위한 하나의 다면체다.

행동과정적 관점에 따르면 같은 장소에 거주하는 지역구성원이라도 어떤 행동을 하느냐에 따라 상이한 지역사회 구성원으로 구분할 수 있다. 즉, 같은 행동에 참여하는 집단 구성체를 하나의 지역사회로 구분한다. 따라서 하나의 장소로 이해되는 지역사회라도 그 지역사회 구성원들이 어떠한 행동을 하느냐에 따라서 상이한 지역사회로 다시 분류될 수 있다. 예를 들어, 한 마을이 노인요양원 설립을 찬성하는 구성원과 반대하는 구성원으로 나뉜다면 그 지역사회는 행동과정적 관점에 의해서 두 개의 지역사회로 구분할 수 있다.

5) 사회체계이론관점: 기능주의관점

기능주의(functionalism)는 사회현상을 이해하는 가장 대표적인 이론으로, 지역사회가 수행하여야 하는 기능을 중심으로 지역사회를 이해하는 관점이다. 기능주의는 지역사회를 이해하기 위해서 구조와 기능에 대한 분석이 중요함을 강조한다(Netting, Kettner, & McMurtry, 2004). 즉, 하나의 구조로 학교를 예로

든다면 학교는 학생을 가르치는 기능을 수행하는 것으로 이해할 수 있다. 기능주의는 지역사회를 사회기능과 사회구조가 복잡하게 엮여 있는 하나의 사회체계로 바라본다(Harrison, 1997). 따라서 기능주의관점은 사회체계이론의 기초가 된다고 할 수 있다.

지역사회를 바라보는 기능적 관점이 지역사회를 기능에 따라 분류하는 것과 달리 기능주의관점에 따르면, 지역사회는 반드시 수행하여야 하는 기능들로 구성되는데, 만약 구성된 기능들이 제대로 작동하지 않는다면 지역사회는 올바른 역할을 수행하지 못하게 된다. 지역사회의 기능을 설명하는 기능주의관점은 Warren(1972, 1978)과 Sanders(1966), Pantoja와 Perry(1992) 등으로 대표되는데, 그 관점들을 살펴보면 다음과 같다.

(1) Warren의 입장

Warren에 따르면, 지역사회는 생산, 분배, 소비, 사회화, 사회통제, 사회참여, 그리고 상호지지의 기능을 담당한다. 그는 지역사회를 사람들의 생존과 성장을 위해 필요한 행동에 참여하는 기회를 사람들에게 제공하는 사회적 관계의 조직이라고 생각하였는데, 이러한 행동은 결국 생산, 분배, 소비, 사회화, 사회통제, 사회참여, 그리고 상호지지의 기능을 행함으로써 구체화된다. 결국 그에 따르면, 지역사회란 장소와의 관련성을 갖는 주요한 사회적 기능(생산, 분배, 소비, 사회화, 사회통제, 사회참여, 상호지지)들을 수행하는 사회적 단위와 체계의 조합이 된다(Warren, 1978).

그에 따르면, 장소와 관련한 사회적 기능들은 공식적 조직에 의해서만 수행되는 것이 아니라 비공식적인 집단이나 협회(association)에 의해서도 수행된다. 그리고 하나의 사회적 단위가 하나 이상의 기능을 수행할 수도 있다. 예를 들어, 학교가 사회화 기능과 함께 다른 기능도 지역주민을 위해 제공하는 것과 같다. 생산-분배-소비의 기능은 음식, 의복, 주택 등과 같이 우리가 매일 살아가기 위해 필요로 하는 기본적 재화나 서비스를 만들고, 분배하고, 사용하는 과정을 의미한다. 많은 유형의 조직이 이러한 기능을 수행하고 있다(지은구, 2003).

Warren(1978)에 따르면, 사회화 기능은 개개인이 지식, 가치, 사회의 행동유형과 사회적 단위의 구성요소를 배우는 과정을 의미한다. 가족, 집단, 조직, 지역과 같은 모든 사회적 단위들은 직·간접적으로 구성원들에게 그들이 필요로 하는 정보를 가르친다. 알려져 있듯이, 가족과 학교는 대표적인 사회화를 위한 제도다. 사회통제기능은 한 집단이 사회적 규정, 규범 및 규칙을 가지고 그 구성원들로부터 복종을 획득하는 과정을 의미한다. 사회통제는 내적 통제와 외적 통제의 두 측면을 가지고 있다. 내적 통제는 사회화를 통해서 발전되는 것이고, 외적 통제는 복종을 보장하기 위해서 집단에 의해서 부과되는 통제를 의미한다. 정부는 가장 대표적인 사회통제의 주요 기관이며, 경찰은 전형적인 지역의 사회통제기관이다.

사회참여기능은 다양한 사회 집단이나 조직에 참여하는 과정을 의미하며, 상호지지기능은 지역 구성원들의 번영을 위해 돌보는 과정을 의미한다. 가족, 이웃, 친구들은 일차적으로 사회적 지지와 보호를 제공하는 집단이며, 지역이 점점 더 복잡해지면서 많은 이차적 집단이 상호지지기능을 제공하기 위해 나타났다. 대부분의 사회복지시설이나 기관들을 포함해서 신용조합이나 협동조합 등이 이에 포함된다.

따라서 지역을 기능주의 관점에서 생산, 분배, 소비, 사회화, 사회통제, 사회참여, 상호지지의 기능을 수행하는 상호 연관된 체계 또는 단위의 복잡한 망으로 생각한다면 이 단위나 체계들 사이의 관계는 어떻게 정리될 수 있는지에 대해 Warren은 수평적 지역조직(또는 단위)과 수직적 지역조직의 개념을 가지고 설명을 한다. 즉, 지역조직이나 단위 또는 체계는 다른 지역조직(수평적 체계)과 일반적으로 관계를 맺으면서 또 한편으로 초지역적 조직(수직적 체계)들과 연관을 맺는다는 것이다. 학교를 예를 들면, 한 지역에 있는 초등학교는 일반적으로 그 지역의 학부모 협회, 다른 초등학교, 그리고 그 지역의 초등학교 담당부서 등과 관계를 맺고 있다(수평적 관계). 하지만 동시에 그 지역의 초등학교는 시 교육위원회, 교육과학기술부 등과도 관련을 맺고 있다(수직적 관계). 수평적 조직은 일차적이고 신성한 관계와 책임을 강조하며, 수직적 조직은 더욱 명백한 사회적 계약, 더 특수화된 노동의 분업, 그리고 이차적 관계를 강조한다(지은구, 2003).

(2) Pantoja와 Perry 그리고 Sanders의 입장

Pantoja와 Perry(1992)는 Warren이 강조한 지역사회의 다섯 기능에 덧붙여 지역사회는 생산과 분배, 소비의 기능을 수행하며, 사회화, 사회통제, 사회배치(social placement), 상호지지, 방어(defence) 그리고 의사소통(communication)

의 기능을 수행하는 체계로 보았다. Pantoja와 Perry는 지역사회가 7개의 기능을 제대로 수행한다면 지역사회구성원들의 욕구는 해결될 수 있지만, 그렇지 않으면 구성원들의 욕구는 해결되지 않으며 지역사회의 변화는 일어나지 않을 것임을 강조하였다. Pantoja와 Perry에 따르면, 사회배치는 Warren의 용어를 빌려 설명하면 사회참여를 의미하기 때문에 지역사회의 새로운 기능으로 보기는 어렵고, 방어는 지역사회가 구성원들을 보호하고 돌보는 기능을 의미하기 때문에 보다 넓은 의미의 상호지지기능이라고 할 수 있다. 그들에 따르면, 일부 지역사회는 방어지역으로 이해되는데, 방어지역에서는 지역사회가 그 구성원들을 돌보는 다양한 기능을 수행한다. 의사소통은 방어와 함께 Pantoja와 Perry가 강조하는 지역사회기능으로써 사상이나 생각을 표현하기 위해 사용하는 공동의 언어나 상징을 의미한다. 그들에 따르면, 의사소통은 지역구성원들을 함께하도록 하고 하나로 묶는 데 기여하는 지역사회의 중요한 기능이다. 즉, 문서화된 글이나 사람들 사이의 대화나 그림 등은 의사소통의 중요한 도구인데, 그것을 통해서 지역사회구성원들의 사상이나 사고가 이해되고 표현되기 때문에 의사소통은 지역사회구성원들의 단합이나 공동체 의식을 강화시키는 데 중요한 기능을 수행한다.

한편 Sanders는 지역사회의 기능을 작동(operations)과 구성요인(components)을 가지고 설명한다. 따라서 그의 지역사회에 대한 관점을 이해하기 위해서는 먼저 작동과 구성요인의 개념을 이해하는 것이 필요하다. 그에 따르면, 구성요인은 사람, 사회적 집단화, 그리고 가족, 경제, 종교, 정부 등과 같은 주요 체계들의 상호 행동적 유형과 체계의 단위다. 그리고 이러한 구성요인들이 작동에 개입하게 되는데, 작동은 사람, 사회적 집단화, 그리고 가족, 경제, 종교, 정부 등과 같은 주요 체계들을 생동감 있게 유지하는 것을 의미한다. 이런 생동감 있는 행동에는 새로운 구성원의 모집, 재화와 서비스의 할당, 사회통제, 사회화, 사회통합 등이 포함된다(지은구, 2003).

결국 지역에 대한 이와 같은 다양한 관점은 지역에 개입하여 활동하게 되는 사회복지사들이 어떠한 역할을 담당하게 되는가에 대한 해설을 가능하게 한다. 즉, 사회행동실천모델을 실행하는 사회복지사들은 지역사회를 사회 성층화와 권력구조 관점으로 해석하려는 경향을 갖게 될 것이며, 사회기획실천모델을 따르는 사회복지사들은 지역을 사람과 영역 관점에 따른 인구-통계적 관점을 가지게 될 것이다. 그리고 지역개발실천모델을 실행하려는 사회복지사들은 기능 및 행동과정적 관점으로 지역을 해석하려는 경향을 보일 것이다. 〈표 1-1〉은 Warren, Sanders 그리고 Pantoja와 Perry의 지역사회기능을 간단하게 제시한 것이다.

표 1-1 지역사회의 기능

Warren	Pantoja와 Perry	Sanders
① 생산, 분배, 소비	① 생산, 분배, 소비	① 새로운 구성원의 모집
② 사회화	② 사회화	② 재화와 서비스의 할당
③ 사회통제	③ 사회통제	③ 사회통제
④ 사회참여	④ 사회배치(참여)	④ 사회화
⑤ 상호지지	⑤ 상호지지	⑤ 사회통합
	⑥ 방어	
	⑦ 의사소통	

3. 지역사회에 대한 지역사회복지학자들의 관점

오래전부터 지역사회에 관심을 가지고 지역사회에 대해 다양한 관점을 제시한 Warren 등과 같은 지역학자들과 비교하여 지역사회복지학자들은 지역사회를 어떻게 이해하고 바라보는가? 지역사회복지 영역에서 지역사회에 대한 개념이 이론적으로 정립되기 시작한 것은 1980년대 이후라고 할 수 있다. 지역사회복지학자들인 Rubin과 Rubin(1992)은 지역사회를 다섯 유형으로 나누어서 설명한다. 그들에 따르면, 지역사회는 장소로서의 지역사회, 연대로서의 지역사회, 사회계급으로의 지역사회, 사회연결망(social network)으로서의 지역사회, 이익 지역사회로 나뉜다. 지역사회에 대한 Rubin과 Rubin의 정리 외에 Kemp는 삶의 공간으로서, 그리고 Hardcastle, Wenocur 및 Powers(1997)는 갈등으로서 지역사회를 이해하는 관점을 소개하고 있다. 또한 거시사회복지실천을 강조하는 Netting, Kettner, McMurtry, Tropman, Rothman 등은 지역사회를 변화가 일어나는 실천현장으로 바라본다는 특징이 있다. 지역사회에 대한 지역사회복지학자들의 관점을 살펴보면 다음과 같다.

1) 장소로서의 지역사회

장소로서의 지역사회는 지역사회에 대한 사전적 의미에 기초하여 하나의 장소에 살고 있는 사람들의 집합체로 지역사회를 바라보는 시각에 기초한다. 이런 의미에서 장소로서의 지역사회는 일상의 삶의 주요 영역을 접근할 수 있는 특정 지리적 영역 또는 근접하게 살고 있는 사람들의 집단이라 정의할 수 있다. 장소로서의 지역사회에서는 민족성이나 문화에 의해서 지역구성원들의 사회적 관계가 강화될 수 있다.

지역사회를 장소의 개념으로 인식하는 경우 사회복지사들은 다음과 같은 점에 유의해야 한다(지은구, 2003). 첫째, 사람들은 특정 장소에 같이 모여 살지만 상호 간에 연결되어 있다고 생각할 필요는 없다. 둘째, 장소로서의 지역사회에는 동질성을 공유하는 집단과 그렇지 않은 매우 이질적인 개별적 특성을 갖는 집단이 같은 지역사회 안에서 생활할 수 있기 때문에 사회복지사들은 장소로서의 지역사회를 이해하기 위해서 그 지역사회구성원들이 갖는 동질적 성격을 찾는 것이 중요하다. 셋째, 한 장소 또는 영토에 많은 지역사회가 존재할 수 있다. 꼭 한 장소에 한 지역사회만이 존재한다고 생각할 필요는 없다.

외부인으로서 사회복지사가 바라보는 특정 지역사회에 대한 생각은 그 지역사회 안에서 생활하고 있는 지역주민과 매우 다를 수 있다. 따라서 지역사회를 장소로 인식하는 경우 지역사회를 구분하는 경계에 대해 지역주민에게 물어보는 것이 중요하다고 볼 수 있다. 사회복지사들은 자신이 개입하여 일하게 되는 지역사회와 친밀해져야 하는데, 그렇게 하기 위해서 사회복지사들은 일반적으로 탐색해야 할 지역 주변을 관찰하고 지역주민과 함께 그 주변을 거닐며 시간을 보내는 것이 그 지역사회의 특성을 이해하는 데 중요할 수 있다(지은구, 2003).

2) 연대로서의 지역사회

지은구(2003)에 따르면, 연대로서 지역사회를 바라보는 시각은 지역사회가 공통의 유산을 가지고 있다는 전제에 기초한다. 즉, 종교, 민족성, 인종, 문화, 언어 등과 같이 공통의 유산을 가지고 있는 지역주민은 강력한 일체감이나 동질성을 갖게 되고, 공동의 가치와 신념체계를 가지고 있을 수 있다. 예를 들어,

미국 뉴욕에 있는 브루클린의 한 지역은 유대인들이 그들의 신념과 종교 가치 등을 공유하며 지역을 형성해서 살고 있으며, 우리나라의 지리산 청학동에는 여전히 과거의 전통을 고수하며 살고 있는 사람들이 존재하며, 아직도 일부 지역사회는 같은 성을 가진 사람들만이 살고 있는 경우도 종종 볼 수 있는데, 이런 경우 그 지역사회의 연대성은 공통의 일체감을 갖지 못한 지역사회구성원들이 갖는 연대감보다 매우 높다고 할 수 있다.

지역사회를 연대로 바라보는 경우 사회복지사는 인구통계 자료(예, 지역주민의 나이 분포나 가구 형태, 소득 수준 등), 즉 인구통계적 관점만 가지고 지역사회의 특징이나 성격을 이해하기 어렵기 때문에 보다 실제적이고 구체적인 지역사회에 대한 자료가 필요하다.

3) 사회계급으로서의 지역사회

사회계급으로서의 지역사회는 앞에서 설명했던 사회 성층화와 권력구조적으로 지역사회를 바라보는 관점에 기초한다. 즉, 사회계급으로서의 지역사회는 공유하는 권력 또는 힘(power)의 관계로 지역사회를 이해하며 정의한다. 즉, 지역사회는 힘의 관계에 따른 계급의 분화로 정의할 수 있다는 것을 의미한다. 사회적 계급은 힘을 나타낼 수 있는 소득, 교육, 재산의 소유관계, 자원과 기회에 접근할 수 있는 접근성의 정도 등에 기초한다. 어떤 특정 지역에 있는 주민들이 어떠한 힘의 관계를 형성하고 있는지 인구통계나 장소로서의 지역에 대한 접근방법을 통해서는 정확한 대답을 찾을 수 없지만, 사회계급으로 지역사회를 바라보는 관점은 특정 지역사회의 힘의 관계를 통해서 그 지역의 특징을 분석하는 데 도움을 줄 수 있다. 예를 들어, 대도시 슬럼지역(빈곤지역)의 경우, 지역주민의 빈곤화는 힘의 관계를 통해 분석할 수 있고, 결국 힘의 관계는 그 지역사회의 특성을 파악하는 데 도움을 준다. 따라서 사회계급으로서 지역사회를 이해하기 위해서 사회복지사는 지역사회 안에 존재하는 지역주민 사이의 힘의 분석(power analysis)이 필요하게 된다.

힘의 분석은 사회복지사들에게 다음의 두 가지 명확한 강점을 제시해 준다(지은구, 2003). 첫째, 권력 또는 힘이 없음이 그 지역사회구성원들에게 어떠한 영향을 가져다주는지를 이해할 수 있다. 둘째, 지역사회를 계급적으로 구분 짓는 잠재적인 힘의 원천들(sources)이 무엇인지를 확인할 수 있다.

4) 사회연결망으로서의 지역사회

지역사회를 사회연결망(social networks)으로 바라보는 시각은 사람들이 연결망을 구성하고 이 연결망이 곧 지역사회를 구성한다는 것을 강조하기 때문에 지역사회가 연결망으로 구성되어 있다고 이해한다. Rubin과 Rubin(1992)에 따르면, 사회연결망은 특정한 논의 또는 쟁점에 대한 정보를 흐르게 하고 돕는 연계된 관계의 하나의 유형이다. 연결망은 가족, 친척, 동료, 또는 공동의 관심사 주변으로 함께 모이는 사람들로 구성된다. Rubin과 Rubin(1992)은 연결망 구축을 위한 일차적인 기초가 동일한 욕구와 정서(감정)이기 때문에 연결망의 초점은 상호 원조에 있다고 한다. 상호 원조는 협조와 지지로 발전하기 때문에 사회복지사는 가족연결망(family network)뿐만 아니라 사회연결망이 어떻게 이루어져 있는지 파악하고 있어야 하며, 사회연결망의 파악을 통해 지역사회구성원들을 이해하고 그들의 문제를 해결하는 데 중요한 정보를 제공받을 수 있게 된다(지은구, 2003).

5) 이익으로서의 지역사회

지역사회를 이익으로 이해하는 관점은 지역사회가 서로 간에 이해가 얽혀 있는 조직체로 바라본다는 특징이 있다. 이익으로 지역사회를 바라보는 관점은 지역사회에 대한 사전적 정의의 두 번째 의미인 공동의 관심을 가지고 있는 조직체의 개념이 발전된 것으로 볼 수 있다. 많은 지역이 공유하는 지리적 영토보다 공유하는 공동의 관심이나 이익을 가지고 있는 것으로 한정되기도 한다. 즉, 이러한 지역사회는 공동의 이익이나 관심을 가지고 있는 사람들에 의해 쉽게 조직화될 수 있다. 예를 들어, 독신남녀 모임, 환경문제 모임, 알코올중독자 모임, 단도박 모임 등의 다양한 공동의 이익이나 관심을 가지고 있는 사람들로 지역사회가 조직화되고 구성되게 된다. 심지어 최근 인터넷의 발전으로 물리적 접촉 없이, 그리고 대화를 통하지 않고도 이익지역사회의 구성이 가능해지고 있다(지은구, 2003).

6) 삶의 공간으로서의 지역사회

삶의 공간으로 지역사회를 바라보는 관점은 지역사회에 대한 생태적 관점의 확대, 발전이라고 볼 수 있다. Kemp(1995)는 생태적 관점을 가지고 지역사회를 해석하는 이론을 제시하였다. 그는 기본적으로 Rubin과 Rubin의 지역사회에 대한 다섯 관점을 지지하며, 덧붙여 생태적 관점에서 지역사회를 해석하는 삶의 공간으로서의 지역사회라는 개념을 제시하였다.

그에 따르면, 삶의 공간이라는 용어는 개개인이 경험하고 건설하는 그들만의 사회적 · 물질적 세계의 특정한, 개인화된 방식을 설명하는 용어다. 누구나 개인적으로 자신만의 특수한 공간을 가지고 있을 수 있으며, 같은 공간이라고 해도 개인적 느낌이나 경험에 따라 매우 다르게 해석될 수 있다. 비록 집합적으로 특정 공간에 대해 많은 사람이 경험하는 것이 비슷할지라도 개개인의 수준에서 저마다 개인적 특성과 경험을 나름대로 경험하며 형상화하고 색깔을 칠한다. 생태적 관점에서 삶의 공간은 Niche(적소)로 설명되기도 한다(Brower & Nurius, 1993; Germain, 1985). Niche는 경험, 인식, 문화, 기회구조에 의해서 만들어지는 장소이며, 사람은 일생을 살면서 다양한 Niche를 점유할 수 있다. 결국, 개개인의 삶의 공간(Niche)은 다를 수 있으며, 따라서 지역은 각기 다른 사람이 경험하는 자신만이 갖는 삶의 공간으로서의 Niche라고 할 수 있다. 다시 말해, 생태적 입장에 따르면, 지리적으로 똑같은 공간이 아니라 개개인 나름대로의 공간이 바로 그들만의 지역사회가 된다. 그들만의 지역사회인 삶의 공간(Niche)에서 개개인은 편안함과 안락함을 느끼며, 그 공간을 벗어나면 새로운 공간에 적응하여야 한다.

지역사회복지 분야에서 지역주민 또는 사람들이 이러한 그들 나름대로의 다양한 Niche에 귀속하는 의미와 가치를 이해하는 것은 대단히 중요할 수 있으며, 또한 그들의 Niche에서 그들이 갖는 경험을 이해하는 것 역시 중요하다고 볼 수 있다. 결론적으로 사람이 자신의 장소를 인식하는 방식이 그 장소에서 무엇이 가능한지에 대한 자신의 관점을 형성할 수 있으며, 지역사회개입은 이러한 총체적 경험 안에 있는 개개인의 다양성에 대한 응답으로 행해진다고 볼 수 있다(지은구, 2003).

7) 갈등의 장으로서의 지역사회

기존의 지역사회에 대한 관점들은 사회계급으로 지역사회를 바라보는 관점을 제외하고 대부분 지역사회를 체계이론관점으로, 또는 공간 등의 물리적 위치에 따른 지역사회로, 그리고 공통의 이해와 관심이 표출되는 지역사회로 구분하여 지역사회를 안정과 조화, 그리고 통합이 이루어질 수 있는 구조적 틀로 바라본다. 특히 체계적 관점으로 바라보는 지역사회는 지역을 전체의 혜택을 위해 함께 일하는 통합된 하위체계들의 집합체로 바라본다. 하지만 지역 안에서 상이한 하위체계 안에 있는 다양한 권력집단 간의 불일치나 전체와 부분 집단들의 불일치가 일어나는 경우에 대한 원인, 결과, 그리고 그 대책에 대한 분석을 하는 데 체계이론적 관점은 그 한계를 나타낸다. 실제로 다수집단에 의해 소수집단의 결정이나 의사가 무시되는 현상은 지역에서 비일비재하게 일어난다.

갈등의 장으로서의 지역사회는 지역사회를 갈등이 일어나는 장소로 바라본다는 특징이 있다. 지역사회를 갈등의 장으로 보는 시각은 집단과 집단 간, 나아가 개인과 집단 간의 불일치 또는 갈등이 어떻게 인식되고 또 해결되어야 하는지에 대한 대안으로 등장하였다. 기본적으로 지역사회를 갈등의 장으로 보는 시각은 갈등과 변화는 지역사회가 안고 있는 속성이며 발전을 위한 전제라고 바라본다. 그리고 지역주민의 이익을 결정하는 과정은 이성적 기획, 제휴, 조정 등에 의해서뿐만 아니라 협상과 갈등을 포함한다고 강조한다(Hardcastle, Wenocur, & Powers, 1997). 지역을 갈등의 장으로 보는 시각은 체계적 관점이 힘(또는 권력)을 분석하지 않는 것과 달리 힘과 정치를 전면으로 내세운다. 따라서 갈등의 장으로서의 지역에 대한 관점은 힘이나 권력, 그리고 힘의 구조에 대한 분석을 시도한다(지은구, 2003).

8) 변화의 장으로서의 지역사회

거시사회복지실천을 강조하는 대부분의 지역사회복지학자들은 지역사회를 변화가 일어나는 장으로 바라본다는 특징이 있다(Netting, Kettner, & McMurtry, 1998, 2004; Tropman, Erlich, & Rothman, 2002; Fauri, Wernet, & Netting, 2000). 변화의 장으로 지역사회를 바라보는 입장은 지역사회에 사회복지사들이 개입하는 가장 결정적인 원인이 바로 지역사회를 변화시키기 위함임을 강조한다. 지역사회에 개입하여 지역구성원, 집단, 조직, 나아가 지역사회가 가지고 있는 문제를 해결하면 지역사회는 결국 변화가 이루어지며, 변화가 이루어지는 지역사회는 더 나은 삶의 질이 보장되도록 발전된다. 변화하지 않는 지역사회는 문제가 해결되지 않고 지역사회에 만연해 있으며, 이는 결국 구성원들이 더 나은 삶을 보장받기 위하여 지역사회를 떠나게 되는 결정적인 원인을 제공한다. 따라서 지역사회복지실천의 입장에서 지역으로의 개입을 통하여 실천가들은 변화를 추구하는 다양한 활동을 개입한 지역사회에서 수행한다. 따라서 지역사회복지실천이 일어나는 현장이 지역사회가 되고, 지역사회는 실천개입활동을 통해서 변화가 이루어지게 된다. 결국 지역사회에 개입하여 거시사회복지실천을 수행하는 현장이 바로 지역사회이고 실천현장인 지역사회는 실천가들의 변화를 향한 노력으로 더 나은 삶이 보장된다는 것이 지역사회를 변화의 실천현장으로 바라보는 입장이라고 할 수 있다.

4. 지역사회 소속을 방해하는 장벽

지리적 의미 또는 장소로서의 지역사회에는 그 지역사회에 속하는 주민과 비주민 또는 구성원과 비구성원을 구별 짓는 독특하고 명백한 규정이나 규칙들이 있다. 예를 들어, 같은 장소에 살고 있으면 같은 지역사회구성원이나 지역주민으로 인식될 수 있으며, 반면에 같은 장소에 살고 있지 않은 사람은 비구성원으로 인식될 수 있다. 따라서 같은 지역사회구성원이 되기 위해서는 삶의 근거지를 같은 지역사회로 이동하면 된다. 하지만 지역사회는 장소로서 지역을 바라보는 관점만 있는 것이 아니라 현실적으로 매우 다양하게 지역사회를 이해하는 관점이 존재하기 때문에 지역사회구성원이 되기 위해서는 매우 다양한 시도가 필요하다고 할 수 있다. 지역사회가 지리적 영역에 기초하여 집합적 동질성을 가진 구성원들이 상호 행동하여 공동의 욕구를 충족하고 공동의 목적을 성취해 나가는 사회적 단위로 정의된다면, 지역사회구성원이 되는 것은 동질성을 갖고 상호 행동을 통해 공동의 목적을 성취하는 데 매우 중요한 요소라고 할 수 있다.

하지만 소외받는 집단, 예를 들어 장애를 가진 사람들의 입장에서 지역사회를 주류지역과 비주류지역으로 구분한다면 장애인을 향한 여러 사회적 차별에 의해서 장애인은 주류사회에서 배제되고, 다르게 대접받게 되는 경우가 나타나게 된다. 또한 지역사회구성원 스스로가 장애를 가진 사람의 지역자원에 대한 접근과 기회를 제한하는 구조를 만들어 내는 경우도 나타난다. 이러한 장벽들은 다양한 지역사회를 구별하는 데 사용되기도 하고, 지역사회 안에서 경제적 · 사회적 삶으로의 개인 참여를 제한하는 역할을 수행하기도 한다.

결국 지역사회의 일원으로 되는 것을 방해하는, 또는 제한하는 장벽들이 존재하게 되는데, 이러한 장벽들은 지역사회 개입을 위한 장벽으로도 동일하게 작동하게 된다. 그런데 지역사회 개입을 방해하는 모든 장벽이 모두 극복되고 제거되어야 하는 것은 아니다. 앞에서 지적한 것과 같이, 일부 장벽들은 그 지역사회의 특성을 나타내는 역할을 수행하기 때문이다. 예를 들어, 같은 성씨를 가진 사람들이 모여 사는 지역사회인 경우 다른 성씨를 가진 사람이 그 지역사회구성원이 되기 위하여 성을 바꾸는 것은 적당한 행동이라고 할 수 없으며, 이런 경우는 성씨 외의 다른 방법을 통하여 지역사회에 개입하기 위한 방안을 찾아야 하고, 성씨는 그 지역사회를 이해하고 설명하는 특성으로만 존재하게 된다. 하지만 지역사회구성원이 되는 것을 방해하는 장벽들은 반드시 이해되고 인식되어야 하는데, 이는 그 장벽들을 인지하고 지역사회에 개입하는 것이 바로 그 지역사회를 이해하고 개입을 성공적으로 이끄는 데 매우 중요하기 때문이다.

지역사회개입을 방해하는 장벽으로 지적되는 것들로 물리적 장벽, 정치적 실체, 민족성과 문화, 사회계급, 시민권 획득 여부, 공통의 이익이나 관심, 집단적 동질성, 비공식적 연결망, 공식적 조직과 공식적 연결망 등이 있을 수 있다(Hardina, 2002). 이러한 장벽들에 대해서 살펴보면 다음과 같다(지은구, 2003).

1) 물리적 장벽

물리적 장벽은 지역사회 안팎을 구분하는 대표적인 장벽이다. 물리적 장벽으로는 거리, 고속도로, 기찻길, 언덕, 강 등이 포함된다. 강을 중심으로 지역을 구분하거나 기찻길을 중심으로 지역사회를 구분하게 된다(Kahn, 1991; Lee, 1986). 건물이나 거리 또한 지역사회구성원인지 아닌지를 결정하는 데 중요한 역할을 한다. 예를 들어, 건물에 그려져 있는 낙서들이 안전한 지역과 그렇지 않은 지역사회를 구분하는 데 도움을 주기도 한다. 물리적 장벽은 장애를 가진 사람들의 접근을 제한하는 역할도 하게 된다. 계단이나 언덕 등은 휠체어나 지팡이를 이용하는 사람의 이동을 제한하기 때문에 계단 등과 같은 물리적 장벽은 장애인에게 특정 지역사회의 접근을 방해하는 장벽이 된다.

2) 정치적 실체

지역사회를 정치적-법적 관점으로 이해하는 경우 정치적-법적 목적으로 건설된 지역 구분(예, 선거구 또는 지역구, 학군, 유흥업소지역, 거주밀집지역, 공장지역 등과 같은 구분) 또한 공통의 이익과 관심에 영향을 미친다(Kahn, 1991; Lee, 1986). 투표권자들은 그들 공통의 문제를 확인하고 해결을 하기 위해서 선거구를 중심으로 조직화할 가능성이 크다. 따라서 같은 지역사회라고 해도 정치적-법적으로 구분되어 있는 경우에 같은 지역주민이라해도 그들 사이에는 장벽이 존재하게 된다. 예를 들어, 서울의 송파1선거구 지역주민과 송파2선거구 지역주민, 또는 대구의 달서1선거구 지역주민과 달서2선거구 지역주민은 같은 송파구 또는 달서구 지역사회구성원이지만 선거구로 지역사회가 분화되어 장벽이 생기게 되고 공통의 문제해결을 위해서 같은 선거구 지역주민을 중심으로 조직화하고 행동하게 된다. 이는 행정적으로 구분된 지역이 반드시 지역 선거구와 일치하지 않을 수도 있기 때문에 나타나는 현상이다.

3) 민족성과 문화

지배 민족에 포함되지 않는 민족구성원들은 종종 차별에 직면하는 경우가 존재한다. 미국의 경우 인종차별은 해결되지 않는 중대한 사회문제로 존재하며, 중국의 소수민족은 중국 정부가 강조하는 사회통합이라는 가치를 위협하는 중대한 문제이기도 하다. 때때로 소수 민족구성원들은 일자리나 주택 등을 찾는 데 어려움을 겪으며, 지배 민족보다 더 낮은 교육기회를 가지고 있으며 사회경제적으로 배제와 차별을 경험하기도 한다. 또한 이 구성원들은 정치 과정으로의 참여가 낮기 때문에 결국, 정치권력, 일자리, 교육, 부 등에 대한 접근이 지배 집단의 구성원들보다 훨씬 열악하다.

결국 피지배 집단의 구성원들은 지배 집단이 가지는 문화와 다른 가치나 규범을 가지고 있기 때문에 차별을 경험한다. Mackelprang과 Salsgiver(1999)는 문화는 한 집단에 속해 있다는 결과로서 학습되는 사회적 유산으로 발전된다고 하였다. 행동, 태도, 상징, 음악, 여가활동, 자녀 양육 방식, 전설, 비속어, 결정 수립 과정 등이 모두 문화에 포함되는 구성물들이다. 문화적 유형이 지배 문화와 다르면 적절하지 않은 것으로 보이기도 하고, 때로는 일탈로 여기기도 한다. 따라서 공동의 문화나 민족성 등은 지역사회를 구분하고 지역주민구성원들을 배제하고 차별하는 장벽으로 존재할 수 있다.

4) 사회계급

Fellin(1995b)은 사회계급이란 계급의식, 계급적 동질감 그리고 모든 개인은 계급구조에 자신의 위치를 가지고 있다는 인식과 같은 주관적 측정에 기초한 하나의 지역사회 동질성이라고 정의하였다. 또한 계급은 소득이나 삶의 방식(가치, 고용, 여가활동, 개인 간 관계, 회원 여부 등을 포함하는)의 측면에서도 정의될 수 있다(Fellin, 1995a). 지역주민이나 이웃, 민족 등은 모두 계급으로 구분할 수 있다. 지리적 의미의 지역에서 사람은 비슷한 경제적 지위, 고용 또는 교육 수준을 가지고 있는 사람들과 살기를 선호한다고 한다(Fellin, 1995a). 하지만 고용이나 교육에 영향을 미치는 시설이나 주택 가격 등은 저소득층의 사람이 중간이나 고소득 계급으로 진입하는 것을 제한하기도 한다. 고소득자들은 교육과 고용기회에서 더 많은 선택권을 가지고 있으며, 대부분 그들은 비영리 사회복지조직, 공적 부조 등에 의존하지 않고 자신이 원하는 것을 구매한다. 결국 계급이 지역주민이냐 아니냐를 구분하는 잣대로 작용하게 된다. 즉, 같은 계급적 속성(예, 교육 수준, 소득 수준, 주택 규모, 사회적 지위 등)을 지니고 있는가를 통해서 지역사회구성원이 되는 것을 구별하고 배제하는 장벽으로서의 사회계급은 지역사회 전체 구성원의 통합과 연대감을 무너뜨리는 부정적 요인으로 작동할 수 있다.

5) 시민권 획득 여부

일부 국가들은 시민권 소지 여부에 따라 복지 혜택이나 각종 사회 혜택에 차별을 두고 있다. 이러한 경우 특정 지역사회의 시민인가 아닌가를 구분할 수 있는 시민권이 지역사회구성원을 구별하는 장벽이 된다. 예를 들어, 미국의 시민권 또는 우리나라의 주민등록증 소지 여부가 사회 혜택을 받을 수 있는가 없는가를 결정하는 유일한 수단이 되고, 결국 시민권이나 주민등록증 소지 여부가 지역사회구성원인가 아닌가를 결정하는 장벽이 된다. 이주노동자나 결혼이주민을 포함한 이민자들이 대한민국이라는 지역사회의 한 부분으로서 살고 있으면서도 대한민국의 국민임을 입증하지 못한다는 이유로 모든 사회서비스 혜택을 부여받지 못한다면 그들의 삶의 안정은 보장받을 수 없게 되고, 이민자가 중심이 되는 지역사회는 전체 사회발전에 부정적인 영향을 미칠 수 있다.

6) 공통의 이익이나 관심

공통의 이익이나 관심은 지역사회를 이해하는 기본적인 관점이지만, 공통의 이익이나 관심을 가지고 있는가를 가지고 지역사회구성원을 구분하여 소속감을 저해시키는 하나의 장벽 역할을 하기도 한다. 지역사회복지실천을 수행할 때 하나의 전제는 문제가 개인에게 유일하지 않고 집단의 사람들에게 유일하다는 것이다. 즉, 많은 사람이 공통의 기원을 가지고 있는 문제들을 경험하게 된다는 것이다. 이러한 공통의 문제들은 집단구성원들에 의한 연합행동을 포함하는 공통의 해결책을 필요로 한다. 예를 들어, 핵 폐기물 처리장을 반대하는 지역주민과 그것을 찬성하는 지역주민의 관심이 상이한 경우, 우리 지역주민인지 아닌지를 구분하는 데 핵 폐기물 처리장 설치 문제에 어떤 관심(찬성과 반대)을 나타내는가를 가지고 구별하는 경우가 발생할 수 있다. 이러한 상이한 관심과 이익은 갈등이론에 기초한다고 할 수 있다.

갈등이론은 사회를 어떤 한 집단이 사회적 지위, 정치권력 및 자원을 위해 경쟁하는 데 다른 집단보다 훨씬 용이한 입장에 있을 수 있다고 바라본다. 따라서 엘리트 집단이나 지배 집단을 유지하기 위한 사회적 구조나 제도적 배열 등은 갈등이론적 시각에서 다양한 사회문제의 원천으로 간주된다(Moore, Vandivere, & Ehrle, 2000; Kahn, 1991). 예를 들어, 미국의 경우 백인남성들이 대부분의 부와 결정 수립을 위한 권력을 소유하고 있다. 따라서 대부분의 억압받는 집단들(노인, 여성, 장애인, 빈민)은 다른 사람들보다 더 많은 사회문제를 경험할 것이며, 이 집단구성원들은 자신의 욕구를 해결할 수 있는 사회서비스나 공공 혜택을 발견하는 데 어려움을 겪게 된다(Chow, 1999; Sherman, Amey, Duffield, Ebb, & Weinstein, 1998; Torrez, 1998; Baker, 1997; Halfon et al., 1997; Pampel, 1994).

7) 집단적 동질성

집단적 동질성이 지역사회구성원이 되는 것을 막는 장벽이 된다는 것은 지역사회에 대한 집단적인 동질성이 있느냐 없느냐를 가지고 지역사회구성원 여부를 구별하는 것을 의미한다. 종종 공통의 문제들은 영향을 받은 사람들 사이에서 지역감정이나 집단적 동질성을 고양시킨다. 집단적 동질성이란 지역구성원들 사이의 인식의 상태로 정의될 수 있다(Lee, 1986). 집단적 동질성의 고취나 발전은 장기적 변화를 고양시키기 위한 사회운동을 만들고 구성원들의 동기를 유발시키며, 구성원을 모집하는 데 중요하다. 따라서 사회복지사들은 지역의 문제를 해결하기 위해 또는 지역주민의 역량을 강화시키기 위해 지역주민이 지역에 포함되어 있다는 집단적 동질성을 가질 수 있도록 돕는 것을 강조해야 한다. 사람은 종종 외부의 위험이나 이익에 반대해서 자신들의 지역을 보호하고 유지하기 위해 조직화할 때 집단적 지역동질성이 발전한다(Cnnan & Rothman, 1995). 예를 들어, 장애인 이동권 확보를 위한 운동은 장애인들의 집단적 동질성의 발전을 가져다줄 수 있다. 하지만 우리나라 해병대들이 가지고 있는 집단적 동질성이나 1980년대 정권에 의해 강조되었던 호남과 영남에 대한 집단적 동질성의 강조, 학벌이나 혈연에 대한 집단적 동질성 등은 모두 지역사회의 전 구성원들이 공동의 문제를 위해 함께 노력하는 데 우리와 남을 구분하는 사회적 배제를 위한 장벽으로 작용할 수 있다.

8) 비공식적 연결망

비공식적 연결망(informal networks)은 친구, 친척, 가족, 이웃과 같은 일차적 집단구성원들로 구성된다. 이러한 집단의 구성원들은 우정, 상호부조, 건강보호, 양육, 주택, 음식, 그리고 재정적 도움 등을 제공할 수 있다. 또한 비공식적 연결망은 비공식적으로 사회복지 서비스나 프로그램 그리고 일자리 같은 각종 정보를 제공하여 구성원들을 돕는다(El-Bassel, Chen, & Cooper, 1998;

Jackson, 1998; Oliker, 1995; Popkin, 1990; Hemmens, Hoch, Hardina, Madsen, & Wiewel, 1986; Stack, 1974).

지역에 기초해 있는 조직들은 종종 자원봉사자를 모집하고 사회행동캠페인을 조직하는 데 비공식적 연결망을 사용하기도 한다. 특히 지역사회복지실천모델 중에서 지역개발모델은 지역거주민 사이의 소외감을 제거하는 수단으로, 그리고 문제를 해결하는 주민들의 능력을 증진시키는 수단으로 강력한 비공식적 연결망을 구축하는 것을 강조한다(Hardina, 2002). 하지만 비공식적 연결망은 지역사회구성원을 구별하는 하나의 장벽으로도 존재한다.

9) 공식적 조직과 공식적 연결망

교회, 학교, 복지관, 병원, 회사 같은 공식적 조직과 공식적 연결망은 지역사회구성원을 구별하는 데 영향을 준다(Fellin, 1995a). Backman과 Smith(2000)에 따르면, 비영리지역조직이 서비스나 프로그램, 그리고 자원활동을 통해서 지역사회구성원들을 함께 묶는 역할을 담당하기 때문에 지역사회연결망을 구성하는 중요한 요소가 된다. 또한 이 조직들은 주민을 시, 정부, 학교나 대학, 고용주들에게 연결시켜 주는 역할을 하기도 한다.

결론적으로 공식적 조직과 공식적 연결망들은 소득이 낮은 사람들이나 억압받는 사람들에게 서비스를 전달하는 데 중요한 역할을 담당하며, 사람들이 함께 와서 정치적으로 조직화하고 상호 원조할 수 있는 기구를 만들 수 있도록 돕는다. 따라서 어떤 면에서 이러한 공식적 조직과 공식적 연결망들은 사람들이 힘(power)을 획득할 수 있도록 돕기도 한다(Kahn, 1991). 하지만 공식적 조직과 공식적 연결망 또한 그 조직이나 연결망 안에 포함된 구성원과 그렇지 않은 구성원을 구별하는 장벽으로도 존재하게 된다.

5. 지역사회 역기능을 설명하는 이론

왜 어떤 지역사회는 지역주민의 공동의 문제가 잘 해결되고 주민의 삶이 개선되면서 잘 움직이고, 어떤 지역사회는 계속 인구가 빠져나가고 유입되지 않으면서 지역사회 유지 자체가 어려울 정도로 위협을 받는가? 일반적으로 지역사회에 부정적 영향을 미치는 사회문제의 가장 중요한 예보자, 즉 지역사회가 기능을 제대로 하고 있는가를 알 수 있는 예보자로 경제적 불평등을 들 수 있다. 지역사회 자체가 가지는 문제나 구성원들이 가지는 공동의 문제에 지역사회가 잘 대처해 나가면서 모든 지역사회구성원의 삶의 질을 보장하고 안정적인 삶이 가능하도록 기능적으로 잘 움직이는 것은 모든 구성원의 바람이라고 할 수 있다. 지역사회가 얼마나 잘 기능하고 있는가를 설명하는, 또는 지역사회에 소속된 구성원들의 삶을 설명해 주는 이론들이 있다. 즉, 지역주민의 욕구를 충족시켜 주지 못하는 지역과 주민의 욕구를 잘 충족시켜 주는 지역과의 차이를 잘 설명하기 위해 사용될 수 있는 다양한 원인과 효과를 다루는 이론들을 의미한다(Hardina, 2002). 지역이 얼마나 그 기능을 잘 수행하는지를 설명하는 이론들로 Wilson(1987, 1996)은 사회격리이론을, Figueira-McDonough (1991)는 사회비조직화이론을, 그리고 Jargowsky(1997)는 거주지분리이론을 제시하였다. 이 이론들은 모두 지역사회가 제대로 기능하지 못하는 이유에 대해 나름대로의 원인을 설명하고 있는데, 좀 더 자세히 살펴보면 다음과 같다.

1) 사회격리이론

사회격리이론(social isolation theory)은 Wilson이 주장한 것으로, 지역사회를 움직이는 조직이나 주민이 지역사회에서 격리되면서 지역사회에 사회경제적 조직이나 주민이 이탈되어 결국에는 지역사회가 제대로 기능을 못하게 됨을 강조한다. William Julius Wilson(1987, 1996)은 사회문제를 많이 가지고 있는 지역사회는 힘이 없음과 희망이 없음으로 특징 지어진다고 강조하였다. 그에 따르면, 빈곤지역에 거주하는 주민은 사회와 격리되어 있기 때문에 지역사회 밖에 있는 일자리 또는 지역 안에 있는 고용기회에 접근하는 데 어려움을 겪는다. 보수가 좋으면서 낮은 기술과 낮은 교육수준을 요구하는 일자리는 점차 사라지고 있으며, 더 이상 빈곤지역주민에게 유용하지 않게 되고 있고, 그 결과 젊은이들은 그 지역을 떠나며(특히 중간 계급의 이탈), 더 이상 부모들(또는 친척)은 아동이 동경하는 역할모델로서 기능하지 못하게 된다. 나아가 범죄와 다른 사회문제들이 사회적으로 격리된 지역사회에 창궐하게 된다. 보수가 낮고 승진 기회가 없는 일자리만이 존재하게 되고, 결과적으로 이 지역의 주민은 빈곤문화가 존재한다는 신념과 문화적 가치를 저항 없이 그대로 받아들이게 된다(지은구, 2003).

Wilson(1996)은 실업이 조직폭력, 약물거래, 가족해체 또는 다른 유형의 가족 문제 및 범죄를 예방하는 주민의 능력과 밀접하게 연관이 있다고 하였다. 그는 높은 빈곤율을 가지는 지역은 또한 낮은 사회 조직률(rates of social organization)을 가진다고 믿었다. 그는 사회 조직이 지역에 있는 젊은이들 사이에서 부정적 행동을 제한하고 통제할 수 있다고 생각했다. 사회조직은 공식적 조직들의 안전성과 밀도, 자발적 · 공식적 조직들에 대한 주민 참여 비율, 사회연결망과 우정 등의 강도와 확산의 측면으로 정의될 수 있다.

Wilson(1996)은 사회적 격리가 지역주민의 행동에 다음의 네 가지 측면에서 영향을 미친다고 주장하였다. 첫째, 부모가 격리되어 있는 지역주민과의 접촉을 금지시킴으로써 그들의 자녀를 범죄로부터 보호하려고 시도한다. 둘째, 격리되어 있는 주민이 지역 밖에 있는 개인이나 시설들과 제한된 접촉을 갖는다. 셋째, 격리된 지역에 거주하는 중간 소득의 사람들과 노동자 계급의 비율이 점차 줄어들고 일자리를 잡을 수 있는 비공식적 연결망에 대한 접근이 제한적이 된다. 넷째, 격리된 지역사회에 있는 아동은 일하는 청년들의 역할모델을 갖지 못한다.

Wilson의 사회격리이론은 범죄예방과 빈곤지역에 대한 정부정책에 많은 영향을 끼친 것이 사실이지만, 한편으로는 부정확하고 완전치 못하다는 비판도 받았다. Massey(1990)는 빈곤지역으로부터의 중간 계급(특히 흑인 중간 계급)의 탈출보다는 오히려 거주지 분리가 지역의 경제적 박탈의 확산에 더 큰 책임이 있다고 강조하였다. Lee, Campbell 그리고 Miller(1991)는 그들이 행한 사회조사를 바탕으로 비공식적 연결망과 단체나 협회가 백인지역에서보다 흑인지역에서 더 많이 확산되어 있다고 주장하였다. 그들은 Wilson이 그의 이론을 도시에 있는 흑인지역만을 독점적으로 적용하였다고 주장하였다.

2) 사회비조직화이론

사회비조직화이론(social disorganization theory)은 지역사회가 제대로 기능하지 못하는 가장 결정적인 이유를 사회조직의 결여에서 찾는다. Figueira-McDonough(1991)는 비공식적 연결망과 공식적 조직과 공식적 연결망들과의 연계가 지역사회를 이해하는 핵심이라고 믿었다. 그는 빈곤과 주민의 이동은 사회비조직의 가장 확실한 예보자라고 강조하였다. 주민과 부족한 연결을 가지고 있는 이웃은 공식적 조직에 참여할 수 있는 제한된 기회를 가지게 되며, 다른 외부지역과 부족한 연결을 가지고 있는 이웃은 높은 청소년 범죄와 폭력 비율을 가질 것이라고 강조하였다. 그는 비조직화된 지역이란 일시성(주민의 이동이 높음을 의미)과 자원의 부족으로 공식적 · 비공식적 연결망을 발전시키기 어려운 인구 특성을 갖는 지역이라고 설명하였다.

Figueira-McDonough(1991)는 모든 지역이 사회조직과 비조직의 수준에서 구분될 수 있다고 강조하였다. 그는 이러한 구분이 빈곤 정도와 지역에서의 인구이동에 의해서 예측 가능하다고 믿었다. 그에 따르면, 조직화가 잘 되어 있거나 잘 설립된 지역사회는 낮은 빈곤율과 낮은 인구이동률을 나타낸다. 따라서 그러한 지역사회는 높은 공식적 · 비공식적 연결망의 활동을 유지할 수 있는 것으로 기대할 수 있다. 그리고 이 지역주민들은 다른 지역이나 지역 외부의 조직으로 재화나 서비스를 구하기 위해 빠져나갈 욕구를 갖지 않는다. 반면에 높게 비조직화된 지역사회는 빈곤율이 높고 인구이동이 빠르며 일시적이다. 그리고 이 지역사회들은 적은 공식적 · 비공식적 연결망을 가지고 있는 것으로 성격이 규정될 수 있다고 한다.

Figueira-McDonough(1991)는 결론적으로 비조직화된 지역에 존재하는 사회문제를 줄이기 위한 체계로 공식적 조직을 통한 지역통제에 많은 강조를 하여야 한다고 주장하였다.

표 1-2 이동과 빈곤의 정도에 따른 지역의 유형화

	이동적 또는 임시적	안정적
비빈민	**디딤돌 지역** 낮은 일차적 연결망 높은 이차적 연결망 높은 외부와의 연계	**설립된 지역** 높은 일차적 연령망 높은 이차적 연결망 낮은 외부와의 연계
빈민	**비조직화된 지역** 낮은 일차적 연결망 낮은 이차적 연결망 높은 외부와의 연계	**교구적(parochial) 지역** 높은 일차적 연결망 낮은 이차적 연결망 낮은 외부와의 연계

* 일차적 연결망 = 비공식적 연결망
  이차적 연결망 = 공식적 연결망

출처: 지은구(2003), p. 43에서 재인용.

3) 거주지분리이론

거주지분리이론(residential segregation theory)은 거주지의 분리가 가장 확실한 지역사회 역기능을 설명하는 것이라고 강조한다. 즉, 일자리가 있는 지역과 주민이 거주하는 거주지역이 분리되어 있기 때문에 지역이 기능을 못한다는 점이 강조되며, 거주지 분리의 가장 큰 이유로 빈곤의 집중이 강조된다. Jargowsky (1997)에 따르면, 빈곤지역은 대도시에 확산되어 있는 전반적 경제적 조건들과 소득과 인종에 의한 격리 또는 분리수준에 의해서 결정된다. 고용과 주택에서의 차별은 사람이 어디에서 살아야 하는지를 결정할 수 있는 선택권이 제한받는 환경을 만들어 낸다. 빈곤지역으로의 격리는 계속 이루어지고 있으며 도시 빈민지역으로의 저소득층 인구의 유입은 계속 증가하고 있다(Chow & Coulton, 1998; Jargowsky, 1997). 그리고 격리되거나 유리된 대부분의 지역에서 사람들은 일자리를 찾는 데 어려움을 겪고 있다.

Ong과 Blumenberg(1998)에 따르면, 대부분의 고용기회는 도시 외곽지역에 존재하는 데 비해 일자리가 필요한 사람은 도심지역에서 살고 있다. 따라서 이러한 경우에 도심 외곽지역에 살고 있어야 일자리를 확보하는 것이 수월하고, 교통수단의 존재 여부가 지역사회구성원의 소득 여부를 결정하는 중요한 경계가 될 수 있다. 즉, 도심지역에 사는 사람이 대중교통을 이용할 수 없다면 일자리는 그 지역사람과 연결되지 못하는 경우가 초래될 수도 있다. 이러한 결과는 도심지역의 낮은 소득 지역에 살고 있는 사람들이 접근 가능한 일자리들은 임시 계절직을 포함한 비정규직 노동들이 대부분을 차지하게 하는 하나의 요인으로 작용한다.

또한 Jargowsky(1997)는 사회조직화의 수준이 아니라 단지 빈곤의 집중만이 지역열등을 예측할 수 있다고 강조하였다. 그는 높은 빈곤지역에는 인구이동의 명백한 이유들이 존재한다고 믿었다. 즉, 높은 빈곤율을 가지고 있는 지역주민(예, 빈곤율이 40% 이상인 지역)은 높은 소득 수준을 가지는 지역주민과 비교할 수 있는 물질적 특징을 가지고 있다. 이 특징에는 고쳐야 할 낡은 건물이 얼마나 있는지, 비어 있는 집이 얼마나 되는지, 자기 주택을 소유하는 비율이 얼마나 되는지 등이 포함된다. 그는 전세나 월세 같은 임대할 수 있는 집에 살고 있는 사람들이 자기 주택을 소유한 사람들보다 이동이 쉬울 것이라고 강조하였다.

Jargowsky(1997)는 인구조사자료를 통한 조사에서 미국 전체 인구의 12%만이 높은 빈곤지역에서 살고 있다는 것을 발견하였다. 그러나 조사를 통해서 낮은 소득 지역의 주민은 백인보다는 흑인, 푸에르토리코인, 쿠바인이 많았음을 발견하였다(조사에서 아시아인은 제외하였음). 결론적으로 Jargowsky는 Wilson의 사회격리이론, 즉 경제적 조건, 사회계급, 그리고 격리가 사람들이 빈곤을 탈출하는 것을 어렵게 하는 문화적 가치와 신념을 창조한다는 이론을 거부하고, 대신에 빈곤이 거주지 분리, 그리고 제한된 일자리 기회를 만드는 조건과 연계되어 있다고 주장하였다. 그는 경제적 조건이 개선되면 빈곤지역에 있는 주민에게 빈곤은 유지되지 않을 것이라고 믿었다. 그리고 그는 대부분의 사회조사들이 높은 빈곤지역만을 대상으로 수행되었기 때문에 높은 미혼모율과 약물중독 등이 빈곤지역의 문화적 특성으로 자리 잡게 된 것뿐이라고 강조하였다. 그는 더 좋은 교육과 직업에 접근할 수 있는 지역으로 빈곤지역주민을 재배치한다면 빈곤은 경감될 수 있다고 믿었다(지은구, 2003).

6. 지역사회복지와 지역사회복지실천

1) 지역사회복지실천이란

(1) 지역사회복지실천의 영역과 범위

지역사회복지실천은 사회복지 3대 실천방법론의 분화 발전에 따라 지역조직 또는 지역사업이 지역사회복지실천으로 발전하게 된 사회복지실천 분야 중에서 거시사회복지 분야를 구성하는 중요한 부분이다. 지역사회복지실천은, Rothman과 Tropman(1987)이 언급한 것과 같이, 지역조직과 사회행동, 그리고 사회기획 등 지역사회복지실천모델들과 연관이 있다. 또한 지역사회복지실천은 거시사회복지학에 포함되지만, 미시사회복지에 포함되는 임상사회복지 또는 사회복지실천 영역에서 일하는 사회복지사들도 지역주민이나 클라이언트를 소개하고 그들을 위한 사회적 지지망을 발전시키고, 지역주민이나 클라이언트의 욕구를 충족시키기 위한 정책이나 프로그램을 지지하고, 지역자원을 확인하기 위해서 지역사회복지실천에 개입할 수 있다(지은구, 2003). 따라서 지역사회복지실천은 기본적으로 거시사회복지에 포함되지만 모든 사회복지사가 개입된 공통의 영역일 수 있다(Hardcastle, Wenocur, & Powers, 1997). 한편 Weil과 Gamble(1995)은 지역사회복지실천의 범위가 풀뿌리조직부터 인간봉사기획과 조정, 그리고 발전에 이르기까지 그 실천에서 넓은 영역을 포함한다고 하였다.

(2) 지역사회복지실천의 정의

Weil과 Gamble(1995)은 지역사회복지실천을 약해져 있는 사람들과 지역사회를 위한 삶의 질을 개선시키는 것이라고 정의하였다. 지역사회복지실천은 또한 지역복지사업과 동일한 의미로 이해될 수 있는데, Twelvetrees(2002)에 따르면 지역복지사업은 집합적 행동을 취함으로써 지역을 개선시키기 위해 그 지역 사람들을 원조하는 과정이다. Twelvetrees(2002)는 지역복지사업의 본질로 지리적 지역의 주민 또는 집단의 욕구 해결을 통해 지역주민이나 집단구 성원이 더 좋은 대접을 받는 것을 보장하며, 그들 자신이 더 좋은 대접을 가져오게끔 스스로 노력하기 위해 자신의 기술이나 자신감을 고취시키고 발전시키는 것이라고 한다. 이를 성취하기 위해서 지역주민이나 그 지역 집단들의 다양한 방식으로의 활동적인 참여는 지역사회복지실천 수행을 위한 필수적인 요소로 자리 잡게 된다.

Hardcastle, Wenocur와 Powers(1997)에 따르면, 지역사회복지실천은 지역 집단, 조직, 제도, 또는 이러한 곳에서 이루어지는 사람들의 관계나 상호 행동을 바꾸기 위해 실천기술을 적용하는 것이다. Netting, Kettner와 McMurtry(1998)는 지역사회복지실천을 거시사회복지 분야로 인식했으며, 거시사회복지실천 분야를 조직이나 지역에서 계획된 변화를 가져오기 위해 설계된 전문적 개입방법이라고 정의하였다.

결국 지역사회복지는 지역주민이나 집단의 문제와 욕구를 해결함으로써 지역주민의 삶의 질을 증진시키려는 모든 노력을 포함하는 사회복지의 한 분야로 볼 수 있으며, 거시사회복지 분야로서 지역사회복지실천은 지역사회조직과 지역사회개발, 사회기획, 사회행동 그리고 지역사회연계 등과 연관이 있는 기술을 포함한다고 볼 수 있다(지은구, 2003). 이에 대해 Netting, Kettner와 McMurtry(1998)는 지역사회개발에 관련된 전략들은 이웃 또는 공통의 관심을 가지고 있는 사람들의 집단과 같은 지역이나 지역의 한 부분이 더욱 효과적이고 효율적이며, 그리고 사람들과 그들의 사회관계를 양육하기 위한 협력적인 사회환경이 되도록 돕는 실천영역이라고 하였다. 그리고 사회기획은 지역사회조직의 부분집합으로서 지역사회의 기능과 책임을 다하기 위해서나 성취하기 위해 지역사회기관과 서비스의 조정과 발전을 나타낸다. 사회행동도 지역조직의 부분집합으로서 사회적 힘을 포함하는 지역사회의 상태와 자원의 통제와 재분배 그리고 발전을 의미하며, 지역자원의 재분배 또는 발전을 증진시킬 수 있게 하는 행동유형, 지역관계의 변화를 의미한다. 하지만 대부분의 지역사회복지학자들은 이들이 강조했던 이러한 기술들을 지역사회복지실천을 위한 실천모델로 인식하고 있다는 점이 지적되어야 한다.

결론적으로 지역사회복지실천은 "지역주민의 삶의 질을 개선시키고 지역사회의 문제를 해결하기 위한 사회복지의 전문적 개입방법이다."라고 정의할 수 있으며, 지역사회복지실천은 실천활동을 위한 지침 또는 기술로서의 실천모델을 포함하는데 지역사회개발, 사회기획, 사회행동 그리고 지역연계 등이 여기에 포함된다(지은구, 2003).

Weil과 Gamble(1995)에 따르면 지역사회복지실천은, 첫째 민주적 과정으로의 참여를 촉진시키기 위해, 둘째 사회정의를 위해 조직화하고 집단이나 지역의 욕구를 지지하는 데 집단이나 지역을 원조하기 위해, 셋째 인간 서비스체계의 책임 또는 대응과 효과를 증진시키기 위한 목적을 실현하기 위해 지역과 지역주민들의 역량을 강화시키는 것을 기본으로 하는 실천개입방법을 사용한다.

(3) 지역사회복지실천의 기본가정

지역사회복지실천의 기본가정은 지역사회복지실천을 통해 지역주민과 지역은 그들의 역량이 강화되어 지역사회문제에 효과적으로 대처할 수 있으며, 그들의 삶의 질을 개선시킬 수 있다는 것이다(지은구, 2003).

2) 지역사회복지실천의 목적과 목표

(1) 지역사회복지실천의 목적

지은구(2003)에 따르면, 지역사회복지실천은 다음의 목적을 실현하는 데 초점을 맞춘다. 첫째, 지역사회의 문제를 경감 및 예방하고 문제해결을 위한 과업을 성취하며, 자원을 활용하도록 개인, 집단, 가족, 조직 및 지역사회를 도움으로써 그들의 사회적 기능을 고취, 증진, 유지, 보존시킨다. 둘째, 사회복지재화와 서비스의 개발 및 확대를 통해서 지역주민의 삶의 질을 증가시키고 지역의 힘과 자원의 평등한, 공평한, 적절한, 그리고 효율적인 분배의 조화를 통해서 사회정의를 실현한다.

(2) 지역사회복지실천의 목표

지역사회복지실천이 지역사회의 개선과 지역주민의 삶의 질을 개선, 향상시키기 위해 구체적으로 수행하여야 하는 목표들이 설정될 수 있다(지은구, 2003).

첫째, 지역주민이나 집단들이 조직화할 수 있는 능력과 기술을 발전시킨다. 둘째, 지역사회 안에서 자원이나 서비스가 더욱 쉽게 접근 가능하도록 하며, 지역사회 안에 있는 자원과 서비스를 개발할 수 있도록 하는 사회기획을 수행한다. 셋째, 풀뿌리 집단들에게 사회적 · 경제적 투자를 연계시킨다. 넷째, 지역문제를 해결하기 위해 광범위한 제휴나 연합을 지지한다. 다섯째, 사회정의에 대한 관심을 가지고 지역사회개발, 사회행동, 사회기획 및 지역연계 등의 실천과정을 고취시킨다.

3) 지역사회복지실천과 사회복지사

(1) 지역사회복지실천과 사회복지사의 관계

지역사회복지실천 분야는 다만 사회복지정책가나 사회복지행정가 또는 지역사회복지실천가뿐만 아니라 임상사회사업 분야 또는 사회복지서비스 분야에서 일하는 사회복지사에게도 필요한 실천 분야임에 틀림없다. 사회복지사가 지역사회에 개입하여 지역에 있는 사람들의 사회적 기능과 삶을 증진시키기 위해 지역사회의 자원을 관리하고 발전시키고 지역사회자원을 사람들에게 연결시키는 역할을 담당하게 될 때, 사회복지사는 지역사회복지실천이론의 활용을 통한 지역사회복지 분야에 개입하게 된다(지은구, 2003).

또한 사회복지사가 지역주민으로 하여금 사회적 환경을 둘러싸고 있는 자원을 잘 사용할 수 있도록 도울 때, 사회복지사는 지역사회복지실천에 개입하게 된다. 사회복지사는 미시사회복지실천이든 거시사회복지실천이든 분야에 상관없이 사회행동을 위한 참여를 기본적 임무로 인식하고 있어야 한다. 지역사회에 대해 사회복지행정가나 정책분석가들은 지역사회가 더욱 효과적으로 기능하고 구성원에게 응답적이라고 한다면 지역사회의 구성원은 더욱 건강해지고 행복해진다고 바라본다. 반면에 지역사회에 대해 직접적 서비스를 제공하는 분야에서 일하는 사회복지사는 지역을 특정한 지역주민 집단이나 일련의 클라이언트를 위한 잠재적으로 지지적인 자원이라고 생각한다. 이들은 또 지역사회가 변화하려는 노력은 이 집단구성원을 위해 지역사회를 개선시키기 위해 설계되었다고 인식한다(Hardcastle, Wenocur, & Powers, 1997).

결국 지역주민 개개인의 삶의 질을 개선시키기 위한 노력을 할 때 사회복지사는 주민 개개인이 정신적 · 물질적 · 육체적으로 건강해지는 것뿐만 아니라 지역을 모든 사람을 위해 더 살기 좋은 곳으로 변화시키는 것에도 관심을 가져야 한다. 사회복지사는 분야에 상관없이 지역을 둘러싸고 있는 지역구조에 대한 이해와 지식, 그리고 지역의 부분에서 주민의 효과적인 행동변화를 위한 기술 등이 필요하게 된다. 따라서 사회복지행정가, 정책결정가 또는 실천가에 상관없이 지역사회복지실천은 필요한 분야다(지은구, 2003).

사회복지사는 지역에 대한 이중적 시각을 가져야 한다는 점을 강조할 수 있다. 지역에 대해 이중적 시각을 갖는다는 것은 다음과 같은 측면을 의미한다. 첫째, 사회복지사는 지역주민에게 중요한 환경의 영역으로 지역사회를 강조한다. 둘째, 지역의 한 분야 또는 지역 그 자체가 지역주민, 나아가 클라이언트이기도 하다는 시각을 의미한다(Jacobson & Heitkamp, 1995). 즉, 지역사회복지실천의 분야에서 지역사회는 클라이언트의 체계이며, 이 클라이언트 체계(client system)는 개개 클라이언트들이 사는 환경 영역으로서의 지역사회와 지역 자체가 클라이언트라는 의미에서의 지역사회의 지식이 포함된다(지은구, 2003).

지역사회에 대한 이러한 이중적 시각은 주민 개개인의 개인적 발전과 지역사회발전이 모두 중요한 지역사회복지실천의 영역으로 자리 잡게 된다는 것을 의미한다. 결국 사회복지사들은 지역사회가 지역주민을 포함하는 각 클라이언트가 사는 환경 영역이고, 지역사회 자체가 또한 하나의 클라이언트라는 시각을 견지하여야 한다.

(2) 지역사회복지실천에서 사회복지사의 역할 및 임무

Kemp(1995)는 지역사회복지실천 분야에서 사회복지사가 수행해야 하는 역할과 임무를 다음과 같이 요약하였다. 첫째, 집단과 지역의 힘의 강화를 촉진시킨다. 둘째, 자원과 서비스를 사람들에게 연결시켜 주며, 서비스와 자원이 부족하면 그들을 개발한다. 셋째, 지역사회발전을 양성한다. 넷째, 사회복지사는 사회변화와 지역의 변화를 위한 중요한 목소리의 역할을 수행한다.

또한 Hardina(2002)는 지역사회복지실천현장에서 사회복지사는 다음과 같은 임무를 수행해야 한다고 강조하였다. 첫째, 사회복지사들은 자신이 일하는 지역의 내재적인 능력과 가치, 기술, 힘을 인식해야만 한다. 둘째, 사회복지사는 소외된 집단이 재화와 서비스를 획득할 수 있도록 돕는 것이 자신의 일차적인 실천 목적이라는 것을 인식해야만 한다. 셋째, 사회복지사들은 지역에서 행하고 있는 다양한 형태의 억압을 인식해야 한다. 넷째, 사회복지사는 문제해결과정에서 필요한 모든 단계(지역사회문제 확인, 목적 및 목표설정, 실행, 평가)를 포함해서 의사결정에 지역주민이 완전히 포함될 수 있도록 하는 구조를 가지고 있어야만 한다. 다섯째, 사회복지사는 전문직 직원, 준전문직 직원, 그리고 지역주민의 평등을 인지할 수 있는 의사결정구조를 개발해야 한다. 여섯째, 사회복지사는 지역주민이 선호하는 다양한 것들과 실제로 필요한 요구를 조절할 수 있는 협상과 조정기술을 가지고 있어야 한다. 이 기술은 집합적 의사결정구조를 증진시키기 위해서도 필요하다. 일곱째, 사회복지사는 적절한 전략과 전술을 선택하는 데 윤리적 결정을 하기 위한 개인적 기준(개인적 가치판단기준)을 개발해야 한다. 여덟째, 사회복지사는 실제로 벌어지는 지역사회문제를 해결할 수 있는 실천모델을 선택해야 하며, 어떠한 실천모델도 완벽한 것은 없다는 것을 인식하고 있어야 한다. 그리고 효율적이기 위해 사회복지사는 실천과정이 계속 이어지는 단계 속에서 다양한 모델을 사용하기 위해 준비되어 있어야 한다. 아홉째, 다양한 문화가 교차하는 곳에서 일하는, 그리고 다문화가 조성되어 있는 곳에서 일하는 사회복지사는 문화적으로 경쟁력이 있어야 한다. 즉, 자신이 일하는 지역의 전통과 가치를 이해하기 위한 기술을 가지고 있어야 한다. 그리고 실천 노력의 일환으로 사용되는 전략과 전술은 문화적으로 적절해야만 한다.

결국 사회복지사의 역할과 임무를 핵심적으로 정리하면, 첫째 지역사회를 포함하는 클라이언트 체계를 이해하고 클라이언트 체계와 그 체계를 둘러싸고 있는 제반 환경을 이해해야 한다. 특히 클라이언트 체계와 지역사회체계 사이의 상호관계와 역동성을 이해한다. 둘째, 다양한 인간집단들의 독특한 특징을 이해하고 수용하며 존경한다. 셋째, 인종, 민족, 성, 나이, 종교, 육체적·정신적 능력, 사회적 계급 등과 관련해서 이익과 관심을 공유하는 지역사회의 특징을 이해한다. 넷째, 소외, 차별, 경제적 박탈이나 불평등, 억압이 이루어지는 사회적 구조를 시민이 인식하고 비판적 의식이 고양될 수 있도록 도우며, 주민의 사회경제적 정의를 실현하기 위해 노력한다(지은구, 2003).

또한 지역사회복지의 영역에서 사회복지사는 지역주민은 물론이고 지역의 지도자(주민대표나 민간 시설의 장 등), 선거로 선출된 관리(국회의원, 시의원, 구의원 등), 전문직 종사자(의사, 변호사, 교수 등) 등과 함께 일하며, 과업을 성취하기 위해 이들을 포함하는 추진위원회나 자문위원회의 구성에도 힘을 쏟아야 한다.

(3) 지역사회복지실천 영역에서 지역사회의 의미

지역사회복지실천 분야에서 지역사회에 개입하여 지역사회를 위하여 일하는 사회복지사나 운동가 또는 학자들은 지역사회를 어떻게 바라보아야 하는가? 즉, 지역사회복지실천 영역에서 지역사회는 어떤 의미를 가지고 있는가? Kramer와 Specht(1975)는 지역사회를, 첫째 실천이 일어나는 배경(또는 정황)으로, 둘째 개입의 표적으로, 셋째 변화가 있게 하는 수단으로 정의한다. 지역사회가 변화를 위한 수단이라는 의미는 지역사회 변화의 자원(실현될 수 있는 또는 잠재적 자원)은 결국 모두 지역사회에 존재하기 때문에 변화를 위한 수단으로 지역사회를 바라본다는 것을 나타낸다.

Kemp(1995)는 지역사회복지실천 영역에서 지역사회는 기본적으로 개입이 일어나는 곳이면서 더욱 밀접하게는 주의(attention)가 필요하고 행동이 일어나는 단위로 이해될 수 있다고 한다. 그에 따르면, 지역사회에 대한 이러한 관점은 지역사회가 어떻게 건설되었는지에 대한 지식과 지역사회가 제공하는 기능과 어떻게 지역사회가 개개인들과 사회구조 사이를 중재하는지에 대한 방법에 대한 지식과 지역수준에서 개입하고 평가하기 위해 필요한 전략을 위한 지식을 필요로 한다(Kemp, 1995).

Hardcastle, Wenocur와 Powers(1997)도 지역사회복지실천 영역에서 지역사회란 사회복지실천의 배경 또는 정황이라는 것에는 인식을 같이하며, 지역사회와 지역사회복지실천은 사회복지의 발전과 역사에서 중심이었다고 강조하였다. 그들에 따르면, 미국의 경우 국가가 복지를 제도적으로 보장하기 이전에 민간단체 중심으로 하였던 복지지원활동들(특히 자선조직협회의 활동)과 지역을 중심으로 이루어졌던 인보관운동(settlement movement)이 그 뿌리로서 역할을 하였다.

02

지역사회복지의 역사

1. 영 국

영국의 지역사회복지의 역사는 크게 자선조직화운동(Charity Organization Movement), 인보관운동(Settlement Movement), 지역사회보호(community care)의 등장 및 발전으로 구분하여 살펴보고자 한다.

1) 자선조직화운동

1860년대 이후 영국은 면화기근이나 전염병의 만연 등으로 대량실업이 발생하였다. 그러나 당시의 구빈법(Poor Law)은 이에 적극적으로 대처하지 못하였고, 구빈행정이 부실한 상황에서 무차별적인 시혜와 자선단체가 난립하였다. 1861년 런던에만 640개의 자선단체들이 파악되었는데, 이 단체들은 구빈행정 당국 혹은 다른 자선단체들과의 협력이나 조정 없이 활동하는 것으로 나타났다. 다시 말하면, 이 당시에는 각 자선단체들의 종파적 특성에 따른 협력 및 조정 부족, 개인들의 자선활동에 필요한 정보 부족, 이에 따른 구호의 중복 및 누락, 재원의 낭비 및 탕진 등과 같은 구호의 폐해가 증가하였고, 훈련받지 않은 일반인이 감상적인 선의로 구호사업에 참여하는 사례도 나타났다(이강희, 양희택, 노희선, 2006).

자선조직화운동은 19세기 후반에 성행하였던 부유층들의 무분별한 자선활동의 폐해에 대응하여 자선활동을 지역사회 단위로 조직화함으로써 보다 체계적이고 효율적으로 자선활동을 수행하고자 모색한 자선사업 개혁운동이었다. 영국 최초의 자선조직협회(Charity Organization Society: COS)는 1869년 영국 런던에 설립된 자선조직협회로, Charles Stewart Loch, Charles Bosanquet, Edward Denison, Octavia Hill 등 영국의 자유주의 유력인사들에 의해 주도되었다(원석조, 2008).

자선조직협회(COS)는 구걸행각을 억제하고 중복구호를 방지하기 위하여 여러 가지 자선활동을 조직화하고 조정하며, 빈민의 환경조사를 실시하여 적절한 원조를 제공하는 데 목적을 두었다. 자선조직협회는 빈곤이 개인적 과실 때문에 발생하고 빈민은 스스로 빈곤에서 탈피해야 한다는 전제하에 구제 여부 판단을 위해 사례조사를 실시하였는데, 이는 아주 세밀하고, 엄격하고, 다분히 가치판단적이었다. 자선조직협회는 특히 빈곤의 원인이 나태와 같은 개인의 도덕적 결함에 있다고 보았고, 정상적인 중산층의 인격적인 감화를 통해 빈민의 탈빈곤 동기를 강화시켜 줌으로써 그들이 스스로 빈곤에서 탈피할 수 있다고 간주하여 우애방문원(friendly visitor)을 파견하였다. 또한 철저히 자조(self-help)의 미덕을 강조하였기 때문에 '빈민에게 물고기를 주지 말고 물고기 잡는 방법을 가르쳐 주자.'는 슬로건을 내걸었고 공공의 구빈정책에 대해 반대의 입장을 고수하였던 반면, 사적 자선, 기부, 자원봉사활동 등 순수 민간구호노력을 강력히 지지하였다(원석조, 2008).

자선조직협회의 활동 원칙을 정리하면 다음과 같다(이강희, 양희택, 노희선, 2006). 첫째, 자선조직협회는 빈곤의 원인이 빈민의 개인적 성격이나 생활방식에 있다고 보았다. 둘째, 무계획적인 자선활동이 아닌 구빈법의 원칙에 따라 자선을 실시한다. 즉, 빈민을 구제 가치가 있는 빈민(the deserving poor)과 구제 가치가 없는 빈민(the undeserving poor)으로 구분하여 자선활동을 구제 가치가 있는 빈민에게 한정하였다. 셋째, 중복 구빈의 예방을 위해 자선단체들 간의 자선활동을 조정한다. 넷째, 원조를 실시하기 전에 개인에 대한 신상조사와 참고조사를 실시한다. 다섯째, 주어진 원조는 금액과 시기가 적절해야 한다. 즉, 구제대상자는 엄격히 선별되었고, 자조 의사가 없다고 인정된 자의 구제신청은 거부되거나 구빈법하의 구빈행정으로 송부되어야 한다.

자선조직협회는 지역사회복지 발전에 다양한 의의를 가지고 있다. 자선조직협회는 빈민의 구제 여부를 판단하기 위해 사례조사를 실시하였고, 자선기관 간 연계 및 협력, 지역사회 단위의 조직화 등 현대의 전문적인 사회복지의 초석을 마련하였다(이강희, 양희택, 노희선, 2006). 또한 빈민의 인격적 감화를 위해 파견한 우애방문원의 방문활동은 자원봉사활동의 계기가 되었고, 중복 구호를 방지하기 위하여 설치된 연락기관은 현재의 지역사회사업으로 발전하였으며, 빈민에 대한 철저한 환경조사는 개별사회사업 혹은 가족사회사업으로 발전하였다. 그러나 자선조직협회는 빈곤이라는 문제를 개개인의 도덕적 결함의 결과로만 간주하여 빈곤의 사회경제적 구조 관점을 전혀 고려하지 못하였다. 그뿐만 아니라 전문 사회사업의 근원이 된 빈민에 대한 환경조사는 당시로서는 매우 선구적인 방법이었으나, 사생활 간섭의 특성이 짙은 사례조사에 따라 빈민은 충분한 원조를 받을 수 있거나 혹은 전혀 받을 수 없는 상황이 발생하였고, 이 조사로 빈민은 낙인이 수반될 수 있다는 점에서 비판을 받았다(원석조, 2008).

2) 인보관운동

인보관운동(Settlement Movement)은 1854년 Edward Denison 목사가 주축이 되어 케임브리지 · 옥스퍼드 대학교 학생들과 빈민가의 노동자들을 연계하여 빈곤문제를 해결하려는 일종의 이상주의운동으로 시작되었다. 그 후 Samuel Barnett 목사는 이를 계승하여 1884년에 세계 최초의 인보관인 토인비홀(Toynbee Hall)을 설립하였다. 토인비 홀은 Edward Denison과 함께 인보관운동에 헌신적으로 활동하다 젊은 나이에 요절한 개혁적 경제학자 Arnold Toynbee를 기념하기 위해 그의 이름을 따서 명명하게 되었다(원석조, 2008). 토인비 홀은 빈민의 교육 수준과 문화 수준을 높이고, 빈민의 생활환경과 사회적 욕구를 파악하며, 빈민의 사회문제와 건강문제에 관심을 가지고 빈민을 위한 사회입법에 시민의 관심을 촉구하기 위해 설립되었다(원석조, 2008 재인용).

토인비 홀은 설립된 후 개혁 인사들의 활동 거점이 되었다. 예를 들어, 페이비언협회(Fabian Society) 회원들이 이곳에서 활동하였으며, 런던시 빈곤실태조사를 실시한 Charles Booth와 Beatrice Potter는 이곳을 조사활동의 거점으로 삼았다. 많은 젊은이가 이곳을 방문하였는데, 특히 미국의 Jane Addams는 토인비 홀을 방문한 후 미국으로 돌아가 시카고에 헐 하우스(Hull House)를 설립하였다(감정기, 백종만, 김찬우, 2005).

이 당시의 인보관운동은 자선조직화운동과는 다른 방식으로 지역사회문제에 접근하였는데, 지역사회복지실천에 다음과 같은 중요한 함의를 가진다(이강희, 양희택, 노희선, 2006). 첫째, 인보관운동은 지역사회 또는 지역사회 주민의 복지증진과 개선을 주요 목적으로 삼았으며, 지역사회 전체를 문제의 대상으로 보고 지역사회를 기반으로 한 사회복지사업을 수행하였다. 둘째, 인보관운동은 활동 거점으로서의 공간인 인보관을 확보하여 그 공간을 중심으로 지역사회의 문제해결 능력을 높이고자 하였다. 인보관의 운영방식은 공공조직 및 지역주민과의 관계 속에서 결정되었고, 시대변화에 부응하여 사회를 개선하고자 하였다. 셋째, 인보관운동은 주는 자의 입장이 아닌 수혜자, 즉 지역주민의 입장과 이익을 중시한 활동이었다. 지역사회와 지역사회문제에 대한 이러한 관점의 변화는 현대적인 지역사회복지실천의 밑거름이 되었다.

3) 지역사회보호의 등장 및 발전[1)]

(1) 지역사회보호의 태동기: 1950~1960년대 후반

1957년 지역사회보호(community care)라는 용어를 공식적으로 사용하기 시작한 왕립정신병법위원회(Royal Commission on the Law Relating to Mental Illness and Mental Deficiency)는 정신건강문제를 가진 사람들을 병원에서 장기간 보호하는 것보다는 지역사회에서 보호하는 것이 더 바람직하다고 권고하였다. 이 위원회가 제출한 보고서의 영향으로 1959년 「정신보건법(Mental Health Act)」이 제정되어 지역사회보호라는 용어가 법적으로 명확하게 규정되었고, 형식적으로나마 지역사회보호정책이 전개되기 시작하였다(오정수, 류진석, 2009). 지역사회보호는 정신건강문제나 장애를 가진 사람이 비인간적인 시설이 아닌 지역사회나 가정에서 보호를 받을 수 있도록 그들을 비용효과적으로 원조하는 데 목적이 있다.

그러나 지역사회보호정책에 대한 정부의 지지에도 불구하고 대형 병원의 입

1) 이 부분의 시대 구분은 오정수, 류진석(2009)을 따름.

원환자와 보호시설의 수는 지속적으로 증가하였고, 이에 따라 1962년부터 지역거점병원(district general hospital)을 건립할 것을 제안한 '병원계획(Hospital Plan)'이 수립되었다. 지역거점병원은 동일한 장소에서 많은 수의 다양한 서비스를 제공할 목적으로 추진되었는데, 이에 따라 대규모 정신병원이 폐쇄될 것으로 전망되었다. 정신병 치료제가 개발되고 대중매체와 학자들이 시설입소 환자들의 학대사례들을 집중적으로 조명함에 따라 여론은 점차 시설의 장기입소를 반대하는 방향으로 흘러갔다. 이 시기에는 시설수용 환자들에 대한 비인간적인 치료, 학대와 부실한 보호 등이 사회에 알려짐에 따라 시설보호에서 지역사회보호로의 전환을 위한 방안이 지속적으로 강구되었다. 그러나 지역사회보호에 필요한 재정을 책임져야 할 지방정부가 재정적 부담을 이유로 소극적인 입장을 취함으로 해서 지역사회보호에 대한 실질적인 진전은 없었다(원석조, 2008).

(2) 지역사회보호의 형성기: 1960년대 후반~1980년대 후반

정부가 발표한 다양한 보고서가 이 시기의 지역사회보호의 발전에 지대한 영향을 미쳤으므로, 『시봄 보고서(Seebohm Report)』, 『하버트 보고서(Harbert Report)』, 『바클레이 보고서(Barclay Report)』 등의 보고서의 내용을 중심으로 지역사회보호의 발전을 살펴보고자 한다.

『시봄 보고서(Seebohm Report)』 1968년에 영국 사회복지제도의 개혁을 지향한 '지방자치단체 및 관련 대인사회서비스' 위원회의 보고서이며, 이 위원회의 위원장인 Seebohm의 이름을 따서 명명하게 되었다(이철수, 2006). 시봄 위원회는 잉글랜드와 웨일스 지역 지방행정당국 대인사회서비스의 조직과 책임을 검토하고 효과적인 가족서비스 보장을 위해 어떤 변화가 바람직한지를 고찰하는 과제를 부여받았다. 이 당시에는 사회사업 업무들이 여러 지방행정부서와 중앙정부부서에 산재해 있었는데, 시봄위원회는 지역사회에 기반을 두고 가족지향적인 서비스를 제공해 줄 수 있는 지방행정당국의 새로운 부서 창설을 제안하였다. 이 권고에 따라 지방행정당국에 아동, 가족 및 성인을 위한 서비스를 통합하는 사회서비스부(Social Service Department)가 창설되었다.

『시봄 보고서』는 당시 영국의 현재 및 미래 사회사업실천과 관련하여 다음과 같은 사항을 권고하였다(Glasby, 2005). 첫째, 아동 및 성인 업무를 통합적으로 담당하는 부서의 설치를 제안하였다. 둘째, 주택, 보건의료, 교육 등과 같은 다른 서비스와의 긴밀한 협력을 강조하였다. 셋째, 사회적 빈곤의 위험을 감소시키고, 변화의 시기를 통해 가족을 지원하고, 위험에 처한 특정 지역에 집중하는 등 예방적 접근에 대한 필요를 강조하였다.

이 보고서는 이러한 노력들이야말로 보다 포괄적이고 통합된 서비스 제공을 가능하게 하고, 보다 많은 자원을 유치할 수 있게 하며, 한 지역의 사회적 욕구를 보다 효과적으로 파악하여 미리 계획할 수 있게 한다고 주장하였다(Glasby, 2005). 이런 맥락에서 『시봄 보고서』는 지역사회의 위험상황을 보다 상세하게 파악하기 위한 연구의 중요성과 지역사회개발의 중요성을 강조하였다. 그 결과 지방행정당국의 사회서비스부들은 특별한 욕구가 있는 지역에 자원을 집중하고, 서비스 기획 · 조직 · 제공과정에서 시민참여를 장려하고, 자발적 행동을 촉진하고, 비공식적 선린관계를 독려하며 지방팀 중심으로 서비스를 조직하는 등 지역사회개발사업에 관여하였다(Glasby, 2005). 특히 지역사회를 사회서비스의 수혜자이자 서비스의 제공자로 인식한 이 보고서는 지역사회보호의 주체는 공공과 민간의 다양한 조직이 포함되어야 함을 강조하였다(오정수, 류진석, 2009).

『하버트 보고서(Harbert Report)』 1971년에 창설된 에이번(Avon) 지방정부 사회서비스부의 행정책임자였던 Harbert가 이 지방정부에서의 사회서비스 행정 경험에 기초하여 작성한 보고서로, '지역사회에 근거한 사회적 보호(Community-Based Social Care)'라는 제목으로 발표되었다. 이 보고서에 따르면, 공공서비스는 지역주민의 복잡하고 다양한 욕구를 모두 충족시킬 수는 없으며, 자조집단의 서비스에도 한계가 있어 재정적인 원조와 지원이 필요하다. 이 보고서는 공공서비스와 민간서비스 외에도, 가족체계와 지역사회의 근린에 초점을 둔 비공식 서비스의 중요성을 강조하였다. 즉, 공공과 민간서비스는 가족, 친구, 친척에 의하여 제공되는 비공식 보호를 지원함으로써 클라이언트의 시급한 욕구를 충족시켜 주는 역할을 하여야 한다. 이 보고서에서는 지역사회보호란 "지역사회에서 사회적 의존 인구를 지원하기 위하여 다양한 형태로 제공되는 공공서비스, 민간서비스 및 비공식서비스"라고 정의하였다. 이 보고서에 따르면, 다양한 방법으로 제공되는 서비스는 상호 보완적이어야 하며, 각각의 서비스는 적절한 재정적 지원을 받을 필요가 있다. 특히 자원봉사 서비스는 공공의 법정 서비스에 대한 대체 서비스가 아님은 물론이고, 지방행정당국의 사회서비스 예산을 절감하기 위한 수단도 아님을 강조하였다(오정수, 류진석, 2009).

『바클레이 보고서(Barclay Report)』 이 보고서는 1982년 『시봄 보고서』 이후 지속적으로 논의된 사회사업가의 직무와 역할에 대하여 광범위한 제안을 하였다(오정수, 류진석, 2009). 보고서에 따르면, 사회사업가는 지역사회의 무한한 욕구와 그 욕구를 충족시키기에는 불충분한 자원 사이에서 불안하게 일하고 있으며, 이런 중압감 때문에 그들이 어떤 방향으로 나아가야 할지, 그들이 무엇을 해야 할지, 그들이 어떻게 조직화되고 배치되어야 하는지에 대한 방향성에 혼란을 겪고 있다고 지적하였다(Glasby, 2005).

이 보고서는 사회사업가들이 다음과 같은 기능을 수행해야 한다고 지적하였다(Glasby, 2005 재인용). 첫째, 사람들 및 사람들의 욕구를 전체로 보고, 서비스가 필요하다면 어떤 서비스가 제공되어야 할지에 대한 사람들의 견해를 고려해야 한다. 둘째, 개인의 가치를 인정하고 자기결정에 대한 그들의 권리를 인식하여야 한다. 셋째, 지역사회 연결망을 촉진하고 사회보호계획에 참여하여야 한다. 다시 말하면, 지역주민의 욕구에 부응하여 계획하고, 다른 기관과 협력하며, 자원봉사단체들(voluntary organizations)을 강화함으로써 현재와 미래의 사회문제를 경감하기 위해 노력한다. 넷째, 개별사회사업과 광범위한 지역사회사업의 균형을 맞추면서 지역사회자원에 대한 지식을 가지고 중재자(broker)와 협상자(negotiator)로서 행동하여야 한다. 다섯째, 클라이언트를 대신하여 협상하고 옹호하면서 다른 서비스들과 협력하여야 한다. 여섯째, 부족한 자원을 배분하고 모니터링하는 역할을 한다.

이 외에도 『바클레이 보고서』는 공식서비스가 수발자의 역할을 대신할 수 없음을 인식하면서 비공식 보호의 중요성을 강조하였다. 또한 개인, 가족, 지역사회, 광범위한 서비스 등 주요 이해 관련자 연결망과 협력적 관계를 개발하면서, 사회서비스가 다른 서비스들과 긴밀히 협조할 필요가 있음을 강조하였다. 무엇보다도 『바클레이 보고서』는 지역사회에 근거한 사회사업 접근을 강조하는 동시에, 지역공동체의 힘을 개발하고 지역공동체가 보호과정에 참여할 수 있도록 상세한 정보를 가진 사회사업가를 활용할 것을 강조하였다. 특히 시민의 사회적 욕구가 충족될 수 있도록 하기 위해서 대인사회서비스는 지역사회와 지역사회의 강점에 보다 많은 초점을 두고 시민과 긴밀한 동반자적 관계를 개발하여야 한다고 주장하였다(Glasby, 2005).

(3) 지역사회보호의 발전기: 1980년대 후반~현재

『그리피스 보고서(Griffiths Report)』 대처(Thatcher) 정부는 1986년 Roy Griffiths경을 위원장으로 하는 위원회를 구성하고, 전반적인 지역사회보호 체계를 검토·보고하도록 하였다. '지역사회보호: 행동안건(Community care: Agenda for action)'이라는 제목의 녹서(Green Paper)로 1988년에 발표된 『그리피스 보고서』는 지역사회의 자원이 보다 효과적으로 지역사회보호에 기여할 수 있는 방법에 초점을 맞추었다. 관리주의(managerialism) 이념의 영향을 받은 이 보고서는 복지국가가 직면한 문제들은 강력하고 효과적인 리더십과 관리의 부족 때문에 발생한다고 전제하였다.

『그리피스 보고서』의 핵심은 복지다원주의 또는 복지 주체의 다원화라고 할 수 있다. 복지다원주의(welfare pluralism)란 복지 제공의 책임자가 정부뿐만이 아니라 비정부부문, 즉 비공식부문, 민간부문으로 역할을 증대시킨다는 개념이다. 영국의 경우 19~20세기 초까지만 하더라도 민간 부문이 사회복지의 주요 제공자였으나, 대규모 국가 사회복지제도와 관료구조와 복지국가가 등장함으로써 민간부문의 역할은 현저히 약화되거나 불필요하거나 국가복지에 장애물로 전락하였다. 그러나 복지다원주의는 복지 영역에서 이러한 민간부문의 위상을 복권시켰다고 할 수 있다(원석조, 2008).

『그리피스 보고서』는 다음과 같은 사항을 권고하였다. 첫째, 이용할 수 있는 충분한 자원과 지역사회보호에 대한 분명한 정책이 있어야 하며, 이 목표의 달성을 위해 책임을 질 수 있는 장관을 지명해야 한다. 둘째, 효과적이고 포괄적인 서비스가 되기 위해서는 단편적인 방법보다는 통합적인 방법으로 서비스가 개발되어야 한다. 셋째, 모든 보호체계가 개인의 욕구를 충족시킬 수 있도록 맞춤형 보호 패키지가 개발되어야 한다. 예를 들어, 서비스는 전달되어야 하는데 장애인이 스스로 서비스를 찾아내고 활용하는 것은 어려우므로 서비스를 패키지화하여야 한다. 넷째, 지역사회보호 프로그램은 개인의 광범위한 욕구를 충족시킬 수 있도록 설계되어야 한다. 다섯째, 개인 프로그램을 계획할 때에는 소비자의 목소리가 우선적으로 고려되어야 한다. 여섯째, 모든 서비스는 물리적 환경과 보호 측면 모두를 고려하여 수립된 최소기준에 따라야 한다.

이 보고서는 개인 서비스 이용자와 수발자에 초점을 두어 욕구 충족, 선택 향상, 자기결정 촉진이라는 새로운 지역사회보호정책을 위한 세 가지 핵심 목표와 당시 팽배하였던 소비자 제일주의(consumerism)는 지역사회보호에 대한 다양한 논점을 제시하였다. 즉, 개인이 자신의 가정에 머물 수 있도록 가정과 지역사회 환경에서 제공될 수 있는 탈시설적 지원서비스를 활성화하고, 곤궁에 처한 대부분의 사람이 서비스를 받으며, 자원의 비효율성과 낭비를 방지하기 위한 자원의 효과적인 표적화가 이루어져야 한다는 것이다(Powell, 2001).

이 보고서는 지방행정당국의 역할이 변화해야 한다고 강조하면서, 지방행정당국의 지역사회보호에 대한 책임과 감독 역할을 제안하였다. 즉, 지방행정당국은 서비스를 직접 제공하는 역할을 수행하기보다는 복지의 혼합경제에서 다른 대리인들에 의해 서비스가 제공될 수 있도록 서비스를 계획 및 감독하고, 서비스가 용이하게 제공되도록 조장하는 역할을 하여야 한다는 것이다(Powell, 2001 재인용). 공공서비스의 주요 기능은 개인의 욕구에 발맞추어 보호와 지원의 제공을 설계하고 조정하는 것이며, 보호와 지원은 다양한 원천으로부터 제공될 수 있음을 강조하였다. 따라서 사회서비스 행정당국은 서비스를 독점적으로 제공하는 역할을 하는 것이 아니라, 보호서비스를 조정하고 구매하는 역할을 하여야 한다. 더 나아가 『그리피스 보고서』는 지역사회보호를 위한 권한과 재정의 지방자체단체 이양을 제안하였다.

『국민 보호: 지역사회보호 향후 10년과 그 이후(Caring for People: Community Care in the next Decade and Beyond)』 백서 발표 영국 정부는 1989년 『그리피스 보고서』에 응답하여 『국민 보호: 지역사회보호 향후 10년과 그 이후』라는 백서를 발표하였다. 이 보고서는 다음과 같은 원칙을 제시하였다. 즉, 국가부조는 관료적이고 비효율적이므로 국가는 보호의 제공자가 아닌 조장자의 역할을 수행하여야 하고, 보호의 구매자와 제공자의 역할을 분리하며, 예산과 예산통제를 이전하여야 한다.

이 보고서는 다음의 두 가지 사항을 제외하고는 『그리피스 보고서』의 권고를 모두 따랐다. 즉, 『그리피스 보고서』가 권고한 지역사회보호 장관제와 사회적 보호를 위한 새로운 배당자금제도를 제안하지 않았다. 그뿐만 아니라 이 보고서는 『그리피스 보고서』와는 약간 다른 여섯 가지 목표, 즉 새로운 자금구조, 비영리부문인 독립섹터(independent sector)의 촉진, 명확히 정의된 기관 책임, 욕구조사와 케어 매니지먼트 개발, 재가보호, 데이케어 및 임시보호의 촉진, 수발자들을 위한 실질적인 지원 개발을 제안하였다.

지역사회보호 개혁: 『국민보건서비스 및 지역사회보호법(National Health Services and Community Care Act)』 공표 1990년에는 『그리피스 보고서』의 내용에 기초하여 『국민보건서비스 및 지역사회보호법』이 공표되었다. 이 법은 국민보건서비스 개혁과 지역사회보호 개혁에 대한 내용을 포함하고 있는데, 국민보건서비스 부문은 1991년 4월부터 시행되었지만, 각 지방자치단체의 개혁사항인 지역사회보호개혁은 지방정부의 재정부담으로 1993년 4월부터 시행되었다. 이 지역사회보호개혁은 시장경제의 원리, 즉 소비자의 선택과 서비스 제공자 간의 경쟁을 통하여 지역사회보호서비스의 수준을 향상시키고 케어 매니지먼트의 도입으로 적절한 서비스를 제공하고자 하였다(오정수, 류진석, 2009).

지역사회보호개혁의 구체적인 정책 내용은 다음과 같다(오정수, 류진석, 2009). 첫째, 지역사회의 욕구와 자원분석에 근거하여 지역사회보호계획을 수립한다. 둘째, 보호 욕구에 대한 정확한 판단과 이에 근거한 보호서비스 제공을 위해 케어 매니지먼트(care management)를 도입한다. 셋째, 공공서비스에 대한 민간서비스의 경쟁 유도, 그리고 욕구에 근거한 서비스 제공 등 지방자치단체의 역할 변화를 모색한다. 넷째, 지역사회보호 개혁과 관련된 외부기관과의 동반자적 관계를 추구한다. 다섯째, 복지서비스에 대한 감독제도를 강화한다. 여섯째, 중앙정부에서 지방자치단체로의 권한과 재정의 이양 등을 통해 지방자치단체가 지역사회보호에 대한 재량권을 발휘할 수 있도록 하였다.

2. 미 국[2)]

1) 길드시대와 자선조직협회

남북전쟁 이후 생겨난 신흥산업도시 질서는 전례 없는 사회적 상황과 도전을 제시하였다. 19세기 말 미국 사회는 전통적 농업사회에서 산업적 · 도시적 · 이질적 · 현대적인 사회로의 전환이 가속화되었다. 길드시대(Gilded Age)란 당시 미국이 개인 부에만 전념하는 시대였음을 묘사하기 위해 Mark Twain이 명명하였는데, 당시 미국은 도시산업사회로 전환하는 과정에서 대기업가, 노

2) 이 부분의 내용은 주로 Fisher(2005)를 인용 및 재인용하여 정리하였으며, 지역사회복지 역사의 시대 구분 또한 Fisher(2005)를 따름. 그 외의 참고자료는 해당되는 곳에 제시함.

동자, 농부들 간에 격렬한 경쟁이 나타났다. 이 시기에는 미국의 인구가 실질적으로 성장하였고, 상류층과 부유층이 대거 등장하였다. 당시의 자유방임주의적이고 사회 다윈주의(Social Darwinism)적 정치경제는 개인행동을 개선하고 상업을 이롭게 하는 것에 중점을 둔 사회적 개입만을 장려하였다. 이 당시 친노동·친농업 조직가들은 농부와 노동자를 위해 정부가 중재하도록 주도하기에는 역부족이었다.

이 시기에는 산업화, 도시화, 이민 등에 따른 인구 급성장의 결과, 사회문제가 폭발적으로 증가하였다. 이런 문제들은 대규모로 나타났을 뿐만 아니라, 통제 불능의 수준에까지 이르렀다. 경찰 추산에 따르면, 뉴욕시의 인구가 100만 명 이하였을 때에도 1만 명 이상의 아동이 거리에서 생활하였다(Popple, 1995). 이 당시에는 산업화에 따른 노동 작업 조건의 문제, 아동 노동이나 안전에 대한 문제들이 부각되었고, 급속한 산업화로 농촌의 인구가 도시로 대거 유입되었다. 또한 유럽 각지에서 이주해 온 이민자들이 정착에 어려움을 겪었고 질병과 빈곤에 시달렸으며, 남북전쟁 이후에 나타난 흑인의 각종 인권 및 교육문제 등이 확산되었다(최일섭, 류진석, 2009). 이런 사회문제에 대응하여 나타난 대표적인 운동이 1877년 시작된 자선조직화운동(Charity Organization Movement)과 1886년 시작된 인보관운동(Settlement movement)이다(Popple, 1995).

자선조직화운동은 이민, 산업화 및 도시화 등의 영향으로 부유층과 빈민층으로 양분되었던 현실에 대응하여 이들을 화해시키고자 모색한 19세기 후반의 박애주의 개혁이다. 자선조직협회(Charity Organization Society: COS)는 1800년대 말에서 1900년대 초반 빈민에 대한 정보 교환을 위해 만들어진 민간자선단체로, 1877년 미국 최초의 자선조직협회가 뉴욕주의 버팔로에 설립하였다. 자선조직협회는 많은 의욕적인 목표들, 즉 빈민을 원조하는 것뿐만 아니라 빈곤과 가족해체문제를 이해하고 해결하고자 하였다. 미국의 자선조직화운동은 영국의 구빈법 개혁, 청교도적 이념, 사회 다위니즘(Social Darwinism), 기독교 박애주의 등 많은 이념의 영향을 받았다. 자선조직화운동 지도자들에 따르면, 자선의 본래 목표는 빈민의 고난을 완화하는 것이 아니라 그들의 정신을 앙양하여 그들을 사회에서 생산적이고 독립적인 성원으로 변모시키는 것이다.

자선조직화운동은 사회 다위니즘에 근거한 개념인 '과학적 자선(scientific charity)'이라는 용어를 채택하였다. 자선조직협회 지도자들이 당시 무질서한 자선활동에 과학적 수단을 통하여 질서를 가져오려는 새로운 형태의 사회복지를 추구함에 따라 자선조직협회는 미국 전역에 빠르게 확산되었다. 자선조직협회는 과학적 자선방법, 즉 조직(organization), 조정(coordination) 및 조사(investigation)를 자선행정에 적용하고자 하였으며, 기존의 자선행위를 조정하려는 기관 간 노력을 모색하였다. 자선조직협회는 수많은 기관이나 조직 간 관계에 질서를 가져오고자 하였는데, 이러한 이유로 현대적 사회복지 발전의 선구자라고 할 수 있다. 그러나 자선조직협회의 실천은 기관 간 조정 이상을 강조하였다. 무엇보다도 자선조직협회의 서비스 구조는 길드시대의 자조(self-help)정신에 확고한 기반을 두었다. 즉, 자선조직화운동은 빈곤과 다른 사회문제들이 개인적 특성의 결함에서 기인하므로 개인적 향상을 통해 해결되어야 한다고 가정하였다.

그뿐만 아니라, 대부분의 19세기 사회복지조직처럼 자선조직협회에서는 초창기에 주로 자원봉사자들이 직원으로 활동하였다. 각 자선조직협회에는 대행자(agent)라고 부르는 소수의 유급직원이 구호지원서를 접수받고 각 사례에 대한 정보를 확인하는 업무를 담당하였다. 이 정보는 자원봉사자로 구성된 위원회에 넘겨졌는데, 이 위원회는 지원자의 원조 적격성과 어떤 종류의 원조가 얼마만큼 필요한지 결정을 하였고, 그 사례를 자원봉사 우애방문원(friendly visitor)에게 할당하였다(Popple, 1995). 우애방문원은 지역사회조직가라기보다는 사례관리자(caseworker)라고 할 수 있다. 우애방문원은 궁핍한 사람들을 돕고 그들이 진정 도움을 받을 자격이 있는 빈민인지 혹은 아닌지를 구별하기 위하여 가정방문을 실시하였다. 이들은 구호 제공에는 별 관심이 없었고 주로 치료나 개인적 서비스 제공에 관심이 있었다. 자선조직화운동은 빈곤의 원인이 악덕, 게으름, 무절제 등의 부도덕성과 관계가 있다고 믿었기 때문에, 주요한 치료기법은 청결하고 성공한 삶과 관련된 긍정적인 도덕 사례를 제공하는 것이었다. 그들은 물질적 원조가 빈곤과 고통 감소에는 불충분하며 개인서비스라는 매체를 통하여 의존의 원인을 재조정할 수 있다고 믿었다(Popple, 1995).

그러나 자선조직화운동은 사회서비스 제공을 위해 주로 자원봉사자들에게 의존함으로써 다양한 문제점을 나타냈다. 자원봉사자의 전문성 부족과 수적인 부족으로 인해 자선조직협회에 등록된 모든 클라이언트의 욕구를 충족시키기에는 한계가 있었다. 따라서 자선조직협회는 19세기 후반까지 자원봉사 우애방문원을 유급직원으로 대체하였고, 기관과 직원들은 빈곤과 의존이라는 문제에 보다 효과적으로 대응하고자 하였다(Popple, 1995).

2) 진보주의시대와 인보관운동

1880년대와 1890년대는 사회 다윈주의(Social Darwinism)와 자유방임자본주의에 열중한 시기였으며, 계층, 인종, 신앙 등 다양한 요인이 뒤엉킨 혼란과 분열의 시기였다. 개혁가들은 반이데올로기와 사회운동을 개발하기 시작하였고, 단순히 개인이 아닌 사회가 사회적 상황에 책임이 있고 단순히 개인적 특성이 아닌 환경이 생활경험을 형성한다고 주장하였다. 진보주의의 핵심은 인보관운동(Settlement Movement)에 의해 가장 잘 요약되는데(Popple, 1995), 이 시기에는 동유럽 등의 지역에서 건너온 이민자들의 욕구에 대응하기 위하여 Jane Addams, Lillian Wald 그리고 Stanton Coit와 같은 인보관운동 실천가들이 사회개발과 사회행동의 혼합 형태를 적용하였다(Mondros & Staples, 2008).

미국 최초의 인보관은 1886년 Stanton Coit에 의해 뉴욕에 설립된 네이버후드 길드(Neighborhood Guild: 후에 University Settlement로 불림)라고 할 수 있다. Stanton Coit는 Samuel Barnett 목사가 설립한 영국의 토인비 홀을 방문한 후 1886년에 네이버후드 길드를 설립하였다. 1889년에는 Jane Addams가 시카고의 빈민가에 헐 하우스(Hull House)를 설립하였고, 1892년에는 Lillian Wald가 뉴욕에 너시스 세틀먼트(Nurses Settlement: 후에 Henry Street Settlement로 불림)를 설립하였다. 이러한 운동은 10여 년 동안 급격히 확산되어 1910년쯤에는 미국 전역에 400여 개의 인보관이 설립 · 운영되었다. 이런 인보관들은 유럽 이민자들을 위해 주로 백인 부유층에 의해 주도되었지만, 흑인을 위한 지역사회사업과 인보관들 또한 급격히 확산되어 진보주의시대의 지역사회 실천에 기여하였다. 뉴욕과 시카고는 산업화, 도시화, 이민, 금융 자본주의라는 당시의 거대한 도전의 중심지였기 때문에, 인보관운동의 핵심지역으로 이 시대의 사회혁신을 주도하였다.

인보관 사업은 개인적 문제와 사회적 개선과의 상호 연결성을 토대로 하고 있으며, 실천방법으로는 다음의 세 가지 핵심사항을 내포한다. 첫째, 인보관운동은 매우 필요한 서비스를 전달하고, 지역사회뿐만 아니라 개인수준에서 개입하고, 인보관 활동가들과 지역주민 간의 결속력을 다지려는 통합된 협력실천이다. 둘째, 인보관운동은 지역사회와 지역사회 구축의 본질적 중요성에 대하여 인식하고 있다. 셋째, 인보관운동은 사회 · 정치 · 경제적 정의를 옹호하고 조직화하려는 자발성에 근거한다.

인보관운동의 목적은 새로운 종류의 지역사회생활을 가능하게 하는 것이다. 인보관 활동가들은 입법을 위한 로비활동에 참여하거나 공공위원회에서 활동하기도 하고, 정치 후보자들을 장려하였으며, 스스로 공직에 입후보하였고, 사회조사를 수행하였고, 때로는 광범위한 주택개혁, 노동조합 옹호, 노동자 · 여성 · 아동의 권리를 위한 캠페인에 동참하였다. 인보관들은 지역의 정치 · 경제를 개혁하고 사회서비스를 제공함으로써 지역사회를 활성화하기 위해 투쟁하였다. 특히 뉴욕과 시카고 지역의 비교적 규모가 큰 인보관들은 사회행동에 보다 많은 관심을 가지고 관여하였다. 이 시기에는 개인 원조, 지역사회 구축, 사회변화 모두가 지역사회조직실천의 중요한 일부분으로 간주되었다.

자선조직협회와 인보관운동은 사회문제의 원인 및 해결방법, 참여 주도층, 활동의 초점 및 내용 등 여러 가지 면에서 상이하다. 〈표 2-1〉은 자선조직협회와 인보관운동에 대한 특성을 비교한 것이다.

표 2-1 자선조직협회와 인보관운동의 비교

구 분	자선조직협회	인보관운동
사회문제의 원인	개인적 속성	환경적 요소
이데올로기	사회진화론	자유주의와 급진주의
참여주도층	상류층	중류층과 대학생
활동의 초점	빈민개조와 역기능의 수정	빈민과의 거주, 사회질서의 비판
사회문제 해결방법	자선기관의 서비스 조정	서비스의 직접 제공
활동의 내용	우애방문원의 가정방문	각종 서비스와 사회개혁활동
의 의	지역사회조직실천방법의 출발	민간사회복지관 활동의 출발

출처: 오정수, 류진석(2009), p. 63에서 재인용.

3) 정상으로의 복귀(1919~1929)

1920년대의 정치 · 경제는 지역사회복지실천에 극적인 변화를 가져왔다. 인보관과 지역사회센터의 의미는 다소 퇴색되었지만, 인보관이 수적으로 감소하지는 않았고, 다만 활동 면에서는 약간 저조하였다. 1920년대에는 신흥 사회복지 영역에서 전국적으로 지역사회공동모금회 같은 공동모금조성 구조가 형성됨에 따라 지역사회조직실천도 변화를 겪게 되었다. 이러한 모금 노력은 서비스 영역의 권력을 향상시켰고, 대규모 서비스 기회에의 참여를 가능하게 하였으며, 서비스 조정과 조사에 대한 책임을 증가시켰다. 그러나 이러한 현상은 이 시기가 진보주의시대 이전으로의 복귀이자 개혁 욕구를 부인하는 전형적인 보수적 정치 · 경제임을 시사한다.

제1차 세계대전(1914~1918)은 진보주의시대 지역사회조직실천을 위한 분수령이 되었다. 이 전쟁은 자유주의적이고 집합주의적인 감성에 충격을 가하였으며, 진보개혁자와 이민자들에 대한 전후 적색공포(Red Scare), 즉 반공산주의에 의해 지역사회실천의 핵심요소가 후퇴하게 되었다. 협력적인 실천, 지역사회 구축, 사회행동이라는 인보관운동의 핵심요소를 대신하여 1920년대에는 훨씬 더 제한된 사회복지실천이 제도화되었다. 1920년대의 지역사회복지실천은 지역사회 차원의 모금과 지역사회에 대한 자료수집을 바탕으로 한 사회계획을 강조하는 경향을 반영하였다(Mondros & Staples, 2008).

1920년대에는 사회행동이 퇴색되는 경향이 있었다. 지역사회 구축은 더 이상 제1순위가 아니었지만, 지역사회실천이 사라지지는 않았다. 일찍이 자선조직협회가 해 온 대로, 신생 지역사회모금운동은 조직 간 조정과 행정을 통해 사회서비스기관들 간의 연합을 구축하고 관리하는 것에 초점을 맞추었다. 사회사업 분야는 전문화되기 시작하였고, 지역사회조직의 하위 분야도 유사한 변화를 맞이하였다. 이 당시의 많은 저서는 지역사회조직의 연구와 실천이 보다 정확하고 엄격해야 함을 강조하였다. 대부분의 저자는 John Dewey와 도시사회학이라는 신생 분야의 영향을 받았는데, 지역사회조직실천을 가르치기 위하여 보다 전문적이고 체계적인 방법을 모색하였다.

4) 대공황, 뉴딜, 제2차 세계대전(1929~1945)

대공황에 대한 연방정부와 일반대중 차원의 활기찬 대응은 지역사회조직을 극적으로 변모시켰다. 1930년대 사회개혁 욕구가 표면화되었을 때, 이는 진보주의시대 사회개혁 욕구와는 달랐다. 경제재앙과 사회적 욕구에 대한 1930년대의 대응은 지역사회에 기반을 둔 것이 아니라, 훨씬 더 중앙집권적이고 국가적인 차원에서 이루어졌다. 1930년대 지역사회조직은 계층과 연합에 강력한 기반을 둔 사회행동모델과 함께 표면화되었다. 그러나 이 시기의 사회개혁과 사회행동은 명백히 국가수준에 초점을 두었다. Harry Hopkins, Frances Perkins, Henry Morgenthau와 같은 인보관 활동가들은 지역사회조직 프로젝트보다는 대규모 사회정책과 복지프로그램을 수행하는 데 관여하였다.

빈곤과 실업과 같은 대규모 사회문제들로 인해 사회와 사회복지사들은 개인적 문제들의 원인이 구조적 차원에 있음을 재인식하게 되었다. 즉, 이는 사회문제의 주요한 원인은 개인적 특성의 결함보다는 환경적 요인들임을 재인식하게 되었음을 의미한다. 사회사업 분야 내부에서는 이러한 논쟁이 최고조에 달하였다. 일부 사회복지사들은 1920년대의 개별사회사업은 사회적 맥락과 개인문제 간의 관계를 부정하기 때문에 부적절하다고 주장하였다. 이러한 사회세력은 지역사회조직이 더 확고한 전문적 발판에 기반을 두고 그 당시의 긴급한 욕구를 충족시키기를 희망하면서, 사회사업 분야 내에서 지역사회조직 분야의 사명이 재평가되도록 촉구하였다.

1939년에 개최된 전국사회복지회의에서 발표된 보고서는 지역사회조직을 개별사회사업과 집단사회사업과 동등한 사회사업의 한 분야로 정의하고자 하였다. 6개 도시의 토론집단을 기반으로 작성된 『레인 보고서(Lane Report)』는 1930년대 지역사회조직의 특징과 포부를 반영하였다. 지역사회조직에 대한 광범위한 정의 내에서, 『레인 보고서』는 지역사회조직을 구성하는 실천 종류의 유형을 구체화하였다. 지역사회조직의 실천에는 사회행동과 사회계획을 위한 사실 발견, 사회복지서비스와 프로그램 시도 및 개발, 개인·조직·집단 간의 상호관계 촉진, 사회복지활동, 프로그램 및 목표들에 대한 대중의 이해와 지지 개발 등이 속한다. 그러나 이 보고서는 지역사회조직의 핵심기능은 사회개발이라고 보수적인 차원에서 정의하면서, 사회복지자원과 사회복지욕구를 조정하는 것이라고 결론지었다. 즉, 지역사회조직의 초점을 사회서비스 계획과 조정, 프로그램 개발 및 행정에 두었다. 이 시기는 대공황에 맞선 사회계획하에 사업이 추진된 시기로, 지역사회 구축과 참여적인 과정은 중요하거나 절박하다고 간주되지는 않았다. 대공황이 진정되고 제2차 세계대전(1939~1945)이 발발하였을 때, 지역사회조직은 사회복지자원과 사회복지욕구 간의 조정·유지를 계속적으로 강조하였다. 또한 지역사회조직은 개별사회사업이나 집단사회사업과 같은 사회사업과정이며, 지역사회는 독특한 의미의 클라이언트임이 제안되었다. 대공황기의 지역사회실천은 일반적으로 사회복지라는 커다란 쟁점에 초점을 두었고, 정치행동을 통해 더 큰 목적에 도달하고자 하는 경향이 있었다.

5) 냉전과 1950년대

1945년께부터 1973년까지의 시기는 정치 · 문화의 변화뿐만 아니라 거대한 경제성장 및 기회의 시기였다. 그러나 전후 시기는 지역사회조직에 관심 있는 사회사업 분야 내부와 외부의 사람들에게는 고난의 시기였다. 지역사회실천가는 당시의 보수적인 맥락에서는 자신의 사회행동업무를 유지하는 것이 불가능하다고 인식하였다. 제1차 세계대전 후의 적색공포처럼 사회변화와 민주주의적 의견 차이는 국가에 대한 위협으로 인식되었다. 이 시기는 국내외에서 공산주의에 대한 공포가 지배한 매우 보수적인 냉전정치의 시기였다.

1940년대와 1950년대의 지역사회조직은 대중에 대한 영향력이 미미하였다. 지역사회실천에 관여한 사회사업가들은 현장과 학문의 장에서 보다 큰 생존력을 발휘하였다. 왜냐하면 그들은 보다 다양한 방법으로 냉전에 대응하였고, 더욱 폭넓은 자금원을 모색하였기 때문이다. 또한 이 시기에 학자와 실천가들은 지역사회사업 분야에서 사회사업실천을 위한 개념적 틀을 개발하기 위하여 노력하였다. 예를 들어, Kenneth Pray는 지역사회사업은 개인과 집단에 대한 직접적인 원조관계를 개발하는 것에 초점을 맞추어야 한다고 주장하였다. 한편, Newstetter는 집단 간 사회사업과정에 보다 많은 관심을 가졌고 지역사회는 본질적으로 집단들의 상호작용을 조정하는 관계여야 한다고 보았으며, John Hill은 실천가들에게 시민으로서의 책임과 직업인으로서의 책임을 구별하여야 한다고 경고하였다.

Murray Ross는 지역사회조직에 대한 보다 확대된 개념을 제공하였는데, 지역사회조직은 과정, 개혁, 계획을 지향한다고 하였다. 그는 당시 지역사회조직에 관한 다른 저술들보다 체계적이고 사회과학적인 접근을 사용하였다. 그러나 대부분의 당대 인물들처럼 궁극적으로 Ross는 지역사회조직은 과정으로서의 지역사회조직에 초점을 두어야 하며, 사회행동이나 옹호 혹은 상의하달식의 사회계획모델보다는 지원자(enabler)로서 지역사회사업가의 역할을 강조하였다. 이 당시의 지역사회조직의 경향은, 집단사회사업이나 개별사회사업처럼 주로 대인관계 과정, 즉 자조집단들이 얼마나 포괄적으로 조직화되는지 혹은 어떻게 민주적 결정이 만들어지는지 등에 주로 초점을 맞추었다. 이 당시의 지역사회조직은 빈곤, 인종차별이나 일반적 형태의 차별에 영향을 미치는 구체적인 성과에는 별다른 관심이 없었다.

6) 1960년대(1960~1975)

1960년부터 1975년까지의 시기는 세계적으로 사회행동의 전성기였다. 미국에서는 유색인종들의 평등권 찬성, 학생들의 베트남전쟁 반대, 여성들의 성차별 반대와 양성평등 지지 등의 사례처럼 대규모 사회운동들이 계층, 인종, 정치, 가치, 성 등에 근거한 억압을 반대하였다. 이 시기는 대규모 폭동, 급진적 정치, 청년들의 실험의 시기로 기억된다. 즉, 참여적 취지와 함께 민주주의라는 관념이 되살아나는 시기다.

무엇보다도 이 시기에는 다양한 형태의 정치 참여와 사회변화에 유용한 자금과 공간의 양이 상당한 수준에 이르렀다. 미국의 빈곤율이 19%에 육박하자 존슨(Lyndon B. Johnson) 정부는 '빈곤과의 전쟁(War on Poverty)' 이라는 기치하에 공공사업들을 수행하였다. 이 사업들은 빈곤의 사회적 원인에 초점을 맞추고 지역수준에서 빈곤을 다루기 위하여 지방분권화 전략을 취하면서, 빈민을 위해 활동하는 조직에 대해 대규모의 연방 지원을 제공하였다. '빈곤과의 전쟁' 을 수행하기 위해 공표된 『경제기회법(Economic Opportunity Act)』에 의해 1964년 설립된 경제기회청(Office of Economic Opportunity)은 지역사회에 기반을 둔 비영리 프로그램을 극적으로 확대하였다. 새로운 경제기회청하에서 이루어진 프로그램들로는 헤드스타트(Head Start), 잡코(Job Corps), 지역청년부대(Neighborhood Youth Corps), 지역사회행동 프로그램(Community Action Program: CAP) 등이 있다. 빈곤문제는 다시 한 번 연방정부 차원의 문제로 간주되었지만, 많은 핵심 프로그램은 연방정부의 역할을 참여, 계획, 권력과 같은 지역사회를 기반으로 한 노력들을 주도하고 자금을 제공하는 역할로 규정하였다. 사회복지서비스에 대한 연방정부 지출은 1965년에서 1970년까지 5년 만에 약 3배에 달했다.

이 당시 지역사회조직 전략과 전술에서는 보다 활동중심의 운동전략과 보다 전문적이고 점진적인 전략 간에 긴장이 존재하였다. 당시의 많은 지역사회사업가들은 과거보다 권력에 더 많이 접근할 수 있었고 정책개발에 영향력을 발휘할 수 있었기 때문에, 진보주의시대와 뉴딜정책 당시에 성공을 거두었던 전문적이고 점진적인 전략을 선호하였다. 그러나 지역사회를 기반으로 한 노력들은 많은 관심을 모았고, 많은 사람에게 직업과 사회변화 경험을 제공하였다. 물론 사회변화를 성취하기에 용이한 시기는 아니었지만, 지역사회조직에 대해서는 유별나게 지지적이고 약동적인 시기였다.

지역사회실천은 계속해서 이전처럼 동일한 무대에서 유사한 방법으로 진행되었지만, 지역사회 구축, 사회계획, 사회행동은 점점 권력의 문제에 많은 관심을 가지고 되었고, 전략과 전술 면에서는 사회행동, 정치적 옹호, 그리고 투쟁적이고 대립적인 방법을 포함하도록 확대하고자 하였다. 이 당시에는 사회행동 및 민주주의적 의견 차이가 지지되었고, 이러한 것들은 합법적인 것으로 간주되었다.

1960년대 말과 1970년대에는 지역사회사업에 대한 관심이 확대된 반면, 급진적 정치 반대파를 제거하고자 하는 등의 정부의 억압은 운동 노력을 약화시켰다. 많은 활동가들은 1970년대 초반에 국가 지향적 대규모 운동에서 물러나 보다 참여적이고, 평등적이고, 공동사회를 건설하기 위한 수단으로 풀뿌리 지역사회조직화로 복귀하였다. 예를 들어, ACORN(Association of Community Organizations for Reform Now)이나 산업지역재단(Industrial Areas Foundation) 같은 풀뿌리 조직들은 현재까지도 존속하고 있다.

7) 1975년 이후: 민간부문의 지역사회실천

이 시기는 다음의 세 가지 중요한 도전으로 요약될 수 있다. 첫째, 1975년 이후에는 민간부문이 강화되었다. 민간부문은 경제 및 기술적 진보의 동력이자 사회문제를 다루고 해결하는 주요 도구로 간주되고 있다. 둘째, 분명히 첫째 경향과 관련이 있는데, 공익과 공적인 참여보다는 사적인 개인주의 문화가 점점 더 강조되고 있다. 사람들은 이전보다 개인적 욕구와 성장에 초점을 맞추며, 사회생활에 대한 참여뿐만 아니라 사회생활에 대한 관심을 배제한다. 빈곤, 폭력, 교육, 환경오염과 같은 문제가 개인적 해결책을 가진 개인적 문제로 재정의됨에 따라 사회문제와 사회적 해결책이라는 의미가 퇴색되고 있다. 셋째, 사적인 공간이 점점 공적인 공간을 대신하고 있다. 도시 풍경은 거리, 공원, 도서관, 도심가 쇼핑 등의 공적인 공간에서 사람들을 이동시켜 개인주택과 뒤뜰, 컨트리클럽, 개인 서점, 개인 차, 대문으로 강화된 교외지역사회와 쇼핑몰과 같은 사적 영역에서 살도록 조장한다. 그런 세계에서는 공적 생활은 차치하고라도 타인과의 사회결속력 형성, 공동체 형성이 극적으로 감소한다.

1975년 이후의 보수주의 정치 · 경제에서 사회행동 노력은 사회사업 내부 및 외부에서 부적절한 것으로 간주되어 왔다. 또한, 많은 주에서는 재정위기에 의해 전투적인 사회행동적 지역사회사업이 극적으로 쇠퇴하였다. 게다가 중앙집권화되고, 민주주의가 억제되고, 개인주의화 되는 상황에서 지역사회실천은 민주적 과정과 목소리가 보다 강조되는 경향이 있다. 그러나 부시(George W. Bush) 정부의 집권과 2001년 9 · 11사태로 공적 생활과 공공부문보다는 다시 한 번 지역사회실천의 형태를 취하게 하면서 국가의 정치 · 경제를 보다 더 우파로 이동시켰다.

앞으로의 과제는 참여적 민주주의, 평등주의, 시민권과 권리, 지역사회 구축, 감소된 인종주의와 성차별주의에 대한 관심을 진보주의적 정치 · 경제 · 사회적 프로그램에 통합하는 것이라고 할 수 있다. 향후에는 사회 · 경제 · 정치적 정의를 향해 나아가려는 지속적인 목표에 초점을 두면서 사회사업 내부와 외부에서 최선의 지역사회실천방법을 모색해 나가야 한다.

3. 한 국[3)]

한국의 지역사회복지 역사는 먼저 일제강점기 이전에 존재했던 대표적인 인보 및 상부상조 관행과 일제강점기의 지역사회복지 관련 활동을 살펴보고, 지역사회복지 태동기(광복 후～1970년대), 지역사회복지 정착기(1980～1990년대 초반), 지역사회복지의 발전기(1990～현재)로 나누어 간략하게 소개하고자 한다.

1) 일제강점기 이전

(1) 계(契)

계는 상부상조의 민간협동체의 하나로, 조합적 성격을 갖는 우리나라 특유의 협동조직으로 사회적 · 경제적 · 정치적 상황에 따라 목적과 기능을 달리하면서 명맥을 유지하여 왔다. 계는 친목 도모라는 사회적 목적이나 궁핍 혹은 대규모 가계지출에 대비하는 경제적 목적을 가진 형태가 주를 이루었으나, 그

3) 이 내용은 감정기, 백종만, 김찬우(2005), 강철희, 정무성(2006), 오정수, 류진석(2009), 최일섭, 류진석(2006)을 주로 참고함. 또한 광복 후의 시대 구분은 오정수, 류진석(2009)을 따름. 그 외의 참고자료는 해당되는 곳에 제시함.

외에도 비밀결사와 같은 정치적 목적을 띠고 결성된 계들도 있었다.

(2) 두레

두레는 농촌에서 모내기나 김매기 등 농번기에 농사일을 협력하기 위해 부락이나 리(理) 단위로 만들어진 협동조직체 혹은 그것을 통해 공동노력을 행하던 풍습을 말한다. 상호부조, 공동유흥, 협동노동 등을 목적으로 마을 단위로 조직되었다. 두레의 참여는 노동능력에 따라 이루어졌고, 통솔자인 행수(行首)를 포함한 6명의 간부회의인 역원이 재가한 후에 가입이 허락되었다.

(3) 품앗이

품앗이는 노동의 교환형식으로 이루어졌던 비교적 단순한 형태의 농촌지역 협동조직이다. 두레가 1년 중 가장 바쁜 시기인 농번기에 주로 이루어졌던 반면, 품앗이는 몇몇 사람을 중심으로 시기와 계절에 상관없이 이루어졌고, 작업의 종류도 농가에서 필요로 하는 모든 작업에 해당되었다. 품앗이는 주로 상호부조의 의식 혹은 의리 같은 정신적 자세나 처지가 유사하다는 관념에서 결성되는 경향이 있었다.

(4) 향약(鄕約)

향약은 조선시대 유교적 예규에 근거하여 권선징악과 상부상조를 목적으로 만들어진 향촌의 자치규약이자 지역발전과 주민의 순화 · 덕화 · 교화를 목적으로 한 지식인들 사이의 자치적 협동조직이다.

(5) 오가작통(五家作統)

오가작통제도는 정부의 강제성이 어느 정도 개입된 인보제도로 정확한 기원은 알 수 없다. 이 제도에 대한 기록은 1428년(세종 10년) 조선시대 『세종실록』에서 최초로 등장하였으나, 1455년(단종 3년)에 입법화되었다. 이 제도는 다섯 가구, 즉 오가를 일통으로 편성하였다고 하여 오가작통이라고 불린다. 오가작통제도는 각 하급지역의 행정구획을 일정 수의 호수 또는 지역을 표준으로 여러 개의 구역으로 세분화하여 오가 중에서 지위나 연령이 높은 사람 1인이 통수로서 통내의 사무를 관장케 하였으며, 그 구역 내의 모든 거주자는 인보상조와 연대책임을 가지고 지역 내의 치안을 유지하고 복리와 교화를 증진하여 지방행정의 운영을 용이하게 하는 지방자치제도다.

2) 일제강점기

일제강점기는 근대적 의미의 지역사회복지사업이 싹트기 시작한 시기다. 이 당시의 구호사업은 식민정책을 위한 수단으로 시혜나 자선 형태로 이루어졌으며, 우리 민족이 일제에 충성하게 하려는 의도에서 이루어졌다. 또한 일제의 식민지정책은 전통적으로 내려오던 다양한 지역사회조직체와 민간협동단체를 와해시켰다.

이 당시의 지역사회복지 활동으로는 농촌지역을 중심으로 한 협동조합운동과 인보관운동, 사회복지협의체로 나누어 볼 수 있다. 먼저 사회복지관의 모체라고 할 수 있는 인보관사업은 20세기 초 외국 선교사들에 의해 시작되었는데, 1906년 Mary Knowles라는 선교사가 원산에서 시작한 인보관운동이 사회복지관의 모태가 되었다. 1921년에는 서울에 태화여자관이 설립되었고, 1926년에는 원산에 보혜여자관이 설립되었다. 뒤이어 1930년에는 총독부에서 서울에 인보관을 설치하였다. 또한, 일제의 강압에도 불구하고 민중운동이 계속되었다. 민간주도 협동조합운동은 주로 일본 유학생들과 천도교계, 기독교계 중심으로 이루어졌으나, 일제는 이러한 자발적이고 민간주체적인 협동조합이나 농촌운동을 억제하였고, 침략과 약탈의 수단으로 이용하기 위하여 관제조합이나 농촌진흥운동을 시행하였다. 그리고 사설 사회복지사업의 연락 · 조사연구기관으로 1921년 4월에 조선사회사업연구회가 조직되었고, 1929년 4월에 재단법인 조선사회사업협회로 개칭 · 확대되었다. 이 협회는 현재의 사회복지협의회와 유사한 업무를 담당하였던 협의체이지만 관에 의해 통제되었다는 점에서 정부기관으로 보는 것이 타당하다.

3) 지역사회복지의 태동기(광복 후~1970년대)

(1) 외국원조기관의 활동

1945년 광복과 1950년의 한국전쟁으로 우리나라는 정치 · 경제 · 사회적 불안정과 혼란이 계속되었다. 한국전쟁으로 고아와 전쟁난민이 증가함에 따라 외국의 민간구호단체들이 우리나라에 들어오기 시작하였고, 이 기관들은 구호사업을 비롯하여 보건사업, 교육사업, 지역사회개발사업을 전개하였다. 한국전쟁 중인 1952년, 외국의 민간구호단체 7개 기관이 '외국민간원조기관한국연합회(Korean Association of Voluntary Agencies: KAVA)'라는 외국원조협의체를 조직하여 원조활동과 관련한 문제들을 협의 · 조정하였고, 1955년에 이르러서는 사무국을 두어 연합회로서의 기능을 갖추게 되었다.

외국의 민간원조기관의 사업들은 전쟁고아를 원조하기 위한 시설보호사업이 주를 이루었는데, 전반적으로 전시 및 전후 복구의 시기에 사회복지서비스 제공에 중요한 역할을 담당하였다. 외국의 원조기관은 1964년께에는 70여 개로 증가하였는데, 이 중 28개 기관만이 교육, 보건, 사회복지, 구호, 지역사회개발사업을 수행하였고, 나머지 기관들은 기독교 선교의 목적을 가지고 활동하면서 부수적으로 교육, 보건, 구호 및 사회복지 분야에서 활동을 전개하였다. 외국 민간원조기관들은 원조사업의 내용, 활동 및 전문성 면에서 우리나라의 사회복지사업에 중요한 역할을 하였고, 미국식 전문사회사업의 실천방법과 관련된 이론들을 국내에 전파하는 데 결정적 역할을 하였다. 이 기관들은 지역사회조직사업 등 전문화된 사회복지사업을 실천으로 보여 주었으며, 상호 정보교환을 통해 원조의 중복을 피하고 상호 간에 전문적인 지식을 교환할 수 있는 기회를 제공하였다. 우리나라의 경제개발로 소득 수준이 향상됨에 따라 1970년대에 들어서서는 외국 민간구호단체들이 철수하기 시작하였다.

(2) 토착 지역사회복지관 설립 증가

1956년에 이화여자대학교가 복지관을 설립하였고, 1956년에는 아현인보관, 1962년에는 목포사회복지관 등 대학부설 혹은 개인이나 민간단체에 의해 사회복지관이 설립되기 시작하였다. 특히 1970년대는 외국 민간원조기관의 활동이 감소하고 우리나라의 토착 사회복지관이 증가하기 시작하였다. 또한 1975년에 우리나라는 국제사회복지관연합회 회원국으로 가입하였고, 1976년에는 22개의 사회복지관이 연합하여 한국사회복지관연합회를 결성하였다.

(3) 새마을운동

우리나라에서 체계적인 지역사회개발사업의 기반이 구축되기 시작한 것은 1958년 9월 지역사회개발위원회 규정이 공포되면서부터라고 할 수 있다. 특히 1970년대에 들어와서는 우리나라의 전형적 지역사회개발사업이라고 할 수 있는 새마을운동이 뿌리내리기 시작하였다. 이 사업은 1970년 당시 박정희 대통령의 지시에 따라 농한기 농촌마을가꾸기 시범사업 형태로 시작되었고, '근면·자조·협동'의 기치하에 내무부에 전담부서를 두고 전국적인 사업으로 전개되었다. 새마을운동은 농촌생활환경개선운동으로 시작되었으나 소득증대운동으로 확대되었고, 도시에서는 의식개선운동으로 전개되었다. 지역사회복지적 맥락에서 새마을운동은 체계적인 지역사회개발사업의 기반을 구축하였다는 점에서는 상당한 의의가 있으나, 정부의 권고나 지시에 의해 1인 혹은 소수의 지도자가 주도한 사업이라는 점에서는 한계가 있다고 할 수 있다. 즉, 새마을운동은 지역주민의 자발성에 근거한 지역사회개발사업이라고 평가하기에는 무리가 있다.

4) 지역사회복지의 정착기(1980~1990년대 초반)

1980년대의 지역사회복지는 사회복지관에 대한 공식적인 정부지원, 재가복지서비스의 도입, 사회복지전문요원제도의 도입, 지역사회복지운동의 확대 등으로 요약할 수 있다.

(1) 지역사회복지관에 대한 국고보조금 지급

사회복지관사업은 1980년대 산업화 이후 대도시의 빈곤문제가 심각하게 부각됨에 따라, 이를 해결하기 위한 방안으로 국가의 공식적인 국고보조사업으로 추진하게 되었다. 1983년 「사회복지사업법」의 개정으로 사회복지관은 복지관 운영을 위해 국가로부터 공식적으로 국고보조금을 지급받기 시작하였다. 이에 힘입어 1980년대에는 민간단체에 의한 사회복지관 설립이 증가하여 1990년 당시 58개의 사회복지관이 설치·운영되었다. 1989년에는 「주택건설촉진법」 등에 의해 저소득층 영구임대아파트 건립 시 일정 규모의 사회복지관 건립을 의무화하였고, 「사회복지관 운영·건립 국고보조사업지침」에 근거하여 국가지원금 산출방식이 마련되었다. 1989년에는 사회복지관들의 연합체인 한국사회복지관협회가 설립되었다.

(2) 사회복지전문요원제도 도입

1987년부터 별정직 공무원인 사회복지전문요원제도가 도입되어 서울, 부산,

대구, 인천, 광주, 대전 등 전국의 6개 대도시 저소득층 밀집지역의 동사무소에 사회복지전문요원이 신규로 임용·배치되기 시작하였다. 이어 1992년 12월 8일 「사회복지사업법」 개정을 통해 사회복지전담공무원이라는 명칭으로 이들에 대한 법적인 근거가 마련되었고, 이들은 전국적으로 확대 임용·배치되어 생활보호대상자(후에는 국민기초생활보장수급자)를 중심으로 한 공공부조업무를 담당하게 되었다.

(3) 재가복지서비스 도입

1980년대에는 노인과 장애인을 대상으로 한 재가복지서비스가 도입되었다. 즉, 서비스가 필요한 대상자가 시설에 수용되지 않고 자신이 거주하는 가정이나 지역사회 내에서 서비스를 제공받을 수 있도록 재가복지가 민간 분야에서 처음으로 시도되었다. 예를 들어, 노인 분야에서는 1980년대 초 한국노인복지회가 노인결연사업, 상담사업 등을 실시하였으며, 후에 정부와 국제노인복지회의 지원을 받아 가정봉사원 파견 시범사업을 실시하였다. 장애인 분야에서는 1980년대 장애인재활협회, 서울장애인종합복지관 등을 중심으로 지역사회중심재활사업(community-based rehabilitation)을 실시하였는데, 장애인 가정을 방문하여 상담, 진단치료, 교육 프로그램 등을 제공하였다.

(4) 지역사회복지운동 활성화

1980년대 후반에는 사회운동적 성격의 각종 지역사회복지운동이 폭발적으로 증가하였다. 정치적 민주화라는 정치환경의 변화를 계기로 도시빈민운동이나 노점상운동, 농민운동 등과 같은 부문 운동뿐만 아니라 경제정의실천시민연합회, 참여연대, 공명선거실천시민운동협의회, 환경운동연합 등을 중심으로 시민사회단체 운동이 확대되었다. 또한, 장애인, 노인, 여성 등 사회적 취약집단을 중심으로 이익집단 성격의 단체가 결성되어 적극적인 이익추구 활동을 전개하게 되었다.

5) 지역사회복지의 발전기(1990년대 이후~현재)

1990년대 이후부터 현재까지의 지역사회복지 현장은 이전보다 지역 중심성이 강조되고, 전문성의 강화가 요구되어 지역사회복지의 질적인 전환이 이루어졌다. 특히 재가복지서비스의 확대, 지역사회복지실천 주체의 전문화와 다양화, 지역사회 중심의 자활사업, 지방자치제도 및 지방분권화 실시, 시민사회운동의 활성화 등은 지역사회복지실천의 내실화에 기여하였다. 이 시기에는 지역사회복지관 급증, 지역자활센터 정착, 시범 사회복지사무소 설치, 지역사회복지협의체 구성, 재가복지봉사센터 운영, 사회복지공동모금 활성화 등의 특성이 나타났다.

(1) 지역사회복지관 급증

1990년대 이후 지역사회복지실천 현장의 가장 두드러진 현상은 지역사회복지관의 기하급수적인 증가라고 할 수 있다. 사회복지관은 1990년대 이후 급격히 증가하여 2009년 12월 현재 414개의 사회복지관이 설치·운영되고 있다. 사회복지관의 재정구조는 국고보조금, 지방비, 법인 자부담으로 형성되어 있고, 정부의 지도감독하에 민간법인이 운영하는 반관반민의 운영형태를 띠고 있다. 그러나 지방재정운용의 자율성 증가를 위해 2005년부터 시행된 지방분권재정정책에 의하여 국고보조금이 분권교부세로 전환되었으며, 사회복지관의 운영은 지방자치단체의 일반재정에 의해 운영되고 있다. 또한 1997년 「사회복지사업법」의 개정으로 사회복지기관 평가제도가 도입되어 사회복지관의 운영 및 프로그램의 효과성과 효율성을 제고하고, 지역사회에 근거한 자원동원 및 서비스 전달체계를 확립하고, 지역사회조직사업을 강화하는 등 지역사회복지관은 지역사회복지실천의 핵심체계로 자리매김하고 있다.

(2) 지역자활센터 정착

이 시기에는 자활지원센터 설립이 제안되어 전국적인 사업으로 정착되었다. 1995년 한국보건사회연구원의 정책과제 연구를 통해 자활지원센터의 필요성이 제기되었고, 국민복지기획단이 자활지원센터설립을 제안하였다. 이에 1996년에는 시범 자활지원센터 5군데가 출범하였고, 이후에는 점진적인 양적 성장을 이루었다. 2000년에는 「국민기초생활보장법」 제정으로 자활후견기관으로 개칭하였고, 지역사회 중심의 자활지원사업이 본격적으로 전개되었다(보건복지가족부, 2010). 자활지원사업은 근로능력이 있는 기초수급자 및 차상위계층에게 체계적 자활지원서비스와 각종 자활사업 참여 기회를 제공하여 자활능력을 배양하고 빈곤탈피를 유도하기 위한 제도다. 2007년에는 지역자활센터로 개칭되었으며, 지역사회의 자활지원사업을 담당했던 조직 대부분이 지역자활센터로 지정되었다. 2000년 64군데이던 것이 2009년 12월 현재 전국적으로 242개의 지역자활센터가 설치 · 운영되고 있다.

(3) 시범 사회복지사무소 설치

사회복지사무소 설치에 대한 논의는 1980년대 초부터 지속되어 왔으나, 1992년 「사회복지사업법」에 '복지사무전담기구'에 관한 규정을 신설함으로써 법적 근거를 마련하였다. 이후 1995년부터 1999년까지 4년 동안 전국 5개 지역에서 보건복지사무소 시범사업을 실시하였다. 그 후 2003년 참여정부는 국정과제인 '참여복지와 삶의 질 향상'을 위해 '사회복지사무소 설치 등 사회복지전달체계 개편' 방안을 추진하였다(보건복지부, 2005b). 시 · 군 · 구청 소속 복지전담기구를 설치하여 복지업무의 효율화 · 전문화와 공공부조와 복지서비스의 내실화를 꾀하기 위하여 2004년 7월부터 2006년 6월까지 서울 서초구, 강원 춘천시, 충북 옥천군 등 9개 시 · 군 · 구 지역에 사회복지사무소 시범사업을 실시하였다. 2006년 6월 시범 사회복지사무소 운영이 종료됨에 따라 그해 7월부터 복지서비스 전달체계가 주민생활지원서비스 제공방식으로 개편되기 시작하였다.

(4) 지역사회복지협의체 구성 및 지역사회복지계획 수립

공공 · 민간 분야 상호 간의 연계체계가 구축되지 않음에 따라 일부 대상자에 대한 서비스 중복과 누락의 문제점이 발생하였으며, 복지대상자가 서비스에 접근하기 위해서는 관련 기관을 수차례 방문해야 하는 등의 문제점이 존재하였다. 이에 지역 단위로 민관이 협력하여 사회복지서비스 제공의 효과성과 효율성을 제고하고 지역의 복지문제를 스스로 해결할 수 있는 논의구조를 통해 지역사회 내의 보건 · 복지 분야 등 민관 대표자, 실무자들이 참여하여 수요자에게 통합적인 서비스를 제공할 수 있도록 지역단위의 연계 협력체계 구축의 필요성이 제기되었다.

이런 배경에서, 2000년 한국보건사회연구원의 '보건 · 복지기능연계모형 연구'를 통해 보건복지기능 연계 도모를 위한 지역사회복지협의체 구성의 필요성을 확인하고, 지역사회복지협의체 설치근거를 명시한 「사회복지사업법」 개정 법률안이 2000년 12월 국회에 상정되었다. 지역사회복지협의체 운영성과

검증을 위해 15개 시 · 군 · 구에 2001년 10월부터 2년간 시범사업이 실시되었다. 2003년 7월 「사회복지사업법」 개정을 통해 종전에 시 · 군 · 구에 설치되어 있던 사회복지위원회를 폐지하는 대신, 각 지역의 실정에 맞는 사회복지서비스를 주도적으로 계획하고 수행할 수 있는 지역사회복지협의체 구성 · 운영과 관련된 법조항을 신설하여 2005년 7월부터 설치 · 운영하도록 하였다(보건복지부, 2005b; 보건복지가족부, 2009a). 또한 2003년 7월 「사회복지사업법」 개정 이후 시 · 도지사 또는 시 · 군 · 구청장은 2005년 7월 31일부터 당해 시 · 도 또는 시 · 군 · 구의 지역사회복지계획을 4년마다 의무적으로 수립하도록 되어 있다.

(5) 재가복지봉사센터 운영

1992년부터는 가사, 간병, 정서, 의료, 결연 등의 서비스를 제공하기 위해 정부지원사업으로 재가복지봉사센터가 설치 · 운영되고 있다. 재가복지봉사센터는 1980년대 이후 정부의 지원사업으로 확대 · 설치된 기존의 사회복지관, 장애인복지관, 노인복지관 등의 복지관 부설 형태로 설치 · 운영되고 있다. 2009년 현재 전국적으로 374개의 재가복지봉사센터가 운영되고 있다.

(6) 사회복지공동모금의 활성화

이 시기에는 민간에 의한 자발적인 복지자원 개발 활동을 지원하고 국민의 자발적인 성금으로 모금된 재원을 효율적으로 관리 · 운용하기 위해 사회복지공동모금회가 설립되었다. 1997년 3월 「사회복지공동모금법」 제정으로 1998년 7월 이후 중앙과 지방에서 동시에 공동모금활동이 전개되었다(행정안전부, 2009a). 1999년 3월 「사회복지공동모금법」은 「사회복지공동모금회법」으로 대체입법되었고, 이 사업은 민간단체로 이관되어 시행되고 있다.

03

지역사회복지에 관한 이론

이론은 실천을 위한 개념적인 뼈대로서 우리가 직면하는 현상에 관해 생각하고 이해하는 것을 도우며, 어떻게 개입할 것인지에 대한 결정을 수립하는 데 도움을 준다(Hardcastle, Wenocur, & Powers, 1997). 또한 이론이란 왜 어떤 것은 작동을 하고 어떤 것은 작동을 하지 않는지를 설명하는 상호 연관된 개념의 집합체라고 할 수 있다(Netting, Kettner, & McMurtry, 2004). 일반적으로 이론이란 어떤 사회현상의 원인과 효과의 상호 관련을 이해하고 설명하는 데 사용된다. 즉, 경험적 조사를 통하여 유효한 것으로 설정된 원인과 효과의 상호 관련에 대한 가정을 이론이라고 할 수 있다(Hardina, 2002).

이론이 필요한 이유에 대해 Silver(1980)는 다음과 같이 제시하였다. 첫째, 이론은 인간 개개인의 행동을 이해할 수 있도록 돕는다. 둘째, 이론은 집단과 조직의 행동을 이해할 수 있도록 돕는다. 셋째, 이론은 개인, 집단 및 조직 사이의 교환과 힘의 관계를 이해할 수 있도록 돕는다. 넷째, 이론은 개개인과 집단의 사상이나 사고를 이해할 수 있도록 돕는다.

앞에서 제시한 이론이 필요한 이유를 지역사회복지실천 영역에 적용하여 보면, 지역사회복지실천 영역에서 이론은 지역사회조직이나 집단 그리고 주민 개개인의 행동을 이해하는 데 도움을 주며, 지역사회 안에서 이루어지는 모든 교환행동과 힘의 관계를 이해하는 데 도움을 주고, 조직과 집단, 그리고 개개의 주민들이 가지고 있는 가치와 이념 또는 사상을 이해하는 데 도움을 준다. 즉, 이론은 지역사회복지실천을 위한 행동방법이나 해결방법 또는 개입을 위한 방법 등 구체적인 실천행동을 위한 방법을 직접적으로 제시하지는 않지만, 우리는 지역사회복지실천 이론을 통해서 지역사회복지를 어떻게 이해하여야 하고 지역사회복지의 향상을 위해서 무엇을 어떻게 해야 할 것인가에 대한 지침을 얻을 수 있다. Netting, Kettner, 그리고 McMurtry(2004)는 지역사회복지실천의 영역에서 지역사회에 대한 이론은 어떻게 지역사회가 보이는지를 지배하는 지역사회의 구조와 기능을 설명해 준다고 하였다.

결국 지역사회복지실천 영역에서 이론은 어떻게 지역사회가 기능하는지, 지역사회에 문제가 발생하는 원인은 무엇인지, 어떻게 지역사회주민이 변화에 순응하는지, 어떻게 정부의 정책결정에 영향을 미칠 것인지, 힘(또는 권력)을 갖기 위해 지역사회주민이 어떻게 대응하여야 하는지에 대한 이해를 할 수 있도록 도우며, 궁극적으로는 어떻게 지역사회복지실천을 수행할 것인지를 설명하는 실천방법(또는 모델)을 모색하는 데 도움을 준다. 따라서 이론은 지역사회복지실천가들이 지역사회에 개입하여 특정 지역사회를 어떻게 바라볼 것이며, 그 지역사회에 영향을 미치는 다양한 요소와 요소들 사이의 관계를 이해하고 나아가 지역주민들의 삶의 질을 개선 혹은 향상시키기 위하여 어떤 실천모델을 사용할 것인지를 결정하는 안내자 역할을 한다.

지역사회복지실천을 이해하는 데 도움을 주는 이론으로는 체계이론, 생태이론, 힘의존이론, 사회교환이론, 자원동원이론, 갈등이론, 사회건설주의이론, 상호조직이론, 인간행동이론, 사회학습이론, 사회연결망이론 등이 있다. 특히 기능주의에 영향을 받은 이론은 체계이론과 생태이론으로 구성되며, 갈등주의에 영향을 받은 이론으로 갈등이론이 있다.

1. 체계이론

1) 체계이론의 개념

지역사회를 하나의 사회체계로 바라보는 사회체계이론은 일반적 체계이론에 기초한다. 체계이론의 주된 가정은 잘 통합되고, 기능이 잘 이루어지는 체계가 가능하며 또한 바람직하다는 것이다. 체계이론에 따르면, 어떤 인간체계도 환경과의 연관 없이는 존재할 수 없으며, 또한 인간체계는 종결을 위해서 끝없이 나아가는 하나의 열린 체계다. 즉, 인간체계는 열리고 닫히는 것을 반복하면서 주위환경에 의해 영향을 받는다는 것을 의미한다. 동시에 모든 인간체계는 정보와 자원을 다른 체계와 교환해야만 한다. 이렇게 교환된 정보와 자원은 인간체계의 유지와 번영을 위해 작용한다. 인간체계의 독특성(uniqueness)은 스스로 진행하고 행동하고 창조할 수 있고, 학습할 수 있다는 것에 있다. 곧, 인간체계는 주변의 환경과 협상을 할 수 있는 능력이 있다. 만약 협상을 할 수 있는 능력이 없다면 그 인간체계는 주어진 정보와 자원을 잘 진행시키지 못할 것이며, 그렇게 되면 결국 그 체계는 죽어 갈 것이라고 강조한다.

체계이론은 가족, 집단, 조직, 지역사회 등을 포함하는 하나의 체계에서 상호 행동하는 인간이 관계를 강화하기 위해, 또는 유지하기 위해 서로서로 자극하는 것을 이해할 수 있도록 해 준다. 체계이론에 따르면, 인간은 하나의 체계에서 결합하고 결합을 더 강하게 하도록 노력한다(Payne, 1997).

체계이론적 관점에서 지역사회를 바라보는 시각은 일반적으로 지역사회를 그들의 구성원들을 위해 중요한 기능을 수행하는 상호 연결된 여러 체계를 포함하는 하나의 사회체계로 바라보는 것을 의미한다. 지역사회를 체계주의적 관점에서 하나의 사회적 체계로 바라보는 Warren은 지역을 수평적 체계와 수직적 체계로 나누었다. 그에 따르면, 수평적 체계로서 지역사회란 특정 지역의 경계에 있는 지방수준(local level)에서 상호 연계된 단위나 조직을 의미한다. 그리고 수직적 체계로서의 지역사회란 특정 지역경계를 뛰어넘어 국가와 주(state)에 있는 초 지역적 단위나 조직들과 기능적으로 연계된 것이다. 이와 같은 Warren의 지역사회에 대한 사회체계론적 입장은 그의 책 *The community in America*에 잘 나타나 있다.

2) 지역사회복지실천으로의 적용

사회복지의 측면에서 우리는 체계이론을 이용해서 가족이나 조직체계 같은 체계들을 살펴볼 수 있다. 또한 체계이론을 이용해서 지역사회와 같은 체계를 살펴볼 수도 있다. 우리는 지역사회를 개인, 집단 및 조직이라는 하위체계들을 포함하는 체계라는 측면에서 살펴볼 수 있다. 즉, 지역사회는 더 큰 환경의 하위체계인 동시에 다른 하위체계들을 포함하는 상위체계로 볼 수도 있다(지은구, 2003). 체계이론에 따르면, 지역사회는 정치적 · 사회적 · 경제적 체계에 의한 변화에 영향을 받지만, 지역사회라는 체계의 한 구성 부분의 어떤 행동은 하위체계의 모든 것을 바꾸기도 한다(Fellin, 1995a).

지역사회를 구분하는 경계는 더 큰 체계로부터 오는 대화와 환류(feedback)에 열려 있기도 하고 닫혀 있기도 한다. 곧, 지역은 역동적이라는 것을 의미한다. 생존하기 위해 조직이 대화와 환류를 받아들여야만 하는 것과 같이 지역사회는 변화에 순응해야 한다는 것을 의미한다(Norlin & Chess, 1997). Parsons (1971)는 체계가 순응, 통합, 목적 성취 그리고 형태 유지의 기능이 있다고 하였다. 즉, 모든 체계는 순응하려는 경향을 가지고 있고, 통합하려는 경향을 가지고 있으며, 목적을 성취하려는 경향을 가지고 있다. 또한 상태나 형태를 유지하려는 경향을 가지고 있다. 순응은 환경으로부터 충분한 편의시설을 확보하여 이를 각각의 체계에 배분하는 활동을 의미하며, 통합은 체계 간의 상호관계를 조정하고 유지하는 활동을 의미하고, 목적 성취는 우선순위를 정하고 가장 먼저 성취하려는 목적을 성취하기 위하여 체계 내의 자원을 동원하는 능력을 의미하며, 형태 유지는 체계의 행위자가 적절한 특성을 발휘하도록 하는 활동과 행위자의 내적 긴장을 다루는 활동을 의미한다. 순응하고 통합하며 형태를 유지하고 목적을 성취하기 위해 체계는 개방적이어야 하고 또한 닫혀 있음을 반복하여야 한다.

체계이론에 따르면, 지역사회의 일차적 목적은 개개인을 더 큰 사회에 연결시켜 주고, 안정적인 상태를 유지시키는 것이다. 지역사회의 체계는 앞에서 지적한 것과 같이 목적 성취, 통합, 환경의 요구에 대한 순응, 그리고 형태 유지를 증진시킨다(Parsons, 1971; Knuttila, 1992; Norlin & Chess, 1997). 지역사회와 연관하여 체계의 기능을 설명하면 다음과 같다.

- 순응: 지역사회가 잘 돌아가도록 하는 데 필요한 자원을 획득하기 위한 경제적 하위체계로서 지역사회의 능력을 의미한다.
- 통합: 개개인이 사회나 조직 등의 가치와 행동을 받아들이는 과정을 의미한다. 통합은 지역사회통제를 위해 사용되고 있다는 시각도 포함한다.
- 형태 유지: 사회화라는 의미를 포함하며, 지역사회를 통해서 공통된 가치나 행동을 형성하는 과정이다.

- **목적 성취:** 지역사회는 목적을 성취하기 위해 자원을 동원(사용)할 수 있는 능력이 있어야 한다. 목적 성취를 위하여 모든 지역의 하위체계는 반드시 적절한 수준에서 기능해야 하며, 그렇게 된다면 지역사회자원이 목적을 성취하기 위해 사용될 수 있다는 점이 강조된다. Parsons(1971)에 따르면, 정부가 목적 성취를 위한 가장 중요한 원천이며, 사회시설, 기업체, 공식적 조직, 지역주민을 위한 비공식적 조직들이 결과를 만들어 내기 위하여 조직될 수 있다(Hardina, 2002).

Warren(1978)은 지역기능을 수행하는 하위체계들을 다음과 같이 구분하였다.

표 3-1 지역사회 하위체계들과 기능

지역기능	하위체계
생산-분배-소비	기업과 고용주를 포함하는 경제적 하위체계
사회화	가족, 학교, 종교단체, 동료집단
사회통제	정부, 사법체계, 종교단체
사회참여	비공식적 집단, 공식적 조직
상호지지	정부에 의한 사회복지 프로그램 비영리조직 비공식적 지원연결망

출처: 지은구(2003), p. 102에서 재인용.

체계이론은 지역사회복지실천 영역에 다음과 같은 함의를 제공한다(Hardina, 2002; 지은구, 2003). 첫째, 상위체계의 변화는 지역생활의 어떤 측면(또는 하위체계)에서의 반응을 만들거나 또는 이끌어 낸다. 둘째, 지역사회 하위체계(가족, 집단, 조직을 포함하는)의 행동은 전체 지역사회뿐만 아니라 그 체계의 구성원들에게도 영향을 끼친다. 셋째, 지역사회는 생산, 분배, 소비, 사회화, 사회통제, 사회참여, 상호지지 등의 역할을 수행한다. 넷째, 지역사회복지실천을 수행하고 지역조직화를 하는 목적은 모든 지역주민이 지역생활에 참여할 수 있는 안정된 상태로 지역사회를 보존하기 위함이다.

2. 생태이론

1) 생태이론의 개념

생태이론은 지역이 변화에 순응하면 살아남고 변화에 순응하지 못하면 도태된다는 것을 강조한다. 생태이론은 다윈(Darwin)의 생물학적 결정주의인 '생존을 위한 최적 상태(Survival of the fittest)'에 기초하여 일반적으로 동물이나 식물의 생태를 설명하기 위해 등장하였지만, 1930년대 이후 지역사회를 설명하는 이론으로도 적용되었다(지은구, 2003). 생태이론을 지역사회에 처음 적용한 학자들은 시카고 대학교의 Robert Park 교수가 이끄는 사회학자 집단으로 알려져 있다. 그들은 지역사회를 공간적 관계로 바라보았는데, 이러한 관점은 동물이나 식물생태이론과 구별하여 인간생태이론(human ecology theory)이라 불린다. Park(1983)와 Hawley(1950, 1968)는 지역사회의 기본적 특성은, 첫째 영토적으로 조직화되어 있는 하나의 인구집단이고, 둘째 인구집단이 거주하고 있는 땅에 기초하고 있으며, 셋째 인구집단의 개별적 단위는 사회적이라기보다는 상징적인 상호 독립적 관계로 살아간다고 보았다.

생태이론에 따르면, 사회구조는 개개인과 집단, 그리고 주변에 있는 물질적인 환경 간의 상호작용을 통해서 발전한다(Norlin & Chess, 1997). 또한 환경의 변화는 인구밀도나 지역 안팎으로의 인구이동 같은 자연적인 힘들 때문에 발생한다는 점을 강조한다. 그리고 자연적인 힘들은 균형을 추구하고, 또는 지역이 활동의 규칙적인 형태를 유지할 수 있도록 하는 생태학적 균형을 유지하기도 한다. 지역사회의 생태체계(ecosystem)는 지역주민, 건물, 인구밀도, 토지사용, 그리고 사회구조 등의 다양한 구성물로 구성된다. 그리고 지역 내에 있는 다양한 집단은 토지, 집, 일자리, 그리고 다른 자원을 갖기 위해 경쟁한다. 이러한 자원을 갖고 있는 개개인이나 집단은 갖고 있지 않은 개개인이나 집단을 지배하게 된다. 그리고 자원을 소유하지 못한 개개인이나 집단은 자원을 가지고 존재하고 있는 구조나 과정에 순응하게 된다. 결국 생태이론은 현 지역사회구조와 질서를 있는 그대로 인정하며 변화는 안정과 적응에 기인함을 강조한다.

인간생태이론은 인구통계(예, 나이, 성, 인종 등), 물리적 공간의 사용, 지역사회에 있는 기술과 구조 등에 초점을 맞춘다. 인간생태이론학자들은 지역사회를 조직과 인구집단 속에서 관계를 변화시키기에 충분하고 매우 독립적인 것으로 바라본다. 생태적 관점에 따르면, 유능한 지역사회는 거주민과 그들의 환경 사이에서 생산적 균형을 유지하며 질서 있고 비파괴적인 방식으로 변화를 허락하고 구성원(지역주민)들에게 필요한 매일매일의 필수품을 제공한다(Fellin, 1995a). 결국 생태이론은 한 인구집단에 있는 개별 단위들은 경쟁하며 지역사회가 모든 지역거주민을 지원할 수 있도록 보장하기 위하여 개별단위는 협조하여야 한다는 점을 강조한다.

특히 인간생태이론은 공간이 중심이 되는 지역사회가 어떻게 경쟁, 중앙화, 집중화, 통합, 연속 과정을 다루는지에 관심을 갖는다. 경쟁, 중앙화, 집중화, 통합, 연속은 연결되어 있는데, 경쟁은 집단들이 땅(공간)을 차지하기 위해 경쟁하는 것을 의미하며, 힘의 역동성(힘의 소유 여부)에 의존해서 땅의 소유는 이동하게 된다. 중앙화는 얼마나 많은 집단이나 조직이 한 장소에 몰려 있는가를 나타내며, 집중화는 특정 지역으로 사람들이 진입하는 것을 나타내고(예, 이민자), 통합은 특정 인구집단이 그들만의 언어나 문화, 종교 등과 같은 변수를 버리고 융합하는 것을 의미한다. 마지막으로 연속은 지리적 영역 안에서 하나의 사회집단이 다른 사회집단을 대신하는 것을 의미한다(Fellin, 2001).

결국 생태이론은 지역사회가 공간적 특성을 가지고 있으며, 지역사회라는 공간은 다양한 구조나 체계로 이루어져 있어 지역주민은 지역사회 안에 있는 구조나 체계와의 관계에서 상호 독립적으로 살아가며, 지역의 물리적 공간의 사용이 지역사회자원을 향한 장벽을 만들기도 하고 자원을 향한 접근성을 향상시킬 수도 있음을 인지하는 것이 중요함을 강조한다. 하지만 생태이론이 강조하는 지역사회의 물질적 환경이 사회구조에 영향을 미친다는 전제가 다소 결정주의적(영향을 미치지 않을 수도 있다는 점에서)으로 해석될 수 있으며, 지역사회, 조직 또는 집단에서의 조화를 강조하는 반면 지역사회의 변화를 위해 어떤 구체적이고 실천적인 행동을 수행하여야 하는지에 대한 방향 제시가 결여되어 있다. 또한 생태이론은 경쟁을 인정하고 힘의 역동성을 인지하는 것이 중요하다는 것을 강조하지만, 지역사회 안에서 힘의 역동적 관계의 분석을 통해 힘이 없는 집단이나 조직이 어떻게 힘을 성취하여야 하는지를 이끌어 내지는 못한다는 약점을 지니고 있다(Netting, Kettner, & McMurtey, 2004).

2) 지역사회복지실천으로의 적용

생태이론은 살아남기 위하여 자연에 적응하고 적응하지 못하면 도태되는 자연의 섭리를 강조한다. 지역사회복지 영역에서 생태이론은 생존을 위해 지역사회에 생존해 있는 자원의 소유 여부에 따라 지역구성원을 포함하는 지역체계가 자연스럽게 재편되는 것을 강조한다. 즉, 지역사회의 구성원들이나 지역체계는 지역사회를 둘러싼 환경과 상호 행동을 하고 환경에 적응하며 환경을 변화시킬 수 있지만 환경에 적응하지 못하는 지역체계나 지역사회구성원들은 자연적으로 도태된다.

생태이론은 지역사회복지실천에 다음과 같은 실천적 함의를 제공해 주었다(지은구, 2003). 첫째, 지역사회 내에서 개개인이나 집단들은 부족한 자원을 갖기 위해 경쟁하며 강한 개인이나 집단이 지역사회의 생활을 지배한다. 둘째, 경쟁에서 뒤떨어져 있거나 경쟁에서 실패한 개개인이나 집단은 주변 환경에 적응해야 한다. 셋째, 물질적인 환경은 어떻게 지역사회구조가 창조되었는지를 정의하는 데 중요한 역할을 갖는다. 따라서 물질적 환경을 변화시키는 것은 지역사회의 사회적 생활에서의 변화를 만들어 낸다. 예를 들어, 빈민가와 같은 소득이 낮은 구성원들이 모여 사는 지역사회는 열악한 사회간접자본과 열악한 주택환경이나 주택난 등으로 그려질 수 있으며, 결국 이러한 지역사회에서는 물질적 환경의 조그만 변화가 다른 변화를 수반할 수 있지만 그 변화에 적응하고 상호 행동하지 못하게 되면 그 지역사회의 변화는 일어나지 않게 된다.

3) 기능주의이론의 한계

안정과 순응(적응), 그리고 조화를 강조하는 기능주의에 영향을 받은 체계이론과 생태이론은 다음과 같은 한계점을 내포하고 있다. 첫째, 자연적인 적응과 안정이나 조화만을 강조함으로써 어떻게 순응할 것인지, 어떻게 변화할 것인지 등의 실천을 위한 특별한 지도를 하지 못한다. 행동을 위한 구체적인 전술 등의 기술이 부재하다. 둘째, 개개인의 기회를 제한하는 힘이나 권력에 대한 분석이 부재하다. 셋째, 지역사회문제는 지역사회 안에 내재해 있으며 문제는 순응과 통합 등의 과정을 거쳐 자연적으로 해결된다고 보아 지역사회문제의 원인과 효과를 분석하는 데 한계를 내포한다.

이와 같은 문제점을 극복하기 위한 이론으로서 힘(power)을 강조하는 이론들이 등장하게 된다. 힘과 관련된 이론들로는 힘의존이론, 갈등이론, 자원동원이론, 사회교환이론 등이 있다. 이 이론들은 힘없는 인간은 재화나 자원, 정책결정 권한을 얻는 데 있어 제한된 능력을 가질 수밖에 없다는 점과 지역사회 안에서 불균등한 힘의 배분 때문에 지역사회가 발전할 수 없음이 강조되는 특징이 있다(지은구, 2003).

3. 힘의존이론

1) 힘의존이론의 개념

힘의존이론(power dependency theory)[1]은 지역사회에 있는 집단이나 조직들이 힘을 얻고 힘을 분산하는 것에 의해서 지역사회가 발전한다는 것을 강조한다. 즉, 지역사회의 발전은 힘의 소유 여부에 의존한다. 힘은 자원이 풍부한 개인, 집단 또는 조직과 자원이 빈약해 도움을 받아야 하는 개인, 집단 또는 조직들 사이의 돕는 관계에 내재해 있다(Blau, 1964). 힘의존이론은 지역사회 안에 존재하는 집단이나 조직들이 어떻게 힘을 얻고 또 분산시키는지를 조사하는 데 사용되었다(지은구, 2003).

힘의존이론의 기본전제는 특히 지역사회에 있는 지역사회복지 조직들은 생존을 위해 자원의 수납에 의존한다는 것이다. 즉, 힘의존이론에 따르면, 지역사회조직에 힘은 자원을 의미하고 자원은 곧 조직운영을 위한 경제적 측면의 자원을 의미한다고 볼 수 있다. 결국 조직은 생존을 위해 외부의 기부자(donor)로부터의 계약과 보조금에 의존해야만 한다. 낙후된 지역에서 활동하는 조직 중에서 조직의 생존을 위한 자금이 지역 내의 재원에서 들어오지 않는 조직들에 이 문제는 중요하다고 볼 수 있다(Hardina, 2002). 결국 힘의존이론은 지역사회 안에 존재하는 조직들이 힘이나 권력을 갖든지 또는 힘이나 권력에 의존함으로써 지역사회복지가 성장 가능하다는 것을 강조한다.

하지만 기부자에 대한 조직의 의존은 결국 조직이 추구하는 목적 불일치, 자

1) 힘의존이론은 우리나라에서 권력의존이론으로도 불린다. 권력은 국가나 정부가 국민에게 행사하는 강제력으로 해석될 수도 있으므로 여기서는 권력보다는 힘으로 용어를 통일하여 부르기로 한다.

율성의 상실, 정부정책에 반대 또는 찬성하기 위해 로비를 할 수 있는 능력에 대한 제한 등의 결과를 초래할 수 있다. 이는 자원을 많이 제공하는 집단에 자원을 제공받는 집단은 여러 측면에서 종속적 관계를 유지할 수밖에 없기 때문이다. 기부자와 조직의 관계는 또한 지역주민과 조직 간의 관계에도 비슷한 영향을 끼칠 수 있다. 즉, 조직으로부터 무임의 서비스를 받은 지역주민은 조직에 의존하게 되고 의무를 갖게 되며, 그 조직의 문제점이나 서비스 또는 프로그램에 대한 비판을 자제하게 된다. 이와 마찬가지로 정부의 지원금을 받은 조직도 정부의 요구를 수용할 수밖에 없으며, 결국 지역주민과의 상호작용에서 정부의 정책이 강화되는 결과를 낳을 수 있다(지은구, 2003).

2) 지역사회복지실천으로의 적용

지역사회조직의 자원(특히 경제적 자원)에 대한 의존을 강조하여 자원의존 여부가 조직의 발전과 지역사회발전에 영향을 미칠 수 있음을 강조하는 힘의존이론이 지역사회복지실천에 미친 함의는 다음과 같다(지은구, 2003). 첫째, 균형적인 자원의 투입(또는 수납)은 지역사회조직이 생존하기 위해서 반드시 필요한 생존 원천일 수 있다. 둘째, 외부재원과 연관된 요구는 사회변화를 위해 노력하는 지역사회조직의 능력을 제한시킬 수 있다. 셋째, 지역사회복지조직으로부터 무임 사회서비스를 제공받는 사람은 사회서비스를 못 받을 수 있다고 믿기 때문에 자기 자신을 위해 지지하는 행동을 주저할 수 있다. 넷째, 사회변화는 자원의 교환이 가능할 수 있는 분위기에서 일어날 수 있다. 정치적 측면에서 일자리나 정치적 호의, 다른 자원들을 받은 사람들은 그 후보자를 지지하거나 투표해 주어야 하는 의무를 가질 수 있다. [그림 3-1]은 자원에 대한 의존과 의무에 따른 지역사회체계의 관계를 나타낸 것이다.

자원의존을 통해서 지역사회조직이 발전하고 나아가 전체 지역사회가 발전할 수 있지만, 보조금이나 후원금 등에 대한 과도한 의존은 지역사회조직 본래의 수행능력을 제한하여 지역사회의 유지 · 발전에 영향을 미칠 수 있으므로 사회복지사는 지역사회복지실천을 위해서 균형적인 힘을 통한 자원개발이 중요하다는 점과 힘을 통해서, 즉 힘을 행사해서 지역 내에 있는 조직은 원하는 자원을 획득 혹은 사용할 수 있다는 점을 깊이 인식해야 한다. 결국, 힘의존이론은 지역사회복지실천 영역에서 지역사회조직이 지역사회의 발전과 번영을

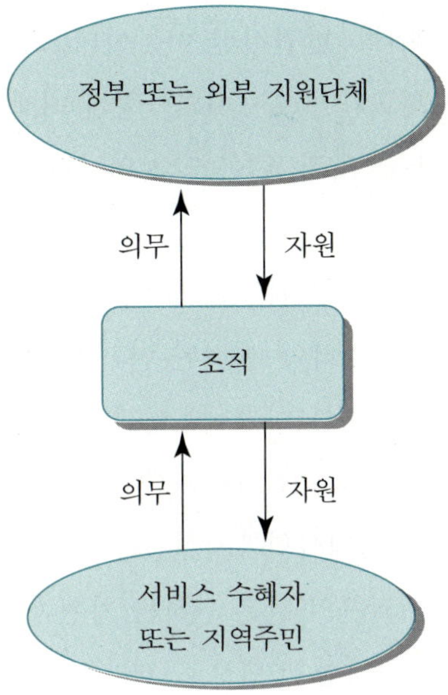

[그림 3-1] 힘의존이론

출처: 지은구(2003), p. 107에서 재수정.

위해 보조금과 같은 자원(힘)에 의존하게 됨을 강조하지만 과도한 의존은 지역사회조직 본래의 목적을 수행하고 조직기능을 원활히 하는 데 부정적인 영향을 가져다줄 수 있으므로 지역사회복지조직은 힘의 균형적인 배분을 위한 지역사회자원 개발을 위해 노력하여야 한다.

4. 사회교환이론

1) 사회교환이론의 개념

힘의존이론은 지역사회의 발전을 위해 노력하는 조직들의 자원에 대한 의존이 지역사회발전에 영향을 주지만 과도한 의존은 또한 지역사회발전에 부정적인 영향을 미칠 수 있으므로 자원의 균형 있는 배분에 대한 필요성을 강조하였다. 그렇지만 구체적인 힘의 균형 있는 배분을 위한 대안을 제시하지 못하였다. 사회교환이론(social exchange theory)은 자원의 균형 있는 교환을 통해서 지역사회가 발전한다는 것을 강조하며, 특히 구체적인 자원배분을 위한 방법들을 제시한다는 특징이 있다. 사회교환이론은 힘의존이론에 교환이론을 강화시킴으로써 힘의존이론을 확대·발전시킨 이론이며, 특히 이 이론은 균형 있는 교환을 강조한다. 즉, 사회교환이론은 지역사회에 내재한 자원의 균형 있는 교환을 통해서 개인이나 집단, 조직, 나아가 지역사회 전체가 발전할 수 있음을 강조하는 이론이다.

특히 사회교환이론은 사회학습이론(social learning theory) 및 보상과 이익의 최대화 및 벌칙과 비용의 최소화와 관련된 인간관계의 경제적 관점을 기초로 형성되었다. 사회교환이론에서는 마케팅, 연결망 구축(networking), 지지, 협상, 협정과 같은 기술이 강조된다(Hardcastle, Wenocur, & Powers, 1997).

사회교환이론에 따르면, 지역사회복지실천은 하나의 행동으로서 교환의 장(field)에서 이루어진다. 이 교환의 장은 원하는 자원과 상품을 교환하기 위해서 다양한 관점으로, 그리고 다양한 조합으로 상호 간에 영향을 주는 둘이나 그 이상의 참가자들로 구성되는 하나의 시장에서 이루어진다. 교환의 대상이 되는 자원으로는 상담, 지역사회조직서비스, 돈, 정보, 아이디어, 정치적 영향력, 의지, 의미(meanings), 에너지, 유순한 행동 등을 포함하는 유형 또는 무형의 자원을 의미한다. 이 자원들은 지역사회발전을 위해 필요한 것들이다.

일반적으로 시장에서 이루어지는 교환을 위한 기본전제는 정보와 욕망이라고 할 수 있다. 발생할 거래를 위해 각각의 참가자들은 교환할 상품에 대한 정보는 물론이고 상품을 교환할 욕망을 필요로 한다. 주어진 정보와 교환을 위한 욕구를 가지고, 거래에서 각각의 참가자들은 가장 큰 혜택을 가지고 있는 것 또는 비용에 대한 보상이 가장 큰 것들을 모든 가능한 교환을 통해서 선택하게 되고 교환의 결과는 쉽게 측정될 수 있다.

하지만 시장에서 이루어지는 경제적 교환과 달리 사회적 교환은 교환의 효과를 측정하는 데 어려움이 있다. 이는 지역사회복지실천을 위해 쓰이는 자금과 교환될 수 있는 사회복지서비스나 프로그램에 대한 효과, 즉 지역개발, 지역주민에 대한 원조, 사회적 지위(social status)나 상태, 행동의 변화 등은 경제적 상품과 비교하였을 때 효과를 측정하기가 쉽지 않기 때문이다.

교환의 장에서 교환에 참여하는 조직이나 개인 집단은 모두 독립적일 수 있고 일방적으로 의존할 수 있으며, 상호 의존적일 수도 있다. 교환의 장에 있는 참가자들은 어떤 시점에서 상호 관계를 가질 수도 있고 그렇지 않을 수도 있으며, 관계를 갖지 않은 두 집단은 제3의 집단과 거래, 즉 관계를 동시에 맺을 수도 있다. 즉, 교환의 장에 있는 A라는 참가자 또는 조직이나 기관은 B라는 참가자와의 관련 없이도 목적을 성취할 수 있다는 것을 의미한다. 즉, 서로에게 독립적이다. 하지만 한 참가자의 목적이 다른 참가자의 상품이나 자원과의 교환을 통해서만 획득된다면 그 자원을 가지고 있는 참가자에 대한 의존적인 관계가 형성되고, 또 두 참가자가 상호 간의 교환을 통해서만 목적을 성취할 수 있다면 교환의 장에서 두 참가자는 상호 의존적이 된다(지은구, 2003).

여기서 교환 관계의 균형을 깨는 것은 바로 의존적 관계의 교환이 일어나는 경우다. 만약 A가 B보다 어떤 자원을 훨씬 필요로 한다면 A는 교환의 성사를 위해 B에게 무엇을 제공해야 하는가? 그리고 A가 필요한 자원을 위해 제공한 것이 B가 원하지 않는, 또는 B가 그 이상의 것을 요구한다면 어떻게 되는가? 이 문제를 해결하는 것이 곧 힘이다. 교환의 장에서의 불균형 교환관계는 힘으로 설명할 수 있다. 간단히 말해 교환의 관계에서 힘은 다른 참가자가 원하는 자원을 통제할 수 있는 능력의 기능으로 이해된다. 예를 들어, A가 목적을 성취하기 위해 가져야 하는 자원에 대해 B가 통제권을 가지고 있다면, B는 A를 통제할 수 있고 통제권을 갖는다. 이 경우 B는 교환의 장에서 독립적이며 A는 의존적이 될 수밖에 없다.

예를 들어, ○○지역사회복지관이 지역보건소를 설립하기 위해 재정지원을 △△복지재단의 원조 프로그램에 의존하고 있고, 이 원조가 ○○복지관이 가지고 있는 보건소 설립을 위한 유일한 재정지원이라고 가정하자. 교환이론에 의하면, △△복지재단은 ○○복지관에 대해 힘을 가지고 있다. 왜냐하면 △△복지재단이 보건소를 짓기 위해 필요한 자원을 통제할 수 있는 결정권, 즉 힘을 가지고 있기 때문이다. 따라서 △△복지재단은 재정지원을 조건으로 보건소 지원에 따른 각종 조건들(재정감사, 회계보고, 경영보고서 등)을 ○○복지관에 요구할 수 있다. 여기서의 교환은 ○○복지관이 보건소 운영에 대한 회계, 관리 보고를, 그리고 △△복지재단은 보건소 설립을 위한 재원을 서로 교환하는 것에 있으며 ○○복지관이 필요한 재원을 오직 △△복지재단만이 가지고 있기 때문에 ○○복지관은 △△복지재단이 요구하는 것을 모두 포함해서 교환할 수밖에 없다. 이 경우 △△복지재단이 요구하는 것이 보건소 운영에 도움이 된다면 당연히 교환은 문제가 없을 수 있지만, △△복지재단이 요구하는 것이 보건소 운영에 걸림돌이 된다면 그 교환은 조직운영에 과도한 부담이 되고 결국 조직운영은 어려움에 봉착할 수 있어 지역조직발전 나아가 지역사회에 부정적인

해가 될 수 있다. 힘의존이론에 따르면, 과도한 의존은 지역발전에 부정적인 영향을 가져다주기 때문이다.

따라서 더 선호하는 조건의 교환을 위해서 다른 참가자가 통제하는 자원을 필요로 하는 참가자는 힘의 균형을 맞추기 위한 다양한 전략이 필요하다. 여기서 자원이 필요한 쪽을 행동조직이라고 부르며, 힘을 가지고 있는 쪽을 목표조직이라 부른다. 이를 교환의 참가자 A와 B의 관계로 다시 설명한다면 다음과 같다.

전제는 A와 B는 교환의 당사자들이고, A는 B가 가지고 있는 자원을 필요로 하는 조직이고, B는 A가 필요로 하는 자원을 가지고 있는 힘이 있는 조직이다. B의 힘을 줄일 수 있는 가능한 대안으로는, 첫째 자원이 필요한 A가 자원에 대한 힘을 가지고 있는 B에 대한 의존을 줄이는 방법이 있고, 둘째 A에 대한 B의 의존을 높일 수 있는 방안이 있을 수 있다. 이렇게 힘의 균형을 잡기 위한 전략(power balancing strategies) 또는 접근방법으로 다음의 다섯 가지 방법이 구체적으로 사용될 수 있다. 이 전략은 균형적인 교환방법을 찾기 위한 전략을 의미한다.

(1) 경쟁

경쟁(competition)은 A가 필요한 자원을 B와의 교환을 통해서가 아닌 다른 제3의 참가자와의 교환을 통해서 찾는 방안이다. 만약 A가 필요한 자원을 B만 가지고 있는 것이 아니라 D, F도 가지고 있다면 A가 필요로 하는 자원에 대한 B의 의존은 약해지는 것이다.

예를 들어, 지역사회복지조직이 지역재활센터를 건립하려고 한다고 가정하고 지역에 이 센터를 짓기 위한 용지를 오직 A대학이 가지고 있다면 A대학은 지역사회복지조직에 대해 힘을 갖게 된다. 결과적으로 이 둘이 교환을 하려고 한다면 A대학은 잠재적인 힘을 갖게 되고 이 교환을 위해 A대학은 지역사회복지조직에 그에 상응하는 요구(예, A대학에서 준비 중인 법안에 대한 지지)를 하게 되며, 지역사회복지조직은 용지를 획득하기 위해 대학의 요구가 지역사회에 긍정적이든 부정적이든 상관없이 들어줄 수밖에 없게 된다. 하지만 다른 단체들이 지역재활센터를 지을 수 있는 용지를 갖고 있다면 A대학의 지역사회복지조직에 대한 힘은 줄어들 수밖에 없고 A대학에 대한 지역사회복지조직의 의존은 줄어들게 되어 보다 균형 있는 교환을 할 수 있게 된다.

(2) 재평가

재평가는 필요한 자원에 대해 조직이나 지역사회가 새롭게 평가하여 필요한 자원에 대해 새로운 해석을 하는 것을 의미한다. 즉, 정책의 변화, 가치의 변화 또는 상황의 변화 등에 의해 A가 B가 가지고 있는 자원에 대한 관심이 줄어들게 되면 B는 A에 대한 힘을 잃게 된다. 이와 같은 상황에서 B는 A와의 교환을 성사시키기 위해 새로운 제안이나 유인책 등을 A에게 제시하여 교환을 성사시켜 B에 대한 A의 의존도를 유지하려고 할 수 있다(지은구, 2003).

예를 들어, 지역사회복지조직이 지역재활센터를 지역사회에 설립하고자 용지를 필요로 하였지만 재활센터의 건립이 많은 자원을 필요로 하고 수요조사 결과 지역에서 재활센터에 대한 욕구가 없으며 재활센터를 설립하였을 경우, 경비조달 및 운영에 문제점이 있는 것으로 파악되어 건립 계획에 대한 관심을 다른 계획으로 돌린다고 가정하자. 이런 경우 A대학은 더 이상 지역사회복지조직이 필요로 하는 자원을 가지고 있지 않게 되고 A대학은 지역사회복지조직과 구성원으로부터 준비 중인 법안에 대한 지지를 받을 수 없게 된다. 이런 상황에서 만약 A대학이 반드시 지역사회복지조직으로부터의 법안 지지가 필요하다고 판단된다면, A대학은 지역사회복지조직이 지역재활센터를 위해 관심을 가지고 있었던 용지를 싸게 팔거나 또는 다른 계획을 위해 기부금을 내는 방법 등을 지역사회복지조직에 제시할 수 있다.

(3) 상호호혜

상호호혜(reciprocity)는 조직 상호 간의 교환이 조직 상호 간에 혜택을 줄 수 있도록 하는 방안이다. A가 찾으려고 하는 자원을 B가 가지고 있고, B에게 A가 잠재적인 교환 상대자로서의 장점을 많이 갖게 되면 A에 대한 B의 의존관계는 독립적 관계로 이행할 수 있으며, 결국 균형적인 힘의 유지를 성취할 수 있게 되고 상호 조직 간의 교환이 이루어지게 된다.

예를 들어, A대학이 협소한 교내 주차 공간 문제를 해결하고자 학교 근방에 주차지역을 갖기 원하고, B지역단체는 그 지역의 의사결정에서 영향을 미칠 수 있는 힘을 가지고 있다고 하자. 만약 지역단체가 A대학에서 학생들의 주차 공간으로 사용하려는 용지에 대한 통제권(즉, 의사결정에 대한 영향력)을 가지고 있다면, A대학의 입장에서 B지역단체는 가치 있는 자원을 가지고 있는 것이다. 이런 상황에서는 B지역단체가 필요한 자원을 A대학이 보유하고 있다고 한다면, A대학과의 교환에서 좀 더 유리한 위치를 차지할 수 있게 되고, A와 B는 독립적으로 서로에게 이득이 되는 교환을 하게 된다.

(4) 연합

연합(coalition)은 특정 조직이 가지고 있는 자원과 교환하기 위해 자원이 필요한 조직이 다른 조직과 협력하는 전략이다. B 혼자서 A에 대한 영향력을 고취시킬 수 없다고 가정하자. 그리고 C와 D도 A의 교환에서 영향력이 없다고 본다면, 교환을 위해서 B, C, D와 A는 원하거나 필요로 하는 자원에 대해 연합할 수 있다. 이렇게 되면 결과적으로 A에 대한 B, C, D의 의존은 줄어들고 A와의 교환에서 수평의 관계를 유지할 수 있다.

예를 들어 B, C, D 모두 지역사회복지조직이며, 이 조직들은 모두 A대학의 지역 내에서의 주차정책에 영향을 끼치는 것을 원한다고 가정하자. B, C, D 모두 개별적으로는 A대학의 주차정책에 영향을 끼치지 못하는 반면, B, C, D가 함께 A대학의 주차정책에 지역사회에서 가능하도록 하는 지역사회관리위원회의 투표권을 가지고 있다고 한다면, 이 투표권은 B, C, D가 필요로 하는 것을 A대학과 교환할 수 있도록 하는 충분한 힘이나 조건이 된다.

(5) 강제

강제(coercion)는 다른 쪽이 원하는 것을 하기 위해 한쪽을 못하게 하는 물리적인 강제력 사용을 의미한다. 여기서 개인에게 손해를 입히고 개인의 재산을 해하는 강제적이고 물리적인 힘의 사용과 정당한 방법인 집회, 파업 등은 구별된다(지은구, 2003). 예를 들어, 지역 내 비호의적인 여론을 유발시킨 시장의 어떤 결정에 대해 지역사회주민들이 함께 시장의 결정에 반대하는 집회 등을 열 수 있는데, 이 집회는 시장의 힘에 대한 물리적인 강제력의 동원이라고 할 수 있다.

결국 교환과 힘의 역동성은 교환의 장에서 매우 중요하며, 개인은 거래에서 이익을 취하려고 노력하지 않아도 자원을 공유하고 정보를 교환함으로써 다른 사람과 끊임없이 관계할 수 있다. 결론적으로 사람과 사람, 지역사회조직과 지역사회조직 간의 자원과 정보의 끊임없는 교환이 각 개인이나 집단 또는 조직의 발달을 가져다 준다. 특히 상호호혜를 바탕으로 한 긍정적인 교환을 통한 발달이나 발전은 지역사회조직들이 서로 지지집단, 새로운 조직, 연결망 구축, 연합체 결성 등과 같은 연합회를 구성할 수 있도록 하여 지역사회발전에 긍정적인 영향을 미치기 때문에 힘의 균형과 균형 있는 교환은 지역사회발전을 위한 중요한 전제라고 할 수 있다.

2) 지역사회복지실천으로의 적용

균형 있는 교환을 통한 지역사회발전을 강조하는 사회교환이론은 지역사회복지실천의 영역에 다음과 같은 실천적 함의를 가져다주었다(지은구, 2003). 첫째, 개인과 개인, 집단과 집단, 조직과 조직 간 상호 교차적인 교환은 교환의 장으로서 지역사회의 발전에 기여한다. 둘째, 지역사회 내의 조직 또는 다른 지역사회의 조직과 이루어지는 교환이 상호호혜의 균형전략에 기반을 둔다면 한정된 자원과 정보를 가지고도 효율적으로 지역사회복지를 실천할 수 있으며, 지역사회 내에 존재하는 각 참가자들은 자원과 정보를 공유하고 교환함으로써 지역사회의 균형발전에 기여할 수 있다. 셋째, 자원과 정보의 공유와 교환을 통한 지역사회발전을 추구하기 위해 교환의 주체들은 서로 힘을 합치거나 공동의 목적을 위해 같이 운동할 수 있는 기반을 닦을 수 있다. 이는 곧, 새로운 조직체의 결성 또는 연합체의 결성으로 이어지며, 새로운 조직의 결성 및 운영은 결국 지역사회복지실천의 강력한 지지세력의 확대 재생산을 의미한다.

5. 자원동원이론

1) 자원동원이론의 개념

자원동원이론(resource mobilization theory)은 어떻게 힘을 얻고, 어떻게 분산할 것인가를 강조하였던 힘의존이론에 의해 영향을 받은 이론이라고 할 수 있다(지은구, 2003). 간략하게 말해서 자원동원이론은 자원동원이 조직의 발전에 영향을 미칠 수 있다고 보는 이론이다. 예를 들어, 조직의 회원 증가는 회비 증대를 가져다주어 조직의 자원동원에 많은 영향을 미치기 때문에 조직이 발전하기 위해서는 조직구성원들이 조직운영을 위한 회비의 증대를 이루어 내어야 한다. 여기서 회비는 조직발전을 위한 자원이 된다.

자원동원이론에 따르면, 조직은 구성원들을 모집하고, 자금을 확충하고, 자격 있는 직원을 고용함으로써 발전된다. 따라서 실천가나 조직은 직원을 고용하고, 자금을 증액하고, 회원모집을 발전시킬 수 있어야 한다. 또한 조직은 조직구성원들을 조직발전을 위한 행동에 참여할 수 있도록 동원할 수 있어야 한다. 조직구성원들이 행할 수 있는 행동들은 다양하다. 구성원을 동원하는 조직의 능력은 잠재적 구성원과 조직의 철학, 그리고 이데올로기에 대해 대화할 수 있는 능력에 의존한다. 기본적으로 조직구성원 모집은 기존의 조직구성원들에게 의존하게 되는데, 그들은 친구, 이웃, 친척과 같은 비공식적 연결망을 이용해서 새로운 조직구성원을 모집하게 된다.

조직에서 중요한 기본적인 것은 구성원 사이에 집합적 동질감을 불어넣어 주는 것이다. 집합적 동질감은 집단구성원들이 함께 소속되어 있다는 집단구성원들의 인식을 의미하는데, Hyde(1994)에 따르면 집합적 동질감의 인식은 구성원들 사이의 연대성과 응집력을 증가시킨다. 조직구성원들의 연대성이 높으면 조직의 활동에 대한 참여는 함께 증대된다(지은구, 2003).

또한 조직은 많은 조직구성원을 확보하고 있어야 하며, 일반적으로 예산의 크기는 조직이 얼마나 힘이 큰지를 보여 준다. 힘 있는 조직은 자신들의 주장을 증진시키기 위해 대중매체에 대한 접근을 보다 용이하게 할 수 있다. 조직외부의 자원에 많이 의존하는 조직은 외부자원으로부터의 통제가 훨씬 큰 조직임을 의미한다. 자원동원이론에 따르면, 이를 극복하기 위해서, 즉 외부의 자원의존을 줄이기 위해서 조직은 구성원들과 기부자들을 확보해야 한다(Piven & Cloward, 1979). 자원동원이 조직의 발전에 영향을 미칠 수 있다는 자원동원이론은 지역사회복지가 발전하기 위해서는 지역사회에 내재해 있는 자원을 동원하는 것이 중요함을 인식하는 데 도움을 준다.

2) 지역사회복지실천으로의 적용

자원동원이론은 조직의 힘이 자원을 동원할 수 있는(회원 확보를 통해 또는 회비의 증대를 통해) 능력에 의해 결정될 수 있음을 강조한다. 자원동원이론이 강조하는 자원동원은 지역사회의 발전을 위해서도 매우 중요한 원천이라고 할 수 있다. 즉, 지역사회에 내재한 지역문제가 해결되고 지역사회가 보다 나은 사회로 발전하기 위해서는 이를 위해 필요한 자원이 동원되어야 가능하다.

모든 지역사회는 그 지역에 거주하는 주민으로 구성되어 있고, 지역주민이 납부하는 세금 등에 의해 지역사회의 안정이 유지 · 발전된다. 또한 지역구성원들의 계속적인 유입은 그 지역자원의 증대를 의미하고, 자원의 증대는 지역사회발전에 기초가 된다고 할 수 있다. 지역주민의 이탈이 가속화되는 지역은 경제적 · 인적 자원의 부족으로 지역주민을 위한 다양한 정책이나 사업을 수행하기 어렵게 되어 지역사회문제 해결에 어려움을 겪게 된다. 그 결과 지역사회는 고립되고 격리될 수 있는 가능성이 증대하게 된다. 결국 자원동원이론은 지역사회자원(물질적 · 인적 자원) 동원이 지역사회발전에 가장 중요한 요인이 됨을 강조하며, 지역사회가 발전하기 위해서는 적합한 지역사회의 자원이 동원되어야 함을 강조한다.

지역사회복지실천에서 자원동원이론은 다음과 같은 함의를 가져다준다. 첫째, 지역사회발전은 필요한 인적 · 물적 자원의 확보와 동원에 달려 있다. 둘째, 지역사회발전을 위한 자원을 동원하기 위해서는 지역사회주민이 자원동원에 대한 필요성을 인정하도록 하고 집단적 동질감을 갖도록 하는 것이 중요하다. 셋째, 지역사회가 유지 · 발전되기 위해 필요한 자원의 동원은 그 지역사회에 내재해 있는 개인, 집단 그리고 조직과 조직구성원들, 나아가 사회복지사들의 역할에 따라 많은 영향을 받을 수 있다.

6. 갈등이론

1) 갈등이론의 개념

갈등이론(conflict theory)은 갈등이 지역사회발전의 원동력임을 강조한다. 갈등이론은 안정과 질서를 중요시하는 체계이론과 달리 무질서 또는 부조화도 인간생활의 피할 수 없는 부분이며 자연스러운 것으로 본다.

Marx와 Dahrendorf는 우리가 지역사회체계들을 역동적인 실체들로 볼 수 있게 도와준 갈등이론의 대표적 이론가들이다. 이들의 이론을 종합하면 갈등이론은 다음과 같은 이론적 특징을 내포하고 있다(지은구, 2003). 첫째, 사회체계는 체계적으로 갈등을 유발하며, 갈등은 사회의 만연된 특징이다. 둘째, 갈등은 사회구조상 피할 수 없는 대립되는 집단이나 개인의 서로 다른 관심사들에 의해서 유발된다. 셋째, 대립되는 관심은 지배집단과 피지배집단 간의 힘과 희소자원의 불평등분배에 기인한다. 따라서 모든 사회는 한 구성원과 다른 구성원들과의 긴장에 의존한다. 넷째, 서로 다른 관심들은 두 갈등 집단으로 양분된다. 다섯째, 갈등은 변증법적이다. 즉, 한 갈등의 해결은 또 다른 갈등의 대립적인 관심을 일으키고, 그것은 또 다른 갈등으로 발전한다. 여섯째, 계속적인 갈등의 결과로서 사회변화는 사회의 만연하는 특징이다.

Marx는 갈등을 사회의 경제구조에 기초한다고 보았으며, 이 경제구조는 사적 소유와 그것을 포함하는 계급구조를 포함한다고 생각하였다. Marx에게 생산은 중요한 개념이며, 생산이 문화적 가치, 종교, 신념, 사회관계, 계급구조 등에 영향을 미치는 것으로 간주되었다. 그는 자본주의하에서 생산수단은 자본가에 의해서 소유되어 있기 때문에 노동자는 자본가에 의존해야 하고 결국은 힘이 없게 되어 착취당한다고 생각하였다. 그는 자본의 요구에 의해서 노동자는 팔리고 살 수 있는 상품화(노동의 상품화)가 되며, 결국 노동자는 빈곤화될 수밖에 없다고 생각하였다(자본주의적 축적의 일반적 법칙에 따른 궁핍화법칙). 그러나 그는 자본주의 자체가 변화할 수 있는 씨를 내포하고 있다고 보았다. 즉, Marx는 노동자의 소외, 계급의식의 성장은 노동자가 자본가 계급에 도전할 수 있도록 하며, 결국에는 자본주의체제가 사회주의체제로 이행할 수 있다고 보았던 것이다(지은구, 2003).

한편, Dahrendorf(1959)는 현대 자본주의하에서 산업 갈등을 유일한 하나의 갈등 영역이라고 규정하였다. 그는 산업사회 내 집단의 갈등과 이익을 분석하였고, 힘과 권위를 강조하였다. 그에 따르면, 갈등은 하나의 작은 집단이나 공식조직부터 한 사회 또는 지역사회에 이르기까지 조직화된 사회적 체계 안에 있는 사회적 규칙을 동반하는 지배와 굴종의 관계에 구조적 기원을 가지며, 그 갈등은 만연한다.

그에 따르면, 다양한 힘을 포함하는 하나의 권위를 가진 구조가 존재하며, 이러한 사회체계는 절대적으로 조정된 협의체다. 그는 절대적으로 조정된 협의체에서의 서로 다른 규칙이 서로 잠재적인 반대의 이익을 가지고 있는 두 개의 준 집단을 이끌어 낸다고 생각하였다. 이러한 준 집단들이 조직화되어 있지 않고 상호 입장들을 인식하고 있다면, 이 준 집단들은 힘과 자원을 위해 갈등하는 이익집단을 조직할 것이라고 보았다. 그는 이 갈등이 곧 사회관계의 구조에서의 변화를 유발시킨다고 보았으며, 이러한 변화의 빠른 속도나 쇠퇴 등의 본질은 사회 내에서의 사회적 이동이나 또는 유동(mobility)과 지배집단이 부가하는 제재 등과 같은 다양한 조건에 의해 결정된다고 보았다.

결국 Marx나 Dahrendorf가 공통으로 인식하였듯이, 변화를 위해 같은 의식을 가진 개개인을 하나의 집단으로 변형시키는 것, 또는 묶는 것은 갈등이론에서 중요하다. 이 변형은 갈등주의론자들에게는 힘을 가진 지배집단의 불법적인 지위와 박탈의 상대적 상태에 대한 인식 및 의식의 발전으로 보인다. 결국, 이 의식의 성장은 피지배집단이 지배당하는 조건을 이해하기 위해, 그리고 그 조건을 변화시키기 위해 정치적으로 행동하게 되는 하나의 방법으로 정의된다. 다시 말해, 각각의 집단들이 그들 스스로에 대해 자각하는 것이 중요하다는 것을 의미한다(지은구, 2003).

2) 지역사회복지실천으로의 적용

갈등이론은 지역사회복지실천 분야에서 특히 개개인이나 집단들을 조직화하는 것, 즉 지역사회조직화에 많은 영향을 미쳤다. 갈등이론이 지역사회복지실천에 미친 영향은 갈등을 극복하기 위한 힘의 관계분석과 실천방안으로서의 지역사회조직화다. 특히 갈등이론의 지역사회조직화로의 적용은 지역사회조직화의 대표학자인 Alinsky에 의해서 실현되었다. Alinsky(1971, 1974)는 모든 사람이 재화와 서비스에 접근할 수 있어야 한다고 생각하였으며, 지역사회조직의 목적이 부자나 자본가 계급이 자본주의로부터 혜택을 받는 것과 같이 낮은 소득이나 노동자계급이 혜택을 받기 위해 조직화하는 것이라고 정의하였다. 또한 그는 조직화하는 것은 가진 사람들의 자원과 의사결정의 권위를 이양하도록 하기 위해 힘을 사용하는 것이라고 정의하였으며, 이 힘은 조직의 건설과 권위를 가진 사람들과의 대항으로부터 온다고 강조하였다.

갈등이론은 지역사회복지실천을 위해 지역에 개입하여 실천을 수행하는 데 다음과 같은 함의를 가져다주었다(지은구, 2003). 첫째, 힘을 가진 자와 가지지 못한 자가 지역사회자원을 위해 경쟁한다. 둘째, 힘을 가진 자는 가지지 못한 자들에 대해서 힘의 사용에 따른 이익과 자원을 갖는다. 셋째, 지역사회 내에서 소외된 집단이 경험하는 억압은 계급주의, 인종주의, 능력주의, 나이주의, 성차별주의 등에 근거한다. 넷째, 힘을 가진 자는 정부와 의사결정의 권한 등을 통제한다. 다섯째, 지역사회 조직화의 목적은 일자리, 교육, 돈 및 그 밖에 다른 자원에 접근하기 위하여, 그리고 힘을 획득하기 위하여 억압받은 집단들의 구성원들이 행하는 것이다. 여섯째, 지역사회실천가들은 힘 또는 자원을 가지지 못한 자들이 의사결정 권한에 접근할 수 있게 만들 수 있는 다른 형태의 힘(즉, 언론, 투표, 많은 수를 통한 힘의 과시 등)을 만들기 위하여 노력한다.

3) 사회복지사의 역활

갈등이론은 다음과 같은 측면에서 사회복지사의 역할에 영향을 미쳤다(지은구, 2003). 첫째, 사회복지사가 지역사회 변화를 위한 투쟁에서 행동가로서 자기 자신을 의식하게 된다면 사회복지사는 지역주민의 인식과 분석을 공유할 수 있으며, 또한 사회복지사는 체계적인 기능장애(dysfunctions)로 개인적인 문제의 원인을 바라봄으로써 개인적인 문제들로 주민의 문제를 국한시켜 처리하는 데 저항할 수 있게 하였다. 둘째, 갈등이론은 사회복지사가 지역사회집단들간의 상호작용에 초점을 맞추도록 하는 데 도움을 주었다. 셋째, 사회복지사에게 가진 자와 가지지 못한 자 사이(또는 힘 있는 집단과 힘 없는 집단)의 갈등이 사회발전의 원동력이라는 관점을 제공해 주었으며, 또한 지역사회발전을 위해 사회구조적 문제에 대한 인식과 지역사회주민 각각의 의식의 성장이 중요한 역할을 한다는 것을 인식시켜 주었다. 넷째, 사회복지사에게 갈등은 피할 수 없는 현실이라는 점과 지역사회의 갈등을 해결하기 위한 구체적인 실천방안으로 지역사회조직화의 중요성을 인식시켜 주었다.

4) 갈등이론의 한계

힘의존이론, 갈등이론, 자원동원이론, 그리고 사회교환이론은 정도의 차이는 있지만 힘이나 자원 없이 개인, 집단, 조직, 나아가 지역사회는 제한된 능력을 가질 수밖에 없다는 점을 강조하여 힘의 교환, 힘의 불균형 관계 개선이나 자원 획득이나 동원 등을 강조한다는 특징을 가지고 있다. 하지만 힘을 강조하는 이론 중 갈등이론은, 첫째 지역사회실천가가 힘이 있는 사람이나 사회지배계층이 지역사회에 부정적인 영향을 끼친다는 것을 전제하며, 둘째 지역사회실천가가 소외된 집단은 그들의 욕구를 해결하기 위해서 반드시 힘을 가져야 한다는 점을 전제로 한다.

이러한 전제는 결과적으로 실천가가 지역사회문제 해결을 위한 전략과 전술을 채택하는 데 사회적 동의나 합의를 이룩하려는 노력보다 기존의 힘구조와의 갈등을 유발하고, 갈등을 위한 해결에서 대항전략과 같은 급진적인 전략을 사용하도록 한다. 즉, 힘을 얻기 위한 조정이나 합의를 위한 전략이나 전술의 사용을 불가능하게 하여 지역사회문제를 해결하기 위해 실천가들이 다양한 전략 대안을 사용하는 데 한계를 갖게 한다는 비판을 받았다(지은구, 2003).

7. 사회건설주의이론

1) 사회건설주의이론의 개념

사회건설주의(social constructionism 또는 reality construction)이론[2)]은 삶의 새로운 건설을 통해 지역사회가 발전할 수 있음을 강조한다. 따라서 새로운 삶의 건설을 위하여 특정 지역사회에 거주하는 주민 개개인의 역할과 능력을 매우 중요시하는 특징이 있다. 사회건설주의이론은 대부분의 지역사회복지실천 분야의 이론들(대체적으로는 사회과학이론들)이 서구의 문화적 가치와 규범에 일치하여 발달되어 왔다고 강조한다(지은구, 2003). 특정 지역사회를 이해하는 데 보편적 사회과학이론을 적용할 수도 있지만, 그렇지 못한 지역사회도 존재하기 때문에 모든 지역사회에 동일한 이론을 적용하여 지역사회의 모든 부문을 이해하는 것은 지역사회에 대한 편견과 편협한 사고를 가져다줄 수 있다.

따라서 사회건설주의이론은 기존의 사회과학적 인식의 틀을 거부하고 사회 주변부에 사는 집단의 삶에 관련된 지식발전을 위한 하나의 토대를 제공하였다. 여기서 지식발전이란 지배문화의 사회구성원과는 관련이 없는 사람들의 삶에 연관된 지식을 의미한다. 사회건설주의이론은 과거로부터의 단절을 주장하고 객관성을 부정하는 등 포스트모더니즘의 영향을 받았다. 이 이론은 전통적으로 지배받아 왔던 구성원들(빈민, 흑인, 여자, 장애인, 노인, 어린이 등)의 삶과 경험에 관한 새로운 지식을 구축, 건설함으로써 억압을 극복하는 것에 초점을

2) 사회건설주의이론은 사회구조주의이론이라고 해석되기도 한다.

맞추고 있다. 사회건설주의이론은 개개인이나 집단들이 사회제도나 풍습, 일상생활의 활동들과 관련된 의미를 알기 위한, 그리고 확인하기 위한 대화의 과정에 참여 또는 개입해야 한다고 강조하는데, 이는 이 이론의 뿌리가 상징적 상호작용주의(symbolic interactionism)에 기초한다는 것을 의미한다. 상징적 상호작용주의는 사람이 언어의 사용, 문화적 가치나 규범과 관련된 의미를 가지고 매일의 활동을 건설한다는 것을 강조한다. 따라서 사회건설주의이론의 기본가정은 하나의 의미나 하나의 진실이라는 것은 존재하지 않으며, 지식이나 의미는 객관적이지 않고, 대신에 지식은 경제적 · 역사적인 영향, 정치구조, 다양한 문화 내에서 사회적 상호 활동과 대화를 통해서 건설되는 것이다.

사회건설주의이론에 따르면, 어떤 사람의 현실에 대한 인식이 다른 사람보다 더 좋다거나 또는 더 못하다고 말할 수 없다(Rossiter, 1996). 이는 곧, 주어진 가치, 규범, 신념, 태도, 전통, 생활실천들(practices)이 모두 집단(나아가 지역사회)마다 다르고, 마찬가지로 지식의 사회적 건설도 집단마다 다르다는 점을 강조한다(Lee & Greene, 1999). 따라서 사회건설주의이론은 사람마다 서로 다른 현실을 경험하고, 개개인이 가진 가치나 개인적 경험에 비추어 현실을 해석하기 때문에 지식의 생성은 개인마다 다르다(Chambon, 1999; Rodwell, 1998). 또한 사회건설주의이론은 현재 존재하는 이론들이 개인과 주변부 집단들의 구성원을 억압하기 위한 제도적인 구조를 유지하기 위해 지배문화가 갖는 하나의 메커니즘이라고 바라본다. 따라서 사회건설주의를 주장하는 이론가들은 기존의 것을 버리고 새로운 방식의 이해를 발전시켜야 한다고 주장한다.

결국, 사회건설주의이론에서 인간은 자신이 사용하는 언어, 자신이 추진하는 의미, 자신이 발전시키는 역할, 자신이 형성하는 조직, 집단들을 끊임없이 발전시키고 후퇴시키는 과정을 통해서 새롭게 건설한다. 즉, 인간이 현실의 창조자가 되는 것이다. 그리고 매일의 현실은 사회적으로 건설되며, 그 주체는 곧 지역사회에 존재하는 개개인, 각 집단, 조직이 된다.

2) 지역사회복지실천으로의 적용

객관성, 지배집단의 이론이나 인식 등을 거부하고 개별 집단이나 조직이 건설하는 새로운 삶의 방식이나 의미 등을 강조하는 사회건설주의이론은 지역사회복지실천을 수행하는 사회복지사에게 다음과 같은 영향을 미쳤다(Hardina,

2002).

첫째, 사회건설주의이론은 사회복지사에게 사회, 경제, 정치 구조가 개인의 행동을 어떻게 형성하는지, 그리고 각 구조들이 문화적 가치와 규범에 속해 있는 의미를 어떻게 형성하는지를 이해하는 데 도움을 주었다. 둘째, 사회건설주의이론은 사회복지사가 문화적 상징(symbols)과 실천에 영향을 끼치는 의미를 결정하기 위해 다른 사람과의 대화에 적극 개입하여야 한다는 것을 강조하였다. 셋째, 지역주민이 어떻게 소외된 지역사회의 현실을 이해하고 해석할 것인지, 그리고 어떻게 지역사회에 지배문화에 의해서 억압이 내면화되어 있는지에 대한 결론을 얻기 위해 지역사회에서 사회복지사들은 협동적 조사를 수행하도록 하였다. 넷째, 어떻게 사회적 강제력과 힘(자원)이 소외된 집단이나 지역사회의 구성원들에게 영향을 끼치는지에 관한 이론과 지식을 발전시키는 데 도움을 주었다.

결국 사회건설주의이론에 따르면, 현실은 미리 결정되어 있지도 않고 고정되어 있지도 않다. 즉, 지역사회질서라는 것은 끊임없이 재건설되고 재창조된다. 그리고 우리는 우리의 삶과 매일매일 협상을 한다. 따라서 지역사회에 개입하는 사회복지사의 가장 큰 임무는 지역사회 내 또는 지역사회에 있는 복잡한 체계들과 협상을 해서 구성원들이 사회적 규칙을 수행하고 자원을 얻게 도움으로써 결국 지역사회의 힘이 강화될 수 있도록 하는 것이다. 사회복지사는 지역 내 구성원들이 지역 내에서의 지배적인 힘이나 제도에 의한 억압의 효과를 이해할 수 있도록 도와야 하며, 나아가 그들의 지역사회를 위해 가능한 억압에 대응하는 지식을 개발할 수 있도록 도와야 한다.

사회건설주의이론은 지역사회복지실천에 다음과 같은 함의를 가져다주었다(지은구, 2003). 첫째, 지역사회를 구성하는 개개인이 상호작용을 통해서 새로운 문화, 언어, 역할, 의미, 조직, 나아가 새로운 지역사회를 건설할 수 있다. 둘째, 지역사회의 문화와 의미를 이해하는 것이 그 지역사회문제 해결을 위한 핵심적 활동이다. 셋째, 넓은 의미에서 지역사회는 그 자체가 하나의 지식을 발전시키는 의미를 갖는 실체로서 다른 지역사회와의 상호작용을 통해 매일매일 새로운 현실을 건설할 수 있는 능력을 가지고 있다. 건설의 동력은 그 지역의 사회구성원, 즉 지역주민이다.

사회건설주의이론은 지역사회에 대한 이해와 지역사회에 대한 새로운 접근방법을 제공하여 개개 구성원들의 역할의 중요성을 강조하였지만, 다음과 같은 이론적 한계점을 가지고 있다(지은구, 2003).

첫째, 현실이란 무엇인가에 대한 동의할 수 있는 정확한 정의가 존재하지 않는다는 점이다(Lee & Greene, 1999). 사회건설주의이론에 따르면 현실은 특정 지역 안에서 매일매일 새롭게 건설된다는 것인데, 구체적으로 어떻게 건설되고 그것이 무엇인가에 대한 설명이나 논의가 부족하다. 둘째, 사회건설주의이론은 기존의 지역사회에 관한 이론과 실천 전략과 전술 등을 모두 거부함으로써 사회복지사를 포함한 지역사회복지실천가들이 적절한 실천개입을 위한 상황논리에 기초한 이론들을 사용하도록 요구한다. 즉, 실천을 행하는 데 기존의 이론들을 등한시하고 상황에 기초한 이론이나 전략과 전술을 적절하게 새롭게 적용하는 것을 강조하지만, 기존 이론이나 실천전략들도 지역사회에 개입하여 실천활동을 수행하는 데 반드시 고려되어야 한다.

8. 상호조직이론

1) 상호조직이론의 개념

상호조직이론(Interorganizational theory)은 조직 상호 간의 지지와 상호 협력이 지역사회를 발전시킬 수 있음을 설명해 주는 이론이다(지은구, 2003). 사회비조직화이론에 따르면, 지역사회발전의 기초는 바로 지역사회조직화의 정도에 달려 있다고 할 수 있으며, 어떠한 공식적 조직이 없는 지역사회는 존재하지 않는다. 지역사회에 기초한 조직들은 지역사회의 발전을 위하여 상호 협력하여야 하며, 조직이 조직 자체의 이익이나 조직구성원만의 이익을 추구하는 경우 지역사회문제의 해결과 전체 지역사회구성원들의 상호 발전은 기대할 수 없다. 지역사회복지실천 영역에는 다양한 형태의 조직이 포함되어 있는데, 상호조직이론은 이러한 지역사회조직 간의 조정과 협력이 지역사회의 복지를 개선, 증진시키는 데 중요하다는 것을 강조한다. 많은 부분의 지역사회복지실천 활동은 다른 집단이나 조직과 관계를 성립하고 관리하는 것을 포함한다. 상호조직이론은 이 조직 간의 관계를 이해하는 데 도움을 준다. 여기서 분석의 단위는 개인보다는 조직에 있으며, 지역사회복지실천의 입장에서 집단이나 조직 상호 간의 행동을 이해하려는 노력이 상호조직이론이다.

상호조직이론은 모든 조직은 생존과 번영을 위해 더 큰 집단이나 조직의 연결망 안에 놓여 있어야 한다는 것을 기본전제로 한다. 상호조직의 연결망 또는 교환의 장 안에서 각각의 조직은 그들만의 특별한 영역을 각인하게 된다. 지역사회조직들이 다른 조직과의 상호관계하에서 그들의 영역을 확인한다면, 조직은 중복된 서비스나 서비스 영역, 그리고 서비스 대상자들에 대한 조정을 통하여 조직이 가진 자원을 최대화할 수 있다. 예를 들어, 노숙자 수가 20여 명인 용산동에 같은 영역의 노숙자를 위한 동일한 서비스를 제공하는 조직이 두 개가 있을 필요는 없다. 두 조직 간의 상호 조정을 통하여 한 조직은 노숙자를 위한 상담이나 치료를 제공하고 다른 조직은 노숙자를 위한 기술교육이나 자활공동체 운영 등의 서로 중첩되지 않는 서비스를 제공할 수 있을 것이다. 지역사회는 매우 다양하기 때문에 각각의 조직은 서로 다른 영역의 서비스를 다양하게 제공할 수 있다. 조직의 영역은 조직이 다른 조직에 의존해야 하는지, 또는 다른 조직과 연관을 맺어야 하는지를 결정해 주는 포인트다(지은구, 2003).

자원은 어떤 환경에서는 부족하기도 하고, 또 다른 환경에서는 풍부하기도 하다. 어떤 환경은 많은 경쟁자와 규정을 가지고 있지만 또 어떤 환경은 부족한 경쟁자와 규정을 가지고 있기도 하다. 따라서 효율적으로 자원을 소비하고 자원 사용의 이점을 최대화하기 위하여 조직은 조직을 둘러싼 과업환경을 이해하고, 필요하지 않은 자원은 지역사회를 위해 소비할 수 있는 방안을 찾아야 하며, 조직목적을 실현하기 위하여 필요한 자원을 소유하고 있는 조직과 협력하는 것이 필요하다.

조직은 목적을 성취하기 위해 다음과 같은 여섯 개의 과업환경이 필요하다(Hasenfeld, 1983; Thompson, 1967). 첫째, 자금, 노동, 재료, 장비, 그리고 작업할 수 있는 공간의 제공자다. 둘째, 권위와 정당성의 제공자인데, 사회복지교육협의회의 사회복지교육과정에 대한 신뢰 등의 제공자다. 셋째, 클라이언트 또는 소비자의 제공자로, 예를 들면 클라이언트 소개기관이다. 조직의 서비스를 직접적으로 필요로 하는 개인이나 가족은 물론이고 조직에 개인이나 가족을 소개해 주는 사람이나 기관 등이 여기에 해당된다. 넷째, 보조적 서비스 제공자로, 예를 들면 필요한 서비스를 위한 다른 조직들이다. 다섯째, 조직의 상품과 서비스의 소비자와 수혜자로, 예를 들면 사회복지조직의 클라이언트들이다. 사회복지 상품이나 서비스의 수혜자나 소비자가 없으면 사회복지조직은 존재하지 않게 된다. 여섯째, 경쟁자인데, 어떤 조직이 아무런 경쟁 조직 없이 독점적인 서비스를 제공하는 경우는 거의 없다. 대부분의 지역사회에서 조직들은 같은 대상자 또는 같은 후원자 등을 위해 경쟁하게 된다. 따라서 성공적으로 경쟁할 수 있는 능력은 조직적 삶을 위해 중요하지 않을 수 없으며, 또한 경쟁을 통해 조직은 발전하게 된다.

결국 상호조직이론에 따르면, 독점적인 조직의 영역이란 존재하지 않으며, 현대의 조직적 삶은 실제로 상호 조직적 삶이고, 상호 조직적 삶은 복잡하고 계속 변화하며 예측할 수 없는 환경에서의 끊임없는 협상과정을 포함하고(Aldrich, 1979; Emery & Trist, 1965), 이 상호 조직적 삶이 지역사회발전의 원천이 된다.

2) 지역사회복지실천으로의 적용

조직 상호 간의 지지와 상호 협력이 지역사회를 발전시킬 수 있음을 설명해 주는 상호조직이론은 지역사회복지실천에서 다음과 같은 실천적 함의를 제공한다(지은구, 2003). 첫째, 지역사회 내의 집단과 조직들의 상호작용이 지역사회 발전에 영향을 미친다. 둘째, 부족한 자원 혹은 한정된 주민이나 대상자를 확보하기 위한 조직 간의 경쟁은 지역사회발전을 퇴보시키는 요인이 될 수 있기 때문에 지역사회의 조직들은 각각의 영역 내에서 상호 교환과 협력, 조정을 통해서 지역사회의 욕구를 해결해 나가야 한다.

결국 상호조직이론은 조직 간의 협력과 조정을 강조하며, 지역에 실재해 있는 조직들의 상호 협력은 지역사회발전을 위한 중요한 토대를 제공한다는 점을 강조하기 때문에 지역사회발전을 위해 노력하는 사회복지사는 조직과 조직 사이를 연결하는 조정자와 중개자의 역할을 수행하여야 한다.

9. 인간행동이론

1) 인간행동이론의 개념

인간행동이론은 지역사회라는 하나의 체계 또는 구조나 단위 안에서 이루어지는 다양한 관계에 대한 이해보다는 지역사회 변화의 중심축이자 원동력인 인간의 행동을 이해하는 것을 강조한다. 따라서 인간행동이론은 지역사회라는 하나의 체계 안에서 구조, 공간, 기능 및 관계(예, 힘의 관계)에 초점을 맞추는 이론들에 비해 어떻게 인간이 지역사회에서 행동하는가, 어떻게 인간이 관계에 대한 의미를 이해하고 발견하는가, 어떤 가치가 인간의 행동을 이끌며 인간의 욕구는 무엇이고 어떻게 해결되는가 등과 관련된 지역사회에서 인간의 행동에 관심을 갖는다(Netting, Kettner, & McMurtry, 2004). 따라서 인간행동이론은 지역사회에 대한 직접적 이론을 제공한다기보다 지역사회에서 살아가는 인간의 행동에 대한 직접적 동기를 추적하고 밝힘으로써 인간이 왜 행하는지를 이해하여 지역사회 발전의 역량을 강화하는 것을 돕는다.

인간의 행동을 이해하기 위해서 인간행동이론은 다음의 개념을 중요시한다. 첫째, 상호 행동(관계), 둘째 집단적 동질성, 셋째 가치, 넷째 욕구다. 인간행동이론은 지역사회에서 이루어지는 인간의 행동을 이해하기 위해서는 이와 같은 개념이 반드시 필요함을 강조한다. 상호 행동은 지역사회 안에서 인간이 어떻게 서로 연관되어 있는가를 설명하는 개념이고, 집단적 동질성은 지역사회 안에서 지역구성원들을 하나로 묶는, 즉 '우리' 라는 연대감을 가져다주는 심리적 일체감을 나타낸다. 가치는 사상이나 신념 등과 함께 사람들이 공동적으로 가지는 것으로서, 상이한 가치를 가지고 있는 사람이나 집단과의 차이를 구분할 수 있다. 모든 인간은 욕구를 가지고 있다. 욕구는 인간이 살아 나가기 위해 반드시 만나야 하는 것이라 정의할 수 있으며, 지역사회에서 지역구성원들이 삶을 유지 · 발전시키기 위해 해결되어야 하는 기본적 삶의 조건이라고 할 수 있다.

Pantoja와 Perry(1992)는 다음과 같은 욕구 목록을 제시하였다.

- **기본적 생물학적 욕구:** 음식, 옷, 거주지 등과 같이 생존과 보호를 위해 반드시 필요한 것
- **이차적 생물학적 욕구:** 사랑, 소속, 동질감
- **사회적 욕구:** 상호지지나 상호원조, 관계
- **문화적 욕구:** 언어, 규범, 가치, 풍습
- **역사적 욕구:** 과거사나 기록
- **정치적 욕구:** 힘, 권력, 명령, 통제
- **창조적 · 정신적 욕구:** 단어, 운동, 예술
- **지적 욕구:** 실험, 조사, 탐험 등

인간행동이론은 지역사회 안에서 변화의 원동력이자 변화의 주체인 인간의 행동을 이해하고 인지하는 것이 지역사회 발전의 전제임을 강조하는 이론으로, 상호 행동, 집단적 동질성, 가치, 개인적 욕구 등을 관찰하고 조사하는 것이 인구집단, 조직, 나아가 지역사회 안에서 발생하는 역동성을 이해하는 기본전제임을 강조한다. 또한 왜 인간이 행동하는지, 무엇을 느끼는지에 대한 이해 없이 사회복지사 또는 실천가들은 전체 지역사회를 완전히 이해할 수 없다는 점이 강조된다. 하지만 인간의 행동은 상황에 따라 매우 가변적이며, 로봇처럼 전형화된 인간은 존재하지 않고, 지역의 구조적 측면이나 상황과 연관하지 않고 인간의 상호 행동, 가치, 그리고 욕구 등을 바라보는 것은 인간행동이 의미하는 것을 잘못 해석할 수 있다는 한계점이 지적된다(Netting, Kettner, & McMurtry, 2004).

2) 지역사회복지실천으로의 적용

인간의 상호 행동, 가치, 욕구, 집단적 동질성 등에 대한 인식을 통해서 지역사회를 바라보는 인간행동이론은 지역사회복지실천 영역에 다음과 같은 영향을 미쳤다. 첫째, 지역사회에 내재한 집단적 동질감이나 공동의 가치와 개별적 욕구 등을 파악하고 이해하는 것은 지역사회와 구성원을 이해하는 중요한 토대가 된다. 둘째, 지역사회의 변화를 위한 동력은 지역구성원들이며, 지역구성원 개개인의 공유된 신념, 가치 등은 지역사회 전체의 변화와 발전에 영향을 미칠 수 있다.

10. 사회학습이론

1) 사회학습이론의 개념

사회학습이론(Social learning theory)은 지역주민이나 집단들에 영향을 주는 주변 환경에 대한 학습을 통해 지역주민이나 집단구성원들의 역량이 강화되고, 결국 그들의 역량강화는 지역사회를 발전시킬 수 있는 요인이 됨을 강조한다. 사회학습이론은 특히 인간행동이론에 의해 영향을 받았다. 인간행동 접근방법

(behavioral approaches)은 사회복지실천 분야에서 개인과 집단치료를 위해 다양한 형식으로 널리 사용되어 왔으며, 사회학습이론에 영향을 주었다. 사회적 학습에 대한 사고(idea)는 개인과 집단의 역동성을 이해하는 데 중요하지만 지역사회에 적용할 수 있는 실천활동에서도 유용하다. 즉, 지역사회복지실천 분야에서 사회학습이론은 인간과 집단, 조직, 나아가 지역사회구성원들의 행동을 이해하고 영향을 미치는 데 도움이 될 수 있다.

예를 들어, 사회학습이론에 따르면, 지역사회복지와 관련해서 효과적인 실천가 혹은 지도자로의 발전, 만족할 만한 사회복지사로의 발전, 영향력 있는 사회행동전략 등은 모두 사회학습이론의 개념과 원리의 영향을 받았다. 사회학습이론의 기본가정은 인간행동이 다른 사람, 그리고 사회환경과 상호작용하는 동안 학습된다는 것이다. 따라서 사회학습이론가들은 관찰 가능한 행동, 그리고 이러한 행동을 수정하고 만들어 내는 요인들에 관심을 갖는다. 행동을 수정하고 산출해 내는 요인들을 이해하기 위해 사회학습이론은 자극(cues), 인식(cognitions), 그리고 결과(consequences)의 개념을 사용한다(지은구, 2003). 즉, 자극, 인식, 결과를 가지고 인간행동을 이해하려고 노력한다.

인간은 자극이 있어야 인식하며, 인식을 바탕으로 행동을 하여야 결과를 얻을 수 있다. 예를 들어, 맞으면 아픈데 아픔을 인식하여야 그에 대한 대응(행동)을 하며 대응하여야 그에 대한 결과를 얻을 수 있고, 목마름(자극)을 인식하면 물을 마셔야 하고(행동) 물을 마시면 갈증이 해소되는 결과를 얻을 수 있다. Silver(1980)는 사회행동을 이해하기 위해 사회학습이론은 자극을 시간에 앞서서 일어나는 것으로, 인식을 일어난 것들을 전달하는 것으로, 그리고 결과를 따라오는 결과에 대해서 칭찬하고 또는 벌을 주는 것으로 정의하였다. Silver (1980)는 이러한 요인들을 사회학습의 우연성(contingencies)이라고 불렀다.

학습된 행동의 하나의 중요한 형태는 응답행동 또는 고전적으로 Pavlovian 조건이라고 불린다. 즉, 공포나 걱정, 혐오뿐만 아니라 침을 흘리고 땀을 흘리는 것과 같은 자동신경체계 응답을 포함한다. 응답행동은 배가 고프면 맛있는 음식이 생각나는 것과 같은 것으로, 만약 한 시민이 법률공청회에 참석해서 발표를 하는데 그가 과거에 법률공청회에 참석해서 발표했을 때 어떤 참석자에게 그 발표에 대해서 심한 비판을 받은 적이 있다면 그는 법률공청회에 다시 참석해서 발표하기 전에 과거의 경험에 의해 두려움을 느낄 것인데, 이러한 행동이 바로 응답행동이다.

학습된 행동의 또 다른 하나의 중요한 형태는 작동 또는 작용행동이다. 작용행동은 얘기하고 공부하는 것과 같이 의식적으로 통제될 수 있는 행동을 의미하며, 상이나 벌칙과 같은 긍정적, 그리고 부정적 결과에 의해서 영향을 받는다. 칭찬받은 행동은 일반적으로 유지되고 또는 발전되는 데 반해, 벌을 받은 행동은 다시 반복되어 행해지기 어렵다. 이와 같이 사회학습이론은 개인적 행동을 수정하고 이해하는 데 중요한 단초를 제공한다(지은구, 2003).

사회학습이론에 따르면, 지역사회주민이나 구성원들의 행동과 인식이 지역사회 발전에서 중요하다. 즉, 지역주민 자신이 얼마나 문제해결이나 삶의 안정 또는 번영을 위해 경쟁력이 있는가에 대한 물음에 대한 인식에서 지역사회의 발전이 영향을 받으며, 주민이 전반전인 지역사회의 인적 · 물적 환경에 대해서 긍정적으로 보는지 또는 부정적으로 보는지 등의 자기효과성이나 주변의 환경에 대한 인식이 지역사회 발전에 긍정적으로든 부정적으로든 영향을 미친다.

사회학습이론에 따르면, 자기 확신이 높은 사람이나 그의 삶이나 주변의 환경에 영향을 미치는 결정에 성공적인 사람은 보편적 희망을 발전시킬 수 있으며, 그런 사람은 자신은 성공할 수 있으며 남들도 역시 성공할 수 있다고 믿고 기꺼이 행동을 취하게 된다(지은구, 2003).

집합적 확신(집합효과성)은 목적을 성취하기 위한 집단의 능력에 대해서 집단 구성원들이 공통으로 가지고 있는 인식으로 정의되며(Pecukonis & Wenocur, 1994), 각 구성원들의 자기 확신(효과성)이 포함된다. 결국 집합적 확신은 집단, 나아가 지역사회를 하나의 전체로서, 그리고 연대의 개념으로 보는 데 중요한 개념이다. 긍정적 의미에서 집합적 확신은 집합에 속한 각 구성원들의 경험과 집단을 둘러싼 외적 환경에 있는 집단의 능력과의 상호 행동에 의해서 형성되며, 동시에 집단 또는 지역사회의 구성원들이 유지해야 하는 개인적 확신(자기 확신)에도 기여한다. 결국 개인적 확신이 집합확신에, 그리고 집합확신이 자기 확신에 상호 영향을 끼치는 것이다.

2) 지역사회복지실천으로의 적용

사회학습이론에 따르면, 지역사회복지사의 행동과 인식은 지역사회복지실천에서 중요하다. 즉, 지역사회복지사가 지역사회복지실천운동을 하는 데 자기 자신이 얼마나 경쟁력이 있는가에 대한 물음에 대한 인식에서부터 지역사회복지사가 지역 내에 새로운 협의체를 만드는 데 그 협의체의 목적과 발전, 그리고 운영 등의 전반적인 협의체를 둘러싼 환경에 대해서 긍정적으로 보는지 또는 부정적으로 보는지 등의 자기 자신의 효과성이나 주변의 환경에 대한 인식이 지역사회복지실천 영역에서 긍정적·부정적으로든 영향을 미칠 수밖에 없다고 본다.

지역사회복지실천 영역에서 자기효과성 또는 확신(자기 자신이 만족할 만한 결과를 만들 수 있는가)과 집합효과성 또는 확신(집합이 만족할 만한 결과를 만들어낼 수 있는가)은 매우 유용한 개념이다. 자기확신이 강한 실천가는 변화에 대한 도전에서 적극적일 수 있으며, 자기확신이 낮은 실천가는 변화에 대한 도전 의지가 약할 수 있다. 만약 지역사회복지실천가가 자기 자신의 기술과 지식이 낮아서 또는 적절하지 않다고 생각해서 목적하는 바를 수행하는 것을 포기하는 것을 낮은 효과기대라고 부르며, 사회복지사가 기술과 지식의 면에서 확신은 있는데 나타나지 않은 방해물을 나타난다고 생각하거나 응답이 없을 것이라고 생각해서 포기하는 것을 낮은 결과기대라고 부른다. 이러한 두 개념을 학습된 도움박약이라고 부른다. 개인적 도움박약은 개인이 문제를 해결할 수 없다고 느끼는 것이며, 보편적 도움박약(universal helplessness)은 아무도 그 문제를 해결할 수 없다고 생각하는 것이다(Abramson, Seligman, & Teasdale, 1978).

지역사회복지실천의 분야에 사회학습이론은 다음과 같은 함의를 가져다준다(지은구, 2003). 첫째, 지역 내에서 사회복지사의 경험된 행동 또는 인식은 곧 그 사회복지사가 속해 있는 집단이나 단체, 조직 등의 지역사회복지실천 영역에 영향을 미친다. 따라서 지역사회복지실천 영역에서 사회복지사의 높은 자기확신이 필요하다. 둘째, 지역주민이나 집단, 조직에 참여하는 지역주민의 자기 자신에 대한 확신과 집합적 확신을 높이면 결국 목적한 결과에 대해 높은 결과기대를 할 수 있게 만들 수 있으며, 이에 기초하여 주민 연대성이 강화된다. 셋째, 지역사회복지실천모델 중 사회행동모델에 이론적 기초를 제공해 준다.

11. 사회연결망이론

1) 사회연결망이론의 개념

연결망(또는 네트워크)은 협력의 한 유형으로서 각 조직들이 조직적 자율성을 유지하면서 공유된 자원을 가지고 어떤 서비스나 프로그램을 제공하기 위하여 함께 결합하는 협력 시스템이라고 할 수 있다. 일반적으로 연결망은 행위자를 연결하는 관계를 의미하며, 행위자는 구체적으로 사람이나 조직 및 시스템을 의미하고, 관계는 상호 행동을 의미한다. 사회복지실천 영역에서 연결망은 일반적으로 한 사람이 자신에게 도움을 줄 수 있는 다른 사람을 필요로 할 때, 그리고 자신이 도움을 줄 수 있는 다른 사람을 필요로 할 때 발생하게 된다. 즉, 도움을 주거나 받기 위해 다른 사람이나 조직을 필요로 할 때 연결망이 형성된다. 사회연결망은 하나 또는 하나 이상의 관계에 의해서 연결된 행위자들이나 구성원들로 구성된 구조를 의미하고(Knoke & Yang, 2008), 목적을 성취하기 위하여 교환을 하고 상호 행동하는 사람, 집단, 조직 또는 사회적 단위를 위한 사회적 배열이라고 할 수 있다(Hardcastle, Powers, & Wenocur, 2004). 따라서 사회연결망은 다른 사람과의 사회적 관계를 유지하고 건설하는 것을 포함하며, 가족, 친구, 동료, 이웃 등은 모두 사회연결망을 구성하는 구성인자가 될 수 있다.

사회연결망은 위기 때 도움을 줄 수 있는 중요한 도구의 기능을 하는 지원이나 지지를 위한 환경자원의 역할을 수행하며, 돈, 감정적 지원, 주택, 아동 돌봄 같은 교환자원을 위한 상호 원조체계로서 작동한다. 사회연결망은 교환을 위한 구조를 제공하기 때문에 사회적 지지체계라고 할 수 있다. 결국, 사회연결망은 도움을 주고받기 위해 필요한 사회적 구조라고 정의할 수 있으며, 개인, 집단의 영역을 뛰어넘어 조직과 조직 사이의 교환을 위한 사회적 지지체계의 역할을 수행하게 된다. 결론적으로 사회연결망은 개인, 집단, 조직, 나아가 지역사회 내에서 통합적이고 문제해결 중심적인 (실천적) 서비스를 제공하기 위해 상호 간의 도움을 주고받는 사회적 교환체계이자 사회적 지지체계라고 할 수 있다.

2) 사회연결망의 기능

사회연결망은 체계주의관점에서 하나의 사회적 체계이며, 사회적 지지체계의 역할을 수행하고, 사회교환이론 측면에서 사회적 교환을 위한 도구로 활용되고, 조직 간 통합을 위한 토대로 이해된다. 사회연결망의 이러한 기능을 살펴보면 다음과 같다.

(1) 사회적 지지체계 기능

지역주민에게 사회서비스를 제공하기 위해 구축되는 사회적 지지체계로서 연결망은 지역주민의 욕구를 성취할 수 있도록 그들의 역량을 증가시키는 하나의 도구로서 작동한다는 것을 의미한다. Whittaker와 동료들(1983)은 사회적 지지를 지역주민이 매일매일의 삶에 대처하기 위한 노력을 강화시키는 지원을 제공하고 돌봄과 배려의 영속적인 유형을 제공하는 하나의 집합체라고 정의하였다. 또한 Shumaker와 Brownell(1984)는 사회적 지지를 클라이언트의 삶의 질을 개선시키기 위해 의도된 조직과 조직 사이의 자원의 교환이라고 인식하였다. 따라서 사회연결망으로서 사회적 지지체계는 지역주민을 위한 지원체계를 의미한다고 할 수 있다. 조직이나 집단에 구체적으로 지원되는 사회적 지지는 일반적 사회적 지지와 구체적 사회적 지지로 나뉘는데, 일반적 사회적 지지는 소속감이나 수용, 돌봄 등의 지지를 제공하는 것으로서 조직과 조직 간의 사회적 통합과 감정적 지지를 증진시키는 역할을 수행한다. 구체적 사회적 지지는 존중이나 격려, 구체적인 정보와 물질적 지원 등을 포함한다(Hardcatle et al., 2004).

(2) 사회적 체계 기능

사회적 지지체계로서의 연결망은 하나의 조직으로서 공유된 목적을 성취하고 충족시키기 위한 교환에 개입하고 상호 행동하는 사람, 집단 또는 조직들로 구성된 하나의 사회적 체계라고 할 수 있다. 체계적 관점에서 연결망은 다양한 사회적 정황에 놓여 있게 된다. 특히 사람과 사람 사이, 조직과 조직 사이, 또는 기관과 기관 사이의 관계나 정황에 놓여 있게 된다. 따라서 사회적 체계로서 연결망은 교환을 위해 조직의 자원을 연계시켜 주는 역할을 수행하게 된다.

(3) 사회적 교환체계 기능

사회교환이론에 따르면, 연결망은 개인과 개인, 집단과 집단, 조직과 조직 사이의 자원의 교환을 위해 존재하는 공간적 영역을 제공하게 되어 연결망은 사회적 교환을 위한 도구의 역할을 수행하게 된다. 연결망은 기본적으로 다른 사람이나 집단 또는 조직과의 사회적 관계를 유지하고 건설하기 위해 필요한 도구로서 존재하기 때문에 사회적 교환을 위한 하나의 구조를 제공하게 된다. 따라서 민관협력체제라는 사회연결망 안에 소속되어 있는 조직과 조직들 간의 클라이언트를 포함하는 인적 · 물적 자원의 교류를 통해 서비스의 중복을 막고, 한정된 자원으로 최대의 조직효과성을 성취하는 것이 가능해진다.

(4) 통합된 연합구조기능

사회연결망은 하나의 개인이나 집단 또는 조직이 제공하는 사회복지서비스나 재화를 가지고 다양한 욕구를 가진 구성원이나 지역주민의 욕구를 해결할 수 없기 때문에 나타난 사회적 체계다. 따라서 사회연결망은 사회복지사나 조직들이 다양한 재화나 서비스를 제공하여 다양한 욕구를 지닌 지역주민들에게 통합된 서비스를 제공할 수 있도록 하는 하나의 통합된 연합구조(또는 통합을 위한 토대)로서 기능하게 된다.

3) 연결망과 사회적 자본

연결망과 사회적 자본은 밀접한 연관을 가지고 있으며, 지역사회를 발전시키는 데 중요한 개념이다. 특히 사회적 자본과 연결망이 지역사회 발전을 위한 중요한 동력으로서 중요시되고 있다. 사회적 자본을 구성하는 중요한 요인들 중의 하나로 연결망이 강조되고 있으며, 많은 학자는 연결망의 건설이 사회적 자본을 구축하는 데 중요한 요소임을 강조하고 있다. 예를 들어, Putnam(2000)이 강조하였던 사회적 자본을 구성하는 결합자본(bonding capital)과 연결자본(bridging capital)은 바로 연결망을 강조하는 개념이라고 할 수 있다. Keyes, Schwartz, Vidal과 Bratt(1996), Powell(1990), Cohen과 Prusak(2001) 등은 모두 연결망을 사회적 자본을 구성하는 중요한 요소라고 강조하였다. 이들의 정의에 따르면, 사회적 자본이란 신뢰, 제도, 사회적 규범, 사회연결망, 공유된 사고, 그리고 한 사회 안에서 사회구성원들의 상호 행동을 형성하는 자산, 번영을 위한 개인적 · 집합적 생산의 자산으로 정의될 수 있다. 경제적 자본 또는 물질적 자본이 물질적 대상과 연관이 있고 인간자본이 개개인의 속성과 연관이 있다면, 사회적 자본은 사회구성원 개개인에게서 일어나는 신뢰, 상호 호혜의 규범, 공유된 가치, 사회적 연계 등의 지역주민 개개인의 상호 연계와 연관이 있음을 알 수 있다. 결국, 연결망이 사회적 자산을 구성하는 중요한 하나의 구성요소가 되지만, 신뢰와 상호 이해, 그리고 공유된 사고 등과 같은 사회적 자산의 요소들은 연결망을 구성하는 데 매우 결정적인 역할을 수행한다고 할 수 있다. 이는 신뢰를 바탕으로 하는 연결망이 불신과 반목을 가지고 있는 연결망보다 지역사회자원 동원이나 발전을 위해 보다 긍정적으로 작동할 것이기 때문이다.

4) 지역사회에서 사회연결망의 기능

Dosher(1977)에 따르면, 연결망의 주요 기능은, 첫째 의사소통연계장치와 정보채널의 기능, 둘째 참여지지체계와 자원공유의 기능, 셋째 조정, 협력, 협의, 프로그램 실현화, 능력건설, 훈련을 위한 수단의 기능, 그리고 마지막으로 집합적 행동을 위한 수단의 기능 등으로 분류할 수 있다.

지역사회의 문제해결구조이자 지지체계로서 사회연결망의 기능을 구체적으로 살펴보면 다음과 같다. 첫째, 지역주민의 욕구와 지역자원의 교환을 위한 의사소통연계장치와 정보채널의 기능, 둘째 집단과 집단, 나아가 지역사회조직과 조직 사이의 참여지지체계와 자원공유의 기능, 셋째 조직 간의 서비스 영역 조정, 협력, 협의, 프로그램 실현, 조직능력 건설, 구성원 훈련을 위한 수단의 기능, 넷째 개인, 조직, 나아가 지역사회문제 해결을 위한 실천활동과 상호 원조 및 협조를 위한 지지체계의 기능이다.

5) 지역사회복지실천으로의 적용

사회연결망이론은 Warren이 강조하였던 지역사회 기능 중 상호지지체계와 협력체계의 구축을 통한 지역사회의 발전을 강조하는 이론이라고 할 수 있다. 특히 사회연결망이론은 상호조직이론과 자원동원이론에 기초하여 발전된 이론이라고 할 수 있다. 사회연결망의 형성을 통해 지역사회의 자원은 교환 혹은 지원될 수 있으며, 위기에 처해 있는, 또는 도움이나 원조를 필요로 하는 지역주민들이나 집단, 나아가 조직이나 지역사회는 사회연결망을 통해 다양한 지역자원을 교환하고 소비할 수 있다. 특히 사회연결망은 지역구성원에 대한 감정적 지지를 뛰어넘어 지역주민이 필요한 욕구를 해결할 수 있도록 하며 자원을 교환할 수 있도록 하여 지역사회발전에 이바지하게 된다.

사회연결망이론은 지역사회복지실천 영역에 다음과 같은 실천적 함의를 제공하였다. 첫째, 지역사회의 발전을 위해서 사회적 지지와 사회적 교환을 위한 하나의 사회적 체계로서 역할한다. 둘째, 지역주민의 의사소통기구이자 문제해결기구이고, 정보교환기구로서 작동한다. 셋째, 지역사회구성원이 지역문제에 참여하여 문제를 해결하고자 하는 참여기구의 역할을 하여 지역사회 참여를 통한 지역사회자원 강화의 토대로서 작동한다. 넷째, 조직 간의 사회서비스 영역 조정, 협의, 프로그램 공유, 조직능력 건설, 구성원 훈련을 위한 수단 등의 기능을 수행한다.

제2부

지역사회복지실천과정

4

지역사회복지실천모델

1. 실천모델의 필요성

1) 실천모델이 필요한 이유

지역사회에 개입하여 지역사회복지실천을 수행하는 데 왜 실천모델이 필요한가에 대한 대답으로서 Lohmann과 Lohmann(2002)은 실천모델이 사회복지사에게 지역사회복지실천을 행하는 데 특정한 실천상황으로의 개입방법을 알려주기 때문에 중요하다고 지적하며, 다음과 같은 점에서 도움을 준다고 강조하였다. 첫째, 지역사회실천현장에 있는 사회복지사에게 실천모델을 통해서 지역사회 변화에 대한 노력의 통제를 어느 정도 해야 하는지를 알려 준다. 둘째, 어떤 형태의 전략과 전술이 사용되어야 하는지를 알려 준다. 셋째, 변화과정에서 분명한 사회복지사의 역할을 결정하는 데 도움을 준다. 넷째, 변화되어야 하는 사람, 집단 또는 조직 등의 표적체계와 사회복지사와의 관계를 설명해 준다.

지역사회실천모델은 지역사회에서 어떻게 변화가 일어나는가를 설명하며, 수많은 사회복지사들과 실천가들에 의해서 지역사회 변화에 영향을 미치게 하기 위해서 적용되고 활용되어 왔다.

2) 이론, 행동, 그리고 실천모델

Hardina(2002)에 따르면, 실천모델은 어떻게 지역으로의 개입이 수행되어야 하는지에 대한 방법을 안내한다. 그는 행동과 이론을 연결시켜 주는 것이 실천모델이라고 인식하였다. 이론은 우리에게 사회에 있는 집단들이 어떻게 기능하는지, 그리고 사회변화 노력의 효과에 대한 기본 사고를 제시해 주지만, 어떻게 실천현장에서 행동해야 하는지, 또는 지역조직화를 해야 하는지를 알려 주지는 않는다. 다시 말하면, 지역사회복지실천에서 필요한 이론들은 실천현장에서의 개입방법이나 예상할 수 있는 개입의 결과들 사이의 직접적 관계를 구축하기 위해 사용될 수 없다. Weil과 Gamble(1995)에 따르면, 지역사회복지실천 영역에서 실천모델들은 지역사회에 대한 개입방법을 비교하고 특정한 상황을 위한 행동을 위해 필요한 적절한 모델을 선택하는 것을 돕는다. Mondros와 Wilson(1994)는 실천모델들이 포함하고 있는 구성요소들을 설명하는 데, 첫째 변화를 위한 목적(왜 지역사회는 변화하여야 하는지에 대한 근거), 둘째 직원, 구성원, 지도자들에게 필요한 분명한 역할들, 셋째 이슈를 선택하는 과정, 넷째 변화 노력을 위한 표적의 확인, 다섯째 표적이 얼마나 협조적 또는 비협조적인지에 대한 사정, 여섯째 변화전략, 일곱째 변화를 위해 필요한 자원의 이해, 마지막으로 변화과정에서의 조직의 역할에 대한 이해라고 하였다.

지역사회복지실천모델은 두 개의 기본적인 목적을 가지고 있는데, 하나는 과정목적(process goal)이고 다른 하나는 과업목적(task goal)이다. 과정목적은 지역 개입을 위한 행동들을 수행하기 위해 사용되는 수단과 방법에 초점을 맞추며, 과업목적은 개입을 위한 노력들의 목적과 결과에 초점을 맞춘다. 지역에서 실천을 행하기 위해 개입하는 대부분의 경우 사용되는 모델들 중에 일부는 과정을 중요시하며, 또 어떤 개입모델들은 결과를 강조하기도 한다(지은구, 2003). 지역사회복지실천을 위한 개입의 실천모델로서 가장 일반적으로 활용되고 있는 모델은 Rothman(1979, 1995)이 제시한 지역사회개발모델, 사회기획모델, 그리고 사회행동모델이다. 이 세 가지 실천모델 외에 수많은 학자에 의해서 다양한 이름의 실천모델이 제시되었지만, 대부분은 Rothman의 세 모델을 중심으로 분화, 발전되었다고 볼 수 있다.

2. 실천모델

지역사회복지실천을 수행하기 위하여 실천가들에게 가장 많이 인용되는 실천모델은 Rothman(1979, 1995)이 제시한 지역사회개발, 사회기획, 그리고 사회행동모델이다(Rothman & Tropman, 1987; Jacobson & Heitkamp, 1995; Kemp, 1995; Hardina, 2002). 이러한 모델 외에도 1980년대 이후 주목받는 지역연계모델과 제휴모델, 그리고 사회행동모델에서 보다 발전된 사회운동모델 등이 있다. 여기서는 지역사회복지실천을 위해 활용될 수 있는 다양한 실천모델을 자세히 설명하기로 한다.

1) 지역사회개발모델

(1) 지역사회개발의 정의

지역사회개발(community development)이라는 용어는 제2차 세계대전 이후 사용되기 시작하였으며, 경제개발이라는 용어에 영향을 받아서 처음 나타났다(Brueggemann, 2002). 경제개발은 주로 기업을 발전시켜 효율성과 생산력을 증가시키는 것으로 이해될 수 있다. 지역사회개발에 대한 UN의 정의를 살펴보면, 지역사회개발은 지역주도권에 대한 완전한 의존과 활동적인 참여를 가지고 전체 지역사회를 위한 사회경제적 진보의 조건을 창조하기 위해 설계되는 하나의 과정이다(UN, 1955).

사회복지 분야에서 지역사회개발은 지역사회복지실천을 위한 모델 중 하나로서 인식된다(Rothman, 1979, 1995; Kemp, 1995; Weil & Gamble, 1995; Twelvetrees, 2002; Jacobson & Heitkamp, 1995; Hardina, 2002). 즉, 지역사회복지실천을 위해서 지역사회를 개발하는 것이 필수적인 과정으로 인식되며, 하나의 실천모델로 자리 잡게 되었다. 따라서 대부분의 지역사회복지실천이론가들은 지역사회개발을 지역사회복지실천의 중요한 하나의 모델로 인식하고 있다(지은구, 2003).

Pantoja와 Perry(1992)는 지역사회개발을 경제적으로 의존적이고 정치적으로 소외된 구성원들이, 첫째 그들을 빈곤과 의존 상태로 있게 하는 힘과 과정을 이해하기 위해서, 둘째 재정자원, 지식, 기술, 정보에 기초한 행동계획을 나타내도록 그들의 내적인 힘을 조직하고 동원하기 위해서, 셋째 의존적으로 만들고 힘없게 만드는 개인적 · 집단적 문화를 해소하기 위해서, 그리고 마지막으로 지역이 구성원들의 번영을 수행하도록 하는 새로운 기능을 개발하고 보존하도록 함께 일하는 도구 또는 수단이라고 정의하였다.

한편 Brueggemann(2002)은 지역사회개발은 거시사회복지실천의 한 방법이며, 지역사회가 사회, 경제, 정치, 문화적으로 그 구성원들을 지지하도록 하는 하나의 원천으로 되게끔 만드는 연결망을 개발하고 자원을 발전시키도록 지역사회구성원들을 돕는 것이라고 정의하였다. 그는 지역사회개발이 시민의 권리에 대한 가치와 지역 삶으로의 시민참여를 고취시키며, 교육을 통해 시민의 긍지와 의식을 고양시키고, 그리고 지역을 공공의 이익이 삶의 추진력이 되는 장으로 바라보게 한다고 강조하였다.

그리고 Twelvetrees(2002)는 지역사회개발은 지역에 살고 있는 집단이나 개인들을 새로운 자율적이고 독립적인 집단이나 개인이 되도록 돕는 것이라고 정의하였다. 결론적으로 지역사회개발은 지역의 주민이 스스로 자신들의 문제를 해결할 수 있도록 역량을 강화하는 지역사회복지실천모델이라고 볼 수 있다.

(2) 지역사회개발의 내용

지역사회개발은 지역사회복지실천 또는 지역실천을 위한 개입방법 중에서 지역사회 안에서의 변화를 위해 사용되는 실천모델 중 하나이므로 지역사회복지실천을 수행하기 위한 하나의 접근방법이다. 지역사회개발의 가장 큰 특징은 지역사회개발이 지역주민의 참여와 자조를 바탕으로 한다는 것이다. Rothman (1979, 1995)과 Spergel(1987) 등은 지역사회개발모델을 수행하는 데 지역주민의 참여와 자조를 강조하였다.

Spergel(1987)에 따르면, 지역사회개발의 목적은 제한된 지리적 영역에 거주하는 지역주민이나 특별한 사회조건이나 문제에 관심을 가지고 있는 이익집단이나 조직구성원들의 생산성이나 삶의 질을 개선시키는 것을 추구하는 것이다 (Spergel, 1987). 또한 Rothman과 Tropman(1987)은 지역사회개발에 대한 UN의 정의에 영향을 받아서 지역사회개발의 목적을 다음과 같이 정리하였다. 즉, 지역사회개발의 목적은 지역주민의 활동적인 참여와 지역의 주도권에 대한 완전한 신뢰를 갖는 전체 지역사회를 위한 경제적 · 사회적 진보의 창조에 있다. 사회복지의 관점에서 지역사회개발은 서비스 전달체계의 유형이나 사회정치적 기능을 촉진시키기 위해서 관심 지역이나 어떤 한 지역에 있는 조직이나 사람들 사이의 관계구조 속으로, 또는 사회연결망 속으로 의식적으로나 계획적으로 개입하는 과정으로 간주할 수 있다(Spergel, 1987). 그리고 지역사회개발은 사회문제의 접근에서 위에서 밑으로 내려오는 수직적 과정이나 관료적 · 전문적 접근보다 낮은 단계의 풀뿌리조직의 구성원들로부터, 그리고 밑에서 위로 올라오는 접근을 강조한다(Spergel, 1987).

한편 Hardina(2002)에 따르면, 지역사회개발모델의 주요한 목적은 지역주민이 지역의 삶에서 배제되었다는, 그리고 지역문제의 해결을 위해 할 수 있는 것이 조금밖에 없다는 소외의식을 제기하는 것에 있다. 결국 지역사회개발의 목적을 종합하여 보면, 지역사회개발모델은 과정을 중요시한다는 측면에서 과정목적이 강조되고, 사람과 사람 사이의 관계를 조성하는 것과 지역사회의 가장 밑바닥에 있는 지역구성원 스스로 지역문제를 해결하는 것이 강조된다고 볼 수 있다.

지역사회개발은 지역주민이나 조직과 집단구성원들의 자발적인 자조(self-help)와 협조 및 참여가 필수적이기 때문에 지역발전을 위한 노력은 주민, 사회복지서비스 이용자, 클라이언트, 집단구성원, 또는 지역 각 부분에서 활동하는 대표자들의 공동 참여에 대한 소명감(commitment)을 필요로 한다. 즉, 지역사회에 있는 각 구성원들의 지역개발에 대한 소명감이 생성되고 그의 표현으로 참여를 강조하는 것이다(지은구, 2003).

Kemp(1995)에 따르면, 지역사회개발은 이중적인 강조점을 갖고 있는데, 그것은 지역사회에 대한 강조와 지역주민에 대한 강조, 즉 지역과 지역주민 각각의 개발을 강조한다. 이러한 목적을 달성하기 위해 지역사회개발모델에서 역량강화(empowerment)는 과정이자 목적이기도 하다. 따라서 지역사회개발모델에서는 지역과 지역주민의 역량을 강화하는 것을 강조한다.

(3) 사회복지실천가의 역할

지역사회의 역량을 강화하고 지역주민 개개인의 역량을 강화하기 위해 필요한 지역사회개발모델의 중심적 행동은 참여, 자조, 지도력 및 성실성이다. 이러한 중심행동은 협동적인 과정을 중요시한다. 그리고 지역사회개발에서 클라이언트는 지역에 거주하는 시민이며, 사회복지사는 조정자, 촉매자, 지지자, 교육자 등의 역할을 수행한다(Kemp, 1995). 사회복지실천가의 일차적 역할은 지역주민이나 집단들이 함께할 수 있도록 분위기를 조성하는 것이라고 할 수 있다. 따라서 실천가는 이 역할을 수행하기 위해 지역주민이나 집단들이 지역사회가 가지는 공통의 문제와 이 문제를 해결할 수 있는 해결책을 확인할 수 있도록 도와야 한다. 지역사회복지실천가는 스스로 특정한 목적을 성취하는 것도 중요하지만, 이보다는 지역사회공통의 문제와 이 문제들을 해결할 수 있는 해결책을 확인할 수 있도록 어떻게 돕는가가 더 중요한 성취물일 수 있다. 이는 지역사회개발모델이 결과보다는 과정을 더 중요시하는 실천모델이라는 점으로도 확인할 수 있다. 따라서 분위기 조성과 같은 관계구축을 위한 행동이 힘이 없는, 그리고 배제되고 소외받은 지역주민의 감정을 치료하기에 충분하다고 전제되기도 한다(지은구, 2003).

(4) 지역사회개발모델의 전략

Kemp(1995)는 지역사회개발을 위한 중요한 전략으로, 사회적 지지전략과 정치적 행동전략이 있다고 하였다. 사회적 지지전략은 사람 간, 조직 간, 지역 간 상호지지 연결망을 유지하고 증진시키는 것을 의미하며, 정치적 행동전략은 특정한 제도나 프로그램을 수정 또는 변화시키기 위해 지역이나 조직의 힘을 사용하고 개발하는 것을 의미한다.

두 전략의 기본 목표는 다음과 같다. 첫째, 해결해야 하는 지역사회문제의 확인, 둘째 지역사회문제 해결을 위한 조직화, 셋째 지역사회문제를 해결하는 데 유용한 자원의 사용, 넷째 지역주민의 지도력과 지역사회 응집력 개발이다.

Johnson(1995)에 따르면, 지역사회개발에서 전체 지역사회는 곧 하나의 클라이언트 체계로 보인다. 그리고 지역사회에 거주하는 지역주민은 지역구성원으로서의 잠재성을 가지고 있고 지역문제를 해결하는 데 도울 수 있지만, 그들의 잠재성은 아직 완전히 현실화되거나 개발되거나 능력이 발휘되지 않고 있는 시민으로 간주된다. 따라서 지역주민의 역량강화가 반드시 실천행동의 중심이 되는 것이다. 지역사회개발실천가와 사회복지사들은 지역사회개발모델에서 지역사회에 있는 각각의 지역구성원을 유일하고 성장 가능하며 잠재적인 기여자로 바라본다. 즉, 모든 지역구성원을 잠재적 능력이 현실화될 수 있는 자조(self-help)가 가능하다고 본다는 것을 의미한다.

또한 지역사회개발모델은 지리적 영역으로서의 지역이 가지는 문제를 해결하는 것을 강조하는 실천모델이다. Hardina(2002)에 따르면, 지역사회복지실천이론 중에서 체계이론과 생태이론이 지역사회개발모델의 기초를 제공하였다. 따라서 지역사회 안에 포함되는 모든 구성원과 집단, 물리적 조건들은 긍정적인 환경을 발전시키는 데 필요한 것으로 인식된다. 지역사회개발모델은 지역주민, 기업 대표, 학교, 교회, 병원, 지역조직, 사회복지조직, 그리고 법률체계가 지역사회 안에서 긍정적인 변화를 창출하는 중요한 역할을 담당하는 것으로 비춰지며, 이 모든 집단이나 구조들이 사회변화과정에서 잠재적 동반자로서 인식된다. 지역사회개발모델은 집단구성원들 간이나 지역주민들 간의 불일치 또는 상이성이 협상, 동의건설, 협동과 제휴 같은 전략과 전술을 통해서 해결될 수 있다고 가정한다(지은구, 2003).

(5) 지역사회개발모델의 장단점

지역사회개발모델의 장점은 이 모델이 다양한 개인과 집단을 협상 현장에 끌어들일 수 있다는 점이다. 사회변화는 영향력이 있거나 힘이 있는 사람이 이 실천과정에 포함되지 않는다면 성공하기가 어렵다는 점이 지적되기도 하지만(Rubin, 1997) 이 실천모델은 가진 자와 가지지 않은 자 사이에 동맹을 조장할 수 있다는 점이 장점으로 지적되기도 한다(Hardina, 2002).

하지만 지역개발실천모델은 다음과 같은 한계점들도 가지고 있다(Hardina, 2002). 첫째, 지역사회의 변화 노력을 위해 지역에 있는 모든 사람이나 집단, 조직들의 합의나 조정을 성취하는 것이 사실상 너무 시간 소모적이며, 현실적으로 어렵다는 측면이 지적된다(Warren, 1971). 지역사회개발실천모델의 정당성은 다름 아닌 사회복지사가 지역주민과 빈번하게 접촉하고, 그 지역의 욕구가 해결될 수 있게 주민을 조직화하는 것을 돕는 것에 있다고 한다면, 사실 장기간의 계획이 필요한 실천모델이라고 할 수 있다.

둘째, 지역사회개발모델은 모든 참가자가 성, 계급, 문화, 인종, 육체적 · 정신적 능력, 나이 등과 관련된 경계를 뛰어넘는 공통의 이해를 가지고 있다는 가정에 기초한다는 지역사회개발모델의 전제조건에 대한 문제점이 지적된다. 즉, 개별 주민이나 집단, 그리고 조직들의 상이성이나 독특성이 무시될 수 있다(Hyde, 1989; Riveira & Erlich, 1998).

셋째, 힘이 있는 정책결정자들이 협상(또는 조정이나 협의)에 참가하는 것을 거부할 수 있다. 또한 그들은 사회변화를 일시적으로, 그리고 효율적으로 방해할 수 있다. 따라서 변화를 성취하기 위해서 협상이나 제휴전략보다는 힘의 구조에 대한 대항을 포함하는 전략이 종종 필요하다는 점이 지적된다(Hardina, 1997; Mondros & Wilson, 1994).

결론적으로 지역사회개발은 지역사회복지실천을 위한 하나의 방법론이자 실천모델로, 특히 지역주민의 자발적인 참여와 스스로 자신들의 문제를 해결할 수 있도록 역량을 강화시키는 것을 강조한다. 따라서 이 모델에서는 사회복지사의 객관성이 강조되며, 그리고 지역주민이 자신들의 문제를 해결해 나가는 데 사회복지사의 개입은 직접적인 참여보다는 간접적인 참여를 통해 지역주민들과 함께 일하는 지지자, 조정자 및 교육자의 역할이 모색된다(지은구, 2003).

(6) 변형된 지역사회개발모델

1980년대 이후에 지역사회개발모델이라는 큰 틀에는 포함되지만 좀 더 구체적인 방법과 개념을 발전시킨 모델이 등장하였는데, 대표적인 것이 지역사회가 탄력성을 가지고 있음을 강조하는 탄력성모델, 역량강화를 강조하는 역량강화모델, 강점을 강조하는 강점모델, 지역주민과 지역사회의 능력을 강화시키는 것을 강조하는 능력건설모델, 그리고 지역사회의 경제적 측면을 보다 강조하는 지역경제개발모델 등이다.

탄력성모델(resiliency) 탄력성모델은 지역사회가 인간과 같이 탄력성을 가지고 있음을 강조하는데, 탄력성은 회복력을 의미한다. Berton(2001)은 지역사회가 탄력성을 가지고 있는데, 탄력성은, 첫째 지역주민연결망과 지역주민이 만들어 내는 신뢰, 둘째 주민의 행동을 추동할 수 있는 활동적인 자발적 조직, 셋째 안정적인 지역조직연결망, 넷째 적당한 사회 하부구조와 서비스로 구성되는 사회적 자본과 인적 자본으로 구성된다고 보았다.

역량강화모델(임파워먼트) 역량강화모델은 탄력성모델과 유사하다. 즉, 역량강화모델은 개인, 집단, 조직, 나아가 지역사회가 그들이 행하는 모든 행동에서 사회구조가 어떻게 억압하고 영향을 미치는가에 대한 이해를 바탕으로 통제력을 확보할 수 있는 능력 또는 역량을 강화하는 것을 강조한다(Solomon, 1976). Gutierrez와 Lewis(1994)는 역량강화가 반드시 지역주민역량강화, 지역주민들 간 역량강화, 그리고 정치적 역량강화에 초점을 맞추어야 한다고 강조하였다.

Mondros와 Wilson(1994)는 지역사회역량강화를 이해하기 위한 다음과 같은 네 개의 문헌자원을 제시하였다. 첫째, 사회적 저항이나 불만이 언제 일어나고 왜 일어나는가에 대한 이론적 논의를 담은 문헌, 둘째 지역조직의 유형을 구분할 수 있는 내용을 담은 문헌, 셋째 사회적 저항운동을 서술하는 지식을 담은 문헌, 넷째 어떻게 조직화를 하여야 하는가에 대한 실천적 내용을 제공하는 지역조직화를 위한 문헌.

강점모델 Kretzmann과 McKnight(1993)는 지역사회개발실천모델을 설명하였는데, 그들은 특히 지역이 가지는 강점과 자산을 지역이 가지고 있지 않은 부족이나 허약 또는 한계보다 더 강조하였으며, 이러한 모델을 Saleebey(1999)는 강점모델이라고 불렀다. 그들은 지역주민의 욕구를 해결하기 위해 서비스를 중심으로 제공해 주는 방법은 주민의 외부조직에 대한 의존심을 불러온다고 강조하였다. Kretzmann과 McKnight는 지역주민이 자신들의 강점과 기술을 스스로 확인할 수 있도록 돕는 것을 강조하였으며, 강력한 사회적 연대 또는 지지를 확보하기 위해 주민이 정보 연결망을 만드는 것을 돕는 것을 강조하였다. 그리고 기술과 자원을 지역주민들끼리 교환할 수 있도록 하는 메커니즘을 개발할 수 있도록 돕는 것을 강조하였다. 그들은 또한 주민을 돕는 대부분의 자원들은 주민들에게서 나올 수 있으며, 이를 위해 외부자원의 도움도 지역사회에 투자를 하기 위해 필요하다고 생각하였다.

능력건설모델 Kretzmann과 McKnight에 영향을 받아 Delgado(2000)는 지역사회개발을 위해 능력건설모델(capacity building model) 또는 능력향상모델(capacity enhancement model)이라고도 불리는 실천모델을 발전시켰다. Delgado에 따르면, 향상은 무엇인가를 건설할 수 있는 내재적인 능력의 실체를 의미하며, 지역사회개발모델에서의 개발은 지역사회에서 아직 존재하지 않은 자산을 의미하는 것으로서 개발보다는 이미 현실화된 내재적인 능력을 향상시키는 것이 지역사회발전을 위해 중요하다(Long, Tice, & Morrison, 2006). 결국 능력건설모델은 이미 실현된 자산보다는 지역사회에 내재되어 있으면서 현실화되지 않은 많은 강점이 있으며, 이러한 강점을 능력으로 만들어 내거나 건설하는 것이 바로 능력건설모델의 핵심이라고 할 수 있다.

이 모델은 생태학적 이론의 영향을 받아 열려 있는 공간들인 지역공원, 놀이터 등이 지역의 긍지와 연대를 창출할 수 있는 프로젝트 같은 지역주민의 욕구를 충족시켜 줄 수 있는 서비스를 제공할 수 있다고 강조한다. 따라서 지역주민은 지역문제를 확인하고 해결책을 찾으며 열려 있는 공간을 효율적으로 사용하기 위해 필요한 과업들을 수행할 수 있다. 이 전략은 주민의 기술이나 지식을 고취시킬 수 있으며(이것이 곧 능력의 건설을 의미한다), 능력건설을 통해서 지역을 둘러싸고 있는 물질적 환경의 중요한 변화를 불러일으킬 수 있다고 한다.

지역경제개발모델 또 다른 하나의 지역사회개발실천을 기초로 하는 모델로서 지역경제개발모델이 있다(Midgley & Livermore, 1993; Raheim & Alter, 1998; Rubin & Rubin, 1992). 지역경제개발모델은 특히 기업과의 협동적 관계를 설립하는 것을 강조한다. 지역경제개발모델의 목적은 고용, 슈퍼마켓 같은 작은 가게, 주택, 경제적으로 불이익을 받은 지역으로의 투자기회를 개선하는 데 있다. 지역개발실천을 위한 지역경제개발모델의 강조는 저소득 지역주민에 대한 욕구해결을 위한 서비스나 지지를 등한시할 수 있다는 비판을 가지고 있기도 하다. 하지만 Rubin(1997)은 지역경제개발모델이 경제적 번영과 고용기회의 확대를 증진시킴으로써 지역주민의 역량을 강화시킬 수도 있다고 강조하였다.

2) 사회기획모델

(1) 사회기획모델의 정의

지역사회복지실천모델 중 하나인 사회기획모델(social planning model)은 특히 사회문제에 대처하기 위해 또는 해결하기 위해 기획을 하는 것을 강조한다(지은구, 2003). Long, Tice, 그리고 Morrison(2006)은 사회기획을 사회정책이나 프로그램의 개발과 성공적 실행을 통해서 지역사회를 강화하도록 하는 협조적 과정이라고 정의하였다. Twelvetrees(2002)는 사회기획모델이 일반적으로 지역사회개발모델보다 지역사회복지실천 영역에서 더 많이 사용되는 모델이라고 강조하였다. 그는 사회기획모델을 지역주민이나 지역의 욕구를 해결하기 위해서 정책을 수정, 변경한다거나 서비스나 프로그램을 개선시키는 것을 통해서 지역사회문제를 해결해 나가는 실천모델이라고 정의하였다. Lauffer(1981)는 사회기획모델이 사회적 서비스와 정책의 발전, 확장 및 조정을 의미하며, 사회적 수준에서 조직적으로 발생하는 문제를 지역적 수준에서 이성적으로 해결하기 위한 하나의 실천방법이라고 정의하였다.

사회기획은 의존, 태만, 실업, 빈곤, 약물중독이나 알코올중독, 학대 등과 같은 구체적인 사회문제들을 정책이나 프로그램을 통해 해결하고, 통제하고, 예방하는 것을 강조한다. 사회기획은 통제되고 계획된 변화를 이끄는 이성적 분석과정, 특히 직관이나 경험에 기초하지 않는 문제해결방법을 통해 사회문제가 해결되고 통제될 수 있다고 가정한다. 결론적으로 사회기획모델은 지역주민이나 지역 또는 사회의 욕구를 해결하기 위해 정책을 개발, 수정, 변경한다거나 새로운 프로그램이나 서비스를 개발하거나 또는 기존의 프로그램이나 서비스를 개선하는 것을 통해서 지역문제를 해결하는 것을 강조하는 모델이라고 할 수 있다(지은구, 2003).

(2) 사회기획모델의 내용

지역사회복지실천 영역에서 사회기획은 사회문제와 사회부정의를 해결하고 수정하는 하나의 메커니즘이라고 할 수 있다(Long, Tice, & Morrison, 2006). 사회기획과정은 일반적으로 다음과 같은 요소를 포함하는 것으로 간주되는데, 그것들은 해결하여야 하는 지역사회문제 확인, 욕구사정, 목적 및 목표의 설정, 수행, 그리고 평가 등이다. 사회기획모델은 기획을 하기 위해 앞에서 제시된 다양한 과업(문제확인, 욕구사정, 목적설정 및 평가 등의 과업)을 수행하여야 하기 때문에 과업중심적인 실천모델이라고 알려져 있다. 사회복지사는 이러한 요소들을 수행하게 되는데, 이 요소들을 수행해 나가는 과정이 사회문제 해결 과정과 비슷하다고 하여 문제해결모델이라고도 부른다. 따라서 사회기획모델을 문제해결모델로 인식하는 경우도 있다. 결국 사회기획모델을 수행하는 데서의 핵심은 지역사회문제의 해결을 수행하는 과정에 있음을 알 수 있다(Long, Tice, & Morrison, 2006; Hardina, 2002).

사회기획모델은 문제해결방법을 통해 지역사회문제를 해결하는 데 사회복지사의 개인적 수준에서 사회복지조직들의 조직적 수준, 그리고 시 · 군 · 구 또는 중앙정부도 관여하는 것으로서 지역주민의 의식고취와 역량강화를 통한 지역사회의 발전보다는, 즉 지역주민이 주체가 되는 지역사회발전보다는 기획가들(사회복지사, 실천가, 정부관리, 행정가 등)이 욕구를 지닌 사람에게 서비스를 보다 더 계획적이고 효과적이며 체계적으로 잘 개발하고 전달할 수 있으며, 효과적인 자원의 유용 및 정책결정을 수행할 수 있다는 가정을 전제로 한다. 따라서 지역주민보다는 사회기획가를 보다 강조한다는 특징이 있다(지은구, 2003).

(3) 사회복지사의 역할

사회복지사가 수행하는 모든 지역사회복지실천은 사회기획모델의 요소를 포함하고 있다고 해도 과장이 아니다. 이는 대부분의 지역에서 사회복지사들이 지역사회의 변화를 위하여 계획을 수립하고, 수립된 계획을 실행하며, 실행된 계획을 평가하고, 다시 계획을 수정하는 등의 반복적인 전문적 작업을 수행하기 때문이다. 따라서 사회기획은 전문가로서의 사회복지사에게 가장 기본적이고 중요한 기능이라고 할 수 있다. 사회기획모델에서 사회복지사의 역할은 제안자, 기획가, 행정가 또는 관리자로서의 역할이 특히 강조된다. 사회기획모델에서 기획가는 정보를 다루고 제안서를 작성하여야 하기 때문에 숙련된 지식과 기술을 필요로 한다. 따라서 사회기획모델에서 사회복지사들은 경험적 조사방법론을 포함한 사회조사기술, 욕구사정, 프로그램 개발과 평가, 자원개발, 재정 결정과 통제기술 등의 지역사회 분석을 위한 다양한 기술을 사용할 줄 알아야 한다는 점이 강조된다. Weil과 Gamble(1995)은 사회기획가가 갖추어야 할 기본 전문지식 또는 기술로서 조사, 욕구사정, 평가, 제안서 개발, 그리고 분석능력을 지적하였다.

한편 Hardina(2002)에 따르면, 사회기획모델에서 기획가가 수행하는 중심적 과업은 서비스를 통합하고, 기획을 하고, 인간 서비스에 이성 또는 합리성을 가지고 오는 것이다. 그리고 사회기획모델에서 기획가는 역사적으로 과거에서 현재에 이르기까지 자원의 더욱 효율적인 사용을 추구하며, 욕구를 지닌 사람에게 더 효율적인 서비스를 제공하기 위해 어떠한 자원이 필요한지를 결정해 왔다고 하였다. 기획가들은 서비스와 개발의 방향에 대해서 일반 지역주민을 상대로 교육을 행하기도 하지만, 주로 그들은 특정 프로그램을 변화시키고, 통합하고, 평가하고, 재정지원하고 개발하기 위해 지역지도자나 기관관리자들에게 영향을 끼치는 것을 추구한다.

사회기획을 위해 기본적으로 포함되는 지지자 또는 후원자들로는 먼저 선출된 관리자, 사회기관의 지도자, 지역조직을 들 수 있다. 기획가가 가지고 있는 관심의 영역은 인간서비스연결망을 기획하거나 사회적 욕구의 통합이나 조정을 대중의 영역에 있는 지역사회기획(즉, 지역사회복지를 위한 기획)으로 이끄는 것이라고 볼 수 있다.

가장 기본적으로 사회기획모델에서 사회복지사는 기획가로서 일하게 되는데, 기획가의 역할은 확인된 문제의 범주에 대한 자료를 모으고 이 문제를 해결하기 위한 최선의 방법을 선택하기 위해 필요한 기초 조사를 행하는 것이다. 그러고 나서 기획가로서 사회복지사는 행동을 위한 최선의 경로를 그들의 상급자(관장이나 원장을 포함한 조직의 상급자들이나 슈퍼바이저)에게 제시하게 된다. 또한 사회복지사는 행동계획을 수행 · 안내하기도 하며, 결과를 평가하기도 한다. Lauffer(1978)에 따르면, 기획가로서 사회복지사의 역할은, 첫째 직접적으로 서비스를 제공하는 기관들을 확인하고, 둘째 제공하는 서비스의 분야를 확인하고, 셋째 포괄적인 지역의 기획구조를 확인하고, 넷째 지역적 또는 정부간(중앙정부와 지방정부)의 기획구조를 확인하는 것이다.

사회기획모델에서 사회복지사는 기획가로서 문제해결 과정에 대한 제안을 할 수 있는 자격을 갖춘 전문적 기술을 가지고 있는 전문가로서 인식된다. 이 모델에서 기획가는 이성적이라는 전제를 하게 되는데, 이성적이라는 의미는 복지경제학에서 의미하는 이성적 인간의 의미와 동일한 의미를 갖는다. 즉, 이성적 기획가 자신이 무엇을 이성적으로 판단할 줄 알며 자신의 판단에 대해 책임을 질 수 있다는 것을 의미한다(지은구, 2003). 따라서 기획가는 문제에 관한 모든 정보를 모집할 수 있는 시간과 자원을 가지고 있으며 최선의 선택을 할 수 있다는 것을 의미한다. 그리고 선택된 계획은 논리적이고 이성적으로 결정되었다는 것을 의미하기도 한다.

Twelvetrees(2002)는 사회기획가나 사회복지전문가들이 사회기획모델을 실천현장에서 사용하는 데 다음과 같은 세 영역, 즉 집단을 위해 과업을 수행하는 영역, 실재하는 집단을 대신해서 다른 조직들과 함께 지지자 또는 중개자로서 행동하는 영역, 그리고 직접 사회 프로그램을 개발하고 서비스 제공자나 정책결정가들과 일함으로써 직접적 서비스를 제공하는 영역을 강조하였다.

집단을 위해 과업을 수행하는 영역 지역사회구성원, 지역사회조직이나 집단을 위한 행동을 떠맡는 것은 지역조직이나 집단을 구성하는 구성원들이 수행하여야 하는 과업을 대신해서 수행하고 실행하는 것을 의미한다. 지역사회구성원이나 집단을 위해 과업을 수행하는 것은 지역사회구성원이나 집단구성원의 자신감, 수행능력, 자발성을 강화시킬 수 있다고 한다. 하지만 다른 한편으로는 집단구성원의 의존성을 높일 수도 있기 때문에 집단을 위한 행동은 그 범위와 기간 등이 명확해야 하며, 집단구성원이 궁극적으로 그 행동을 수행할 것이라는 점이 중요하다.

다른 조직들과 함께 지지자 또는 중개자로서 행동하는 영역 사회기획모델에 따라 사회기획가나 사회복지사들은 지역주민이나 지역집단의 구성원을 대신하는 지지자 또는 중개자의 역할이 강조된다. 사회복지사들에 의한 지역사회집단들을 대신하는 지지행동들은 집단과의 동의에 의해서 이루어져야 한다. 사회복지사들이 중개자 또는 지지자의 역할을 함으로써 구성원은 자신들을 지지할 수 있는 방안을 학습하게 되는 효과를 갖게 된다.

직접적 서비스를 제공하는 영역 사회기획가는 프로그램을 개발하고 제안서를 작성하며 사회복지서비스나 프로그램을 제공하는 집단이나 정책결정가들과 함께 일함으로써 지역사회집단 구성원에게 직접적인 영향을 미치는 서비스를 제공하게 된다. 하지만 이 역할은 사회복지사에게 복잡하고 전문적인 기술을 요구한다. 욕구를 분석하고, 어떻게 욕구들이 충족될 수 있는지를 확인하고, 사람들을 함께하도록 하는 조직적 기술과 문제해결을 위해 주민이 함께 일하도록 동기를 부여하는 기술, 그리고 적당한 해결책을 찾는 기술, 자원을 조달하는 기술과 계획을 설립하고 관리하는 기술 등이 모두 포함된다.

(4) 사회기획의 유형

사회기획에는 상이한 접근방법이 존재하는데, 일반적으로 이성적 모델, 정치모델, 그리고 역량강화모델과 강점모델(Long, Tice, & Morrison, 2006), 그리고 행동주의기획모델 등이 있다.

이성적 모델 이성적 모델(rational model)은 사회기획을 이성적 과정으로 바라본다. 지역사회문제가 발생하면 기획가는 현 상황을 사정하고, 문제를 확인하고, 정의하며, 성취하여야 할 목적을 설정하고, 목적을 성취하기 위해 수행되어야 하는 구체적인 행동(또는 행동대안)을 구성하고, 계획의 효과성을 평가한다. 이성적 모델에서 사회기획은 지역문제를 이해하고, 문제에 영향을 받은 지역주민을 구분하며, 확인된 지역사회문제를 해결하기 위한 방법을 제시하기 때문에 문제해결모델이라고도 부른다. 사회기획의 이성적 모델은 가장 일반적으로 사용되는 기획모델이다.

정치모델 정치모델(political model)로 사회기획을 수행하는 것은 계획을 수립하는 것이 정치적 과정이라는 의미를 내포한다. 정치모델의 전제는 개인이나 집단 또는 조직은 적은 자원을 차지하기 위하여 경쟁하는 과정에 참여한다는 것이다. 따라서 적은 자원을 획득하기 위해 경쟁하는 것이 강조되므로 정치적이라는 의미가 포함되어 있다고 할 수 있다. 이러한 전제를 바탕으로 사회기획은 욕망이 생길 때마다 원하는 것을 획득하기 위한 지지를 확보하기 위해 행위자가 노력하는 과정이라고 정의된다. 이익집단, 노동조합, 자발적 기구, 각종 사회복지기관, 정당 등은 공공정책이나 사회 프로그램을 만들기 위해 서로 경쟁하는 조직들이라고 할 수 있다. 각각의 조직을 대표하는 지도자나 관련 행위자들은 모두 자신의 한정된 이익을 유지하면서 지역사회의 변화를 시도하게 된다.

역량강화모델 역양강화모델은 기본적으로 지역사회개발모델의 자조나 자립의 가치에 기초하여 있지만, 지역사회모델보다 지역주민이나 서비스 이용자의 참여를 강조한다. 즉, 지역주민이나 서비스 대상자의 역량을 강화하도록 하여 기획에 참여하도록 하는 것이 사회기획이라고 강조한다. 즉, 서비스를 직접적으로 제공받는 당사자인 지역주민 또는 서비스 대상자들이 사회기획의 과정에 포함되어야 한다는 점이 강조된다. 지역주민이나 서비스 대상자들이 서비스를 제공하는 실천가나 사회복지사들과 동등하다고 한다면 그들의 관점과 역할은 기획과정에서 매우 유용할 수 있다. 따라서 사회복지사는 경험이 있고 지식과 기술을 가지고 있는 서비스 대상자나 지역주민을 기획과정에 참여시키기 위하여 지역주민과 상호 행동을 하는 것이 중요하다. 결국 역량강화모델은 지역주민에게 영향을 미치는 사회복지 프로그램이나 사회정책의 기획에서 그들 자신이 활동적인 역할을 수행하도록 하는 것이 강조된다. 기본적으로 사회기획과정에서 서비스 대상자가 중요한 이해 관련 당사자가 되기 위해서는 상호 존중과 신뢰감이 무엇보다도 중요하다.

강점모델 강점모델(strengths model)은 조직이나 지역사회의 약점보다는 강점과 자산 또는 기회 등을 강조하는 모델이다. 강점모델 사회기획은 지역주민을 위해 기회를 창조하고 환경을 풍부하게 만들기 위해 지역사회에 존재하는 강점을 활용하는 기획방법이다. 사회복지사나 지역지도자, 그리고 지역주민 당사자들도 지역사회나 그들 주변에 있는 자산이나 능력을 등한시하는 경우가 있다. 따라서 기획과정에서 그들의 강점을 최대화하는 것이 매우 중요하다.

행동주의 기획모델 Gharajedaghi(1986)는 사회기획의 네 관점을 제시하였는데, 첫째는 복고적인 기획, 둘째는 역동적이지 않은 기획, 셋째는 사전 행동적인 기획, 그리고 마지막으로 행동주의 기획이 그것들이다. 복고적인 기획은 과거를 보존하는 것을 강조한다. 복고주의자들은 과거를 유지함으로써 미래에 나타날 수 있는 어려움을 최소화할 수 있고 현재의 고통을 배제할 수 있다고 믿는다. 역동적이지 않은 기획은 현재를 보존하는 기획을 의미한다. 여기서 역동적이지 않다는 의미는 행동을 멈추는, 또는 무효로 하는 것을 의미한다. 비역동주의자들은 변화를 예방하고 현재를 유지하는 것이 가장 어려운 것이라고 믿는다. 따라서 역동적이지 않은 기획은 지역사회문제를 찾아내기는 하지만 해결을 위한 행동을 취하지 않게 된다. 사전행동적인 기획은 미래를 가속화하는 기획을 의미하며, 미래에 대한 기획만을 강조한다는 특징이 있다. 즉, 변화를 고취시키고 미래 속으로의 운동을 가속화하는 것을 의미한다. 사전행동주의자들은 미래는 기회로 가득 차 있다고 한다. 따라서 그들은 변화를 진보와 동일한 의미로 바라본다. 대부분의 사전행동주의자들은 미래를 예측하는 것을 시도하고, 조사하고, 예측하는 데 많은 시간을 소비한다. 행동주의 기획은 미래를 위해 정의로운 사회를 만들기 위한 기획을 의미한다. 행동주의 기획가들은 문제를 가지고 있는 체제를 변화시켜 사회문제를 해결하기 위해 지역주민에게 개입하는 것을 추구한다. 따라서 행동주의 기획은 지역중심이고 미래지향적이며 민주주의를 추구하며, 지지를 기초로 한다. 행동주의 사회기획은 융통적이며 혁신적이고 행동주의 사회기획가들은 끊임없이 상황을 변화시키기 위해 계획을 수정하고 사회체계를 조사한다. 결국, 사회기획가나 사회복지사들은 사전행동적인 기획과 행동주의 사회기획을 추구해야 한다고 볼 수 있다.

(5) 사회기획의 과정

기획은 어떤 것이 원하는 방향으로 더 좋게 변화될 때 효과적이라고 간주된다. Lauffer(1978)는 사회기획가는 지역의 욕구가 인식되고 자원과 서비스가 공평하고 평등하게 분배되도록 하는 유용한 방법을 가지고 있어야만 한다고 강조하였다. 한편 Brueggemann(2002)은 사회기획의 과정을 다음과 같이 구분하였다.

- 지역과 조직적 관계의 연결망이나 구조를 만든다. 활동주의 사회기획의 주요한 기술 중 하나는 사회문제에 관심이 있는 사람들을 모으고 그 문제의 해결을 추구하도록 돕는 능력이다. 이를 위해서 활동주의 계획가는 사람들과 함께 계획을 짜고, 동의 건설, 제휴 설립, 협상, 연결망을 포함하는 일련의 조직화 노력에 개입하게 된다.
- 행동을 기획하는 집단을 만든다. 사회기획을 위한 첫 번째 단계는 지역구성원들 속에서 계획을 수행하는 집단을 형성하는 것이다.
- 지역의 문제를 정의한다. 지역문제의 정의는, 첫째 지역주민들로부터 나타날 수 있으며, 둘째 지역사회에서 서비스를 제공하고 있는 사회기관으로부터 나타날 수도 있다.
- 지역의 문제나 쟁점들에 대한 가치를 확인한다. 사회기획가 또는 집단은 어떤 가치가 가장 중요하며, 왜 그 가치들이 중요한지, 그리고 다른 사람들에게 그 가치의 내용을 나타내는 방법을 이해할 필요가 있다.
- 해결해야 하는 지역사회문제에 관한 정보를 수집한다. 행동주의 계획가는 조사를 수행하고, 자료를 수집하며, 정보를 분석하고, 보고서를 작성하는 기술을 가지고 있어야 한다. 문제에 관한 정보를 수집하는 데 가장 일반적으로 사용되는 기법에는 사회지표분석, 초점집단 인터뷰, 사회조사, 그리고 욕구사정 등이 있다.
- 지역사회문제 해결을 위한 대안을 만든다. 사회기획가는 지역이 추구하는 목적을 성취하기 위해 문제해결을 위한 가능한 대안들을 살피고 개발해야 한다.
- 대안을 평가하고 비교한다. 사회기획가는 두세 개의 대안을 개발한 다음, 각 대안의 효과성을 평가할 줄 알아야 한다.
- 피드백을 제공한다. 기획의 모든 단계에서 사회기획가들에게 피드백은 중요하다. 계획은 사전에 공개되고 승인을 받아야 하며, 만약 어떤 문제나 갈등, 오해, 문제 또는 다른 어려움 등이 있다고 한다면 열린 체계로서 받아들여야 하고 조사되어야 한다. 지역주민은 사회기획가에게 기획의 결과와

목표의 유용성 등에 대한 가치 있는 피드백을 제공할 수 있다.

- 지역주민에게 해결책을 제시한다. 피드백을 모으고 대안에 대한 비교평가가 끝나면 사회기획가는 가장 효과적인 문제해결책을 제시한다.
- 정책결정가에게 해결책을 제시한다. 계획이 수립되고 시행되는 과정에서 정책결정가가 중요한 역할을 담당할 수도 있다. 따라서 계획가들은 준비된 해결책의 실행을 위해 정책결정가와 상의를 해야 한다.
- 해결책을 수행한다. 하나의 계획이 이와 같은 과정을 거치면서 작성되고, 그것이 수행되는 단계를 거치게 된다.
- 계획을 감시하고 평가한다. 기획과정은 감시와 평가를 위한 계획이 개발되기 전까지는 완벽하게 끝났다고 볼 수 없다. 따라서 기획은 계획의 감시와 평가에 대한 부분이 반드시 포함되어야 한다. 결국 계획이 잘 진행되고 있는지 수시로 감시하고 그 결과를 평가하는 과정이 중요함을 의미한다.

한편 사회기획모델을 실천하는 사회기획가는 어떻게 계획을 작성하여야 하는지에 대한 문제에 직면할 수 있다고 한다. 이에 대해 Twelvetrees(2002)는 사회기획과정을 '누가 원하는가?' '어떤 욕구가 충족되어야 하는가?' '어떤 대안들이 있는가?' '누가 수행할 것이며, 이에 따른 문제는 무엇인가?' '어떤 자원들이 필요한가?' '중심 세력은 누구인가?' '방해물은 무엇인가?' '누구와 상의할 수 있는가 또는 누가 개입될 수 있는가?' '동맹군들이 필요한가?' '어떤 조직구조가 필요한가?'에 대한 대답을 찾는 과정이라고 강조하였다.

(6) 사회기획모델의 전략

지역사회문제나 지역 및 지역주민의 욕구를 가장 현실적으로 반영하는 사회기획을 수립하기 위해서 가장 중요한 것은 사회기획이 위에서 밑으로 내려오는 상명하달식(top-down)보다는 밑에서 위로 올라가는 하위상달식(bottom-up) 방법이 중요하다는 점이다. 물론 하위상달식 사회기획과정은 지방정부나 관련 부서 또는 기관이나 조직들이 지역주민이 표현한 욕구에 효과적으로 대응하지 못한다면 효율적이지 못한 것도 사실이기 때문에 권위주의적이지 않은 민주적 의사결정과 협조가 중요하다고 볼 수 있다. 사회기획을 수행하기 위해 사용되는 전략은 크게 서비스 전략(service strategies)과 영향력 전략(influence strategies)으로 나누어 살펴볼 수 있다. 서비스 전략은 사회복지사나 기관이 새로운 서비스를 개발하기 위해 자원을 획득하는 것을 추구하는 것을 의미한다. 영향력 전략은 특정집단에 영향력을 발휘하여 의도한 것을 성취하는 것이며, 제휴전략이나 캠페인 전략이 대표적인 하나의 영향력 전략이 될 수 있다. 예를 들어, 특정 서비스에 대한 예산이 삭감되지 못하도록 캠페인을 전개할 수 있다(Twelvetrees, 2002). 일반적으로 사회기획가들은 이 두 전략을 적절하게 사용하게 된다.

(7) 사회기획모델의 장단점

사회기획모델은 지역에 개입하여 실천활동을 행하게 되는 대부분의 사회복지사들에게 친숙한 분야임에는 틀림없지만, 문제점 또한 내포하고 있다. 사회기획모델의 가장 큰 장점은 이 모델이 사회복지사의 지역사회로의 실천개입의 방법과 구체적인 행동과정에 대한 계획을 제시하여 줌으로써 지역사회복지실천의 내용과 방법을 체계화하였다는 점이다.

하지만 사회기획모델은 한계점도 지적되고 있는데, 그 내용은 다음과 같다(지은구, 2003). 첫째, 소수의 기획가가 무제한적인 시간과 자원을 가지고 있다고 전제한다. 둘째, 기획과정에서 정치적 측면을 중요하게 고려하지 않는다. 이는 문제를 해결하는데, 그리고 가장 확실한 해결책에 대한 동의를 획득하는 데 기획가는 때때로 이해 관련 당사자들과의 합의를 위한 노력이 필요하기도 하며, 또한 계획된 제안을 수용하도록 정치구조에 영향력을 행사할 수도 있어야 한다는 점이 무시될 수 있다는 것을 의미한다(Forester, 1989; Friedmann, 1987). 따라서 사회기획가는 힘을 가지고 있는 집단이나 조직과 정기적으로, 직접적인 접촉을 가지고 있지 않다고 하더라도 그들과 좋은 관계를 유지해야 할 필요성이 있다. 사회교환이론 관점에서 보면, 힘이 있는 집단들이 원하는 것이 무엇인가를 항시 확인하는 것도 중요하다고 볼 수 있다. 셋째, 기획가가 이성적으로 가장 합리적인 판단의 결정자라고 전제한다. 이는 지역사회개발실천모델이 지역주민이 원하는 것을 가장 잘 아는 당사자는 바로 지역주민이기 때문에 지역주민 스스로 자신들의 문제와 욕구를 해결할 수 있도록 역량을 강화시키는 데 주안점을 둔다는 점과 대비되는 측면이라고 할 수 있다.

3) 사회행동모델

(1) 사회행동모델의 정의

사회행동모델(social action model)은 지역사회복지의 실천을 위해 가장 광범위하게 알려져 있지만, 사회복지사에게 가장 적게 이해되고 가장 적게 활용되는 모델이다(Hardina, 2002). 사회행동모델을 이론적으로 뒷받침하는 이론들로는 갈등이론, 권력의존이론, 자원동원이론 등이 있다. 사회행동모델의 기본가정은 지역사회에 있는 많은 집단이 인종, 성, 사회계급, 능력, 나이 등에 의해서 억압을 경험하고 있다는 것에 있다. 사회행동모델은 일자리, 교육, 그리고 정치적 의사결정과정에 접근하기 위해서는 이 억압받는 집단들을 조직화하는 것이 무엇보다 중요하다고 강조한다. 따라서 사회행동모델은 자원, 힘, 결정수립을 재분배하기 위해 시도하는 과정이라고 볼 수 있다(지은구, 2003).

사회행동모델은 기회를 제한하는, 불평등에 도전하는, 지역의 욕구를 무시하는 정책결정가들에게 대항하는, 불공평한 결정을 반박하는, 그리고 불평등한 조건을 변화시키기 위해 사람들의 기술을 개발하고, 그들 자신들의 효율성에 대한 믿음을 강화시키는 것을 통해서 개인의 역량을 강화시키는 노력이라고 정의할 수 있다(Rubin & Rubin, 1992; Staples, 1990). Rubin과 Rubin(1992, 2001)에 따르면, 사회행동모델은 지역이 가지는 문제를 정의하고, 그 문제의 범위를 상세히 기록하고, 해결책에 영향을 미칠 수 있는 사람을 변화를 위한 표적(target)으로 선택하며, 이슈들을 상징화하고 직접적인 압력행동을 취하며, 약속한 변화의 수행을 보장하기 위해 노력한다. 그들은 사회행동모델을 통해서 조직을 압박하고 이의를 제기하여 정부 또는 기업들이 문제에 대해 변화를 추구하도록 강제하는 것을 강조하였다.

결국 사회행동모델은 결정과정에서 소외되어 있고 허약한 집단이나 사회적으로 배제되어 있는 힘이 없는 집단에게 혜택을 주기 위하여 지역사회에 있는 계급적 힘의 관계에 대항하는 것을 강조하게 된다. 따라서 사회행동모델의 기본 목적은 지역사회복지실천 영역에서 기존 구조(결정구조, 힘이나 자원의 분배구조, 공식적 조직구조 등)에 근본적인 변화가 일어나도록 하는 것이라고 할 수 있다.

(2) 사회행동모델의 내용

사회행동모델의 일차적 강조와 기대하는 결과는 정책이나 정책결정가들을 변화시키는 것을 강조하는, 또는 불이익을 받는 저소득층 주민이나 집단들의 협조의 행동을 변화시키는 것을 강조하는 정치적 · 경제적 · 사회적 정의를 위한 행동에 있다. 따라서 사회행동모델의 목적은 힘의 균형 상태를 유지함으로써 의사결정구조에서 배제되어 있던 소외된 사람들이 미래의 결정에서 역할을 담당하도록 하는 것이다. 이러한 목적은 참여민주주의를 강화하고 사회정의를 건설함으로써 가능하다고 전제한다. 사회행동모델의 기본 전제는 사회에 많은 수의 소외된 사람들이 있으며, 이들은 조직에 참여할 수 있는 기회를 필요로 하는 것으로 바라본다. 즉, 조직에 참여함으로써 결과적으로 그들은 지역사회 안에서 자신의 요구가 정당한 대접을 받을 수 있고, 정책결정과정으로의 진입을 가능하게 하며, 그리고 자원에 대한 증가된 할당분배 몫을 받을 수 있다고 믿는다.

Weil과 Gamble(1995)에 따르면, 변화를 위한 첫 번째 표적은 정치적 · 사회적 노력에 있는 잠재적 참여자들이다. 그리고 이들을 위한 첫 번째 목표는 이들로 하여금 지도력과 조직화하는 능력을 갖도록 하는 것이다. 이를 위한 주요한 노력은 먼저 지역사회가 가지고 있는 문제의 심각성과 범위를 결정하는 것이다. 또한 사회행동모델은 적절한 전술의 선별과 행동을 위한 대안들에 대한 면밀한 조사를 포함한다. 그리고 사회행동을 하는 집단들은 자신들의 문제에 대해 지역주민, 지지자 또는 후원자들을 교육하고, 다양한 역할의 수행을 위해 구성원을 모집하며 직접적 행동을 취하는 것을 포함한다. 조직구성원은 자신들의 전략과 전술에 자신감을 가지고 있어야 하며, 행동을 계획하는 자신들의 기술에 대해서도 확신을 가지고 있어야 한다.

선출된 관리자나 행정관료 역시 사회행동모델에서 변화를 위한 표적이 된다. 그리고 변화를 위한 또 다른 표적에는 오염물질을 방출한다거나 노동자의 건강과 삶의 조건에 악영향을 미치는 요소를 제공하는 등 지역사회를 위험에 빠뜨리는 기업주들도 포함된다. 따라서 저소득층 노동자들을 위한 조직이나 노동자집단과 함께 일하는 것이 종종 사회행동모델에 관련이 있는 경우도 있다. 사회행동을 위한 집단들은 대중이 그들이 지니고 있는 문제들에 대한 원인을 이해시키기 위해 교육을 행할 때도 있으며, 대중의 의견을 이동시키는 것이 행동을 향한 주요한 부분이 되기도 한다.

사회행동모델에서 행동은 지역사회나 사회조직들의 구성원들이 특정한 전술을 수행할 때 발생되며, 힘은 파업이나 보이콧 등과 같은 일련의 조직적 대항으로의 참여에서 얼마나 많은 사람이 참여하였는지 등의 숫자로부터 온다. 따라서 사회행동모델은 힘을 가지고 있는 집단과의 대항이 중요행동전략이라고 할 수 있다. 사회행동모델은 지역사회가 갈등, 힘, 특권을 통해서 구조화된 것으로 바라보며, 결정 수립과 자원의 통제는 정치적 · 경제적 엘리트집단에 의해서 지배되고 있다고 간주한다(지은구, 2003).

사회행동모델은 정치적 · 경제적 · 사회적 체계에 영향을 미치는 의사결정을 할 수 있는 사람들을 파워엘리트 집단 또는 적(변화를 위한 표적)으로 간주한다. 사회행동모델은 이러한 정치적 · 경제적 · 사회적 체계에 영향을 미치는 의사결정을 수행하는 힘의 구조를 기본적으로 변화시키거나 바꾸는 것을 목적으로 한다. 힘의 구조는 변화되어야 하는 행동의 표적이며, 또 지역주민이나 클라이언트에게 직접적 영향을 끼치는 지역시설, 조직 또는 제도 등에 대한 막강한 영향력을 가지고 있는 것으로 간주된다(Jacobson & Heitkamp, 1995). 따라서 힘의 구조가 사회행동에 의해 전복되고 지배됨으로써 지역사회의 주민이나 클라이언트들의 이익이 반영되며, 궁극적으로 삶의 질이 향상된다.

Bobo, Kendall과 Max(1991)는 사회행동모델의 세 가지 원칙으로, 사람의 삶에서 실제적이고 즉각적이고 구체적인 개선을 획득하여야 한다는 원칙, 사람들에게 그들이 소유한 힘을 의식할 수 있도록 하여야 한다는 원칙, 힘의 관계를 변화시켜야 한다는 원칙을 지적하였다.

사회행동모델에서는 지역사회복지실천모델의 두 가지 기본목적인 과정목적과 과업목적이 모두 활용된다. 이는 행동은 일련의 과정이 필요하고 과정에 따라 세부적인 과업이 성취될 수 있기 때문이다. 따라서 사회행동모델에서는 개입목적에 따라 사회복지사들의 행동이 구별될 수 있다. 사회행동모델에서 과업목적과 과정목적의 구체적인 예는 다음과 같다(Jacobson & Heitkamp, 1995).

- 과업목적의 예
  - 「장애인고용촉진법」 등과 같은 법의 제정
  - 여성이나 소수인종이 더 많이 취업할 수 있도록 하는 고용현장의 변화
  - 더 많은 빈민이 공적부조 혜택을 받을 수 있도록 하는 관료적 절차의 변화

- 고위직으로 진출이나 선거를 통한 정계진출 등에 의한 정치적 역량강화

• 과정목적의 예
  - 이해 관련 당사자들과의 일련의 열린 대화
  - 조직 내에서 여성이나 소수의 욕구를 확인하고 명료화하기 위해 전문적 조직 내에 있는 여성이나 소수집단들의 조직화
  - 지역사회에서 사회서비스 증진이나 개선을 위해 이용자를 대표할 수 있는 대표집단의 개발

궁극적으로 사회행동모델의 성공은 사회문제를 해결하는 것이다. Rubin과 Rubin(2001)은 성공적인 사회행동모델의 실천적 목표로, 첫째 지역사회조직이 강화되도록 돕는 것, 둘째 조직구성원의 역량을 강화하도록 하는 것, 셋째 조직의 관심을 대다수 대중이 관심을 가질 수 있도록 하는 것을 강조하였다.

Rubin과 Rubin(2001)은 이러한 성공적인 사회행동을 위해 주민들의 역량강화와 조직의 역량강화를 통한 능력건설(capacity building)을 무엇보다도 중요시하였다. 그들에 따르면, 사회행동모델에서 행동을 실현하기 위한 이슈 또는 문제를 선택할 때 다음의 점들이 중요시되어야 한다는 점을 강조하였다. 첫째, 선택되는 이슈들은 경제적 불평등과 사회정의와 같은 광범위한 사회문제를 언급하는 것이어야 한다. 둘째, 선택되는 이슈들은 사람을 동원하는 데 도움을 주고, 사회행동을 위해 조직을 강화시키는 것이어야 한다. 셋째, 이슈를 다루는 것은 지역사회주민이나 조직구성원들을 교육하는 데 도움이 되는 것이어야 한다.

(3) 사회행동모델의 전략

사회행동모델의 전략은 지역주민이나 서비스 이용자 또는 클라이언트들을 불러모으고, 그들로 하여금 힘을 가지고 있는 집단에 대항해서 직접적인 행동을 취할 수 있도록 조직화하는 것에 모인다(Jacobson & Heitkamp, 1995). 따라서 사회행동모델은 무엇보다 조직화를 중요시한다. Rubin과 Rubin(2001)에 따르면, 지역조직화는 지역주민 개개인을 위해, 그리고 지역주민이 살고 있는 지역을 위해 사회적 힘을 찾는 것이며, 지역조직화는 공동된 문제를 해결하기 위해 사람들이 함께 일하도록 결집하는 것을 포함한다. 사회행동모델에서 지역조직화는 행동을 위한 기본바탕이라고 할 수 있고 기본전략이라고 할 수 있지만,

지역주민을 조직화하여 문제를 해결하기 위해 취하게 되는 구체적인 전략은 대항전략이 중심이라고 할 수 있다. 대항전략은 변화를 위한 수단으로써 갈등과 저항을 활용한다.

(4) 사회복지사의 역할

사회행동모델의 주요한 지지자나 후원자들은 시민이다. 사회복지사는 사회행동모델에서 지지자, 교육자, 조직가 및 조사자의 역할을 하게 된다. 조직가로서 사회복지사는 조직 내적으로 의사결정을 위한 기술을 터득할 수 있는 능력개발을 건설하는 데 개입하며, 조직 외적으로는 직접적 행동, 대중이나 언론 매체와의 관계, 조사를 수행하는 능력을 개발하는 데 개입하게 된다. 또한 조직가로서 사회복지사는 직접 지지를 하기도 하지만, 더욱 중요한 것은 조직구성원 스스로가 지지자가 되도록 돕는 것이라고 할 수 있다. 따라서 사회복지사는 힘이 없는 사람들을 조직화하여 결과적으로 그들의 이익을 보호하고 독립적으로 이익을 추구할 수 있도록 돕는 중요한 역할을 하게 된다(지은구, 2003).

사회복지사의 사회행동을 통한 개입은 조직, 지역 및 사회에서의 기본적 변화를 의미한다. 그러므로 사회행동모델에서 사회복지사는 조직가와 행동가 역할을 담당하게 된다. 조직가로서 사회복지사의 역할은 억압받는 사람들을 지지하는 것이다. 사회복지사는 조직가로서 개입을 계획하기 위해서 지역조직에 의해서 고용되기도 한다. 사회행동모델은 기본적으로 과업(task)을 중시하는 과업중심모델이지만, 과정(process)도 무시되지는 않는다. 사회행동이라는 용어는 사회정책이나 법률적 변화에 영향을 미치는 넓은 의미의 과업을 의미하는 데 사용된다. 또한 이러한 과업들은 조직적 대항, 입법을 위한 로비, 대중조직체 개발, 정치적 운동에로의 개입 등을 포함한다. 이러한 행동들을 묶어 주는 공통 결속력은 재화와 서비스, 그리고 의사결정을 위한 힘이나 권력을 획득하는 것이다. 조직가로서의 행동은 자원에 접근하기 위해 다른 조직들과 경쟁하는 것이기 때문에 조직가로서의 역할에 활동가 또는 행동가나 운동가로서의 역할이 강조되기도 한다(Hardina, 2002).

(5) 사회행동모델의 장단점

사회행동모델은 힘을 획득하기 위한 투쟁을 포함하여 저항이나 대항전략을 활용하여 의사결정, 자원, 힘의 재분배, 정부정책 등을 변화시킴으로써 지역사회에 실재하는 힘이나 자원 등의 불균형을 개선하여 지역주민의 삶의 질을 개선시키는 지역사회복지실천모델이다. 특히 사회행동모델은 문제 해결을 위한 시간이 부족하거나 위기에 대한 대응시간이 부족한 경우, 또는 지역사회주민의 사회문제에 대한 인식, 그리고 집단동질성이 강한 경우 활용할 수 있는 실천모델이다. 그러나 다음과 같은 한계점도 동시에 내포하고 있다.

첫째, 사회행동모델은 너무 많은 에너지를 필요로 하며 시간 소모적이고 때때로 과업에 너무 치중하여 과정을 등한시하는 경우도 있을 수 있다(Netting, Kettner, & McMurtry, 1998, 2004).

둘째, 지역사회에서 일어나는 모든 상황이나 문제를 해결하기 위해 저항 또는 대항전략과 전술만을 사용한다. 저항이나 대항전략은 협조나 캠페인전략과 전술 등이 모두 사용되어도 문제해결의 기미가 보이지 않는 경우 사용되는 것이 바람직하다. 대항전략은 조직들이나 집단들을 양극화함으로써 기대하는 결과를 얻는 데 어려운 점으로 작용하기도 한다.

셋째, 사회복지사, 조직가 또는 지역주민은 대항을 포함하는 전략에 편안함을 갖지 못하는 경우도 있다. 대항전략은 너무 파괴적일 수 있으며, 급속한 변화는 지역이 감당할 수 없을 수도 있다.

넷째, 사회행동모델은 사회복지의 윤리적 논쟁을 불러일으킬 수 있다. 대항이 지역주민이나 조직가들을 위험에 빠뜨리게 할 수 있으며, 변화를 위한 표적물이 반드시 극복되어야 하기 때문에 표적물을 비하할 수도 있다. 그리고 어떤 대항전략은 법에 어긋나기도 하며, 어떤 전략은 긴박한 상황에서만 사용해야 하는 것들도 있기 때문에 모든 나타날 수 있는 위험에 대해 완전히 인식하고 있어야 한다는 점이 중요하다.

(6) 변형된 사회행동모델

Mondros와 Wilson(1994)은 사회행동모델의 매개변수로서 풀뿌리실천(grass-roots practice), 로비실천(lobbying practice), 그리고 동원실천(mobilizing practice)을 강조하였다. 그들에 따르면, 풀뿌리실천은 지역 안에서 힘을 획득하기 위해 지역주민과 함께 일하는 것을 강조하는 실천방법이다. 풀뿌리실천방법의 변화를 위한 표적은 지역사회에 영향을 미치는 의사결정을 할 수 있는 권위를 가진 사람이며, 실천가는 적절한 전략을 사용하여 지역주민과 함께 변화를 추구한다. 로비실천방법은 지역주민에게 관련이 있는 문제들에 대한 법률입안들이 어떻게 관련 문제들에 영향을 미치는지를 분석하는 것을 포함하며, 실천가는 입법적 의사결정을 감시하고 관련된 문제에 대한 지역이나 집단들의 의사가 반영되게 하기 위해 정책결정자에게 직접적인 노력을 하는 것을 포함한다. 동원실천방법은 전통적으로 정치적 과정의 참여에서 배제된 지역사회구성원이나 조직구성원을 끌어들이는 것을 포함한다. 대중매체를 이용한 선전이나 교육은 대중의 정치적 · 경제적 의식을 고취시키기 위해 사용될 수 있다.

Fisher(1995)와 Haynes와 Mickelson(1991)은 풀뿌리실천, 로비실천 및 동원실천에 정치적 실천(political practice)을 추가하였다. 그들에 따르면 정치적 실천방법의 목적은 사회복지의 가치를 지지하는 정책을 지원하는 관리를 선출하는 것에 있다. 특히 정치적 실천방법은 과정보다는 과업목적을 좀 더 강조한다. 이 방법에 따르면, 실천가는 특정한 후보의 당선본부에서 자원활동가 등으로 일할 수 있다.

(7) 지역사회개발모델, 사회기획모델, 그리고 사회행동모델 종합

Rothman이 지역사회복지실천을 위해 제시한 세 가지 유형의 실천모델을 정리하면 〈표 4-1〉과 같다.

표 4-1 지역개발, 사회기획, 사회행동모델에 대한 Rothman의 분류

실천 모델	지역사회개발	사회행동	사회기획
변화를 위한 목적	지역의 통합과 능력을 증진시키는 것	힘의 역동성과 자원을 변화시키는 것	기존 사회정책이나 사회프로그램의 변화나 수정
직원의 역할	교육자, 조정자, 촉매자, 기회 부여자	조직가, 행동가, 지지자	전문가, 기획가, 자료분석가, 문제해결사, 고용인
지역주민	시민, 참여자	억압의 피해자, 조직구성원	서비스의 소비자
변화되어야 하는 대상(표적)	지역주민	힘의 구조, 기존 결정구조나 정치체계	사회서비스전달체계나 프로그램
변화를 위한 전략	다양한 지역조직 사이에서 동의나 합의를 발전시키는 전략	힘이나 자원을 가진 집단에 대항해서 행동을 취하기 위해 주민이나 조직구성원을 동원하는 전략	자료를 수집하고 임무수행을 위해 가장 최선의 계획을 수립하고 선택하는 전략

출처: Hardina(2002), p. 68.

Jacobson과 Heitkamp(1995)는 Rothman의 세 가지 실천모델을 11개의 실천변수를 적용하여 〈표 4-2〉와 같이 분류하였다.

표 4-2 11개 실천변수에 따른 Rothman 모델의 분류

실천변수 모델	지역사회개발	사회기획	사회행동
실천모델의 목적	• 주민의 자조를 강조, 주민의 능력과 지역 능력과의 통합을 중시 • 과정중심	• 지역이 가지고 있는 근본적 문제들을 해결하는 것을 중시. 따라서 지역이 문제를 해결할 수 있는 능력을 강조 • 과업중심	• 힘의 관계나 자원을 변화시키는 것을 중시. 제도적 변화를 추구 • 권력 또는 힘이나 자원의 배분을 강조 • 과업 또는 과정중심
지역사회 문제를 바라보는 시각	지역 퇴보, 아노미, 민주적 문제해결력의 부재가 지역사회문제의 핵심이라고 인식	정신적 · 육체적 건강, 주택문제 등이 기본적으로 지역주민이 가지는 지역사회문제라고 인식	소외받는 사람들, 사회부정의, 박탈, 불평등이 지역사회문제라고 인식
전략의 특징	지역주민이 자신들의 문제를 스스로 인식하고 해결하기 위한 전략을 수립하는 것을 강조	이성적 또는 합리적인 행동경로의 결정과 문제해결을 위해 문제에 대한 사실들을 취합하는 전략수립을 강조	표적에 대항하는 행동을 취하기 위해 주민을 조직화하고 이슈를 구체화하는 전략을 강조
전술의 특징	지역집단과 이해집단 사이에서의 의견일치(동의)를 위한 대화 강조	동의에 바탕을 둔, 또는 갈등해결을 위한 구체적인 계획안 강조	갈등 또는 협상을 위한 직접적 행동 강조
사회복지사 및 실천가의 역할	촉매자, 조정가, 교육자	사실상 취합가, 프로그램 개발 및 수행가, 기획가	선동가, 행동가, 조직가, 중개자
변화 매개	지역주민이나 집단을 통한 처리	공식적 조직과 자료를 통한 처리	대중조직과 정치적 행동과정을 통한 처리
권력구조에 대한 시각	권력구조에 있는 구성원을 공통의 모험구조 안에서의 협조자로 인식	고용인과 지원자로 권력구조를 바라봄(권력구조가 지원이나 지원자가 됨)	행동을 수행하기 위한 외적 표적 또는 드러난 표적으로서 권력구조를 바라봄. 권력구조는 극복되어야 하는 억압자라고 인식함
지역사회에 대한 시각	총체적인 지리적 지역사회	지역사회는 지리적 지역사회와 기능적 지역사회를 포함	지리적 지역사회를 기본으로 하고 지역사회를 부분으로 구획함

관심이나 이익과 관련한 가정(전제)	지역주민은 공통의 관심을 인지하고 차이를 극복할 수 있다고 전제	집단, 조직, 지역사회구성원들의 이익이나 관심에는 갈등이 존재할 수 있으며 갈등은 해결될 수 있다고 전제	집단이나 조직 그리고 지역사회구성원에게는 쉽게 화해할 수 없는 이익갈등이 존재한다고 전제
클라이언트 또는 지역사회구성원에 대한 시각	시민 또는 주민	소비자 또는 수혜자	피해자
클라이언트의 역할	상호행동적인 문제해결 과정으로의 참여자	프로그램으로부터 혜택을 받는 소비자 또는 수혜자	지역조직의 구성원

출처: Jacobson & Heitkamp(1995), p. 314에서 재수정.

4) 지역연계모델

지역연계모델(community liaison model)은 Rothman의 3대 실천모델과 함께 지역사회복지실천의 영역에서 매우 중요한 실천모델로서 1980년대 이후에 등장하였다. Taylor와 Roberts(1985)는 지역사회개발모델, 프로그램 개발과 서비스 조정모델, 사회기획모델, 정치행동모델, 지역연계모델의 실천모델을 제시하였다.

이 다섯 개의 모델 중에서 지역사회개발모델, 사회기획모델, 정치행동모델(Rothman의 사회행동모델과 내용이 동일함)은 Rothman의 모델과 같으며, 프로그램 개발과 서비스 조정모델은 사회 프로그램의 수정 및 개발을 통한 지역사회문제 해결을 강조하여 사회기획모델에 포함될 수 있는 내용이기 때문에 결국 새롭게 제시한 모델은 지역연계모델뿐이다.

Kemp도 지역사회복지실천모델을 구분하면서 지역연계모델을 추가하여 사회기획, 사회행동, 지역사회개발모델과 더불어 4대 실천모델을 제시하였다(Kemp, 1995). Weil과 Gamble(1995)도 자신들이 제시하였던 지역사회복지실천모델에서 지역연계를 프로그램 개발과 지역연계모델이라고 불렀다.

(1) 지역연계모델의 정의

지역연계모델은 이론적으로 사회연결망이론과 조직상호주의이론, 사회교환이론 등의 영향을 받은 지역사회복지실천모델이라고 할 수 있다. 사회복지사 또는 실천가들은 통합적이고 효과적인 지역사회문제의 해결을 위해 대부분 서비스 조정, 조직 상호 간의 협력연결망, 파트너십 등에 관심을 가지고 있다. 어떤 조직도 지역사회의 문제를 완벽하게 해결할 수 없으며, 전체 지역주민들의 욕구를 해결할 수 있는 다양한 서비스를 제공할 수 있는 자원을 가지고 있지 못하다는 것이 지역연계이론의 기본가정이다. 다양한 유형의 사회복지기관들은 자원을 주고받는 사회교환의 계속적인 과정에 관여되어 있으며, 여러 사회기관은 지역주민의 욕구를 해결할 수 있는 자원을 제공하기 위해 연결망 구축, 파트너십 구성 또는 상호 행동을 추구한다(Long, Tice, & Morrison, 2006). 따라서 지역연계모델은 지역주민의 욕구를 해결하기 위하여 지역조직 간의 협력과 협의나 조정 등을 통하여 제한된 지역자원을 보다 효과적으로 활용함으로써 지역주민의 욕구를 해결하는 것을 강조하는 모델이라고 할 수 있다.

(2) 지역연계모델의 내용

지역연계모델은 지역사회의 기관들이 협력, 연계 및 조정을 통해서 지역주민에게 효과적이고 효율적인 서비스를 제공할 수 있다는 것을 전제로 한다. 따라서 지역연계모델은 지역에 있는 사회시설이나 기관들의 활동(개입행동)을 강조하는 모델이다. 즉, 이 모델은 지역사회복지기관의 지역사회활동의 확대(새로운 욕구평가에 따른 서비스의 도입이나 정책 또는 프로그램의 개발 또는 확장)를 위한 조직 간의 상호 협력과 조정, 연계 등을 통해 지역사회문제를 해결하는 것을 강조한다.

Taylor(1985)에 따르면, 지역연계모델에서 의미하는 지역사회활동이란 사회복지사가 사례관리를 포함하여 직접적 서비스를 책임지는 활동들을 의미하며, 사회복지사의 직접적 서비스 활동은 지역사회자원을 평가하고, 조종하고, 감시하는 것 등도 포함한다. 지역사회활동들은 직접적으로 서비스를 제공하는 기관들의 목적과 서비스와 연관을 맺고 있다. 지역연계를 위한 주요 기능은 지역조직들 간의 상호 관계 구축, 지역원조의 동원, 그리고 환경의 변화에 부응하는 기관들의 목적과 프로그램, 그리고 기능의 재조정 등을 들 수 있다(Kemp, 1995). 사회복지기관이 행하게 되는 행정적 활동들로는 조정을 위한 활동, 지역관계를 위한 활동, 지역사회 환경에 대한 조사와 기부금 조성 등의 활동이 있을 수 있다. 그리고 사회복지사의 활동으로는 사례관리, 지역연계사업, 연결망 참여, 욕구 확인 및 사정, 프로그램 개발, 지역주민이나 클라이언트에 대한 직접적 지원 등이 있을 수 있다. 제한되고 부족한 정보나 서비스의 한계에서 벗어나 종합적인 정보 및 적절한 서비스를 제공하기 위해 사회복지사는 지역자원에 대한 완전한 이해와 정보를 필요로 하며, 지역주민의 다양한 욕구를 해결하기 위한 자원협력을 필요로 하고, 이러한 종합적인 지원활동은 바로 사례관리라는 구체적인 실천방법을 필요로 하기 때문에 사례관리는 지역연계모델에서 활용하는 대표적인 실천방법이라고 할 수 있다.

특히 Weil과 Gamble(1995)은 지역연계모델이 프로그램 개발에 중요한 측면이라는 것을 강조하였다. 그들에 따르면, 지역연계모델의 중요한 목적과 기대되는 결과는 지역주민에 의해서 필요하다고 평가된 새로운, 또는 개선된 서비스를 설계하는 것이다. 따라서 이 모델은 지역서비스의 효율성을 증진시키기 위해 기관의 프로그램을 재조정하고 확대하는 것을 포함한다. 지역연계모델에 따르면, 변화를 위한 표적(target)은 새롭게 설계되거나 확대된 서비스를 이용하는 잠재적 소비자나 수혜자들일 것이며, 프로그램 기획가나 설계자, 그리고 직원들은 지역구성원과 협력연결망이나 상호연계 계획을 위한 전략을 개발할 때 변화를 경험할 수 있다. 변화를 위한 과정에서 지역연계모델을 위한 일차적인 지지자 또는 후원자들은 조직의 방향을 결정할 책임을 가지고 있는 집단으로, 조직의 이사회와 프로그램 개발과정과 계획된 변화에 개입되어 있는 지역대표자들이다.

Long, Tice 그리고 Morrison(2006)은 지역사회연계모델을 통하여 지역사회문제를 효과적으로 해결하기 위해서 다음과 같은 점들이 확인되어야 한다고 강조하였다. 첫째, 지역사회복지기관, 지역주민, 사회서비스 이용자들을 위한 연계의 잠재적 비용과 혜택을 사정해야 한다. 둘째, 어떤 기관이 연계 노력에서 가장 결정적인 역할을 수행할 것인지를 조사해야 한다. 셋째, 잠재적 협력자의 능력뿐만 아니라 협력 의도와 협력의 수준을 확인해야 한다. 넷째, 조직과 조직 사이에 무엇을 교환할 것인지를 명확히 해야 한다. 다섯째, 개별 조직들에서 높은 지위에 있는 직원의 승인과 지원을 보장받아야 한다. 여섯째, 주도자가 회합을 주선하고 회합의 내용을 기록하며 회합에서 다른 참여자들과의 의사소통을 유지하며 생각을 정리하는 것을 인정해야 한다. 일곱째, 협약서를 작성해야 한다. 여덟째, 정직, 열린 의사소통, 그리고 조직에 대한 인식을 촉진해야 한다.

(3) 사회복지사의 역할

지역연계모델의 일차적 관심 영역은 특정한 인구나 지리적 영역을 위해 서비스 또는 프로그램을 개발하는 것이다. 즉, 서비스 개발이 가장 주된 관심의 범위가 되는 것이다. 사회복지사는 지역연계모델에서 조정가, 계획가, 제안서 작성가, 촉진가, 중개자, 연결망 참여자 등의 역할을 담당하게 된다. 일단 협력과 조정을 통해 새로운 프로그램이 개발되어 시행되면 사회복지사는, 첫째 프로그램이 안정적으로 운용되는 것을 확인하기 위해서, 둘째 변화와 서비스를 위한 프로그램의 목적을 달성하기 위해서, 셋째 지역과 변화하는 환경에 응답하기 위해서 감독가, 관리자, 평가자 등의 역할을 수행한다. 특히 MacCroskey와 Meezan(1992)은 지역연계모델에서 새로운 프로그램의 결과를 평가하기 위한 강력한 결과평가 수단을 강조하였다.

5) Weil과 Gamble의 실천모델

Weil과 Gamble은 1996년도에 발간된 『사회복지백과사전』에서 지역사회복지실천모델로서 여덟 개의 실천모델들을 소개하였다. 그들이 제시하였던 모델들은 대부분 Rothman, Kemp, Taylor 등이 제시하였던 모델들을 다시 세분화한 것에 지나지 않지만, 지역조직화를 지역사회복지실천모델 중 하나로서 다루었다는 점과 지역조직화에서 지리적 지역과 기능적 지역에 대한 조직화를 다르게 처리하였다는 특징을 가지고 있다. 따라서 다른 모델들과 비교해서 지역조직이 지역사회복지실천을 위한 모델 중 하나인 것으로 인식하는 데 도움을 준다. Weil과 Gamble(1995)이 제시한 모델들을 간략히 소개하면 다음과 같다(지은구, 2003).

- 이웃과 지역조직화모델: 이 모델은 지리적으로 구분하는 지역과 근린지역 또는 동네에서의 조직화 작업을 의미한다. 지역 전체의 정치적 · 사회적 · 환경문제 등을 다룬다.
- 기능적 지역조직화모델: 지역적으로는 떨어져 있지만 공통된 관심이나 이해관계 등에 의한 조직화 작업을 의미한다. 사람들은 공통의 관심과 공통의 이슈를 가진다.
- 지역 · 경제 · 사회적 발전모델: 이 모델은 지역개발의 성공을 위해 사회적 ·

경제적 발전이 동시에 진행되어야 된다는 것을 강조하며, 경제적 발전의 중요성을 강조한다. 지역사회개발모델과 내용이 동일하다.

- **사회기획모델**: 사회기획은 사회서비스와 정책의 개발, 확장, 조정을 강조한다. 사회기획은 개별기관의 수준에서 또는 지역 사회복지서비스 기관들의 연합체의 수준에서 제공될 수 있으며, Weil과 Gamble은 사회기획모델이 사회서비스와 정책의 개발, 확장, 조정을 가리키는 것이라는 Lauffer(1981)의 주장을 따른다. 따라서 Weil과 Gamble의 사회기획모델은 앞에서 설명했던 큰 틀의 사회기획모델과 같은 내용을 담고 있다. 사회기획모델에서 기획가가 수행하는 중심적 과업은 서비스를 통합하려는 노력, 사회적 기획의 수행, 그리고 인간서비스에 이성 또는 합리성을 가지고 오는 것이라고 한다. 이 모델에 따르면, 계획가는 역사적으로 과거에서 현재에 이르기까지 자원의 더욱 효율적인 사용을 추구하며 욕구를 지닌 사람들에게 좀 더 효율적인 서비스를 제공하기 위해 어떠한 자원이 필요한지를 결정해 왔다. 계획가는 서비스와 개발의 방향에 대해서 대중을 상대로 교육을 행하기도 하지만, 주로 특정 프로그램을 변화시키고 통합하고, 평가하고 재정지원하고 개발하기 위해 지역지도자들이나 기관관리자에게 영향을 끼치는 것을 추구한다.
- **프로그램 개발과 지역연계모델**: 지역연계모델과 동일한 내용을 포함하지만 넓게는 사회기획모델에 포함될 수 있다. Weil과 Gamble에 따르면, 프로그램 개발과 지역연계모델의 가장 중심적인 목적은 지역주민에 의해서 필요하다고 평가된 새로운 서비스를 설계하고 실행하는 것이다. 따라서 지역연계모델에 프로그램의 개발이 포함되어 프로그램 개발과 지역연계모델이라고 명명된 것이라고 여겨진다.
- **정치적 · 사회적 행동모델**: 이 모델은 정책과 정책결정자 또는 소득이 낮은 집단에 불리하게 조성되어 있는 환경 등을 바꾸기 위한 행동 등 사회적 · 정치적 · 경제적 정의에 초점을 맞추는 행동을 의미한다. 따라서 앞에서 설명하였던 사회행동모델과 동일한 내용을 갖고 있다. 정치적 사회행동모델은 기회를 제한하는 불평등에 대항하는, 지역의 욕구를 무시하고 불평등한 결정을 하는 정책결정가에 대항하는, 지역주민이 스스로 불평등한 조건을 변화시킬 수 있는 기술을 개발하고 그들의 신념을 강화시켜 가는 것을 통해 주민의 역량이 강화되도록 돕는 노력들을 포함한다(Rubin &

Rubin, 1992; Staples, 1990).

- **제휴모델**: 지역연계모델과 내용이 비슷하지만, Weil과 Gamble이 새롭게 제시한 모델로서 집합적 사회변화를 위해 개별 집단들이 함께 일하는 것을 강조하는 모델이다.
- **사회운동모델**: 사회복지사가 사회운동과 동맹하여 민주주의와 인권, 인종 문제 등 인간발전과 자유를 위한 목적을 지지하는 것을 추구하는 것을 강조하는 모델이다.

제휴모델과 사회운동모델을 제외하고는 대부분 기존의 지역사회복지실천모델들과 내용이 중복되므로, 여기서는 제휴모델과 사회운동모델을 중심으로 살펴보기로 한다.

(1) 제휴모델

제휴모델(coalitions model)은 지역연계모델에서 발전된 실천모델이라고 할 수 있다. 제휴모델은 연합모델이라고도 불리며, 사회적 변화를 위해 개별 집단이나 조직들이 함께 일하는 것(제휴하는 것)을 통해 지역사회문제를 해결하는 것을 강조한다. 제휴는 집합적 사회변화를 위해 분산된 집단 또는 조직들이 함께 일할 수 있도록 해 준다. Mizrahi와 Rosenthal(1993)은 조직의 정당성을 유지하는 동안에 그 조직들의 지역 내에 영향을 미치는 한 가지 혹은 그 이상의 문제에 대한 외적 제도에 영향을 미치기 위해서 다양한 조직의 대표들이 연합하는 것을 지역사회변화를 위한 제휴라고 정의하였다.

제휴모델의 목적과 기대되는 결과는 제휴를 위한 공동의 관심에 대응하기 위해 사회적 프로그램의 방향에 영향을 줄 수 있을 만큼 큰 다중 조직적 권력기반(multi-organizational power base)을 건설하는 것에 있다. 변화를 위한 표적은 새로운 정책이나 제도를 승인할 수 있는, 그리고 새로운 사회프로그램을 확장하거나 재정자원을 고취시킬 수 있는 재단에서 일하는 고위관리 및 정부의 부처에서 일하는 선출된 시의원이나 국회의원들이다. 사회변화를 위한 제휴의 관심 범위는 제휴를 결성한 조직구성원이 지지하기로 동의할 수 있는 어떤 특정한 논쟁이나 문제다.

제휴모델을 시행할 때 사회복지사의 역할은 지도자 또는 제휴조직의 대변인 등이다. 제휴조직의 힘을 분산시키지 않게 하고 긴장을 균형 있게 유지할 수 있는 중개나 협상기술 또한 사회복지사가 가지고 있어야 하는 중요한 기술이다.

(2) 사회운동모델

사회운동은 집합적 행동과 깊은 연관이 있다. Harper(1998)는 변화를 만들어 내고 변화를 예방하는 집합적 행동을 사회행동이라고 하였다. Wood와 Jackson(1982)은 사회운동을 다양한 수준의 공식적 조직들이 급진적이고 개혁적인 형태의 변화를 창출하는 것, 또는 방어하는 것이라고 정의하였다. 또한 사회운동은 사회조직들이 사회적·문화적 변화를 만들어 내는 중요한 과정이라고도 할 수 있다. 즉, 한 지역사회에서 일어나는 사회변화는 집합적 행동의 사회운동을 통해서 달성된다고 할 수 있다(Harper, 1998). 결국, 사회운동은 지역사회의 변화를 추구하기 위하여 지역에 기반을 둔 조직들의 집합적 행동에 의해서 이루어진다고 할 수 있다.

사회운동모델은 사회행동모델의 발전된 유형이다. 일반적으로 사회복지실천은 사회운동을 유발시키기도 하며, 사회복지사는 진행중인 사회운동에 영향을 받기도 한다. 사회운동모델은 사회복지사가 사회운동조직과 동맹하여 민주주의와 인권, 인종문제 등 인간발전과 자유를 위한 목적을 지지하는 것을 추구한다.

사회운동은 역사적으로 수많은 장소에서 끊임없이 존재해 왔다. 역사적으로 지역사회복지실천 영역에서 이루어지는 수많은 노력은 사회운동으로부터 많은 영향을 받아 왔고, 사회복지실천가들 역시 많은 영향을 받아 왔다. 사회복지사는 실천을 행하는 데 추구하는 사회복지의 직업적 가치를 유지하기 위해 인권존중과 사회정의를 위한 민주주의운동이나 인권운동을 포함하는 사회운동조직과 동맹을 맺기도 하였다.

사회운동모델의 목적과 기대된 결과는 지역사회나 조직이 특정한 인구집단이나 사회문제 및 쟁점에 대응하는 새로운 패러다임을 제공할 수 있는, 사회변화를 위한 행동을 조장하는 것에 있다. 변화를 위한 표적은 대중과 정치체계다. 미국에서는 1960년대의 시민운동과 인권운동이, 우리나라에서는 1987년 민주화운동이 여기에 포함될 수 있다. 이 모델에서 사회복지사는 지지자 또는 촉진가 등의 역할을 한다. 사회복지사는 사회운동의 과정에서 자원봉사자나 사회운동조직의 일원으로 참여할 수 있다.

6) Rothman의 실천모델과 Weil과 Gamble의 실천모델 차이점

Rothman이 제시한 지역사회개발모델, 사회기획모델, 그리고 사회행동모델 외에 Weil과 Gamble(1995)은 Rothman의 모델을 포함해서 여덟 가지의 모델을 제시하였다. Weil과 Gamble의 모델과 Rothman의 모델의 차이점을 살펴보면 다음과 같다(지은구, 2003).

첫째, Weil과 Gamble은 지역사회를 조직화하는 데 지리적 지역과 기능적 지역으로 구분하였는데, 이는 지역사회를 지리적으로 보는 관점과 지역을 공통의 관심과 이익을 대변하는 것으로 보는 지역에 대한 가장 일반적 구분을 따르는 것이라고 볼 수 있다. Lee(1986)에 따르면, 기능적 지역은 특정한 공통의 속성 때문에 자연스럽게 나타나고 발전한다.

둘째, Weil과 Gamble은 사회변화를 위한 세 개의 모델을 소개하였다. 즉, 정치적 · 사회적 행동, 연합과 제휴, 그리고 사회운동실천모델을 소개함으로써 Rothman의 사회행동모델을 구체적으로 세 가지 유형으로 분리하였다.

셋째, Weil과 Gamble은 사회기획모델을 세분하여 프로그램 개발과 연계모델을 추가하였다. 프로그램 개발과 연계모델은 지역주민과의 협상과 포괄적 접촉을 요구함으로써 전문가적 지식을 요구하는 사회기획모델과는 차이점을 보인다.

넷째, Weil과 Gamble은 지역개발모델에 경제적 개발을 강조하는 사회개발모델을 추가하였다. 그들에 따르면, 사회개발은 사람의 능력과 기술의 개발로서 정의할 수 있다. 사회개발 결과, 사람들은 풀뿌리 계획과 프로젝트를 주도하고 유지할 수 있으며, 자신들의 사회경제적 조건을 증진시킬 수 있으며, 자신들의 환경과 자원을 유지하고 지지할 수 있다. 하지만 사회개발모델은 국가적 차원의 거시적 제도나 정책하에서 이루어지는 모델이고 경제적 개발을 특히 강조하기 때문에 지역사회개발모델과 비교하면 내용과 범위에 분명한 차이가 존재한다.

표 4-3 Weil과 Gamble의 지역사회복지실천모델

실천모델	변화의 목적	사회복지사 또는 실천가의 역할	지지자 또는 후원자	변화시켜야 하는 표적	변화를 위한 전략과 과업들
이웃과 지역조직화 모델	지리적 영역에서의 주민의 삶의 질	조직가, 교사, 촉진가	지역주민	정부, 개발가, 지역주민	지역주민의 역량을 개발시키는 것
기능적 지역조직화 모델	관심이나 특정 문제의 지지 또는 특정 인구집단의 지지	조직가, 지지자, 대화자, 촉진가	같은 생각을 가지고 있는 지리적 지역에 얽매이지 않는 사람	정부, 대중	사회정의를 지지하는 것
지역·경제·사회적 개발 모델	소득과 사회적 지지 개발. 지도력, 기술과 교육의 개선	협상가, 증진가, 교사, 계획가, 관리자	특정한 지리적 영역에서 억압받는 사람	은행가, 기업가, 개발가, 지역주민	개발을 촉진하기, 사회적·경제적 자원을 사용할 수 있도록 주민을 교육시키기
사회기획 모델	프로그램의 개발, 협조를 위한 사회연결망의 구축	조사자, 프로포절 작성가, 관리자	선출된 관리, 기관 책임자, 조직간 협조자	지역지도자, 사회복지서비스기관 행정가	사회문제를 처리하는 프로포절을 작성하는 것을 발전시키기
프로그램 개발과 지역연계 모델	특정 집단이나 사람들을 위한 서비스의 개발	대변인, 기획가, 관리자, 프로포절 작성가	기관이사회, 행정가, 지역주민	기관 프로그램 재정 지원가, 서비스 수혜자	기관의 서비스를 개선하기, 새로운 서비스 전달체계를 만들기
정치적·사회적 행동모델	정치적 힘의 개발, 제도를 변화시키기	지지자, 조직가, 조사자, 후보자, 중개자, 협상자, 대변인	특정 정치조직에 있는 시민	투표자, 선출된 관리	정책변화에 영향을 미치기
제휴모델	지지를 끌어내기	중재자, 협상자, 대변인	제휴에 있는 조직구성원	선출된 관리, 정부	정책변화에 영향을 미칠 수 있는 범조직적 힘을 건설하기
사회운동 모델	사회정의	지지자, 촉진가	지도자, 조직가	대중, 정치체제	사회정의를 증진시키기 위해 행동을 취하기

출처: 지은구(2003), p. 173에서 재인용.

7) 지역사회복지이론과 실천모델의 관계

지금까지 살펴본 다양한 실천모델은 모두 지역사회에 개입하여 지역사회복지실천을 수행하기 위한 방법을 설명해 주는 설명서 또는 안내자의 역할을 한다. 즉, 지역사회에 개입하여 무슨 일을 어떻게 할 것인가에 대한 지침서라고 할 수 있다. 실천모델들은 모두 지역사회를 이해하는 데 도움을 주는, 그리고 지역사회의 제반 현상들을 분석하는 데 필요한 지역사회복지이론에 근거하고 있다. 체계이론과 생태이론은 안정, 조화 및 적응을 강조하여 지역사회개발모델에 직접적 영향을 주었으며, 힘의 불균형 관계에 대한 분석을 제시하는 힘과 관련된 대부분의 이론은 사회행동모델에 직접적 영향을 주었고, 조직상호주의 이론이나 사회교환이론, 그리고 사회연결망이론 등 협력과 교환을 강조하는 이론들은 지역연계모델에 큰 영향력을 행사하였다. 또한 사회기획모델은 기획단계에서 과업과 과업 사이의 관계를 강조하여 체계이론에 의해 영향을 받았다고 할 수 있다. 실천모델과 이론과의 관련에 대해서 살펴보면 다음의 표와 같이 구분될 수 있다.

표 4-4 실천모델과 이론과의 관련

지역사회 복지이론	체계이론 생태이론	갈등이론, 힘의존이론, 사회교환이론, 자원동원이론	체계이론	조직상호주의이론, 사회교환이론, 사회연결망이론
지역사회복지 실천모델	지역사회개발 모델	사회행동모델	사회기획모델	지역연계모델

앞서 언급한 다양한 개입을 위한 실천모델 중에서 어떠한 실천모델이 특정 지역의 실천을 위해서 가장 적절한 모델인지를 사회복지실천가가 선택 또는 결정하는 것에 대해 Hardina(2002)는 지역사회의 욕구와 문화적 가치, 실천가의 이론적 틀, 실천가의 개인적 성향, 눈앞에 펼쳐진 상황이나 사회 또는 지역 문제, 다양한 전략과 전술을 사용하는 데 도덕적 또는 윤리적 숙고라는 다섯 가지 기준을 제시하였다.

지역사회복지실천가 또는 사회복지사들은 실제상황 또는 실천현장의 상황을 이해하고 돕기 위해 자신만의 이론적 틀을 가지고 있어야 행동을 위한 실천모델을 선택하는 데 유용하다. 예를 들어, 사회복지사가 체계이론이나 생태이론에 더 많은 관심을 가지고 있다면 지역사회개발모델을 지역사회복지실천을 수행하기 위한 주도적 실천모델로서 사용할 수 있다. 사회복지사가 힘의 관계분석, 즉 가진 자와 가지지 못한 자들 사이의 상호 관련이나 상호 행동을 이해하기 위하여 갈등이론을 적용하였다면 사회행동모델이 실천모델로 선택될 수 있다. 그리고 사회복지사가 취합한 자료와 유용한 선택 대안들을 선택하여 사회프로그램을 개발하고 수정 · 변경하는 과업을 통해 지역사회변화가 이루어질 수 있다고 믿는다면 사회기획모델이 가장 적합한 실천모델이 될 수 있다. 또한 사회복지사가 기존의 실천모델들이 지역사회에 실재해 있는 개인, 집단, 조직들의 협력과 상호 행동을 적절히 반영하지 않고 있음을 고민한다면 지역연계모델을 선택할 것이다(지은구, 2003).

Mondros와 Wilson(1994)은 실천가의 개인적 선호뿐만 아니라 선택하는 구체적인 전술에 대해 그들이 느끼는 편안한 정도가 실천모델을 결정하는 데 중요한 요소로 작용한다고 주장했다. Burghardt(1979)는 실천가는 자신이 사용하는 실천모델이 전적으로 편안해야만 한다고 강조한다. 만약 실천가가 과업보다는 과정을 중요시하는 접근방법에 편안함을 느낀다면 지역사회개발모델을 선택할 수 있을 것이다. 그리고 실천가가 과업중심의 접근방법에 익숙하다면 사회기획모델을 선택할 수 있을 것이다. Mondros와 Wilson(1994)에 따르면, 실천가가 실천을 위해 어떤 이론적 틀을 형성하느냐 하는 것은 자신의 정치적 체계에 대한 정당성의 인식, 그리고 정책결정가로부터 느끼는 소외에 대한 개인적 감정에 의해서 결정될 수 있다. 따라서 실천가가 지역사회변화가 쉽게 이루어질 수 있다고 보고 정책결정가에 대해 현실적 제안을 지지할 수 있는 합리적인 사람이라고 믿는다면 지역사회개발모델을 선택할 수 있다. 그리고 사회가 지배집단에 의해 지배되어 있고 이 지배집단이 손쉽게 자신들이 가지고 있는 권력(power)을 포기하지 않을 것이라고 믿는다면 사회행동모델이 선택될 수 있다(지은구, 2003).

적절한 실천모델과 그 모델에 관련된 전략과 전술에 관한 결정을 할 수 있기 위해 사회복지실천가들이 가지고 있어야 하는 유일한 틀은 Warren(1971)에 의해 제시되었다. 그에 따르면, 전략과 전술에 대한 결정은, 첫째 변화 노력에 개입된 집단들 사이의 동의의 정도, 둘째 변화되어야 하는 표적체계와 행동체계의 관계, 셋째 현재 존재하는 힘(또는 권력)의 구조 안에서 목적이 성취될 수 있는지에 의해 결정된다.

하지만 Rothman(1995)과 Bradshaw, Soifer 그리고 Gutierrez(1994)가 지적하였듯이, 지역상황에 따라 오직 하나의 실천모델만을 사용하는 것은 아니다. 때로는 몇 개의 실천모델들이 동시에 사용되기도 한다. 예를 들어, 지역사회복지실천가는 지역사회집단들이 함께 움직일 수 있도록 하기 위해 지역사회개발모델을 사용하고, 지역주민의 욕구에 부응하기 위한 대응으로서 사회 프로그램을 발전시키기 위해 사회기획모델을 사용하며, 국가의 보조금을 얻기 위해 정부에 직접적 압력을 가하는 사회행동모델을 사용할 수도 있다. 결국 실천과정에서 다양한 실천모델이 선별적으로 상황에 맞게 사용될 수 있어야 성공적인 지역사회복지실천을 통한 지역과 지역주민의 삶의 질이 개선될 수 있다는 것을 의미한다. 일반적으로 실천모델 중 사회행동모델이 전략과 전술적 측면에서 가장 강력한 압력을 행사하는 저항과 대항전략, 전술을 사용하기 때문에 사회행동모델은 지역사회개발이나 사회기획모델, 그리고 지역연계모델이 모두 적용되어도 지역문제가 해결되지 않는 상황에 활용되는 실천모델이라는 점이 강조되기도 한다.

05

지역사회복지실천의 전략과 전술

1. 전략과 전술의 사용

사회복지사들은 실천을 직업윤리의 핵심으로 삼고 사회변화를 추구하는 사회양심집단이라고 규정할 수 있다. 지역사회복지실천을 위해, 나아가 지역사회의 변화를 추구하기 위해 사회복지사는 지역사회의 쟁점이나 문제를 파악하고, 그 문제를 해결해 나가기 위하여 구체적인 실천모델을 사용하여 지역사회에 개입하게 된다. 사회복지사는 개입을 진행하고, 개입을 위한 구체적인 계획을 기획하는 과정에서 전략과 전술이 필요하게 된다. 즉, 어떻게 개입할 것인가, 개입을 위한 구체적 절차나 방법은 무엇인가 등에 대한 대답은 개입을 위한 전략과 전술을 구체화하고 실천해 나가는 과정이라고 볼 수 있다. 구체적인 전략과 전술은 지역사회변화를 촉진시키며 성공적으로 개입을 계획하고 성취하기 위한 가장 중요한 구성요소가 된다. 즉, 개입을 위한 계획은 전략과 전술을 정의하고, 지역사회복지실천 영역에서 행동체계(변화를 이루기 위해 행동하는 주체)와 표적체계(변화의 대상)의 역할을 검토하는 과정을 일컫는다고 볼 수 있다(지은구, 2003). 지역사회개입은 [그림 5-1]과 같은 내용을 포함한다.

집단과 개개인의 상호 행동의 정황에서 전략과 전술의 수행이 발생한다. 시

[그림 5-1] 지역사회개입의 검토과정

회복지실천가에게서 실천모델을 사용하는 것, 분석적 틀을 사용하는 것, 그리고 사회변화를 촉진시킬 수 있는 전략과 전술을 상황에 맞게 선택하기 위한 조사 자료를 사용하는 것 등은 매우 결정적이라고 할 수 있다. 이를 위해 이 장에서는 개입을 위한 계획, 즉 개입을 위한 전략과 전술을 정의하고, 행동체계와 목표물체계의 역할이 조사되고 실천모델에 전략과 전술을 연결하는 방법을 설명할 것이며, 전략과 전술을 사용하는 데 나타날 수 있는 윤리적 측면 등을 살펴볼 것이다(지은구, 2003).

1) 제휴, 캠페인, 그리고 대항전략과 전술

지역사회복지실천은 사회복지사들이 사회변화에 영향을 미치는 실천모델과 연관이 있는 전략과 전술을 사용하는 것을 필요로 한다. 전략이란 장기적 행동계획으로서 특정한 사회문제를 해결하는 것을 의미한다. Mondros와 Wilson (1994)은 전략을 게임계획이라고 정의하였다. 전략은 목적을 성취하기 위해 시도될 때 공격적이 되며 동맹이나, 적의 인식(perceptions)에 의해서 영향을 받는다는 점에서 수세적이기도 하다(지은구, 2003).

Warren(1971)은 변화를 위한 세 가지의 전략을 소개하였는데, 즉 제휴(collaboration), 캠페인(campaign), 대항(confrontation)이 그것들이다. 제휴전략은 집단이 목적을 성취하기 위해 연합행동을 하는 것에 동의할 때 사용되며, 캠페인전략은 상대방이 어떤 것을 하게끔, 또는 상대편을 협상 테이블로 나오도록 설득하는 데 사용된다. 그리고 대항전략은 정책을 수용하도록 상대방에게 압력을 가할 때 사용한다. 제휴전략은 대체적으로 지역사회개발모델과 연관이 있으며, 캠페인전략은 사회기획모델과 지역사회개발모델, 그리고 사회행동모델 모두와 연관이 있다. 그리고 대항전략은 사회행동모델과 연관이 있다(Warren, 1971).

전술은 변화를 추구하는 전략의 부분으로서 취해지는 단기행동들이다. 이러한 전술에는 참여와 역량강화, 협상과 협력, 교섭, 대중교육, 설득, 대중매체 활용, 로비활동, 대중호소, 시위, 보이콧, 파업, 그리고 시민 불복종 등을 포함한다(Warren, 1971). 제휴전술은 연합계획의 창출, 당면한 문제를 해결하기 위한 협조노력, 공유한 자원이나 공통의 이익, 그리고 관심의 확인을 통하여 개인 간, 집단 간의 차이를 줄여 나가는 데 사용된다. 제휴전술은 연합행동에 대한 합의나 동의가 있어야 사용할 수 있다. 제휴를 위해서는 각 집단이나 조직들의 개별적 능력이 요구되기 때문에 제휴전술로는 능력 건설을 위한 참여와 역량강화가 강조되기도 하며, 문제해결을 위한 실행 등을 포함한다(Brager, Specht, & Torczyner, 1987; Netting, Kettner, & McMurtry, 2004; Warren, 1971).

캠페인전술은 반대편들 사이의 동의를 발전시키기 위해서, 그리고 집단들 사이의 차이를 최소화하기 위해서 사용된다(Rothman, 1995; Brager, Specht, & Torczyner, 1987; Warren, 1971). 지역주민이 어떤 안건에 대해 처음부터 모두 동의한다는 것을 기대하는 것은 어렵지만, 이들이 가진 생각의 차이를 줄이도록 하는 것은 가능하다. 캠페인전술은 종종 계약의 규칙을 결정하기 위해서 사용되기도 하고, 반대하는 집단들이 서로 협상을 하는 방식으로 사용되기도 한다고 한다(Kahn, 1991). 캠페인전술에서 각 집단들은 자신들의 차이점에 대해서 상세한 설명을 하며, 이를 통해 공통의 이익이 확인되기도 한다.

캠페인전술의 일차적 목적은, 첫째 상대방을 문제나 쟁점에 대한 대화에 참여하도록 하기 위해, 둘째 두 집단이 동의에 다다르게 하는 상황을 만들기 위해, 셋째 명백한 결과를 산출하기 위한 결정과정에 두 집단을 포함시키기 위한 것이다(지은구, 2003).

캠페인전술은 대중매체 활용(예, 신문광고), 로비, 설득, 교육 등을 포함한다. 때때로 캠페인은 조직적 목적을 달성하기 위해 수행되기도 하는데, 예를 들어 반이민법 캠페인을 조직적 차원에서 전개하거나 성적 소수자 권리옹호 캠페인을 전개하는 것 등이 여기에 포함된다.

대항전술은 대부분 사회행동과 연관이 있다. 대항전술은 반대자와의 면전 인터뷰, 어떤 결정과정에서 반대편을 배제하기, 부정적인 측면으로 반대편을 묘사하기, 토론을 거절하든지 또는 제한하는 행동들이 포함된다(Hardina, 1997, 2000). 대항전술은 협상, 교섭, 그리고 시위, 파업, 시민불복종, 보이콧, 피케팅 또한 반대집단에 대항하기 위해 자주 사용되는 전술들이다(Netting et al., 2004; Bobo, Kendall, & Max, 1991). Kahn(1991)에 따르면, 대항전술은 사람에게 자신의 분노를 터트릴 수 있는 기회를 제공하며, 대항전술을 통해서 사람들은 싸울 수 있는, 그리고 정정당당하게 서 있을 수 있는 자신들의 능력을 인식할 수 있다. 대항전술은 과격한 행동을 포함하기 때문에 어떤 조직에는 전술로 채택하는 데 문제가 될 수도 있다.

전술이 효과적이기 위해서는 전술을 사용하는 지역주민이 취해진 행동들에 편안함을 느껴야 한다(Bobo, Kendall, & Max, 1991). 또한 사용되는 전술은 참여자의 경험이나 가치의 범주에서 이루어져야 한다. 체계 안에서 일하는 것에 가치를 두는 참가자들은 대항전술을 사용하는 것을 꺼릴 수 있다(Kahn, 1991). 전략과 전술을 정리하면 〈표 5-1〉과 같다.

표 5-1 지역으로의 개입을 위한 전략과 전술

전략	제휴전략	캠페인전략	대항전략
전 술	능력 건설을 위한 참여와 역량강화 합의 건설 연합계획/행동 실행(문제해결)	설득 로비 교육 대중매체 활용	교섭, 협상, 보이콧 시민불복종, 시위(대중시위 또는 1인 시위) 단식투쟁 청원 피케팅 연좌농성 파업 소송
행동체계	지역주민: 주요 지역조직들의 대표	지지자: 수혜자, 계획을 진행하고 있는 기관, 협조적 파트너	지지자: 억압받은 집단의 성원들
표적체계	파트너, 조력자, 협력자	역기능적인 지역사회 및 경제체계: 체계를 변화시키는 데 영향을 받게 되는 정책결정가	억압하는 시설이나 조직의 대표자: 정부정책결정가, 기업책임자, 사회적 · 정치 적 · 경제적 엘리트 집단의 구성원

출처: Hardina(2002), p. 228 참조.

2) 행동체계와 표적체계

행동체계와 표적체계라는 용어는 지역사회복지실천가가 지역사회의 변화과정에 참여하는 참여자를 묘사하는 데 사용된다. 행동체계는 사회변화를 추구하는 집단구성원을 언급하는 용어다. 실천가, 조직가, 지역주민, 지역조직구성원,

그리고 다른 변화의 수혜자들이 행동체계의 구성원들이다. 표적체계는 정책에 영향을 미치는 개개인들, 선출된 관리, 정부관리 그리고 지역기관의 대표 등으로 구성되는데, 이들은 변화가 이루어져야 하는 대상들이다(Mondros & Wilson, 1994). 사회행동을 강조하는 지역사회복지실천가 또는 조직가들은 때때로 표적체계를 적이라고 표현하기도 한다. 캠페인전략에서 표적은 주요 정책결정가 그리고 대중(지역주민)이 포함될 수 있다. 제휴전략에서는 모든 정파나 집단이 변화를 산출하기 위해 협조를 추진할 수 있기 때문에 표적체계가 행동체계 안에 위치할 수 있다(지은구, 2003).

결론적으로 말해서, 행동체계와 표적체계 사이의 관계는 전략과 전술을 선택하는 데 일차적인 주요 관심사다. 만약 행동체계와 표적체계가 일치한다면 제휴전략을 사용하여야 하며, 행동체계와 표적체계가 중복되는 부분이 있다고 한다면 캠페인전략을 사용하여야 한다. 그리고 마지막으로 행동체계와 표적체계가 서로 분명히 차이가 있고, 두 체계 사이에서 합의가 일어날 수 없고, 대화가 거의 없으며, 두 집단 사이에 힘의 차이가 크게 난다고 한다면, 대항전략을 사용해야 한다(Kahn, 1991; Brager et al., 1987; Warren, 1971).

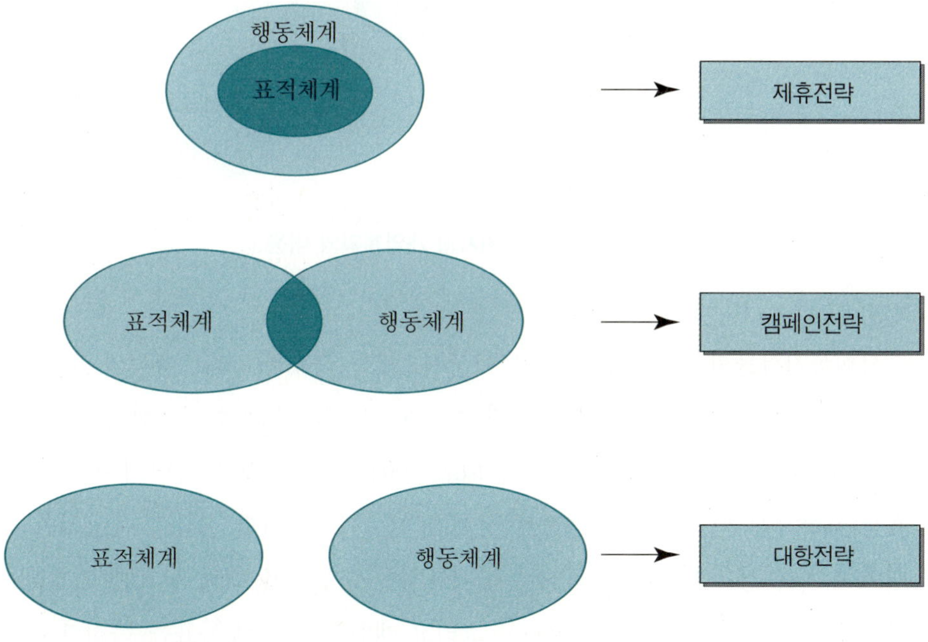

[그림 5-2] 행동체계, 그리고 목표물체계와 전략과의 관계

출처: 지은구(2003), p. 321에서 재인용.

2. 지역사회 개입계획과 전략 및 전술의 적용

Netting, Kettner와 McMurtry(1998, 2004)에 따르면, 전략과 전술은 목적을 성취하기 위해 요구되는 특정한 단계들이다. 전략과 전술의 효과적 사용은 실천가가 지역으로의 개입을 위한 계획(개입계획, intervention plan)을 만드는 것을 필요로 한다. 개입계획은 지역사회복지실천모델과 전략 및 전술, 그리고 지역개입을 통해서 성취하려고 하는 목적을 연결하는 것을 의미한다. 즉, 개입계획은 지역사회복지실천모델, 전략과 전술, 지역사회개입을 통해 성취하려는 목적(또는 목표)으로 구성된다.

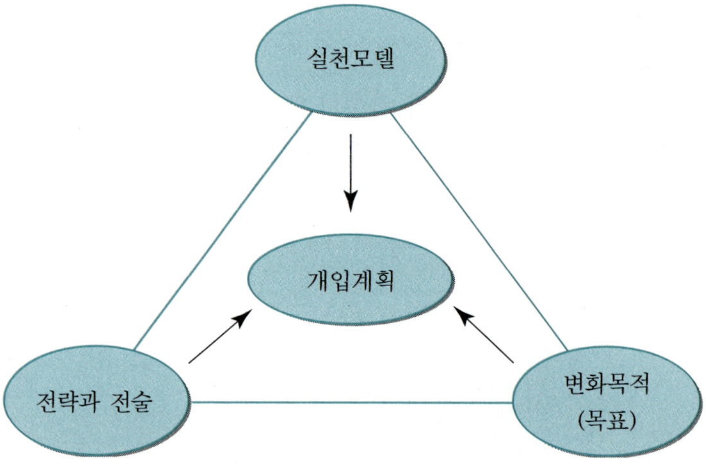

[그림 5-3] 지역사회 개입계획의 내용

사회복지사들의 실천모델 선택은 이상적으로는 특수한 상황, 행동의 표적, 활용 가능한 자원, 직면한 문제의 심각성, 그리고 시간제약에 의존한다(Hardina, 2000; Rothman, 1995; Mondros, & Wilson, 1994). 개입계획은 장단기 목적과 목표를 포함하게 되는데, 일반적으로 장기목적은 사회문제의 경감과 이상적인 상태의 성취를 강조하며, 단기목적은 장기목적을 수행하기 위해 필요한 단계들을 의미한다(Mondros, & Wilson, 1994). 그리고 개입과 관련된 목표는 특정한 결과를 산출하는 것을 강조하는 과업중심일 수 있으며, 행동과 수단을 강조하는 과정중심일 수도 있다. 예를 들어, 과업중심은 지역 안에서 50명의 65세 이상 중

증장애 노인들에게 무료 점심 도시락을 배달하는 프로그램의 확보를 중요시할 수 있으며, 과정중심이라면 어떻게 이 프로그램을 수행할 것인지가 중요시될 수 있다. Mondros와 Wilson(1994)에 따르면, 지역사회복지실천에서 과정 목표는 일반적으로 네 가지 유형의 행동을 포함하는데, 이것들은 회원 증가하기, 지도자 교육하기, 조직의 힘 강화하기, 그리고 문제에 대한 주민들의 인지도다.

개입계획은 상대방이 사용할 전략과 전술을 예상해야 한다. 따라서 실천가는 상대방이 행동체계의 전략과 전술에 어떻게 응할 것인지를 결정할 수 있는 기초조사를 수행해야 한다(Bobo et al., 1991). 기초조사는 상대방의 힘 구조, 그들의 일차적 관심, 다른 힘이 있는 사람이나 조직과의 관계 등을 결정하기 위해서도 필요하다. 따라서 실천가가 지역으로의 개입을 위한 계획을 수행하기 전에 이러한 기초조사를 행하는 것은 중요하다. 지역 프로파일이나 문제 프로파일 등이 지역사회개입계획을 위한 기초조사를 위해 적극 활용될 수 있다. Kahn(1991)에 따르면, 상대방에게 어떤 전략을 사용할 것인지를 알려 주는 것도 성공적인 캠페인전략을 위해서는 필요하다. 이러한 행동은 협상을 위한 노력을 자극할 수 있기 때문이다.

전략은 수행하기에 앞서서 계획되어 있어야 하며, 참여자의 문화와 경험에 기초해야 하고, 지역주민에게 지역사회의 문제, 지역사회를 지배하는 힘의 구조, 그리고 힘을 획득할 수 있는 방법에 대해서 공부할 기회를 제공해 주어야 한다(Mondros, & Wilson, 1994). 그리고 Kahn(1991)에 따르면, 전략은 행동을 위한 요구나 상황의 요구에 따라 변경할 수 있는 융통성이 있어야 하며, 계획은 과업성취를 위해서 분명한 시간 계획을 포함한다. Mondros와 Wilson(1994)에 따르면, 좋은 전술들은 간단하고, 사람을 묶을 수 있고, 승리할 수 있으며, 조직을 건설하는 것을 도울 수 있다. 또한 Bobo 등(1991)은 사람들이 쉽게 사용하고, 다른 지지자들을 사회화할 수 있는 기회를 제공하고, 즐거운 것이 좋은 전술이라고 하였다. [그림 5-4]는 지역사회에 개입하여 성취하려는 목적과 실천모델, 전략과 전술의 관계를 나타낸 것이다.

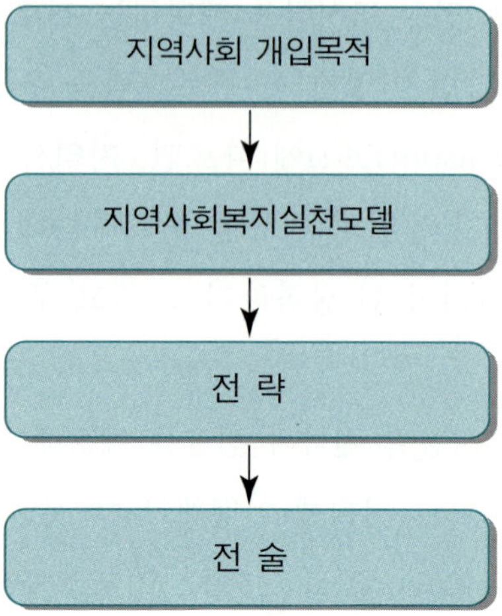

[그림 5-4] 지역사회 개입목적, 실천모델 및 전략과 전술의 관계

1) 지역사회복지실천모델과 전략 및 전술의 일치

실천가는 때때로 지역사회복지실천모델과 전략 및 전술을 일치시키는 것에 어려움을 느끼기도 한다. Hardina(2000)의 조사에 따르면, 일반적으로 실천가들이 지역사회에 개입할 때 사용하는 실천모델 중에서 가장 선호하는 실천모델은 사회행동모델이다. 그러나 이 조사에 응답한 대부분의 실천가들은 사용하는 전략으로서 제휴전략을 가장 선호한다고 대답하여 실천모델과 선호하는 전략 사이에 불일치가 있음을 보여 주었다(지은구, 2003). 실천가들이 사회행동모델에 따른 대항전략을 사용하는 것을 꺼려 하는 이유로서 Burghardt(1979)는 조직적으로 갈등상황을 오랫동안 유지하는 것이 현실적으로 어렵기 때문이라고 강조하였다.

Mondros와 Wilson(1994)에 따르면, 실천가들은 대부분 자신의 가치와 개인적인 편안감 등으로 실천모델을 결정한다. 그리고 일부 실천가들은 한 번 사용한 전략과 전술을 계속해서 사용한다. 결국 실천가들은 자신에게 유용한 자원이나 상황에 따라서 전략과 전술 또는 실천모델을 선택하는 것이 아니라 개인적인 선호에 의해서 이 방법들을 선택함으로써 힘의 구조에 대항하는 데, 그리고 사회변화를 추구하는 데 어려움을 겪는 경우가 생기게 된다(Hardina, 1997). 전술의 선택은 때때로 사회복지사에게 윤리적 행동강령과의 갈등을 가져다주기도 한다.

대항전략에 따른 전술들은 과격하게 인식되어 일부 사회복지사들은 문제해결의 마지막 단계에서 대항전술을 사용하는 것을 고려할 수도 있으며, 또 어떤 사회복지사들은 사회적 변화를 창출하는 것이 사회복지사의 윤리적 책무라고 여겨서 대항전술을 사용하는 데 적극적일 수도 있다. 이러한 윤리적 사명감은 다양한 전술의 사용과 사회운동에로의 참여를 포함하기도 한다(Burghardt & Fabricant, 1987).

Warren(1971)과 Brager 등(1987)은 사회복지사가 전술을 선택할 때 다음의 세 가지 요소, 즉 지역사회변화노력의 궁극적 목적에 개입된 집단들 사이 동의의 정도, 표적체계에 대한 행동체계의 관계, 실재하는 권력(힘)구조 안에서 목적이 성취될 수 있는지에 대한 판단을 고려할 필요가 있다고 강조하였다.

개입에 의해 나타나는 결과에 모든 관련 조직이나 개인이 동의할 때, 그리고 개입된 모든 집단이 같은 체계의 구성원일 때(즉, 표적체계와 행동체계가 일치할 때)는 제휴전략과 전술이 사용될 수 있다. 해결하여야 하는 문제에 대해서 집단들이 서로 다른 인식을 할 때, 그리고 집단들 사이에 대화가 거의 없을 때는 대항전략과 전술을 사용할 수 있다. 그리고 표적체계와 행동체계가 일부 겹치고 두 집단 간의 대화가 가능하다면 캠페인전략과 전술이 고려될 수 있다.

Brager 등(1987)은 앞의 결정을 위한 요소에 추가해서 전술을 선택하는 데 이용할 수 있는 기준으로, 첫째 문제의 심각성(해결되지 않으면 사람이 해를 입을 것인가?), 둘째 정책결정가 또는 실천가가 어느 정도의 정당성을 가지고 있는가에 대한 시민의 인식, 셋째 변화추진 세력이 사용할 수 있는 유용한 자원을 제시하고 있다.

Hardina(2002)에 따르면, 이와 같은 요소에 덧붙여서 전술을 선택하는 데 실천가는 문제를 처리할 수 있는 유용한 시간의 양도 중요하다. 예를 들어, 대항전술은 실천가가 문제를 극복할 수 있는 충분한 시간을 가지고 있지 않다거나 지역사회문제가 개개인에게 해를 끼친다고 판단되었을 때 사용할 수 있다. Pilisuk, McAllister와 Rothman(1999)은 실천과정에서 승리자와 패배자라는 논쟁거리를 제기하였는데, 그들에 따르면 지역사회복지실천과정에서 어떤 한 계획이 억압받는 어떤 한 집단에는 혜택이 될 수 있지만 또 다른 한 집단에는 위험을 제공할 수도 있기 때문에 의도하지 않게 승리자와 패배자가 나타날 수 있다.

2) 비합법적 전술

모든 전술이 법적으로 정당한 것은 아니다. 실천가, 지지자 또는 지역주민은 경우에 따라서 법을 어길 수도 있다. 예를 들어, 간디, 마틴 루터 킹 주니어, 차베스 등은 모두 문제에 대한 인식을 확산시키기 위해 시민불복종운동을 전개하였다. 시민불복종은 금지된 지역에서의 연좌농성, 허가받지 않은 행진, 세금납부 거부, 공공장소나 사유지로의 침입, 경찰이나 관리들을 향한 비협조 등을 포함한다. 시민불복종전술은 때때로 참가자들이 교도소에 갈 수도 있고, 해고를 당할 수도 있으며, 대중에게 낙인이 찍힐 수도 있지만, 참가자가 이 전술에 편안함을 느낄 때, 지도자의 지도력이 직접적인 행동에 참여하기를 꺼려 하는 사람에게도 유용할 때, 그리고 행동체계가 힘을 가지고 있다는 것을 표적에게 나타낼 필요가 있을 때 사용된다(Bobo et al., 1991).

사회행동을 강조하는 지역조직들은 때때로 경찰과의 직접적인 대항, 투석, 사유재산의 파손 등의 파괴적인 행동들에 관여하기도 한다. 파괴적인 전술은 해결하려는 문제에 대해 대중매체를 이용해서 집중적인 홍보를 할 수 있다는 특징이 있지만 파괴적인 행동에 대한 책임성의 문제와 시위자, 경찰, 관련이 없는 시민에게 해를 미칠 수 있다는 문제 때문에 권장되는 전술은 아니다. Brager 등(1987)은 전술의 단계별 사용에 대해서 〈표 5-2〉와 같이 설명하고 있다.

표 5-2 전술 사용의 단계

목 적	대 응	개입 양식
상호 조정 자원의 재조정	동의	제휴전술
자원의 재분배	차이	캠페인전술
사회적 · 정치적 · 경제적 · 문화적 지위나 힘의 변화	불일치	대항전술
새로운 구조나 체계의 건설	폭동	대항전술: 비폭력, 시민불복종, 폭력

출처: 지은구(2003), p. 326에서 재인용.

〈표 5-2〉에 따르면, 행동의 목적이 상호 조정인 경우에는 동의가 필요하고 대응전술로서는 제휴전술이 사용될 수 있다. 목적이 한쪽에서 다른 쪽으로의 자원의 할당이며 집단 간에 의견의 차이가 있다면, 캠페인전술이 필요하게 될

것이다. 한편 행동의 목적이 사회에서 억압받은 사람들의 지위를 바꾸는 것(예, 투표권 획득, 교육의 개선 또는 경제적 지위 변경)에 있다면, 대항전술이 필요하다. 그리고 변화의 목적이 전 체계를 새롭게 재건설하는 것에 있다면, 폭동이나 봉기 등(대중불복종이나 폭력을 포함하는)을 필요로 하며 전술로는 폭력과 비폭력을 모두 담는 대항전술이 사용될 수 있다(지은구, 2003).

3) 의사결정과정으로의 주민 참여

지역주민이나 사회서비스의 이용자들은 기본적으로 지역사회로의 개입을 기획하는 과정에 포함되어야 한다(Netting et al., 1998). 이는 기본적으로 지역사회복지의 주체가 사회복지사가 아니라 지역주민이기 때문이다. 이는 또한 사회복지사가 개입을 위한 전략과 전술을 사용하는 데 자신의 선호나 가치를 바탕으로 어떤 전략과 전술을 사용할 것인지를 결정하기 때문에 이를 극복하기 위해서 지역주민의 직접적인 의사결정으로의 참여는 지역사회의 문제에 대해 지역주민의 개별성과 문화적 다양성, 그리고 그들만의 특수한 상황 등을 이해할 수 있는 전략과 전술을 사용해야 한다는 원칙에도 부합하게 된다. 이는 성공적인 개입을 위해서도 중요하다(Mondros & Wilson, 1994).

또한 전술을 결정하는 과정으로의 개입을 통해서 지역주민이나 조직의 구성원들은 특정한 행동에 관한 자신들의 공포나 걱정 등을 토론할 수 있는 기회를 갖게 된다. 개입계획을 작성하는 과정에 대한 참여는 결국 참여자로 하여금 훨씬 큰 소속감과 참여의식을 갖게 한다. Beresford와 Croft(1993)는 모든 주민을 결정과정에 참여시킬 수는 없겠지만 지역에서 소외받는 집단구성원이나 사람들을 배제하지 말아야 하며, 기본적으로 의사결정에 참여하는 참여자에게는, 첫째 자원(만나는 장소, 교통비, 기록원 등), 둘째 직면한 문제의 범위에 대한 정보, 치료를 위해 사용할 수 있는 자원에 관한 정보, 그리고 가능한 해결책에 관한 정보, 셋째 참여과정에서의 훈련, 넷째 참여를 위한 동등한 기회와 서비스를 향한 동등한 접근, 다섯째 개입을 고양시킬 수 있는 적당한 구조, 여섯째 모든 참여자가 사용할 수 있는 용어와 언어, 일곱째 참여자들이 조사설계, 자료수집, 그리고 분석에 참여할 수 있는 기회를 포함하는 평가방법의 요소들이 제공되어야 한다고 강조하였다.

개입계획을 작성하는 과정으로의 참여를 고취시키기 위해서 사회복지사는 적절한 대인관계기술과 집단사회사업기술 등을 갖추어야 한다. 이러한 기술들은 지도력 개발, 집단촉진, 집단응집력 개발, 과업할당, 자원봉사활동을 위한 동기부여, 그리고 집단 결과를 평가하고 성취하고 확인할 수 있도록 주민과 일할 수 있는 능력 등을 포함한다(Burghardt, 1979; Zachary, 2000). 집단과 일하는 방식은 결과를 성취하기 위해 사용되는 전략에 따라 다를 수 있는데, 지역사회개발모델은 능력의 건설, 집단응집력강화나 역량강화, 그리고 과정을 강조하는 제휴전략을 사용할 수 있고, 사회행동모델은 구성원들에 의해서 성취될 수 있는 구체적인 과업뿐만 아니라 결과를 훨씬 강조하는 전략을 사용할 수 있다(Hardina, 2002).

4) 실천모델의 혼합

사회복지사가 지역사회에 개입하여 다양한 지역사회문제를 해결하는 과정에서 다양한 실천모델에 따른 전략과 전술을 사용하게 된다. 앞서 설명하였듯이, 사회복지사가 사용할 수 있는 다양한 실천모델은 직면한 지역사회문제를 해결하기 위하여 그 지역의 상황에 맞게끔 변화를 줄 수 있는데, 이는 실천모델들 간의 혼합과 이에 따른 전략과 전술의 혼합에 의해서 지역사회복지실천의 효과를 증대 또는 증폭시킬 수 있다는 전제에 근거한다(지은구, 2003).

지역사회개발모델에 기초한 제휴전략과 Alinsky가 강조했던 사회행동모델에 기초하는 대항전략의 혼합 또는 기획을 통한 사회문제 해결을 강조하는 사회기획모델과 제휴전략 또는 대항전략과의 혼합 등 다양한 혼합모델이 가능하며, 이는 지역사회가 직면한 문제를 해결하는 데 그 지역사회의 상황에 맞는 전략과 전술의 폭을 확대 또는 증대시켜 선택의 폭을 넓히는 역할을 담당하게 된다.

Rothman(1996)은 다음의 세 가지 혼합형 실천모델이 가능하다고 제시하였다.

(1) 사회행동모델과 사회기획모델을 혼합하는 모델

이 모델은 어떤 지역문제에 대한 심각성을 대중에게 알리는 것을 주도하고, 그 문제에 대한 조사와 문제를 해결하기 위해 사용될 수 있는 세부적인 계획을 수행하기 위해 사용되는 모델이다. 주로 환경단체나 소비자지지단체들이 사용할 수 있는 모델이다. 이 모델은 사회행동모델에서 강조되는 힘의 균형을 강조함과 동시에 힘을 바탕으로 문제나 쟁점사항을 해결할 수 있는 계획들을 실행에 옮길 수 있는 구체적인 계획을 조사하고 수립하여 실행한다는 것을 강조한다.

(2) 지역사회개발모델과 사회행동모델을 혼합한 모델

이 모델은 지역사회로의 개입을 위한 실천이 특정 인구집단(에이즈집단, 동성연애자집단, 여권주의자집단 등)과 특정 지역(특히 빈곤지역) 안에서 그 지역사회 구성원들이 함께 일할 수 있는 동기를 유발하고 구성원들의 역량을 강화시키는 것을 목적으로 사용될 수 있다. 구성원이나 특정 지역주민이 그들의 공통의 문제를 인식하고 그 문제를 자신들의 문제와 동일시할 때, 그 구성원들은 그 문제를 만들어 낸 억압하는 제도나 구조에 대항해서 행동을 취할 수 있는 동기를 부여받게 된다.

(3) 사회기획모델과 지역사회개발모델을 혼합한 모델

지역주민이 경제적 개발, 사회복지서비스, 건강 및 보건서비스 등을 위한 포괄적인 계획을 개발하는 데 포함될 수 있도록 하는 것을 목적으로 하는 모델이다. 지역사회개발모델과 같이 정책입안자나 분석가, 관리자나 행정가들만이 계획에 참여하는 것이 아니라 지역주민도 계획을 하는 과정에 참여시키고 그들이 계획을 수행할 수 있는, 또는 계획을 분석하고 해석할 수 있는 능력을 갖도록 하는 것이 이 모델의 특징이다. 이 모델에서 계획을 작성하는 데 참여하도록 개개인을 모집하는 것은 지역집단들이 행해야 하는 일차적 기능으로 자리잡게 된다. 또한 지역조직들은 지역이 안고 있는 문제에 대한 상세한 정보를 조직에 참여하는 지역주민 개개인에게 제공해야 하며, 그들이 문제와 관련된 보고서들이나 제안된 해결책을 해석할 수 있는 능력을 갖추도록 교육시켜야 하는 책임을 갖는다.

현실의 지역사회에서 일어나는 문제들은 복잡한 것이 많은데, 이는 그 문제를 해결하기 위해서 다양한 전략과 전술이 사용되어야 함을 의미한다. Rothman (1995, 1996)이 강조하였던 것과 같이, 여러 가지 실천모델에 근거하는 다양한 전략과 전술들이 특정 문제를 해결하기 위해 반드시 고려되어야 한다. 예를 들어, 지역주민이 해결해야 하는 가장 큰 문제로서 또는 지역주민이 가지고 있는 욕구로서 범죄의 감소를 원한다면 다음과 같은 단계를 거쳐 범죄문제가 해결될 수 있다(지은구, 2003).

첫 번째 단계 먼저 지역사회개발실천모델에 따라 이 모델에 관련된 제휴전략을 사용해서 지역주민과 주요 정보제공자들(경찰관, 지역기업인, 지역실천가, 종교지도자 등)이 범죄가 지역이 해결해야 하는 가장 중요한 문제라는 것에 동의하고 문제 해결을 위해 같이 제휴할 수 있도록 하는 전술들을 사용할 수가 있다.

두 번째 단계 사회기획모델과 이 모델에 관련된 전략으로서 문제해결전략을 사용할 수 있다. 제휴, 캠페인 및 대항전략과 달리, 사회기획모델은 사회정책이나 제도, 프로그램의 개발 및 수정 등을 통한 문제해결을 강조함으로써 전략은 주요 자료 획득과 문제 확인 등의 문제해결전략을 사용하게 된다. 따라서 사회기획모델의 실천전략은 지역사회문제에 대한 조사를 실시하고 이 문제를 처리할 수 있는 구체적인 계획을 만드는 것이 된다. 예를 들어, 조사결과 경찰의 범죄에 대한 대응시간이 문제로 밝혀진다면, 이 문제를 해결하기 위해 구체적인 계획을 만드는 것이 주요 전략이 된다.

세 번째 단계 사회행동모델과 이 모델에 관련된 대항전략이나 캠페인전략 등을 사용할 수 있다. 따라서 계획을 지지하도록 정치가를 설득하고, 계획을 수행하기에 필요한 자원을 획득하기 위해서 대항과 캠페인전략을 사용하는 것을 의미한다. 예를 들어, 지역집단이나 주민이 개입을 수행하기 위하여 추가적인 자금을 제공하도록 정부기관을 설득할 필요가 제기되기도 하며, 지역정치가가 이 문제를 해결하는 데 앞장설 수 있도록 압력을 행사할 수도 있다는 것을 의미한다.

〈표 5-3〉은 지역사회의 해결하여야 하는 문제인 범죄를 줄이기 위해 사용할 수 있는 실천모델과 이에 따른 전략과 전술의 관계를 예를 들어 나타낸 것이다.

Netting 등(1998)에 따르면, 실천가는 전략과 전술이 가지고 있는 강도에 따라서 전략과 전술을 단계적으로 사용하는 것이 바람직하다. 예를 들어, 제휴전략은 낮은 강도의 행동으로 인식되는데, 이는 역량강화나 참여 등의 제휴전술은 제휴의 대상이 되는 모든 집단이 변화에 대한 소명감이 있으며 변화의 목적에 동의하므로 행동의 강도가 낮다는 것을 의미한다. 그리고 만약 제휴전략이 실패한다면 실천가는 좀 더 강도 높은 전략과 전술을 사용하게 되는데, 이 경

표 5-3 ○○ 지역 범죄를 줄이기 위한 개입계획의 예

장기 목적	중간 그리고 단기 목표	필요한 자원	행동체계	표적 체계	실천 모델	전 략	전 술	평가 기준
지역 범죄율 감소			지역실천가, 지역종교지도자, 사업체 업주, 경찰, 주민		지역사회개발	제휴 캠페인	협조, 협상, 동의	범죄율 감소 보고서
	관망하는 이웃 주민을 조직화함으로써 시민의 개입을 증가시킴	조직가, 자금, 홍보	조직가, 실천가	지역주민	지역사회개발		문제해결, 협조	
	매달 청소년 유해업소를 두 군데씩 폐쇄		경찰, 지역주민	유해업소 주인들	사회행동	대항	대항, 이웃주민의 압력	폐쇄된 유해업소의 수
	범죄신고 시 경찰출동 시간을 10분 줄임	경찰, 언론매체	경찰	경찰 수행능력	사회기획	제휴 캠페인	문제해결, 대중매체의 지지	대응에 걸리는 시간
	정규적인 만남을 통해 경찰과의 관계를 개선함	만남 장소, 선전, 관료들과의 관계	경찰, 지역주민	경찰 수행능력, 지역주민, 관료	지역사회개발	제휴 캠페인	관리들에 대한 로비, 제휴, 협상	관계개선에 접근할 수 있는 구조(예, 지역포럼)

출처: 지은구(2003), p. 331에서 재수정.

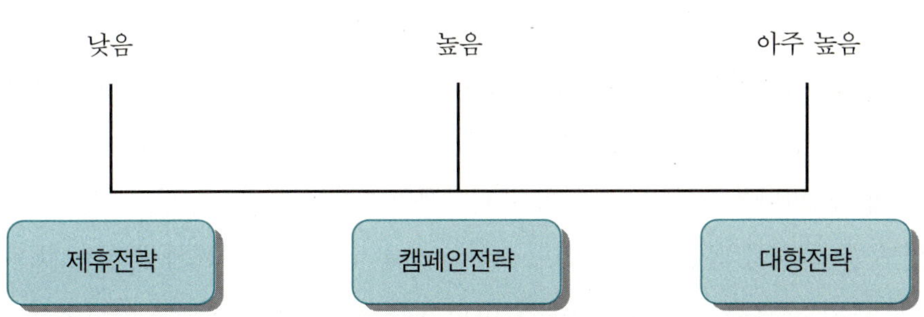

[그림 5-5] 전략의 강도

출처: 지은구(2003), p. 332에서 재인용.

우는 먼저 캠페인전략에 따른 설득, 교육, 로비, 대중매체 활용 등이 사용될 수 있다. 만약 캠페인전술이 실패로 끝난다면 실천가나 주민은 대항전략에 따른 전술을 사용하게 된다(지은구, 2003).

5) 개입과정과 결과 평가: 전략과 전술 사용의 평가

지역사회복지실천을 위한 개입의 성공 여부는 장기적 결과를 위한 목적을 성취하기 위해 사용한 전략과 전술들이 충분하였는가와 관련지어 측정될 수 있다(Hardina, 2002). Kahn(1991)은 결과의 성취는 성공적인 결과를 측정할 수 있는 유일한 측정도구라고 하였다. Kahn의 시각은 그가 사회행동모델을 강조하는 입장에 있기 때문에 당연히 결과를 강조하는 것으로 볼 수 있다. 하지만 개입은 과정과 결과가 동시에 측정되고 평가되어야 한다. 물론 과정에 대한 평가를 한다는 것은 결과에 대한 평가보다 어려운 점이 존재하기 때문에 일반적으로 결과에 대한 평가가 개입을 평가하는 데 주로 사용된다는 것을 부정할 수는 없다(지은구, 2003).

전술의 수행을 포함하는 일련의 개입 실패는 변화의 핵심인 행동체계가 개입계획을 수정해야만 한다는 당위성을 제기한다. 개입계획이 지역사회에 갑작스럽게 발생한 우연한 사건에 대응하기 위해, 그리고 주민에게 해를 끼치는 것을 예방하기 위해 수정되어야 한다는 것은 중요하며, 또한 지역사회문제를 처리하기 위해 많은 기회를 제공해야 한다는 입장에서 개입계획이 수정되어야 하는 것은 중요하다. 따라서 대부분의 개입계획에 대한 평가는 직면한 상황에 대응해서 수정되고 개발되어야 할 필요성이 있다(지은구, 2003).

성공적인 개입은 가장 손쉽게 결과에 대한 성취를 통해서 평가받을 수 있다. 목표한 결과를 성취한 후에 행할 수 있는 여러 형태의 축하행사들은 주민이나 조직구성원들의 사기를 고취시킬 수 있으며, 미래에도 개입을 통해서 문제를 해결할 수 있다는 가능성을 열어 준다. 개입과정에 대한 평가는 특정 전략과 전술들을 목적과 목표에 연결함으로써 평가를 행하는 사람에게 특정한 행동들이 의도된 결과를 가져다주었는가 아닌가를 직접적으로 알 수 있도록 한다. [그림 5-6]은 개입계획의 발전과정에 따른 단계를 보여 준다.

실천가는 개입계획을 수행하기 이전에 미리 평가기준을 수립해 놓아야 한다. 주민만족도조사, 지역포럼, 사회지표분석, 사전사후조사 등이 평가를 위한 정

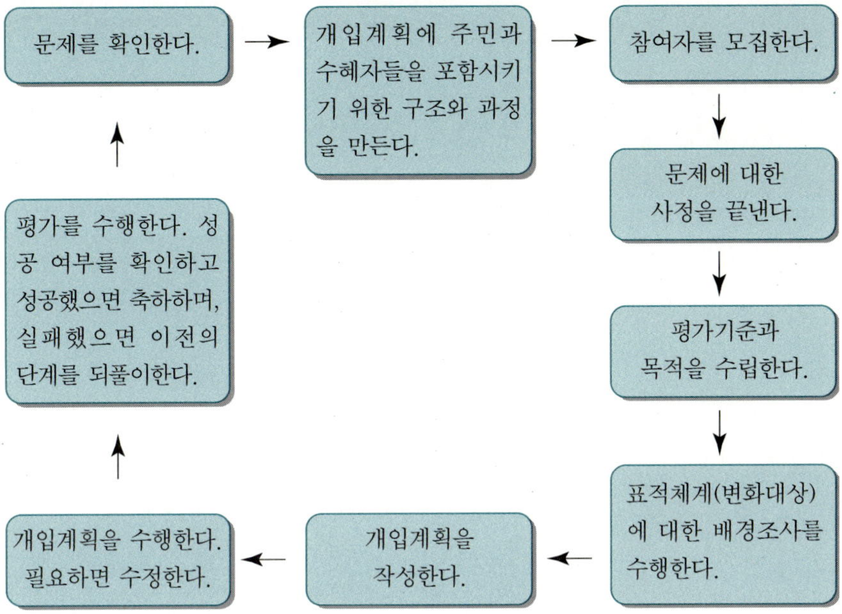

[그림 5-6] 개입계획의 발전과정에 따른 단계

출처: 지은구(2003), p. 334에서 수정함.

보를 제공하기 위해 사용될 수 있으며, 주민이 손쉽게 이해할 수 있도록 평가자료를 만드는 것도 중요하다.

요약하면, 전략과 전술을 선택하기 위해서 실천가는 직면한 상황을 분석할 수 있어야 하며, 상황에 맞는 지역사회복지실천모델을 선택할 줄 알아야 하고, 행동체계와 표적체계를 확인할 능력이 있어야 하며, 행동체계와 표적체계를 획득할 수 있는 힘이나 자원의 양을 결정할 줄 알아야 한다. 또 나아가 실천가는 표적체계를 향해 사용할 수 있는 유용한 자원과 행동을 수행하기 위해 할당된 시간의 양을 반드시 확인해야 한다. 그리고 실천가와 지역사회조직들은 지역사회에 대한 개입이 어떻게 평가받을 것인가를 결정해야 한다. 또한 문화적으로 적절하고 참여자들의 경험에 맞는 전략과 전술을 사용해야 한다(Hardina, 2002). 전략과 전술은 개입을 수행하기 위해 사용된 실천모델과 일치해야 하며, 특정 목적이나 목표뿐만 아니라 평가기준과도 연관이 있어야 한다. 결국, 전략과 전술의 선택은 행동체계와 표적체계 사이의 관계의 정도, 행동체계와 연관이 있는 대중의 정당성의 정도, 조직적 노력의 일차적 목적, 그리고 처리되어야 할 문제의 심각성을 대중이 인식하는 정도에 의해서 결정되어야 한다(지은구, 2003).

06

지역사정

1. 지역사정

1) 지역사정의 개념

일반적으로 사정(assessment)은 질문에 대한 보고서나 대답과 같은 하나의 산물이다. 따라서 사정은 학습, 조사, 평가와 같은 하나의 과정이고, 실천을 위해 중요한 이성적 기술이다. 사정은 또한 집합적 지역의 욕구와 적절한 치료계획을 포함하는 참여과정이라고 부를 수 있다(Netting, Kettner, & McMurtry, 1998). 특히 지역사회복지실천 분야에서 사정은 지역에 들어가고, 관계 개선을 형성하고, 신뢰를 구축하고, 문제를 해결하는 것과 같은 복잡한 일련의 준비행동 중 하나라고 볼 수 있다. Lauffer(1981)에 따르면, 사정은 무엇인가, 무엇일 것 같은가 또는 무엇이어야 하는가를 조사하는 것을 의미한다. 따라서 사정은 임상사회복지 분야에서와 같이 진단이나 판단, 이해, 그리고 평가로 바라보는 좁은 시각이 아니라 복잡하고 다양한 측면을 내포하며, 개인과 집단, 그리고 지역과 그 지역을 둘러싼 환경적 요소들(정치 · 경제 · 사회를 포함하는)을 포함하여 지역의 요소들을 고려하는 과정이라고 볼 수 있다.

지역사회복지실천가는 지역에 개입하여 실천활동을 수행하기 전에 지역사회에 대해 잘 알고 있어야 한다. 지역사정(community assessment)은 지역사회에 개입해서 지역사회와 관계를 설정하기 위한 첫 번째 단계다. 지역사정은, 첫째 조사나 계획을 위한 수단으로, 둘째 정보교환을 위한 도구로, 셋째 공식적 문제 해결을 위한 부분으로, 넷째 누구를 위해 서비스가 필요한지를 결정하는 방법으로 활용된다. 또한 지역사정은 지역주민이나 클라이언트들을 돕기 위한, 프로그램 개발을 위한, 그리고 지역사회에 기초한 서비스를 준비하기 위한 안내역할을 담당할 수 있다(Hardcastle, Wenocur, & Powers, 1997).

지역사정은 하나의 과정으로서 지역사회에 개입된 개인과 환경의 관계, 즉 지역사회를 둘러싼 정치 · 경제 · 사회 · 문화적 요소들의 상호 행동을 살피는 것이라고 규정할 수 있다. 그리고 지역사정은 사람, 상황, 환경(정치 · 경제 · 사회 · 문화적 요소들을 포함하는)의 계속적인 감시와 즉각적인 분석을 포함한다. 또한 특정 지역주민이나 클라이언트, 지역상황 또는 지역문제를 이해하기 위해 사용되는 인지적 과정이기도 하다. 따라서 지역을 사정하는 것은 사회복지사들이 지역사회에서 일어나는 문제를 해결하기 위해서, 그리고 지역사회에서 주민이나 클라이언트들을 향해 중요한 행동들에 개입하고 그들과의 작업을 구체화 또는 조직화하는 것을 돕는다는 측면에서 지역사회복지실천개입을 위한 가장 기초적인 과정이라고 볼 수 있다.

무엇인가를 사정한다고 할 때 제기되는 문제점은 누구의 관점 또는 입장에서 사정을 하는가 하는 것이다. 사정하는 사람과 사정을 당하는 지역주민은 같은 또는 공유된 시각을 가지고 있는가? 사정을 수행하는 사람이 주의 깊게 관찰하여야 하는 사람들은 누구인가? 믿어야 하는 사람들은 누구인가? 어떻게 결정할 것인가? 누구의 관점이 가장 많이 반영되어야 하는가? 이러한 질문에 대한 대답은 사정의 목적이 무엇이고 사정을 담당하는 사람들이 누구의 지원을 받고 수행하는가에 달려 있다. 즉, 지역사회의 특정 집단이나 사람들의 지원을 받고 있는가 아니면 지역을 대표하는 사람들이나 집단, 그리고 대부분의 주민들의 지지를 받고 있는가가 중요하다고 할 수 있다. 지역주민의 상황을 조사 또는 관찰하기 위해서 사정과 관련 있는 모든 변수를 확인하는 것 또한 중요하다.

Hepworth와 Larsen(1993)에 따르면, 사정과 관련된 변수들로는 드러난 지역사회문제의 본질, 개입된 사람의 대처능력, 개입된 관련 체계들, 유용 가능한 또는 필요한 자원, 문제를 해결하려고 하는 동기들이 포함되어 있다.

2) 지역사정의 유형

Spradley(1990)는 지역을 사정하는 데 사용될 수 있는 네 가지의 사정방법, 즉 포괄적 지역사정, 익숙한 지역사정, 문제가 중심이 되는 지역사정, 그리고 하위체계 지역사정을 소개하고 있다.

Spradley의 유형에 Hardcastle, Wenocur 그리고 Powers(1997, 2004)는 자원사정과 협조사정을 추가하였다. 이와 같은 사정방법에 관해 간략하게 소개하면 다음과 같다.

(1) 포괄적 지역사정

포괄적이란 것은 전체 지역을 포괄한다는 의미로, 지역에 대한 포괄적 사정은 전체 지역을 포괄하는 방식으로 이루어지는 사정을 의미한다. Martinez-Brawley(1995)에 따르면, 포괄적 사정은, 예를 들어 지역구성원의 독립성이나 친밀함이나 응집력 등은 어떻게 평가할 수 있는가 같은 추상적인 질문들로 시작하며, 대답은 깊이 있는 조사를 필요로 한다.

(2) 익숙한 지역사정

익숙한 지역사정은 활용할 수 있는 유용한 자료나 손에 가지고 있는 직접적 자료를 중심으로 사정하는 것을 의미한다.

(3) 문제가 중심이 되는 지역사정

문제가 중심이 되는 사정은 전체 지역을 사정하는 것을 포함하기는 하지만, 특히 지역이 안고 있는 지역사회문제(예, 아동학대, 여성학대, 알코올중독, 약물중독 등)를 중심으로 사정을 하는 것을 의미한다. 지역사회문제는 지역에 대해서 더 많이 알 수 있고 문제를 향한 지역의 대응에 대해, 그리고 상이한 체계들의 상호관계에 대해 더 많이 알 수 있는 하나의 출발점이다. 사회복지사는 문제를 중심으로 하는 지역사정을 통해서 지역사회의 문제와 그에 대한 대응을 조사할 수 있다.

(4) 하위체계 지역사정

하위체계 지역사정은 전체 지역을 사정하는 것이 아니라 지역사회에 실재하는 특정 체계(예, 학교, 기업체 등)를 사정하는 것을 의미한다(Spradely, 1990). 하위체계는 교육, 사회복지서비스, 주택 분야 등과 같이 한계가 정해져 있는 하나의 구조다.

(5) 자원사정

지역사회의 자원을 사정하는 것은 지역사회를 이해하기 위해 필요하다. 따라서 사회복지사는 지역사회를 사정하기 위해서 지역사회의 자원을 중심으로 사정을 시행할 수도 있다. 지역자원은 크게 힘, 전문적 기술, 자금, 그리고 서비스(Whitworth, Lanier, & Haase, 1988) 등으로 구분될 수 있다. 자원사정에서 대부분의 실천가들(또는 사회복지사)은 중개인 또는 연결자의 역할을 담당한다. 즉, 지역의 자원을 적절한 곳으로 할당하고 자원을 필요로 하는 수혜자에게 연결시켜 주고, 수혜자의 욕구와 관련해서 자원의 효율성을 평가한다(Anderson, 1981). Kettner, Moroney, 그리고 Martin(1990)에 따르면, 자원목록을 개발 또는 발전시키기 위해서 사회복지사는 '실제적으로 어떤 서비스가 유용 가능한가?' '어떤 서비스가 가장 잘 이용되는가? 그리고 이유는 무엇인가(위치, 서비스의 질, 직원들의 태도 등)?' '전문용어를 기관마다 서로 다르게 사용하는가(예, 개별 사례가 무엇인가에 대해 사람마다, 기관마다 서로 다르게 사용한다면 자원목록에 어려움이 뒤따르게 된다)?' 와 같은 조사를 행한다.

(6) 협조사정

협조사정은 전문가뿐만 아니라 지역주민을 포함하는 이해 관련 당사자들이 함께 사정을 하는 것을 의미한다. 대부분의 지역사정이 전문가 집단들(사회복지사와 같은)에 의해서 이루어지지만, 지역주민 단독으로, 그리고 지역주민과 서비스 제공자들(사회복지사를 포함해서)과 공동으로 이루어지는 경우도 존재한다. 따라서 지역에 의해서 수행되는 사정으로서 협조사정을 위해 지역 참여자들(지역주민을 포함하는)은 완전한 참여자로 사정에 참여하게 된다.

3) 지역사정의 철학

지역사정은 지역사회에 개입해서 지역사회와의 관계를 설정하기 위한 첫 번째 단계로, 사회복지사는 지역사정에 앞서 지역에 거주하는 주민이나 집단을 원조할 능력을 가지고 있으며, 지역문제를 해결할 수 있다는 신념을 가지고 있어야 한다(Huber & Orlando, 1993). 또한 사회복지사는 지역사회가 성장 가능하며 변화할 수 있는 잠재적 가능성이 있음을 믿어야 하는 것이 중요하다. 사회복지사는 사정에서 지역주민과 집단, 그리고 기관이나 단체 등의 능력을 확인하고 그들을 연결시켜 주는 역할을 담당하고 연결망을 구축해야 한다(지은구, 2003).

지역사정을 실행할 때 사회복지사가 전문적 태도를 견지하기 위해 지녀야 할 원칙으로 존경과 대응을 들 수 있다. 이는 사회복지사가 지역주민의 관점을 이해하고 그들의 이야기를 잘 들어주는 것을 의미한다. 어떤 서비스 혹은 어떤 프로그램이 필요한지, 왜 필요한지, 그리고 기존의 사회복지기관이나 시설 또는 제도 등이 어떠한 입장에서 해석되고 있는지 등에 대한 지역주민의 입장을 새로운 프로그램 등에 반영하기 위해서 지역주민의 관점을 이해하고 이야기를 경청하는 것은 가장 확실한 방법이다. 사회복지사는 누가 자신의 서비스를 받는 사람들인지를 평가해야 하는데, 이는 결국 지역주민이 참여하지 않는 지역사회복지는 존재할 수 없기 때문이다. 결국 책임 있는 서비스나 프로그램을 제공하기 위해 사회복지사는 그 지역주민의 이해와 관심을 확보하기 위해 그들의 관점을 이해하고 그들의 이야기를 경청하여야 그들의 입장이 반영되는 프로그램이나 서비스가 확립된다. 이는 환류과정을 통해서 보다 더 구체적으로 실현된다. 물론 환류는 지역주민에게서 직접 나오기도 하지만, 프로그램에 참여하는 직원이나 사회복지사들에게서도 나온다. 이 환류과정은 실행 중인 프로그램이나 서비스들에 대한 지역반응을 알 수 있는 가장 확실한 방법이다. 외부로부터의 서비스 만족평가 또는 서비스 평가 또는 주민 개개인들로부터의 제안, 불평 또는 불만에 대한 의견 등은 환류의 중심이 되는 원천이다(지은구, 2003).

지역사정을 위한 철학에 반드시 포함되어야 하는 것으로 개방성과 많은 경로에서 오는 투입들(서비스나 프로그램 등에 대한 의견이나 제안들을 포함하는)을 통합하는 의지를 들 수 있다. 많은 경로를 통해 오는 투입을 통합하려는 의지는 지역주민이 지역복지관이나 시설 또는 제도들로부터 무엇을 원하는지를 알 수 있다는 측면에서 중요하다고 볼 수 있다. 특히 개방성과 통합을 위한 의지는 사회복지사들에게 지역주민 개개인이나 지지집단들이 환경이 그들의 욕구에 어떻게 더욱 응답적이 되었는지를 설명할 수 있도록 고취시킬 수 있다는 점에서 중요하다(Hardcastle, Wenocur, & Powers, 1997).

이와 같이, 개방성, 다양한 경로를 통해 오는 정보를 통합하려는 의지, 존경과 대응 등은 지역주민 또는 수혜자가 중심이 되는 문제에 대한 사정의 철학적 기반이라고 볼 수 있다.

지역중심의 사정은, 첫째 지역주민의 참여 또는 참여에 대한 권리의 강조, 둘째 지역생활이 주민의 삶에 어떻게 영향을 미치는지에 대한 강조, 셋째 지역복지가 수행되기 위한 실천적 요령(tips)의 측면이 더욱 강조되는 사정이라고 볼 수 있다.

결국 사정을 위한 철학은 다음과 같은 이유로 중요시된다. 첫째, 사회복지사의 실천 태도를 정립시켜 주는 데 도움을 준다. 둘째, 지역사회복지 수행을 위한 접근방법을 조직하는 데 도움을 준다. 셋째, 많은 실천 경로를 제시해 주고 인도해 준다.

4) 지역사정의 단계

지역사회에 대한 사정 또는 지역사회를 분석하기 위해서는 사정의 과정을 이끌 수 있는 틀이 필요하다. Warren(1978)은 지역사정을 위해서는 적합한 지역사회에 대한 변수들을 선택하고 선택된 지역사회변수들에 대한 이해가 반드시 필요하며, 지역사회의 특성을 나타내 주는 변수들은 다양한 지역사회를 구별하게 해 주기 때문에 지역사정을 하는 데 매우 중요하다는 점을 강조하였다. Netting, Kettner와 McMurtry(2004)는 지역사정을 위한 과업을 4단계로 구분하였는데, 첫 번째 단계는 인구집단의 확인이며, 두 번째 단계는 지역사회의 특성을 확인하는 것이고, 세 번째 단계는 지역사회의 차이점을 인식하는 단계이며, 마지막 단계는 지역사회구조를 확인하는 것이다. 각 단계는 다양한 행동들로 구성되어 있다. 단계 및 단계별 행동을 정리하면 〈표 6-1〉과 같다.

표 6-1 지역사정 단계

단계	변수	행동
1단계: 인구집단 확인	사람	① 인구집단이나 하위집단을 확인한다.
	특성	② 인구집단의 특성을 이해한다.
	욕구	③ 구성원에 대한 정보와 자료를 확보한다.
2단계: 지역사회 특성 확인	공간	④ 변화를 위한 개입 노력이 집중되어야 할 지역사회의 지리적 경계를 확인한다.
	사회문제	⑤ 지역사회구성원에게 영향을 주는 문제에 대한 프로파일을 만든다.
	가치	⑥ 지역사회구성원에게 영향을 주는 지배적인 가치를 이해하고 관찰한다.
3단계: 지역사회 차이점 인식	억압	⑦ 지역주민이 힘 있는 기관이나 사람들에 의해서 제한받은 방식을 인지한다.
	차별	⑧ 지역사회주민이 차별받은 예들을 확인한다.
4단계: 지역사회 구조 확인	힘이나 자원 유용성	⑨ 지역주민의 욕구를 해결하기 위해서 지역자원이나 힘이 어디에 있는지, 그리고 이해 관련 당사자가 누구인지를 확인한다.
	서비스 전달조직	⑩ 지역주민에게 서비스를 전달하는 공식적 · 비공식적 조직을 확인한다.
	자원통제 유형이나 서비스 전달유형	⑪ 지역사회주민에 대한 자원전달을 누가 통제하고 누가 제공하는지를 확인한다.
	조직 사이의 연계	⑫ 욕구를 가진 지역주민에게 서비스를 제공하기 위하여 필요한 연계조직을 확인한다.

출처: Netting, Kettner, & McMurtry(2004), p. 170에서 재인용.

2. 지역 프로파일

지역사정을 성공적으로 수행하고 지역사회복지실천을 수행하는 데 가장 중심적인 일을 기초조사라고 본다면, 지역사정의 성공을 위해서 사회복지사가 준비해야 하는 것으로 지역 프로파일을 들 수 있다(지은구, 2003).

1) 지역 프로파일이 왜 필요한가

지역 프로파일은 지역사회를 이해하기 위한 그 지역사회의 각종 자료를 담은 기본 목록이라고 할 수 있다. 지역사정을 위한 기초조사로서, 그리고 성공적인 지역사정을 수행하기 위해 지역파일을 만들어야 한다는 당위성 외에 지역 프로파일이 필요한 이유로는, 첫째 지역에서 필요한 욕구에 관한 정보를 모으기 위해, 둘째 지역개입을 위한 행동들을 분석하기 위한 기초를 제공하기 위해 필요하기 때문이라고 지적할 수 있다(Twelvetrees, 2002).

실제로 지역에서 정보를 모으려면 많은 사람과 접촉하게 되고, 이러한 접촉들은 행동을 위한 첫 번째 단계로서 인식될 수 있다. 이러한 접촉을 통해서 사회복지사는 지역주민이 필요로 하는 것들, 관심이 있는 것들을 알 수 있게 된다. 결국 정보가 체계적으로 정리되어 있는 지역 프로파일이 행동을 위한 단계들을 제시할 수 있게 됨을 의미한다. 우리가 지역 프로파일을 만들기 위해 모을 수 있는 정보는 일반적으로 크게 두 가지로 나뉘는데, 첫째는 강성정보(hard information)이고, 둘째는 연성정보(soft information)다.

강성정보는 통계청 등에서 얻을 수 있으며, 일반적으로 양적 자료, 즉 수(number)로 구성된다. 연성정보는 좀 더 주관적인 정보를 의미하며, 대체로 사람의 의사나 견해 등을 의미하고, 주로 단어들로 구성된다. 강성자료는 통계적 조사를 포함하는 양적 접근방법을 통해 구할 수 있으며, 연성자료는 대화나 인터뷰 등과 같은 질적 조사방법을 통해 구할 수 있다(지은구, 2003).

2) 지역 프로파일 작성을 위한 정보

지역 프로파일을 작성하기 위해 다양한 정보가 필요하게 되는데, 이를 위한 정보의 원천으로서 다음의 것들이 있다(Twelvetrees, 2002).

(1) 사회복지사가 소속된 기관으로부터의 정보

지역 프로파일을 작성하기 위해 사회복지사는 자신이 소속된 기관으로부터 많은 정보를 확보할 수 있다. 이전까지 이루어졌던, 그리고 현재 제공 중인 프로그램이나 서비스 등에 대한 각종 정보와 사회복지사를 포함한 모든 직원이 수행하는 업무 성향, 그리고 관련 단체들과의 관계를 파악할 수 있는 자료들이 있을 수 있으며, 지역주민의 인적 구성이나 가족구성원에 대한 기초자료도 쉽게 구할 수 있다. 기관의 정보로부터 현재 지역의 힘구조가 어떻게 구성되어 있는가, 그리고 주민은 현 기관에 대해 어떠한 생각을 하고 있는가 등에 관한 정보를 얻을 수 있다면 지역사회를 이해하는 데 많은 도움이 될 수 있다(지은구, 2003).

(2) 통계정보

숫자 등으로 표시되는 통계적 정보가 주종을 이루는 강성정보는 지역을 지리적 의미에서 이해하는 데 많은 도움을 준다. 인구의 구조나 나이 분포, 주택 성향이나 직업 분포 등의 사용할 수 있는 유용한 정보들은 대부분 통계적 수치로 제공되는데, 통계청이나 각종 검색 사이트, 그리고 정기적 보고서나 간행물 등은 도서관 등에서 손쉽게 구할 수 있다. 특히 강성정보는 새로운 프로그램이나 서비스의 제안서(proposal)를 작성하기 위해서도 반드시 필요하며, 지역의 경제적 구조를 알 수 있는 실업률이나 빈곤율 등의 자료는 지역의 문제나 욕구를 분석하는 데 기초자료로 활용할 수 있는 중요한 자료들이다. 또한 지역의 공공시설들(병원, 학교, 복지기관 등)이 잘 나타나 있는 지도나 버스, 지하철 노선 안내표 등도 지역주민의 생활을 이해하는 데 많은 도움을 줄 수 있다. 사회복지사는 지역에 처음 개입하였을 때 그 지역의 지리적 특성이나 물리적 성향(각종 시설이나 건물의 위치 등의 확인) 등을 파악하기 위해 버스나 도보로 지역을 살펴보는 것도 정보를 획득하는 데 중요하다고 볼 수 있다(지은구, 2003).

(3) 주민에게서 오는 정보

사회복지사가 특정 지역에 처음 개입하여 지역사회복지를 수행하고자 할 때 가장 필요한 정보이면서 중요한 정보로, 선임자를 통해 얻을 수 있는 지역의 주요 인물에 대한 정보를 들 수 있다. 지역사회에서 어느 정도 영향력을 가지고 있는 중요 인물들을 확인하고 그들에게 자신을 소개하여 좋은 관계를 유지하는 것도 그들로부터 지역에 관한 중요한 정보를 획득할 수 있다는 측면에서 중요하다고 볼 수 있다. 또한 지역주민 전체의 종합적 견해를 획득하기 위한 방법으로 설문조사 등도 고려할 수 있으며, 지역포럼이나 명목집단 또는 초점집단기법 등도 사용할 수 있다. 다음은 지역 프로파일의 내용에 포함될 수 있는 것을 나타낸 것이다.

지역 프로파일은, 첫째 지역사회의 인구통계 서술(인구 수, 가족구성원의 수, 성별, 연령별 인구 수, 주택 규모, 주민의 수입 정도, 교육 수준 등), 둘째 지역사회를 끝에서 끝까지 둘러보고 느낀 점에 대한 서술(지역이 가지는 지형적 특징, 건물의 상태와 용도, 공간 활용도 등에 대한 서술 등), 셋째 지역사회에 있는 각종 복지시설이나 기관들의 위치와 역할 및 기능에 대한 서술, 넷째 지역사회에 있는 관공서, 학교, 병원, 버스 정류장, 지하철 역, 시장 등 생활편의시설의 위치와 기능 등에 관한 서술들로 구성될 수 있다(지은구, 2003).

3) 이슈 프로파일

지역 프로파일과 함께 사회복지사가 만들 수 있는 또 하나의 정보 목록으로 이슈 프로파일을 들 수 있다. 지역 프로파일이 지리적·공간적 지역으로서 지역사회를 이해하고, 따라서 물리적 자료들을 중심으로 목록을 만드는 것이라고 한다면, 이슈 프로파일은 지역사회를 공동의 이익이나 관심을 가진 사람들의 공동체로 바라보고 기능적 지역과 관련된 정보를 모은 목록이라고 간단히 구분할 수 있다(지은구, 2003).

Henderson과 Thomas(1987)에 따르면, 좁은 시야의 정보와 넓은 시야의 정보가 있을 수 있다. 넓은 시야의 정보가 지역에 관한 일반적 정보를 제공해 주는 시각이라고 한다면, 좁은 시각의 정보는 사회복지사가 개입된 특정 분야와 관련 있는 좀 더 상세한 정보를 제공해 주는 시각이라고 할 수 있다. 따라서 지역 프로파일은 지역에 관한 지리적 영역의 넓은 시각을 포함하는 정보 목록이라고 할 수 있으며, 이슈 프로파일은 좁은 시각의 정보 목록으로서 지역의 특정 욕구나 관심에 관한 정보 목록이라고 할 수 있다. 또한 이슈 프로파일은 지역 프로파일과 마찬가지로 강성정보와 연성정보를 모두 포함하며, 기관으로부터, 그리고 개인적 접촉으로부터 오는 정보들을 포함한다.

이슈 프로파일의 내용은, 첫째 지역주민이 지역에 대해서 자랑스럽게 생각하는 것들, 둘째 지역주민이 지역에 대해서 불만스럽게 생각하는 것들, 셋째 최근 제기되는 지역 현안이나 이슈, 넷째 지역복지시설이나 기관, 그리고 제공되는 서비스에 대한 지역주민의 생각 등으로 구성될 수 있다(지은구, 2003).

3. 지역사회문제의 확인

1) 지역사회문제의 본질

지역사회에는 그 지역사회만이 가지고 있는 특정 문제가 있다. 따라서 지역사회복지실천가는 지역사회가 그 지역이 안고 있는 문제를 어떻게 해결하는지 또는 다루는지, 어떻게 문제행동의 유형을 바꾸는지, 작은 조건이나 이슈가 어떻게 지역문제로 발전하게 되었는지 등에 대해 조사해야만 한다. 이를 위해 사회복지사가 가장 먼저 해야 할 과업은 누가, 어떻게 문제를 규정 또는 정의하는지를 파악하는 것이다. 사회복지사가 더욱 적절한 지역개입을 하기 위해 그 지역이 안고 있는 문제를 인식하고 이해해야 하는 것은 가장 기초적인 실천과업이라고 볼 수 있다. 지역사회문제에 대한 이해와 해결책을 만드는 것에는 가장 기본적으로 지역사회에 대한 이해와 그 지역사회를 둘러싸고 있는 정치 · 사회 · 경제적 환경, 그 지역의 가치와 문화, 풍습 나아가 지역주민, 즉 개별 인간의 다양성에 대한 심사숙고가 필요하다(지은구, 2003).

지역사회문제와 관련하여 사회복지사는, 첫째 지역사회문제는 무엇인지, 둘째 누가 문제에 영향을 받고 있는지(문제에 영향을 받는 인구집단), 셋째 지역사회의 어떤 영역에서 문제가 발생하고 있는지를 파악해야 한다. 모든 지역사회가 문제에 영향을 받을 수도 있지만, 지역사회의 특정 영역의 집단만이 문제에 영향을 받을 수 있으며, 모든 지역주민이 문제에 영향을 받을 수도 있지만 특정 인구집단만이 문제에 영향을 받을 수도 있다. 지역사회문제와 인구집단, 그리고 영역의 관계를 그림으로 나타내면 [그림 6-1]과 같다.

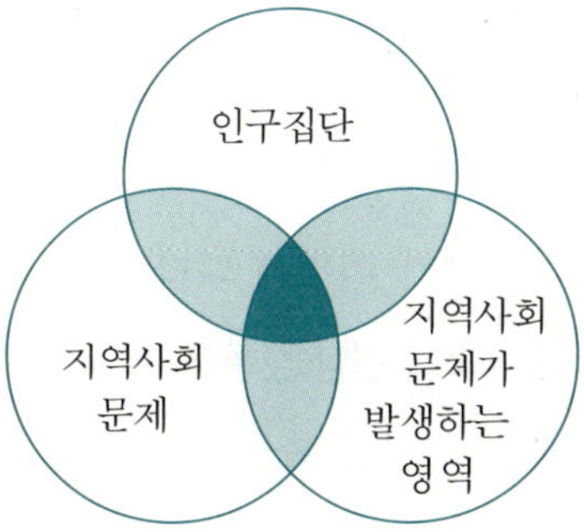

[그림 6-1] 지역사회문제, 인구집단 및 영역의 관계

지역사회문제, 문제에 영향을 받은 인구집단, 그리고 문제를 가지고 있는 특정 영역을 포괄하는 세 영역에서 지역사회문제를 해결하기 위해 사회복지사는 다음과 같은 행동이 필요하다(Netting et al., 2004).

- 지역사회문제
  - 문제의 정의 및 개념화
  - 지역사회문제의 원인과 결과의 관계를 이해할 수 있는 연관된 이론
  - 지역사회문제에 영향을 받은 사람들에 대한 다양한 질적 · 양적 정보 및 자료의 수집
  - 역사적 배경에 대한 이해
  - 사회문제 해결을 위한 주요 참여자와 체계에 대한 확인
- 인구집단
  - 지역사회문제에 영향을 받은 인구집단에 대해 되도록 많이 아는 것
  - 인구집단의 인종적 · 문화적 특성을 이해하는 것
  - 인구집단의 성적 이슈(gender issue)에 대한 이해
- 문제에 영향을 받은 사람들과의 면담을 통해서
  - 문제에 대한 개인적 생각을 확인
  - 문제와 문제를 해결하려고 했던 시도들과 연관된 개인적 경험에 대한 이해
  - 지역사회에 있는 다양한 집단들은 문제를 어떻게 인지하고 있는지에 대한 이해
- 지역사회문제가 발생하는 영역
  - 문제에 영향을 받은 지역이나 조직에 대한 인구통계적 자료수집
  - 지역지도 그리기
  - 지역이나 조직에서 문제가 어떻게 나타났는지에 대한 자료수집
- 문제에 영향을 받은 사람들과의 면담을 통해서
  - 지역이나 조직의 과거 경험을 확인
  - 문제해결을 위한 경계 설정
  - 중요 정책결정가와 기금 출처 확인
  - 문제의 원인에 대한 다양한 관점을 이해하기

결국 지역사회문제를 이해하기 위해서 사회복지사는 지역문제, 영향을 받은 인구집단 그리고 영향을 받은 영역과 함께, 첫째 어떤 현상이나 조건이 문제가 되었는지, 둘째 왜 지역주민집단은 문제에 영향을 받았는지, 셋째 지역사회개입을 위한 가능성 등도 함께 파악하여야 한다. 또한 지역사회문제를 정의하고

결정하는 데 누구의 힘이 일정 정도 역할을 하였는지, 누구의 입장에서 문제가 제기되었는지, 누구의 세계관 또는 가치관이 문제를 정의하는 데 수용되었는지 등이 명확히 분석되어야 하며, 문제에 대한 대책이 지역을 하나로 묶기 위해 사용되는지 등도 명확히 제시되어야 한다.

이러한 질문에 대하여 적절히 대응하기 위한 문제의 본질 분석은 다음의 측면을 고려해야 한다(Hardcastle, Wenocur, & Powers, 1997). 첫째, 문제가 어떻게 개념화되는가(문제의 정의)? 둘째, 문제가 어떻게 사람들에게 경험되는가(지역사회문제의 주관적 관점과 객관적 관점)? 셋째, 문제가 어떻게 조사되고 해결되는가(문제해결 단계)?

2) 지역사회문제의 정의

Horton과 Leslie(1970)는 사회문제란 바람직하지 않은 방식으로 많은 사람에게 영향을 주는 조건, 그리고 집합적 사회행동을 통해 해결되어야 한다고 느끼는 것이라고 정의하였다. 이는 사회문제와 사회운동을 연결하는 시각으로 보인다. Maris(1988)는 사회문제란 많은 사람, 힘 있는 사람, 카리스마가 있는 사람들에 의해서 사회에 위협이 있는 것으로 간주되고, 해결되고, 치료될 수 있는 인간행동 또는 사회적 조건들의 일반적 유형이라고 하였다. Barker(1991)에 따르면, 사회문제는 사람의 가치와 규범을 침범하여서 사람들을 사회적 대응으로 이끌고, 사람들을 감정적 · 경제적 어려움으로 이끄는 조건이다. 그리고 Ginsberg(1994)는 문제란 지역에, 또는 더 큰 사회에 심각한 위협을 나타내고, 사람들이 그것을 위해 무엇인가를 해야 할 의지를 제공하는 공유된 신념이라고 정의하였다. 따라서 종합하여 정의를 내리면, 사회문제란 많은 사람들에게 영향을 미치고 사회를 위협하며 사회적 대응을 일으키는 것이다. 그리고 지역문제를 사회문제와 그 정의에 있어서 같은 범주에 있다고 이해한다면, '지역사회문제란 지역에 있는 많은 사람에게 심각한 위협을 제공하여 지역주민의 대응을 불러일으키는 조건이나 상황'이라고 정의할 수 있다.

우리가 사회문제를 연구하는 이유는, 첫째 사회문제를 이해하고 그 문제에 대처하는 데 사회과학의 역할에 보다 친숙해지며, 둘째 사회문제에 관한 지식은 바람직하지 못한 사회상황이 어떻게 일상생활에 나쁜 영향을 주는가에 대한 이해를 증진시키고, 셋째 사회문제의 원인에 대한 이해의 폭(개인적 일탈이나 사회구조 등)을 넓히는 것(Shepard & Voss, 1978)에 있다고 본다면 지역사회 문제에 대한 이해와 연구도 다음과 같은 이유에서 필요하다고 볼 수 있다(지은구, 2003). 첫째, 지역사회문제를 이해하고 대처하는 데 그 지역에 대한 더 깊고 넓은 이해를 하게 해 준다. 둘째, 문제에 대한 지식은 지역을 둘러싸고 있는 사회 · 정치 · 경제적 상황이 어떻게 주민의 일상생활에 영향을 주는지에 대한 이해를 증진시킨다. 셋째, 지역사회문제의 원인을 개인적 요인에서 사회구조적 요인으로 확대하고 이해할 수 있는 근거를 제공해 준다.

3) 문제의 객관적 관점과 주관적 관점

이론적인 입장에서 보면 지역사회문제는 지역의 상황으로, 그리고 요구를 하는 행동(claim-making activities)으로 살펴볼 수 있다(Hardcastle, Wenocur, & Powers, 1997, 2004). 지역문제를 바라보는 이러한 관점은 지역사회문제를 객관적 관점으로 보는가, 아니면 주관적 관점으로 보는가에 달려 있다. 다시 말해, 어떤 사람들은 문제 자체가 지역사회에 존재해 있는 것(즉, 지역사회에 이미 존재하는 어떤 상황으로 보는 관점)이라고 주장하는 반면, 어떤 사람들은 문제는 인식이나 요구 또는 행동을 통해서 사회 안에서 창조되는 것(지역상황으로 문제를 보지 않고 요구에 의해서 지역사회문제가 생긴다고 보는 관점)이라고도 한다.

문제를 객관적 관점에서 본다면, 상황이란 개념은 폭넓게 공유되어 있다고 볼 수 있다. 즉, 객관적 관점은 우리가 문제에 대한 예방, 문제를 촉진시키는 요소, 그리고 문제의 원인, 나아가 해악의 본질, 인구통계적 변화와 심각성과 발생빈도에 기초한 우선적으로 해결되어야 하는 것들에 대해 생각할 수 있도록 한다. 따라서 문제를 객관적으로 바라봄으로써 문제를 해결하기 위해 지역사회에서 사용할 수 있는 교육과 같은 가능한 행동들을 생각할 수 있다(Parsons, Hernandez, & Jorgensen, 1988). 이 관점에 따르면, 사회복지사의 역할은 그들이 작업 중에 만나게 되는 사회문제나 지역문제를 대중이 알게끔 하고 확인할 수 있도록 하는 것이다(Ginsberg, 1994). 지역사회문제의 객관적 관점은 빈곤, 실업, 저출산, 인구고령화, 학대, 약물중독 등 이미 지역사회에 내재해 있는 문제들이 모두 지역사회문제라고 할 수 있다.

문제를 주관적 관점에서 본다면, 빈곤이나 실업 등과 같이 보편적으로 인식된 지역사회문제보다는 주관적 요소들에 의해서 사회문제가 형성된다고 생각한다. 이 관점에 따르면, 사회복지사의 역할은 어떤 상황이나 조건에 의해서 영향을 받은 인간이 그 조건이나 상황 또는 이슈를 어떻게 사회문제로 형성하는가를 도울 수 있도록 하는 것이다.

문제를 주관적으로 보든 객관적으로 보든, 중요한 것은 문제를 해결하기 위한 사회복지사의 역할 중 가장 우선시되어야 하는 것은 그들 나름대로 그 문제에 대한 시각과 이해에 바탕을 두고 문제를 해결하기 위한 일정을 수립해야만 한다는 사실이다. Netting, Kettner, 그리고 McMurtry(1998)가 강조한 것과 같이, 사회문제가 지역이나 조직의 행동을 위한 일정과 함께 제휴되고 인지된 조건으로 정의된다면, (지역이나 사회)문제는 결국 행동을 이끌게 되며, 이 행동은 문제를 해결하기 위한 대응으로서의 행동이 된다(지은구, 2003).

4) 지역사회문제 해결을 위한 단계

지역사회문제들에 대항하기에 앞서 사회복지사는 문제를 명확히 정의하고, 문제에 개입하는 방식을 이해하는 것이 중요하다. 또한 문제의 본질과 문제의 환경과 해결책에 대한 잠재적 관계를 명확히 하여야 한다. 이러한 기술이나 지식이 지역사회문제 해결을 위한 사회복지사의 성공적인 개입을 위한 실제적이고 살아 있는 지식이자 이해라고 할 수 있다. 따라서 문제를 해결하기 위한 구체적인 단계로서 사회복지사는 다음의 단계를 취할 수 있다(지은구, 2003, 2005).

- 현상이나 조건을 문제로 정의한다.
- 해결되어야 하는 문제를 건설한다.
- 문제를 공식화한다.
- 지역사회문제에 대해 지역주민이 동일한 인식을 갖는다.
- 문제를 해결한다.

4. 욕구사정[1)]

지역사회복지실천이 지역주민, 집단 또는 지역이 가지는 문제를 해결해 나가는, 또는 욕구를 만족시켜 주는 과정이라고 볼 때 지역사회복지실천 현장에서 실천가는 지역주민이 가지는 지역의 문제나 욕구를 확인하고 그 문제나 욕구의 근본 원인에 접근하는 것이 무엇보다도 중요하다. 따라서 욕구 또는 문제의 확인 및 사정은 문제해결을 위해 기본적으로 가장 중요한 요소다. 지역사회복지실천가가 개입하여 있는 지역의 욕구를 사정하는 것은 복잡하고 다양한 기술을 필요로 한다. 사회복지사는 욕구사정의 과정에서 지역집단이나 지역주민 또는 지역지도자들을 포함시키기 위해 다양한 조사기법을 사용하게 된다. 사회복지사는 질적 · 양적 조사방법을 사용하여 지역주민 개개인과 지역집단의 문제, 관점 및 문화를 이해하기 위하여 노력하게 된다.

지역사회문제에 영향을 받은 지역주민이나 집단들이 문제를 해결하기 위해 가지게 되는 욕구는 매우 다양하며, 욕구가 충족되어야 그들의 문제가 해결 또는 축소된다고 할 수 있다. 따라서 사회복지사가 지역주민이나 집단들이 문제를 해결하기 위해 어떠한 욕구를 가지고 있는가를 확인하는 것은 문제해결을 위해 매우 중요하다고 할 수 있다. 사회복지사는 주민이나 집단의 욕구를 사정하기 위해 다양한 기술이나 기법을 사용하게 된다. 지역주민이나 집단이 가지고 있는 욕구를 사정하기 위해 사용되는 조사방법은 양적 방법과 질적 방법으로 이원화된다. 질적 방법에는 지역주민에게 직접 욕구를 사정하는 방법으로 비공식적 인터뷰와 공식적 인터뷰, 민속학적 조사방법이 있고, 양적 방법에는 설문조사, 사회지표분석, 프로그램 검토 등이 있다. 또한 지역주민으로부터 욕구에 대한 정보를 모으고 종합하기 위한 방법으로 명목집단기법, 초점집단기법 그리고 델파이기법 등이 있다. 여기서는 이와 같은 조사방법을 살펴보고자 한다. 그리고 덧붙여서 지역사회의 물질적인, 그리고 공간적인 속성을 조사하는 데 사용될 수 있는 공간분석과 관계분석을 통해 망 그리기 방법도 소개하고자 한다.

1) 이 절은 지은구(2003) 『지역복지론』의 제3부 제3장과 지은구(2005) 『사회복지프로그램개발과 평가』의 제4장을 참고함.

1) 욕구사정

실천가나 사회복지사들은 지역주민이 어떤 서비스나 개입을 원하는지, 요구하는지, 또는 사용하려고 하는지를 결정하기 위해 사정을 수행하게 된다. 일반적으로 욕구사정은 지역주민이 어떤 서비스를 원하는지를 결정하기 위해 수행한다. 지역주민의 욕구에는 청소 횟수의 증가, 놀이터 확충, 주차장 확충, 공원 조성, 일자리, 종합병원 확충, 복지관 건설 등의 전통적인 사회적 서비스뿐만 아니라 삶의 질을 보장할 수 있는 다양한 서비스 등이 포함된다.

욕구사정의 표적은 일차적으로 지역주민이지만 기업가, 전문직업가, 종교지도자들도 포함될 수 있으며, 욕구사정은 지역이 안고 있는, 또는 지역에 영향을 미치는 사회문제를 확인할 수 있게 도와준다. Burch(1996), Royes와 Thyer(1996) 등은 욕구사정이 서비스의 사용 가능성, 서비스 체계의 조정, 서비스 차이, 서비스의 접근 가능 여부 등에 초점을 맞출 수 있다고 강조하였다.

서비스 차이의 분석은 본격적인 욕구사정을 수행하기에 앞서서 조사자가 서

[그림 6-2] 서비스 차이분석의 예

비스 수혜의 대상이 되는 지역주민(즉, 표적인구집단)이 어떠한 서비스가 필요할 것인가를 확인할 수 있는 분석방법이다. 특정 지역에서 누가 서비스를 받고 있고, 또는 받지 않고 있는지를 알 수 있으며, 어떤 서비스가 필요할 것인지를 간접적으로 확인할 수 있다. 즉, 서비스에서 제외된 인구집단이 있는지를 손쉽게 알 수 있게 하는 방법이다. [그림 6-2]는 서비스 차이분석의 예를 보여준다.

공식적인 욕구사정을 하기 위해서는 일반적으로 통계자료를 통해서 얻을 수 있는 이차자료분석, 인터뷰, 설문조사 등이 사용된다. 여러 가지 측면에서 다양한 자료의 획득을 통한 욕구사정은 조사의 신뢰도를 높일 수 있다. 만약 다양한 자원을 통해 수집된 자료가 같은 결론을 지적한다면, 조사자는 지역사회 주민의 욕구를 지적하는 데 정확하게 욕구를 확인할 수 있게 된다.

Hardina(2002)는 욕구사정을 위한 방법을 선택하기 위해서는, 첫째 조사를 수행하기 위해 할당받은 시간, 둘째 조사를 수행하기 위해 필요한 자원, 셋째 조사에서 어떤 지역조직구성원을 포함시킬 것인지에 대한 조사자의 방침에 의존한다고 하였다(Marti-Costa, & Serrano-Garcia, 1995; Royes & Thyer, 1996).

종종 자원의 사용 가능성이 욕구사정을 위한 조사에서 한 지역집단 혹은 그 이상을 참여시킬지를 결정하게 된다. 물론 조사자는 지역에 있는 소외되거나 저소득 주민을 포함하는 많은 집단이 조사에 참여할 수 있도록 해야 한다(Durst, MacDonald, & Parsons, 1999; Reisch & Rivera, 1999; Sohng, 1998). Marti-Costa와 Serrano-Garcia(1995)에 따르면, 욕구사정이 사회변화를 추구하고 힘이 없는 사람들을 향한 사명감의 응답으로 이루어진다면, 다음의 네 가지를 분명히 해야 한다. 첫째, 사람을 동원하고 집단화를 촉진시키기 위한 조사방법론을 강조해야 한다. 둘째, 집단적 행동을 촉진시켜야 한다. 셋째, 지도력 개발을 촉진시켜야 한다. 넷째, 전체 조사과정에 지역주민을 참가시켜야 한다.

2) 지역주민의 욕구를 사정하기 위해 사용되는 질적 방법

지역사회에 거주하는 지역주민에게서 정보를 얻기 위해 사용할 수 있는 질적 접근방법은 지역문제와 욕구에 대한 느낌을 구체화하기 위한 정보를 얻는 것을 강조한다. Hardina(2002)에 따르면, 지역사회복지실천가는 질적 방법에 기초하는 기법을 사용할 때 기본적으로 지역주민의 관점에서 욕구를 파악하는 것과 지역이 가지는 특징적인 문화나 규범을 이해하는 것이 중요하다. 지역주민으로부터 직접 정보를 구하기 위해 사용하는 질적 방법에는 크게 세 가지가 있는데, 비공식적 인터뷰, 공식적 인터뷰, 그리고 민속학적 조사방법이다.

(1) 비공식적 인터뷰

지역사회복지실천을 위한 노력 중에서 실천가는 가장 먼저 지역과 그 주민에 대한 느낌이나 인상을 구체화하여야 한다. 지역과 그 주민에 대한 느낌이나 인상을 구체화하기 위해 실천가 또는 사회복지사들은 비공식적 인터뷰를 행할 수 있다. Rubin과 Babbie(1997)에 따르면, 비공식적 인터뷰는 지역관찰의 과정에서 일어날 수 있는, 계획되지 않은, 그리고 기대하지 않은 인터뷰하는 사람과 응답자 간의 비공식적 대화 형태의 인터뷰다. 따라서 비공식적 인터뷰는 구체적인 사항이나 문제에 대응하기 위해 이루어지는 공식적 형태의 조사나 인터뷰와는 그 성격이 다르다. 물론 비공식적 인터뷰에서 사회복지사나 실천가들은 자신이 알기 원하는 주제를 가지고 있을 수 있지만 어떤 질문도 사전에 준비되지는 않는다. 질문들은 자연스럽게 응답자가 이전에 행한 응답에 따라서, 또는 질문자의 욕구에 따라서 이루어진다. 응답자는 심지어 자신이 인터뷰하고 있다는 사실을 인지하지 못하기도 하는데, 이는 단순하고 간단하게 응답자가 조사자와의 대화에 참여하게 되기 때문이다.

비공식적 인터뷰는 지역사회복지실천 영역에서 정보를 얻기 위한 도구로, 그리고 지역주민이 가지고 있는 문제를 해결하기 위한 구체적인 출발점을 위한 도구로 활용된다. 실천가는 비공식적 인터뷰를 통해서 응답자들로부터 공통적인 유형의 논쟁이나 문제를 발견할 때 그 문제에 훨씬 용이하게 초점을 맞출 수 있게 된다. 일단 공통의 논쟁점들이 확인되면 실천가는 지역주민을 하나로 묶을 수 있는 기회를 가질 수 있게 된다(Meenaghan et al., 1982).

(2) 공식적 인터뷰

실천가나 조사자들은 지역조건이나 문제에 관해 전문적 지식이나 풍부한 견해를 가지고 있는 주요 정보제공자들(key informants)과 공식적인 회합을 가질 수 있다. 주요 정보제공자는 기업가, 정치가, 사회복지 또는 보건 관련 전문가, 또는 주민센터 소장이나 이장 등과 같은 그 지역의 지역지도자들이 포함되며, 인터뷰는 전화를 통해서 또는 직접 만나서 이루어질 수 있다.

공식적 인터뷰는 응답자가 풍부하고 자세한 설명을 할 수 있도록 열린 형태의 질문들(open-ended questions)로 구성되어 있으며, 질문자 또는 조사자는 인터뷰 동안에 제시할 질문에 대한 일반적 윤곽을 포함하는 인터뷰 지침서를 사용해서 인터뷰를 하게 된다. 질문의 순서나 말씨에 대한 어떠한 제한이나 규제는 없지만 질문자는 일반적으로 똑같은 용어나 말씨 등을 사용하게 되는데, 이는 자료수집과정에서의 신뢰도와 일관성을 유지하기 위해서 필요하다. 조사자는 응답자의 허가를 받고 인터뷰 과정을 녹음하기도 하지만, 만약을 대비해서 인터뷰 진행 중에 조사자는 대답을 자세하게 받아 적는 것이 중요하다. 인터뷰를 통해서 얻은 자료의 분석은 응답자가 인터뷰 동안에 유지했던 대답의 유형이나 논지를 통해서 이루어진다(Strauss & Corbin, 1990).

공식적 인터뷰를 할 대상을 선택하는 것은 일반적으로 비공식적 또는 비확률 샘플기법(예, 목표가 되는 지역집단의 모든 구성원이나 모든 지역주민)이 사용된다. 하지만 조사자가 인터뷰할 대상을 나이나 성, 또는 집단을 대표하는 사람으로 선별해서 선택할 수 있는데, 이 경우에는 조사자가 인터뷰 응답자를 인원할당이나 스노볼 샘플링을 사용해서 선별할 수 있다.

인원할당(quota) 샘플링은 주로 서로 다른 집단의 사람들을 인터뷰할 때 사용되는 기법으로, 인터뷰할 대상자들의 목록을 확보한 후 각각의 대표하는 집단의 인구통계자료에서 차지하는 비율을 가지고 모집단에서 같은 비율에 해당되는 만큼을 응답자로 선출하는 방식이다. 예를 들어, 서울노인인구가 65세에서 70세 이하가 20%, 75세 이하가 30%, 80세 이하가 20%, 85세 이하가 10% 그리고 85세 이상이 20%로 구성되어 있고, 인터뷰를 위한 응답자가 총 200명이라고 한다면 인터뷰 응답자 비율을 65세에서 70세 이하가 20%, 75세 이하가 30%, 80세 이하가 20%, 85세 이하가 10%, 그리고 85세 이상이 20%에 맞춰서 65세에서 70세 이하 노인 40명, 75세 이하 노인 60명, 80세 이하 노인 40명, 그리고 85세 이하 노인 20명 그리고 85세 이상 노인 40명을 샘플로 하여 총 200명을 인터뷰하는 방식이다. 스노볼(snow ball) 샘플링은 일단 조사자가 지역사회문제에 대해 특정한 지식을 가지고 있는 집단이나 전문가 집단의 구성원들을 먼저 인터뷰한 다음 그들에게 다음 인터뷰를 할 사람을 추천받아서 인터뷰하는 방식이다.

(3) 민속학적 조사방법

실천가는 지역주민이 자신들의 지역사회문제를 어떻게 인식하고 있는지, 그리고 그 문제들에 대한 적절한 대응책을 그들 나름대로 무엇이라고 여기는지 등에 관련된 조사를 할 필요성을 느끼게 된다. 민속학적 조사는 이를 위해 사용할 수 있는 인터뷰 방법으로, 조사자는 이 방법을 통해서 응답자들이 자신의 문제를 어떻게 해석하고 묘사하는지를 알 수 있게 된다. 이 방법은 일반적으로 관찰과 심층인터뷰(in-depth interview)가 함께 사용된다. 조사자는 집단구성원들이 행하는 어떤 행동의 이면에 숨어 있는 의미와 그들의 행동이 일어나는 사회적 정황을 살펴보아야 하며, 집단 내에서 일어나는 구성원들의 상호 행동을 연구해야 한다.

민속학적 조사의 목적은 집단의 신념이나 삶에 대한 이해를 얻는 것에 있으며, 일반적으로 빈곤지역에서의 경제적 생존유형, 사회적 상호 행동 등을 조사하는 데 성공적으로 사용되어 왔다(Decker & Van Winkle, 1996; Menjivar, 1995; Wagner, 1994; Anderson, 1990). 민속학적 조사를 위해 사용하는 지역사회에 대한 관점으로서 실천가나 사회복지사들은 지역을 지리적 · 공간적 개념보다는 공통의 이해나 관심을 가지고 있는 것으로 인식하는 것이 필요하다. 따라서 공통의 이익이나 관심을 가지고 있는 지역주민 또는 집단에 접근하기 위해서 실천가는 개입을 목표로 한 집단이나 지역구성원들의 협조를 통해서, 또는 사회적 지지망을 이용해서 지역에 접근할 수 있다. 조사자는 지역집단구성원들과의 공식적 · 비공식적 인터뷰를 사용할 수 있으며, 지역행사나 회의 등에 참여할 수 있다. 조사는 드러내놓고 할 수도 있으며, 비공개적으로 행할 수도 있다. 만약 조사를 비공개로 진행하는 조사자가 발각될 경우 지역구성원들이 배신감을 가질 수 있다는 점을 인식해야 한다.

민속학적 조사를 통해 취합한 자료들은 조사자의 관찰이나 인터뷰에 대한 철저한 내용들이다. 이러한 자료들에 대한 분석은 조사자의 관찰이나 인터뷰를 통해 조사자가 발견한 것들에 대한 서술적 형태의 묘사일 것이며, 이 묘사는 지역주민이 가지고 있는 공통된 행동의 유형이나 문화적 규범, 그리고 공통의 논지의 확인에 한정되기도 하지만 관찰된 사건에 대한 사진, 참가자, 그 당시에 적용된 규칙이나 규정, 사회적 정황들을 포함하기도 한다(Berg, 1998). 민속학적 조사는 조사자의 개인적 감정이나 관점이 관련 자료로서 이용될 수 있다는 점에서 다른 접근방법과 차이가 있다. 예를 들어, 조사자가 목표 지역에서 매일 일어난 사건이나 조사자의 반응들을 포함하는 내용을 일기 형식으로 적어 놓는 것 등이 자료로 유용하게 사용되기도 한다. 결과적으로 조사자의 가치나 신념 등이 민족학적 조사에서 이루어지는 서술적 묘사와 깊은 연관이 있음을 알 수 있다.

3) 집단욕구사정방법

사회복지사나 지역사회복지실천가들은 제기된 문제가 무엇인지를 결정해야 하는데, 이를 결정하기 위한 가장 최선의 방법은 제기된 문제에 영향을 받고 있는 지역주민이나 집단구성원들에게 직접 물어보는 것이다. 그러나 이 경우 사람들은 저마다 다른 관점으로 상이한 서술을 할 수 있기 때문에 실천가는 중요한 문제에 관한 하나의 공통된 관점을 이끌어 내기 위하여 설계된 기법들을 사용하게 된다. 지역주민에게서 오는 정보를 취합하고 종합하는 데 사용하는 이러한 욕구사정방법들로는 지역포럼기법, 대화기법, 명목집단기법, 초점집단기법, 그리고 델파이기법 등이 있는데, 이러한 방법들은 질적 조사방법에 속한다(Hardina, 2002).

(1) 지역포럼기법

실천가는 지역을 둘러싸고 있는 문제에 대한 정보를 모으기 위해 또는 지역주민이 문제의 해결이나 대책 또는 문제의 본질에 대한 공통의 인식을 갖게 하기 위해 욕구사정기법을 사용하기도 한다. 지역포럼방법은 지역주민이 문제의 해결이나 대책 또는 문제의 본질에 대한 공통의 인식을 갖게 하기 위해 사용할 수 있는 손쉽고 편리한 방법이다(Hardina, 2002). 따라서 지역주민은 지역포럼을 통해서 특정한 시간과 장소에 초대되어 지역사회문제에 대한 자신들의 견해를 밝힐 수 있게 된다.

Chambers 등(1992)은 공청회와 지역포럼의 차이점에 대해서 지적하였는데, 그들에 따르면 공청회는 정부의 프로그램이나 계획에 대한 의견을 나타내기 위해 행하는 것으로 지역주민에게 정부의 계획이나 제안서에 대한 의견을 개진할 기회가 주어진다. 공청회의 실행에 대한 책임은 정부기관에 있다. 공청회는 지역주민은 누구나 자신들의 의견을 말할 수 있기 때문에 공청회가 구조적으로 기획되어 있지 않으면 통제하기가 어렵다는 단점이 있다. 따라서 어떤 한 집단이나 적은 인원들이 공청회를 주도적으로 이끌어 나갈 수 있으며, 다른 사람들이 이야기할 기회를 박탈할 수 있고, 공청회 자체를 혼란으로 빠뜨려 무산시키기 위해 노력할 수도 있다(Burch, 1996; Chambers et al., 1992). 또한 공청회는 참석한 참석자들이나 그들의 견해가 전체 지역주민을 대표하는지를 결정하기도 어렵다(Royes & Thyer, 1996).

지역사회복지실천가는 지역포럼을 통해서 지역주민의 욕구나 문제에 대한 그들의 인식을 알 수 있다. 지역포럼은 모든 대중에게 공개되어 있으며, 지역을 대표한다고 생각되는 사람이나 집단의 대표들이 초청되기도 한다. 참석자들은 특정한 지역문제에 대해 설명을 듣고 나름대로의 의견이나 피드백을 제공하기를 요청받기도 한다. 결국 지역포럼에서 참석자들은 지역사회문제를 확인하고 그 문제를 해결할 수 있는 제안들을 제시할 수 있다. 결국, 지역포럼기법이 지역주민이 원하는 문제 해결이나 대책 또는 문제의 본질에 대한 인식을 갖게 하는 손쉬운 방법이라고 볼 수 있다. 그러나 공청회와 마찬가지로 다음과 같은 문제점들이 지적될 수 있다. 첫째, 다양한 사람에 의한 다양한 의견이 제시되어 문제의 본질이나 욕구의 파악이 어려울 수 있다. 둘째, 포럼은 구조적으로 기획되어 있지 않으면 공청회와 마찬가지로 통제하기가 매우 어렵다. 셋째, 어떤 특정 인물이나 집단이 포럼을 주도적으로 진행하는 경우 참여한 다른 사람들의 의견이 무시되거나 제한받을 수 있다.

(2) 대화기법

대화(dialogue)기법은 지역주민 또는 클라이언트와의 대화를 통해서 그들이 가지고 있는 공동의 욕구나 문제에 대한 공유된 이해를 이끌어 내기 위한 기법이다. 대화기법을 사용하는 목적은 지역주민이 지역사회문제에 대한 공통의 인식을 개발하고, 그 문제들을 다루기 위한 연합행동에 동의할 수 있도록 하는데 있다. 지역사회복지실천 영역에서 실천가는 일반적으로 촉진가 또는 계획가의 역할을 담당하게 되는데, 이러한 역할을 담당하기 위해 실천가는 지역주민이나 지역집단구성원들과 대화를 하게 된다. 대화를 통해서 지역주민에게 영향을 미치는 지역사회문제나 억압의 원천이 확인된다. 또한 대화과정은 문제 해결을 위해 가능한 대안들, 그리고 문제를 효과적으로 다루기 위해 필요한 자원을 확인하기 위해 사용되기도 한다. 또한 대화를 통해서 개입 결과를 위한 목적과 행동을 위한 계획을 발전시킬 수 있다. 결과적으로 대화과정 동안 발생할 수 있는 것들은 촉진가가 집단이나 지역주민을 문제 해결 과정으로 안내할 수 있다는 것이다. 즉, 문제의 확인, 평가, 목적 조성, 계획의 수행, 그리고 평가 기준의 확인 등에 도움을 준다는 것을 의미한다.

(3) 명목집단기법

명목집단(nominal group)기법은 지역사회에 영향을 미치는 문제에 대한 공유된 이해를 형성하거나 조장하기 위해 사용되는 기법이며, 행동계획을 개발하고 목적을 밝히기 위해 사용되기도 한다. 실천가는 먼저 지역주민을 한자리에 모이게 한 다음 그들에게 지역에 영향을 미치는 문제나 이슈 등에 관한 목록을 만들어 줄 것을 요청한다. 그리고 개개인이 작성한 목록화된 문제들을 주민이 각각 큰 소리로 읽게 하고, 실천가 또는 지목된 서기는 칠판에 그것들을 다 받아 적는다. 여러 사람에 의해 제기된 중복 문제는 한 번만 받아 적으며, 실천가는 제기된 문제들이 가지고 있는 공통적인 문제의 본질이나 주제에 대해서 해석을 할 수 있다. 일단 칠판에 목록이 다 만들어지면 지역주민은 토론할 시간을 갖는데, 토론을 진행하면서 제기된 문제들에 대해 더 깊고 폭넓은 이해를 할 수 있게 된다.

토론의 마무리 시간에 구성원들은 각각 제기된 문제들에 대해서 순위를 매기게 되는데, 1은 가장 중요하다고 생각하는 것을, 2는 두 번째로 중요하다고 생각하는 것을, 그다음에는 3을, 그리고 나머지를 순서에 따라서 정한다. 실천가는 각각의 개인들이 매긴 순서의 순위를 칠판에 적는다. 이 방법은 주로 집단구성원들에게 가장 중요한 문제를 확인시키기 위해 주로 사용되는 기법이다. 순위의 결과가 동률인 경우, 실천가는 각각의 제기된 문제의 숫자에 대해 평균

표 6-2 명목집단기법을 사용한 지역사회문제의 순위

제기된 문제	영희의 순위	철수의 순위	아담의 순위	이브의 순위	민태의 순위	평균 점수	최종 순위
청소가 제대로 이루어지지 않음	4	1	3	5	3	3.2	3
높은 범죄율	1	3	2	2	1	1.8	1
실업자 수의 증가	3	2	1	4	5	3.0	2
주택에 근접한 유흥업소의 증가	2	4	4	3	4	3.6	5
노숙자의 증가	5	5	5	1	2	3.4	4

출처: 지은구(2005), p. 119에서 재인용.

을 구해서 순위를 매길 수 있다. 가장 중요하다고 생각하는 문제가 너무 많아 주민 간에 동의나 합의가 이루어지지 않으면 높은 순위에 기록된 문제들 몇 개만 가지고 다시 처음부터 이 방법을 사용해서 순위를 정하기도 하며, 실천가는 주민들 간의 명백한 합의나 분명한 동의가 이루어질 때까지 계속해서 몇 번이고 이 과정을 반복할 수 있다.

(4) 초점집단기법

초점집단(focus group)기법은 실천가가 지역이 안고 있는 문제를 확인하기 위해 사용하는 또 다른 기법이다. 먼저 사회복지사나 실천가는 지역사회를 잘 알며 지역주민을 대신해서 그들의 문제나 관심 또는 이익을 가장 잘 나타낼 수 있는 대표(예, 지역사회에 대해 많은 정보를 가지고 있는 종합복지관 관장, 주민센터 소장, 부녀회 회장 등)들을 6~8명 선출한다(Royes & Thyer, 1996). 이 선출된 구성원들은 하나의 초점집단을 형성하게 되며, 실천가는 이 초점집단의 구성원들을 인터뷰하게 된다. 인터뷰는 편안한 분위기에서 개별적으로 진행되며, 인터뷰 동안에 이루어지는 질문들은 주어진 답을 고르는 형식이 아니고 열린 형태의 질문(open-ended questions)들로 구성되어 있다. 조사자는 각각의 질문에 대답하기 위한 시간을 참석자들에게 허락한다. 그리고 응답은 집단구성원들의 동의하에 일반적으로 녹음된다.

초점집단기법을 사용하면 지역사회에 퍼져 있는 다양한 관점이나 문제들을 조정하고 구성원들 사이의 갈등을 최소화시킬 수 있다. 또한 초점집단기법은 초점집단에 참석한 대표자들이 단순하게 지역사회에서 일어나고 있는 문제에 대한 진술에서 벗어나 어떻게 그 일이 벌어졌고, 왜 벌어지게 되었는지에 대해 상세하게 진술할 때 가장 큰 효과를 발휘한다.

(5) 델파이기법

델파이(Delphi)기법은 우편이나 컴퓨터 또는 전자우편을 통해서 수행될 수 있는 기법으로, 전문적인 지식을 가지고 있는 주요 정보제공자들을 활용하는 방법이다. 주요 정보제공자는 학자, 고위관리직 사회복지사, 기업인, 지역사회 지도자, 보건의료 관련 종사자 등 지역사회문제에 대해 특정 지식이나 정보를 가지고 있는 사람들을 포함한다. 예를 들어, 영유아 사망률이 일차적으로 지역사회가 해결해야 하는 관심으로 떠올랐다면 주요 정보제공자는 의사, 간호사,

보건당국 관리, 사회복지사, 임산모 등이 될 수 있다.

지역사회복지실천가나 조사자는 일단 지역에서 관심이 일고 있는 조사할 이슈에 대해 관련된 전문지식을 갖고 있을 주요 정보제공자를 위원단으로 구성한 다음 이들에게 열린 형태의 질문들로 구성된 조사지를 발송한다. 주요 정보제공자들은 주어진 이슈에 대한 자신들의 관점에 대해 심층적인 대답을 보내줄 것을 요청받는다. 일단 조사지가 회수되면 조사자는 회수된 정보를 종합하고 간략화한 후 수정을 위해 간략하게 만든 정보를 다시 위원단구성원들에게 보낸다. 조사자는 수정을 거친 후 돌아온 정보를 다시 간략하게 정리한 후 다시 위원단구성원들에게 보내는 과정을 위원단구성원들이 내용에 대해 동의할 때까지 반복한다. 이러한 과정을 거치면서 위원단구성원들이 가지고 있었던 지역사회의 이슈에 대한 극단적인 견해는 조정되거나 제거된다. 결과적으로 조사자는 지역 이슈에 대해서 위원단구성원들 사이의 공통적인 인식에 대한 동의를 확보할 수 있게 됨으로써 지역사회문제를 해결하기 위한 대책에 한발 다가서게 된다(Chambers et al., 1992).

4) 지역주민의 욕구를 사정하기 위해 사용되는 양적 방법

지역사회복지실천가는 지역사회문제의 범위와 깊이를 설명하기 위해 지역에 관한 표준화된 정보를 모을 수 있는 다양한 접근방법을 사용하기도 한다. 실천가는 이러한 표준화된 정보를 이용해서 어떻게 문제가 지역에 영향을 미칠 것인가를 예측하기도 하고, 수년 동안의 경향을 조사하기도 하며, 인구통계에서 나타나 있는 표준화된 자료와 실제 지역의 현실을 비교하는 데 사용하기도 한다. 욕구사정을 위해 사용되는 양적 방법으로는 설문조사, 프로그램 검토, 사회지표분석, 인구집단예측, 그리고 시계열분석이 있다. 설문조사는 직접적으로 지역주민들로부터 지역사회문제나 욕구를 사정하기 위해 가장 많이 사용되는 양적 방법이며, 프로그램 검토, 사회지표분석, 인구집단예측, 그리고 시계열분석은 표준화된 자료(예, 정부통계자료)를 가지고 간접적으로 욕구를 사정하는 양적 방법이다.

(1) 설문조사

지역사회복지실천가는 구조화된 질문들로 구성된 조사연구를 행하기도 한다. 구조화된 질문은 앞서 설명한 공식적 인터뷰에서 사용했던 열린 형태의 질문들로 구성되어 있지 않고 대답도 심층적인 대답이나 진술을 요구하지 않는 형식으로 구성되어 녹음도 필요 없다. 즉, 조사참여자가 질문지에 있는 대답의 목록에서 자신이 원하는 대답을 선택하는 방식으로 구성되어 있다. 질문과 이에 대한 대답 목록으로 구성된 설문조사지가 대표적인 설문조사에서 사용하는 질문지다.

조사자는 자료분석을 위해 응답자들로부터 공통적으로 지적된 공통의 주제나 생각을 별도로 확인할 필요가 없으며, 응답자의 대답도 깊고 다양하지 않으며 선택할 수 있는 몇 개의 대답들로 구성되어 있어 표준화된 수치로 나타내기 쉽다(Rubin & Babbie, 1997). 설문조사는 다양한 지역주민에 의해서 나타난 대답을 쉽게 비교할 수 있게 해 주며, 상이한 인구통계적 집단들(예, 나이에 의한 분류집단, 성에 의한 분류집단, 인종에 의한 분류집단 등)에 의해 나타난 대답도 쉽게 비교할 수 있게 한다는 특징이 있다. 예를 들어, 집주인과 세입자의 질문에 대한 대답의 비교를 〈표 6-3〉과 같이 손쉽게 비교할 수 있게 해 준다.

표 6-3 ○○시의 가장 급박한 주택문제가 무엇인가에 대한 집주인과 세입자로부터 얻은 설문자료의 예

주택문제	집주인	세입자
주택 가격	2%	37%
주택의 상태	5%	32%
주차장	32%	15%
소 음	27%	6%
주변 유흥업소의 수	34%	10%
계	100%	100%

출처: 지은구(2005), p. 122에서 재수정.

설문조사의 가장 큰 단점은 조사자가 미리 가능한 대답을 결정해야 한다는 점이다. 설문조사의 또 다른 한계는 다양한 집단에 따라 지역문제에 대한 구성원의 대답이 다르게 나올 수 있다는 점이다. 즉, 가난한 사람들이 생각하는 지역사회문제와 부자들이 생각하는 지역사회문제가 서로 다를 수 있고, 또한 지역사회문제를 해결하는 해결책에 대한 대답도 구성원들에 따라 다를 수 있다. 욕구, 서비스, 그리고 사회문제를 설명하는 데 전문적 용어를 사용한 질문에 따라, 그리고 응답자들이 어떠한 수준에 있는가에 따라 상이한 대답이 나타날

수 있다는 점도 문제점으로 지적될 수 있다. 교육을 제대로 받지 못한 빈민이나 소외된 집단들에 전문적 용어를 사용한 질문은 그들이 대답을 회피하게 만드는 요인으로 작용할 수 있다(Hardina & Malott, 1996).

조사자는 설문조사를 수행하기 위해 표본(sample)을 선정하는 데 다양한 방법을 사용할 수 있다. 공식적 인터뷰와 마찬가지로, 비확률적 표본추출방식이 욕구평가를 조사하는 데 사용될 수 있다. 하지만 때때로 표본이 지역사회를 대표하는지 확인하고 싶어 하는 사람들을 위해 조사자는 확률표본추출방식을 사용할 수 있다. 확률표본추출방식으로는 무작위표본추출과 체계적 표본추출, 그리고 집단표본추출 등이 있다. 무작위표본추출은 모집단으로부터 무작위로 표본을 추출하는 방식이고, 체계적 표본추출은 목록에서 매 n번째 사람을 선택하는 방식이다. 그리고 집단표본추출(cluster sampling)은 조사에서 대표성을 높이기 위해 무작위로 이미 존재하는 집단을 선별해서 뽑은 다음 그 집단 안에 있는 구성원들을 무작위로 선택해서 표본을 추출하는 방식이다. 질문에 대한 답들이 표준화된 수치로 나타나기 때문에 손쉽게 응답빈도를 계산해서 나타낼 수 있으며, 일반적으로 비교할 때 백분율을 가장 많이 사용한다.

(2) 프로그램 검토

프로그램 검토(모니터링)도 지역주민이나 클라이언트들의 욕구를 사정하는 양적 접근방법의 하나로 사용될 수 있다. 지역사회기관이나 사회복지조직들이 가지고 있는 양적 자료에 기초한 기록들(클라이언트의 수 등 주로 수량화되어 있는 자료가 주를 이룬다)은 지역에 과하게 많은 정보를 제공해 주기도 한다. 운영 중인 기관이나 시설들로부터 이미 확보된 자료를 분석하는 것은 욕구를 평가하는 데 빠르고 간편한 방법일 수 있다. 기존의 프로그램에 대한 기록이나 자료들을 통한 분석은 기본적으로 다음과 같은 질문들을 통해서 수행된다. 첫째, 지역주민이 모든 프로그램의 서비스를 사용하는가? 둘째, 서비스를 받을 자격이 있는 주민이나 서비스를 요청한 모든 주민이 서비스를 받고 있는가? 셋째, 지역주민이 요청한 서비스 중에 기관에 의해서 제공되지 않는 서비스는 없는가?

조사자로서 사회복지사는 목표로 하는 표적 집단들의 구성원들이 서비스를 받고 있는지 아닌지를 결정하기 위해서 기관의 기록들을 살펴보게 되는데, 이러한 과정을 프로그램 적용범위 분석이라고 한다. 그리고 특정한 집단의 구성원들만이 서비스에 접근할 수 있는지 아닌지를 살펴보는 것을 프로그램 편향이라고 부른다(Rossi & Freeman, 1982). 욕구사정에서 사용되는 서비스를 향한 욕구의 지표로서 수요가 있다(Burch, 1996). 서비스를 위한 수요분석은 서비스를 실제로 요청한 사람들의 숫자를 측정하는 것이다. 만약 공급이 적다면, 다시 말해 서비스를 받을 수 있는 수의 제한이 있다면 수요자들은 자격이 없는 것으로 간주되어 다른 곳으로 소개되기도 하고, 또한 서비스 제공이 거절되기도 한다. 종종 실업자를 위한 직업 프로그램이나 노숙자를 위한 쉼터, 무료급식소, 그리고 임대주택 등은 수요의 측면에서 표현되기도 한다. 즉, 얼마만큼의 사람들이 원하고 있는데 공급은 얼마만큼이 이루어지고 있어 부족하다는 식으로 표현된다.

욕구가 있는 사람들에게 접근해서 프로그램의 효과를 측정할 수 있는 또 다른 지표로서 프로그램을 시작할 때 참여한 사람과 끝나기 전에 중도에 포기한 사람들을 백분율로 나타내는 방법이 있다. 만약 높은 중도포기 비율이 기록되었다면 이 지표는 다음과 같은 점을 나타내 준다. 첫째, 프로그램은 참석자들의 욕구를 충족시키는 데 효과적이지 못하다. 둘째, 프로그램에 지속적으로 참석하는 데 예상하지 못한 장벽이 있을 수 있다(예, 운송, 육아 돌보기, 프로그램 운용시간 등). 셋째, 프로그램이 서비스를 받고 있는 집단들의 문화적 가치나 규범에 적절하게 응답하지 못했을 수도 있다.

(3) 사회지표조사

사회지표(social indicator)조사는 조사자가 정부기관 또는 민간기관이나 사회서비스 분야의 조직에 의해서 집계된 자료에 의존하는 조사분석을 말한다(Royes & Thyer, 1996). 일반적으로 사회지표조사를 위해 가장 많이 사용되는 자료는 통계청자료나 인구센서스자료다. 인구센서스자료는 일반적으로 나이, 성, 거주자의 인종, 주택의 형태와 질, 성인의 직업과 소득 등의 수많은 중요한 지역주민들의 자료가 포함된다. 따라서 인구밀도나 빈곤과 관련된 특정 욕구를 확인하기 위해 사용된다. 이와 같은 자료 외에도 중앙정부나 시·도 자치단체들은 범죄율, 안전, 실업률, 건강 등의 자료들을 가지고 있으며, 대부분의 자료는 시민에게 공개되고 있다. 따라서 시민은 원하는 자료를 인터넷이나 보고서를 통해서, 그리고 개인적 요청으로 자료를 열람할 수 있으며, 이렇게 공개된 자료는 지역을 분석하기 위해서 사용할 수 있다.

하지만 이러한 자료를 사용하는 데에는 몇 가지 제한점이 있다(지은구, 2003).

첫째, 인구센서스자료는 10년을 주기로 개정 · 보완되기 때문에, 예를 들어 2000년 자료는 2008년에 낡은 자료가 될 가능성이 있다. 둘째, 통계자료만을 가지고 빈민의 삶을 기록하는 것은 부적절하다. 통계자료에는 일반적으로 실업률이나 빈곤율 등이 현실보다 낮게 나타나기 때문에 가난하거나 소외당하는 사람들의 현실적 조건을 나타내지 못하는 한계를 지닌다. 예를 들어, 실업률 통계에는 정규직을 원하는 비정규직 임시노동자들이나 일자리 찾기를 포기한 실업자들은 자료에 누락된다. 빈곤지표 역시 민간단체, 특히 노동조합연맹 등의 자료와 정부의 자료 등은 어떤 빈곤측정도구를 사용하느냐에 따라, 그리고 조사 대상을 어떻게 잡느냐에 따라 상당한 격차가 벌어진다. 셋째, 대부분의 통계자료가 정부의 기관에 의해 발표되기 때문에 정부의 업적을 과대 선전하거나 정부정책에 불리한 자료는 의도적으로 축소 혹은 은폐할 수 있다는 의혹이 제기될 수 있다.

(4) 시계열분석

시계열분석(time series analysis)은 미래의 경향(trends)을 예측할 수 있는 또 다른 기법이다. 시계열분석은 조사자가 인구의 변화, 프로그램 참가자의 변화, 또는 문제의 범위 등을 조사하기 위해 그래프 위에 인구센서스나 각종 통계자료들을 가지고 점을 이용해 곡선을 그리는 것을 말한다. 또한 시계열분석은 사회 프로그램이나 변화가 문제에 어떠한 영향을 미쳤는지를 조사하기 위해서도 사용된다. 시계열분석을 하기 위해서는 자료가 그래프 위에 주기적인 시간을 나타내면서 점을 표시해야 하기 때문에 일 년 단위, 또는 한 달 단위 등으로 주기적으로 취합되어야 한다. 문제를 겪고 있는 지역주민의 숫자나 인구에 관한 정보 등은 수직축에 그리고 시간이나 기간은 수평축에 그려진다(Hardina, 2002).

시계열분석을 위해서는 일차적으로 조사자가 지역사회 내에서 문제가 증가하는지 또는 감소하는지에 대한 명백한 유형을 살펴보아야 한다. 그러나 시계열분석은 문제의 증감을 알 수는 있지만 문제 증감의 원인과 결과의 인과관계를 밝힐 수 없는 분석방법이기 때문에 프로그램의 변화가 문제를 경감시켰는지 아닌지, 또는 문제를 발생시킨 근본적인 원인이 무엇인지 등에 관해서는 대답할 수 없는 한계를 가지고 있다. 따라서 이를 극복하기 위해 기대하지 않은 사건들이 시계열분석에 나타난 유형을 설명하는 데 사용될 수 있다(Rubin & Babbie, 1997). 예를 들어, 1990년대 자살률 증가를 나타내 주는 시계열분석이 있다고 하자. 시계열분석만으로는 자살률 변동의 근본적인 원인이 무엇인지 알 수 없다. 따라서 조사자는 시계열분석을 통해서 나타난 유형의 변화(왜 증가하는지 등)를 설명해 주기 위해서, 즉 시계열분석에 따른 1990년대 자살률의 증가를 설명하기 위해 많은 이유(생명경시사상, 우울증의 증가 등)를 제시하게 된다.

예기치 못한 사건들이 시계열 자료에 의해서 측정된 유형에 영향을 미치며, 예측할 수 있는 사건이나 행동들도 시계열상에 나타나는 유형에 영향을 미친다. 예를 들어, 고용은 계절을 타는 경우가 있는데 건설현장의 노동은 봄, 여름, 가을 등에 증가하고 겨울에는 감소하는 유형화된 패턴을 가지고 있다. 따라서 시계열분석은 계절에 많은 영향을 받을 수 있다. 계절 외에도 시계열분석은 경향이나 주기(cycle) 그리고 추측변동(stochastic fluctuation)과 같은 구성요인에 영향을 받는다. 경향은 시계열에서 장기간의 증가나 감소를 말하며, 주기는 몇 년 동안의 기간에 유형이 반복되는 것을 나타낸다. 경향과 주기는 계절과는 다른 점을 가지고 있다. 즉, 계절은 매년 발생하고, 짧은 기간에 일어난다는 점에서 다르다. 추측변동은 어떤 명확한 유형을 가지지 않는 우연히 일어날 수 있는 자료의 변화를 나타낸다. 이 변동효과를 무작위 에러(random error)라고도 부르며, 변동은 계절, 경향, 주기 등이 모두 제거된 이후 나타나는 어떤 변화를 표시한다. [그림 6-3]은 2001년부터 2003년까지 ○○시의 실업률을 시계열분석을 통해 나타낸 것이다.

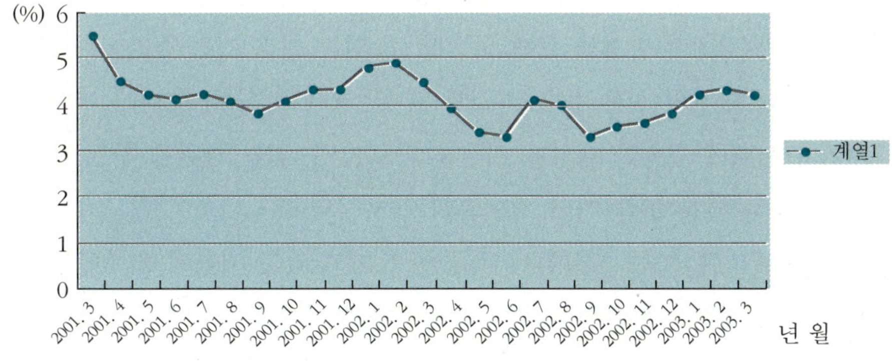

[그림 6-3] 2년 동안의 ○○시 실업률

출처: 지은구(2005), p. 133에서 재인용.

5) 공간분석: 지역 지도그리기

지역사회를 둘러싸고 있는 공간적 · 물리적 조건들이 때때로 지역사회의 특성을 이해하고 그 지역사회가 가지고 있는 문제를 해결하는 데 필요한 유용한 자원으로 사용된다. 사회복지사가 지역에서 건물들이 어떻게 사용되고 있는지, 공원이 주민들의 여가를 위해 사용되고 있는지, 어떤 공간이 주민을 위해 필요한 것은 아닌지, 그리고 지리적 경계들이 지역에 진입하고 진출하는 것을 방해하는 것은 아닌지 등을 파악하는 것은 특정 지역이 안고 있는 문제를 이해하는 데 도움을 주기도 한다. 따라서 실천가들은 지리적 · 물리적 공간이 지역사회문제에 어떻게 영향을 미치는지를 알기 위하여 다양한 기법을 사용하게 되는데, 대표적인 기법이 지역 지도그리기다.

지역 지도그리기(community mapping)는 지역 근린시설이나 공원, 건물의 위치 등 특정 지역의 공간 활용을 파악하기 위하여 지도를 이용하는 것이다. 지도를 그리는 것은 지역사회의 자원 접근과 관련해서 문제를 확인할 수 있는 중요한 수단이다. 또한 지도를 그림으로써 지역사회 안에서 문제가 되는 위치를 손쉽게 파악할 수 있다. 색(color)이나 핀을 사용해서 지역의 특징을 구분할 수 있는데, 이러한 도구들은 지역사회의 공간적 특징을 보다 정확하게 구분하고 확인하는 데도 유용하게 사용될 수 있다(지은구, 2003; Delgado, 2000). 예를 들어, 지역 지도그리기를 통해서 범죄가 자주 일어나는 지역의 근린 상황을 쉽게 알 수 있으며, 주변의 시설 등을 확인할 수 있다.

지역주민은 지역 지도그리기에 참여할 수 있으며, 참여를 통해 주민은 지역의 번영과 경제적 발전을 위해 사용할 수 있는 열려 있는 공간이나 존재하는 시설이나 공간의 활용 등을 확인할 수 있다. Delgado(1996)는 지역 지도그리기가 지역에 필요한 다양한 시설을 확보할 수 있는 공간을 찾는 데 도움이 된다고 하였다. 또한 지역 지도그리기는 지역에서 이루어지는 다양한 서비스나 프로그램, 또는 시설들이 욕구를 가지고 있는 집단이 거주하는 공간을 중심으로 적절하게 설립되어 있고 적절하게 서비스가 전달되고 있는지 그리고 접근성은 어떠한지 등을 확인할 수 있는 지역자산평가를 수행하는 데 도움이 된다. 지역 지도를 통해서 특정 인구집단은 어디에 주로 거주하고 있고 그 거주지역은 어떠한 공간적 특징을 가지고 있는지, 그리고 그 거주지역에 어떠한 시설들이 있는지 등을 확인하여 거주지역의 인구집단구성원들이 가질 수 있는 욕구를 간접적으로 사정하는 데도 도움을 받을 수 있다.

특히, 지역 지도를 그리는 과정을 통해서 사회복지사들은 지역자원의 접근성(accessibility)에 관련된 이슈들을 살펴볼 수 있다. 예를 들어, 지역사회 안에서 주민이 원하는 모든 물건을 쇼핑하는 것이 가능한가(특정 빈곤지역은 원하는 물건을 판매하는 가게가 부족하거나 또는 없을 수도 있음), 또는 지역주민이 지역 안에서 시설이나 서비스에 접근이 가능한가 등을 확인할 수 있다. 또한 접근성과 관련하여 근처 병원을 방문하는 것이 얼마나 쉽게 이루어질 수 있는가, 대중교통을 사용할 수 있는가, 대중교통을 이용해서 공공시설에 접근하기가 용이한가, 지역주민이 걸어서 필요한 서비스를 받으러 가기가 용이한가, 학교가 어디에 위치하고 있는가, 학교 근처에 대중교통을 이용하기가 용이한가, 학교 근처에 복잡한 시설들이 있는가, 학생이 안전하게 학교에 도달할 수 있겠는가 등을 확인할 수 있다. 그리고 지역주민은 지역 지도를 통해서 또는 지역 지도를 그리는 과정에 참여함으로써 자신들의 삶에 영향을 끼치는 장벽들이나 문제가 발생할 수 있는 잠재적 위험지역 등을 확인할 수 있다.

Kretzman과 McKnight(1993)는 건물이나 공간의 사용을 조사하기 위해서 사용하는 지역 지도그리기를 다른 의미로 바라본다. 그들은 사회복지실천가

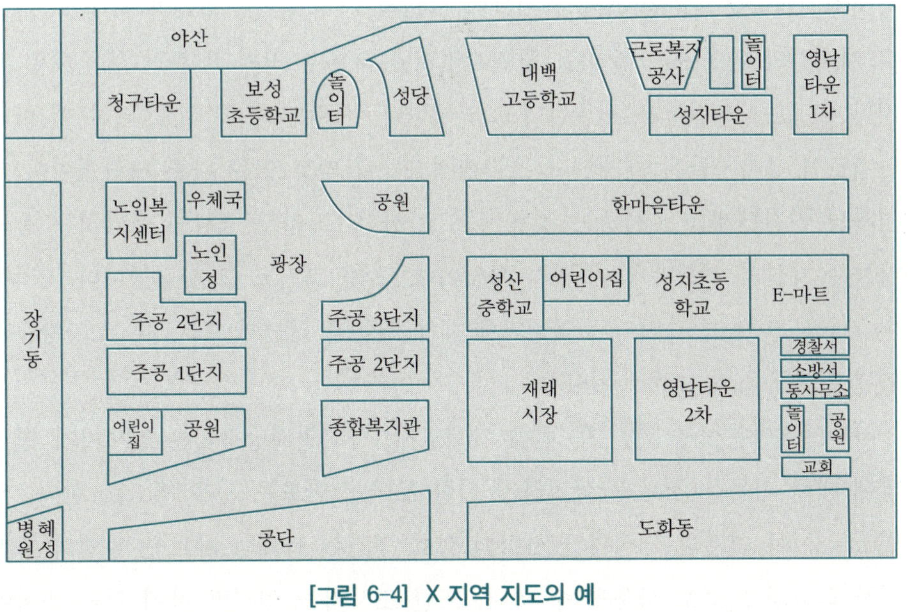

[그림 6-4] X 지역 지도의 예

출처: 지은구(2003), p. 271에서 재수정.

가 기술, 시설, 제도들의 목록, 지역주민들 사이의 관계, 지역주민과 제도와의 관계에 관한 목록, 그리고 잠재적 외부 투자가들에 대한 목록을 만들어야 하는데, 지역 지도를 포함하는 공간분석은 이러한 내용을 포함하고 있지 않다고 한다. 하지만 지역 지도는 지역문제를 조사하고 조사과정에 지역주민들을 포함하기 쉽게 하는 하나의 기술방법인 것만은 확실하다.

6) 관계분석: 사회연결망분석

관계분석(Relationship analysis)은 사회복지사 또는 실천가들에게 어떻게 지역의 시설(조직)과 개개인의 관계가 지역사회문제에 영향을 미치는지를 알 수 있게 도와주는 분석방법이다. 관계분석의 대표적 기법으로는 사회연결망 분석이 있다.

Murty(1998)는 사회연결망(social network)을 관계들의 특정한 세트와 연관이 있는 행동들의 세트라고 정의하였다. 사회연결망분석은 개개인과 조직을 분석의 단위로 사용해서 분석한다. 조사자는 사회연결망분석에서 세 개의 상이한 관계, 즉 개인, 가족, 동료집단 또는 다른 작은 단위들과의 관계, 조직 사이의 관계, 조직과 개개인 또는 다른 작은 단위들과의 관계를 조사할 수 있다(Hardina, 2002).

사회연결망분석은 이러한 관계들이 사회적 지지(원조), 재화와 서비스, 그리고 개개인의 번영(또는 복지)을 증진시키거나 다른 조직의 생존을 돕는 어떤 감지할 수 없는 자원들을 제공한다고 전제한다. 사회연결망분석을 위한 첫 번째 단계로서 조사자들은 개개인과 조직행정가들이 맺고 있는 다른 사람들이나 조직과의 연결관계를 조사하는 것을 필요로 한다. 그리고 조사에 응답하는 응답자들은 자신의 연결망 안에 있는 사람이나 조직, 그리고 그 사람들이나 조직들이 제공하고 있는 자원이 무엇인가에 대해 질문을 받는다. 그런 후 조사자들은 연결망 목록을 작성하게 된다.

사회연결망분석을 위한 두 번째 단계로서, 사회연결망분석은 조사자가 연결망에 대해 획득한 정보를 설명하기 위한 도구를 만드는 것을 필요로 한다. 행렬(metrix)이 연결망 구성원들 사이의 상호 연결된 관계의 세트를 설명해 주기 위한 하나의 도구로 사용될 수 있다. 또한 조사자는 연결망 안에 있는 조직이나 개개인 사이의 관계를 그래프로 그릴 수도 있고 지도로 그려서 관계에 대한 정보를 설명하는 도구로 사용할 수 있다. 조사자는 행렬을 사용해서 응답자의 연결망 안에 있는 구성원들 사이의 관계를 살펴볼 수도 있다(Murty, 1998). 예를 들어, '연결이 있다'와 '없다'를 나타내는 '예'와 '아니요'와 같은 이분법적인 자료가 구성원들 사이에 존재하는 관계를 살펴보기 위해 사용될 수 있다. 조사자는 또한 횟수나 빈도 등을 사용해서 관계의 정도 등의 연결망을 확인할 수 있다. 예를 들어, 0은 '관계없음', 1은 '관계있음' 등을 나타내고, 또한 0, 1, 2, 3, 4 등으로 찾아간 횟수 등을 표시함으로써 얼마나 친밀도가 있는지를 살펴볼 수도 있다. 〈표 6-4〉는 개인 간의 사회연결망을 행렬을 통해 나타낸 것이다.

표 6-4 개인 간의 사회연결망 행렬의 예

	철 수	민 태	영 희	아 담	이 브
철 수	-	1	0	1	1
민 태	1	-	1	0	1
영 희	0	1	-	1	0
아 담	1	0	1	-	1
이 브	1	1	1	1	-

1 = 관계 있음
- = 관련 정보 없음
0 = 관계 없음

출처: 지은구(2003), p. 275에서 재인용.

사회연결망분석은 이와 같이 행렬을 이용하는 경우 다음과 같은 한계점을 가지고 있다. 첫째, 사회연결망은 구성원들 사이의 복잡한 관계를 동시에 측정하지 못하는 한계를 가지고 있다. 예를 들어, 행렬은 연결망 안에 있는 사람들이나 집단들의 어떤 하나의 특정한 사안에 대한 빈도나 횟수를 측정할 수는 있지만 특정한 사안 두 개 이상에 대한 빈도나 횟수를 동시에 분석하기가 어렵다. 예를 들어, 〈표 6-4〉의 행렬은 관계라는 사안이 사람들 사이에 어떻게 형성되고 있는가를 보여 주지만, 만약 질문 사안이 관계라는 추상적인 질문이 아니라 보다 다양하고 구체적인 4개의 재화의 교환이라는 사안으로 구성되어 있다면 이에 대한 개개인의 관계를 나타내는 행렬은 각기 다른 4개의 사안에 대한 행렬표를 필요로 하여 한 개의 행렬이 모든 사안을 동시에 나타내 주기는 어렵다는 것을 의미한다. 즉, 연결망 안에 있는 사람이나 집단 사이에 어느 정도 친밀한 관계에 있는지를 나타내 주는 행렬구조가 사람이나 집단들 사이에 어느 정도 특정 재화들을 교환하는지를 나타내는 행렬구조와 동시에 그려질 수 없음을 나타낸다. 둘째, 사회연결망분석을 하기 위해서는 비교되는 두 사람 간 또는 두 집단 간에 무엇이 측정될 것인가에 대한 합의가 있어야 가능하다. 예를 들어, 친밀도를 측정할 때 방문 횟수를 가지고 측정할 것인지, 또는 전화 횟수를 가지고 측정할 것인지 등을 결정해야 한다.

개인 간 그리고 집단 간의 관계는 그래프를 통해서도 나타낼 수 있다. 그래프는 연결망 안에 있는 구성원들 관계의 복잡성을 설명하는 데 용이하게 사용된다. 또한 그래프는 일차적 자기연결망 그래프와 이차적 자기연결망 그래프로 나뉘어서 관계의 연결망을 확인하는 데 사용된다. 일차적 자기연결망 그래프는 한 사람이나 한 조직이 상호 행동하는 행동 주체들과의 관계를 나타내며, 이차적 자기연결망 그래프는 한 개인, 한 집단 또는 한 조직과 관련된 관계들을 살펴보는 데 사용됨과 동시에 연결망 안에 있는 모든 행위자의 관계를 살펴보는 데도 이용된다. 또한 이차적 자기연결망 그래프는 연결의 강도와 구성원들 사이의 실제적 연결의 수에 관한 정보를 알려 주며, 두 행위자 간의 관계의 힘에 관한 정보와 관계 안에서의 상호 호혜의 정도를 나타내 준다. 즉, 다양한 도구를 사용하여 관계의 정도를 보다 구체적으로 확인할 수 있다. [그림 6-5]와 [그림 6-6]은 화살표나 선을 사용하여 관계의 정도를 나타낸 것이다. 화살표는 관계가 강한지 약한지, 일방적인 수혜인지 또는 상호 교환인지 등을 나타내는 데 사용된다. [그림 6-5]는 일차적 자기연결망을 보여 주는 것이고, [그림 6-6]은 이차적 자기연결망 그래프를 보여 주고 있다.

사회복지실천가는 사회연결망분석을 통해서 지역사회 안에서의 주민이나 조직 간의 관계의 정도나 강도를 조사할 수 있다. 특히 지역개발실천모델은 사회복지사가 소외를 감소시키기 위하여 주민 사이의 연결을 강화하는 것을 필요로 하기 때문에 지역사회구성원의 연결 정도를 평가하기 위해 사회연결망분석이 유용하게 사용될 수 있으며(Rothman, 1995), 실천가가 지역을 통해서 대화, 자원 및 서비스가 어떻게 흘러가는지를 조사하는 데 많은 도움을 준다(Hardina, 2002). 또한 사회연결망분석은 지역 엘리트집단의 구성원, 기업이나 시설의 이사, 그리고 지역사회문제의 다양성에 따른 다양한 이익집단들 사이의 상호 관련을 조사하는 데에도 사용될 수 있다(Wasserman & Faust, 1994; Scott, 1991). 사회연결망분석은 지역을 기초로 하는 조직들 사이의 관계를 조

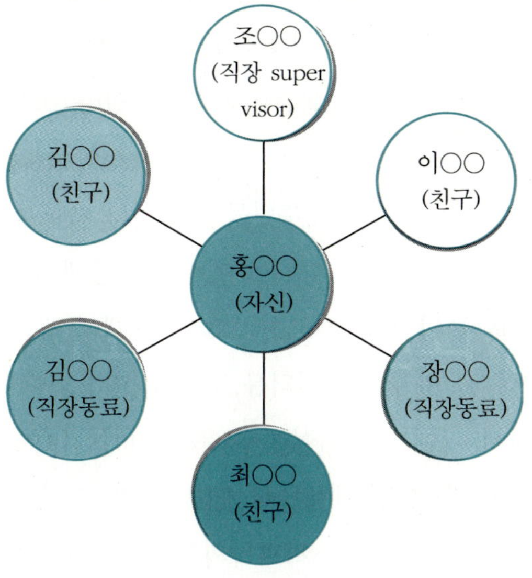

[그림 6-5] 일차적 자기연결망

출처: 지은구(2003), p. 277에서 재인용.

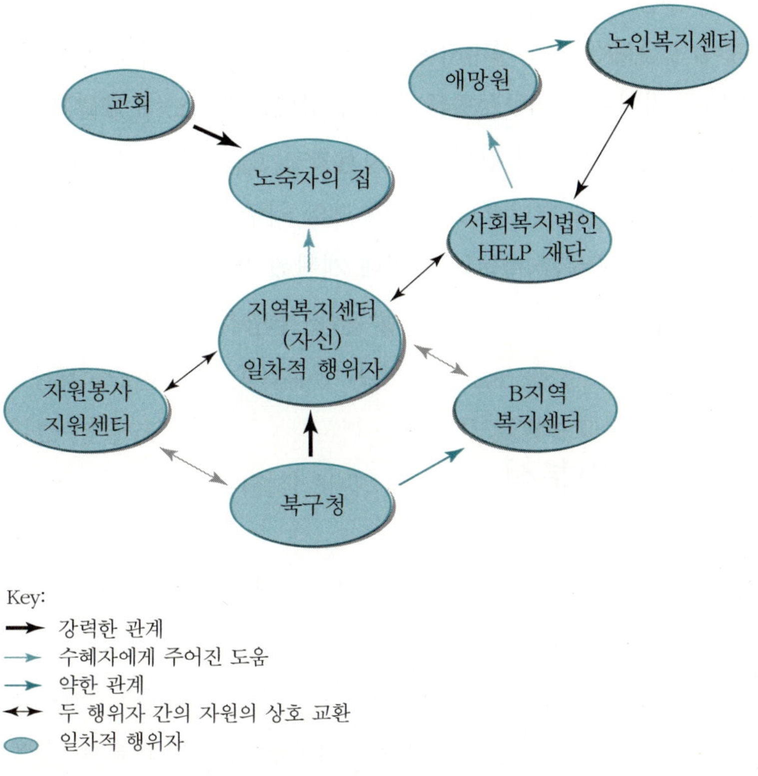

[그림 6-6] 이차적 자기연결망

출처: 지은구(2003), p. 278에서 재인용.

사하기 위해서도 종종 사용된다. 이 조직들 사이의 관계를 조사하기 위해서 물어보게 되는 전형적인 질문들로는 이용자에 대한 정보, 이용자 소개(referrals), 그리고 이용자의 교환을 다루는 항목들이 있을 수 있다.

지금까지 지역사회의 문제와 지역주민들이 가지는 욕구를 확인하기 위해 사용할 수 있는 기법을 소개하였다. 다양한 기법은 다음과 같이 분류될 수 있다. 첫째, 개개인이나 집단들이 가지고 있는 그들의 문제에 대한 그들 자신들의 인식을 알기 위해 공식적 · 비공식적 인터뷰, 그리고 현장조사 등이 사용될 수 있다. 둘째, 지역문제에 대한 공통적이고 공유된 인식을 개발하기 위해 사용될 수 있는 방법으로는 지역포럼, 대화, 명목집단기법, 그리고 델파이기법 등이 있다. 셋째, 지역에 영향을 끼치는 지역사회문제의 범위와 깊이 등에 관해 알 수 있게 해 주는 양적 접근방법으로는 구조화된 조사, 사회지표조사, 프로그램 검토, 추계, 투사, 예측조사, 시계열분석 등이 있다. 넷째, 실천가에게 물리적 공간과 개개인 사이의 관계가 지역문제에 어떻게 영향을 미치는지를 알 수 있게 도와주는 지역 지도그리기, 사회연결망분석 등이 있다.

이러한 직 · 간접적으로 지역주민의 욕구를 사정하기 위해 사용할 수 있는 분석기법들은 지역과 지역구성원들에 따라 상이하게 적용될 수 있도록 실천가들을 도와주기 때문에 지역 간의 욕구비교에 많은 도움을 준다. 사회복지실천가는 앞에서 언급한 모든 기법을 지역주민의 역량을 강화하는 데 사용하여야 하며, 그들이 지역문제를 해결하기 위해 계획된 행동으로 나아가도록 협조해야 한다.

5. 힘(권력)분석

지역 안에서 누가 힘을 가지고 있고, 누가 그것을 행사하는지는 지역사회문제 해결에 많은 영향을 줄 수밖에 없다. 따라서 지역주민이 안고 있는 문제를 확인하고 사정하는 데 힘의 관계를 사용한 분석방법은 사회복지사나 지역사회복지실천가에게 욕구문제의 해결방안을 수립하는 데 도움을 준다. 힘은 정치적 과정에서 중요한 요인이기도 하며, 다른 사람의 결정과 행동을 변화시키는 데 영향을 미친다. 따라서 정치적 · 경제적으로 제한된 힘을 가지고 있는 집단이나 개인들은 정책결정과정에서 종종 배제된다. 힘은 사회변화를 추구하는 데, 또는 변화에 영향을 미치는 데 가장 실제적이고 잠재적인 수단이 될 수 있다. 힘은 정책결정가들이 결정하는 것을 막기도 하고 수정하게 할 수도 있다. 지역사회에서 이루어지는 의사결정과정에서 힘의 역할과 힘의 자원을 파악하는 것은 지역사회문제의 해결을 앞당길 수도, 또는 지체시킬 수도 있다는 측면에서 사회복지사에게 중요하다. 힘의 결집을 위해 조직구조의 건설과 구축을 강조하는 것도 결국 조직적 역량강화가 사람들이 함께 모여서 힘을 결집시킬 수 있다는 측면에서 사회복지사에게 중요성을 내포하기 때문이다. 힘분석은 지역사회문제, 나아가 문제에 영향을 받은 사람들의 욕구를 해결하기 위해 힘의 자원을 찾고 힘의 균형적인 사용을 고취하며, 힘을 가지고 있는 집단에 영향력을 행사하여 지역사회문제를 해결하려는 실천방법이라고 할 수 있다(지은구, 2003).

1) 힘이란 무엇인가

Gerth와 Mills(1958)는 힘(power)이란 (공동의 행동에 참여해 있는 다른 사람들의 저항에 대항하는 것을 포함하는) 공동의 행동 안에서 인간이나 인간집단들이 자신의 의지를 깨달을 수 있는 기회라고 정의하였다. 이런 의미에서 본다면, 힘이란 다른 사람의 반대에도 불구하고 원할 때 원하는 것을 얻을 수 있는 능력이라고 볼 수 있다(지은구, 2003). Wrong(1979)에 따르면, 힘이란 다른 사람에 대해 의도되고 예견된 효과를 만들어 내는 어떤 사람들의 능력이다. 어떤 학자들은 힘을 교환의 매개물인 상품으로 보기도 한다. 즉, 힘을 얻고 잃음에 의존해서 소비되고 투자될 수 있는 상품이라고 바라보았다(Banfield, 1961). 그리고 Miller(1983)는 힘을 변화를 만들어 내는 능력이라고 정의하였다. 즉, 어떤 것을 A에서 B로 옮기고 또는 A의 상태에서 B의 상태로 바꾸는 것을 의미한다. 이러한 의미에서 힘은 사람의 감정이나 사고를 움직이는 것까지도 포함하기 때문에 매우 강력한 의미를 지니게 된다고 한다. Miller는 힘이 사람 사이에서의 움직임을 의미하기도 하지만, 더 큰 영역인 사회, 정치, 경제의 장에서의 움직임도 포함한다고 하였다. Miller의 관점에서 본다면, 결국 힘이란 다른 사람의 행동을 통제하고 제한하는 것을 포함하는 의미에서 보다 넓은 의미로 힘을 해석하게 되는 것을 의미한다. 즉, 다른 사람의 자원, 능력, 행동을 위한 효과성을 증진시키고 사람을 성장시키는 것들이 모두 힘의 실행에 포함되게 되며, 결국 사회화를 하고, 성숙하고, 그리고 부모, 교사, 사회복지사로서의 역할을 수행하는 사람들은 힘을 소유하고 힘을 사용한다(Hardcastle, Wenocur, & Powers, 1997). 결국, 힘이란 다른 사람의 행동을 통제하고 제한하는 것을 포함하는 변화를 만들어 내는 능력이라고 할 수 있다.

대부분의 학자는 힘과 권위를 구분하는데, 이는 Max Weber가 권위를 합법화된 힘(legitimated power)으로 정의한 것에 영향을 받은 것으로서, Weber는 권위를 조직의 CEO와 같은 특정 지위에 있는 사람들에게 자발적으로 또는 법적으로 부여된 힘이라 정의하였다. 힘과 권위의 차이점은 권위가 힘의 한 형태이긴 하지만 권위에 있는 모든 사람이 힘이 있는 것이 아니고, 힘이 있는 모든 사람이 사회체계 안에서 권위를 갖고 있지 않다는 점이다. 권위를 구성하는 자원보다는 힘을 구성하는 자원이 훨씬 다양하고 복잡하다.

2) 힘의 자원

힘의 자원은 일반적으로 돈, 상품, 서비스, 대중의 지지, 지식, 투표, 정보, 언론매체에 영향을 줄 수 있는 능력, 다른 힘이 있는 사람이나 집단들과의 연계 등을 포함한다(Haynes & Mickelson, 1991; Jansson, 1999). 힘을 구성하는 자원으로 Hardcastle, Wenocur 그리고 Powers(1997)는 전략적 정보의 통제나 접근, 경제적 자원, 힘 있는 사람과의 연결, 카리스마, 나이, 현명함, 지능 등을 지적하였다. 힘은 결정에 영향을 줄 수 있는 능력이라는 측면에서 권위와 관련이 있다. 이런 측면에서 선출된 관리, 종교지도자, 조직책임자, 특정 분야의 전문가, 대학총장 등은 힘을 가지고 있다고 볼 수 있다. 사회복지사의 힘의 자원은 전문적 지식과 기술, 복지정책이나 복지서비스체계에 대한 정보, 그리고 클라이언트의 욕구에 대한 정보 등으로부터 온다. 또한 복지수급자에 대한 자격을 결정하는 사회복지사의 역할을 통해서도 온다(지은구, 2003).

다른 사람의 삶에 영향을 미치는 결정을 뒤흔들 수 있는 능력인 권위로부터 오는 힘의 측면에서 사회복지행정가나 슈퍼바이저들은 인력을 고용하고 또는 해고하며 기관의 정책이 어떻게 수행되는지를 결정하는 권위를 가진 사람들이다. 힘은 또한 선거를 통해서도 온다고 하는데, French와 Craven(1959)은 힘의 여섯 가지 유형을 다음과 같이 정리하였다.

- **강제의 힘**: 순응하지 않는 사람이나 집단에 대해 제재를 가하는 능력
- **보상하는 힘**: 적절한 행동에 대해 혜택을 제공하는 능력
- **합법적인 힘**: 권위를 갖는 위치에서 오는, 전문적 위치에서 오는, 또는 대중의 인정에서 오는 어떤 결정을 할 수 있는, 그리고 제재와 보상을 할 수 있는 능력
- **전문적 힘**: 힘을 가지고 있는 사람이 어떤 결정을 하는 데 교육과 경험을 가지고 있다는 인정에서 오는 힘
- **관계의 힘**: 개인적인 존경 때문에 힘을 소유한 사람과 일체감을 갖기 원하는 밑에 있는 사람들의 열망이나 갈망에서 오는 힘. 결국, 힘은 존중하고 존경하는 것에서 온다고 할 수 있기 때문에 카리스마나 성격 등이 힘의 원천이 됨
- **정보의 힘**: 정보의 힘은 조직이 직면해 있는 정황, 사건이나 이슈, 사람에 대한, 또는 어떤 사실에 대해 놓여 있는 정보로부터 힘이 온다는 것을 의미함. 따라서 어떤 사람의 힘의 원천은 그가 가지고 있는 정보에 의존한다는 것을 의미함

힘은 또한 힘을 소유한 사람의 개인적 태도에서 오기도 한다. 예를 들어, 어떤 사람들은 매력적인 외모나 카리스마 또는 명성 때문에 힘을 갖기도 한다. 카리스마 있는 지도자를 따르는 사람들은 종종 그 지도자들이 어떤 결정을 하기 위한 전문성이나 정당성을 가지고 있다고 믿는다(Jansson, 1999; Mondros & Wilson, 1994). 정치가는 사회에 대한 그의 비전이나 대중에게 영향을 미치는 능력 때문에 대중의 인정과 지지를 얻는다. 또한 힘은 사회구조에서 차지한 지위에 의해서도 나타난다. Kahn(1991)에 따르면, 사회에서의 지위에 따른 힘은 부, 교육, 인종이나 성으로부터 올 수도 있다. 예를 들어, 남성은 여성에 비해, 대학을 졸업한 사람은 중학교만을 졸업한 사람에 비해서 백인은 흑인에 비해서 힘이 더 많은 것으로 인식될 수 있다.

지역사회복지실천현장에서 사회복지사는 지역사회를 기반으로 하는 집단을 조직화하는 조직사업을 통해서, 또는 기존의 지역사회복지기관이나 조직의 역량을 강화함으로써 힘을 얻을 수 있다. 따라서 지역조직화사업은 사회의 의사결정과정에서 배제되고 소외된 사람의 의사결정과정으로의 진입을 위한 의사결정의 힘과 경제적 능력, 그리고 지위를 향상시키기 위한 노력을 강조하게 된

다. 소외된 사람들이 힘을 증가시킬 수 있는 방법은 함께 모여서 상의하고 그들의 권익을 위해 요구하는 행동들이다. 따라서 함께 모인다는 것이 가장 중요한 문제이기 때문에 지역사회복지실천과정에서 지역주민을 모이게 하는 지역조직화사업이 중요하게 된다(지은구, 2003).

3) 지역사회 안에서의 힘의 구조분석

Meenaghan 등(1982)은 힘의 분석을 수행하기 위해 사용할 수 있는 질문에 대해 다음과 같이 열거하였다.

- 지역사회에서 운영되는 기업들의 본질은 무엇인가(무엇을 위해 어떤 사업을 운영하고 있는가 등)?
- 지역사회에서 운영되는 기업들의 형태는 어떤 것들이 있는가(얼마나 많은 기업이 있으며, 공장은 몇 개가 있는가 등)?
- 지역사회의 정치적 특성이나 전통은 무엇인가? 영향력 있는 개인이나 집단들이 분명한 정치적 관점을 나타내고 있는가?
- 지역사회의 인구구성은 어떻게 이루어져 있는가? 명백한 계급적 구분이 존재하는가? 인종이나 문화의 다양성이 존재하는가?
- 지역사회 안에 다양한 집단들 사이에 얼마만큼의 갈등이 존재하는가? 지역사회 안에 정치적 · 경제적으로 힘이 있는 집단이 존재하는가?
- 어떤 힘의 자원들이 다양한 집단과 연관이 있는가?

이와 같은 질문들은 동질성 있는 집단과 이질적인 집단을 구분하는 데 유용하게 사용될 수 있다. 즉, 같은 인종에 속하고 사회계급적 구분에서 차이를 가지고 있지 않은 집단들이 있는 지역에는 갈등이 적게 존재할 수 있다. 이러한 지역에 거주하는 주민은 서로 비슷한 관심과 가치를 공유하게 된다. 인종이나 계급의 차이 등은 갈등을 증진시킬 수 있는 요인을 제공한다. 이러한 질문들은 소수 엘리트에 의해서 지역이 통제되는지 아닌지를 구별할 수 있게 해 준다.

지역사회 안에 형성된 힘의 구조를 이해하기 위해 이익집단의 상호 행동에 대해 살펴볼 필요가 있다. 이익집단은 공통의 이익과 관심을 가지고 있는 집단이기 때문에 공동의 욕구와 목적을 가지고 있는 경우가 대부분이다. 예를 들어, 담배회사들은 담배가 마약으로 분류되지 않게 하기 위한 공동의 노력을 모색하게 될 것이다. 학자들은 정책이나 의사가 어떻게 결정되는지 등의 결정구조를 살피기 위해 이익집단에 대한 분류를 시도하여 크게 네 가지의 모델을 제시하고 있는데, 첫째 엘리트주의 이익집단, 둘째 다원주의 이익집단, 셋째 공공선택 이익집단, 그리고 신엘리트주의 이익집단모델이다(Dye, 1998; Heffernan, 1979).

(1) 엘리트주의 이익집단모델

C. W. Mills(1956)가 발전시킨 이론으로, 소수의 집단 또는 엘리트가 정책을 결정한다고 하는 결정과정에 대한 모델을 근거로 한다(지은구, 2003). Mills에 따르면, 엘리트란 사회 상층에 있는 사람들로서 그들 스스로가 서로를 알고 사회적으로, 사업에서 그리고 결정을 하는 데 서로를 고려하는 집단이다. 엘리트 집단은 종종 같은 대학에 다니고, 그들 간에 결혼을 하기도 하며, 이사회 이사로서 함께 일하기도 한다. 따라서 그들은 정치적 문제에서 비슷한 시각을 공유하게 된다(Hardina, 2002). 힘의 구조의 측면에서 보면, 엘리트주의는 지역의 엘리트들이 의사를 결정한다. 엘리트주의 지역에서 의사결정은 특수 사회계급이나 집단들(대부분의 경우 부유 계층이나 전문직위)에 한정된다. 그리고 대부분의 경우 소수의 주요 사람들만이 모든 중요한 결정에 개입한다. 지역엘리트주의의 구성원들은 다른 집단들로부터 유리되어 있고, 종종 지역의 욕구를 인지하는 데 실패하기도 한다. 자신들이 가진 힘의 자원에 의해서 사회변화에 영향

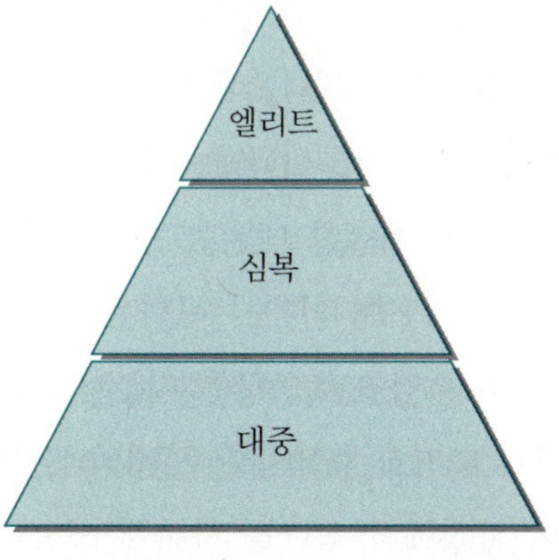

[그림 6-7] 엘리트주의 이익집단모델

출처: 지은구(2003), p. 292에서 재인용.

을 미칠 수 있는 집단들은 힘의 구조를 바꾸는 것을 꺼려 하거나 동의하지 않게 된다. 대부분의 시민은 정치적으로 개입하는 것을 꺼려 하거나 엘리트 집단과 대화를 하는 데 문제를 가지고 있으며, 지역이 안고 있는 문제에 대한 정확한 정보를 얻는 것에 어려움을 가지고 있다. 따라서 일반대중은 변화가 가능하지 않다고 인식한다.

엘리트주의모델의 기본가정은 엘리트집단의 구성원들이 모든 결정을 통제한다는 것이다(Dye, 1998; Heffernan, 1979). 엘리트집단은 사회를 구성하는 대부분의 사람과는 거의 의사소통을 하지 않으며, 따라서 자신들만의 이익을 위한 결정을 하게 된다. 대중과의 대화는 엘리트집단의 심복 또는 추종자들의 집단을 통해서 이루어지는데, 이 심복들은 일반적으로 정부 관료나 전문직업층에 있는 사람들로 구성된다. 엘리트주의모델을 따르는 지지자들은 사회복지사가 엘리트들이 대중을 통제하기 위해서 사용하는, 또는 수행하는 결정이나 정책 또는 법률이나 제도 등을 돕기 위해 중개자로서 역할을 할 수 있다(Burghardt & Fabricant, 1987). 이 모델에 따르면, 지역사회복지체계는 엘리트들이 정치적 반대자를 통제하기 위해 만들어 놓은, 그리고 낮은 소득의 사람들의 작업행동양식을 규제하기 위해 만들어 놓은 하나의 과정이 된다(Piven & Cloward, 1971).

(2) 다원주의 이익집단모델

다원주의모델은 정책결정이나 의사결정이 이익집단들 사이의 협상이나 조정을 통해서 이루어짐을 강조한다. 또한 다원주의모델은 정책결정과정이 이익집단들 사이의 갈등에 의해서 그 성격이 규정된다고 가정한다(Heffernan, 1979). 따라서 이익집단들은 그들이 선호하는 정책이 정책결정과정에서 선택될 가능성을 증가시키기 위해서 행동하게 된다. 이 모델에 따르면, 각각의 이익집단들은 다양한 이익, 가치 및 목적을 가지고 있는데, 그들의 힘의 자원을 증대시키기 위해서 다른 이익집단들과 제휴를 형성할 수 있다. 그러나 이 제휴는 일시적일 수 있는데, 이는 일단 제휴에 의해서 목적된 바가 성취되고 나면 각각의 집단들은 서로 다른 각각의 이익을 추구하기 때문이다(Hardina, 2002).

다원주의모델은 정책이 다양한 이익집단 사이의 경쟁을 통해서 만들어진다고 가정한다. 정부는 이 과정에서 집단들 사이에 타협을 할 수 있도록 촉진시키는 역할을 수행할 수 있으며, 타협은 본질적으로 점진적이고, 이전 정책에서의 약간의 변화를 나타내는 정책결정을 결과한다고 한다. 이는 Lindblom

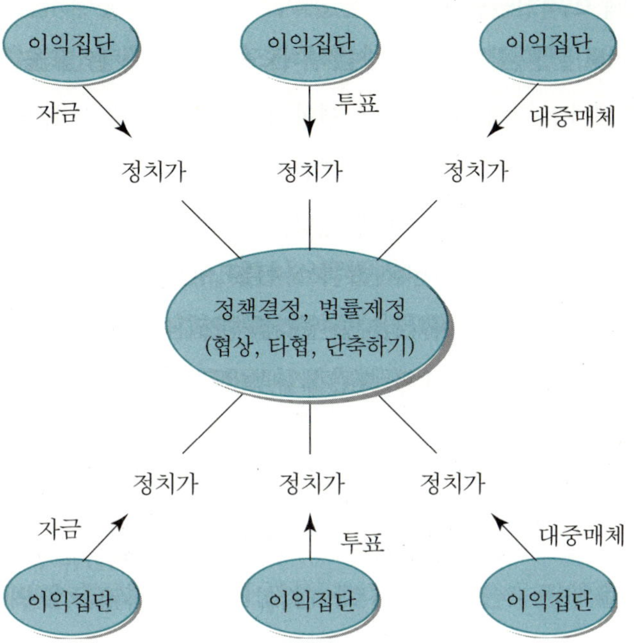

[그림 6-8] 다원주의 이익집단모델

출처: 지은구(2003), p. 293에서 재인용.

(1959)이 제시한 점진주의적 결정 수립과 일치하는 것이라고 볼 수 있다. 이익집단들 사이의 점진주의적 결정은 이익집단들이 큰 규모의 변화에 동의할 수 없기 때문에 나타나는 현상이라고 볼 수 있다. 이익집단들은 그들 각각이 어떤 특정한 정책을 가지고 특정 수준의 만족을 얻기 위하여 노력한다. 이러한 과정을 Lindblom은 '만족하기' 라고 불렀다. 이는 결정을 하는 데 있어 최상의 결정을 하거나 가장 좋은 결정을 할 수 없다면 결국 만족할 수 있는 수준에서 결정을 한다는 것을 의미한다. 한 이익집단은 어떤 일부분의 결정에는 만족할 수 있지만 또 다른 결정의 내용에는 만족하지 않을 수도 있다. 따라서 결정은 이익집단 모두가 만족할 수 있는 최선의 수준에서 이루어지게 된다(지은구, 2003).

다원주의모델은 어떤 집단은 다른 집단보다 어떤 결정에 영향을 미칠 수 있는 더 많은 자원과 더 많은 힘을 가지고 있다고 전제한다. 이익집단은 투표권을 가지고 투표에 영향을 미침으로써 정치적 힘을 얻을 수 있고, 선출된 관리들에게 정치자금을 지원함으로써 그들이 후에 특정한 문제에 대해 집단의 이익을 위해 지지할 수 있게 한다(지은구, 2003).

(3) 공공선택 이익집단모델

공공선택(public choice)모델은 개인이나 집단들이 자신이 선호하는 결정을 하기 위해 화폐자원(구매력), 미디어 영향력, 정치적 결정을 획득할 수 있는 득표(득표력) 등을 사용한다는 것을 전제한다. 따라서 공공선택모델은 구매력이 있는 사람이나 집단이 상품 선택에 영향력을 행사할 수 있는 것과 같이 정치적 · 경제적 능력이 있는 집단이 결정을 한다는 것을 강조한다.

공공선택모델은 고전경제학이론의 영향을 받아 성장했는데, 이는 자본주의 사회에서 가장 적절한 재화와 서비스의 분배는 시장의 보이지 않는 자유로운

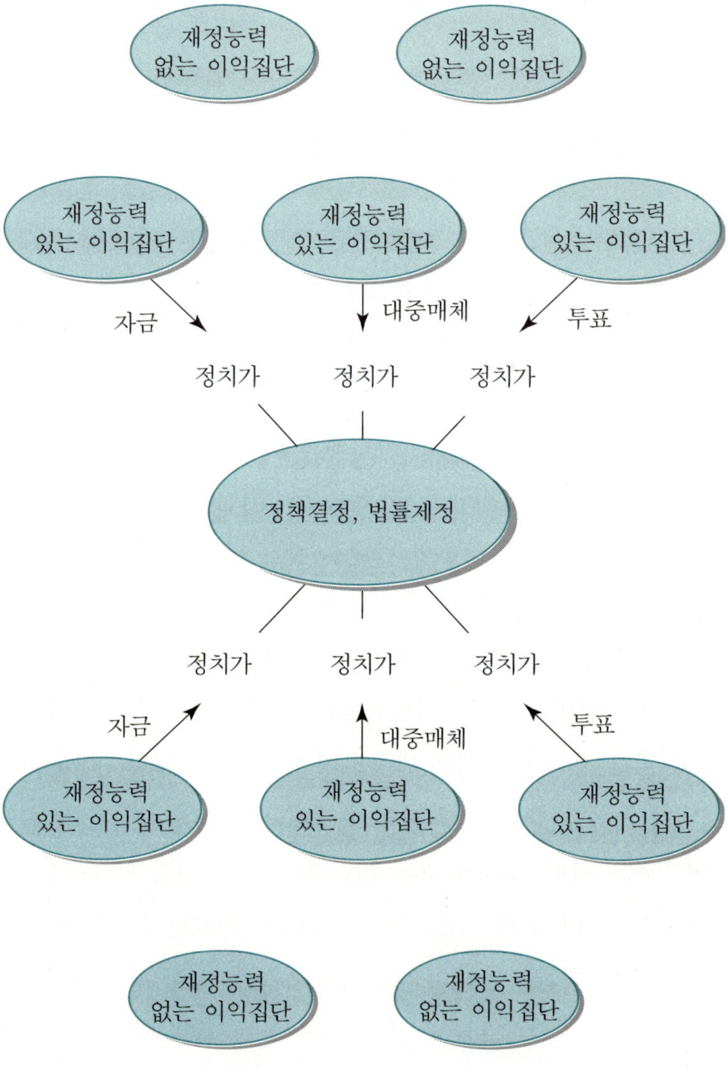

[그림 6-9] 공공선택 이익집단모델

출처: 지은구(2003), p. 295에서 재인용.

손 또는 경제적 행위에 대한 탈규제를 통해서 이루어진다는 것이다. 공공선택모델의 기본가정은 선호하는 정책결정에 투자하기를 원하는 의지나 자원을 가진 사람들은 영향을 미치는 것이 자유롭다는 것이다. 따라서 힘 있고 돈 있는 개인이나 집단들은 자신이 선호하는 결정을 얼마든지 행할 수 있다는 것을 의미한다. 이는 자유시장경쟁이론이 갖는 논리적 취약성인 사회적 대립관계에 대한 분석에서 취약성을 갖게 한다. 다시 말해, 고전경제학이론가들이 주장한 것처럼 정책개발에서 공공선택모델이 시장에서 배제되는 소외된 개인이나 집단, 배제된 빈민들이나 소수집단들의 행동을 적절히 나타낼 수 없다는 것을 의미한다. 결국 결정에 영향력을 행사할 정도의 정치적 · 경제적 · 사회적 힘이나 자원이 의사나 정책의 결정에 가장 중요하다는 것을 나타내 준다(지은구, 2003).

또한 공공선택모델은 모든 정치적 행동가들이 그들의 이익을 최대화하는 방식으로 행동한다는 것을 전제한다(Dye, 1998). 다시 말해, 정치가는 일차적으로 득표를 최대화하는 것과 선거운동 조력자를 확보하는 것에 관심을 갖는다. 개별적인 선거운동 조력자들은 그들을 위한 특별한 혜택이나 특권을 원하고, 이익집단들은 구성원들에게 혜택을 가져다주는 재화나 서비스를 획득할 수 있는 힘을 최대화하는 것에 관심을 둔다는 것을 의미한다.

(4) 신엘리트주의 이익집단모델

신엘리트주의 이익집단모델은 특정 집단만이 정책을 결정하는 과정에 개입하여 결정을 한다는 것을 강조한다. 따라서 신엘리트주의모델은 비록 모든 집단이 결정을 할 수 있지만, 한편으로 모든 집단이 같은 결정을 할 수는 없다는 것을 전제한다. 다시 말해, 어떤 집단은 결정과정에서 배제되어 있기도 하다는 것을 의미한다. 그러나 이러한 배제는 엘리트집단의 고의적인 음모에 의해서 일어나지는 않는다고 본다. 대신에 이러한 배제는 결정에 참여할 수 없게 만드는 제도적 장벽이 만들어지기 때문이라고 강조한다. 예를 들어, 모든 사람들이 투표를 하기 위해서는 이사를 할 때마다 지역주민센터에 등록을 하게 하는 제도적 틀이 이사를 자주 다니는 빈민에게는 투표를 못하게 하는 제도적 장벽이 될 수 있으며, 결과적으로 빈민이 중상층보다 투표할 수 있는 기회가 더 제한된다(Piven & Cloward, 1977). 또한 투표소에 장애인이 접근할 수 있는 시설이 제대로 갖추어져 있지 않다면 마찬가지로 장애인은 접근을 방해하는 장벽 때문에 투표할 수 있는 기회가 더 제한된다. 신엘리트주의모델은 사회변화는 엘

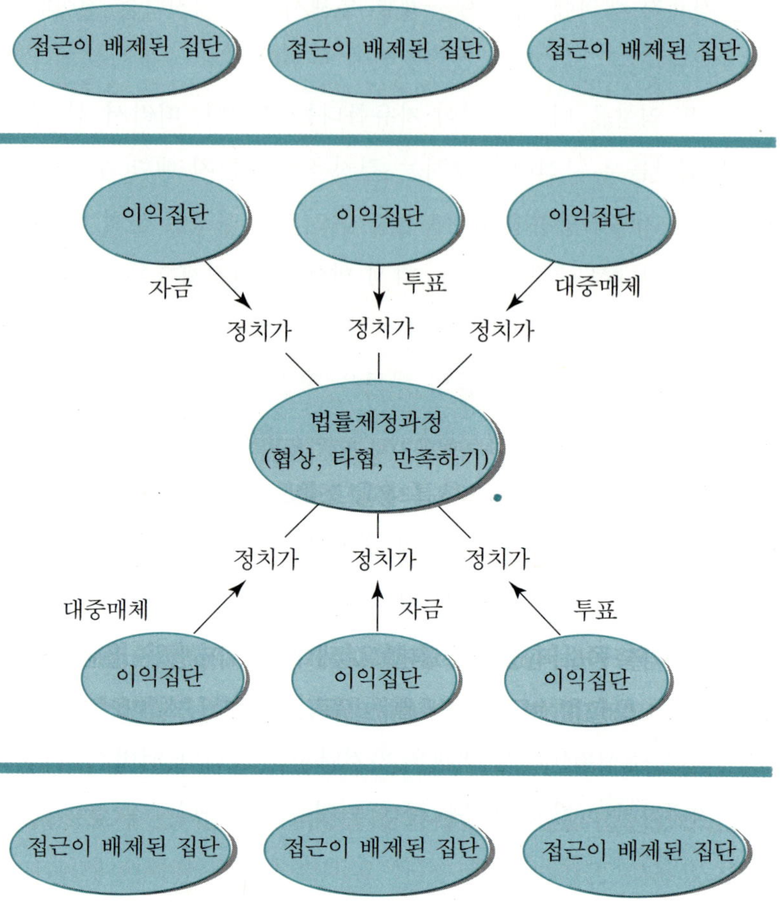

[그림 6-10] 신엘리트주의 이익집단모델

출처: 지은구(2003), p. 296에서 재인용.

리트들의 경제적 원조에 의해서 가능하다고 전제한다(Panitch, 1977). 따라서 이 모델에 따르면, 화폐자원이나 구성원들의 동원력 등이 사회운동의 발전에 영향을 미치는 중요한 요소가 된다.

4) 집단의 힘을 측정할 수 있는 기법

사회행동캠페인을 계획하기 위해서 사회복지사들은 어떻게 집단들이 상호 행동하는지를 조사하는 것이 중요할 수 있다. 이 조사를 위한 기법은 지역수준에서 힘을 분석함으로써 가능하기도 하고, 정부의 정책결정을 살펴봄으로써도

가능하다(지은구, 2003). Meenaghan 등(1982)에 따르면, 집단들 사이의 상호 관련된 힘의 자원을 확인할 수 있는 두 가지 접근방법 또는 기법이 있는데, 그중 하나는 논쟁분석(issue analysis)이고, 다른 하나는 지위접근(positional approach) 분석이다. 즉, 조사자(사회복지사)는 이 두 가지 유형을 통해서 어떤 집단이 정책결정에 어느 정도의 영향력을 행사할 수 있는지를 알 수 있게 된다.

(1) 논쟁분석

논쟁분석은 조사자가 특정 집단구성원이나 대중이 관심이 있는 4~5개의 논쟁거리를 확인하는 것을 필요로 한다. (논쟁거리에 관한) 정보는 지역주민과의 인터뷰, 대중매체보고서, 그리고 공청회 등을 통해서 확보될 수 있다. 일단 논쟁이 확인되면 조사자는 각각의 논쟁거리에 영향을 미치는 중요 정책결정자들을 확인해야 한다. 만약 주요 결정자들이 논쟁거리에 따라 다양하다면 결정구조는 다원주의적으로 이루어질 것이다. 그리고 만약 주요 결정자들이 대부분의 논쟁거리에 연관이 있다고 한다면 그 지역은 엘리트주의 결정구조를 가지고 있다고 볼 수 있다.

(2) 지위접근분석

지위접근분석은 조사자가 의사나 정책결정과정에 연루되거나 연관이 있는 모든 조직을 목록화하는 것을 요구한다. 다음에 조사자는 목록에 이름이 올라간 조직들의 지도자들을 확인해야 한다. 그러면 한 지도자가 여러 조직에 동시에 지도자로 이름이 올라가 있는지 확인할 수 있다. 예를 들어, 어떤 사람은 다양한 조직의 이사회에 동시에 이름이 올라가 있을 수 있다. 만약 조직들에 이름이 올라 있는 지도자가 여러 조직에 동시에 연관이 있다고 한다면 결정구조는 엘리트주의 결정구조일 가능성이 있으며, 만약 조직들에 이름이 올라 있는 지도자들이 겹치지 않고 다양한 사람들로 구성되어 있다면 정책결정은 다원주의 결정모델일 가능성이 있다는 것을 의미한다. 또한 편중되지 않은 다양한 남녀의 성비구조나 인종의 구조 또한 다원주의 결정모델일 가능성이 있다는 것을 의미한다(Hardina & Malott, 1996).

집단들의 상호 행동은 다음의 지침에 따라 조사될 수 있다(Hardina, 2002). 첫째, 집단이 다양한 이슈를 다루고 있는지 본다. 그리고 집단이 전형적으로 한 이슈를 반대하고 있는지 살핀다. 둘째, 결연 상태에 있는 회원의 수가 이슈가 바뀔 때마다 일정한지 살핀다. 셋째, 집단구성원의 인구통계학적 특성을 살핀다. 성, 인종, 사회적 계급, 종교, 정당 가입 여부 등을 조사한다. 넷째, 참가자들이 소외된 집단의 구성원인가 또는 정치 · 경제 · 사회적으로 엘리트 집단의 구성원인가를 확인한다. 다섯째, 결정이 소규모 개인이나 집단에 의해서 이루어지는지, 또는 다양한 이익을 대변하는 다양한 집단에 의해서 이루어지는지를 확인한다. 여섯째, 마지막 결정이 갈등에 의해서 이루어지는지 살핀다. 그리고 이슈에 따른 명백한 승리자와 패배자가 있는지 본다. 일곱째, 결정이 협상이나 조정을 통해서 이루어지는지 본다. 또한 결정에서 특정집단의 선호가 표현되는지도 살핀다.

요약하면, 지역사회 변화를 위해서 지역사회복지실천가는 정책결정가에게 영향을 미치는 정보, 지식, 직업적 지위 등과 같은 힘의 자원(power resources)을 사용해야 한다. 지역조직에 참여하는 주민의 수 역시 결정 변화에 영향을 끼치는 중요 변수가 된다. 그리고 지역사회복지실천가는 힘의 분석을 통해 지역이 어떠한 결정구조를 가지고 있는지, 그리고 집단이 정책 결정에 영향을 끼칠 것인지 아닌지를 평가해야 한다. 또한 이익집단들이 어떻게 상호 행동하는지도 실천가가 반드시 이해해야 하는 부분이다.

6. 법안분석

1) 법안분석의 정의

지역사회가 안고 있는 문제를 확인하고 사정하며 해결하기 위해 힘의 분석과 함께 사용할 수 있는 분석방법으로 법안분석이 있다. 법안분석은 지역주민의 복지에 영향을 미치는 특정한 법이 입안되고 실행된다고 전제하였을 때 당연히 그 법안의 내용과 지역복지실천과의 관련을 비롯한 다양한 이슈가 등장하게 된다는 것을 전제로 한다. 특정 법안을 지지하거나 반대하는 행동들은 그 법안이 지역주민의 삶의 질에 영향을 미칠 수 있는 경우, 사회복지사가 법안의 내용과 입안과정 등에 관한 분석을 통해 그 영향이 어떻게 진행될 것이며, 그 구체적인 내용이 무엇인지를 밝히는 것과 그 법안의 입안 초기부터 관련된 인사들과 입법 배경 등에 관한 정보에 근거해서 지지, 내용 수정 또는 거부 등의 로비활동을 펼칠 수 있는 근거를 제시하기 때문에 지역사회복지실천을 위해 중요하다고 볼 수 있다(지은구, 2003).

지역사회복지실천모델 중 사회행동실천모델에서 지역사회복지사가 사용할 수 있는 전술 중의 하나로 로비를 들 수 있는데, 로비를 하는 과정은 지역사회가 해결해야 하는 문제를 확인하고 사정하는 데 중요하며, 특히 문제를 사정하기 위해 필요한 중요한 구성요인이라고 볼 수 있다. 사회복지사는 때때로 지역사회의 문제를 해결하기 위해, 문제 해결을 위한 법안을 청원하기도 하고 특정 정치집단이나 정당 등에 지역사회문제의 해결책을 포함할 수 있는 법률의 입안과 제정을 위해, 또는 지역사회의 이익에 부합하지 않는다고 판단하는 입안의 저지를 위해 로비활동을 벌이게 된다. 법안에 영향을 주기 위하여 법의 내용, 법안의 결정을 위해 이루어진 특별한 절차들, 그리고 입안된 법안의 현재 위치(현재 어디에 계류 중인가) 등을 알아야 하는 것은 기본이다. 이와 더불어서 법안의 내용에 영향을 줄 수 있는 입안가 개개인 또는 집단에 돌아갈 수 있는 이익, 힘의 자원들을 확인하는 것도 또한 중요하다. 따라서 지역사회의 욕구를 해결하고, 나아가 지역사회문제를 해결하는 데 법률의 입안과정과 절차 법률을 둘러싼 힘의 관계, 그리고 법률의 내용 등을 분석하는 법안분석은 중요하다고 볼 수 있다(지은구, 2003).

2) 로비활동

로비는 개개인이나 이익집단이 어떤 이슈에 대해 개개인의 입장이나 집단의 입장을 수용하도록 선출된 관리나 다른 정책결정가를 설득하기 위해 시도하는 과정이다(Hardina, 2002). 조직가를 포함한 지역사회복지실천가는 기관에서 전방에 있고 기관을 관리 · 감독하는 사람으로서, 또는 지지조직이나 이익집단들의 구성원으로서 로비를 자신의 임무의 한 부분으로 간주할 수 있다(Ezell, 1991; Haynes & Mickelson, 1991; Pawlak & Flynn, 1990).

사회복지실천가는 종종 법안의 특정 부분을 지지하거나 반대하는 입안가(법안을 제정하는 사람)를 접촉하기도 한다. 또한 실천가는 조직의 클라이언트들에게 혜택이 되는 특정 프로그램에 대한 재정자원을 증가시키거나 유지하기 위해 입안가와 접촉하기도 한다. 특정 이슈에 대해 입안가에게 영향을 미칠 수 있는 방법들로 입법가 사무실에 편지쓰기, 전화걸기, 방문하기 등을 들 수 있으며, 팩스나 인터넷 등을 이용해서 입안가에게 접촉을 시도할 수도 있다. 로비활동가로서 지역사회복지실천가는 법률 입안에 영향을 미치는 지역구 국회의원, 정당 대표, 관련 부처 장 · 차관, 국회의장, 나아가 대통령과의 접촉도 시도해서 그들과 만날 수 있다(지은구, 2003).

현실적으로 대부분의 비영리를 목적으로 설립된 지역사회복지조직은 재원에 있어 제한을 가지고 있기 때문에 로비활동에도 재정적 제한을 갖게 된다. 예를 들어, 미국과 같은 경우 비영리조직은 로비활동을 위해 모금된 재원의 20%를 넘어서 지출하지 못하도록 하고 있다(Chisholm, 1987). 모든 법안은 일련의 사전에 결정된 입법절차에 따라서 움직인다. 이 과정에서 많은 단계를 거치기 때문에 입법안을 위해 로비활동을 할 수 있는 기회가 존재하게 된다. 만약 로비활동가가 입안된 법률이 어디에 계류 중인지를 안다면 법안의 내용에 변화를 주기 위한 압력을 행사할 수 있는 정책결정가를 선택할 수 있게 된다. 어떻게 가장 효과적으로 특정 법안과 관련된 결정에 영향을 미칠 수 있는가를 결정하기 위해서 Hardina(2002)는 로비활동가들이 다음의 사항에 주목해야 한다고 하였다.

- 결정과정을 알려 주는 법률입안절차
- 법안이 도착하게 되는 입법과정의 단계
- 법안의 후원자
- 법안의 동조 후원자 또는 다른 지지자
- 법안을 토의하는 입법위원회 및 위원회의 위원장
- 법안에 반대하는 입법가
- 과거 비슷한 이슈에서 입안가가 어느 쪽으로 투표하였는지(법안이나 법안의 내용에 대해 찬성했는지 또는 반대하였는지)
- 법안을 지지하는 이익집단뿐만 아니라 반대하는 이익집단
- 앞서 제시한 이익집단들에 동조하는 동조세력이나 이익집단과 입안가의 동맹관계
- 개개 입안가들의 기득권
- 로비활동가와 입안가 사이의 연계로서 활약할 수 있는 법안 관련 직원(예, 국회의원 보좌관 등)

이와 같은 사항들과 관련된 대부분의 정보는 이익집단이나 입안자료들을 통해 얻을 수 있다. 법안과 관련한 개개 입안가들의 기득권과 관련한 정보는 때때로 알아내기 어려울 수도 있으나 법안의 내용이나 해당 입안가에게 선거운동기간에 이루어진 기부금에 대한 분석을 통해서, 또는 해당 정치가의 가족관계망, 친구, 사회관계망, 과거 경력, 정치적 동지 등에 관한 정보를 통해서 알아낼 수 있다. 대부분의 정치가는 득표와 정치자금을 위한 욕구를 가지고 있기 때문에 이를 적절히 활용하면 지역주민의 욕구에 영향을 미치는 로비활동을 펼칠 수 있다(Hardina, 2002; Jansson, 1999; Richan, 1996).

3) 법안분석의 두 유형

효율적으로 로비활동을 수행하기 위해서 필요한 기본적 정보를 얻어 내는 것과 더불어 계류 중인 법안에 대한 사정을 수행하여야 할 필요성이 제기된다. 이러한 사정은 대중에게 정보를 제공하기 위해서, 그리고 어떻게 법안이 형성되었는지를 알기 위해서 사용된다(Dye, 1998; Gil, 1998). 법률 내용과 과정에 대한 공식적 사정을 수행하기 위해서 사용할 수 있는 두 가지 유형의 분석방법이 있는데, 하나는 내용분석이고 다른 하나는 과정분석이다(Hardina, 2002).

(1) 내용분석

분석가는 법안의 부분 부분의 내용을 평가해야 한다. 분석은 또한 '로비활동가, 그리고 로비활동가를 고용한 고용주의 목적과 일치하는가?'가 중요하다. 그리고 분석가는 정부정책이나 법안이 수행되기 전에 내용분석을 행해야 한다.

(2) 과정분석

분석가는 법안과정을 조사해야만 한다. 법률제정가가 어떻게 투표할 가능성이 있는지, 법안이 수용될 것 같은지, 누가 지지 또는 반대할 것인지 등을 아는 것이 중요하다. 법률과정을 분석하기 위해서는, 첫째 누가 어떻게 어떤 결정에 영향을 미쳤는지에 대한 사적 조사(historical study), 둘째 이익집단들 사이의 행동에 관한 현재 조사, 셋째 결정에 영향을 미치는 제도적 과정에 관한 조사가 포함될 수 있다.

Flynn(1992)과 Heffernan(1979)에 따르면, 지역사회복지실천가는 결정과정에 관련된 집단들을 살펴볼 때 집단들이 원하는 정책 변화를 얻기 위해서 그들의 힘이나 영향력을 어떻게 사용하는가에 일차적으로 관심이 있다. 이익집단들 사이의 행동에 관한 현재 조사와 누가, 어떻게, 어떤 결정에 영향을 미쳤는지에 대한 사적 조사 모두 결정과정에 개입된 이익집단들, 정치지도자의 역할, 이슈에 대한 그들의 입장, 그리고 결과에 영향을 미치게 하는 전략과 전술에 관심을 갖는다. 그리고 변화를 위한 지지자와 반대자의 힘의 자원을 분석하는 것은 기본이다. 역사, 문화, 경제, 그리고 사회적 경향이나 추세도 이슈가 대중의 주의를 어떻게 끌게 되는지, 그리고 어떻게 법률과정을 통해서 성공적으로 표출되었는지를 설명해 주는 단초를 제공한다.

결정에 영향을 미치는 제도적 과정에 관한 조사는 정부가 설립해 놓은 절차나 규칙과 같은 제도적 구조를 조사한다는 것을 의미한다(Warren, 1971). 그리고 규칙들은 선거운동을 위해 만들어져 있는 것들이나 법안의 승인, 수정, 그리고 소개 등을 포함한다(Haynes & Mickelson, 1991). 또한 지역사회복지실천가들은 대중이 문제를, 정책을, 그리고 최종적인 정책 결정을 이끈 가치나 선호를 어떻게 바라보는지에 대해 알 필요가 있다. 또한 정책이 담고 있는 재정적 함의나 재정에 대한 대중의 인식 역시 중요하다. 예를 들어, 대부분의 세금 납부자들인 대중은 정부의 예산 부족을 줄이는 것에 관심이 있을 것이고, 과밀학급을 해소하기 위해 세금을 더 부담해야 하는 것에 동의할 수 있기 때문이다. 과정분석은 다음의 요인들에 대해 지적해야 한다(지은구, 2003).

- 법안이 나타내는 이슈 또는 문제를 대중은 어떻게 인지하게 되었는가?
- 어떤 제도적 과정 또는 규칙들이 법률과정을 촉진시키는 데 사용되었는가?
- 특정한 부분의 법률 및 제안된 정책을 누가 후원하였는가?
- 법안을 지지한 개인, 이익집단 그리고 입법가는 누구였는가?
- 누가 법안을 반대하였는가? 법안을 거부하는 데 그들은 어떤 힘을 가지고 있는가?
- 법안을 지지 또는 반대하는 개인, 이익집단 그리고 입법가에게 자금을 제공한 사람은 누구인가?
- 법률과정에 개입된 입법가, 그리고 이익집단들의 이데올로기와 가치는 무엇인가?

- 가치가 이슈에 대한 집단의 입장, 그리고 입법가의 입장에 어떠한 영향을 끼쳤는가? 가치가 법안에 반대하는 개개인이나 집단과 어떻게 협상하고, 교섭하는 그들의 능력에 어떻게 영향을 미쳤는가?
- 결정과정에서 영향력을 행사하기 위해서 집단이나 입법가가 사용한 전략과 전술은 무엇인가?
- 어떤 환경 요인들(경제, 사회, 문화 그리고 역사적 영향)이 결정에 영향을 미쳤는가?
- 누가 최종 결정을 하였는가? 결정의 권한을 가지고 있는 소집단에 의해서 결정이 이루어졌는가? 또는 개개인이나 이익집단 사이에서 협상과 교섭을 통해서 이루어졌는가?
- 정책과정에서 누가 승리자고 누가 패배자인가? 새로운 법안에 기초한 정책에 의해서 누가 가장 혜택을 보는가? 새로운 정책에 의해서 누가 자원과 지위를 잃게 되는가?

결론적으로, 법안분석은 사회복지실천가에게 중요한 지역사회복지실천을 수행하기 위한 도구다. 즉, 법안분석은 실천가에게 어떤 법안이 그들의 지역주민이나 집단의 복지에 결정적인지, 그리고 누구에게 로비할 것인지를 결정하는 것을 허락한다. 또한 법안분석은 마지막 법안의 내용을 아는 데도 도움을 준다. 인터넷 등의 사용을 통해서 실천가는 좀 더 빠르고 쉽게 법안과 관련된 사항들에 대한 정보를 얻을 수 있으며, 또 그 정보를 구성원이나 주민에게 알릴 수 있다(지은구, 2003).

7. 정치분석

우리나라에서는 사회복지를 전공한 정치가들(사회복지를 전공한 관료들은 있지만)이 많이 배출되지 않고 있고, 사회복지사가 선거를 위해 정치에 개입하는 경우가 외국에 비해 상대적으로 낮기 때문에 선거정치로의 참여를 통한 지역욕구의 해결이라는 측면이 상대적으로 소홀히 대접받고 있는 것이 현실이다. 하지만 선거정치로의 참여를 통한 지역욕구의 해결은 현실적으로 실현 가능성이 매우 큰 실천 영역이고, 앞으로 참여가 두드러지게 증대될 가능성이 큰 영역이기 때문에 매우 중요한 부분이라고 할 수 있다(지은구, 2003).

선거정치(electoral politics)로의 참여는 지역사회복지실천 영역에서 특히 사회행동실천모델과 깊은 연관을 맺고 있다고 볼 수 있다(Rose, 1999; Fisher, 1995; Haynes & Mickelson, 1991; Mahaffey & Hanks, 1982). 선거작업은 입후보자를 당선시키기 위해 필요한 힘의 자원을 확인할 수 있는 분석적 기술을 필요로 한다. 이러한 분석은 우리가 선거전략을 계획하는 것을 도와주기도 하며, 가능한 결과를 예측하는 것을 도와주기도 한다.

선거의 참여를 통한 선거정치가 지역사회복지실천과 어떠한 관계가 있는 것인가에 대한 문제제기는 곧 우리가 선거정치를 통해서 무엇을 이룰 수 있는가에 대한 질문과 일맥상통한다고 볼 수 있으며, 투표자가 결국 그 지역주민이기 때문에 지역주민의 욕구를 적절히 해결하기 위해서 투표는 중요하게 작용할 수 있다는 점이 강조될 수 있다.

학자들의 연구에 따르면, 미시사회복지실천 영역에서 활동하는 사회복지사들보다 거시사회복지실천 영역에서 활동하는 사회복지사들이 정치에 훨씬 더 개입되어 있다(Ezell, 1991; Hardina, 1995; Mary, Ellano, & Newell, 1993; Pawlak & Flynn, 1990; Reeser & Epstein, 1990). 정책가, 행정가, 지역사회복지실천가, 또는 조직가들은 법률 결정과정에 영향을 미치기 위해서 정치에 개입할 가능성이 있다. 행정가나 조직가들은 자신의 조직을 위한 자원을 더 많이 확보하기 위해서 로비활동을 행하기도 하며, 지역실천가는 종종 사회변화 노력을 촉진시키기 위해서 법안이나 법안의 승인을 획득하기 위해서 노력한다. 미국 사회복지사협회 회원들을 대상으로 한 설문조사에 따르면, 사회복지사는 정치캠페인에 돈을 기부하고, 후보자를 지지하기 위해 서명하고, 대중집회에 참석하는 행동들에 대한 조사에서 이러한 행동들 중 두 개 이상의 행동에 약 84%의 응답자들이 개입하였다고 대답했다(Reeser & Epstein, 1990). 그리고 Hardina(1995)의 조사에 따르면, 캐나다에서 일하는 사회복지사들 중 68%가 정치행동에 개입한 적이 있다고 대답하였다.

이와 같은 조사들은 사회복지사가 정치적 행동에 많은 관심을 가지고 있으며, 일반대중보다 정치에 더 관심을 갖고 행동에 직접 참여하고 있음을 보여준다. 사실 선거캠페인에 대한 참여는 선출된 관리가 사회복지의 가치를 지원하는 법안을 지지하도록 하는 하나의 중요한 방법이 될 수 있다. 즉, 특정 시·도의원 또는 지역구 국회의원을 지지함으로써 그들이 사회복지의 가치를 지원할 수 있는 행동을 하도록 하는 것이 지역사회의 문제 또는 지역사회복지의 토대 구축과 자원의 활용이라는 측면에서 대단히 중요한 부분이 될 수 있다. 따라서 사회복지사는 정당이나 특정 후보에게 돈을 기부할 수 있으며, 후보자의 연설회에 참여할 수 있고, 적극적으로 정당활동을 펼칠 수도 있다. 사회복지사는 보다 적극적으로 특정 후보를 위한 선거운동원으로 활동할 수도 있고, 선거캠프의 직원으로 활동할 수도 있으며, 자신이 직접 선거에 출마할 수도 있다(지은구, 2003).

결론적으로, 사회복지의 가치를 지지하는 사람을 투표를 통해 선출하는 것은 사회복지사에게뿐만 아니라 소외받는 집단을 위한 정책개발에 기여할 수 있기 때문에 중요하다고 볼 수 있다. 또한 지역에서 주민의 욕구와 문제에 대한 해결에서도 사회복지의 가치에 기초해 있는 사람이 지역대표로 선출되는 것이 지역의 발전과 주민의 복지에 긍정적일 것이라는 것은 너무나 당연한 사실이다. 따라서 지역사회복지실천가는 지역의 문제와 지역사회복지의 증진을 위해서 선거 결과에 영향을 미칠 수 있는 요인을 분석하기 위해 분석기법을 개발하는 것이 중요하다고 볼 수 있다. 사회복지사는 일련의 선거와 관련된 행동에서 일정 역할(선거운동원, 선거 자원활동가 또는 선거캠프 직원 등)을 수행할 수 있다. 사회복지사는 후보자를 돕기 위해 자원활동을 전개하고, 선거전략을 계획하고, 선거운동을 관리하고, 결과를 분석하며, 나아가 직접 선거에 출마할 수도 있는 다양한 행동을 할 수 있다. 선거와 관련해서 자금의 원천에 관한, 그리고 확정된 이익에 관한 지식과 정책결정가들 사이의 동맹관계를 이해하는 것은 지역사회복지실천의 전략과 전술을 계획하는 데에서도 중요하다고 볼 수 있다(지은구, 2003).

07

지역사회복지실천계획과 평가

1. 지역사회복지실천계획

1) 실천계획의 필요성

지역사회에 개입하여 실천행동을 수행하는 사회복지사들에게 무엇보다도 필요한 것은 어떤 행동을 취해야 하는가에 대한 실천개입을 위한 계획을 작성하는 것이라고 할 수 있다. 개입계획을 작성하는 것과 마찬가지로 사회복지사는 지역주민이 해결하고자 하는 지역사회문제나 문제에 영향을 받은 개개인이 가지게 되는 욕구를 충족시키기 위해서 문제나 욕구 해결을 위한 구체적인 사회복지서비스 프로그램을 기획하여야 한다. 지역사회문제는 사회복지서비스 프로그램을 통해서 필요한 서비스가 제공되어 경감 또는 해소될 수 있으며, 욕구가 충족될 수 있다. 따라서 사회복지서비스 프로그램의 기획은 사회복지사의 주요한 실천행동이라고 할 수 있다. 결국 사회복지사의 실천행동은 모두 프로그램에 근거하여 이루어지며, 프로그램은 기획에 의해 만들어지기 때문에 기획은 실천행동을 위한 구체적 방안이라고 할 수 있다.

사회복지사는 사회복지행정론이나 프로그램 개발, 사회복지평가, 사회복지조직론, 그리고 지역사회복지론 등의 교과과정을 통해서 문제해결을 위해 제공되는 사회복지서비스와 관련된 프로그램을 계획하는 다양한 기법을 공부하며, 졸업 후 실천현장에 고용되어 조직의 프로그램 계획과 관련된 제반 업무를 수행하게 된다. 또한 사회복지사는 지역사회복지기관이나 시설 등에 취업하여 자신이 가진 능력을 시험할 수 있는 기회를 갖게 된다. 지역사회문제 분석 및 욕구조사, 정보 취합을 위한 기법, 취합한 자료에 대한 자료분석기법, 제안서 설계와 작성, 그리고 예산을 책정하는 기법 등의 전문적 기술을 활용하여 문제를 처리하기 위해 필요한 계획을 작성하는 계획과정을 밟게 된다.

계획과정에서 사회복지사는 때때로 인간 상호 간의 관계를 다루는 기술이나 정치적 기술이 요구되기도 하며, 주민을 결정과정에 개입시키기 위한 기술들이나 결정에 영향을 미치는 기술을 필요로 한다(Forester, 1989). 지역사회에 개입하여 지역이 가진 문제를 확인하고 그 문제에 대한 대안으로 사회복지서비스 프로그램을 계획하는 것은 사회복지사의 가장 중요한 직업적 임무일 수 있다. 결국 지역사회문제 또는 지역주민이 가지고 있는 욕구를 해결하기 위해 어떠한 서비스 또는 프로그램을 기획하느냐가 이 프로그램이나 서비스의 성공적 수행을 결정짓는 가장 중요한 첫 단계다.

Rothman과 Zald(1995)는 사회복지서비스 프로그램의 기획에 개입된 사회복지사에게 필요한 기술로서, 첫째 욕구사정, 둘째 프로그램 개발, 셋째 가능한 대안들 사이에서 최상의 대안을 선택할 수 있는 능력, 넷째 정치적 연계기술, 다섯째 법률 형성과정에 대한 지식, 여섯째 프로그램 관리, 일곱째 제안서 작성, 여덟째 평가를 지적하였다.

또한 이러한 기술들 외에 사회복지사는 주민이나 조직구성원들이 프로그램의 평가와 개발에 참여할 수 있도록 하는 시민참여를 증진시키기 위한 기술들도 중요한 기술들로 지적될 수 있다(Gilbert & Terrel, 1998; Forester, 1989; Arnestein, 1969). 더불어 사회정의를 실현할 수 있는 공공정책을 증진시키기 위한 실천원칙으로서 분배적 정의의 실현을 위한 평등성, 형평성, 적절성의 조화가 프로그램의 개발과 평가에 대한 기준으로 적용될 수 있어야 하는 것도 중요하다고 볼 수 있다(지은구, 2003).

2) 실천계획과정

Hardina(2002)에 따르면, 계획과정은 선택하고, 주어진 조건들을 분류하고,

선택을 했을 경우 나타날 수 있는 혜택과 위험을 고려하는 것을 포함한다. 사회복지사가 기획을 하기 위해 사용하는 기술로는 프로그램 설계, 제안서 작성, 서비스를 조정하고 자원을 위한 로비, 정부정책 기안, 법안 개발 등이 있으며, 이러한 기술을 지역사회개입을 위한 계획을 만들기 위해서 사용한다. 또한 기획에는 사회복지의 가치가 내재되어 있는데, 전제되어 있는 사회복지 가치로는 평등성, 공평성, 효율성, 대표성, 자기결정권, 자조성, 분배성, 다양성, 적절성, 접근성 등이 포함될 수 있다(Patton & Sawicki, 1993). 사회복지사는 기획을 수행하기에 앞서 기본적으로 지역사회 안에서 기획의 역할(기획은 누구의 입장을 대변해야 하는가), 계획과정으로의 적절한 참여의 두 측면을 고려하여야 한다(Gilbert & Terrel, 1998; Hudson, 1983).

(1) 지역사회 안에서 기획의 역할

기획은 어떠한 역할을 수행해야 하는가라는 질문에서 기획을 왜 하는가, 기획은 누구를 위해 하는가 등으로 구분될 수 있다. 지역사회에서 기획을 하는 가장 큰 이유는 지역주민의 욕구해결이나 문제해결이라고 할 수 있는데, 이러한 기획의 역할을 결국 기획이 누구의 문제를 해결할 것인가, 즉 '기획은 누구의 입장을 대변해야 하는가?' 라는 질문으로 요약된다. 지역사회 안에서 기획의 역할은 이러한 질문에 대한 대답이라고 할 수 있다. 기획은 서비스가 필요한 클라이언트를 포함하는 지역주민의 이익이나 욕구, 그리고 문제를 해결하기 위해 의도된 행동이며 과정이다. 하지만 때때로 기획가와 결정가들은 주민을 다르게 인식하는 경우가 있다. Gilbert와 Terrel(1998)은 지역주민의 이익이나 관심을 바라보는 세 가지 서로 다른 입장에 대해 설명하였는데, 그들에 따르면 주민의 이익이나 관심을 바라보는 관점으로 조직적 관점, 지역적 관점, 그리고 개인적 관점이 있다.

첫째, 기획 역할에 대한 조직적 관점은 지역주민 개개인보다는 전체 주민을 하나의 조직으로 바라본다. 즉, 대중을 하나의 단일한 조직체라고 바라본다. 그리고 조직의 이익이 그 조직을 구성하는 부분들의 합보다 더 크거나 다르다고 본다. 기획가는 건강하고 균형 잡힌 지역사회를 만드는 것이 대중의 가장 큰 관심이라는 관점을 유지한다. 따라서 지역사회문제를 해결하고 해결책을 개발하는 것이 대중에게 가장 큰 이익이며 관심이라고 강조한다. 기획가들은 대중을 위해 최상의 결과를 성취하기 위한 정보, 자원, 기술 등의 적절한 사용이 강조된다. 이 관점에 따르면, 기획가는 숙련가이고 기술자다.

둘째, 기획 역할에 대한 지역적 관점은 지역에 있는 모든 구성원이 공통의 이익이나 관심을 가지고 있다고 전제한다. 따라서 공통의 이익이나 관심을 위한 계획이 작성되고 작성된 계획이 수행된다. 하지만 이러한 공통의 이익을 추구하는 데 소수의 이익이나 관심이 전체의 공동의 이익이나 관심이라는 이름하에 등한시되는 경향이 나타날 수 있다.

셋째, 기획 역할에 대한 개인적 관점은 단일하고 통합된 오직 하나의 대중의 이익이나 관심은 존재하지 않는다고 전제한다. 결국 개개인의 관심과 이익은 모두 다르다는 것을 의미한다. 개인이나 집단은 정치적 과정에서 매우 다른 이익이나 관심을 표출하며, 따라서 대중의 이익이나 관심이라는 것은 경쟁하는 집단들 사이에서 타협과 협상을 통해서 나타난다고 한다(Lindblom, 1959). 이 관점에 따르면, 기획가는 기획과정에서 특정 집단의 이익이나 관심을 대표하는 지지자의 역할을 하게 된다.

결국 기획은 주민을 지역적 관점이나 조직적 관점, 그리고 개인적 관점하에서 바라보고 작성되고 실행되는 것이라고 말할 수 있는데, 일반적으로 사회복지사는 조직적 관점과 지역적 관점을 견지하며, 개인적 관점은 사회복지사가 계획을 수립하는 데 필요한 바람직한 관점으로 인식되지는 않는다. 이는 특정 개인만을 위한 계획이 개인주의 또는 이기주의를 불러일으킬 수 있는 가능성이 있기 때문이기도 하며, 사회소외계층에 의해 표출된 문제를 해결하기 위해 선호된 계획이 아니기 때문이기도 하다(지은구, 2003).

(2) 계획과정으로의 적절한 참여

기획가들은 또한 계획과정에 누구를 참여시킬 것인가에 대해서도 이견을 보일 수 있다. 어떤 기획가는 계획과정에 기술 숙련도를 가지고 있는 전문적인 기획가만이 참여해야 한다고 믿으며, 또 어떤 기획가는 정치가나 이익집단들이 계획과정에 참여해야 한다고 강조한다. 또한 일부 기획가들은 계획으로 혜택을 받는 사람들과 기획가가 함께 동등한 동반자로서 계획과정에 참여해야 한다고 강조하기도 한다(Hardina, 2002).

이에 대한 견해들은 계획에 대한 책임성을 보는 시각에도 영향을 끼치는데, 다음과 같이 두 가지 접근으로 나뉠 수 있다. 첫째, 지역주민이나 수혜자들을 인도하고 의도된 계획의 목적에 부합하는 가치나 선호를 선택하고 가장 좋은 계획을 개발하는 것은 전적으로 기획가에게 있다는 기획가에 대한 책임을 강조하는 접근이다. 따라서 기획가 중심의 계획이 작성된다. 둘째, 이용자 또는 주민(또는 클라이언트)이 항상 옳게 결정한다는 견해에 기초해서 기획가는 단순히 특정 집단의 이익의 관점을 대표하는 단순한 역할만을 수행한다는 접근이다(Friedmann, 1987). 이 시각은 소비자 주권을 강조하는 접근방법으로, 모든 개인은 자신에게 유리한 선택을 할 수 있을 만큼 이성적이라는 논리에 기초한다. 따라서 이용자나 클라이언트의 참여와 책임을 강조하며, 클라이언트와 이용자 중심의 계획을 작성하게 된다.

일반적으로 프로그램 계획은 기획가의 책임이 강조되며, 기획가들의 적절한 참여를 강조하게 된다. Forester(1989)는 기획가의 책임을 강조하며 기획가가 수행해야 하는 세 개의 주요 과업으로, 첫째 문제 해결, 둘째 정보처리, 셋째 계획을 지지할 수 있는 협동체계의 구축이나 정치적 결정을 하는 사람들과의 관계 수립 등을 지적하였다.

사회복지사가 수행하는 프로그램의 궁극적인 목적은 사회문제의 해결에 있다고 볼 수 있다. 따라서 프로그램이 지향하는 목적을 성취하기 위해 문제 해결을 위한 기획화가 사회복지사들에게 중요하다고 볼 수 있다. 직관적으로 계획하고, 자신의 경험에 근거해서 계획을 작성하는 비과학적 계획을 배제하고 지역사회문제 해결을 위해 계획을 작성하는 것은 다음과 같은 단계를 거친다. 첫째, 지역사회문제 확인, 둘째 욕구사정, 셋째 목적 및 목표의 수립, 넷째 수행(또는 실행), 다섯째 평가다. 여기에 목적을 선택하는 단계 또는 대중에게 알리는 단계와 대중의 지지와 정당성을 확보하는 단계 등이 포함되기도 한다(Gilbert & Terrel, 1998).

3) 계획 작성단계

사회복지사는 지역사회문제의 해결 또는 욕구의 해결을 위한 지역사회 프로그램을 개발하기 위하여 지역사회문제 확인, 욕구사정, 대상자 선정, 목적과 목표 개발(수립), 프로그램 구체화, 실행(수행), 그리고 마지막 단계로 평가의 단계를 거치게 된다(지은구, 2003; 2005).

(1) 문제확인

사회 프로그램이나 서비스 계획은 기본적으로 사회문제를 다루거나 해결하는, 사람의 욕구를 다루거나 해결하는 일련의 활동들의 총체이자 하나의 제도(institution) 또는 세트이기 때문에 사회문제를 확인하고 이를 분석하는 것이 중요한데, 이는 사회문제를 확인하고 분석하는 것은 프로그램이나 서비스 계획이 성취해야 할 목적을 형성하는 데 기초가 되기 때문이다. 사회복지사는 프로그램이나 서비스 계획을 설계하는 과정에서 해결하여야 하는 지역사회문제들을 확인하기 위해 다양한 자료를 사용한다. 문제 확인을 위하여 사용하는 사회복지사의 접근방법은 사회복지사의 전문적 취향과 고용주에 의존하기 때문에 다양할 수 있다. 중요한 것은 사회복지사는 문제를 확인하기 위하여 유용 가능한 자료와 기법을 사용해야만 한다는 점이다.

(2) 욕구사정

지역사회의 정황에 대한 이해를 바탕으로 하는 사회문제에 대한 인식 단계가 끝나면 사회복지사나 실천가는 프로그램이나 서비스 계획을 위한 다음 단계인 욕구사정단계로 들어가게 된다. 욕구사정은 사회문제의 정의와 의미, 그리고 행동에 대한 포괄적인 이해를 바탕으로 출발한다. 문제가 명확해진 것으로 욕구도 함께 명확해진다면 프로그램이나 서비스를 계획하는 데 욕구사정에 대한 중요성이 강조되지 않을 수 있지만, 문제가 정확히 이해되고 분석이 체계적이고 포괄적으로 이루어진 것으로 특정 문제에 대한 해결을 원하는 사람들의 욕구가 무엇인지가 명확히 밝혀지지 않기 때문에 프로그램이나 서비스 계획에서 문제를 갖고 있는 사람이 해결되기를 원하는 욕구가 무엇인지를 평가하는 작업이 중요하게 된다. 예를 들어, 빈곤이 특정 지역이 해결하려고 하는 가장 심각한 지역사회문제라고 규정된다고 해서 빈곤문제를 해결하기 위해 빈민이 가진 욕구들이 모두 동일하지 않다는 것이 욕구사정의 중요성을 부각시킨다. 어떤 빈민은 일자리를, 어떤 빈민은 현금지원을, 또 어떤 빈민은 직업교육이나 생활안정을 위한 주택보조금을 원하게 되는 등 조건이나 상황에 따라서 각 빈민이 해결하고자 하는 욕구는 다양하게 표출될 수 있다.

(3) 대상자 선정

지역사회문제 해결을 위한 프로그램이나 서비스 계획을 설계하는 세 번째 단계는 프로그램이나 서비스의 혜택을 받아야 하는 지역사회의 특정 인구집단을 선별하는 대상자 선정이다. 대상자 선정 단계는 사회 프로그램의 혜택을 받을 사람들이 누구인가라는 질문에 대한 대답이 된다. 모든 사회 프로그램은 특정 문제를 가지고 있는 사람의 욕구를 해결하기 위해 설계된다. 사람은 다양한 문제에 직면하여 다양한 욕구를 가지게 되는데, 프로그램을 설계하는 설계자는 자신이 설계하는 프로그램이 특정 문제에 직면해서 욕구를 가진 사람의 어느 범위까지 서비스를 제공할 것인지를 결정해야 한다. 욕구사정 결과 어떤 지역에 특정한 문제의 해결을 위한 욕구가 존재한다면 사회복지사는 그 욕구를 해결하기 위한 구체적인 프로그램을 설계하기 전에 프로그램이 어떤 사람들을 대상으로 제공되어야 하는지를 결정해야 한다. 즉, 욕구가 있는 모든 지역주민에게 프로그램이 제공될 것인지, 아니면 특정 나이에 속한 일부 집단에만 프로그램을 제공할 것인지 등을 프로그램 제공자의 관리 측면과 재정적인 측면, 그리고 서비스의 효율성과 효과성의 측면에 기초하여 결정해야 한다.

(4) 목적 및 목표 개발

대상자 선정이 끝나면 지역사회 프로그램이 성취하려는 목적과 목적 성취를 위해서 행하여야 하는 목표를 설정하는 단계가 필요하다. 목적(goals)은 특정한 사회문제를 나타내기 위해 필요하며, 넓은 의미로, 그리고 구체적인 내용을 서술하지 않고 불확실한 용어를 사용해서 이상적인 진술을 나타내는 것이다(Hardina, 2002). York(1983)는 목적이 성취될 것에 대한 장기간의 선호(또는 우선) 진술이라고 정의하였다. Chambers(2000)는 목적이란 인간의 조건이나 사회적 조건이 바라는 질에 관한 일반적이고 추상적인 용어로 만들어진 하나의 진술이라고 정의하였다.

목표는 지역주민이나 클라이언트들이 제공받아야 하는 분명한 혜택으로 목적을 분할한 일련의 진술들이라고 할 수 있으며, 목표는 목적 성취를 향해 측정된 양의 진행에 관한 구체적인 진술이라고 정의할 수 있다. 따라서 목표는 이러한 목적을 성취하기 위해 취해야만 하는 단계들을 의미한다. 일반적으로 목표는 시간 제약적이어야 하고, 측정할 수 있어야 하며, 목표로 하는 집단과 특정 행동에 대한 정보에 일치해야 한다. 목적을 달성하기 위한 각 목표들은 누가 영향을 받을 것인지, 어떤 일이 발생할 것인지, 언제, 어떻게, 무엇이 기대하는 결과의 지표가 될 것인지 등이 반드시 포함되어야 한다(Hummel, 1996).

(5) 프로그램의 구체화

프로그램이나 서비스 계획의 구체화 단계는 프로그램이나 서비스 계획의 내용을 구체적으로 확립 또는 기술하는 단계로서 프로그래밍(programming, 프로그램의 내용을 구체화하는 과정)이라고도 불린다. 성취해야 할 목적과 목표가 결정되고 나면, 프로그램이나 서비스 계획의 실행을 위한 구체적 내용을 설계하는 설계 단계로 들어가게 된다. 결국 프로그램의 구체화 단계는 목적과 목표를 성취하기 위해서 무엇을 할 것인지를 결정하는 단계이며, 프로그램이나 서비스 계획의 실행방법이 구체적으로 설계되는 단계라고 볼 수 있다. 프로그램의 구체화 단계에 포함되는 가장 중요한 내용들은 프로그램 이론의 확인과 어떠한 서비스나 혜택이 제공될 것인지, 그리고 프로그램이나 서비스 계획의 실행에 필요한 예산의 수립 등이다.

(6) 실행

실행은 개발된 지역복지 프로그램을 지역사회 특정 인구집단을 대상으로 제공하는 행동을 의미한다. 지역사회 프로그램을 수행하는 데 가장 중요하게 고려되어야 하는 것은 자원과 수혜자 만족, 그리고 이 두 측면에서의 조화라고 볼 수 있다. 즉, 자원의 측면에서 직원이나 조직들은 안정성 있는 자원을 확보하고 보다 효율적인 자금운용으로 많은 혜택을 줄 수 있는 방안을 찾기 위한 모색을 끊임없이 추구할 것이고, 그런 반면에 혜택이 실질적으로 많은 수혜자에게 돌아가서 많은 수혜자의 만족 또는 복지가 증진될 수 있도록 하는 노력을 기울일 것이기 때문이다. 결국 프로그램의 수행을 계획하는 실행가들에게 있어 가장 큰 딜레마는 서비스 프로그램에 대한 접근과 결정과정에 대한 접근이 얼마만큼 수혜자에게 돌아가야 하느냐에 있으며, 이는 프로그램의 적절성과 평등성, 형평성, 그리고 역량강화에 대한 사회복지의 가치가 얼마나 균형적으로 실현되는가에 달려 있다고 볼 수 있다. 따라서 사회복지의 가치인 적절성, 평등성, 주민의 역량강화, 그리고 형평성의 원칙이 프로그램의 실행에서 행동으로 반영되게끔 노력하기 위해서 사회복지사, 특히 프로그램 기획가는 노력해야 한다.

Friedmann(1987)은 계획이 수행되기 전에 마지막 결정과정에 혜택을 받을 사람들이 포함되어 있는지가 중요하다고 강조하였다. 결국 이는 프로그램에서 실질적으로 혜택을 받을 잠재적인 대상인 수혜자들의 결정에 대한 참여가 결정적임을 강조한 것으로, 선택된 프로그램이 수행되기 이전에 반드시 프로그램의 분배적 기능과 함께 고려되어야 함을 의미한다.

(7) 평가

지역사회의 문제나 욕구를 해결하기 위해 수행된 다양한 프로그램을 평가하기 위해서 기본적으로 프로그램이 수행된 이후에 평가하는 방법과 프로그램이 수행되기 전이나 과정에 평가하는 방법이 있다. 평가의 목적으로서 프로그램의 성과나 효율성을 개선 또는 증가시키기 위하여 계획과 전달을 강화할 수 있다. 이러한 평가는 일반적으로 형성평가(formative evaluation)라고 불린다(Scriven, 1967). 또한 평가의 목적이 프로그램이 성취하려는 목적을 효과적으로 수행하였는지 아닌지를 살펴보기 위해, 나아가서는 프로그램이 계속되어야 하는지 아닌지 등을 결정하기 위해서 평가가 실행될 수 있는데, 이러한 평가는 합계평가(summative evaluation)라고 불린다(Chambers, 1993; Scriven, 1967). Chelimsky(1997)는 형성평가를 프로그램의 발전을 위한 평가(evaluation for development)라고 이름 붙였으며, 합계평가는 책임성을 위한 평가(evaluation for accountability)라고 구분하였다. 프로그램의 발전을 위한 평가는 과정평가라고도 불리며, 책임성을 강조하는 평가는 성과평가라고도 불린다(지은구, 2005).

결론적으로, 계획을 작성하는 과정은 주요 정책결정가와 특정 집단구성원이나 수혜자 사이의 동의를 촉진시키기 위해서 주민, 정부관리, 고용주들과 협상하는 능력과 기술을 필요로 한다. 그리고 기획가(또는 지역사회복지실천가)는 자신이 작성한 계획이 수행되는 것을 보장하기 위한 정치적 기술과 행정적 기술을 갖추고 있어야 한다. 이를 위해 기획가는 문제해결식모델에서 사용하는 단계들을 사용하여 적절한 계획을 만들어야 하는데, 이 단계들은 지역사회문제 확인, 욕구사정, 목적과 목표 수립, 프로그램 구체화, 실행 그리고 평가의 단계를 의미한다. 계획가는 적절한 목적을 선택하기 위한 기술들을 사용하기도 하며, 또한 정보를 모으고, 주민에게 계획이나 결정과정을 알려 주기 위해서, 가능한 대안들의 영향력을 분석하기 위해서, 그리고 결과를 평가하기 위해서 컴퓨터 기술을 사용할 수 있어야 한다. 그리고 기획가는 어디에서 계획을 위한 자원을 찾을 것이며, 이 자원들이 어떻게 사용되었는지를 조사할 것인지 등에 관해서 숙고해야 한다. 따라서 계획을 위한 자원을 확보하기 위해 제안서(프로포절) 등을 작성하는 과정도 역시 중요하다고 볼 수 있다(지은구, 2003; 2005).

2. 지역사회복지실천평가

1) 지역사회복지실천개입의 평가 필요성

지역사회복지실천을 위한 개입은 기본적으로 지역사회문제나 지역주민의 욕구 해결을 위한 실천행동을 포함하며, 구체적으로 사회복지사는 지역사회 내에서 문제와 욕구를 해결하기 위하여 조직적 차원에서 다양한 지역사회 프로그램을 계획하고 실행하게 된다. 지역기관과 조직에서의 구성원으로서 또는 사회복지사로서 지역사회문제와 지역주민의 욕구를 해결하는 다양한 실천모델과 이에 따른 전략과 전술, 그리고 개입을 위한 구체적인 프로그램의 작성과 실행 등을 통한 실천활동은 성공적으로 지역사회복지실천 활동이 이루어지고 있는가에 대한 평가를 필요로 한다. 따라서 지역사회복지실천에 대한 평가는 크게 지역개입에 대한 평가와 지역사회문제의 해결을 위해서 실행되는 지역사회 프로그램에 대한 평가로 나누어서 살펴볼 수 있다(지은구, 2003).

지역사회복지실천을 위한 개입을 평가하기 위해 질적 · 양적 방법 또는 두 가지 방법이 혼합된 접근방법들이 사용될 수 있으며, 평가를 위한 절차들은 어떤 조사방법론을 사용할지를 결정하고, 자료수집방법을 결정하며, 샘플을 선택하고, 자료를 수집하고 분석하여 보고서를 작성하는 과정을 거친다. 평가는 평가를 진행하는 조사자, 지역의 주요 정보제공자, 선출된 관리, 프로그램 수혜자, 프로그램 재정지원자들의 가치와 인식에 부응해서 조정되기도 한다. 지역사회 프로그램의 평가를 수행하기 위하여 지역주민과의 제휴는 필연적이며, 평가과정에 주민을 개입시키는 것도 성공적인 평가를 위해서 필요하다(지은구, 2003; 2005).

2) 평가를 위한 패러다임

평가를 위한 패러다임으로는 양적 · 질적 방법이 있다. 양적 평가방법은 평가할 분야의 이론적이고 경험적인 문헌조사를 통해 평가조사를 위한 가정(hypo-theses)과 질문들이 만들어진다. 대부분의 양적 조사론자들은 양적 조사가 과학적이고 객관적이며 가치중립적이라고 강조한다. 양적 조사법은 연역적인 논리발달과정을 갖추고 있다. 즉, 일반이론들이 어떤 상황에서 발생하는 원인과 효과의 관계를 설명하기 위해서 적용된다(Patton, 1997; Rodwell, 1998).

반면에 질적 조사법은 귀납적 논리발달과정을 강조한다(Cummerton, 1986). 조사자는 하나의 특수한 상황에 대한 매우 상세한 조사를 수행하는데, 이 과정은 오랫동안 반복된 관찰을 포함하기도 하고, 다양한 개인들이나 집단과의 비공식적 인터뷰 형식의 열린 인터뷰를 포함하기도 한다. 질적 조사를 통해 수집된 정보는 특수한 상황에서 어떤 일이 발생하였는가를 설명해 주는 이론을 형성하는 데 사용된다. 결국 귀납적 사고는 특수한 상황에서 합리적으로 사고하고, 합리적으로 사고한 개념을 보편적 상황으로 확대해서 적용하는 것을 의미한다(특수에서 보편으로 사고의 발달). 질적 조사법은 평가조사자가 문헌조사에서 당면한 문제에 적용할 수 있는 만족할 만한 정보를 얻지 못하였을 경우, 또는 적은 정보를 얻었을 경우 사용되는 방법이기도 하다(Hardina, 2002). 지역사회복지실천개입이나 지역사회 프로그램 평가의 질적 조사법은 개입에 관한 방법이나 이유들에 관한 질문에 대답하기 위해 사용될 수 있다. 예를 들어, 어떻게 또는 왜 개입이 작동하는가, 효과를 만들어 내기 위해 실제로 프로그램에 어떤 일이 벌어지고 있는가 등의 질문들이 포함될 수 있다(Chambers, Wedel, & Rodwell, 1992; Rossi & Freeman, 1982).

질적 평가 조사법은 가치중립적이지 않다. 즉, 조사자나 조사 참가자의 가치가 평가과정에 내재해 있는 것으로 전제된다. 따라서 일반적으로 객관적이라기보다 주관적이라고 불린다. 반면 질적 평가 조사법은 양적 평가 조사법이 편향을 포함하고 있다고 비판한다. 즉, 양적 조사 평가자들이 자신들의 가치나 관점을 조사과정에 부과시킨다는 것이다. Patton(1997)은 조사자가 변수(독립변수와 종속변수)를 선택하고, 조사 질문, 자료수집방법, 조사설계, 자료분석들이 조사자의 가치를 반영하는 것에서 알 수 있다고 강조하였다. 이는 어떤 변수를 조사에 포함할 것인지, 그리고 어떤 조사기법을 사용할 것인지에 따라 서로 다른 결과가 나타날 수 있음을 통해 조사자 스스로가 결과를 통제할 수 있음을 의미한다(지은구, 2003; 2005).

질적 접근방법 중 하나인 민속학적 조사접근방법(ethnographic approach)은 기존의 양적 조사방법론이 문화적 관점, 가치, 행동 및 의미들을 기록하기에 불충분하다고 비판한다. Fetterman(1998)에 따르면, 민속학적 조사접근방법은 특정 문화적 집단의 일상의 삶을 살핀다. 결국 이 방법은 조사자의 가치나 편향을 어떻게 줄일 것인지가 조사의 관건이라고 볼 수 있다. Perkins(1983)는 평가를 하는 데 다음의 세 측면을 강조하였다.

- 측정의 강도: 몇 번을 측정하는가?
- 응답자에게 부과된 구조의 정도: 측정 전에 허용될 수 있는 대답이 제공되었는가?
- (개입 또는 응답)의 조정 정도: 조사자의 조사과정으로의 개입이 어느 정도인가?

(1) 측정의 강도

측정의 강도는 측정의 숫자를 의미한다. 질적 평가방법은 수년 동안의 반복된 관찰을 필요로 하고, 양적 평가방법은 매우 짧은 기간 동안의 1~3회 수행된 조사나 관찰을 포함한다.

(2) 응답자에게 부과된 구조의 정도

구조의 정도는 측정이 이루어지기 전에 만들어진 허용 가능한 대답을 의미한다. 양적 조사에서 표준화된 도구나 조사는 조사자에게 일련의 질문과 이미 개발된 응답 항목들을 제공한다. 따라서 응답자는 주어진 대답의 항목들 중에서 선택하여 대답을 해야 한다. 반면 질적 조사에서 대부분의 응답자는 열린 대답을 통해 질문에 관한 그들이 느끼는 감정, 반응, 인식 등을 표출한다. 따라서 대답은 어떠한 구조화된 형식 없이 이루어진다.

(3) (개입 또는 응답)의 조정 정도

조정은 정해진 조사에 대해 조사자가 개입을 하는 것을 의미한다. 다시 말해, 양적 평가방법으로서 경험적 조사설계는 응답자를 통제집단과 경험집단으로 구분하여 조사를 시행하게 된다(Chambell & Stanley, 1963). 통제집단은 어떤 개입도 이루어지지 않는 집단이며, 경험집단은 집단구성원들이 자신의 감정, 태도, 행동을 변화시킬 것으로 기대되는 개입을 받는 집단을 의미한다. 따라서 개입의 강도는 조사 주제의 실제적인 조정의 정도를 의미하게 된다. 일부 양적 평가조사에서 조사자는 경험집단을 하나 이상 사용하기도 한다. 이런 경우 하나 이상의 경험집단 각각에서는 다양한 개입이 사용된다. 효과는 이 각각의 경험집단과 통제집단과의 비교를 통해 이루어진다.

질적 평가조사에는 어떠한 개입도 이루어지지 않는다. 즉, 응답자의 감정이나 태도, 행동을 바꾸기 위한 어떠한 시도도 이루어지지 않는다. 주로 질적 조사론자들은 자연주의자적 관찰을 통해 조사 대상이나 주제에 대한 조정 없이 조사가 일어나는 곳에서 자연주의적 관찰을 통해서 조사가 행해진다(Guba, 1987).

3) 지역개입에 대한 평가

지역사회개발, 사회기획, 그리고 사회행동(나아가 전환모델을 포함하여)실천모델을 사용함으로써 지역사회의 변화를 촉진시키기 위해서 사용되는 전략과 전술의 실제적 수행과 관련된 지역개입의 평가는 지역개입에 대한 성과(outcomes)와 과정(processes)의 평가를 수행하는 것이라고 볼 수 있다. 지역사회복지실천가는 자신이 행한 지역사회복지실천사업, 즉 지역개입의 성과와 과정을 평가조사하기 위해서, 첫째 목적(목표)성취방법, 둘째 사회지표분석방법, 셋째 현장면접방법, 넷째 사건분석방법을 사용할 수 있다(Hardina, 2002).

(1) 목적(목표)성취방법

목적(목표)성취방법은 지역사회 프로그램을 이용해서 지역개입의 목적과 목표가 어느 정도 달성되었는가를 평가하는 방법이다. 지역개입에 대한 성과의 평가는 가장 기초적인 수준에서 지역개입을 통해서 성취되어야 하는 목적과 목표에 대한 사정으로 이루어진다. 지역개입을 통하여 성취하려는 목적과 목표에 대한 사정은 먼저 평가자와 프로그램 참석자들이 어떻게 프로그램의 욕구가 문제를 처리하기 위해서 사용된 개입계획에 연결되는지에 관한 분명한 이해를 필요로 한다. 문제를 처리하기 위한 이러한 개입계획의 구성물로는 프로그램에 참여한 참가자, 프로그램 욕구, 지역주민의 기대, 프로그램을 실행하기 위해 필요한 행동, 프로그램 작동을 위해서 필요한 자원, 프로그램 발전의 단계별 확인 등이 있다.

일련의 프로그램의 행동들은 분명 성과와 연관이 있다. 따라서 평가자는 지역사회 프로그램에서 어떤 일이 발생하고 있는지를 서술할 수 있어야 하고, 이러한 활동을 프로그램 성과 나아가 프로그램과 관련된 장기간의 성과와 연계시킬 수 있어야 한다. 프로그램(독립변수)과 성과(종속변수)의 관계는 명확해야 하며, 이 관계에 대한 정보자원으로서는 이론적 · 경험적 · 실천적 문헌 등을 들 수 있다(Hardina, 2002; Chambers et al., 1992; Royes & Thyer, 1996). 프로그램의 행동을 설명해 주는 프로그램이론[1]은 프로그램의 즉각적 목표, 중간 목표, 그리고 궁극적인 프로그램의 목적을 확인하는 데 유용하게 사용될 수 있다(Meier & Usher, 1998; Patton, 1997). 목적과 목표의 성취를 위해 취해야 하는 행동을 설명하는 프로그램이론은 성과를 평가하는 평가기준과 연계되어 있어야 하며, 이 기준들은 프로그램에 의해서 다루어지는 확인된 문제와도 연계되어 있어야 한다. [그림 7-1]은 프로그램이론과 문제, 그리고 평가기준과의 연계를 보여 주고 있다.

지역개입에 대해 효과적으로 평가를 수행한다는 것은 합계평가와 형성평가를 통해서 끊임없이 문제를 해결하기 위해 노력하는 개입을 허락하는 환류체

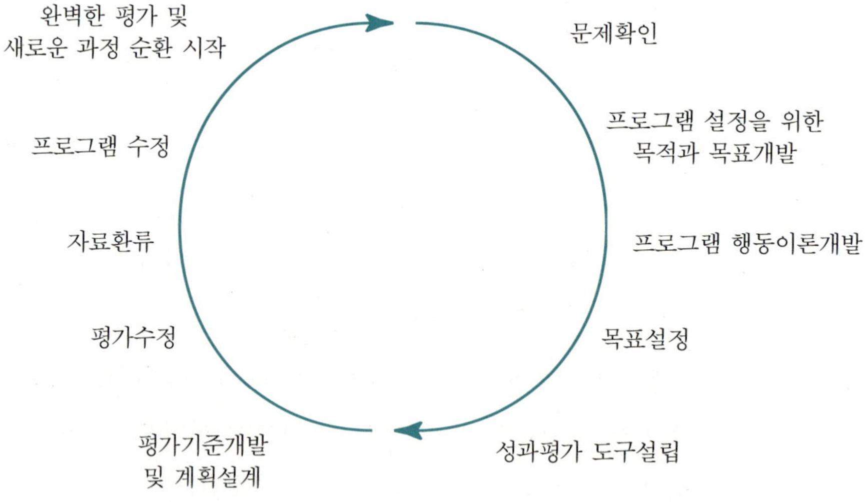

[그림 7-1] 프로그램, 성과, 그리고 평가기준과 프로그램이론의 연계

출처: 지은구(2003), p. 368에서 재수정.

1) 프로그램이론은 프로그램행동이론이라고도 불리며, 프로그램을 실행하기 위해 필요한 행동을 설명하는 데 사용된다. 프로그램의 행동은 분명히 성과와 연관이 있기 때문에 프로그램이라는 독립변수와 성과라는 종속변수 사이의 인과관계를 설명하는 데 주로 사용되고, 프로그램 실행을 위한 밑그림의 역할을 수행하기도 한다(지은구, 2005).

계를 갖는다는 것을 의미한다고 볼 수 있다.

(2) 사회지표분석방법

개입계획과 프로그램 제안서 등에 설정된 목적과 함께, 평가는 정부나 민간 단체들에 의해서 제공되는 자료인 사회지표들에 관심을 가질 수 있다. 예를 들어, ○○지역의 범죄율을 줄이는 것이 ○○지역주민이 가장 선호하는 욕구라고 했을 때, 이 욕구를 해결하기 위한 지역개입은 결국 우선 범죄율을 줄이기 위한 프로그램이나 대책들에 집중될 수 있다. 범죄율을 줄이기 위한 프로그램이 ○○지역 범죄율의 감소에 얼마만큼 효과가 있었는지를 알아볼 수 있는 가장 손쉬운 측정도구는 바로 범죄율의 증감을 나타내는 지표일 수 있다. 따라서 ○○지역구청이나 관할 경찰서가 가지고 있는 문제나 욕구 해결을 위한 개입의 실행 이전과 이후에 대한 범죄율의 증감을 나타내는 지표를 지역사회문제에 대한 개입의 결과를 평가하는 기준으로 사용할 수 있다. 또한 ○○지역 개입의 목적이 노숙자의 수를 감소시키는 것에 있다면, 노숙자 쉼터의 수를 증가하여 노숙자가 쉼터에서 생활할 수 있는 여건을 제공함으로써 노숙자 수의 감소를 이룰 수 있게 된다. 이 경우 노숙자의 수와 쉼터의 수용능력에 대한 자료가 노숙자 증가문제의 해결을 평가할 수 있는 자료로 활용될 수 있다. 또한 조직에서 근무하는 사회복지사는 조직적 개입에 대한 프로그램의 목적성취가 달성되었는가를 판단할 수 있는 기준점으로서 조직이 가지고 있는 개별 사례기록 등에 관련된 자료를 사용할 수 있다(Royes & Thyer, 1996).

결국 사회지표나 사례기록자료 등의 이차자료(secondary data)는 프로그램 실행단계에 따라서 단계별로 규칙적인 간격으로 정리되어 있을 수 있기 때문에 기간에 따라 규칙적으로 획득될 수 있으며, 이차자료를 통한 분석은 통계학적 기법을 이용해 분석함으로써 결과를 얻을 수 있다(지은구, 2003; 2005).

(3) 현장면접방법

지역사회복지실천과정에 관한 정보를 획득하기 위해서 사용되는 방법으로서 MacNair(1996)은 현장면접과 사건분석을 강조하였다. 현장면접은 참여자들이 사회복지사의 개입과정을 어떻게 바라보는지에 대한 정보를 얻기 위해서 사용되는 방법으로, 주로 참가자들이 자신들의 경험, 행동, 산출된 결과에 어떻게 의미를 부여하는지에 관한 정보가 모아진다. 현장면접을 수행하는 목적은 사회복지사가 미래에 사용할 수 있는 실천지식을 개발하는 것을 돕는 데 있다(Hardina, 2002). 현장면접이 지역사회 내에 있는 주요 정보제공자나 지역사회복지 개입에 긴밀히 관여하는 지역지도자들과 이루어지는 경우, 사회복지사는 기대했던 중요한 정보를 얻을 수 있다. 이는 주요 정보제공자나 지도자가 지역에서 쟁점화되어 있는 문제들에 관해 많이 알고 있는 사람일 가능성이 있기 때문이다. 물론 지역주민이나 프로그램 수혜자들과의 현장면접도 주요 정보제공자나 지도자와의 면접만큼이나 중요하다. 면접은 표준화된 질문을 포함하는 기법이나 심층면접 등이 다양하게 사용될 수 있다(지은구, 2003; 2005).

(4) 사건분석방법

사건분석(또는 비판적 사건분석, critical incidence analysis)은 사회복지사가 특정 사건이나 사회변화와 관련된 결과를 의도하는 대항전술 등에 대한 관찰을 분석하는 것을 의미한다(MacNair, 1996). 관찰은 개입과정을 평가하기 위해 사용되기도 한다. 분석될 수 있는 사건의 요인들로는 특정한 전략과 전술, 전략적 행동에 대한 대응, 목표물, 지역주민 및 참여자들에 의해 표출된 느낌과 가치, 집단행동, 지도력의 질, 협조적 관계의 강도, 그리고 결과를 포함한다. 기록된 관찰은 조사자나 평가자가 현장에서 기록한 상세한 현장노트이며(Fetterman, 1998), 이 현장노트는 행동관찰, 인간행동의 유형을 나타내 주는 육체적 흔적이나 잔재(예, 공연 이후 공연장의 쓰레기 상태 등), 조사자가 보고 들은 것에 대한 자신의 감정이나 인지를 기록하기 위해 사용하였던 기록이나 기사들을 포함한다(Chambers et al., 1992).

4) 지역사회 프로그램 평가

지역사회 프로그램 평가는 특정 인구집단을 향한 사회복지재화나 서비스의 전달과 연관된 결과나 과정을 평가하기 위해서 사용된다. Hardina(2002)에 따르면, 평가기준으로는 기본적으로 프로그램 계획과 자금조달제안서(funding proposal)가 포함되어 있으며, 그리고 성공적인 프로그램에 대한 평가는 프로그램이 실행된 이후보다 실행 이전에 측정 가능한 프로그램의 목적과 목표를 사전에 명기하는 것을 필요로 한다. 프로그램 평가에 사용되는 기법으로는 양적 평가방법론과 질적 평가방법론이 있는데 대부분의 경우에 평가 당사자들이 자신의 가치와 선호, 그리고 상황에 맞는 평가방법론을 선택하게 된다. 〈표 7-1〉은 두 접근방법론의 특징을 정리한 것이다.

일반적으로 프로그램의 결과를 평가하기 위해서는 양적 접근법을, 그리고 프로그램 과정을 살펴보기 위해서는 질적 접근법을 사용하지만, 현대에는 이 두 방법을 혼합하는 방법이 많이 사용되는 추세에 있다(Chambers et al., 1992; Patton, 1997).

표 7-1 지역사회 프로그램의 질적 · 양적 평가방법의 특징

	양적 평가방법론	질적 평가방법론
가치의 역할	객관적	주관적
논리의 유형	연역적	귀납적
응답자에게 부과된 구조의 정도	높음	낮음
(개입의 또는 응답의) 조정 정도	높음	낮음
관찰을 위해 소모되는 시간의 양	적음	많음
조사자와 주제 사이의 거리	멀다	가깝다
조사자의 역할	기술자	주제와 관련된 동반자
평가접근방법의 유형	• 실험조사 • 준실험적 조사 • 단일집단사전-사후 조사 • 시계열분석 • 사회지표분석 • 종단조사 • 횡단조사 • 소비자만족도조사 • 목적성취 • 프로그램 검토	• 민속학적 조사(현장조사) • 건설적 평가 • 과정분석 • 실행분석 • 초점집단 • 지역포럼 • 사건분석 • 주요 정보제공자 면접 • 현장면접 • 개인적 구술 및 이야기
수집된 자료의 특성	강성자료(주로 수량화되어 있는 자료들, 예를 들어 숫자, %, 비율 등)	연성자료(수량화되어 있지 않은 자료들, 예를 들어 문장, 단어, 사진, 상징 등)

출처: 지은구(2003), p. 372에서 재인용.

(1) 성과평가

가장 전통적인 양적 접근방법을 따르는 프로그램 평가는 주로 지역사회 프로그램에 들어와 있는 집단을 대상으로 하는 실험조사를 사용해서 성과를 평

가하고 목적이 성취되었는가를 확인하는 것을 강조하는 것이다. 목적성취는 지역개입평가를 수행할 때 조사자나 평가자는 프로그램이론을 이해하는 것이 중요하며, 프로그램 활동을 목표와 평가기준에 접합시킬 수 있어야 한다는 점이 강조된다. 사회지표나 사례기록에 관한 정보는 프로그램 평가에서 성과측정을 위한 도구로 사용될 수 있다. 그리고 실험적 측정이나 통제집단을 통한 사전-사후 측정의 사용은 평가자들에게 프로그램이 개인이나 집단에 어떠한 변화를 일으키게 되었는지를 알게 하는 데 도움을 준다. 이상적으로 보았을 때 성과를 일반화하고 외부에서 일어나는 외부변수들을 통제할 수 있는 능력은 샘플이 무작위적으로 추출되었을 때 가능하지만, 현실적으로는 지역사회에 기초한 조사가 이루어질 때 시간과 자원에 대한 고려 때문에 샘플이 무작위적으로 추출되는 것에 한계가 있다(지은구, 2003; 2005). 따라서 준실험설계에 기초한 조사방법들이 지역을 기반으로 한 프로그램 평가나 지역개입의 성과를 평가하는 데 종종 사용된다(Royes & Thyer, 1996; Chambers et al., 1992).

지역사회 프로그램을 효과적으로 평가하기 위해 평가자는 특정한 결과를 측정할 수 있는 도구를 가지고 있어야 하며, 실제적으로 프로그램이 잘 실행되고 있는지 지적하기를 원하는 변화를 위한 기대감을 설정해 놓아야 한다. 일반적으로 양적 접근방법은 직원이나 참가자들이 평가를 준비하는 것에 포함되지는 않지만, 직원이나 참가자들의 개입이 때때로 평가자들에게 결과에 대한 정확도나 참여로부터의 협조를 보장하는 데 도움을 주기도 한다(Patton, 1997).

(2) 과정평가

개입이나 프로그램의 성과에 대한 평가와 함께 '왜'와 '어떻게'에 관한 질문들에 대답하기 위해 정보들이 수집되어야 한다. 과정평가는 어떻게 프로그램이 전달되고 있는가를 살펴보기 위해 사용되는 방법으로서 질적 접근방법의 내용을 구성한다(지은구, 2003; 2005). 과정평가는 때때로 블랙박스(black box)로 비유되기도 하는데, 원인과 효과에 대한 관계가 블랙박스 안에서 일어나기 때문에 이렇게 명명되었다(Patton, 1997; Rossi & Freeman, 1982). 과정평가에 대한 블랙박스의 비유는 다음과 같은 가정에 기초한다. 다시 말해, 사회복지사가 프로그램이나 개입을 구성하는 행동에 관한 구체적인 기술을 제공할 수 있지만 프로그램이나 개입이 사회복지사가 의도하거나 기대하지 않은 결과를 산출할지, 즉 무슨 일이 프로그램에서 일어나는지에 대해서는 아무도 확신할 수 없다는 것이다. Hardina(2002)에 따르면, 과정평가는 프로그램의 다음과 같은 점들을 조사하게 된다.

- 슈퍼바이저와 직원의 상호행동
- 직원들끼리의 상호행동
- 직원과 클라이언트, 직원과 지역주민, 그리고 수혜자와 결정가들 사이의 상호행동
- 개입을 전달하기 위해 사용된 자원
- 개입을 전달하기 위해 필요한 직원 노력
- 의도된 결과와 개입 사이의 일치
- 개입이 실제적으로 전달되었는가에 대한 정도
- 클라이언트, 수혜자 또는 지역주민이 프로그램에 쉽게 접근할 수 있었는가?
- 프로그램을 조정하고 다른 조직들과 자원을 공유할 수 있는 능력

[그림 7-2]는 블랙박스의 예를 나타난 것으로서 투입, 처리(활동), 산출 및 성과 중에서 처리(활동)의 과정이 블랙박스로 표시되어 있다.

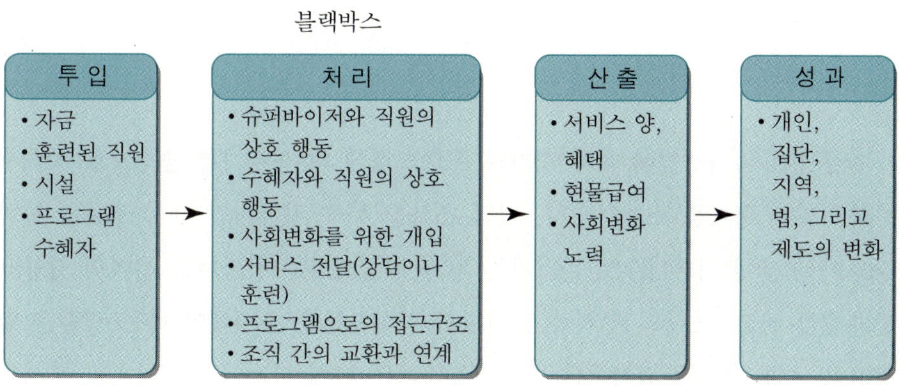

[그림 7-2] 평가를 위한 블랙박스로서의 지역복지기관

출처: 지은구(2003), p. 375에서 재인용.

과정평가를 시행하는 두 개의 또 다른 유형이 있는데, 하나는 프로그램 검토(program monitoring)이고 다른 하나는 실행분석(implementation analysis)이다.

프로그램 검토는 프로그램(또는 정책) 실행 중에 자원과 의도했던 수혜자들에 관한 질문들을 다루는 것으로서 조사되는 정보의 유형으로는 예산, 자원활용, 직원의 질, 클라이언트의 모집, 서비스를 받고 있는 자격 있는 클라이언트의 수, 서비스를 받고 있는 자격이 없는 클라이언트의 수, 프로그램 중도 포기자, 법이나 다른 법률적인 요구물의 적절한 적용(Rossi & Freeman, 1982) 등이 있다. 이와 같은 대부분의 정보는 사회복지기관들이 전산화된 정보관리체계를 이용하여 전산처리하였기 때문에 손쉽게 얻을 수 있다. 만약 검토 결과 평가자의 프로그램에 대한 평가가 적절하게 기능하지 않는 것으로 확인된다면, 프로그램은 본래의 목적을 위해 수정될 수 있다.

실행분석은 평가자가 프로그램이나 정책이 의도된 형식이나 방향으로 실행되고 있는지를 조사하는 것이다(Patton, 1997). 실행을 평가하기 위해서는 질적 접근방법이 종종 사용된다. 따라서 자료를 수집하는 방법으로 행정가, 일선 직원, 클라이언트, 정책결정가들과의 면접을 포함하며, 직원들과의 상호 행동, 그리고 직원과 지역주민이나 클라이언트들과의 상호행동을 조사하기 위해 관찰이 사용된다. 또한 실행분석은 제도적인 작업(결정수립, 행정절차, 문서작업)들에 대한 분석도 포함한다. 이는 종종 이러한 제도적 작업들이 결정가들에 의해 의도된 형태로 정책이나 프로그램이 실행되는 것을 방해하는 역할을 하기 때문이다(지은구, 2003; 2005).

5) 평가 종합

지금까지 지역개입에 대한 평가와 프로그램에 대한 평가를 중심으로 지역사회복지실천 평가를 소개하였다. 질적 조사를 통한 평가이건 양적 조사를 통한 평가이건 간에 기본적으로 평가자는 평가에 참석하는 참가자들 사이의 갈등을 중재해야 하고, 조사의 수행과 관련해서 참여자들을 조정해야 하는 역할을 담당한다. 이는 가치중립적이든 가치지향적이든 간에 관계없이 평가자가 조사과정에서 담당해야 하는 일차적인 주요 역할인 것이다. 이를 위해 평가를 수행하는 데 다음과 같은 원칙이 견지되어야 한다(Chambers et al., 1992). 첫째, 평가된 프로그램은 평가과정에 개입된 사람들의 관점에서 이해되어야 한다. 둘째, 평가자는 관찰, 면접, 그리고 프로그램의 환경적 정황과 프로그램 참여자들에 대한 정확한 이해를 건설하기 위한 인식을 사용하는 일차적인 자료수집의 도구다. 셋째, 평가자는 프로그램에 대한 새로운 시각을 제공해 주고 조사과정을 참여자에게 알려 주는 교사이자 프로그램에 관한 제3자 인식을 위한 학생이다. 넷째, 평가과정 동안에는 동의보다 갈등이 나타난다. 상이한 지역집단이나 개개인이 프로그램 과정이나 결과에 대해 상이한 의미를 부여하기 때문이다. 다섯째, 지역주민들(클라이언트, 직원, 수혜자, 이사진, 자금지원자, 이웃 거주자들을 모두 포함하는)은 기획, 조사설계, 자료수집, 분석 그리고 보고서 작성과정에 개입되어야 한다. 여섯째, 평가자는 모든 이해 관련 당사자와 관련 있는 정보를 수집해야 한다. 일곱째, 조사에서 결과물의 일반성이 일차적 관심이 아니다. 프로그램에 관여되어 있는 지역집단이나 개개인 사이의 협상이 평가결과를 결정할 것이다.

결국 평가는 지역집단이나 주민 개개인과 함께 실행되어야 하고, 이들과 제휴함으로써 효과적인 평가가 기대된다고 할 수 있다. 지역집단이나 주민 개개인과 함께 실행되는 평가조사로서 지역집단구성원들은 참여행동조사나 (기관) 자가평가 같은 프로그램에 종종 개입된다. 평가에 주민을 포함시키는 접근방법은 가장 기초적인 사회복지 원칙(역량강화의 원칙, 사회정의의 원칙, 그리고 문화적 다양성의 원칙과 관련 있는)을 준수하는 것이기도 하다(지은구, 2003).

(1) 주민과 함께 실행하는 평가

주민과 함께 수행하는 평가조사로서 참여행동조사와 자가평가가 있는데, 이에 대해 자세히 살펴보면 다음과 같다.

참여행동조사 참여행동조사는 힘이나 지식을 조사에 참여하는 일반시민에게 전이하는 것을 시도하는 조사로서(Sohng, 1998), Reinharz(1992)에 따르면 참여행동조사는 평등한 관계를 성취하기 위해 프로그램에 개입된 사람들의 역할관계를 변화함으로써 사회적 · 개인적 변화를 만드는 데 사용되는 모델이다. 이 조사방법에 따르면, 조사자는 통제를 버리고 상호 호혜, 상호 노출, 공유된 위험, 그리고 열린 접근 등을 받아들여야 한다(Reinharz, 1992). Johnson(1995)은 이러한 평가조사에서 목적을 다루기 위해서 조사공동체가 지역주민과 학계 사이에 설립되어 있어야 한다고 주장한다. 그는 참여행동조사를 위한 두 가지의 접근방법을 다음과 같이 제시하였다.

• 평행과정모델(parallel process model): 조사자는 단순히 집단을 위한 상담자로 행동하고, 조사방법, 자료수집, 설계, 그리고 분석에 대한 지식만을 제공한다.

• 심층입회모델(deep entry model): 조사자는 평가 팀의 부분이 된다. 주민은 지역집단에 리더십을 제공하고, 일정(agenda)을 작성하며, 자료수집과 분석에 참여한다. 자료는 지역주민에 의해 의도된 목적을 위해 사용된다.

Smith(1997)도 자료수집과정에서 신뢰도와 타당도를 고양시키기 위해서 외부 컨설턴트나 전문가에 의해서 사용되는 참여행동조사를 위한 과정에서의 단계를 제시하였다. 이 단계들은 문제해결에 지역주민이나 참여자의 능력을 고양시키는 것을 강조하는 것으로, 신뢰도와 타당도를 고양시키기 위해서 평가자는 다음과 같이 행동해야 한다.

• 평가자는 자신의 가치에 대한 전제와 편견들을 평가한다.
• 평가자들로부터 배울 준비가 되어 있어야 한다.
• 개인, 집단, 그리고 주변환경에 대한 모든 측면을 알아야 한다.
• 참가자들과 믿음의 관계를 형성한다.
• 지역주민이나 집단들의 삶의 경험에 대한 이해와 분석, 그리고 그들의 욕구에 대한 원천을 활성화시킨다.
• 사회변화를 촉진시키기 위한 적절한 행동을 취하기 위해 조직하는 것을 돕는다. 행동을 자료분석에 연결시킨다.
• 집단구성원의 일로 인정하게끔 행동한다.
• 집단 내부 지도자나 촉진가를 밝히기 위해 집단구성원과 공동으로 일한다.

자가평가 자가평가(self-evaluation)는 집단이 자발적으로 그들이 제공하는 프로그램을 평가하는 것을 의미한다. 기본적으로는 외부 컨설턴트를 이용해서 평가하는 것을 의미하며, 일반적으로는 특정한 프로그램을 평가하기 위해 사용되는 참여행동조사에서 비롯되었다(Meier & Usher, 1998). 자가평가의 절차는 평가에 경영(관리)절차와 프로그램 설계를 연계시키는 것으로, 자가평가를 위한 자료로부터 프로그램 설계의 수정과 일정한 감독을 허용하는 것을 의미한다. 즉, 자가평가를 위한 자료나 결과가 하나의 피드백으로서 프로그램의 발전과 감독을 위한 역할을 담당한다. 자가평가과정은 일반적으로 조직이 직원, 관리자, 서비스 사용자, 주민, 그리고 지역 내에 다른 조직의 대표들과 함께 일하기 위해 외부 컨설턴트를 고용할 필요성이 있음에 따라 시작되며, 외부 컨설턴트는 집단구성원들이 프로그램의 행동이론을 확인할 수 있도록 돕는다. 일단 이 과업이 성취되면 프로그램 참가자들과 컨설턴트는 자료수집과 조사설계를 같이 진행한다. 자가평가의 마지막 단계에서, 컨설턴트는 프로그램 변화를 위한 제언을 수립하고, 발견들을 해석하고, 자료를 분석할 수 있는 능력을 발전시키기 위해 이 과업을 맡은 집단과 함께 일한다. 자가평가의 결과는 하나의 피드백으로서 프로그램의 질과 효과성을 고취시키는 프로그램 설계에서 향상을 가져온다는 것을 전제한다. 자가평가절차는 지도력개발, 참여자들 사이에서의 역량강화에 대한 느낌, 평가를 수행할 수 있는 내적 능력, 결과의 활용, 직원, 관리층 클라이언트들에 의한 프로그램 개선에 대한 인정 등의 또 다른 의도된 결과를 만들어 내기도 한다(지은구, 2003).

(2) 평가수행을 위한 제휴

평가를 수행하기 위해서 지역집단이나 주민들과 제휴(coalition)하는 것은 효과적인 평가조사를 위해 시행되어야 하는 지역사회실천을 위한 하나의 과제다. 이를 위해 역량강화 평가가 사용될 수 있는데(Hardina, 2002), 역량강화평가모델은 다음과 같은 이유로 전통적인 평가모델보다 선호된다(Coombe, 1999; Padilla, Lein, & Cruz, 1999; Schulz, Israel, Selig, & Bayer, 1998; Rapp, Shera, & Kisthardt, 1993). 첫째, 산출된 정보는 참여자의 욕구와 관련이 있다. 둘째, 평가에서 나타난 결과들은 지역에 혜택이 있는 방식으로 사용될 가능성이 더욱 크다. 셋째, 참가자들은 자료에 대한 접근, 전문적 기술과 지식으로 역량이 강화된다. 넷째, 평가를 통해 경쟁력 있는 프로그램과 평가를 위한 접근방법이 발전된다.

Fetterman(1996)은 역량강화평가를 개인적인 추구가 아니고 협조적인 집단행동으로 정의하였다. 역량강화평가모델의 특징은 평가자가 주민 개개인을 역량강화시켜 주는 것이 아니라 지원과 지도로 주민 스스로가 역량강화하는 것이다. 즉, 능력건설과 프로그램 평가행동과 함께, 이 모델의 명백한 의도는 참여자들을 지지와 사회변화 안으로 끌어들이는 것이라고 볼 수 있다. 결국 평가자는 촉진자의 역할을 하게 되는데, 촉진자의 주요 역할은 어떻게 자료가 사용되어야 하는지, 그리고 어떻게 평가가 진행되어야 하는지에 관한 공통의 관점과 동의를 이끌어 내는 것이다. Schmuck(1997)는 참여를 통한 평가과정의 모든 유형을 성공적으로 만드는 10개의 요소들을 다음과 같이 설명하였다.

- 포섭과 신뢰의 감정을 만들어라.
- 공유된 리더십 과정을 개발하라.
- 집단의 응집력과 친선을 강조하라.
- 사회계급, 인종, 성, 그리고 다른 인구통계적 특성의 차이들을 직접적으로 처리하라.
- 회의를 수행하기에 적절한 집단과정과 구조를 개발하라.
- 좋은 의사소통기술을 개발하라. 명백하게, 그리고 직접적으로 집단문제를 처리하라.
- 모든 집단구성원이 참여하는 동의를 개발하라.
- 동의에 의해서 결정을 하도록 노력하라.
- 구성원들과 과정 및 성과에 대해서 토론하라.
- 집단구성원들이 할당된 과업을 따라오는지 아닌지를 평가하라.

결론적으로, 효율적인 지역사회복지실천과 지역사회 프로그램에 대한 평가는 사회복지사들이 과정과 성과를 조사하기 위한 기술적 · 전문적 · 분석적 기법이나 기술을 필요로 한다. 사회복지사는 프로그램의 이론을 확인하고, 목적을 수립하고, 자료수집과 조사전략을 계획하고, 참여자를 선택하고, 자료를 분석하기 위해 참여자들과 함께 일해야만 한다. 평가조사보고서에는 결론과 대안이 분명한 방식으로 제시되어야 하며, 다양한 지역집단들(자금 제공자, 지역주민, 조직의 이사진, 클라이언트, 수혜자들을 포함)의 요구에 부응하기 위해서 사회복지사들은 정치적으로 행동하여야 함이 강조되기도 한다(지은구, 2003).

최근에 등장한 참여행동조사, 자가평가, 그리고 역량강화평가 등은 사회복지사가 컨설턴트나 중개자의 역할을 수행하여야 함을 강조한다. 이는 프로그램에 참여한 참가자들이 프로그램의 목적, 필요한 정보, 평가기법들에 대한 공통의 이해를 할 수 있도록 사회복지사가 도와야 함을 의미한다. 따라서 사회복지사는 평가를 위해 참여자들과 함께 동등한 협력자로서 일하게 된다. 경쟁력 있고 효과적인 서비스나 프로그램의 개발을 위해 결정적으로 필요한 경험, 기술, 가치, 인지, 그리고 강점들을 참석자나 주민들이 가지고 올 수 있다는 것을 인식시켜 주는 것이 지역사회복지실천과정에서 사회복지사의 결정적 역할인 것이다(지은구, 2003).

08

지역사회복지실천의 원칙, 가치 및 윤리[1)]

1. 지역사회복지실천의 가치와 윤리적 토대

지역사회복지실천을 성공적으로 행하기 위해 지역주민의 참여는 가장 기본적인 요소가 되는데, 지역주민이 지역사회복지실천을 통해 자신들의 지역문제를 해결하고 지역의 삶의 질을 개선시킬 수 있는 조건을 만족시키기 위한 구체적 방법을 위해서는 추구해야 하는 지역사회복지의 가치와 이 가치에 부합해서 이루어질 수 있는 다양한 기술이 필요하게 된다. 지역사회복지에서 가치의 강조는 곧 지역주민이나 집단구성원들의 복지의식의 성장으로 현실적으로 나타나게 되며, 기술은 지역사회복지실천을 위한 구체적인 실천모델로 나타나게 된다. 지역사회복지실천을 위한 사회복지 가치의 강조, 즉 복지의식의 성장을 위한 가장 중요한 기본 가치로서 사회정의, 존경, 민주주의, 역량강화, 상호원조, 그리고 연대 등의 강조를 통한 복지의식의 성장을 예로 들 수 있다.

직업적 실천을 강조하는 데서는 어떤 직업도 그 실천에 직업적 윤리를 바탕으로 하지 않는 직업은 존재하지 않는다는 점을 지적하고 싶다. 의사의 윤리 또는 기업가의 윤리, 교사의 윤리 등 대부분의 전문적 직업의 실천은 그 영역

1) 이 장은 지은구(2003), 『지역복지론』 제2부 제3장의 내용을 참고로 수정 · 보완함.

에 맞는 실천윤리를 갖게 되며, 이는 지역사회복지실천에서도 예외가 아니다. 지역사회복지의 직업적 윤리는 윤리의식을 위한 바탕이나 토대를 형성하는 가치이며, 실천을 위한 윤리적 기준이다. 따라서 지역사회복지실천 행동에서 직업적 윤리의 바탕인 사회복지의 가치와 그 실천윤리강령이 중요한 이유가 여기에 있다고 볼 수 있다. 미국사회복지사협회(National Association of Social Workers: NASW)가 채택하고 있는 사회복지의 윤리강령에 나타나 있는 기본적 가치를 소개하면 다음과 같다.

- 서비스의 원칙: 사회복지사의 궁극적인 목표는 도움을 필요로 하는 사람을 돕고 사회적 문제들에 대응하는 것이다.
- 사회정의의 원칙: 사회복지사는 사회적 불의와 대결해야 한다.
- 인간에 대한 존엄성과 가치존중의 원칙: 사회복지사는 인간의 타고난 존엄성과 가치를 존중해야 한다.
- 인간관계의 중요성의 원칙: 사회복지사는 인간관계가 가진 중요성을 인식해야 한다.
- 성실, 충실 또는 정직의 원칙: 사회복지사는 신뢰받을 수 있게 행동해야 한다.
- 경쟁력 또는 능력의 원칙: 사회복지사는 자신의 능력 범위에서 실천활동을 하여야 하며, 자신의 전문적 기술을 개발하고 향상시켜야 한다.

우리나라는 사회복지 기본가치를 사회복지사윤리강령에서 채택하고 있지는 않지만, 전문에 사회복지가 추구해야 하는 기본가치라고 볼 수 있는 내용이 포함되어 있다. 사회복지사윤리강령의 전문에는, 사회복지사는 “인본주의, 평등주의 사상에 기초하여 모든 인간의 존엄성과 가치를 존중하고 천부의 자유권과 생존권의 보장활동에 헌신하며, 특히 사회적 · 경제적 약자들의 편에 서서 사회정의와 평등, 자유와 민주주의 가치를 실현하는 데 앞장선다.”고 규정하고 있다. 따라서 우리나라는 사회복지의 기본가치로서 평등, 사회정의, 자유, 민주주의, 인간의 존엄성 등을 강조하고 있음을 알 수 있다.

지역사회복지실천을 행하는 데 사회복지사는 사회정의, 민주주의, 평등, 인간의 존엄성 강조, 자유 등의 가치에 대한 지역주민의 의식 성장을 위해 노력해야 하는 것을 가장 중요한 임무로 규정할 수 있다. 집합적으로 사회복지가치의 실현을 위해서 가장 경계해야 하는 가치는 개인주의다. 개인적 이익과 관심에 따라 행동하는 것을 합리화하는 개인주의는 자본주의 시장경쟁체제가 가지고 온, 가장 비윤리적이고 비도덕적인 사상으로 인간의 존엄성을 피폐하게 하며, 사회불평등과 사회불의를 가져다주는 가치이기 때문에 개인주의를 기반으로 하는 개인적 가치를 배제하면서 사회적 가치에 대한 중요성과 차이점을 강조하는 것이 무엇보다 중요하다고 볼 수 있다. 지역공동체주의는 이러한 시장경제가 가져다준 개인주의의 문제점에 대한 출발을 그 이론적 출발점으로 하고 있다. 결국 지역사회복지실천이 추구해야 하는 사회복지의 가치는 자유, 평등, 사회정의, 집합주의, 인간의 존엄성을 가장 중요한 가치로서 자리매김할 수 있다.

2. 윤리적 실천과 사회복지의 가치

지역사회복지실천 영역에서 사회복지사가 갖추어야 하는 윤리적 실천은 사회복지의 다른 분야에서 일하는 사회복지사(특히 임상사회복지사)가 수행해야 하는 윤리적 실천과 비교할 때 여러 가지 상이한 측면을 내포하고 있으며, 가장 큰 특징은 지역사회복지실천 분야에서 활동하는 사회복지실천가는 더 포괄적이고 광범위한 윤리적 실천을 그 내용에 포함하고 있다는 점이다. 이것들은 다음과 같이 정리할 수 있다.

첫째, 사회적 변화나 전환이 (지역사회로의) 개입의 일차적인 목적이다. 둘째, 사회복지사는 억압받는 집단의 소외에 기여하는 사회적 · 경제적 조건에 대한 비판적 의식을 발전시켜야만 한다. 셋째, 지지자나 후원자들 사이의 비판적 의식의 발전은 사회복지사의 윤리적 실천의 또 다른 목적이다. 넷째, 클라이언트는 일차적으로 지지집단의 구성원이며, 목표지역의 주민들이고, 억압받고 있는 사람들이다. 다섯째, 대부분의 개입은 지지집단의 구성원과 지역주민과의 연합에 의해서 이루어지며, 그들은 지역사회복지실천을 위한 활동구성원으로 행동할 수 있다. 여섯째, 실천은 소외된 집단의 힘을 증가시키는 것에 있다. 지역사회복지실천은 지배체계의 유지를 위해 사용되지 않는다. 일곱째, 지역사회복지실천의 일차적 목적은 지역주민이나 지역조직의 역량강화에 있다. 여덟째, 힘을 획득하기 위해 일하는 것은 사회에 있는 힘 있는 집단과의 대항전술의 사용을 필요로 한다. 대중의 인지도를 획득하고 결정과정에 접근하기 위해서 표적을 불안하게 만드는 전술이 필요하다(Alinsky, 1971; Reamer, 1999). 아홉째, 윤리적 행동은 실천가가 적절한 전술의 사용을 결정하기에 앞서 일어날 수 있는 위험들과 결정가에 대한 접근 가능성, 상황의 진지함을 평가하는 것을 필요로 하기 때문에 상황에 따라 변할 수 있다(Warren, 1971).

이와 같은 윤리적 행동은 결국 사회복지사가 사회복지의 가치를 실현해 나가는 데 실천현장에서 지켜야 하는 실천에 의한 행동지침이 될 수 있는데, 한국사회복지사협회와 미국사회복지사협회(NASW)는 보다 구체적인 실천행동지침을 사회복지사윤리강령에 체계적으로 나열하고 있다. 실천윤리강령은 사회복지사의 기본적 윤리기준, 클라이언트에 대한 윤리기준, 동료에 대한 윤리기준, 사회에 대한 윤리기준, 기관에 대한 윤리기준 등을 포함하여 사회복지사가 실천현장에서 준수해야 하는 실천 행동지침을 제시하고 있다.

지역사회복지실천가가 지역으로의 개입을 통한 실천행동을 수행하는 데 지적할 수 있는 실천윤리강령에 포함된 내용으로는, 첫째 다양성과 문화에 대한 이해, 둘째 자기결정권과 역량강화, 셋째 비판적 의식의 발전, 넷째 상호 학습, 다섯째 자원의 균등한 배분과 사회정의에 대한 사명감을 지적할 수 있다(Hardina, 2002).

이들이 포함하는 구체적인 내용을 살펴보면 다음과 같다.

1) 다양성과 문화에 대한 이해

미국사회복지사협회(NASW)의 윤리강령을 보면, 사회복지사는 문화와 인간행동과 사회에서의 문화의 기능을 이해해야 하며, 모든 문화에 존재하는 강점을 인지해야 한다. 또한 사회복지사는 서비스 전달을 하는 데 문화적 경쟁력을 입증해야 한다. 여기서 의미하는 문화적 경쟁력이란 사회복지사가 다양한 문화적 집단에 관한 지식을 획득하는 것, 문화적 동질성의 개념을 이해하는 것, 상이한 관점을 수용하는 것, 그리고 이러한 상이점을 뛰어넘어 대화할 수 있어야 한다는 것을 의미한다(Gutierrez & Alvarez, 2000).

문화를 학습된 가치, 신념, 문화적 양식에 의해서 영향받은 사람들로 구성된 특정집단의 삶의 방식(Lum, 1996)이라고 정의한다면, 문화란 특정 인종을 언급하는 것일 뿐만 아니라 지배문화와 떨어진 독창적인 행동이나 실천에 개입된 집단도 포함하는 의미로 사용될 수 있다. 따라서 동성연애자(남성 간이든 여성

을 획득하기 때문에 또한 중요하다고 강조한다.

Hardina(2002)는 역량강화가 의사결정과 지도력의 습득을 위한 기술을 통해서 획득된다고 하였다. 지역사회복지실천가는 이러한 기술을 사용하고 개발시킬 수 있는 기회를 지역주민이나 집단구성원들에게 제공해야 한다. Forester (1999)는 지역조직이 시민의 힘을 강화시키는 것은 전형적으로 그들의 삶에 영향을 미치는 결정에서 그들에게 공식적인 역할을 제공함으로써 가능하다고 하였다. 예를 들어, 지역조직이 지역사회문제 해결을 위한 계획의 고안에 개개인을 참여시킴으로써 힘을 가져다주는 것이다. 이러한 방법은 지역개발모델이나 사회기획모델에서 적극 활용될 수 있다. Arnestein(1969)은 시민참여에 따른 단계들을 제시하였는데, 이는 [그림 8-1]과 같다.

Young(1990)에 따르면, 소외받은 사람을 의사결정과정에 참여시키기 위해서는 특별한 노력들이 필요한데, 이는 특권계급이나 지배계급에 속한 사람들이 기본적으로 억압받은 사람들의 이익을 보호해 주지 않기 때문이다. 이는 그들 특권의 정도가 다른 사람들에 대한 끊임없는 억압에 의존하기 때문이기도 하

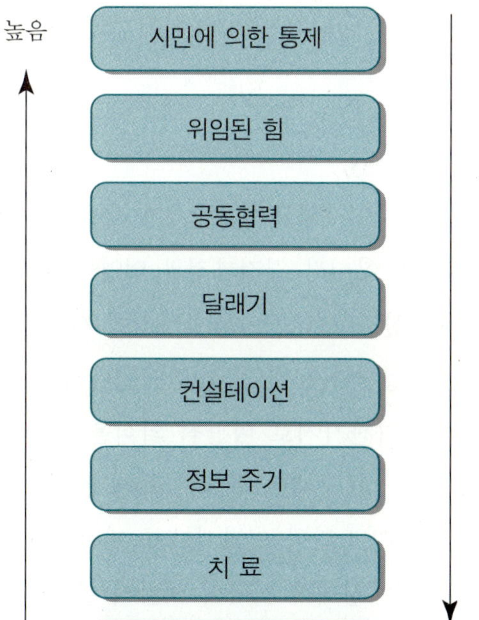

[그림 8-1] Arnestein의 시민참여단계

출처: Arnestein(1969), pp. 216-224에서 재인용.

며, 그들의 사회적 지위가 소외받는 집단들의 관심을 이해하지 못하도록 하기 때문이다.

결과적으로, 사회복지사는 지역을 기반으로 설립된 사회복지서비스 조직 안에서 지역주민(소득이 낮은 복지수혜자들을 포함하는)이 결정과정에서 역할을 행할 수 있도록 제도적 구조를 만들기 위한 주도적 역할을 담당해야 한다. 기획을 위한 직접적 행동을 위해 이사회에 참여시킨다거나 위원회에 참여시키는 방법들이 소외받는 사람들이나 지역복지수혜자들의 역량을 강화하기 위해 사용될 수 있다. 일반적으로 억압받는 집단의 구성원들은 전문직에 있는 사람이나 정부관리들과의 협상에서 그들의 능력을 제한하는 극히 제한적인 자원(예, 돈이나 사회적 지위, 정치인들과의 접촉 등)을 가지고 있다(Winkle, 1991). 하지만 O'Neill(1992)에 따르면, 소외받는 집단의 구성원들이나 저소득층의 사람들이 강력한 지역주민집단들을 대표할 때 그들은 훨씬 효과적일 수 있다. O' Neill(1992)에 따르면, 성공적인 지역주민집단의 지도자는 적절하고 정확한 정보 자원, 다른 지역주민이나 다른 지역집단구성원들의 지지, 행정가와 다른 결정가에 견줄 수 있는 성격, 지역주민이나 집단으로부터 피드백을 위해 설립된 메커니즘의 속성을 가지고 있어야 한다.

3) 비판적 의식의 발전

비판적 의식의 성장은 지역사회복지실천가가 사회가 어떻게 억압을 조장시키는가를 인식하는 것뿐만 아니라 결정과정과 억압적 사회구조에 관한 지식을 얻고 관찰하는 것을 포함한다(Freire, 1970). 지역에 개입하여 변화를 이끄는 과정의 중요한 구성요인은 실천가가 개인 및 집단들과 상호 행동하는 것이고, 그 결과 개인이나 집단들도 마찬가지로 비판적 의식을 발전시키게 된다는 데 있다. 지역이 안고 있는 욕구나 문제를 확인하고 해결하는 것도 중요하지만, 그 문제가 일어난 원인과 효과에 관한 인과관계를 비판적 시각으로 분석하는 것도 매우 중요하다. 사회적 · 경제적 제도의 억압적 본질에 대한 이해는 개인을 행동으로 전환시키게끔 하며, 사회에 대한 변화를 추구하게끔 만든다. 많은 사람이 전환되면 사회구조는 더욱더 인간적이 되고, 개개인의 욕구에 더욱더 응답하게 된다.

결국 사회가 집단들(여성, 장애인, 노인, 빈민 등)을 어떻게 소외시키는 기능을 하는가를 이해하는 것은 다양한 사회집단이 개개인에게 씌인 편견을 극복할 수 있도록 돕는 역할을 담당하게 될 것이다. 이는 또한 사회적 편견이나 낙인을 줄이고 소외된 집단의 구성원들에 의해서 억압의 내부화(internalization, 자기비난과 같은)를 예방할 수 있게끔 한다(Gutierrez & Alvarez, 2000). Gil(1998)에 따르면, 지역주민이나 집단구성원들 사이에서 비판적 의식의 성장은 대화와 교육을 필요로 한다. 그리고 개개인이나 집단구성원을 전환시키는 전환과정에서는 사회적 현실에 대한 공통의 인식, 신념과 가정, 개인적 · 사회적 욕구에 대한 인식, 욕구의 인식에서 도출된 가치와 이데올로기의 요소를 포함한다.

4) 상호 학습

사회복지사만의 가치와 신념, 행동과 풍습들은 지역주민에게 복종을 증진시키고 그들과의 대화를 왜곡할 가능성이 있다(Uehara & Sohng, 1996). 따라서 사회복지사는 실천과정에서 지역주민이나 후원자들로부터 문화적 배경에 대한 지식을 얻는 활동적인 학습가가 되어야 한다(Gutierrez & Alvarez, 2000; Wint & Sewpaul, 2000). 또한 사회복지사는 클라이언트나 지역주민을 클라이언트의 역할로부터 학습과정에서 교사나 협동자의 역할을 수행할 수 있도록 그들의 역할을 증진시킬 수 있도록 도와야 한다(Rapp et al., 1993). 사회복지사에 의해서 촉진되는 단호하고 협동적인 상호관계는 클라이언트가 자신과 자신의 경험을 개발하고, 협동적인 관계를 건설하고, 힘을 공유할 수 있도록 돕는다(Van Voorhis, 1998).

클라이언트와 사회복지사가 힘을 공유한다는 것은 권위적인 의사결정과정을 탈피하고 문제해결식 접근방법에 기초한 결정을 하는 데 중요하다. 이를 위해 사회복지사는 다음의 기본적인 세 가지 요소를 필요로 한다. 첫째, 개인적 지도자보다는 집합을 강조하는 지도자에게 힘을 위치시켜야 한다. 둘째, 지도력이라는 것의 기능적인 측면은 특별한 지위나 특권을 가져다주는 것이 아니라는 것을 인지해야 한다. 셋째, 미래의 나아갈 방향을 설정하는 데 지배적인 방법으로서 지도자와 구성원 사이의 대화는 필수적이다.

다시 말해, 사회복지사는 변화과정에서 지역주민을 동반자로 인식하는 것이 중요하다. 즉, 지역사회복지실천과정에서 모든 지역주민은 동반자가 되는 것이다. 모든 지역주민의 개인적인 견해는 무시되지 않아야 하며, 존경과 존엄으로 취급되어야 한다. 이를 위해 기본적으로 사회복지사들은 변화과정에서 겸손을 유지해야 한다(Burghardt, 1982).

Hardina(2002)에 따르면, 상호 학습은 지역사회복지실천과정에서 참여자들 사이의 관계에서 평등을 유지하기 위해 발전 또는 개발되는 기술이다. 또한 그는 상호 학습은 사회복지사가 서열적 결정구조에 내재한 권위와 지배의 유형을 거부하는 것을 필요로 한다고 강조하였다. 결국 동등한 동반자의식은 협동과 힘의 공유, 동의의 구축으로 특징되는 실천의 기본적 구성요인이라고 간주될 수 있다. 그리고 사회에 존재하는 차별과 차이(성차별, 나이 차별, 장애인 차별, 기회의 차별 등)를 재생산해 내는 지배구조를 상호 학습과 신뢰를 통해서 극복해야 한다.

5) 자원의 균등한 배분과 사회정의에 대한 사명감

앞에서도 살펴보았듯이 사회정의는 사회복지사가 추구해야 하는 가장 핵심적인 사회복지의 가치다. 사회정의는 구체적으로 균등한 자원배분의 실현 또는 노력에 의해서 이룩될 수 있다(지은구, 2003). 따라서 균등하거나 동등한 분배를 통한 사회정의는 모든 사회복지사가 추구해야 하는 사회복지의 실천적 행동 가치라고 할 수 있다. 이는 대부분의 나라가 가지고 있는 사회복지사윤리강령에 사회정의의 실현이 중요한 기본가치에 자리하고 있음을 통해서도 그 중요성을 짐작할 수 있다. Uehara와 Sohng(1996)에 따르면, 사회복지의 목적은 불의와 불평등을 조장하는 사회문화적 구조나 과정의 변환과 사회정의다. 따라서 사회복지가 추구하는 가치는 차별과 불의, 그리고 불평등을 조장하는 사회, 정치, 경제, 문화적 구조에 맞서 대항하는 것일 수 있다. 따라서 지역사회복지실천과정은 사회복지사가 억압을 경험하고 있는, 또는 경험했던 집단의 측면에 서 있는 과정이라고 볼 수 있다. 이에 대해 Abramovitz(1993), Specht와 Courtney(1994) 등은 기존의 사회복지사가 정신치료적 분석방법에 기초해서 치료적 기법만 선호하여 사회정의에 대한 사명감을 등한시해 왔다고 비판한다.

Manning(1997)에 따르면, 사회정의를 위해 일하는 것은 사회복지사가 사회적 해를 일으키는 조직적이고 전문적인 실천과정에 대항해서 싸우는 도덕적 시민이 된다는 것을 의미한다. Mondros와 Wilson(1994)은 사회정의를 개개인의 형평과 정의를 지지하는 가치라고 정의한다. 이는 두 측면에서 설명할 수 있는데, 첫째는 개인의 복지를 위한 집합적 · 사회적 책임감이라는 의미에서, 둘째는 문제 해결을 위한 개인적 책임감을 받아들이는 이타주의적 의미에서 개개인의 형평과 정의를 지지하는 가치라고 해석될 수 있다.

Reamer(1999), 그리고 Robinson과 Reeser(2000)에 따르면, 사회복지사는 사회정의를 자원, 기회, 시민권, 그리고 사회의 모든 구성원에게로의 혜택의 동등한 분배를 요구하는 것이라고 간주한다.

지은구(2003)는 사회정의를 실현하기 위한 구체적인 방법으로서 분배적 정의를 강조하였다. 그는 균등한 분배를 통해서 사회정의가 실현될 수 있다고 보았다. 구체적으로 균등한 분배는, 첫째 개인적 만족보다는 사회적(집합적) 만족 또는 가치를 강조함으로써, 둘째 정부의 시장경제체제로의 적극적인 개입과 역할 증대를 통해서, 셋째 공공재인 사회복지의 재화나 서비스를 개개인의 욕구를 기반으로 해서 균등한 분배를 기준으로 하는 조정양식을 통해서 분배함으로써, 넷째 사회적 동의와 합의를 강조함으로써, 그리고 마지막으로 개인의 다양성과 차이(사회적 지위나, 교육의 정도, 계급적 차이나 성적 또는 나이 차이를 포함하는)를 인정하고 이 차이에 맞게끔 사회적 자원(교육, 의료, 사회복지재화나 서비스를 포함하는)을 차등 분배함으로써 극복될 수 있다.

제3부
지역사회복지실천기술

09

자원개발

1. 자원개발의 필요성

사회복지조직은 영리추구를 위하여 설립된 조직이 아니라 공익을 위해 설립된 비영리조직으로, 조직의 생산활동에 해당하는 서비스 제공을 위한 자원을 필요로 한다. 사회복지조직은 정부의 다양한 보조금과 계약을 통해 사업을 수행하지만, 정부가 모든 사업예산을 보조하거나 지원해 줄 수 없기 때문에 지역사회 내에서 지역주민이나 대중에게서 민간자원을 동원하고 개발하여야 한다(최성재, 남기민, 2006). 일반적으로 사회복지조직은 정부, 재단, 기부금, 서비스 이용료, 특별행사 등 다양한 자금원을 통해 재정을 충당하게 된다. 사회복지조직의 재정 원천을 정부측과 민간측 원천으로 구분하여 살펴보면 〈표 9-1〉과 같다.

표 9-1 사회복지조직의 재정 원천

정부측 재정 원천	민간측 재정 원천
• 정부보조금(일률적 보조금) • 그랜트(선택적 보조금) • 정부의 위탁(계약) • 정부로부터 받는 서비스 비용	• 일반 기부금 • 기금조성 기부금 • 결연 후원금 • 특별행사(만찬, 공연, 특별모금 방송) • 유증(遺贈) • 개인 및 타 조직으로부터 받는 회비 • 동료회원 조직으로부터의 기부 • 지역공동모금회의 배분 • 서비스 요금(유료 서비스 요금) • 자체 수익사업(건물 임대, 이자 증식, 특별사업 등)

출처: 최재성, 남기민(2006), p. 312를 재구성함.

사회복지조직은 크게 기금모금(fundraising)활동과 자원개발(resource development)이라는 두 가지 방법을 통해 수입을 확보한다. 먼저 기금모금활동은 즉각적인 수입을 확보할 목적으로 주로 소규모 형태로 이루어지는 단기적인 재정적 접근이다. 바자회, 일일찻집, 음악회, 특별행사 등이 여기에 속한다. 반면 자원개발은 보다 장기적이고 광범위한 특성을 가지며, 예측 가능하고 성장하는 수입 기반을 개발하려는 목적을 가지고 있다. 기부자 목록을 늘리고, 신뢰를 쌓아 나가고, 계획 기부를 하는 것은 자원개발의 좋은 사례라고 할 수 있다(Kirst-Ashman & Hull, 2006). 이 장에서는 기금모금과 자원개발을 엄격히 구분하지 않고 사회복지조직의 보편적인 자원개발방법을 소개하고자 한다.

2. 사회복지조직의 기부자시장

비영리사회복지조직이 자원을 개발할 수 있는 시장은 크게 개인 기부자, 재단, 기업, 정부로 나눌 수 있다. 여기에서는 각 시장의 특성을 살펴보고자 한다.

1) 개인 기부자

모금운동이 활발한 미국의 경우는 모금액 전체의 80%를 개인 기부자가 차지하고 있고, 우리나라도 개인 단위의 기부활동이 점차 증가하고 있다. 이처럼 개인 기부자는 사회복지조직의 기부자시장에서 가장 중요한 부분을 차지한다고 해도 과언이 아니다. 개인 기부는 기부자의 소득, 연령, 학력, 성별, 종교 등의 요인에 의해 좌우되며, 특히 고소득층, 중년층, 고학력층 집단이 상대적으로 많이 기부하는 것으로 나타났다(정익준, 2005). 기부행위의 동기는 개인마다 다르다고 할 수 있는데, 사회복지조직의 모금전략 수립을 위해 인간의 기부행위에 대한 이해는 필수적인 과정이다. 인간의 기부행위 동기를 분류하면 〈표 9-2〉와 같다.

표 9-2 인간의 기부동기

구분	구체 설명
자존심을 만족시키려는 욕구	인간은 선행을 통해 자기 이미지와 자존심을 만족시키려고 함
타인으로부터 인정받고 싶은 욕구	사회적인 지위를 구축하고 타인의 눈에 반영되는 자신의 격을 높이려고 함
질병에 대한 공포	자신과 가족이 질병에 걸리지 않을까 하는 불안감에 근거하여 기부함
습관적인 기부	원래 기부행위에 관심이 없지만 타인의 기부행위를 보고 습관적으로 기부함
성가심 탈피	방문자를 빨리 돌려보내기 위해 기부함. 기부행위에 대한 가치를 전혀 두지 않음
기부를 요구받음	업무상 기부를 요구받아 기부에 참여함
지인에 대한 연민의 정	질병이나 비슷한 처지의 지인에 대한 깊은 연민의 정으로 기부함
인간의 공통성에 대한 감정	인간의 공통성에 대한 감정으로 타인을 돕는 일이 체질화되어 있어 기부함
인간애에의 관심	종교적 이유로 타인에게 관심을 갖는 것은 자연스러운 행위라 생각하고 기부함. 자선활동에 참여해야 한다는 도덕적 의무감이 있음

출처: 정익준(2005), pp. 226-227을 일부 수정하여 요약 · 정리함.

또한 효과적이고 효율적인 자원획득을 위해서 사회복지조직은 자원개발에 앞서 기부자시장을 세분화할 필요가 있다. 기부자시장을 세분화하는 데 가장 중요한 요소는 기부자의 기부잠재력이라고 할 수 있다. 사회복지조직은 기부자

시장을 구분하여 다수의 소액기부자들에게 초점을 맞출 것인지, 소수의 고액기부자들에게 초점을 맞출 것인지를 결정한 후 모금 및 자원개발전략을 개발하여야 한다. 시장세분화를 위한 또 다른 요소들로는 지리적 요인(도시 혹은 지방), 조직과의 접촉 정도(자원자와 청중), 과거의 기부경력(장기간 기부자, 최초 기부자, 최초의 재기부자 등) 등이다. 이러한 요소들은 사회복지조직이 각 집단에 대한 노력의 정도와 접촉수단의 사용방법(대중매체, 전화, 우편, 개인접촉 등), 강조사항 등을 결정할 때 사용된다(정익준, 2005).

2) 재 단

재단은 특정 부문에 돈을 기부하고 관심을 촉진하기 위해 존재한다. 재단은 사회복지조직의 사업실적에 근거하여 기부를 하게 되며, 지속적인 사업에 대한 일반적 재정지원보다는 구체적인 프로젝트에 재정을 지원하는 경우가 많다(Homan, 2004). 재단은 일반목적재단, 특별목적재단, 기업재단, 가족재단, 운영재단, 지역사회재단으로 구분할 수 있는데, 재단의 종류별 특징을 살펴보면 〈표 9-3〉과 같다.

표 9-3 재단의 종류

구 분	특 징
일반목적재단	특히 규모가 크고 잘 알려진 재단. 광범위한 프로젝트를 진행하며 비교적 제약 없이 운영됨. 일반적으로 매우 큰 프로젝트에 관심이 있음
특별목적재단	자금 지원을 특정 지역 혹은 구체적인 관심 영역으로 제한함
기업재단	기업에 의해 기부된 자금을 관리하기 위해 설립된 재단
가족재단	설립한 가족의 통제하에 있는 재단. 대체로 규모가 작으며, 지원금은 개인적 관심에 근거하여 이루어짐
운영재단	재단의 자원을 연구 수행이나 직접적인 서비스 제공에 사용함
지역사회재단	중앙집권화된 지역사회 감독체제하에서 소규모 자금으로 운영됨. 보조금은 주로 특정 지역에 한정되지만, 대규모 자산과 광범위한 이해관계가 있어 지역사회 변화 노력의 잠재적 원천이 됨

출처: Homan(2004), pp. 306-307을 요약·정리함.

대부분의 재단은 보조금을 지급하는 구체적인 보조금 교부 분야를 지정하고 있다. 예를 들어, 사회서비스, 지역사회 향상 등 보조금 지원 분야뿐만 아니라,

특정 광역시 혹은 지역 등 구체적인 지리적 장소를 제한하는 경우도 있다. 그러나 정부보조금과 달리, 재단보조금에 대한 정보는 공개발표나 도서관에서 찾을 수 없는 경우가 많고 재단의 존재나 보조금 형태에 대해서도 홍보하지 않는 경우가 많아 재단에 관한 정확한 정보수집은 쉬운 일이 아니다(Kirst-Ashman & Hull, 2006).

사회복지조직의 자원개발담당자는 이러한 다양한 형태의 재단 중에서 해당 조직의 사업을 지원해 줄 수 있는 재단을 파악하여야 한다. 이를 위해 재단보조금 인덱스(index), 재단명감, 재단뉴스와 같은 자료를 활용하면 도움이 된다. 재단보조금 인덱스는 각 재단이 현재까지 어떤 분야에 지원하였는지에 대한 정보를 제공하며, 어떤 재단이 어떤 사업 분야에 주로 지원해 왔는지를 알 수 있다. 재단명감에는 재단의 종류, 보조금 종류, 연간보조금 액수, 소재지, 관심 분야 등이 기술되어 있어 조직의 보조금 신청에 유용한 자료라고 할 수 있다. 재단에 따라 정기적으로 소식지를 발간하는데, 재단의 활동사항과 향후계획 등을 소개하므로 자원개발담당자는 이런 자료들을 유용하게 활용할 수 있다(정익준, 2005).

무엇보다도 지원요청을 위한 대상재단을 고려하는 데 가장 중요한 요소는 적합성이다. 자원개발담당자는 사회복지조직의 관심과 활동 분야에 부합되는 재단을 물색하여야 한다. 또한 어떤 재단이 어떤 조직의 활동 프로그램에 많은 관심을 가졌다고 하더라도 재단이 그 조직 자체에 어느 정도의 관심을 가지고 있는지 자원개발담당자는 철저히 분석하고 평가하여 지원을 결정하여야 한다(정익준, 2005).

3) 기 업

기업들은 다양한 목적으로 자금을 배분하기 위한 자선담당자나 자선부서를 두고 있는 경우가 많다. 지역사회에서 주요 고용주인 대규모 혹은 소규모 기업들은 기부의 형태 혹은 현물 형태로 사회복지조직을 포함하는 비영리조직들에 기부를 한다. 지역사회의 문제해결을 지원하기 위하여 자금, 물품, 서비스를 제공하는 것은 기업의 사회적 책임을 과시하는 것이며, 바람직한 거래관행이기도 하다. 대부분의 경우, 기업은 전략적인 차원에서 기부를 행하는 경향이 있다(Homan, 2004). 일부 학자들은 기업의 기부는 이기심에 근거한다고 주장하는데, 기부가 보다 건강한 지역사회와 사업환경을 활성화시킴으로써 장기적으로 기업에 이익을 준다는 믿음에 기인한 것이라고 규정하고 있다(Picker, 2001; Zippay, 1992). 즉, 고객이 지역사회 대의나 명분을 지원하는 기업의 상품을 구매할 가능성이 높아지므로, 결국 기업은 기부를 통해 이윤창출을 극대화할 수 있다는 것이다.

기업의 기부금은 주로 마케팅 예산에서 오는 경우가 많기 때문에 기부는 기업의 마케팅전략과 연결된 경우가 많다. 최근에는 많은 기업이 사회복지조직을 포함하는 비영리조직들과 연계하여 명분연계마케팅(cause-related marketing)을 사용하고 있다. 이 마케팅전략은 판매된 모든 상품에 대해 일정 금액을 사회복지조직을 포함한 비영리조직에 기부하는 형태를 띤다. 지역사회 명분에 대한 이런 종류의 기업 지원은 사회복지조직에도 재정적 도움을 주지만, 해당 기업은 기업의 사회적 기여도를 대중에게 알리고 기업의 지역사회 관여에 대한 좋은 평판을 얻게 된다(Homan, 2004).

기업으로부터의 효과적인 모금을 위하여 조직은 다음과 같은 기업의 특성을 이해하여야 한다. 첫째, 기업들은 특정지역에 기부금을 제공하기를 바라는 경우가 많으며, 기업과 동일한 지역에 있는 사회복지조직을 선호할 가능성이 높다. 예를 들어, 어떤 특정지역에 기업의 공장이나 지사가 있는 경우 그 지역에서 기부하는 경향이 있다(정익준, 2005; Homan, 2004). 둘째, 기업은 기부금 제공 시 특정 분야에 우선순위를 두어 그 분야의 사업에 자금을 지원하고자 한다. 따라서 사회복지조직은 특정 활동과 분야에 대한 지원계획을 선언한 기업들을 공략하는 것도 도움이 될 것이다. 그리고 많은 금액을 기부하는 대규모 기업도 사회복지조직이 관심을 가져야 할 유망한 표적 대상이 될 수 있다. 그뿐만 아니라 사회복지조직은 기부를 요청할 기업과 개인적인 친분이 있는지 확인할 필요가 있으며, 기업의 특성을 살린 지원이 가능하도록 하는 방안도 고려해 볼 필요가 있다(정익준, 2005). 예를 들어, 사회복지조직은 독거노인의 주거환경개선을 위해 벽지나 장판 제조회사와 공동프로젝트를 기획하여 기업이 벽지나 장판 등 현물을 지원하는 방법을 고려해 볼 수 있다.

4) 정 부

정부는 사회복지조직의 가장 중요한 자금원이라고 할 수 있다. 여기에서 정부는 중앙정부와 지방정부 등 다양한 수준의 정부를 통칭한다. 정부의 보조금 신청 시 사회복지조직의 자원개발담당자가 고려해야 할 몇 가지 지침은 다음과 같다(Homan, 2004).

첫째, 정보를 수집하라. 먼저 자원개발담당자는 다양한 수준의 정부가 자신이 속한 조직이 내세우는 사회적 관심사를 다루기 위해 어떤 종류의 자금을 가지고 있는지, 어떤 부서, 어떤 절차를 통해서 자금을 지원하는지 파악한다. 그런 다음 해당 정부기관의 직원과 접촉하여 현재 어떤 자금들이 지원되고 있는지 문의하고, 향후에 지원 기회가 생긴다면 알려 줄 것을 요청할 수 있다. 해당 정부기관에 아는 직원이 아무도 없다면, 먼저 지방정부의 홍보부서와 접촉하여 정부기관의 공고절차를 파악한다. 자원개발담당자가 특히 지방정부의 예산을 기본적으로 이해하여 어떤 기금이 어떤 분야에 지출될 계획인지 파악한다면, 정부의 지원을 준비하는 데 많은 도움이 될 것이다.

둘째, 도움을 요청하라. 정치인 및 정부기관의 직원들과 관계를 발전시킨다. 정치인은 유권자에게 한 약속을 이행함으로써 동기부여가 되므로 사회복지조직의 자원개발담당자는 조직의 요구를 지지할 수 있도록 정치인들과 돈독한 관계를 유지한다. 또한 자원개발담당자는 정부기관의 행정직원과 접촉하여 관련 정보를 확보하고 방침을 확인한다.

셋째, 대중이 조직의 이슈에 관심 가질 수 있도록 하라. 대중이 어떤 사회복지조직의 특정 이슈에 관심을 가진다면, 그 조직은 지방정부에 대한 자금 요청이 보다 유리할 것이다. 다시 말해, 정부자금의 역할은 국민의 불만을 잠재우는 것이므로 지역사회의 인식과 관심을 사회복지조직의 이슈로 유도한다면 정부자금을 끌어오는 데 용이할 것이다. 그리고 정부자금의 또 다른 역할은 유익한 민간 노력을 활성화하고 지원하는 것이다. 만약 해당 사회복지조직이 소중한 지역사회 자원으로 인식된다면, 그 조직은 정부로부터 자금을 지원받을 가능성이 높아진다. 왜냐하면 지방정부자금은 해당 지역사회 내에서 정치적인 영향력에 반응하는 경향이 있기 때문이다.

넷째, 예산수립과정에 관여하라. 사회복지조직이 자원개발을 위해서는 지방정부의 다양한 부서가 어떻게 예산기획에 참여하는지 파악하고 신규예산 내에서 해당 사회복지조직의 관심 영역을 다룰 수 있는 자금을 포함시킬 수 있도록 지방정부와 함께 협력해야 한다.

3. 자원개발방법[1)]

사회복지조직의 자원개발방법은 개인 기부자를 대상으로 한 자원개발방법을 중심으로 설명한 다음, 공공 · 민간기관으로부터의 자원확보방법을 간략히 설명하고자 한다.

1) 개인으로부터의 자원개발

개인으로부터의 모금활동을 하기 위한 6단계는 다음과 같다.

첫째, 누구에게 모금을 요청할 것인지를 결정한다. 즉, 잠재적 기부자가 누구인지 파악하는 것은 가장 중요한 절차다. 자원을 개발할 때에는 '어떻게' 라는 방법론보다는 '누구로부터' 를 먼저 고려하여야 한다.

둘째, 유력한 기부후보자들을 발견했다면, 먼저 그들과 관계를 형성하여야 한다. 즉, 이 단계에서 자원개발담당자는 자신이 속한 조직이 자원개발을 위해 어떤 노력을 하고 있는지에 대하여 그들이 인식하고 관심을 가질 수 있도록 유도하여야 한다.

셋째, 자원개발담당자는 잠재적 기부자들로부터 호의적인 반응을 이끌어 낼 수 있는 가장 효과적인 메시지를 생각해 보고 준비한다. 이 단계에서는 잠재적 기부자들이 알 필요가 있는 정보와 그들이 기부하고 싶은 감정을 일으킬 수 있는 메시지를 구성하여야 한다.

넷째, 자원개발담당자는 해당 메시지를 전달한다. 이 단계에서 자원개발담당자는 자신의 메시지를 경청할 필요가 있는 잠재적 기부자들에게 가장 효과적으로 의사를 전달할 수 있는 방법과 상황에 대하여 생각해 보아야 한다. 자원개발담당자의 의사전달이 직접적이고 요청이 명확할수록 보다 효과적으로 소통할 수 있다.

다섯째, 자원개발담당자는 메시지를 보내고 난 후 그 메시지가 수신되었는지, 약속이 지켜지는지를 추적한다.

1) 이 부분의 내용은 주로 Homan(2004)과 Klein(2007)을 참고하였음. 그 외의 참고문헌은 해당되는 곳에 제시함.

여섯째, 감사의 뜻을 전한다. 특히 자원개발담당자가 개별적으로 직접적인 기부요청을 했다면, 해당 잠재적 기부자로부터 금번에 기부를 받지 못하였다고 하더라도 감사편지를 보내는 것이 중요하다. 이들은 향후에라도 기부할 가능성이 있다는 것을 기억하여야 한다.

개인을 대상으로 한 자원개발방법은 다음과 같다.

(1) 직접 대면 요청

기부를 요청하는 가장 효과적인 방법은 잠재적 기부자를 직접 대면하여 후원을 요청하는 방법이다. 그러나 이 방법은 잠재적 기부자를 직접 만나야 하기 때문에 다른 방법들보다 더 많은 시간과 비용이 소요될 수 있다. 따라서 이 방법을 사용할 때에는 잠재적 기부자에 대한 세 가지 요소, 즉 A(Ability), B(Belief), C(Contact)를 고려해 보아야 한다. 첫째, 잠재적 기부자가 자신이 원하는 기부금액을 기부할 경제적 능력(Ability)이 있는가를 고려한다. 둘째, 잠재적 기부자가 기관에 대한 대의 혹은 그 유사한 것에 대하여 공감(Belief)을 하는가를 고려한다. 셋째, 인맥(Contact)으로, 그 조직 내에 누군가가 해당 잠재적 기부자와 직·간접적인 친분이 있는가를 고려한다. 인맥은 가장 중요한 요소지만, 일반적으로 간과되는 요소이기도 하다.

직접 대면 요청을 할 때 도움이 될 만한 사항을 제시하면 다음과 같다. 첫째, 잠재적 기부자에 대하여 잘 파악하고 있어야 한다. 즉, 그 잠재적 기부자가 얼마를 기부할 수 있을지 평가한다. 그리고 잠재적 기부자의 기부동기 및 그가 어떤 사실과 정서에 반응할 것인지를 파악한다. 둘째, 잠재적 기부자와의 접촉을 위해 준비하여야 한다. 자원개발담당자는 기부후보자와 접촉하기 전에 그 잠재적 기부자를 만나서 어떤 이야기를 할 것인지 미리 생각하고 자원개발담당자가 무엇을, 그리고 왜 필요로 하는지에 대해 분명하고 간단하게 서술할 수 있도록 준비하여야 한다. 자원개발담당자는 기부행위가 그 기부후보자에게 왜 중요하다고 생각하는지, 그의 기부가 자신의 조직에 어떤 의미가 있을지를 기술하고 답할 수 있도록 준비한다. 그리고 그 기부후보자에게 어떤 다른 사람이 기부 요청을 하고 있는지 사정하고, 적당한 시간과 장소를 결정하고, 기부를 요청할 대상자를 결정한다. 마지막 단계인 접촉단계에서는 기부후보자와의 접촉을 시도하여 그 자리에서 기부를 받거나 최소한 기부금을 받을 시간을 정하여야 한다. 그런 다음 기부에 대한 감사의 뜻을 표시한다.

(2) 집단(혹은 조직)에 대한 요청

만약 개인에게 기부 요청을 할 수 없는 경우, 자원개발담당자는 차선책으로 집단단위(혹은 조직단위)로 접근할 수 있으며, 집단의 규모가 작으면 작을수록 효과적이다. 집단은 어떤 상황에 대하여 공유된 관점이나 집단적 관점을 가질 수 있으며, 구성원들이 적절히 반응하는지에 대한 동료압력(peer pressure)을 행사할 수 있다. 집단은 하나의 기부단위로서 접근이 가능하기도 하지만, 그 집단에 속한 구성원에게 개별적으로 기부를 요청할 수도 있다. 집단단위로 기부요청을 할 때에도 개인단위 기부자 요청 시 필요한 사항을 고려하면 된다. 즉, 그들의 기부능력 평가, 기부 역사, 그리고 그 집단 자체에 대한 정보를 수집하여야 한다. 또한 대부분의 조직, 특히 신생조직으로부터 기부요청을 받으면 그 조직의 정당성에 대하여 염려한다는 것을 감안하여 이에 어떻게 대처할 것인지 미리 준비하도록 한다.

집단의 구성원 개인단위로 기부를 요청하는 것과 집단단위로 기부를 요청하는 것은 절차가 다를 수 있다. 많은 집단과 조직들, 특히 일반적으로 100만 원 이상의 기부금을 내는 집단과 조직들은 공식적인 기부요청 절차가 있는 경우가 많다. 일반적으로 조직의 후원금을 받으려면 서면신청서와 구두 발표가 필요한데, 조직이 크고 공식적일수록 그 절차는 더 복잡할 수 있다. 자원개발담당자가 그런 절차들을 많이 알수록, 그 사회복지조직은 기부받을 가능성이 높아진다.

(3) 회원

조직의 회원들에게 연회비를 요청하는 것은 간단한 방법이지만, 사회복지조직의 자원확충에도 효과적인 방법이다. 이런 방법은 회원들로 하여금 조직에 대하여 더 많은 기대와 책임을 가지게 하며, 조직을 보다 공식적으로 만드는 경향이 있다. 만약 회원들 간의 관계를 비공식적으로 유지하고 싶다면, 이 방법은 바람직하지 않다. 회원모집을 위해서는 그 사회복지조직이나 그 조직의 목표에 언어적 · 행동적으로 관심을 표명한 개인을 먼저 접촉해 나가는 것이 좋으며, 그들이 회원이 될 수 있도록 개인적으로 요청한다. 이런 방법으로 한 모금액은 상대적으로 적을 수 있지만, 시도할 만한 가치가 있는 방법이다. 왜냐하면 사람은 자신이 회원으로 소속된 조직과 조직의 활동에 대하여 보다 많은 관심을 가지게 되며, 다른 지역주민에게 조직에 직 · 간접적으로 동참할 수 있도록 유도하는 이중효과가 있기 때문이다. 회원들이 기부를 하면 회원증을 만들어 주는 것이 좋은데, 이때 이런 회원증이 너무 무성의해 보이거나 가격이 저렴해 보이면 오히려 역효과를 낼 수 있으므로 각별히 주의하여야 한다. 또한 회원들에게 그들이 회원이라는 사실과 그 이유를 상기시켜 주기 위해 기관의 소식을 담은 뉴스레터 등을 정기적으로 보내 주는 것도 좋은 방법이다.

(4) 전화 요청

전화 요청은 개인에게 전화하여 사회복지조직의 사업에 대해 지원해 줄 것을 요청하는 방법이다. 전화 요청은 직접우편방법보다 응답률이 훨씬 높고, 다소 개인적인 메시지를 가지고 많은 사람을 만날 수 있는 방법이다. 사회복지조직이나 조직이 다루려고 하는 문제가 많이 알려질수록 모금의 성과는 훨씬 높아질 것이다. 이 방법은 잠재적 기부자와 직접 대화할 수 있다는 장점이 있는 반면, 그런 전화는 사람들을 성가시게 할 수 있다는 단점이 있다. 또한 그런 전화를 받는 사람들은 그 사회복지조직을 싫어하게 될 수 있는 위험성도 있으며, 전화를 하는 자원봉사자들이 무례하게 응대할 가능성도 발생한다.

전화모금 캠페인은 적은 수의 사람이건 많은 수의 사람들이건 접근이 가능하다. 사용 가능한 전화선, 자원봉사자의 열정, 자원봉사자 모집 관리시간 등에 따라 이 방법의 규모를 결정할 수 있다. 소규모 사회복지조직의 경우에는 다소 수정된 전화 요청방법으로 기부자의 감정을 불쾌하게 하지 않고도 모금을 할 수 있다. 예를 들어, 현 기부자, 잠시 쉬고 있는 기부자뿐만 아니라 위원회 이사, 직원 및 현 기부자의 친구들, 유사기관의 기부자들 같은 어느 정도 기부 가능성이 있는 목록을 중심으로 전화하여 모금활동을 펼칠 수 있다.

(5) 우편 캠페인을 위한 전화 지원

전화는 잠재기부자 집단에 편지를 보내 기부를 요청한 다음 편지의 효과를 배가시킬 수 있는 유용한 도구다. 이 방법은 텔레마케팅기법과 직접우편(Direct Mail: DM) 방법을 통합한 기법이다. 우편으로 편지를 발송한 후 전화를 하는 방법은 편지 단독으로 기부를 이끌어 내는 방법보다 기부자의 숫자를 어느 정도 늘릴 수 있다. 편지의 수신자의 관점에서 볼 때, 우호적인 지위를 가진 사람에 의해 서명된 편지가 보다 호소력이 높다. 특히 그 사회복지조직이 잘 알려지지 않았다면, 여러 사람이 같은 편지에 서명을 하는 방법도 시도해 볼 만하다. 동일한 편지에 여러 개의 서명이 있다는 것은 그 조직이 폭넓은 지지를 받고 있다는 인상을 주게 되고, 잠재적 기부자는 자신들이 신뢰하는 사람들의 이름이 있기 때문에 기부에 응답할 가능성이 높아진다.

(6) 직접우편

직접우편은 잠재적 후원자들에게 기부요청을 의뢰하는 우편을 발송하여 기부를 이끌어 내는 방법으로, 기부 가능성을 검토하고 재요청하는 데 효과적이다. 최근에는 인터넷을 통한 기부요청방법이 활용되고 있긴 하지만, 오늘날 가장 흔히 사용되는 방법이 직접우편이다. 직접우편을 통한 기부요청방법은 매우 간단하다. 즉, 기관에 대한 소개, 기관이 필요로 하는 것을 설명하는 편지, 그리고 지로용지를 함께 넣어서 보낸다. 직접우편은 직접 대면 요청보다 비용을 현저히 줄일 수 있다는 장점이 있다.

직접우편은 기부자들과의 관계를 돈독히 하는 다목적적인 방법 중 하나로, 다음의 세 가지 기능을 가지고 있다. 첫째, 직접우편의 가장 중요한 기능은 새로운 기부자의 확보다. 둘째, 직접우편은 기부자들의 반복기부를 유도할 수 있다. 일단 사회복지조직이 새로운 기부자를 확보하면 그 기부자가 지속적으로 기부를 할 수 있도록 노력해야 한다. 가장 효과적인 방법은 기부금을 받은 후 72시간 이내에 감사의 뜻을 표시하고, 그 후 1년에 1회 이상 기부를 요청한다. 셋째, 직접우편은 기부를 갱신하도록 유도할 수 있는 유용한 방법이다.

직접우편의 성공을 결정짓는 요소는 발송 대상자 목록이다. 특히 후원 가능성이 높은 기부자 명단이나 많은 수의 명단을 확보하지 않는다면 일반적으로 첫번째 요청으로 많은 금액의 후원금을 확보하지 못할 가능성이 높다. 발송 대상자 목록은 기부 가능성 정도, 즉 기대 수준에 따라 기부 가능성이 높은 목록, 어느 정도 기부 가능성이 있는 목록, 냉담목록으로 나누어 각각 다르게 접근해야 한다.

먼저 기부 가능성이 높은 목록은 기관에 어떤 종류의 형태로든 이미 참여한 적이 있는 사람들의 목록이다. 기부 가능성이 높은 집단 1순위는 당연히 현재 기부를 하고 있는 사람들이고, 2순위는 현 기부자의 친구들이다. 대부분의 경우, 사람들은 자신의 친구들과 비슷한 가치관을 공유하는 경우가 많아 유사한 대의에 공감할 수 있기 때문이다. 따라서 현 기부자들의 친구들이 기부에 참여할 수 있도록 현 기부자들에게 1년에 1회 정도 편지를 발송하여 그 조직에 관심이 있을 만한 친구들의 성명과 주소를 알려 달라고 요청한다. 또한 기관의 이사, 직원, 자원봉사자들을 통해서도 잠재적인 기부자의 목록을 만들 수 있다.

다음으로 어느 정도 기부 가능성이 있는 집단목록에는 사회복지조직이 제공하는 서비스를 받아 본 적이 있는 사람들, 그 조직과 유사한 조직의 기부자이지만 그 조직에 대하여 들어보지 못한 사람들, 그 조직의 특별행사에 온 적이 있는 사람들이 속한다. 예를 들어, 책자, 교육자료, 티셔츠 등 그 조직에서 판매하는 물품의 구매자들, 조직이 주최한 다양한 회의, 세미나, 대중집회 등 다양한 특별행사에 참여한 사람들의 전자우편 주소나 연락처 등의 정보를 잘 보관하여 새로운 상품이 나올 경우 광고물을 보내거나 다양한 행사 시 참여를 유도하고 또한 기부활동에 참여할 수 있도록 한다. 따라서 어떤 식으로든 그 조직에 참여한 사람들의 목록과 연락 내용을 모두 데이터베이스에 기록하여 중복되는 이름이나 현 기부자의 이름을 제외하여 잠재적 기부자 목록을 만들 수 있다.

마지막으로, 냉담목록에는 1년 이상 사회복지조직과 어떤 상호작용도 없었던 사람들, 그리고 그 조직에 대해 거의 혹은 아무것도 알지 못하는 사람들의 목록이다. 전화번호부가 냉담목록에 속한다.

(7) 특별행사

특별행사는 지역사회에 사회복지조직의 이름과 그 조직의 활동에 대하여 알리고 사람들이 즐겁고 흥미롭고 감동적인 시간을 가지도록 하면서 행사후원조직이 모금을 할 수 있게 하는 방법이다. 무엇보다 특별행사는 세 가지 목적을 가져야 한다. 첫째, 조직을 홍보하는 것으로, 특정 청중들이 제한된 시간 동안 사회복지조직이나 그 조직의 사업 및 행사에 대하여 관심을 가지게 한다. 둘째, 특별행사는 지역사회 내에서 조직의 인지도를 높일 수 있으며, 다양한 행사, 모금활동 및 조직화 노력 등의 지속적인 홍보를 통하여 지역주민에게 그 조직을 더욱 많이 홍보할 수 있다. 셋째, 특별행사의 목적은 모금이다. 물론 모금을 위해서는 특별행사보다 훨씬 더 빠르고 쉬운 방법이 있기 때문에 모금은 특별행사의 부차적인 목표라고 할 수 있다. 단순히 재정적 자원이 필요한 조직이라면 이러한 특별행사는 그다지 유용한 방법은 아니다. 하지만 조직의 인지도를 높이고, 새로운 사람들을 데려오고, 가능하면 모금을 하고자 하는 조직이라면 이러한 특별행사는 이상적인 전략이 될 것이다. 많은 경우 특별행사는 적자가 나거나 간신히 적자를 면할 수도 있지만, 지역사회 내에서 조직에 대한 홍보와 인지도를 높인다는 차원에서 성공적으로 평가되는 경우가 많다.

모금행사를 계획할 때 고려해야 할 사항은 다음과 같다. 첫째, 행사의 적절성에 대하여 생각해 보아야 한다. 기획하는 모금행사가 적절한지 알고 싶다면, 그 조직에 대하여 전혀 알지 못하는 사람들이 행사에 참여한 후 그 조직에 대하여 어떻게 생각할 것인지를 자문해 보면 된다. 만약 그들의 생각이 중립적이거나 호의적이라면 행사는 적절하다고 할 수 있다. 둘째, 행사가 창출할 조직의 이미지다. 가능하면 행사가 조직의 이미지에 부합해야 하고, 그 조직이 가지고 싶은 이미지를 증진할 수 있어야 한다. 셋째, 해당 모금행사를 위해 필요한 자원봉사자의 규모를 검토해 보아야 한다. 자원봉사자의 시간을 잘 계획해서 자원봉사자의 인맥과 특성을 잘 고려하여 적재적소에 배치할 수 있어야 한다. 넷째, 행사 자본금이다. 대부분의 행사는 모금되기 전에 돈이 필요한 경우가 많다. 행사를 위한 자본금은 혹시 행사가 취소되어 손해를 본다고 하더라고 그 조직이 감당할 수 있는 수준이어야 한다. 다섯째, 반복성이다. 가장 바람직한 행사란 그 행사가 그 지역의 전통처럼 여겨져 지역주민이 그 행사를 기다리게 되는 경우다. 이 기준에 부합한다면, 첫 모금행사에서 모금액이 기대보다 적다고 하더라도 향후 행사를 중단하지 말아야 한다. 여섯째, 행사 개최 시기의 적절성으로, 기관에서 행사를 개최하고 싶은 시기에 그 지역사회에서 다른 행사가 없는지 확인할 필요가 있다. 즉, 유사한 단체의 모금행사와 일정이 겹치는지 혹은 지역주민이 특히 바쁜 시기는 아닌지 등을 확인해 보아야 한다. 일곱째, 모금활동이라는 큰 틀에서 볼 때 모금행사의 입지가 어떤지 생각해 보아야 한다. 예를 들어, 모금행사에 참여하는 사람의 대부분이 새롭게 행사에 참가하는 사람들이 아니라 어떤 형태로든 그 사회복지조직에 기부하고 있는 사람들이라면, 이 행사가 과연 필요한지에 대하여 다시 한 번 생각해 보아야 한다.

(8) 캔버싱(방문 기부요청 혹은 거리모금)

캔버싱(canvassing)은 집집마다 방문을 하거나 거리에 서서 조직의 사업에 대한 기부를 요청하는 방법이다. 이것은 조직화전략으로서, 단순히 모금만을 위해 집집마다 방문을 하는 것은 아니다. 캔버싱은 방문캔버싱과 최근 많이 활용되고 있는 거리캔버싱이 있다.

모금전략으로서 캔버싱은 다음과 같은 장점이 있다. 첫째, 캔버싱이 정착되고 잘 운영이 되면 확실하면서도 상당한 조직의 수입원이 될 수 있다. 둘째, 매일 수많은 사람과의 대면접촉을 통해 새로운 기부자들을 많이 확보할 수 있다. 셋째, 캔버싱은 조직의 사업에 대한 대중의 의견과 인식에 대한 정보를 수집할 수 있다.

그러나 캔버싱은 다음과 같은 단점도 가지고 있다. 첫째, 풀타임제로 캔버싱을 수행하는 경우 이를 위한 전담 직원, 사무실 및 회계업무와 슈퍼비전도 필요하게 될 것이다. 둘째, 캔버싱 사업의 책임자가 잘 조직화되어 있지 않거나 직원관리가 서투른 경우, 혹은 한 지역에서 너무 많은 캔버싱이 진행되고 있는 경우 수입이 안정적이지 못하게 될 것이다. 셋째, 캔버싱 담당자의 복장이 단정하지 못하거나 다른 사람들에게 무례하거나 불쾌감을 줄 경우에는 오히려 캔버싱하는 조직의 평판을 나쁘게 만들 수도 있다. 넷째, 기부자들이 낸 기부금 대부분이 사업에 사용되지 못하고 간접경비로 사용된다는 것을 아는 사람들은 기부에 참여하기를 원하지 않을 수 있다.

효과적인 캔버싱을 위해서는 다음의 네 가지 요소가 충족되어야 한다. 첫째, 캔버싱을 할 경우 무엇보다 중요한 것은, 사회복지조직이 지역적인 이슈나 캔버싱 대상에게 영향을 미치는 이슈를 가지고 활동해야 한다는 것이다. 왜냐하면 사람들은 어떤 이슈가 자신들에게 영향을 미친다고 인식해야 방문기부요청 시 혹은 거리모금에서 기부에 동참하기 때문이다. 둘째, 사람들은 자신들이 기부하는 소액의 기부금이라도 큰 도움이 될 것이라고 느낄 수 있어야 한다. 캔버싱은 소액기부가 대부분이지만, 사람들은 자신들의 소액기부가 의미 있게 사용될 것이라고 느낄 수 있어야 한다. 셋째, 사람들이 조직에 대한 신뢰를 가질 수 있어야 한다. 사람들은 조직의 성과를 보고 조직에 대한 신뢰감을 가지게 된다. 따라서 간단명료하고 효과가 있어 보이는 구체적인 사업계획서는 캔버싱의 필수요소라고 할 수 있으며, 신문에 그 사회복지조직의 사업에 대한 기사가 난다면 캔버싱에도 많은 도움이 될 것이다. 그 조직의 사업이 대다수 주민들에게 중요하고 관심을 끄는 경우, 예를 들어 보건의료사업이라든지 공원마련 등과 같은 활동은 캔버싱에 적합하다고 할 수 있다. 넷째, 유사한 사업을 하는 다른 조직들과 차별성을 가지되 그 조직들을 무시하는 태도를 보이지 말아야 한다. 유사한 조직들이 같은 지역에서 캔버싱을 한다면 주민은 혼란스럽기도 하고, 같은 사안에 대해서 계속해서 기부를 요청하면 화가 날 수도 있다. 그러므로 자원개발담당자는 자신이 속한 사회복지조직을 다른 조직들과 분명히 차별화할 수 있는 구체적인 방안을 모색하여야 한다.

(9) 인터넷을 통한 자원개발

인터넷은 본질적으로 의사소통도구로서, 다양한 방식으로 보다 빠르게 더 많은 기부자와 소통하게 한다. 인터넷을 통한 모금은 모금 영역에서 가장 빠르게 성장하고 있는 영역이다. 예를 들어, 온라인 기부, 전자우편을 통한 기부자와 연락 유지 및 기부요청, 기관 블로그(blog), 전자 소식지 등이 널리 사용되고 있다. 인터넷 모금을 하기 위해서는 전자우편, 초고속 인터넷 서비스, 기관 고유의 도메인명과 웹사이트가 필요하다. 웹사이트를 기획할 때에는 웹사이트를 누구를 대상으로 할 것인지, 그리고 어떻게 사람들을 방문하게 할 것인지를 생각해 보아야 한다.

웹사이트 방문자를 늘릴 수 있는 방법은 다음과 같다. 명함, 전자서명, 편지지 상단, 소식지 등 기관에서 발행하는 모든 매체에 웹사이트 주소를 포함시킨다. 또한, 야후(yahoo)나 구글(google)과 같은 주요 검색엔진에 모두 등록한다. 그리고 비영리조직, 서비스 제공기관, 상공회의소 등의 디렉터리에 기관의 우편주소와 함께 웹사이트 주소를 제시한다. 다른 기관들과 서로 링크가 되게 하여 사람들이 상호 방문할 수 있도록 한다. 그뿐만 아니라 웹사이트의 방문을 유도하기 위해서 전자우편을 활용할 수 있다. 가능한 한 많은 기부자의 전자우편 주소를 수집하여 월별로 혹은 분기별로 기관의 새로운 소식과 사업진행 상황을 전자우편 소식지나 공지로 발송한다. 그러나 웹사이트상에 지면 소식지를 그대로 올려놓는 방법은 그리 바람직하지 않다. 전자소식지는 간결판으로 만들고 더 상세한 정보가 필요한 독자는 웹사이트를 방문하여 관련 정보를 얻을 수 있도록 하이퍼링크를 만들어 둔다.

2) 공공 · 민간기관으로부터의 자원개발

사회복지조직은 다양한 공공 · 민간기관, 즉 정부기관, 유사한 가치를 공유하는 집단, 전문집단 및 협회, 지역사회봉사클럽 · 기관, 기업, 노동조합, 연합 자금제공 프로그램, 재단 등으로부터 자원을 확보할 수 있다. 특히 정부, 재단, 기업에 대한 자원개발방법은 전술한 사회복지조직의 기부자시장을 참조하면 도움이 될 것이다. 여기에서는 공공 · 민간기관에 대한 일반적인 자원개발방법만을 간략히 소개하고자 한다.

공공 혹은 민간의 자금제공기관에게 접근하는 과정은 다음과 같으며, 개인에게 접근하는 것과 유사하다. 첫째, 유망한 자금제공원을 확인하고 자금지원 가능성이 가장 높은 기관을 목표로 삼는다. 둘째, 유망한 자금제공원에게 접촉하고 그 기관들과 관계를 맺는다. 셋째, 자금제공원에게 서면제안서 혹은 보조금 신청서를 제출한다. 넷째, 자금제공원에게 구두로 설명하고 그것에 대한 후속 조치를 한다. 이 단계는 항상 필요한 것은 아니지만, 미리 준비를 하면 도움이 될 것이다. 다섯째, 감사표시를 하고 미래를 위해 관계를 수립한다.

유망한 자금제공원에 대하여 사회복지조직의 인지도를 높이는 것은 지속적인 과정으로, 다음 사항을 고려하면 도움이 된다. 첫째, 해당 사회복지조직의 관심사나 목적이 양립할 수 있는 다양한 공공 혹은 민간기관을 살펴본다. 둘째, 해당 사회복지조직의 핵심이슈에 관심을 가질 만한 전문집단을 고려한다. 셋째, 지역사회봉사조직과 그들의 자금 우선순위에 대한 정보를 찾아낸다. 넷째, 지역에서 활동하는 회사와 법인에 대해 생각해 본다. 재단이나 공동모금회와 같은 합동자금제공 프로그램은 여기에 해당된다. 마지막으로 중앙정부 혹은 지방정부가 그 조직의 사업에 어떻게 관여할 수 있는지 알아본다.

사회복지조직에 자금을 제공할 가능성이 있는 유망한 자금제공원을 파악하였다면, 서면 보조금신청서를 작성한다. 보조금신청서에는 최소한 다음의 요소가 포함되어야 한다(정익준, 2005). 첫째, 커버레터(cover letter)로서, 신청 경위와 과거 해당기관에 접촉한 직원의 성명을 명기한다. 둘째, 구체적인 사업계획으로서 프로젝트의 독특성, 창의성 및 중요성을 기술하고, 그 프로젝트를 어떻게 진행해 나갈 것인지 구체적으로 기술한다. 셋째, 소요예산에는 프로젝트 수행에 필요한 경비를 기록한다. 마지막으로, 프로젝트에 참여하여 활동할 인원을 명기한다. 신청서는 간단명료하고, 개성적이고, 체계적이며 읽기 쉽도록 작성한다.

10

자원협력과 네트워킹

1. 지역자원과 협력연결망

1) 지역자원협력의 배경

현대사회에서 사회문제의 복잡성과 다양성, 그리고 지역주민의 욕구의 다양성과 욕구의 증대 등에 따라 한 조직에서 지역주민의 욕구를 모두 해결한다는 것이 매우 어려운 것이 사회적 현실이라고 할 수 있다. 한 사람이 가지고 있는 다양한 욕구를 해결하기 위해 다양한 조직의 개입은 당연하다고 할 수 있으며, 조직들 상호 간의 보다 효과적인 개입을 통하여 지역주민의 삶의 질은 개선될 수 있게 되고, 욕구나 문제해결중심적인 지역발전을 기대할 수 있게 된다. 결국, 지역주민이 가지고 있는 다양한 욕구를 해결하기 위해 주민서비스를 제공하는 조직 간의 서비스 협력의 중요성은 증대되었다고 할 수 있다.

예를 들어, 노인복지회관이 노인일자리 프로그램을 제공한다고 했을 때 노인들이 고용훈련을 받고 일자리를 찾아 재취업을 하기 위해서는 노인복지회관만의 노력으로는 불가능하며, 노인일자리사업이 성공할 수 있도록 하기 위해서는 공적 조직과 일반기업들과의 협력이 가장 중요한 성공요인이라고 할 수 있다. 또한 정부가 주민통합서비스를 제공한다고 했을 때 공적 조직만으로는 통합서비스를 성공적으로 수행하기가 어렵고 실질적으로 주민에게 일선에서 보건, 복지, 문화, 고용, 평생학습 등의 주민생활과 밀접한 사회적 서비스를 제공하는 관련 비영리단체들의 협력이 절대적으로 필요하다고 할 수 있다. 만약 민간단체들과의 상호 협력이 없다면 주민의 다양한 욕구를 통합적으로 관리하고 통제할 수 있는 행정적 기능은 불가능하다고 할 수 있으며, 주민통합서비스 제공에 따른 지역주민의 삶의 질 향상이라는 목적은 실현될 수 없을 것이다. 지역자원이 결합하는 협력체제구축은 결국 지역주민을 위한 통합서비스를 구체적으로 실현시키는 가장 강력한 도구로 작동할 것이다. 즉, 협력체제를 구축하여 지역자원을 효율적으로 분배하고 다양한 정보를 공유함으로써 지역의 단점을 강점으로 극대화시킬 수 있다.

앞의 예에서도 나타난 것처럼 통합적인 사회서비스를 제공하는 데 조직과 조직 간의 상호 행동은 가장 필요한 강조점이라고 할 수 있다. 지역주민에게 필요한 서비스를 통합적으로 제공한다는 것은 조직과 조직 사이의 상호 행동, 그리고 협력 시스템의 작동이나 운용 없이는 불가능하다고 할 수 있기 때문이다. 일반적으로 서비스 제공자들 사이의 협력은 상호 행동을 기초로 한다.

협력(collaboration)이란 각각의 조직들이 조직적 자율성을 유지하면서 공유된 자원을 가지고 어떤 서비스나 프로그램을 제공하기 위하여 함께 결합하는 것을 의미하며, 협력의 유형으로는 연결망, 합작회사, 조합(컨소시엄) 등이 포함된다(Tobin, Ellor, & Anderson-Ray, 1986; Bailey & Koney, 2000). 즉, 연결망이나 컨소시엄 등이 모두 협력을 목적으로 설립된다는 것을 의미하며, 하나의 협력체계 안에서 같은 지역 안에 위치해 있는 두 개 이상의 조직이 특정 프로그램이나 서비스를 설립하고 제공한다는 동의를 바탕으로 공동의 목적을 성취하기 위하여 상호 협력하게 된다(Netting, Kettner, & McMurtry, 2004). 결국, 구체적 협력의 한 유형으로서 협력연결망의 운영은 효율적 지역자원의 활용이라는 측면에서도 매우 중요하다고 할 수 있다. 〈표 10-1〉은 지역조직들 사이의 상호 행동의 수준을 보여 준다.

표 10-1 상호 행동의 수준

상호 행동 수준	관계 유형	특 성	조직의 자율성 정도
의사소통	우정이나 친절	조직 사이에 생각을 공유	높음
협 동 (cooperation)	동맹이나 결연	독립적인 프로그램을 수행하고 계획하기 위해 함께 일함	높음
조 정 (coordination)	연방, 협회	소개하고 정보를 공유하며 서로를 도와주고 중복을 피하기 위해 함께 일함	적절함
협 력 (collaboration)	연결망, 컨소시엄, 합작회사	공유된 자원으로 하나의 프로그램이나 서비스를 제공하기 위해 함께 뭉침	적절함
합 치 (consolidation)	합병	한 조직으로 통합	자율성 없음

출처: Netting, Kettner, & McMurtry(2004), p. 347에서 재인용.

2) 협력과 연결망

연결망은 협력의 한 유형으로서 각각의 조직들이 조직적 자율성을 유지하면서 공유된 자원을 가지고 어떤 서비스나 프로그램을 제공하기 위하여 함께 결합하는 협력시스템이라고 할 수 있다. 일반적으로 연결망은 행위자를 연결하는 관계를 의미하며, 행위자란 구체적으로 사람이나 조직 및 시스템을, 그리고 관계란 상호 행동을 의미한다(배응환, 2000). 사회복지실천 영역에서 연결망은 일반적으로 한 사람이 자신에게 도움을 줄 수 있는 다른 사람을 필요로 할 때, 그리고 자신이 도움을 줄 수 있는 다른 사람을 필요로 할 때 발생하게 된다. 즉, 도움을 주거나 받기 위해 다른 사람이나 조직을 필요로 할 때 연결망은 필요하게 된다. 따라서 연결망은 다른 사람과의 사회적 관계를 유지하고 건설하는 것을 포함하며, 연결망은 사회적 교환을 위한 구조를 제공하기 때문에 사회적 지지체계라고 할 수 있다. 결국, 연결망은 도움을 주고받기 위해 필요한 사회적 구조라고 정의할 수 있으며, 개인, 집단의 영역을 뛰어넘어 조직과 조직 사이의 사회적 교환을 위한 사회적 지지체계의 역할을 수행하게 된다. 따라서 민관의 협력연결망이란 민간부문의 개인, 집단, 조직과 관 영역의 개인, 집단, 조직이 통합적이고 문제해결중심적인 (실천적) 서비스를 제공하기 위해 상호 간의 도움을 주고받는 사회적 교환체계이자 사회적 지지체계라고 할 수 있다.

연결망으로의 개입이나 참여는 개인이나 조직에 일시적인 자율성의 상실을 의미하기도 하지만, 연결망을 유지하고 발전시키기 위해 필요한 자원의 투자를 의미하기도 한다(Hardcatle et al., 2004). 예를 들어, 연결망에 참여하는 조직은 자율성의 상실을 보상할 수 있을 정도의 충분한 자원의 확보를 기대하게 된다. 연결망이 유지되고 발전할 수 있는 조건으로 Galaskiewicz와 Wasserman(1993), Woodard와 Doreion(1994)은 다음과 같은 점을 강조하였다. 첫째, 조직은 그들의 목적을 성취하고 조직기능을 수행하기 위해서 다른 조직의 자원을 필요로 한다는 전제를 갖는다. 이러한 전제하에서 연결망은 자원의 교환을 위해 시장과 같은 구조를 제공하게 된다. 둘째, 외부의 문제나 기회 또는 지시에 대응하기 위한 필요한 자원이 연결망을 통해서만 획득될 수 있기 때문에 조직은 다른 조직을 필요로 한다는 전제를 갖는다. 따라서 연결망은 자원모집을 위한 구조인 동시에 기능적·정치적으로 조직의 영역을 조정하는 구조가 된다. 셋째, 서비스 영역에서 비슷한 영역이나 중복된 영역을 공유하는 조직들은 경쟁과 갈등을 규제하여야 할 필요가 있다는 전제를 갖는다. 이를 위해 연결망은 영역의 동의를 이끌어 내기 위해 협상하고, 경쟁을 정치적으로 규제하며, 연결망회원조직들의 영역을 정당화하고, 연결망조직들 사이의 갈등을 관리하기 위한 체계와 구조를 제공한다.

결국 이와 같은 조건들에 따라 지역사회조직 간에 자원의 교환, 상호협력지지체계로서의 사회연결망은 발전할 수밖에 없게 된다.

3) 협치와 연결망

협치(governance)란 단순히 통치체계를 의미하는 단어가 아니라 인간의 사회적 행위 전반에 걸친 새로운 문제 해결을 위한 인식체계라고 볼 수 있으며, 일방적 정책결정기관이 아닌 구성원들 간의 또는 조직과 조직 상호 간의 연결망을 강조하고 민간과 공공기관 사이의 자원혼합을 위한 협력을 강조하며, 국가의 중앙통제적 권한보다는 탈중앙화된, 분절된 권한이 강조된다는 특징이 있다. 따라서 현대사회에서 협치는 문제의 해결 가능성을 높이는 사회적 조정을 위한 인식체계라고 볼 수 있다. 특히, 협치는 그동안에 이루어졌던 획일적이고 중앙통제적이고 수직적인 정책결정을 극복하여 연결망 중심의 수평적인 관계하에서 다자간 의사가 최대한 존중되는 결정기구로서 인식되고 있다. 즉, Ross (1967)는 지방협치를 공공기관들 간의 관계뿐만 아니라 공공기관과 시민사회 사이의 상이한 관계를 발달시키는 지방 수준의 새로운 집합적 의사결정방식이라고 정의하였는데, 이는 결국, 협치가 일방성에서 탈피하여 지역에 존재하는 다양한 조직이나 구성원을 포함하는 다자간 의사결정을 이끌어 내는 체계라는 것을 의미한다.

앞서 언급한 것처럼 연결망은 개인과 개인, 집단과 집단, 또는 조직과 조직이 통합적이고 문제해결중심적인 서비스를 제공하기 위해 상호 간에 실천적인 도움을 주고받는 사회적 교환체계이자 사회적 지지체계라고 할 수 있기 때문에 협치라는 인식체계를 실현시키기 위한 구체적인 체계 또는 구조로서 연결망이 운영된다고 볼 수 있다.

결국, 관 주도의 수직적이고 권위주의적인 의사결정 및 정책결정, 그리고 실천 영역에서의 일방주의적 서비스 전달을 탈피하여 민관협력을 통한 통합적 서비스 전달과 다자간 정책 결정을 이룩하고 민간부문의 개인, 집단, 조직과 공공영역의 개인, 집단, 조직이 통합적이고 문제해결중심적인 서비스를 제공하기 위해 상호 간에 도움을 주고받는 사회적 교환체계이자 사회적 지지체계로서, 그리고 협치가 실현되는 도구로서 연결망라는 실천적이고 구체적인 체계가 등장하게 되었다고 할 수 있다. 〈표 10-2〉는 협치를 바탕으로 하는 협력연결망구조의 기능 또는 역할을 연결망구조를 구성하는 행위자를 중심으로 구분하여 나타낸 것이다.

표 10-2 **협치를 실현하기 위한 연결망구조**

구 조	행위자	역 할	영 역
연결망	협력연결망의 상층지도자	의사결정(정책결정)	지역사회복지 전 영역
	협력연결망의 실무자	협력실천	

2. 지역자원 활용의 이론적 기초와 연결망

사회문제 해결능력의 향상과 지역사회복지의 증진을 위한 협력체계 구축(연결망)은 공공부문에서의 자원활용과 민간부문에서의 자원활용, 그리고 양자 간의 자원의 교환을 통한 활용방안에서 그 해답을 찾을 수 있다. 기본적으로 지역자원의 활용은 그 이론적 기초를 자원동원이론, 조직상호주의이론 및 사회교환이론에서 찾아볼 수 있다.

자원동원이론은 힘을 어떻게 얻고 어떻게 분산시킬 것인가를 강조하였던 힘의존이론에 의해 영향을 받은 이론이라고 할 수 있다. 자원동원이론은 간략하게 말해서 자원동원을 통한 조직의 발전이 지역복지에 영향을 미칠 수 있다고 보는 것이다. 예를 들어, 조직의 회원 증대는 회비의 증대를 가져다주어서 조직의 자원동원에 많은 영향을 미친다고 가정할 수 있다. 지역에 내재해 있는 숨겨진 자원을 개발하는 것과 산재해 있는 자원에 역량을 강화하여 실제적으로 활용 가능한 자원으로 만드는 것이야말로 희소한 자원이라는 경제적 불변의 법칙을 수정·보완하여 자원을 동원하는 주체 중심의 문제해결구조를 확립하는 지름길이라고 할 수 있다. 어떤 개인, 조직, 지역이든 개발하지 않은 자원 또는 개발할 수 있는 자원은 내재해 있으며, 결국 자원은 동원 가능하고 동원된 자원으로 개인, 조직, 나아가 지역이 보다 문제해결중심적인 세력으로 세력화할 수 있다고 하는 것이 자원동원이론의 핵심적 가정이라고 할 수 있다.

조직상호주의이론은 조직 상호 간의 지지와 상호 행동이 지역사회를 발전시킬 수 있음을 설명해 주는 이론이다. 따라서 조직상호주의이론은 지역사회조직 간의 협력과 조정을 강조한다. 현실적으로 대부분의 지역사회에는 다양한 형태의 조직이 있으며, 조직상호주의이론은 이러한 조직 간의 조정과 협력이 지역사회의 역량을 개선, 증진시키는 데 중요하다는 것을 강조한다. 조직상호주의이론은 모든 조직은 생존과 번영을 위해 더 큰 집단이나 조직의 연결망 안에 놓여 있어야 한다는 것과 각각의 조직은 그들만의 특별한 영역을 가지고 있음을 기본전제로 한다. 따라서 각각의 조직은 중첩된 대상자를 위해 같은 영역에서 활동할 이유가 없으며, 협력과 조정을 통해서 지역사회가 필요로 하는 새로운 서비스나 통합된 서비스를 제공할 수 있게 된다. 조직상호주의이론은 기본적으로 어떤 환경에서든 자원은 부족할 수 있지만 이러한 자원의 부족은 조직 상호 간의 협력과 조정으로 극복할 수 있다는 것을 강조하기 때문에 기본적으로 지역사회 안에 존재해 있는 조직들의 상호 행동을 통한 역량강화에 많은 부분 이론적 토대를 제공할 수 있다고 보인다. 결국 어떤 독점적인 조직의 영역이란 존재하지 않으며 현대의 조직적 삶은 실제로 상호 조직적 삶이고 상호 조직적 삶은 복잡하고 계속 변화하는, 그리고 예측할 수 없는 환경에서의 끊임없는 협상과정을 포함한다(Aldrich, 1979; Emery & Trist, 1965)는 점이 조직상호주의이론에 있어 중요한 개념이라고 할 수 있다.

사회교환이론은 사회적 협력체계로서 협력연결망을 구성하는 데 연결망구성을 위한 가장 중요한 이론적 토대를 제공한다. 지역주민통합서비스를 위한 민간부문과 공공부문의 협력체계를 건설한다고 했을 때 가장 중요한 협력체계건설의 목적은 지역주민에게 일괄되고 통합된 서비스를 특정 장소에서 일괄적으로 제공하여 불필요한 시간과 자원의 낭비를 막고 효율적인 서비스의 효과를 기대한다는 것에 있기 때문에 지역주민의 다양한 욕구를 한 장소에서 해결할 수 있도록 하는 조직과 조직 간(또는 영역과 영역 사이)의 협력체계로서 연결망의 중요성이 강조된다. 불필요한 자원의 흐름과 정보의 일방적인 독점을 막고 적절한 자원의 배분과 공유된 정보를 바탕으로 지역주민은 통합적 서비스를 한 장소에서 제공받을 수 있기 때문에 그들의 다양한 욕구는 효과적으로 해결된다. 따라서 적절한 자원의 배분과 공유된 정보를 위해 조직과 조직 간의 교환은 매우 중요한 요소가 된다.

사회교환이론은 개인, 집단 또는 조직 간의 균형 있는 교환을 통해서 개인, 집단, 조직, 나아가 지역이 발전한다는 것을 강조한다. 특히, 사회교환이론에 따르면 사회교환의 과정에 의해서 연결망이 유지되고 설립되며 발전한다. 따라서 사회교환이론은 사회협력체계로서 연결망의 기초를 이루는 기본적인 이론이 된다. 사회적 교환은 한 조직이 연결망에 참여하고 있는 다른 기관이나 조직의 영역(예, 서비스의 영역 또는 범위, domain)을 인식하였을 때 발생하며, 조직들은 인식된 영역을 상호 간에 교환하게 된다. 사회적 교환은 교환에서 분명한 경제적 보상을 기대하는 경제적 교환과는 다르며, 사회적 교환은 연결망을 유지하고 설립하고 발전시키기 위해 필요한 교환을 의미한다. 즉, 경제적 교환과는 달리 사회적 교환의 가치는 화폐가치로만 측정되지 않는다. 예를 들어, 한 기관이 다른 기관에 경제적 도움을 제공하였다고 하더라도 이러한 경제적 도움을 준 기관의 만족이나 가치는 무형의 사회적 생산, 즉 증진된 사회적 지위, 경제적 어려움에 대한 압력의 제거, 사명감의 충족 등으로 평가된다는 것을 의미한다. 따라서 경제적 교환과 달리 사회적 교환은 교환의 효과를 측정하는 데 어려움이 있다. 즉, 지역사회발전을 위해 쓰이는 자금과 교환될 수 있는 복지서비스나 프로그램에 대한 효과, 즉 지역개발, 클라이언트에 대한 원조,

사회적 지위 등은 경제적 상품과 비교했을 때 효과를 측정하기가 쉽지 않기 때문이다.

사회교환이론에 따르면, 교환은 교환의 장에서 이루어지며, 교환의 장은 원하는 자원과 상품을 교환하기 위해서 다양한 관점과 다양한 조합으로 서로에게 영향을 주는, 둘이나 그 이상의 참가자들로 구성되는 하나의 시장에서 이루어진다. 교환의 대상이 되는 자원으로는 인적 · 물적 자원을 포함하는 상담, 지역조직서비스, 돈, 정보, 아이디어, 정치적 영향력, 의지, 의미, 에너지, 클라이언트 등을 포함하는 유형 · 무형의 자원을 의미한다. 교환의 장에서 발생하는 거래를 위해 각각의 참가자들은, 첫째 교환할 상품에 대한 정보를 필요로 하며, 둘째 상품을 교환할 욕망을 필요로 한다(이것들은 거래의 조건이라고 불린다). 주어진 정보와 교환을 위한 욕구를 가지고, 거래에서 각각의 참가자들은 가장 큰 혜택을 가지고 있는 것, 또는 비용에 대한 보상이 가장 큰 것을 모든 가능한 교환을 통해서 선택하게 된다.

교환의 장에 있는 참가자 또는 조직들은 어떤 시점에서 서로 관계를 가질 수도 있고 갖지 않을 수도 있으며, 관계를 갖지 않은 두 집단은 제3의 집단과 거래, 즉 관계를 동시에 맺을 수도 있다. 즉, 교환의 장에 있는 A라는 참가자 또는 조직이나 기관은 B라는 참가자의 관련 없이도 목적하는 바를 성취할 수 있다는 것을 의미한다. 즉, 서로에게 독립적이라는 것을 의미한다. 하지만 한 참가자의 목적이 다른 참가자의 상품이나 자원과의 교환을 통해서만 획득되어야 한다면 그 자원을 가지고 있는 참가자에 대한 의존적인 관계가 형성되고, 또 두 참가자가 상호 간의 교환을 통해서만 목적을 성취할 수 있다면 교환의 장에서 두 참가자는 상호 의존적이 된다. 여기서 교환관계의 균형을 깨는 것은 바로 의존적 관계의 교환이 일어나는 경우다. 만약 A가 B보다 어떤 자원을 훨씬 필요로 한다면 A는 교환의 성사를 위해 B에게 무엇을 제공해야 하는가? 그리고 A가 필요한 자원을 위해 제공한 것을 B가 원하지 않거나 그 이상의 것을 요구한다면 어떻게 되는가? 이 문제를 해결하는 것이 곧 힘이다. 이 교환의 장에서의 불균형 교환관계는 힘으로 설명할 수 있다. 교환의 관계에서 힘은 간단히 말해 다른 참가자가 원하는 자원을 통제할 수 있는 능력의 기능으로 이해된다. 예를 들어, B가 A가 목적을 성취하기 위해 가져야 하는 자원에 대해 통제권을 가지고 있다면 B는 A를 통제할 수 있고 통제권을 갖는다. 이 경우 B는 교환의 장에서 독립적이며 A는 의존적이 될 수밖에 없다.

따라서 더 좋은 조건의 교환이나 균형 있는 교환을 위해서 다른 참가자가 통제하는 자원을 필요로 하는 참가자는 힘의 균형을 맞추기 위한 다양한 전략이 필요하다. 여기서 자원이 필요한 쪽을 행동조직이라고 부르며, 힘을 가지고 있는 쪽을 목표조직이라 부른다. 따라서 교환의 참가자 A와 B의 관계로 다시 설명하면 다음과 같다. 전제는 A와 B는 교환의 당사자들이고 A는 B가 가지고 있는 자원을 필요로 하는 조직이고, B는 A가 필요로 하는 자원을 가지고 있는 힘이 있는 조직이다. B의 힘을 줄일 수 있는 가능한 대안으로는, 첫째 재원이 필요한 A가 재원에 대한 힘을 가지고 있는 B에 대한 의존을 줄이는 방법이 있고, 둘째 A에 대한 B의 의존을 높일 수 있는 방안을 찾는 방안이 있을 수 있다.

교환과 힘의 역동성은 교환의 장에서 매우 중요하며, 조직이나 사람들은 거래에서 이익을 취하려고 노력하지 않아도 자원을 공유하고 정보를 교환함으로써 다른 사람과 끊임없이 관계할 수 있으며, 성장과 발전을 추진할 수 있게 되는 것이다. 결국 사람과 사람, 조직과 조직, 나아가 지역과 지역 간의 자원과 정보의 끊임없는 교환이 각각의 발달을 가져다주며, 특히 상호 호혜를 바탕으로 한 긍정적인 교환을 통한 발달이나 발전은 조직들이 서로 지지집단, 새로운 조직, 연결망 구축, 연합체 결성 등과 같은 연합회를 구성할 수 있도록 해서 지역사회발전에 긍정적인 영향을 미친다.

균형 있는 상호 호혜를 기초로 하는 사회적 교환을 강조하여 조직과 조직들 간의 교환을 강조하는 사회교환이론은, 첫째 개인과 개인, 집단과 집단, 조직과 조직 간, 또는 상호 교차적인 교환은 교환의 장으로서 지역사회의 발전에 기여하며, 둘째 지역 내의 조직 또는 다른 지역의 조직과 이루어지는 교환이 상호 호혜의 균형전략에 기반한다면 한정된 자원과 정보를 가지고도 효율적으로 지역주민의 다양한 욕구를 실현할 수 있으며, 또한 지역 내에 존재하는 각각의 참가자들은 자원과 정보를 공유하고 교환함으로써 지역사회의 균형발전에 기여할 수 있고, 셋째 자원과 정보의 공유와 교환을 통한 지역사회발전을 추구하기 위해 교환의 주체들은 서로 힘을 합치거나 공동의 목적을 위해 같이 운동할 수 있는 기반을 닦을 수 있고, 이는 곧 새로운 조직체의 결성, 즉 사회연결망의 결성으로 이어지며, 결국 지역사회복지실천의 강력한 지지세력의 확대재생산을 의미한다고 할 수 있다.

3. 연결망의 유형

현실적으로 다양한 유형의 연결망이 존재하는데 유형별로 살펴보면 체인연결망, 스타연결망, 집단연결망, 느슨한 연계연결망, 분절된 연결망, 수평적 연결망, 수직적 연결망, 자발적 연결망, 의무적 연결망 등이 있다(Hardcastle, Powers, & Wenocur, 1997;2004). 체인연결망, 스타연결망, 집단연결망은 연결망에 소속된 조직들의 힘과 영향력의 관점에서 조직과 조직 간의 접근성과 중앙성에 근거하여 분류된 유형이다. 이 연결망에 대해 설명하면 다음과 같다.

1) 체인연결망

[그림 10-1]에 나타나 있듯이, 체인연결망은 연결망 참가자 2, 3 그리고 4가 맨 끝단의 참가자인 1과 5보다 사회적 교환의 입장에서 좀 더 유리한 위치에 놓여 있게 되는 연결망 유형이다. 양 끝단에 있는 참가자 1과 5는 중앙에 위치한 참가자 3과의 상호 교환을 위해서 참가자 2와 참가자 4를 거쳐야만 하기 때문에 중앙에 위치한 참가자 3이 가장 중심적인 위치에 놓여 있게 된다. 따라서 참가자들에게 영향을 미치는 능력은 얼마나 중앙에 위치하는가, 즉 중앙성에 의해서 영향을 받게 된다.

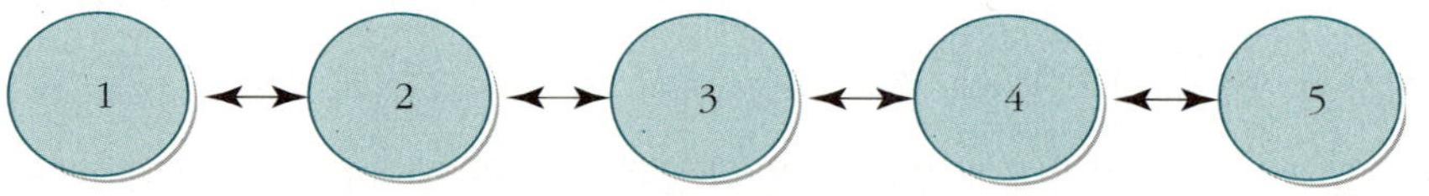

[그림 10-1] 체인연결망의 예

2) 스타연결망

[그림 10-2]에 나타나 있듯이, 스타연결망은 모든 참가자가 반드시 참가자 3을 거쳐야 교환이 가능한 연결망 유형이다. 따라서 참가자 3의 영향력이 다른 참가자들에 비해 가장 강하다는 것을 알 수 있다. 결국 중앙성과 영향력이 특정 참가자에게 집중되는 연결망의 유형이 스타연결망의 특징이다.

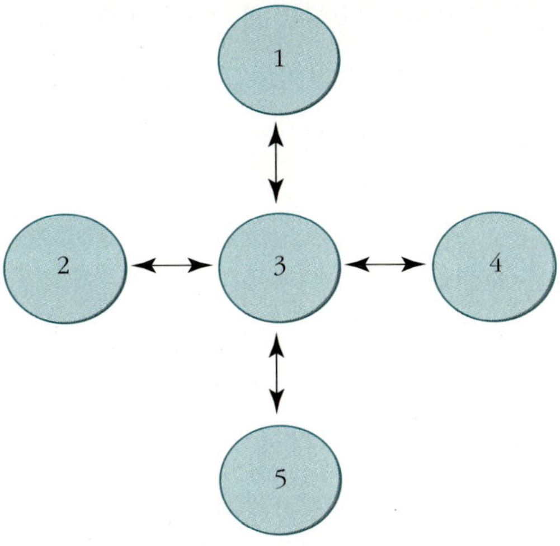

[그림 10-2] 스타연결망의 예

3) 집단연결망

스타연결망과 체인연결망에서 중앙성과 접근성은 참가자 3에 집중되어 있지만 집단연결망에서 참가자 3에 집중되어 있는 중앙성과 접근성은 어느 정도 감소된다([그림 10-3] 참조). 즉, 집단(또는 직접적 접근구조) 연결망은 참가자 3의 중앙성과 영향력은 줄어들고 모든 연결망에 참가하는 참가자들의 다른 참가자들에게 직접적으로 접근할 수 있는 접근구조를 갖는 연결망 유형이다. 따라서

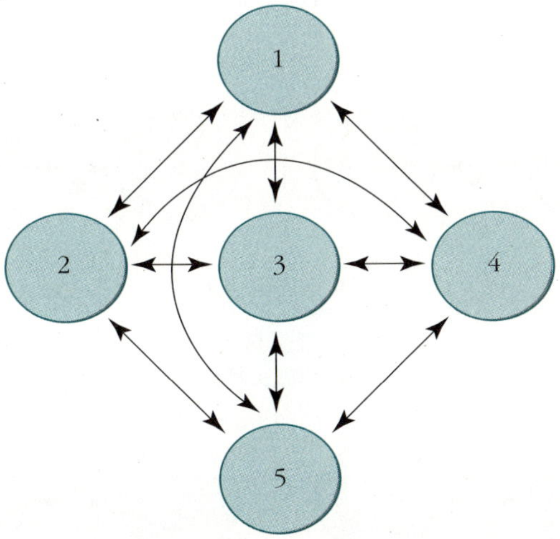

[그림 10-3] 집단연결망의 예

집단연결망에서 모든 참가자는 동등하게 힘의 균형을 유지할 수 있게 된다. 집단연결망은 힘과 영향력이 단위 참가자들에게 기울어지지 않고 연결망 자체에 집중될 수 있는 조직적 특징을 갖는다.

4) 느슨한 연계연결망

느슨한 연계연결망은 기본적으로 조정과 통제가 최소한으로 필요한 경우 나타날 수 있는 연결망의 유형이다. 따라서 느슨한 연계 연결망은 비공식적인 연결망조직을 가지며, 대부분의 업무(또는 과업)에서 연결망 참가자들은 독자적인 행동을 수행하며 필요할 때만 연합행동을 취하고 교환을 수행하게 된다(Aldrich, 1971; Weick, 1976). 하지만 느슨한 연계연결망은 연결망조직이 크고 연결망의 안정을 필요로 하는 경우, 좀 더 심화된 상호 행동과 연결망 관리가 필요한 경우, 그리고 연결망조직 간의 조정과 통제가 필요한 경우, 절차와 규정이 필요한 경우에 적합한 연결망구조라고 할 수 없다.

5) 분절된 연결망

분절된 연결망은 느슨한 연계연결망의 문제점을 극복하기 위하여 적용될 수 있는 조직과 조직 사이의 상호 행동에 대한 통제가 필요한 경우 연결망의 관리 측면이 강조되는 연결망을 의미한다. 다양한 자원의 교환과 정보의 흐름에 대한 영향력을 강화하여 연결망조직 간의 조화를 보다 강조하기 위하여 연결망

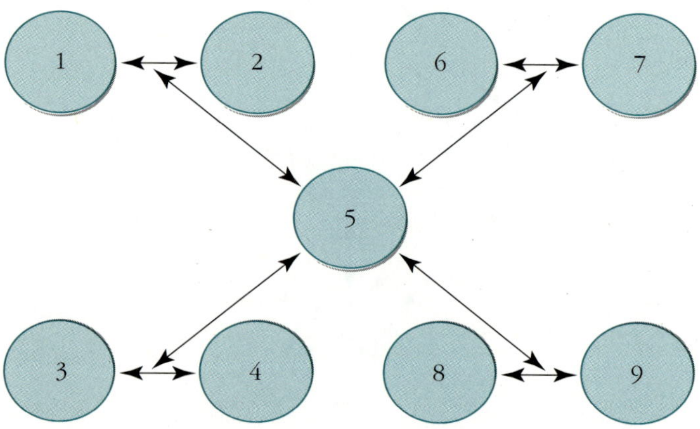

[그림 10-4] 분절된 연결망의 예

을 관리하고 구성하는 중심적인 조직을 중심으로 연결망이 형성된다. 즉, 좀 더 강력한 중앙의 통제가 필요한 경우 설계되고 사용될 수 있는 연결망 유형이라고 할 수 있다. [그림 10-4]에서는 참가자 5가 중앙에 위치하여 연결망에 영향력을 행사하게 된다.

6) 수평적 연결망과 수직적 연결망

수평적 연결망과 수직적 연결망은 Warren의 수직적 조직구조와 수평적 조직구조의 개념에 기초한다(지은구, 2003). 연결망에 참여하는 참가자들의 관계에 의존해서 연결망은 수평적 연결망과 수직적 연결망으로 구분되기도 한다. 수평적 연결망은 같은 지리적 영역을 공유하고 같은 과업환경을 가지며 같은 지역 안에 위치해 있고 비슷한 결정기구를 갖는 연결망을 의미하며, 일차적으로 수평적 관계를 유지하는 조직들로 구성되어 있다. 수직적 연결망은 수직적 구조에 놓여 있는 조직들이 연결망을 구성하는 것으로서 상위조직이 존재하고 상위조직 밑에 하위조직들이 존재하여 상호 의존이 수평적 연결망보다 약한 특징을 갖는다. 즉, 상위조직의 이익과 관심, 책임 등이 하위조직보다 우위에 있게 된다.

7) 자발적 연결망과 의무적 연결망

연결망은 연결망 내 · 외부에 존재하게 되는 과업과 목표를 정의하고 유지하며 창조하기 위한 권위의 측면에서 자발적 연결망과 의무적 연결망으로 구분할 수 있다. 자발적 연결망은 자발적인 참여자들에 의해서 구성되는 연결망을 의미하며 연결망의 권위는 연결망 내부에서 나타나는 반면, 의무적 연결망은 의무적으로 연결망에 참가하는 참여자들에 의해 구성되는 연결망을 의미하며 권위는 주로 연결망 외부에서 나타나게 되어 연결망 참가자들의 결정 권한이나 책임 등과 관련된 자율성이나 정당성은 보장받기가 어렵게 된다. 특히 의무적 연결망의 경우 연결망의 목적, 구조, 교환의 규정 등은 연결망 참가자들에 의해서 결정된다기보다 외부에 의해서 결정된다. 따라서 의무적 연결망은 제한된 과업이나 표준화된 과업을 수행하는 데 적합한 연결망으로 창의력을 강조하고 변화 지향적인 연결망 과업에는 적합하지 않은 연결망 유형이라고 할 수 있다.

이에 비해 자발적 연결망은 연결망 내부에 권위가 놓여 있기 때문에 창의성이나 혁신을 요구하는 과업에 더 적합한 연결망 유형이라고 할 수 있다.

4. 지역자원의 확충

지역사회에 내재해 있는 자원을 개발하거나 활용하게 되면 지역사회의 역량은 크게 강화될 수 있다. 지역사회에서 활용 가능한 또는 축적 가능한 자원으로는 크게 인적 자본, 경제적 자본, 그리고 사회적 자본으로 분류할 수 있다. 인적 자본의 개발과 확충은 지역주민의 역량강화에 직접적인 영향을 미치고, 경제적 자본의 확충은 지역사회의 역량강화에 직접적인 영향을 미치며, 사회적 자본의 발전과 확충은 지역주민과 지역사회의 역량강화에 모두 영향을 미친다고 할 수 있다. 따라서 이 세 자본은 지역자원의 확대, 발전을 위한 중요 요인임에 틀림없다.

1) 인적 자본

지역사회의 역량강화는 지역에 거주하는 또는 지역을 구성하는 인적 구성원들의 역량강화와 직접적으로 연관이 있다고 할 수 있다. 이는 지역사회는 무형의 제도로서 지역사회를 구성하는 지역주민의 역량강화가 바로 지역사회의 역량강화를 의미하기 때문이다. 인적 자본이 지역사회의 역량강화를 위해 중요하다는 것은 바로 인간, 즉 지역주민의 능력을 개발하고 발전시킬 수 있는 것은 긍정적 사회복지시스템에 의해서 이루어질 수 있기 때문이다. 다양한 교육 프로그램이나 자기발전 또는 자기계발 프로그램 등을 통한 인적 자본의 양성은 개인적 역량강화로 이어지고, 이는 결국 지역사회의 역량강화로 이어진다. 개인이 살아온 삶의 경험이나 기술, 노력 등은 모두 인적 자본에 포함될 수 있으며, 구체적으로 인적 자본은 자존심, 자기존경, 자기확신, 태도, 기술이나 지식, 행동의 요소 등을 포함한다. 따라서 자존심, 자기존경, 자기확신, 태도, 기술이나 지식, 행동 등의 인적 자본의 확충을 통한 주민 개개인의 역량강화는 집합적 의미로서 집단적 역량강화 또는 조직적 역량강화를 위한 토대를 제공할 수 있으며, 나아가 주민 개개인의 역량강화는 지역 전체의 역량강화에 기여하게 된다. 지역주민의 역량을 강화하기 위해 지역개발모델에서 강조하는 자조와 참여는 기본적으로 인적 자본의 강화와 확충을 통해서 이루어진다고 할 수 있다.

2) 경제적 자본

경제적 자본은 지역사회의 역량강화를 위한 물질적 토대를 제공한다. 즉, 경제적 자본은 지역사회가 스스로 자립을 통해 역량을 강화할 수 있는 물질적 토대인 것이다. 지역이 스스로 자립할 수 있는 경제적 능력을 상실하면 그 지역은 생산과 소비, 그리고 분배적 측면에서의 기능을 상실하게 되고, 빈곤의 심화와 다른 외부적 조직이나 환경에 대한 의존이 심화되어 자생력을 상실하게 된다. 또한 경제적 측면에서 외부적 힘에 대한 의존은 특정 지역의 힘의 약화와 이에 따른 중요한 의사결정과정에서 지역주민의 배제로 이어지고, 결정적으로 배제적 지역사회로의 전환이 이루어질 수 있다. 배제적 지역사회는 지역사회의 역량강화를 위해 가장 경계하여야 하는 제도이자 극복 대상이기 때문에 경제적 자본의 개발과 확충은 지역사회 역량강화를 위한 조건이 될 수 있다.

경제적 자본의 개발과 확충은 지역주민, 특히 저소득층의 주민이 스스로 자립할 수 있는 지원체제를 강화하고 지역사회가 발전할 수 있도록 하는 물질적 토대를 제공하는 것을 목적으로 한다. 경제 개발과 발전을 통한 지역사회의 역량강화를 위해서 중앙정부나 지방정부는 저소득층의 자립경제 확립을 위한 공적 투자의 확대와 지역주민의 소규모 창업지원을 위한 다양한 프로그램을 확대하여야 한다. 특히 지방정부는 그 지역이 처해 있는 정치 · 경제적 환경을 고려하여 지역경제 활성화를 위한 전략적 계획을 제시하여야 하며, 해당 지역경제의 특수성을 고려하여 그 지역을 대표할 수 있는 특성화된 산업정책을 수립하고 실행하기 위하여 지역 중소기업의 활동을 지원하여야 하고, 기업의 사회적 책임을 강조하여 지역에 대한 투자를 활성화하도록 유도하여야 하며, 자립경제가 가능하도록 지역 특성에 맞는 조세의 재원을 개발하는 등의 다양한 분야에서 해당 지역의 경제적 자원을 개발하고 확충하여야 한다. 특히, 기업가와 정부관리, 그리고 지역주민이 함께하는 지역경제 활성화를 위한 조직적 체계를 구성하여 경제적 자본을 개발, 확충할 수 있도록 하는 것도 지역사회의 역량강화를 위하여 필요하다.

인적 자원의 개발과 사회적 자원의 개발 및 확충은 모두 경제적 자원을 발전시키고 개발하는 데 중요한 지렛대의 역할을 담당한다. 인적 자원과 사회적 자원의 개발 및 확충 없이 경제적 자원만을 중요시하는 경우 소득의 증대나 부의 축적은 가능하겠지만, 자연 및 환경의 파괴와 지나친 경쟁에 따른 반인간적 가치의 강조, 시장에 참여할 수 없는 사람에 대한 배제 등으로 인적 자원과 사회적 자원을 파괴하여 지역사회의 역량강화에 반하는 결과를 초래할 수 있기 때문에 경제적 자본의 확충은 반드시 인적 자원과 사회적 자본의 확충과 개발을 통해서 이룩되어야 한다.

3) 사회적 자본과 연결망

사회적 자본(social capital)과 연결망이 지역사회를 발전시키는 데 중요한 개념으로 등장하고 있다. 사회적 자본은 연결망과 함께 지역사회에서 매우 효율적인 기능을 한다. 즉, 사회적 자본과 연결망이 지역사회발전을 위한 중요한 동력으로서 중요시되고 있다. 특히, 사회적 자본을 구성하는 중요한 요인 중 하나로 연결망이 강조되고 있으며, 많은 학자들은 연결망의 건설이 사회적 자본을 구축하는 데 중요한 요소임을 강조하고 있다. 예를 들어, Putnam(2000)이 강조한 사회적 자본을 구성하는 결합자본(bonding capital)과 연결자본(bridging capital)은 바로 연결망을 강조하는 개념이라고 할 수 있다. Keyes, Schwartz, Vidal 그리고 Bratt(1996), Powell(1990), Cohen과 Prusak(2001) 등은 모두 연결망을 사회적 자본을 구성하는 중요한 요소라고 강조하였다.

사회적 자본이란 사회 · 경제적 개념으로서 Hanifan(1916, 1920)에 의해 처음 소개되어 Jacobs(1961), Bourdieu(1983), Coleman(1988), Putnam(1995), 그리고 Fukuyama(1999) 등의 학자들에 의해서 개념화되고 발전되었다. Bourdieu (1983)는 세 가지 상이한 유형의 자본을, 첫째 경제적 자본, 둘째 문화적 자본, 셋째 사회적 자본이라고 분류하였으며, 사회적 자본을 상호 인식과 인지의 약간의 제도적인 관계가 영속적인 연계의 소유에 연결된 실제적이고 잠재적인 자원의 총체라고 정의하였다. Putnam(1995)은 사회적 자본을 모든 사회적 연계의 집합적인 가치이고 서로 무엇을 하기 위해서 이 연계로부터 일어나려는 경향이라고 정의하고, 사회적 자본으로 신뢰와 협동을 강조하고, 사회적 자본을 두 가지 유형으로 구분하였다. 첫째, 유형의 사회적 자본은 이미 알고 있는 사람들을 더욱 가깝게 하도록 하는 결합자본이고, 또 다른 유형은 잘 알지 못하는 사람을 함께하도록 하는 연결(또는 교량)자본이다. 이러한 결합자본과 연결자본을 구성하는 요소로 연결망이 강조되고 있다. 따라서 지역사회의 역량을 강화시키는 데 사람들 간의 신뢰와 협동이라는 사회적 자본을 통해서 지역주민을 결합하고 교량역할을 하는 연결망이 지역사회의 역량이 강화되고 발전될 수 있도록 하는 하나의 토대를 형성하게 된다고 할 수 있다(지은구, 2006).

그리고 Powell(1990)은 조직의 경제적 측면을 설명하면서 조직의 한 유형으로 연결망이 기업들 간의 사회적 자본의 개념을 주목할 수 있도록 하는 실행적 방식이며, 경제적 구조 안에서 생산을 위한 효율적 조직임을 강조하였다. Keyes, Schwartz, Vidal과 Bratt(1996)은 제도적 연결망(institutional network)으로서 사회적 자본은 상호 호혜, 신뢰, 순응 그리고 유연성을 의미한다고 강조하여 제도적 연결망이 사회적 자본임을 주장하였다. Fukuyama(1999)는 사회적 자본이란 두 사람 이상의 개인 사이에 협력을 증진시키는 입증된 비공식적 규범이라고 정의하였다. Briggs(1998)는 사회적 자본이 지렛대이며, 사회적 지지라고 강조하였다. 그에 따르면, 지렛대는 사회문제를 해결하기 위해 다른 사람들을 개입하게 하는 능력이고, 사회적 지지는 문제 해결을 위해 다른 사람이 돕는 것이다. 그리고 Cohen과 Prusak(2001)은 사회적 자본을 구성하는 구성요인으로 신뢰, 상호 이해, 그리고 연결망과 지역구성원들을 함께 묶는, 그리고 가능하면 집합적 행동을 할 수 있도록 하는 공유된 가치와 행동 등이 포함된다고 하였다. 사회적 자본을 구성하는 구성요소에 대해 정리하면 〈표 10-3〉과 같다.

표 10-3 사회적 자본의 구성요소

학 자	사회적 자본의 구성요소
Putnam(1995)	신뢰, 협동, 장기적 관계
Briggs(1998)	사회적 지지와 지렛대
Keyes, Schwartz, Vidal과 Bratt(1996)	장기적인 신뢰와 관계, 공유된 비전, 상호 이익에 대한 경제적 보상, 재정적 연관
Cohen과 Prusak(2001)	신뢰, 상호 이해, 공유된 가치와 행동, 연결망

출처: 지은구(2006), p. 319에서 재인용.

결국, 사회적 자본이란 신뢰, 제도, 사회적 규범, 사회연결망, 공유된 사고, 그리고 한 사회 안에서 사회구성원들의 상호 행동을 형성하는, 그리고 번영을 위한 개인적 · 집합적 생산의 자산으로 정의될 수 있다. 경제적 자본 또는 물질적 자본이 물질적 대상과 연관이 있고 인적 자본이 개개인의 속성과 연관이 있다면, 사회적 자본은 사회구성원 개개인에게서 일어나는 신뢰, 상호 호혜의 규범, 공유된 가치, 사회적 연계 등의 지역주민 개개인의 상호 연계와 연관이 있음을 알 수 있다.

사회적 자본의 축적과 발전이 집합적 의미에서 지역사회에 직접적으로 도움이 된다는 것은 다음과 같은 이유 때문이라고 할 수 있다(지은구, 2006). 첫째, 사회적 자본은 사람들로 하여금 더욱 쉽게 집합적인 문제를 해결하는 것을 허락하기 때문이다. 이는 만약 사람들이 상호 협력을 한다면 더 나은 지역사회의 번영이 올 것이라는 전제에 기초하기 때문이며, 이러한 집합적 지역사회의 번영은 지역사회의 역량강화에 기초를 제공한다고 볼 수 있다. 둘째, 사회적 자본은 지역사회가 잘 기능할 수 있도록 바퀴에 기름을 치는 것과 같은 역할을 하기 때문이다. 사람들이 상호 신뢰하고 믿으면 모든 기업이나 경제활동 등의 모든 사회적 거래는 더 낮은 비용으로 더 잘 돌아갈 것이며, 이러한 경제적 측면에서의 발전은 지역사회의 역량강화를 위한 경제적 기초를 제공하게 된다. 셋째, 사회적 자본은 다른 사람들과의 상호 호혜적이고 신뢰를 바탕으로 하는 연계를 강조하기 때문에 지역사회의 구성원이 전체 지역사회를 위해 선을 행할 수 있는 성격을 유지 · 발전하도록 하며, 이러한 지역주민의 선을 향한 인식은 지역 전체의 역량을 강화시키는 문화적 기초를 제공한다.

Putnam(2000)은 사회적 자본이 지역사회에 가져다주는 혜택을 다음과 같이 정리하였다. 첫째, 아동의 발전이 사회적 자본에 의해서 개발된다. 가족, 학교, 동료집단, 그리고 지역 안에서의 신뢰, 연결망, 상호 호혜의 규범 등은 아동의 선택과 기회에 영향을 미치고, 그들의 행동과 개발에 영향을 준다. 둘째, 더 깨끗한 공공장소, 더 친절한 사람들, 보다 안전한 거리를 만드는 데 사회적 자본이 일조함으로써 범죄율과 빈곤율의 감소 등에 영향을 미친다. 셋째, 신뢰와 사회적 연계가 번창하는 곳에서는 개인, 기업, 나아가 국가가 번창하기 때문에 사회적 자본이 사회 · 경제적 불이익을 완화시키는 역할을 담당한다. 넷째, 사회적 자본은 사람들이 더 좋은 건강을 유지하도록 도움을 주기 때문에 사회적 지출을 줄이는 역할을 한다. 이는 혼자 활동하고, 혼자 생각하고, 혼자 생활하는 것보다 같이 행동하고, 같이 생활하고, 같이 행동하는 것이 정신건강이나 신체건강을 위해서 훨씬 더 좋기 때문이다.

불신과 반목의 연속, 그리고 파괴적 의미의 갈등은 지역의 역량을 약화시키고 경제성장을 위한 사회적 지출을 증대시키며 결국 사회 · 경제적 불안을 가져다주지만, 사회적 자본이 확충된다면 이러한 사회적 지출이 사라지게 되어 더욱 안정적인 지역사회발전을 추구할 수 있게 되고, 이로써 지역사회의 역량은 강화된다. 또한 Fukuyama(1999)는 사회적 자본을 확충시키는 방법으로 국가는 간접적으로 사회적 안전망과 같은 사회복지재화와 서비스 등의 필요한 공공재를 효과적으로 제공함으로써 사회적 자본의 창출에 기여할 수 있다고 강조하였다.

결국, 사회적 자본의 확충, 즉 지역사회구성원들이 공유된 가치를 추구하고 상호 호혜에 기초하여 행동하고 상호 간에 신뢰하며 집합적 행동을 추구하고 사회적 지지를 확산하게 된다면, 지역사회의 역량은 경제적 토대의 확충과 공유된 도덕적 · 사회적 가치의 확산으로 강화될 것이다. 사회적 자본의 형성과 사회적 지지체계로서의 사회적 지지연결망 건설, 그리고 지역사회발전의 관계를 그림으로 나타내면 [그림 10-5]와 같다.

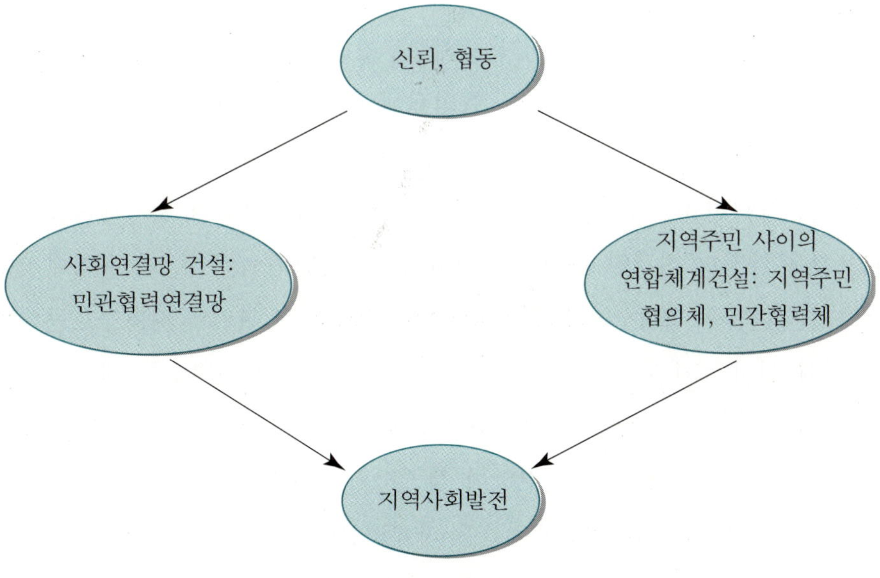

[그림 10-5] 사회적 자본을 통한 지역사회발전

5. 협력체제구축을 위한 공공과 민간의 역할

협력연결망의 기본적인 역할은 민관 사이의 협력연결망구축을 통한 지역사회역량의 강화에 있다. 이는 민관협력연결망 자체가 바로 민관협력을 기초로 하는 협력체제임을 의미한다. 민관협력연결망이 민관협력체제의 역할을 수행하기 위해서는 기본적으로 설정된 원칙, 즉 상호 의존의 원칙, 상호 호혜의 원칙, 민주성의 원칙, 개방성의 원칙, 예산 적절성의 원칙 등을 견지하여야 하며, 이에 덧붙여 민과 관은 나름대로의 역할을 충실히 수행하여야 한다. 특히 민관협력의 성공적 정착을 위한 전제로, 협력체 자율성 확보를 위한 운영과 지원의 분리에 대한 명백한 기준 제시, 협력체의 당위성과 중요성에 대한 국민적 합의 도출, 담당 공무원에 대한 민관협력에 대한 인식교육의 조건들이 제시될 수 있다.

이와 같은 기본 전제를 바탕으로 공동협력을 위한 협의체제가 구축되고 원활히 움직이기 위해 민관이 수행하여야 하는 역할을 구분하면 다음과 같다.

1) 민간의 역할

민관협력연결망이 지역중심의 문제해결구조를 확립하고 지역중심의 의사결정구조를 확보하기 위해서 민간은 협의체에 힘을 실어 주는 사회적 지지세력의 역할과 주체적 운영세력이라는 역할을 충실히 수행하여야 한다. 따라서 민간은 민관협력연결망의 구축을 위하여 지역으로부터 사회적 지지세력을 확보하는 것을 가장 중심적인 과제로 삼아야 한다. 민관협력연결망의 운영에 영향을 주거나 받을 수 있는 민간 측면에서의 직접적 이해 관련 당사자들로는 자원봉사자와 서비스 대상자를 포함하는 지역주민, 사회적 서비스를 제공하는 민간조직이나 단체에 근무하는 직원 또는 관리자 등을 들 수 있다. 정부조직과의 상호협력체제로서 민관협력연결망이 성공적으로 운영되기 위해서 이해 관련 당사자들이 몸담고 있는 민간조직들은 자체적인 성공 토대를 형성하고 있어야 하며, 이러한 토대는 바로 힘의존이론에서 강조하였던 구체적인 행동대안으로, 첫째 지역민간조직들 간의 협력연결망 건설, 둘째 사회기획모델에 덧붙여 상호행동모델의 적절한 사용이라고 할 수 있다. 따라서 민간 측면에서 민관협력연결망이 성공적으로 운영되기 위해서 지역민간조직연결망의 건설과 참여는 필수적이며, 지역주민의 참여와 사회행동모델을 강조하는 시민사회단체의 참여 역시 필수적이라고 할 수 있다. 민간부문을 대표하는 조직은 시민조직, 시민사회운동조직, 그리고 민간사회복지조직들로 구성될 수 있으며, 이들은 모두 민관협력연결망 운영의 주체가 되는 세력이다. 지역주민, 사회단체, 그리고 민간사회복지조직은 삼각협력체제로서 상호 협력과 제휴 그리고 사회행동전략과 전술을 적절히 사용하여 정부조직과 힘의 균형을 유지하여야 하며, 이러한 힘의 균형은 결국 정부조직과 민간조직이 참여하는 민관협력연결망을 성공적으로 운영할 수 있게 한다.

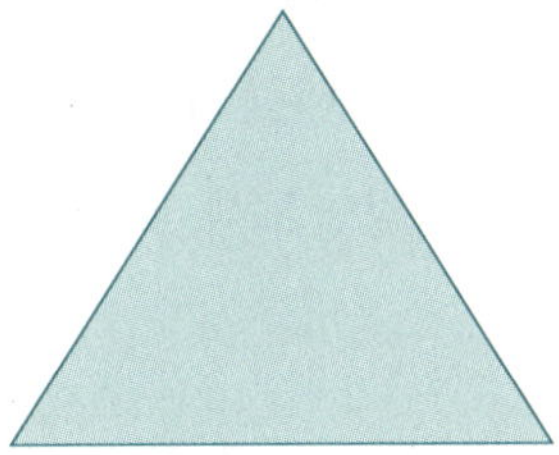

[그림 10-6] 지역주민, 시민사회단체, 민간조직의 삼각협력체제(민간협력연결망)

민관협력연결망의 안정적인 운영과 발전을 위해서 삼각협력체제의 구축이 기본전제가 된다고 볼 수 있으며, 이러한 삼각협력체제 구축을 위해서는 신뢰와 상호 협조를 바탕으로 하는 사회적 자본을 형성하기 위한 다양한 시도가 필수적이다. 신뢰와 협조를 바탕으로 하는 삼각협력체제(민간협력연결망) 또는 협력연결망체제를 구축하기 위한 민간의 역할은 다음과 같이 구분할 수 있다.

- 민관협력연결망 발전강화를 위한 민간사회조직의 역할: 민관협력연결망 운영세력이자 사회적 지지세력
  - 민관협력을 위한 민간조직이 모두 참여할 수 있는 연합적 연계조직의 구성
  - 민관조직행정가들이 참여하는 민관협력을 위한 포커스집단(focus group)의 구성 및 적극적인 참여
  - 협력서비스 제공을 위한 조직별 전문성 확보 방안 구축과 실행 및 전략

적 기획안 구성

- 지역주민과 조직들로부터의 민관협력체 구성의 지지를 확보하기 위한 사회적 마케팅의 강화 방안 구축과 실행

• 민관협력연결망 발전강화를 위한 시민사회단체의 역할: 민관협력연결망 운영세력이자 사회적 지지세력
  - 민관협력을 위한 민간부문 연합적 연계조직 참여
  - 중앙과 지방정부의 민관협력 관련 제반 시책 검토 및 감시
  - 중앙정부와 지방정부로부터 협력체의 안정적 운영을 위한 물적 · 인적 자원 확보 방안 검토 및 감시
  - 민관협력발전을 위한 지역포럼 등 지역조직가나 행정가들이 협력의사를 결정하고 논의할 수 있는 학습 및 논의의 장 제공
  - 민관협력 확대 발전에 영향을 미칠 수 있는 여론주도세력의 육성 및 교육
  - 민관협력계획의 상호 협력방안모색 및 자체적인 기획능력 제고를 위한 지식과 기술 습득

2) 관공의 역할

민관협력연결망의 발전과 안정적 운영을 위한 관공의 역할은 주체적 지원세력이라는 것과 운영세력이라는 이중의 역할을 충실히 수행하는 것에 있다. 관공의 측면에서 민간협력체의 직접적인 이해 관련 당사자는 중앙정부와 시 · 군 · 구 자치단체이며, 그중에서도 복지 관련 업무를 관장하는 사회복지전담공무원을 포함한 행정직 공무원들이 가장 중심적인 통합서비스의 이해 관련 당사자라고 할 수 있다. 특히 민관협력체는 시 · 군 · 구의 수준에서 이루어지기 때문에 전국 시 · 군 · 구 복지 관련 업무부서가 직접적인 이해 관련 당사자라고 할 수 있다. 민관협력체의 전체적인 운영에 책임이 있는 중앙정부와 직접적 운영에 책임이 있는 시 · 군 · 구 자치단체의 역할은 다음과 같이 구분할 수 있다.

• 중앙정부: 민관협력연결망 지원세력이다.
  - 중앙정부 차원에서의 민관협력을 위한 공무원교육시스템의 확충 및 제공

- 협력연결망의 안정적 운영을 위한 법적 · 제도적 · 인적 · 물적 지원방안 구축 및 지원
- 지방정부와 민관협력발전을 위한 협력시스템(task force)의 구축 및 운용
- 민간조직행정가들이 참여하는 민관협력을 위한 포커스집단 참여
- 협력연결망의 관리에 대한 총괄적 평가, 감독 및 지원체제 구축 및 운영

• 지방자치단체(시 · 군 · 구): 민관협력연결망 운영세력이다.
- 지방정부 차원에서의 민관협력을 위한 공무원교육시스템의 확충 및 제공
- 지방정부의 자체적인 협력연결망운영에 대한 기획 및 협의
- 상호 의존과 협력 형성을 위한 지방정부 차원에서의 제도적 · 법적 규정 확립 및 행정적 지원체제 구축
- 민관협력을 위한 포커스집단으로의 적극적인 참여
- 민관협력연결망 안정적 운영을 위한 지방정부 차원에서의 인적 · 물적 자원 제공
- 지역주민으로부터의 민관협력체 구성의 지지를 확보하기 위한 사회적 마케팅의 강화 방안 구축과 실행

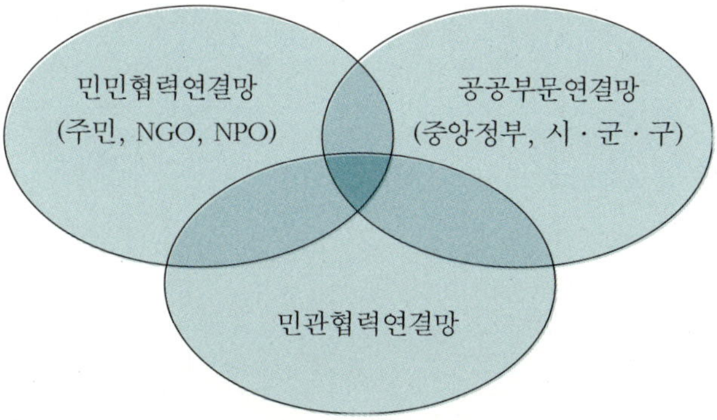

[그림 10-7] 협력연결망의 삼각협력체제

이와 같은 민과 관의 역할은 민관협력연결망의 성공적 정착과 안정적 운영을 위한 필수적인 요소다. 지역주민, 비영리사회복지조직(NPO), 그리고 비정부조직(NGO)을 중심으로 하는 민간협력체제와 중앙정부와 시 · 군 · 구 지방자치단체의 공공부문, 그리고 협의체의 실질적인 운영 당사자인 협력연결망조직은 협력과 합의의 의사조정기구로서 삼각협력체제를 구축하게 된다(지은구, 2006a).

11

지역사회조직화

1. 지역조직과 지역사회복지실천

1) 조직화

지역사회에 개입하여 지역사회가 안고 있는 각종 문제를 해결하고 지역사회를 변화시키기 위하여 사회복지사는 지역주민이 가지고 있는 힘의 불균형을 바로잡기 위하여 노력하고, 사회적 연계를 강화하며, 지역주민과 지역사회의 역량을 강화하기 위하여 노력한다. 이를 위한 가장 기초적인 활동으로는, 첫째 조직과 동원, 둘째 협력과 참여, 셋째 혁신과 해방이라고 할 수 있다(Hardcastle, Powers, & Wenocur, 2004). 힘의 불균형을 바로잡고 지역사회의 연계를 구축하며 지역주민과 지역사회의 역량을 강화하기 위한 가장 기초적인 단위는 조직이며, 조직으로의 참여와 조직의 역량강화는 곧 지역주민을 포함한 지역사회 전체의 역량강화를 가져다준다고 할 수 있다.

조직화는 조직을 만드는 과정이라고 정의할 수 있다. 따라서 지역조직화는 지역사회조직을 만드는 과정이라고 할 수 있다. 조직은 하루아침에 만들어지는 것이 아니며 일정 기간의 시간과 노력을 필요로 한다. Fisher와 Shragge(2000)에 따르면, 조직화는 사회·경제적 정의를 위한 보다 넓은 투쟁으로 나아가는 것과 지역사회를 건설하는 것을 포함한다. 전통적으로 조직화는 지역주민들이 가지고 있는 이슈나 문제를 뛰어넘고 공공 영역에서 그들의 관심을 새롭게 하며 그들의 정체성을 확립하기 위하여 지역주민을 동원하는 것을 강조한다(Kingsley, McNeely, & Gibson, 1997). 조직화는 사람들을 함께 모이도록 하고 그들의 영감을 고취시키고 함께 일하도록 하는 고난이도의 기술을 필요로 한다. 지역주민은 조직화를 통하여 동원되며 지역사회 현실에 대한 공감대와 동질성을 확보함으로써 조직은 지역사회문제 해결을 위한 가장 기초적인 물질적 토대를 구축하게 된다. Ross(1967)에 따르면, 지역조직사업은 지역이 자신들이 가지고 있는 해결해야 하는 욕구와 목표를 확인하고, 어떤 욕구와 목표를 먼저 해결할 것인지에 대한 우선순위를 결정하고 해결할 수 있다는 확신과 의지를 발전시키며, 이 욕구와 목표를 해결하기 위해 지역의 내적 · 외적 자원을 발견하며, 그것과 관련한 행동들을 취하고, 협동적 · 협조적 태도와 실천을 발전시키고 확대해 나가는 과정이다.

Kahn(1995)은 지역사회를 변화시키기 위해 네 가지 방법, 즉 서비스, 옹호, 동원 그리고 조직화를 강조함으로써 조직화를 사회변화를 위한 중요한 방법으로 보았다. 그에 따르면, 사회변화의 과정으로서 조직화는 사회 안에서 힘의 관계에 대한 전진하는 도전을 창조하고 유지한다. 조직화과정을 통해서 사회구성원들은 집합적으로, 그리고 개인적으로 역량이 강화된다. 동원하는 것 또는 결집하는 것은 사람들이 스스로 자립할 수 있도록 역량을 강화시키는 과정으로 출발한다. 결집을 통해서 힘이 없던 소외된 사람들은 그들의 삶과 지역사회의 조건을 변화시키기 위한 기회를 잡았다는 것을 느끼기 시작하고 자신감을 발견하며 그들의 목소리를 찾기 시작한다. 옹호는 만약 사회가 고생하고 있는 많은 사람으로 구성되어 있다면 거기에는 분명히 그들 자신들 때문이 아니라 사회에 문제가 있다는 전제에서 시작한다. 따라서 개인뿐만 아니라 사회도 변화해야 하는 것이다. 하지만 사회복지사의 다양한 형태의 옹호는 사회구성원의 사회 안에서 힘의 관계를 변화시킬 수는 있지만, 동시에 힘이 없는 사람들의 힘을 강화시켜 주지는 않는다. 서비스는 사람들이 사회 안에서 생존하기 위해, 발전하기 위해, 그리고 활동하기 위해 기본적으로 필요한 것을 제공하기 위한 시도다.

2) 지역조직의 개념

지역조직은 계속적으로 지역구성원의 삶에 영향을 미치는 중요한 문제를 해결하기 위해 함께 행동하는 많은 수의 회원 또는 구성원들을 통해서 힘을 표현하는 하나의 구조다. Kahn(1995)은 지역조직을 위해 힘의 역할을 강조하였다. 그에 따르면, 지역조직은 힘이 있는 사람과 힘이 없는 사람 사이의 고전적 불균형을 바로잡기 위해 모든 사회와 문화에서 사용하는 하나의 도구다. 그는 지역조직이 사회변화를 고취시키고 증진시키기 위해서 잘 만들어진 방법 중의 하나라고 강조함으로써 사회변화를 중요시하였다.

Rubin과 Rubin(2001)도 지역조직을 위해서 힘을 분석하는 것의 중요성을 인정하였다. 그들은 지역조직이란 개개인과 그들이 살고 있는 지역을 위한 사회적 힘을 찾는 것이라고 정의하였다. 그들에 따르면, 지역조직사업은 사람이 공통의 문제를 가지고 싸우도록 하는 것을 포함하며, 자신들의 삶에 영향을 미치는 의사결정에서 자신들의 입장을 증진시키는 것이 중요하다. 따라서 그들은 조직화하는 것은 공동의 문제에 지역주민이 느끼는 무력화에 대한 해독제라고 강조하였다. 이러한 의미에서 그들은 사람들이 효과적으로 요구되는 사회변화와 지역개선을 가져오기 위해 어떻게 싸울 것인지가 중요하다고 강조하며, 이를 극복하기 위한 방법으로서 조직화를 강조하였다. 이를 위한 실천방법으로서 Rubin과 Rubin은 집합적 역량강화를 위한 조직화와 조직화를 통한 지역문제의 해결을 강조하였으며, 문제해결을 통한 사회변화를 구현하기 위한 실천방법론으로서 사회행동모델과 사회적 생산(social production)모델을 제시하였다.

사회행동모델은 정부나 기업에 변화를 할 수 있도록 압력을 가함으로써 문제에 대한 주의를 불러일으키는 지역조직의 대항과 압력을 의미한다. 그리고 사회적 생산모델에서 지역조직은 이웃 재건설을 조정하고, 서비스와 물질적 재화를 제공한다. 사회적 생산모델에서 지역조직은 가난한 이웃지역에 기업을 만들고 집을 건설하며 필요로 하는 지역사회서비스를 제공하게 된다. 결론적으로, 그들은 집합적 행동을 위한 힘의 획득을 통한 역량강화가 지역조직화의 가장 중요한 목적이며, 이는 구체적으로 사회행동모델과 사회적 생산모델을 통해서 구현될 수 있다고 믿었다(지은구, 2003).

Hardina(2002)는 지역조직을 위한 구체적인 분석방법을 제시하였는데, 그에 따르면 지역조직사업을 위해서 기술적 · 분석적 능력이 요구되며, 이를 위한 기술은 결국 사회변화를 증진시킨다. 사회변화를 위한 개입전략으로서 지역조직화를 통한 다양한 기술과 분석방법의 사용은 사람들을 조직화에 참여하도록 유도하며, 정부나 제도를 중심으로 이루어지는 정책이나 의사결정의 경로를 바꾸고, 이를 위한 자료를 모으고 해석하는 분석 등을 포함한다. Hardina는 지역조직사업을 위해 필요한 기술로 다음의 것들을 제시하였다. 즉, 예산작성기술, 보조금계획서(제안서) 작성기술, 정보수집기술, 법률조사기술, 욕구사정기술, 참여행동조사기술, 정치적 분석기술, 인구예측 및 사회지표 분석기술, 힘의 분석기술, 프로그램 개발과 기획기술, 그리고 자원개발기술 등이다.

Hardina에 따르면, 지역조직사업의 목적은 억압받는 집단구성원의 역량을 강화시키는 것에 있다. 역량강화를 어떻게 획득할 수 있는가에 대한 구체적인 방법에 대해서, 그는 힘을 획득함으로써 역량강화가 이루어질 수 있다고 하며 사회변화에 대한 역량강화를 위해 역시 힘의 중요성을 지적하였다. Mondros와 Wilson(1994)은 역량강화를 심리적인 상태로 정의하였는데, 그들에 따르면 역량강화란 힘이 있게 됨으로써 목적하는 행동들을 추구하는 것을 허락하는 것이다. Staples(1990)에 따르면, 역량강화란 사람이 자신들의 삶과 지역에 대한 통제를 유지하는 과정이다. 이러한 개념을 받아들여 그는 역량강화가 사람이 자신들의 삶과 지역에 대한 통제를 유지하는 과정으로 인식하며 개개인은 자기존경심이 증가할 때 역량이 강화될 수 있다고 강조하였다. 그리고 지역사회 안에서 역량강화는 지역사회변화의 전략이 재화, 서비스, 의사결정을 위한 권위, 그리고 다른 자원들을 획득하기 위하여 사용될 때 발생된다. 결국 역량강화는 집단구성원들이 자신들의 환경에 대한 통제력을 얻는 것을 도와준다.

3) 지역조직사업

지역조직사업이란 지역사회의 기관, 단체 등에 있는 개인들이 자신의 지역사회가 안고 있는 사회문제를 해결할 수 있고 자신들의 문제를 개선할 수 있는 강력한 지역조직을 만들기 위해 함께 연합하는 과정이다. 이 지역조직사업은 정부나 기업과 동반관계로 함께 오랫동안 해결책을 수행한다(Brueggemann, 2002). 지역조직사업을 통해서 지역조직구성원의 역량은 강화될 수 있으며, 나아가 사회정의를 추구함으로써 억압과 희망 없음이 사라지게 된다.

또한 지역조직사업은 힘이 없는 사람의 역량을 강화시킴으로써 그들의 인식을 전환시키고 의존을 자립심으로 전환시키며, 그리고 비인간성을 인간존엄으로 전환시키는 것을 강조한다. 지역사회복지실천가는 지역조직화사업을 위해 다양한 지역사회의 욕구와 문제를 집단적으로 다루기 위해 필요한 기술과 힘을 개발하는 것이 필요하다(Finks, 1984). 결국 지역조직사업은 사람이 자신들을 위해 결정할 수 있도록 상호 능력과 결합력을 제공해 준다(지은구, 2003). Hardina (2002)는 지역조직사업을 주민과 시설들(또는 제도, institutions) 간의, 그리고 주민 사이의 연계와 관계를 발전시키는 것이라고 강조하였다.

지역조직은 개인과 지역주민을 위해 존립하고, 이웃과 정부 또는 기업조직들 사이에서 존립하며, 지역과 전체 사회를 위해 존립하는 중개구조라고 볼 수 있다(Brueggemann, 2002). 이것을 그림으로 나타내면 [그림 11-1]과 같다.

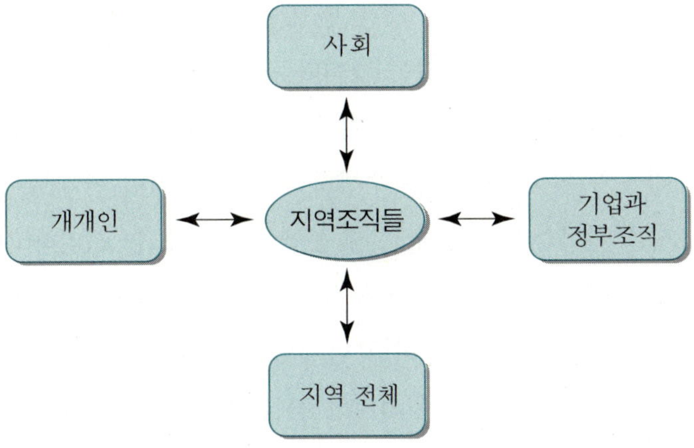

[그림 11-1] 중개구조로서 지역조직

출처: 지은구(2003), p. 75에서 재인용.

2. 조직화 방법

1) 지역에서 조직화하기 위한 방법

지역조직화는 결코 완전하게 이루어질 수 없지만, 조직가와 사람들 간의 상상력, 열정, 상호 개입, 고안력 등을 요구하는 창조적인 과정이라고 볼 수 있다

(Brueggemann, 2002). 지역의 문제에 개입하기 위해서 지역에서 조직을 결성하는 데 다음의 단계들을 고려할 수 있다. 그 단계들로는 먼저 지역주민을 이해하는 것, 지역이 해결하고자 하는 문제를 정의하는 것, 지역에 개입하는 것, 변화의 동력을 역량강화시키는 것, 조직을 결성하는 것, 그리고 평가 또는 종결의 단계가 그것이다(지은구, 2003).

(1) 지역주민의 이해

조직가 또는 지역사회복지실천가는 개인이나 지역주민을 이해하고 그들이 자신들의 문제를 규정하고 그 문제들을 해결할 수 있도록 일함으로써 개인이나 지역주민이 문제를 해결하도록 돕는다. 지역조직화를 위해 사회복지사가 지역에 개입한다는 것은 지역조직사업의 측면에서 보면 조직을 건설함으로써 지역변화를 위한 추진력을 강화시킨다는 것을 의미한다. 이를 위해 지역사회복지실천가나 조직가들에게 우선시되는 것은 먼저 지역주민을 이해하고 변화를 위한 역량을 강화시키고 조직을 건설하는 것이다. 지역의 문제는 지역구성원들 스스로 자신들의 문제가 무엇인지 인식하지 않는 이상 해결될 수 없다. 따라서 지역문제를 해결하기 위해 조직화를 수행하는 데 구체적인 단계로서 네 단계를 거쳐 지역조직을 건설하게 되는데, 첫째 문제를 규정 또는 정의하고, 둘째 지역에 개입하고, 셋째 변화를 위한 역량을 강화하고, 넷째 조직을 건설하는 과정을 밟는다. 따라서 지역주민을 이해하고 마지막으로 평가하는 단계를 제외하면, 지역조직은 구체적으로 네 단계를 거쳐서 건설된다고 볼 수 있다.

(2) 지역사회문제의 규정 또는 정의

조직가나 지역사회복지실천가는 지역에서 조직화를 수행하는 데 가장 먼저 그 지역이 안고 있는 확실하게 눈에 보이는 한 가지 혹은 그 이상의 문제 상황을 지적하고 노출시키는 데 주력해야 한다. 지역이 안고 있는 문제는 지역의 복지를 위해 중요한 부분이며, 지역주민이 행동을 위해 동원되어야 하는 근거를 제시한다.

(3) 지역사회개입

조직을 건설하기 위해서 본격적으로 지역에 개입하게 되는 단계다. 지역 및 지역주민에게 개입할 때 조직가는 조직화하려고 시도하는 지역에 대해 먼저 이해를 하고 있어야 한다. Kahn(1978)에 따르면, 조직가가 처음 지역에 들어가서 갖게 되는 지역에 대한 첫인상은 중요하다. 따라서 조직가가 처음 지역에 들어가서 누구와 접촉할 것이며, 지역의 어떤 부분에 있는 사람들과 대화를 할 것인지, 그리고 어떤 것을 삼가야 할 것인지 등을 심사숙고해야 한다.

(4) 변화를 위한 역량강화

변화를 위한 지역주민의 역량을 강화하기 위해 조직가는 지역주민이 그동안 스스로 자신들이 정치적 · 경제적 · 사회문화적으로 소외되었고 배제되었는지 등에 관한, 또는 그들이 처한 상황에 대해 현실을 분석할 수 있는 비판적 의식을 고양시키는 방법, 그리고 지역주민만이 공통적으로 갖고 있는 정치, 경제, 문화적 특성을 이해할 수 있도록 도와주는 방식이 주민의 변화를 위한 역량을 강화시키는 데 중요하다.

(5) 조직건설

지역에서 충분한 수의 주민이 문제에 대해 관심을 기울일 때 조직적 구조를 건설하기 위한 일련의 준비모임을 계획할 수 있다. 조직가는 지역주민이 모임에 참석할 수 있도록 시간, 장소, 교통수단 등의 세부적인 내용을 신경 써야 하며, 지역주민이 참여할 수 있도록 계속적으로 분위기를 고취시키는 것이 중요하다. 일단 모임이 시작되면 주민이 결정하고 행동할 수 있도록 해야 한다. 앞서 언급하였듯이, 지역조직은 계속적으로 구성원들의 삶에 영향을 미치는 중요한 문제를 해결하기 위해 함께 행동하는 많은 수의 회원 또는 구성원들을 통해서 힘을 표현하는 하나의 구조(structure)다. 따라서 조직가는 구성원이 지역구조를 건설하기 위한 준비위원회나 일할 수 있는 일꾼을 뽑는 것을 도와주어야 하며, 역할을 결정하고 문제 해결을 위한 다양한 전략과 계획을 결정하도록 도와야 한다. 여기서 조직가의 일차적 목적은 지역의 일반 주민이 자신들에게 영향을 미치는 것들에 관한 결정을 할 수 있는 민주적 지역중심의 조직을 건설하는 것이다.

이를 위해 일련의 다양한 대항전술을 사용해서 조직의 지도자와 구성원의 확신감을 건설할 수 있으며, 지역주민의 삶의 질을 개선시킬 수 있는 조직의 능력을 표출하는 것도 하나의 중요한 전략이 될 수 있다. 이 대항전술을 사용하는 과정 동안 지도자를 교육시키고 조직의 전략을 평가하고 재조정할 수 있으며, 또 다른 문제로 이동할 수도 있다. 조직은 다양한 사회서비스 프로그램이나 지역개발 프로그램을 개발 또는 발전시킬 수 있다. 그리고 무엇보다 사회행동적 차원에서 조직화하는 지역조직의 일차적 목표는 지역정치 참여를 확보할 수 있는 지역 힘을 개발하고 발전시키는 것일 수 있다.

(6) 평가

지역에 들어가서 지역주민을 이해하고 그들이 가지고 있는 문제를 효과적으로 해결해 나가기 위해서 조직을 결성하고 나면, 그 조직에 대한 사정, 그리고 조직가가 얼마나 지역이나 주민에 대해서 알고 있는지에 대한 평가가 이루어지게 된다.

2) 지역조직화 기술

지역사회에 개입하여 지역조직을 건설하기 위해서는 다양한 기술을 활용하게 되는데, Hardcastle, Powers와 Wenocur(2004)는 지역조직을 만들기 위해 필요한 조직화 기술로서, 첫째 관계설정, 둘째 지역사회 반영, 셋째 지역사회 인재 활용, 넷째 참여의 범위 확대, 다섯째 책임성의 범위 확대 등을 제안하였다. 각각의 내용을 살펴보면 다음과 같다.

(1) 관계설정

지역주민과 관계를 형성하는 것은 조직건설을 위해 중요하다고 할 수 있는 사람들 사이의 신뢰관계를 형성하는 것을 의미한다. 조직가는 우선적으로 지역주민과 신뢰관계를 구축하여야 하는데, 신뢰는 지역사회 변화를 위한 토대라고 할 수 있다. 따라서 조직화를 위하여 사회복지사는 공식적인 행사뿐만 아니라 모임이나 비공식적 행사 등에 참석하여 지역주민과 시간을 함께하며 주민의 일상생활과 생각 등을 듣고 대화를 주고받는 것이 중요하다.

(2) 지역사회 반영

조직가가 선택한 이슈나 사건 등은 반드시 지역사회나 지역주민의 생각을 반영한 것이어야 한다. 지역사회문제를 해결하기 위해 지역사회의 변화를 위한 지역조직을 건설하는 데 지역사회의 문제를 반영하고 지역주민이 가지고 있는 현안이나 상황을 반영하여야 한다는 것은 현실적으로 지역주민의 관심과 이해를 반영하는 가장 중요한 측면이 있다.

(3) 지역사회 인재 활용

지역사회의 인재를 활용하기 위해서는 다음과 같은 활동이 필요하다. 첫째, 특정 분야에 헌신할 수 있는 사람을 모집한다. 예를 들어, 법안을 잘 아는 변호사나 이슈를 명확히 정리할 수 있는 작가 등 특정 분야의 전문가들에게 문제 해결의 실질적 도움을 받을 수 있다. 둘째, 지역사회정치가를 만난다. 셋째, 친구나 이웃, 가족 등을 활용한다. 넷째, 특정 이슈나 문제를 해결하는 데 대화 이상으로 직접 문제 해결을 위해 행동할 수 있는 집단을 구성한다. 다섯째, 모든 사람을 최선을 다해 존중한다.

(4) 참여의 범위 확대

조직을 건설하기 위하여 조직구성에 참여하는 집단의 내적 관계를 강화하고 지원연결망을 건설하는 것만으로는 부족하다. 조직구성을 위해서는 중요한 행사나 회의 등에 참석하여 외부인들을 조직구성을 위한 집단으로 참여하도록 하는 것이 중요하다. 따라서 사회복지사는 조직건설에 참여할 수 있는 사람들로 구성된 희망목록을 작성하여 접촉하고, 이들이 조직화를 위한 지원세력이나 지원군이 될 수 있도록 노력하여야 한다.

(5) 책임성의 범위 확대

지역사회변화 또는 문제를 해결하기 위하여 조직을 건설하는 데 사회복지사나 조직가는 반드시 어떤 표적집단을 강조할 것이고, 무엇을 성취할 것이며, 어떤 문제 해결에 책임을 가질 것인지를 분명히 하여야 한다. 따라서 지역주민의 문제 해결이라는 지역사회조직의 목적을 성취하는 활동에 보다 응답적이며 책임 있는 조직구성원을 확보하여야 한다는 점이 강조된다.

3) 조직화전략의 핵심적 요소

조직을 건설하여 조직이 설정한 목적을 성취하기 위해서는 당연히 명확하고 분명한 목적이 설정되어 있어야 하고, 목적 성취를 위한 구체적인 행동계획이 있어야 한다. 또한 조직은 목적을 성취하기 위한 성공전략이 필요하다. 구체적으로 목적을 성취하기 위한 조직을 건설하는 데 필요한 핵심적인 요소를 정리하면 다음과 같다(Hardcastle, Powers, & Wenocur, 2004).

- 목적: 지역주민이나 조직구성원이 모두 이해할 수 있고 동의할 수 있는 목적을 설립하는 것이 중요하다.
- 조직적 고려: 일단 지역주민이나 조직가가 조직을 건설하여야 한다는 것을 결정하고 나면 현실적으로 조직구성원의 수나 지원세력, 예산이나 활동기간, 그리고 사무실이나 각종 집기 등과 같은 시설자원 등에 대해 고려하여야 한다. 따라서 조직가는 조직을 구성하고 활동하기 위해 필요한 내적 자원과 외적 자원은 무엇이고, 누가 우리를 도울 것이며, 주어진 시간은 얼마나 되는지 등을 확인하여야 한다(Speeter, 1978).
- 지지자와 반대자: 지지자는 조직구성원은 아니지만 조직의 목적이나 활동에 동의하고 조직이 목적을 성취하였을 때 혜택을 받는 사람들을 의미한다. 따라서 지지자는 조직의 일차적 충성파라고 할 수 있다. 반대자는 조직의 목적이나 활동에 동의하지 않는 사람을 의미한다. 조직의 지지자와 반대자가 누구인지를 명확히 구분하는 것은 조직의 목적을 성취하는 데 매우 중요하다. 따라서 조직가는 반대자의 폭을 좁히고 지지자의 폭을 넓히기 위해 노력하여야 하며, 잠재적 지지자와 잠재적 반대자를 사전에 확인하는 것도 지지와 지원을 위해 필요하다.
- 표적: 표적은 조직이 목적을 성취하기 위해서 반드시 극복하여야 하는 대상을 의미한다. 표적은 반대세력이 될 수도 있고 찬성세력이 될 수도 있기 때문에 정확히 확인되고 선택되어야 한다. 표적을 선택하기 위해 필요한 질문은 다음과 같다(Themba, 1999).
  - 누가 또는 어떤 시설이 문제 해결을 위한 힘 또는 경제적 자원을 가지고 있는가?
  - 실제적으로 힘을 가진 사람에게 영향력을 행사하기 위해서 반드시 우리편으로 만들어야 하는 사람은 누구인가?
  - 잠재적 표적의 약점과 강점은 무엇인가? 어디가 취약한가?
  - 표적은 지명되었는가, 선출되었는가?
  - 표적에게 어떻게 영향 또는 힘을 행사할 것인가?

- 특정 지역사회 이슈나 현안문제에서 그들(표적)의 이익은 무엇인가?

• 전술: 전술은 조직의 목적을 성취하기 위한 구체적인 행동을 의미하며, 대항전술, 캠페인전술, 그리고 제휴전술에 포함되는 다양한 전술이 있다. 조직가는 현실적으로 상황을 판단하여 적절한 전술을 수행하게 된다.

4) 지역조직건설을 위한 사회복지사의 역할

사회복지사는 지역조직을 건설하는 데 지역사회구성원에게 귀속하는 조직을 건설하는 것을 돕는다는 것을 명심해야 한다. 다시 말해, 사회복지사의 목적을 성취하기 위한 조직을 건설하는 것이 아니라 조직구성원의 목적을 성취하기 위해 조직을 건설한다는 것을 의미한다. 조직은 항상 사람을 위해 존재한다.

사회복지사로서의 지도력은 구성원의 수준에 따라 변화할 수 있는 능력, 그리고 상황에 따라 변화할 수 있는 능력이 필요하다. 사회복지사는 지역사회조직 구성원이 기술을 획득하고 점점 더 많은 책임감을 갖게 할 수 있도록 하는 개입의 깊이와 양에서 항상 균형을 추구해야 한다. 원칙적으로, 절대적으로 필요하지 않다면 조직에 직접적으로 개입하는 것은 삼가야 하는데, 이는 구성원의 승리를 자신들의 승리로 바라볼 수 있도록 하는 데 결정적이다. 또한 직접적으로 개입을 삼가는 것이 구성원이 지식이나 기술을 습득하는 데, 그리고 효율적인 조직으로 발전시키기 위해서도 필요하다. 따라서 장막 뒤에서 일하고 구성원을 기술력을 갖춘 지역조직가로 훈련시키는 것이 사회복지사의 중요한 역할이 된다(지은구, 2003).

3. 지역조직과 지역사회복지실천과의 관계

1) 지역조직과 지역사회복지실천모델

지역조직화(community organizing)는 지역사회복지실천을 위한 가장 중요한 실천방법이다. 즉, 지역조직화는 지역사회복지실천을 위해 지역이 안고 있는 문제를 해결할 수 있도록 지역주민이나 집단들을 조직화하는 것이 가장 중요한 요소라는 인식에 기초해서 발전했다. 이는 사회복지사가 지역에 개입하여 지역사회복지실천을 성공적으로 수행하기 위해서 조직에 참여하여야 하고, 지역주민을 조직화하는 것이 중요하다는 것을 의미한다. 따라서 지역조직에 대한 개념은 지역조직이 지역사회로의 개입을 통해 실천활동을 위해서 가장 필수적으로 요구되는 것이 지역사회조직화라는 관점을 가지고 지역조직화를 강조한다.

특히, 사회행동모델에서는 사회운동과 지역운동의 차원에서 지역조직의 중요성을 강조한다. 그리고 무엇보다도 지역조직을 지역사회복지실천과 동일시한다. 이러한 입장에 있는 대표적인 학자로는 Alinsky, Kahn, Rubin과 Rubin, Hardina 등이 있다. 이들은 모두 사회행동모델을 바탕으로 지역실천을 해석하였다고 볼 수 있으며, 사회행동을 위해 조직화하고, 나아가 사회행동을 기초로 하는 지역실천운동이 지역운동과 사회운동으로 확대된다는 기본적 인식을 하고 있다고 볼 수 있다. 하지만 지역조직은 사회행동모델에서만 강조되는 것이 아니라 지역사회개발모델에서도 그 중요성이 강조된다. 사회행동모델과 지역사회개발모델에서 지역조직화에 대한 입장과 배경보다 정확하게는 지역조직화의 내용이 다르다고 할 수 있는데, Gittell과 Vidal(1998)은 사회행동모델에서 강조하는 조직화를 대항조직화로, 그리고 지역사회개발모델에서 강조하는 지역조직화는 합의조직화라고 분류하였다. 그 의미를 살펴보면 다음과 같다.

(1) 사회행동모델에서의 지역조직화: 대항조직화

사회행동모델에서의 조직화는 대항조직화라고 할 수 있다. 사회행동모델에서는 지역조직화가 정치적 역량강화와 연관이 있고, 또한 대항투쟁과 연관이 있다고 바라보며, 지역조직화는 지역주민이 경험하는 차별을 극복하고 경제적 · 사회적 기회를 증진시키기 위해 필요한 강력한 도구임을 강조한다. 따라서 대항조직화는 지역사회를 변화시키고 힘의 불균형관계를 균형관계로 전환시키기 위해서 지역주민을 동원하여 행동으로 나아갈 수 있도록 하는 지역조직건설의 중요성을 강조한다.

대항조직화에서 지역사회 변화는 지역사회운동을 의미하며 운동은 마찰을 의미하기 때문에 지역주민을 통제하는 집단 또는 표적과의 갈등은 피할 수 없으며, 이러한 갈등이나 마찰은 지역조직을 건설하여 극복하는 것이 강조된다 (Alinsky, 1974; Hardcastle, Powers, & Wenocur, 2004). 기본적으로 대항조직화는 현 체계에 대한 도전, 반항, 대항 없이는 힘 없는 집단들, 예를 들어 빈곤집단이 자신들의 통제력이나 영향력을 증진시킨 수 없다는 점을 강조한다. 대항조직화에서 사용하는 전략과 전술은 대항전략과 전술이다. 대항조직화는 지역주민들이 보다 많이 활동적으로 개입할 수 있는 대항적인 이슈에 초점을 맞춘다.

(2) 지역사회개발모델에서의 지역조직화: 합의조직화

지역사회개발모델에서는 지역조직화를 위하여 합의조직화를 활용한다. 합의조직화는 지역사회문제 해결을 위하여 지역사회 안에 있는 모든 집단이 참여하여 동의를 구축하는 제휴전략과 전술을 활용하여 지역조직화를 수행한다. 합의조직화의 목적은 지역사회조직들 사이의 상호 호혜관계를 기반으로 상호 존중하는 지역중심의 조직을 건설하는 것이다. 따라서 합의조직화는 집단들이 가지고 있는 힘이나 자원, 그리고 영향력을 연결하고 결합하는 것을 강조한다. 따라서 합의조직화에서는 Putnam(1995)이 강조한 교량자본과 결합자본의 구축이 중요하다. 힘 있고 자원이 있는 지역주민을 조직화하여 다른 지역주민을 돕게 되면 결국 지역 전체의 역량이 강화되고 문제 해결이 손쉬워지는데, 이는 교량자본과 결합자본으로 구성되는 사회적 자본을 통해서 가능하게 된다.

합의조직화는 지역사회에 내재하는 기존의 통로를 통해 문제를 해결하는 것보다는 새로운 지도력과 조직을 건설함으로써 문제를 해결하는 것을 강조하기 때문에 지역사회에서 광범위하게 지지되고 수용되는 조직을 건설하는 것을 강조한다. 합의조직화는 갈등이 없고 논쟁적이지 않은 모든 참여자가 동의하는 이슈에 초점을 맞춘다. 또한 합의조직화는 긍정적인 연결망을 구축하고 지역주민의 능력을 개발하는 것에 우선권을 두며, 지역주민의 자조를 강조한다. 합의조직화는 우선적으로 불이익을 받은 집단이 지역사회개발 일정에서 더 큰 통제권을 가질 수 있도록 하고, 이미 지역사회개발이 종료된 지역사회와 호혜적 관계를 구축하는 것을 강조한다.

2) Weil과 Gamble의 지역조직모델

Weil과 Gamble(1995)은 지역사회복지실천을 위한 하나의 모델로서 지역조직화를 강조하였다. 즉, 지역조직을 지역사회복지실천을 위해 반드시 실천가들이 수행하여야 하는 당연한 행동의 토대라기보다는 실천가들이 선택할 수 있는 실천모델 중의 하나로 본 것이다. 따라서 그들은 지역사회개발모델, 사회기획모델, 사회행동모델 등과 같이 하나의 실천모델로서 지역조직화를 강조하였다. 따라서 그들에게 조직화는 지역사회복지실천을 위해서, 특히 지역에서의 조직화하는 것을 강조하는 실천모델이다. 물론 지역사회복지실천을 위해 주민과 풀뿌리집단을 조직화하는 것이 무엇보다도 중요한 원리지만, 특히 지역조직을 강조하는 Weil과 Gamble의 실천모델은 다른 실천모델에 비해 조직화를 보다 더 강조하고 있으며, 지역조직을 실천모델로서 바라보는 제한된 시각을 가진다는 특징이 있다.

Weil과 Gamble(1995)은 지역조직의 목적으로, 첫째 삶의 질을 증가시키고, 둘째 인간과 사회 · 경제적 발전을 추구하고, 셋째 서비스와 프로그램을 계획하고, 넷째 서비스를 통합하고, 다섯째 사회 · 정치적 행동을 하며, 여섯째 사회정의를 추구하며, 일곱째 지지활동과 같은 이슈들에 초점을 맞추어야 한다고 하였다.

Weil과 Gamble(1995)이 강조한 실천모델 중에서 조직화를 강조하는 모델은 이웃과 지역조직화모델, 기능적 지역조직화모델의 두 가지 모델이 있다. 이 두 모델은 지역사회복지실천 영역에서 실천을 위한 방법으로서 지역조직을 강조하는 모델들이며, 기본적으로 이 두 모델은 지역사회복지실천을 성공적으로 수행하기 위해 조직을 꾸미는 것이 무엇보다도 중요하다는 인식과 가정을 가지고 있다. 따라서 이 두 지역조직실천모델에서 사회복지사의 중요한 역할은 조직가의 역할이라고 할 수 있다. 두 지역조직실천모델의 내용은 다음과 같다(지은구, 2003).

(1) 이웃과 지역조직화모델: 지역의 문제 등을 다루는 지역적 동네를 대표하는 조직 만들기

이웃과 지역조직화모델은 지리적으로 구분하는 지역과 근린지역 또는 동네에서의 조직화 작업을 강조하는 모델이다. 따라서 지역을 지리적 영역으로서 바라본다. 이웃과 지역조직화모델은 조직화 작업을 통한 과업성취와 능력건설(capacity building)을 강조한다. 일단 지역주민이 조직화 작업에 개입하게 되면 그들은 조직화하는 기술, 문제분석능력, 기획 그리고 지도력을 발전시킬 수 있다고 본다. 또한 지역주민은 조직화 작업으로의 개입이나 참여를 통해 그들의 지역에 있는 경제적 · 사회적 조건을 개선시키는 것과 관련된 일련의 과업들을 성취하는 것을 추구할 수 있으며, 도시나 지역의 기획이나 외적 발전의 방향을 만드는 것과 관련된 과업을 성취하기 위해 노력할 수 있다. 이와 같은 일들을 위해 조직화하는 것은 주민이 자신들의 지역을 강하게 하기 위해, 자신들의 삶의 질을 개선시키기 위해, 그리고 지역에서 기회를 개선시키기 위해 함께 노력할 때 발생한다.

변화를 위한 내적 표적은 사회적 · 정치적 · 물질적 환경에서 필요로 하는 변화를 추구하기 위해 자신들의 조직과 집단을 발전시킬 수 있는 지도력과 능력을 키우는 것이지만, 변화를 위한 외적 목표물은 지역기업이나 지역정부 또는 중앙정부가 되기도 한다.

이 모델에서 사회복지사의 역할은 조직가, 교육가, 교사, 촉진가 등으로 다양하다. 사회복지사들은 처음에 조직화 작업을 위해 개입하여 지역주민과 함께 조직을 만들지만, 그 조직에서 조직원으로 일하면서 다른 조직원들이 필요한 기술을 습득할 수 있도록 도와주기도 한다. 사회복지사는 조직원으로서 회의를 계획하고, 목적을 수립하며, 자원을 확보하고, 전략을 수립 또는 수정하며, 과업과 과정의 노력을 평가하기도 한다. 조직화하는 과정에서 사회복지사는 집단 구성원들이 행동을 위한 이슈를 명확히 하고, 회원을 모집하는 전략을 발전시키며, 사회조사를 위한 기술이나 욕구평가를 위한 기술을 가르치고, 행동을 위한 계획전략을 세우는 등의 일을 돕게 된다.

결론적으로 이웃과 지역조직화모델은 지리적 영역으로서 지역 전체의 정치적 · 사회적 · 물질적 또는 환경문제 등을 포함한 지역주민의 삶의 질을 개선시키기 위한 조직화 작업을 다룬다.

(2) 기능적 지역조직화모델: 지역에 있는 지역적 동네와 상관없이 공통 관심사가 있는 사람을 위한 조직 만들기

기능적 지역을 위한 조직화모델과 이웃과 지역조직화모델의 가장 큰 차이점은 기능적 지역을 위한 조직화모델이 지리적 영역으로서의 지역을 그 대상으로 삼지 않고 지역의 기능적 영역을 대상으로 삼는다는 것에 있다. 지역을 기능적 영역으로 바라보는 것은 지역주민의 이해나 관심에 따라 지역을 조직화하는 것을 의미한다. 지리적으로 한 지역에 거주하는 주민이 동일한 문제에 대해서 대처하기 위해 조직화하는 것도 필요하지만, 현실적으로 지리적으로 같은 지역이라고 규정할 수는 없지만 동일한 이해나 관심을 가지고 있는 사람들을 중심으로 문제를 해결하기 위해 조직화하는 것 역시 필요하다. 사람은 지리적으로 가깝게 살지는 않지만 동일한 문제에 관심을 가질 수 있다. 결국 지역에 대한 상이한 정의에 따라서 조직화하는 대상의 범위가 달라짐을 알 수 있다. 따라서 이웃과 지역조직화모델이 지역을 지리적 의미로 바라보는 대신에 기능적 지역을 위한 조직화모델은 지역을 공통의 관심이나 이해를 가지고 있는 것으로 바라본다는 차이가 있다.

기능적 지역을 위한 조직화모델은 이 모델이 변화의 목표물로 삼은 대상(예, 지방정부의 정책이나 공해를 유발하는 기업 등)들의 정책이나 행동 그리고 태도를 변화시키기 위한 행동을 강조한다. 이러한 행동의 노력으로 이 모델은 사람들이 원하는 서비스가 발전될 수 있으리라는 믿음을 가지고 있다. 기능적 지역의 구성원들은 동일한 이해와 관심을 갖고 있는 집단이기 때문에 정부의 정책이나 제도에 대해 자신들의 문제를 해결하기 위한 새로운 정책이나 제도 등을 요구할 수 있으며, 자신들의 문제를 해결할 수 있는 서비스의 성취를 위해 공동으로 일하게 된다. 예를 들어, 이주노동자는 자신들의 문제를 해결하기 위해 고용허가제도의 도입을 원할 것이며, 베트남전쟁 참전으로 고엽제문제를 가지고 있는 사람은 자신들의 문제를 해결하기 위한 정부의 적절한 보상과 치료를 원할 것이다. 자신들의 문제에 대한 지식을 증진시킴으로써, 지도력을 발전시킴으로써 그들은 그들의 내적 능력을 건설할 수 있다. 조직구성원들은 일차적으로 특정한 문제에 의해 직접적으로 영향을 받고 있는 사람들이며, 또한 직접적으로 영향을 받지는 않았지만 문제를 해결하기 위한 집단의 목적에 동의하여 집단을 지원하는 사람들로 구성된다. 따라서 일차적으로 조직구성원들은 같은 마음을 공유하는 사람들이다. 조직이나 집단을 위한 지지활동은 교육이나 조사, 대중행동, 정책개발, 서비스 개발, 로비 등을 들 수 있다.

이 모델에서 사회복지사들의 역할은 조직가나 촉진가로서 회원을 모집하고 문제를 정의하고, 지지전략과 전술을 결정하는 등의 활동을 통해서 집단을 돕는 것이다. 또한 사회복지사는 그들의 문제를 분석하고, 평가하고 조사하는 기술들을 가르칠 수 있으며, 의사결정과 기술들을 개발함으로써 도움을 줄 수 있다. 또한 지리적으로 회원 또는 구성원들이 떨어져 있는 경우가 있기 때문에 회원지나 소식지 등을 통한 홍보나 알림 등의 일들을 돕거나 행하여야 한다. 기능적 지역을 위한 조직화모델은 문제나 이슈의 중요성을 교육하고 명확하게 하는 능력이 중요하며, 조직의 지도자는 그들 조직의 목적이나 노력들이 보도나 신문 등을 통해서 알려지도록 노력해야 하는 것도 중요하다.

결론적으로 기능적 지역을 위한 조직화모델은 지역적으로는 떨어져 있지만 공통된 관심이나 이해관계 등에 의한 조직화 작업을 의미한다. 따라서 넓은 의미에서의 지역을 정의하며, 지역을 사람이 공통의 관심과 공통의 이슈들을 가지는 것으로 바라본다.

12

옹호와 임파워먼트

1. 옹 호

1) 옹호의 개념

클라이언트에 대한 옹호는 역사적으로 사회복지직의 핵심이 되어 왔다. 사회복지사는 개인, 가족, 집단, 조직이나 지역사회를 포함하는 클라이언트를 대신하여 다양한 수준에서 옹호활동에 관여하게 되는데(Mickelson, 1995), 이러한 활동은 사회복지직을 다른 원조전문직과 구별시켜 줄 수 있는 활동이라고 할 수 있다(Kaminsky & Walmsley, 1995). 최근에는 사회정의에 대한 사회복지사의 정치적인 역할이 강조됨에 따라 옹호노력은 계속해서 정교해지고 세련된 형태로 변화하고 있다(Mickelson, 1995).

일반적으로 옹호란 다른 대상의 권리를 대변하고 지지하고 방어해 주는 활동을 말한다. 다시 말하면, 옹호란 다른 대상을 임파워먼트(혹은 역량강화)하는 활동과도 관련이 있다(Barker, 1995). 사회복지 분야에서의 옹호는 사회정의를 확보하고 유지하기 위하여 하나 혹은 그 이상의 개인, 집단, 지역사회를 대신하여 일련의 행동방침을 직접 대변하고 방어하고 개입하고 지지하거나 권고하는 행동이라고 정의할 수 있다(Mickelson, 1995). 옹호의 개념은 매우 다양한 의미로 사용되고 있는데, Schneider와 Lester(2001)는 다양한 문헌을 검토하여 90개 이상의 옹호 개념을 분석하여 옹호의 핵심차원을 11가지로 분류하였다. 〈표 12-1〉은 옹호 개념의 11가지 핵심차원과 그 의미를 제시한 것이다.

표 12-1 옹호의 11가지 핵심차원과 의미

핵심차원	의미
대신하여 말하거나 변호하기	다른 사람이나 이슈를 대신해서 말하거나 글을 쓰거나 추천하거나 지지하거나 변호하는 것
다른 사람을 대표하기	의사결정자나 당국을 향해 스스로를 혹은 어떤 개인이나 집단을 대표하는 것
조치 취하기	수행하기, 방안 강구하기, 행동하기, 반응하기, 진행시키기, 시작하기, 행동에 옮기기와 관련이 있음
변화 촉진하기	클라이언트나 집단을 대신하여 사회나 지역사회 내에서 상황을 변화시키는 것
권리와 혜택에 접근하기	클라이언트가 합법적으로 자격이 있는 서비스, 권한, 혜택, 권리에 대하여 클라이언트의 접근을 촉진하는 것
동지로서의 역할	개인이나 집단의 동지, 열광적인 옹호자나 지지자의 역할
영향력과 정치적 기술 보여 주기	당국이나 결정권자에게 영향을 미치려는 정치적 과정이나 시도
사회정의 보장하기	사회정의를 보장하거나 유지할 목적으로 행동방침을 직접 방어함
클라이언트 역량강화하기	개인이나 지역사회가 그들의 운명을 지배할 수 있도록 조장하여 역량을 강화하는 것
클라이언트와 동일시하기	클라이언트와 분명히 그리고 의도적으로 동일시하는 것
법적 기반 사용하기	클라이언트의 실질적인 권리를 보호하는 것은 법적인 과정을 필요로 함

출처: Schneider & Lester(2001), pp. 59-64를 요약 · 정리하였음.

2) 옹호의 범위와 유형

옹호는 사회복지직의 근본적인 요소이지만, 옹호활동은 거시적 실천 분야에 더 집중되어 있고 실행 가능하기 때문에 일반적으로 거시적 실천의 요소로 간주된다. 그러나 옹호활동은 거시적 실천뿐만 아니라 미시적 실천에서도 이루어진다(Mickelson, 1995). 사회복지사는 다양한 무대에서 옹호활동을 수행할 수 있는데, [그림 12-1]은 그중 몇 가지 경우를 예시하고 있다.

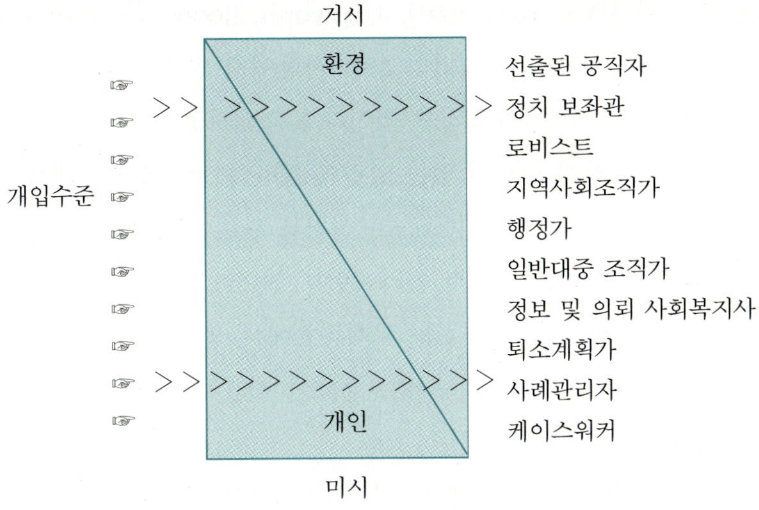

[그림 12-1] 옹호활동에서의 사회복지사의 역할

출처: Mickelson(1995), p. 97.

사회복지실천에서처럼 일반적으로 옹호활동은 미시적 차원과 거시적 차원으로 구분할 수 있다. 사례옹호(case advocacy)는 미시적 차원의 옹호활동에 해당하고, 명분 혹은 계층옹호(cause or class advocacy)는 거시적 차원의 옹호활동에 해당된다(Kirst-Ashman & Hull, 2006; Mickelson, 1995).

사례옹호(case advocacy)란 개별 사례나 개별 클라이언트들을 대신해서 옹호하는 것을 의미하며, 주로 개인이나 가족과 함께 일하는 미시(micro) 혹은 중시(mezzo) 실천과 관련이 있다(Kirst-Ashman & Hull, 2006). 사회복지 분야에서 사례옹호는 다른 대상이 필요로 하는 서비스, 자원, 자격을 가지도록 원조하는 것을 의미한다(Friesen & Poertner, 1995). 또한 클라이언트를 대변하는 것은 클라이언트로 하여금 스스로를 대변하고 옹호할 수 있도록 학습하게 하기 때문에 사례옹호는 임파워먼트 실천과 보조를 맞춘다. 이러한 옹호활동의 대표적인 사례로는, 개인이나 가족 혹은 소집단이 서비스 수혜 자격은 있으나 특정기관으로부터 서비스를 받지 못하는 경우 이러한 문제를 해결하려는 노력에 해당된다. 미시적 차원의 실천이건 거시적 차원의 실천이건 사회복지사의 옹호활동의 일차적 대상은 주로 개인에게 해당되므로 옹호활동은 사례옹호에서 시작되어야 한다(조휘일, 2003).

계층 혹은 명분옹호(class or cause advocacy)는 특정 클라이언트 집단에 불리한 영향을 미치는 이슈들을 중심으로 사회정책을 통하여 환경을 바꾸기 위한 개입활동을 의미한다(Mickelson, 1995). Hepworth, Rooney와 Larsen(1997)은 계층옹호를 구체적인 계층이나 집단의 모든 사람에게 영향을 미치는 정책, 실천, 법을 변화시키기 위하여 노력하는 것이라고 정의하였다. 스스로를 옹호할 자원, 재능이나 기술 등의 능력이 없는 일련의 클라이언트 집단을 대신하여 활동하는 명분옹호활동은 특히 거시(macro) 실천과 관련이 있다. 이러한 옹호활동은 특정 클라이언트 또는 잠재적 클라이언트 집단에 전체적으로 영향을 줄 수 있다는 것을 전제한다. 명분옹호는 사례옹호에서 생겨나는데, 다수의 클라이언트들이 같은 문제를 경험한다면 명분옹호가 필요하게 된다(Kirst-Ashman & Hull, 2006).

사례옹호활동은 클라이언트와 환경 간의 상호작용을 대상으로 하는 반면, 명분옹호활동은 사회정책을 통해서 환경을 바꾸기 위한 개입활동을 의미한다. 사회복지의 배경을 고려할 때 환경이나 개인 중에서 어느 쪽에 보다 역점을 두어야 할 것인가를 결정하려면, 우선 개인-환경 간의 패러다임에서 어느 수준에서 개입할 것인지 결정하여야 한다. 예를 들어, 정치적 지원을 위한 옹호활동은 개인의 문제에서보다 환경적인 문제를 다루는 데 보다 효과적인 반면, 사례관리자의 개입활동은 환경적이라기보다는 개인적인 성격을 갖는다(Mickelson, 1995).

'환경 내의 인간' 관점에서 볼 때, 옹호활동은 다양한 수준에서 개입이 필요하고 다양한 형태의 옹호노력이 필요하다. 사회복지사가 환경 및 개인에 대한 옹호활동을 수행하기 위해서는 개입수준에 상관없이 미시적 · 거시적 실천기술 모두를 사용할 필요가 있으며, 클라이언트에 대한 옹호활동이 효과적으로 수행되기 위해서는 미시적 차원과 거시적 차원의 옹호활동이 밀접하게 관련되어 있음을 이해하여야 한다. 특히 사회정책을 변화시키는 것은 많은 시간을 필요로 하는데, 계층옹호활동이 사회변화를 이끌어 내기 위해서는 사회정책이 개별 클라이언트에게 어떤 영향을 미치는지를 분명히 인식할 수 있는 자료를 사례옹호활동에서 확보하여야 한다. 한편, 미시적 차원에서 활동하는 사회복지사가 동시에 사회적 변화를 달성하기 위한 활동을 수행할 수 있는 시간을 확보하기는 용이하지 않으므로 사회정의를 위하여 활동하는 거시적 차원의 사회복지사에게 의존할 필요가 있다. 사례옹호활동 및 계층옹호활동은 이렇게 밀접한 연관성을 가지고 있다. 무엇보다도 지역사회조직, 개별사회사업, 사회복지행정, 정치활동 등 개입활동의 형태에 상관없이 어떤 수준의 옹호활동에나 아주 필수적인 자원은 정보라고 할 수 있다(Mickelson, 1995).

3) 옹호의 가치와 한계점

각국의 사회복지사윤리강령은 옹호활동을 사회복지사의 주요 임무라고 직·간접적으로 언급하고 있는데, 이는 사회복지직이 모든 인간의 가치와 존엄성을 존중하는 전통에서 기인한다. 2001년에 개정된 「한국사회복지사윤리강령」에는 몇 개의 항에 걸쳐 사회복지사의 옹호활동에 대하여 분명히 밝히고 있다(http://www.welfare.net). 예를 들어, 클라이언트에 대한 윤리기준에서 "사회복지사는 클라이언트의 권익옹호를 최우선의 가치로 삼고 행동한다."라고 명시하고 있다. 사회에 대한 윤리기준에서는 "사회복지사는 인권존중과 인간평등을 위해 헌신해야 하며, 사회적 약자를 옹호하고 대변하는 일을 주도해야 한다."라고 명시하고 있고, "사회복지사는 사회환경을 개선하고 사회정의를 증진시키기 위한 사회정책의 수립·발전·입법·집행을 요구하고 옹호해야 한다."라고 명시하고 있다. 그뿐만 아니라 미국의 사회복지사윤리강령의 전문에도 옹호활동은 사회복지사의 기본적인 의무사항임을 명시하고 있다(http://www.socialworkers.org).

옹호는 사회복지직의 가치와 일맥상통한다고 볼 수 있다. 옹호는 사회복지 분야에서 오랜 전통을 가지고 있으나, 사회복지사는 차별받거나 위기에 처한 사람들에 대한 옹호가 논쟁을 불러일으킬 소지가 있으므로 이런 수단의 사용을 꺼리는 경향이 있다(Kirst-Ashman & Hull, 2006). 그러나 거시적 차원의 옹호는 위기상황에 대처하기보다는 핵심문제를 공략할 수 있다는 장점이 있다. 즉, 사회복지사가 위기상황에 단순히 대처만 하는 것이 아니라 문제를 직접 해결함으로써 사회복지사는 참여감을 느낄 수 있다. 또한 옹호는 클라이언트들이 자신의 문제를 해결할 수 있도록 역량강화하여 그들로 하여금 개인적 기술과 효능감을 개발하게 할 수 있다(Kirst-Ashman & Hull, 2006).

그러나 사회복지사가 옹호활동을 수행하는 데 한계 또한 존재한다. 옹호의 효과성을 저해하는 요인은 다음과 같다(Kirst-Ashman & Hull, 2006). 첫째, 인간적·사회적 문제는 본래 거대한 변화를 허용하지 않으려 한다는 점이다. 둘째, 어떤 과업의 경우는 변화의 분위기와 상황이 무르익지 않아서 지금 당장은 성취될 수 없다는 한계점이 있다. 셋째, 당면한 문제를 다루는 방법에 대한 지식과 용기가 부족하다는 점이다. 무관심은 억압에 대항하거나 경제 · 사회정의를 추구하는 데 가장 위험한 요소라고 할 수 있다.

4) 옹호의 실천 절차[1)]

Schneider와 Lester(2001)는 옹호의 실천 절차를 이슈 확인하기와 목표 정하기, 사실에 대한 자료수집하기, 전략과 전술 계획하기, 지도력 발휘하기, 의사결정권자 및 그 직원들과 가까워지기, 지지기반 확대하기, 끈기 있게 노력하기, 옹호노력 평가하기라는 8단계로 설명하고 있다.

(1) 이슈 확인하기와 목표 정하기

이슈 확인하기와 목표 정하기 단계에서는 클라이언트의 문제에 대한 전략회의 등을 통하여 현재의 이슈가 무엇인지를 명백히 설명할 수 있어야 한다. 사람들은 같은 사안에 대해서 동일하게 해석하지 않고 다양하게 해석하는 경우가 많다. 따라서 하나의 사건이나 문제를 개인적으로 해석하게 되면, 거기에는 분명히 의견이 분분하게 될 것이다. 이슈란 논쟁하고 있는 실질적인 사안을 의미한다(Kutchins & Kutchins, 1978). 즉, 상당수의 사람들에게 영향을 미치는 중대한 사안이나 문제를 말한다. 사례회의를 통해 현재 가장 중요한 이슈가 무엇인지에 대하여 사회복지사들 간에 동의가 이루어져야 한다. 하나의 사례에 대해서도 취약계층의 안전, 업무 과부담, 훈련, 인간의 존엄성 등 다양한 이슈를 발견할 수 있는데, 이런 다양한 사안 중에서도 해결해야 할 가장 중대한 이슈가 무엇인지 결정하여야 하며, 그렇게 하지 못한다면 해결방안을 찾아내기 어렵다. 따라서 옹호에 참여하는 참여자들은 클라이언트가 당면한 이슈를 찾아내고 명백히 설명하려는 노력이 필요하다.

옹호활동에의 참여자들이 이슈를 잘 이해하거나 수용하게 되면, 무엇을 달성하고자 하는지 옹호의 목표를 정할 필요가 있다. 목표란 성취하고자 하는 바이자, 옹호노력이 지향하는 바다. 목표에는 장기목표, 중간목표, 단기목표가 있다. 장기목표는 옹호집단이 바라는 궁극적 혹은 최후의 변화나 성과를 말한다. 중간목표는 구체적인 캠페인을 통하여 옹호집단이 성취하고자 하는 성과나

1) 이 내용은 주로 Schneider & Lester(2001)를 참고하였음. 그 외의 참고문헌은 해당되는 곳에 제시함.

변화를 의미한다. 단기목표는 중간목표를 달성하기 위한 도중의 조치를 말하며, 다음과 같은 두 가지 필수조건을 허용하는 구체적인 행동이나 성과다. 첫째 조건은 참가자들의 사기앙양을 위한 캠페인 기간 중의 작은 승리들이고, 둘째 조건은 옹호집단이 권력기반을 확보할 시간이다. 목표에 대한 설정 없이는 대부분의 옹호노력은 성공을 위해 요구되는 자원이나 전략을 어떻게 찾아내고 진행시켜 나아가야 할지 명확하게 초점을 맞추기가 어려우므로 구체적이고 명확한 목표 설정이 무엇보다 중요하다.

(2) 사실에 대한 자료수집하기

지역사회 지도자, 입법자, 기관 직원, 슈퍼바이저, 자금원, 관료 혹은 기타 주요 인물들에게 영향력을 행사하기 위하여 옹호자는 변화의 필요성을 알리거나 이슈 처리를 위한 논리적 근거를 지지하는 사실을 동원해야 한다. 옹호자는 검토 중인 사안에 대한 전문가가 될 필요가 있다. 이런 지식으로 무장했을 때, 옹호자는 다른 사람, 대중매체, 반대편에 그 이슈에 대하여 적극적으로 제시할 수 있고, 그 이슈의 현실적인 이해에 근거한 전략과 전술을 제안할 수 있다.

각 이슈는 조사를 필요로 하고, 옹호자는 다양한 원천으로부터 사실에 관한 정보를 수집할 필요가 있다. 정보에는 두 가지 종류가 있다. 첫째, 사회나 지역사회에 관한 광범위한 경향에 관한 정보는 이슈에 대한 배경지식의 역할을 한다. 이러한 종류의 정보에는 문화적 다양성, 세계경제, 사회정의 이슈, 정보기술, 교육수준이나 노령화 인구, 가정해체, 보건의료서비스 개혁, 여성인력 등과 같은 인구통계학적 자료가 있다. 둘째, 옹호자는 이슈 자체에 대한 구체적인 정보를 수집할 필요가 있다. 예를 들어, 검토 중인 이슈와 관련이 있는 다양한 정보들, 즉 사실, 일람표, 그래프, 성명서, 사례들, 조사, 선례, 욕구조사, 보고서, 통계자료, 재정보고서, 설문조사 결과나 기타 문서가 포함된다. 옹호자가 직접 설문조사를 실시하여 해당 이슈에 대한 구체적인 정보를 생산할 수 있지만, 대중이 활용할 수 있는 거대한 양의 정보가 이미 존재하므로 기존의 자료를 활용할 수도 있다. 예를 들어, 중앙정부, 광역시 및 시·도 자치단체들, 도서관, 사회과학 데이터베이스, 인터넷, 각종 국립협회와 부속기관, 대학, 해당 이슈에 전문성을 가진 교수, 공동모금회, 시·군의 기획부서, 통계청, 보건의료사회서비스 기관 기록, 법원 기록, 대중매체 등 다양한 자료원이 있다.

(3) 전략과 전술 계획하기

효과적인 옹호자들은 해당 이슈에 대한 목표를 달성하기 위하여 적절한 전략과 전술을 선택한다. 일단 사실에 대한 정보를 수집한 후에는 옹호자들은 그들이 바라는 것을 어떻게 성취할 것인지 결정하여야 한다. 개인 혹은 집단 옹호자들은 상대편이 그들의 마음을 바꾸도록 어떻게 설득할 것인지, 입법정책을 지지하거나 수정하도록 어떻게 설득할 것인지, 지역사회 규정을 변경하도록 어떻게 설득할 것인지 결정하여야 한다. 궁극적으로 옹호자들은 어떤 조치를 취할 것인지, 어떻게 상대편이 그들의 행동, 가치, 태도나 입장을 바꿀 수 있도록 어려운 과업을 수행할 것인지에 대하여 합의하여야 한다. 즉, 원하는 변화를 달성하기 위하여 옹호자는 어떻게 접근할 것인지에 대한 계획(전략)과 구체적인 활동이나 과업(전술)에 대하여 진지하게 고민하여야 한다.

옹호노력에서 사용할 수 있는 전략에는 협력(collaboration), 캠페인(campaign), 대항(contest)이라는 세 가지 전략이 있으며, 옹호자가 직면한 상대측의 특성에 따라 어떤 전략을 사용할지 결정하여야 한다.

첫째, 협력전략은 다음과 같은 특성을 가진 개인이나 집단을 상대로 둔 경우에 사용하면 성공할 가능성이 높다. 즉, 더 많은 정보를 필요로 하는 경우, 해당 이슈에 대하여 생소한 경우, 옹호자와 기본적인 가치를 공유하는 경우, 많은 사안에 대하여 대부분 동의하는 경우, 유사한 이슈에 대하여 대개 협력적인 경우다. 이런 경우에는 대립 정도가 매우 심하지 않고, 상대측과 권력이 동일하며, 옹호자와 상대측 간에 공통의 유대관계가 형성되어 있다. 옹호자는 정보를 공유하고 합리적이거나 경험적인 자료로 상대측을 교육하려고 한다. 두 집단 간의 의사소통이 개방되어 있고, 솔직한 경우가 많으며, 문제 해결이 공동으로 이루어지고 과업은 공평하게 공유된다. 이 전략에서는 상호 호혜적인 목적을 위하여 위원회나 특별전문위원회가 형성되기도 한다. 협력의 정신으로 옹호자와 상대측은 종종 주요한 차이에 대한 해결방법을 타협하고 협상하기도 한다. 공동의 노력이 이루어진 후에는 양측에 수용할 만한 타협에 이르기도 한다.

둘째, 캠페인전략은 상대측이 다음과 같은 특성을 가진 경우에 사용된다. 해당 이슈에 대하여 상대측이 중립적이고 무관심하거나 무감각한 경우, 옹호자와 공통된 정서를 일부 공유하는 경우, 옹호자에게 대부분 동의하지 않는 경우, 의심 많은 태도를 가진 경우, 성과에 거의 투자하지 않는 경우, 혹은 옹호자와 이전에 경쟁한 개인이나 집단을 상대로 둔 경우에 효과적으로 사용할 수 있다. 대립 정도 면에서 보면, 협력전략보다 의견 차이가 크고, 공유 가치가 적고, 태도의 차이가 있고, 거리를 두고 냉담한 관계인 경우가 많다. 옹호자는 상대측의 자연스러운 이해관계에 호소할 수 있고, 제안된 변화가 이런 이해관계에 도움이 될 것이라고 설명할 수 있다. 캠페인전략은 논리, 정서, 이기심에 호소함으로써 상대편을 설득하는 방법이다. 이 전략은 교육에 의존하지만, 엄격하게 합리적이고 경험적인 교육에 의존하는 것은 아니다. 이 전략을 사용하는 옹호자는 때로 협상과 교섭을 하기도 하고 정치적 계략을 사용하기도 한다.

셋째, 대항전략은 해당 이슈에 대하여 명백히 상대측과 의견이 일치하지 않는 경우, 적대적인 경우, 경청하려고 하지 않는 경우, 지지하지 않는 경우, 옹호자와 공통의 의견이나 이해를 한다고 하더라도 거의 공유하지 않는 경우, 권력을 거의 공유하려고 하지 않는 경우, 기존 이익을 보호하려는 경우, 혹은 옹호자와 공개적으로 갈등상황에 있는 경우에 효과적이다. 대립 정도는 분명히 매우 높고, 비지지적이며, 공통관계가 거의 없으며, 종종 적대감을 보이기도 한다. 옹호자들은 믿음이나 가치보다는 행동을 변화시키고자 하며, 정치적 혹은 일반대중의 압력을 사용하고, 상대편의 입장에 대해 공적인 대결을 하고자 하고, 기존 법률에 순응할 것을 강요하며, 권력을 행사한다. 때로 옹호자들은 비협조적이고, 상대편을 괴롭히기도 하고, 보이콧이나 제재조치를 행사하기도 하고, 규범적인 행동을 저버리기도 하고, 법률상의 규범을 어기기도 한다. 어떤 대항전략은 옹호자와 클라이언트에게 위험이 따를 수 있으므로 그런 고위험 전략을 수행하기 전에 옹호자와 클라이언트 간에 고지된 동의가 있어야 한다.

전술은 전반적인 전략을 수행하기 위해 취하는 활동의 단계다. 전술은 일상의 행동이다. 제안된 변화를 받아들이는 확률이 증가하도록 고안된 도구, 기술, 반응이다. 〈표 12-2〉는 각 전략에 따른 구체적인 옹호전술방법을 제시하고 있다.

(4) 지도력 발휘하기

효과적인 옹호활동을 위해서는 효과적인 지도력이 필요하다. 예를 들어, 시의회가 건물에 대한 투자보다는 특정 사회복지서비스에 재정을 지원하도록 설득하기 위하여 연합을 형성하는 경우, 옹호자는 지도자로서 지도력을 발휘할 수 있다. 다음의 원칙은 지도력을 발휘하기 위한 기초적인 방법이다.

표 12-2 전략에 따른 구체적인 옹호 전술방법

전략 유형	구체적인 전술방법
협력전략	• 연구수행 및 해당 이슈 검토 • 간단한 보고서 및 대안 계획서 개발 • 특별전문위원회와 분과위원회 창설 • 워크숍 실시 • 상대편과 규칙적인 의사소통
캠페인전략	• 의사결정권자 로비 • 일반대중 교육 • 대중매체와 협력 • 편지쓰기, 캠페인 조직 • 기관과 의사결정권자 모니터링 • 새로운 의원 선출 고려 • 상대편의 동맹들과 의사소통 확립
대항전략	• 협상자나 조정자 모색 • 대규모 시위 조직 • 보이콧, 피케팅, 동맹파업, 탄원운동 조정 • 입법행동 개시 • 시민불복종과 수동적 저항조직 • 미디어에 폭로 준비

출처: Schneider & Lester(2001), p. 129를 재구성함.

- 비전을 분명하게 표현하라: 성공적인 지도자는 집단이 다양한 이슈에 따라 방황하지 않도록 하고 그 집단이 달성할 수 있는 것에 대한 비전을 제시할 수 있어야 한다. 이 비전은 종종 그 집단의 존재에 대한 근본적 이유에서 발견된다.
- 모든 지도자는 추종자를 필요로 한다는 것을 기억하라: 지도자는 옹호노력을 수행하는 구성원들의 관심에 귀 기울여야 한다. 사회복지옹호는 상호 의존의 개념을 내포한다. 지도자는 자신의 관점을 될 수 있는 대로 설득력 있게 표현하고 언제 참여자들이 지도자의 의견에 동의하지 않는지를 인식하여야 한다.
- 과업중심활동과 유지활동 간에 균형을 맞추어라: 어떤 집단이라도 구성원을 행복하게 하고 임무를 수행하는 것이 중요하다. 효과적인 지도자들은 지도자의 이러한 이중적인 역할을 인식하고 두 가지 목표를 촉진하기 위한 방법을 의도적으로 계획한다. 이를 위해 지도자는 과업중심활동과 유지활동

을 동시에 하여야 한다. 과업중심활동에는 회의안건 준비, 제한된 시간 내에서 토론 인도, 회의록 작성, 정시 시작과 마무리, 대안계획 제안, 정보 요약과 토론 명확화, 토론 전에 핵심정보 배포, 분과위원회 조직 등이 포함된다. 그리고 유지활동에는 구성원 환대 및 소개, 구성원의 의견과 조언에 대한 적극적인 경청, 전체 구성원 참여 확인, 소극적인 구성원을 찾아내어 그들의 의견 묻기, 연설자들에 대한 긍정적인 피드백 제공하기, 구성원의 기여에 사의 표명하기, 성공적인 노력과 기여 인식하기, 회의에서 음식 제공하기, 참여자의 사기 진작을 위한 작은 성공 계획하기 등이 포함된다.

- 적극적이고 자신감을 가져라: 지도력이 반드시 소란스럽거나 시끄럽지는 않지만, 소극적인 것과도 관련은 없다. 옹호노력의 방향을 안내하는 데 지도자가 적극적으로 참여하지 않는다면, 참여자들은 최소한의 역할만을 수행할 것이다. 지도자가 의견이나 설명을 적극적으로 제시한다면, 그 집단의 옹호활동의 극대화에도 기여할 수 있을 것이다.

(5) 의사결정권자 및 그 직원들과 가까워지기

효과적인 옹호자가 되기 위해서는 해당 사안에 대한 의사결정권자 및 그 직원들과의 관계를 계발하고 친밀해지려는 노력을 한다. 의사결정권자들은 옹호집단이나 개인의 제안을 허가하거나 불허하는 데 공식적인 책임을 지고 있는 경우가 많기 때문에 이런 권력보유자들과의 의사소통은 매우 중요하다. 옹호자는 대화를 통하여 의사결정권자들에 대한 접근성을 향상시키고 그들에게 어떤 욕구가 있는지, 어떤 정보가 그들에게 중요한지 파악하여야 한다. 물론 이러한 노력은 상당한 시간을 요하기도 한다.

(6) 지지기반 확대하기

효과적인 옹호자가 되기 위해서는 연합을 형성하는 데 참여하고 공통의 가치와 목표를 공유하는 다른 사람들과 제휴하여야 한다. 연합은 공통의 목표를 위해 상호 협력하는 조직들의 조직화라고 정의된다(Bobo, Kendall, & Max, 1996). 대부분의 연합은 한 조직이 혼자 힘으로 할 수 없는 무언가를 달성하는 데 필요한 권력을 확립하기 위해 형성된다. 연합형성은 지역사회나 입법환경에서뿐만 아니라 클라이언트에 대한 옹호나 일대일의 상황에서도 유용하다. 옹호활동을 하는 데 있어서 연합의 강점과 약점은 〈표 12-3〉과 같다.

표 12-3 연합의 강점과 약점

강점	약점
• 해당 이슈에 관여하는 조직과 사람들의 수를 극대화시킴 • 유사한 기관들이 의사결정권자 앞에서 모순된 성명을 내는 상황을 피함 • 해당 이슈에 대하여 하나 이상의 관점을 표현함 • 해당 이슈에 대한 자료나 법률수집과 분석의 업무량을 공유함 • 난잡한 접근에 의존하기보다는 일반대중 활동을 통합함 • 공통의 목표를 추구하여 제한된 자원이 확대됨 • 해당 이슈와 각 옹호집단의 가시성과 사회적 지위가 향상됨 • 지속적인 권력기반을 확립함 • 각 기관들이 큰 집단의 일부분으로 옹호활동에 참여하므로 보다 안전하게 느낌	• 대부분의 조직이 조직 간 협동에 최소한의 자원만을 투입함 • 연합의 이슈가 기관의 주요 이슈가 아니라면 기관의 시간과 에너지를 연합의 이슈에 집중하지 않음 • 연합에 참여한 약자들은 헌신할 수 없게 되므로 다른 구성원들이 좌절을 경험하게 됨 • 협력기관들 간의 다양성이 클수록 연합이 분열될 수 있음

출처: Schneider & Lester(2001), pp. 139-141을 요약 · 정리하였음.

(7) 끈기 있게 노력하기

옹호자는 옹호과정에서 끈질긴 노력을 감수할 결심을 하여야 한다. 예를 들어, 불경기, 세금삭감, 정쟁, 단기적 위기 등의 외부상황이 옹호자의 옹호활동을 방해할 때, 옹호자가 선택할 수 있는 방안은 포기하거나 혹은 계속하는 것이다. 옹호자는 인내야말로 성공의 근본적인 덕목이라는 것을 이해하는 것이 중요하며, 한 명의 클라이언트를 대신하여 옹호에 성공하는 것은 유사한 상황의 다른 많은 클라이언트의 삶을 향상시킬 것이라는 것 또한 인식할 필요가 있다. 정책이나 법을 변화시키기 위해 3년, 5년, 7년 혹은 그 이상의 기간 동안 다양한 옹호시도를 반복한 후에 옹호의 결과가 성공적으로 나타나는 사례가 아주 많다.

(8) 옹호노력 평가하기

효과적인 사회복지 옹호를 위해서 옹호자는 옹호노력의 유용성과 성과를 정기적으로 평가하여야 한다. 옹호 프로그램의 평가가 필요한 가장 중요한 이유는 무엇이 성취되었는지, 그리고 옹호과정이 얼마나 잘 진행되고 있는지를 파악하기 위함이다. 그 외에도 평가활동은 책임성을 명확히 하고, 조직의 관리 차원의 효과성에 대한 관점을 제공하며, 직원으로 하여금 미래에 대한 계획을 세울 수 있도록 과거 노력을 검토하게 한다. 또한 옹호노력에 대한 평가결과는 종종 자금원과 공유되기도 하며, 평가정보는 다양한 포럼에서 증거자료로 효과적으로 사용될 수 있고, 지역사회의 위원회, 직원, 자원봉사자, 주요 정보제공자를 교육시키기 위하여 사용될 수 있다.

Taylor(1987)는 옹호 프로그램을 평가하는 포괄적인 모델을 개발하였는데, 옹호 프로그램의 토대는 조직에 의해 수립된 포괄적인 목적과 목표에 뿌리를 두고 있다. 이 전체적인 목적과 목표는 조직의 사명, 헌장, 목적으로부터 유래(1단계) → 옹호 프로그램의 목적과 목표는 조직의 사명, 목적, 목표로부터 나옴(2단계) → 평가과정은 옹호 프로그램의 목적과 목표를 고찰함으로써 시작(3단계) → 그 업무가 얼마나 능숙하게 혹은 서툴게 수행되는지 검토(4단계) → 목적과 목표가 어느 정도 만족되었는지 검토한다(5단계).

[그림 12-2]는 옹호의 과정을 제시하고 있다.

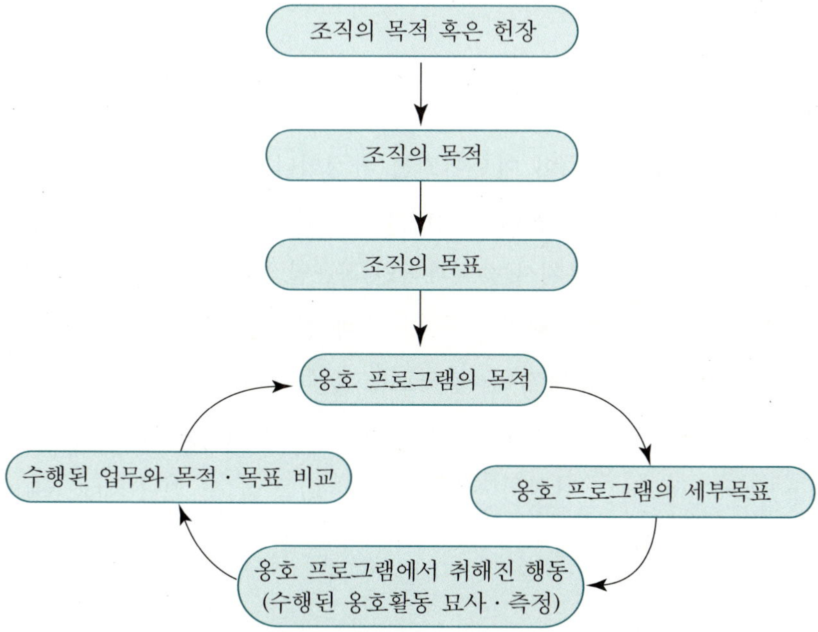

[그림 12-2] 옹호의 과정

출처: Taylor(1987), p. 125.

사회복지옹호에서 사용될 수 있는 평가로는 과정측정(process measures), 성과측정(outcome measures), 영향측정(impact measures)이 있다. 먼저 과정중심목표는 옹호노력이 얼마나 효과적으로 진행되는지에 관한 정보를 제공한다. 예를 들어, 일이 순조롭게 진행되고 있는지, 직원이 충분한지, 자원이 충분한지, 의사소통이 효과적인지, 지역사회 내에서 지지되고 있는지, 지도력은 적절한지, 다른 집단이 현물 지원을 하고 있는지, 구성원은 집단과정에 만족하는지, 중대한 행사기간에 어떤 일이 발생했는지 등에 대한 질문이 이 과정측정에 해당된다. 다음으로 성과중심목표는 옹호 프로그램이 성취한 구체적인 성취나 업적에 관한 정보와 관련이 있다. 예를 들어, 제공된 서비스의 종류나 빈도, 지역사회나 집단의 활동들, 프로그램의 변화, 서비스에 대한 접근성, 시간 경과에 따라 충족된 목표의 수 등이 성과측정에 해당된다. 마지막으로 영향중심목표는 옹호 프로그램이 산출한 궁극적인 효과성이나 실제상의 변화에 관한 정보를 제공한다. 예를 들어, 개인의 행동이 변화하였는지, 10대의 흡연 감소와 같은 어떤 종류의 행동이 있는지 등 행동에 관한 측정이나 옹호 프로그램의 결과로 나타난 지역사회에서의 변화, 통계수치의 변화 등 지역사회 수준의 지표 등을 활용하여 옹호 프로그램의 영향을 측정할 수 있다(Altman et al., 1994).

5) 옹호의 전술

사회복지사의 옹호활동이 이루어지는 환경이나 클라이언트의 유형은 매우 다양하므로 클라이언트의 권리를 제대로 옹호하기 위해서는 다양한 접근방법을 사용해야 한다. 사회복지사는 효과적인 목표달성을 위하여 클라이언트의 환경을 완벽하게 이해하면서 다양한 옹호기술과 전략을 사용해야 한다(Mickelson, 1995). 옹호를 위한 구체적인 전술로는 설득(persuasion), 증언청취(fair hearings), 표적체계를 난처하게 하기(embarrassing the target of change), 정치적 압력(political pressure), 탄원서 서명(petitioning)을 들 수 있다(Kirst-Ashman & Hull, 2006: 352-356).

(1) 설득

설득(persuasion)은 표적체계가 기존의 결정과는 다른 결정을 내릴 수 있도록 추가적인 정보를 제공하는 형태를 띤다. 타인을 설득하는 유용한 방법은 먼저,

귀납적 질문을 하는 것이다. 즉, 표적체계에 그들이 초반에 내린 결론에 대하여 재고하도록 고안된 일련의 질문을 하는 것이다. 만약 표적체계가 불완전한 정보에 근거하여 결정을 내렸다면, 사회복지사는 그 정보가 정부기록에 존재하는지 물어볼 수 있다. 또한 구두로 제공된 그 정보가 출판된 정보와 일치하는가를 재확인했는지 추가로 물어볼 수 있다. 다음으로 어떤 이슈에 대하여 양쪽에 논쟁거리를 제시해 주는 방법이다. 이는 옹호자 측의 의견과 사실을 명확히 제시하는 것일 뿐만 아니라 상대편의 의견, 관심과 사실을 인정하는 것을 뜻한다. 이는 상대편으로 하여금 사회복지사가 상대편의 주장을 이해하고 있으나 사회복지사의 입장이 가장 일리가 있다는 것을 알리는 장점이 있다. 마지막 설득방법은 끈기다. 대부분의 사람은 저항에 부딪히면 포기하는 경우가 많다. 표적체계 또한 사회복지사가 양보하기를 기대할 것이다. 그러나 끝까지 인내하는 사회복지사는 결국 승리하게 될 것이다(Hoffman & Sallee, 1994).

(2) 증언청취

증언청취(fair hearings)는 혜택이나 권리에 대한 수혜자격이 있는 클라이언트나 클라이언트 집단이 공정한 대우를 받도록 하기 위해 의도된 행정절차다. 증언청취에서는 클라이언트들이 의사결정자의 행위에 관한 의견을 듣고 싶다고 행정기관에 신청을 내면, 그 주장의 양쪽 의견을 듣도록 외부인(주로 지방정부 공무원)이 지명된다. 만약 결정권자가 지방정부 혹은 중앙정부의 정책을 어겼다고 외부심사관이 판단하면, 그 심사관은 개인이나 기관이 규칙을 준수하고 클라이언트에게 정당한 급부를 주도록 지시하게 된다. 이러한 접근은 공공기관이 클라이언트 집단에 급부제공을 거부하거나 준수하여야 할 규칙을 명백히 어겼을 경우에도 적용된다.

(3) 표적체계를 난처하게 하기

대부분의 사람은 스스로를 합당한 수준의 공정성을 가지고 다른 사람들을 대우하는 양식 있는 사람으로 간주되고 싶어 한다. 그러나 상대편이 대중매체를 사용하여 자신들의 약점에 대해 주의를 환기시킨다면, 사람은 예상했던 대로 난처하게 느낄 것이다. 하지만 이런 활동은 표적체계를 바람직한 방향으로 행동하도록 변화시킬 수도 있고 표적체계가 오히려 보다 큰 저항을 일으킬 수도 있다. 따라서 표적체계를 난처하게 하기(embarrassing the target of change)

는 어느 정도 위험부담이 따른다. 지역신문에 투고하기, 해당 기관 앞에서 피케팅하기, 해당 기관의 잘못에 대한 전단지 나누어 주기, 연좌시위, 시위운동 등은 표적체계를 난처하게 하는 전술이다.

(4) 정치적 압력

정치적 압력(political pressure)은 정치적 권력을 사용하지 않으면 일어나지 않을 변화를 끌어내기 위하여 정치적 권력을 사용하는 것이다. 모든 기관, 조직이나 상황이 항상 정치적 압력에 영향을 받는 것은 아니다. 공공기관들은 그들을 관리 · 감독하는 정계인사들의 관심에 더 민감할 수 있으므로, 유권자들은 선출된 공직자들을 방문하여 관할지역 문제를 조사하도록 요청할 수 있다. 예를 들어, 광역시 · 도의 수준에서 옹호자는 광역시 · 도 의원 등 정치적 영향력이 있는 인사들을 접촉하여 위기인구집단을 위한 자금제공과 관련된 문제에 관해 논의할 수도 있다. 그러면 광역시 · 도 의원은 해당 지방자치단체의 해당 국장에게 왜 위기인구집단에 지방자치단체 조례에 명시된 서비스가 제공되지 않았는지 확인하여 변화를 이끌어 낼 수 있다.

(5) 탄원서 서명

옹호자는 탄원서에 서명을 받음으로써 해당 조직이나 기관이 명시된 대로 행동하게 할 수 있다. 마약 사용이나 갱단의 폭력에 대해 보다 나은 경찰 보호를 요청하기 위하여 옹호자는 지역주민이 지방자치단체에 탄원하도록 도울 수 있다. 탄원서를 받기 위해서는 집집마다 방문하여 지역주민이 서명을 하게 하거나 많은 수의 지역주민이 회합하는 편리한 곳에 서명장소를 정하여 주민의 서명을 받을 수도 있다. 탄원서 서명(petitioning)은 비교적 받기가 쉽기 때문에 탄원서가 표적체계에 바람직한 영향을 끼치지 못할 수 있다는 것이 한계점으로 보인다. 왜냐하면, 표적체계는 탄원서에 서명한 사람들이 그 사안에 대해 확고한 견해를 가지고 있지 않다고 단정할 수 있다. 따라서 서명을 받은 탄원서를 시의회의 정기회의에 제출하거나 공청회에서 제시하는 것이 가장 도움이 된다.

2. 임파워먼트

1) 임파워먼트의 개념

억압계층에 대한 비판적 인식과 사회건설주의 사고의 등장으로 시작된 임파워먼트(empowerment)는 사회복지 분야의 주요한 실천모델이 되었으며, 사회복지 분야에서는 오랜 전통을 가지고 있다(Yip, 2004). 그러나 임파워먼트에 대한 개념은 아직 체계적으로 확립되지 않은 상황이며, 개념적 정의와 조작적 정의가 체계적으로 형성되는 중이다. 임파워먼트의 사전적 의미를 살펴보면, 크게 두 가지로 정리할 수 있다. 먼저 임파워(empower)의 의미는 '~에게 권한을 부여하다' 혹은 '……할 권력을 위임하다(authorize)'의 뜻으로 파워(power)를 권한이나 권력의 의미로 해석하였다. 다음으로 '할 수 있도록 하다(enable)' 혹은 '할 능력(자격)을 주다' '~에게 허용하다'는 뜻으로 사용되며, 파워(power)를 능력의 의미로 해석하기도 한다(구자경, 유철종, 1998 재인용).

임파워먼트는 개인적, 대인관계적, 정치 · 사회적 차원의 의미를 내포하고 있는 매우 복잡한 개념이다. 따라서 임파워먼트에 대한 개념은 학자들마다 매우 다양하게 정의되고 있다. 1970년대 임파워먼트 개념을 대중화한 Solomon(1976)은 임파워먼트를 권력이나 권력의 영향에 대한 장애물을 제거하는 것이라고 정의하며, 억압계층에 효과적인 사회복지개입과 전략을 강조하였다. Itzhaky와 York(2000)는 임파워먼트를 사람이 권력과 임파워먼트를 달성할 수 있도록 하기 위하여 개인적 · 구조적 상황을 수정하는 것이라고 정의하고 있다. Pinderhughes(1983)는 임파워먼트란 사회구조의 변화에 대한 초점보다는 확대된 권력에 대한 개인적 느낌과 자신의 생활공간에 영향을 미치는 힘을 좌우하는 능력으로 정의하였다. Torrez는 임파워먼트를 사람이 자신의 생활에 영향을 미치는 사건과 제도에 참여하고, 함께 통제하고, 영향을 미치는 과정으로 정의하면서, 사람이 자신의 생활과 자신이 관심을 가지는 사람들의 생활에 영향을 미치는 특정 기술, 지식, 충분한 권력 획득이 수반되어야 한다고 주장하였다(Parsons, 2008 재인용). 한편, Kirst-Ashman과 Hull(2006)은 임파워먼트를 사람이 권력, 능력, 자기결정권을 성취할 수 있는 권한에 대한 권리를 가지도록 보장하는 것으로 정의하고 있다. 즉, 사람이 자신의 생활수준을 개선할 수 있도록 개인 간, 대인관계 간,

정치적 권력을 증가시키는 전략을 사용하는 것을 의미한다. 이러한 정의는 사람이 자기결정권을 성취할 수 있는 권한에 대한 권력, 능력 및 권리를 가지고 있음을 가정한다.

무엇보다 임파워먼트는 개념 정립과 실천에서 몇 가지 문제점을 내포하고 있다. 먼저 임파워먼트라는 용어를 사용하는 사람들마다 서로 다른 의미로 사용하고 있다는 점이다. 또한 임파워먼트의 개념은 서비스 이용자들에 의해서보다는 관리자나 사회복지사들에 의해 사용되는 경우가 많다(Adams, 1997). 특히 사회복지실천 분야에서의 임파워먼트는 다음과 같은 딜레마를 내포하고 있다. 예를 들어, 누군가를 임파워먼트한다는 것은 동시에 그들을 낙인찍는 것일 수 있다는 점, 임파워먼트의 과정에서 사회복지사와 클라이언트 간 힘의 불균형이 발생할 수 있다는 점 등이다(Yip, 2004).

2) 임파워먼트 접근의 특성

사회복지실천에서 임파워먼트 접근의 주요 특성을 정리하면 다음과 같다.

첫째, 임파워먼트 접근은 파워(power)에 관한 주제를 사회복지실천의 전면에 내세우고 있다. 즉, 클라이언트의 파워 획득을 사회복지실천의 주요목표로 설정하고 클라이언트와 사회복지사 간의 관계를 파워의 관점에서 조망함으로써 파워의 동원 및 부여가 사회복지사의 주요역할임을 강조하는 계기를 마련하였다(김인숙, 우국희, 2002).

둘째, 임파워먼트 접근은 클라이언트에 대한 긍정적 관점을 가지고 있다. 클라이언트가 파워를 획득할 수 있는 충분한 잠재력, 자원과 강점을 가지고 있음을 가정하고 있다. 즉, 클라이언트는 더 이상 수동적인 존재가 아니며 주체적인 존재로서의 역할을 강조하고 있다(김인숙, 우국희, 2002). 임파워먼트 접근은 병리관점에 근거하여 전문가 중심으로 이루어지는 전통적 치료모델과는 거리가 멀고, 서비스 이용자인 클라이언트의 강점과 자원을 적극적으로 활용하는 클라이언트 중심의 사회복지실천이라고 할 수 있다. 또한 문제의 원인을 개인 내부에서만 찾는 것이 아니라, 개인과 환경, 행위와 구조의 총체적인 인식에 근거하여 문제를 파악하고자 한다. 따라서 이 임파워먼트 접근은 클라이언트가 자신의 문제를 객관적으로 인식하고 자신과 환경의 변화를 통하여 주체적으로 문제를 해결해 나가는 것을 지향한다(양난주, 2007).

셋째, 임파워먼트 접근은 사회복지사-클라이언트 간의 힘의 균형이 전제된 동반자적 관계 속에서 문제를 해결해 나가고자 하는 접근방법이다(양난주, 2007). 사회복지사-클라이언트 간의 관계를 파워의 관점에서 재구조화하고 비위계성, 상호성, 협력, 동의의 관계임을 강조한다. 클라이언트는 더 이상 사회복지사의 주도에 의해 움직이는 수동적인 존재가 아니며 사회복지사와의 관계에서 주체적인 존재로서의 역할이 강조된다(김인숙, 우국희, 2002).

넷째, 임파워먼트 접근은 과정이자 결과의 의미를 동시에 내포하고 있다. 임파워먼트를 개입방법으로 본다면, 클라이언트가 자신의 권한과 능력을 획득해 가는 과정을 의미할 것이며, 임파워먼트를 개입결과의 개념으로 본다면 클라이언트가 자신의 권한과 능력을 획득한 결과로 이해된다. 과정이자 결과를 동시에 추구하는 임파워먼트 접근의 이중성은 임파워먼트가 사회복지실천의 개입에서 종결에 이르기까지 전체 과정 속에서 임파워먼트를 활용함을 의미하기도 하고, 궁극적으로는 클라이언트의 권한과 능력 향상의 목적을 성취하기 위한 결과물이기도 하다(강철희, 정무성, 2006).

다섯째, 임파워먼트 접근의 목표는 사회정의라는 더 중대한 목표를 위해서 개인이 자신의 상황을 개선할 수 있는 능력을 증가시키는 것이다(Mickelson, 1995). 임파워먼트는 두 가지 목표를 가지고 있다. 하나는 보다 공평한 자원분배와 사람들 간의 비착취적인 관계를 수립하는 것이고, 다른 하나는 개인이 향상된 자존감, 자신감, 지식과 기술을 통하여 건설적인 권력감(sense of power)을 가질 수 있도록 하는 것이다(Rees, 1991).

3) 임파워먼트 구성요소[2)]

임파워먼트를 기반으로 한 실천은 개인, 가족, 집단, 조직 혹은 지역사회의 힘 혹은 권력(power)을 획득하는 능력을 계발하는 데 목적이 있다. 임파워먼트에 관한 연구와 실천은 이런 변화를 이끌어 내는 데 기여하는 구체적인 과정을 규명해 왔다. 임파워먼트의 구성요소를 살펴보면 다음과 같다.

첫째, 임파워먼트는 태도, 가치, 신념과 밀접한 관련이 있다. 특히 자아의식, 자기가치에 대한 신념, 통제감 등을 포함하는 자기효능감은 임파워먼트 과정

2) 이 내용은 Gutiérrez, Parsons, & Cox(1998)의 역서인 김혜란 외(2006), pp. 26-27에서 재인용함.

에 영향을 미친다. 심리학에서는 이런 태도를 임파워먼트의 유일한 요소라고 보고 있으며, 임파워먼트의 주된 목적으로 보고 있다.

둘째, 임파워먼트는 집합적 경험을 통하여 정당성을 인식하는 것과 관련이 있다. 개개인은 타인과의 집합적 경험을 통하여 자신과 타인이 공유하고 있는 경험이나 주변환경에 대한 자신의 인식 일부를 표출하기에 타당하고 정당하다는 것을 인식하게 된다. 이러한 인식은 자신이 당면한 문제를 개인적 차원의 실패라는 차원에서 고찰하기보다는 공동체적 차원에서 고찰할 수 있게 한다. 이러한 집합적 경험은 개개인이 개인적 수준을 넘어 가족, 집단, 조직 혹은 지역사회와 같은 다른 상위체계를 변화시킬 수 있는 동기가 될 수 있다.

셋째, 임파워먼트는 비판적 사고와 행동을 위한 지식과 기술을 필요로 한다. 역량을 강화한다는 것은 비판적으로 사고하고 정보를 획득하고 행동을 취하는 과정을 학습하며, 더 나아가 실제로 행동에 옮기고 그 성과를 평가하는 것을 의미한다. 사회 · 정치적 맥락에서 문제를 보는 과정은 개인으로 하여금 문제의 원인이 자신에게 있지 않음을 인식하게 하여 자기비난을 감소시키고, 문제의 근원이 사회에 있음을 이해하게 한다. 개인은 의식향상을 통하여 자신의 문제가 타인의 문제와는 어떻게 관련이 있는지 인식하게 된다.

넷째, 임파워먼트의 마지막 구성요소는 행동이다. 개인은 다양한 연습을 통하여 행동전략을 개발하고 문제에 영향을 미치는 데 필요한 자원과 지식, 기술을 개발할 수 있다. 심리적인 측면에서는 자신의 행동에 대하여 책임을 지는 것을 학습하는 반면, 행동적인 측면에서는 공통의 목적과 사회변화를 이루기 위해 자발적으로 다른 사람들과 함께 행동할 수 있게 되고 이런 과정에서 어떤 진리를 학습하게 된다.

Gutiérrez, Parsons, 그리고 Cox(1998)는 앞서 제시한 네 가지 구성요소가 임파워먼트의 필수요소이지만, 그 요소들의 관계가 선형적으로 연결되어 있거나 실천순서에서 한 요소가 다른 요소보다 더 중요하거나 덜 중요하지는 않다고 강조하였다. 또한 임파워먼트실천도 사회복지실천처럼 클라이언트의 욕구와 목표가 확인되는 그 지점에서 시작해야 한다. 따라서 사회복지사는 임파워먼트 과정의 모든 차원에 대하여 이해하여야 한다.

4) 임파워먼트실천의 구조

임파워먼트실천이 개인부터 사회에 이르는 다양한 수준의 임파워먼트를 포괄함을 강조하면서, Adams(2003)는 자신, 대인관계, 집단, 조직, 지역사회라는 다양한 체계를 연결하는 임파워먼트의 구조를 제시하였다. Adams(2003)가 제시한 사회복지실천에서 임파워먼트의 구조는 [그림 12-3]과 같다. 임파워먼트는 자신, 대인관계, 집단, 조직, 지역사회 차원에서 발생할 수 있고, 한 영역에서 다른 영역으로 이동하거나 자유롭게 여러 영역을 차지할 수 있다. 수평축은 임파워먼트 실천 시 성찰성의 정도, 즉 실천의 성찰성 정도를 나타낸다. 왼쪽은 기술적이고 합리적인 실천을, 오른쪽은 행동하며 성찰하는 실천을 의미한다. 〈표 12-4〉에서와 같이, Adams는 실천의 성찰성 정도에 따른 디스임파워링(disempowering) 실천과 임파워링(empowering) 실천 간의 차이를 제시하고 있다.

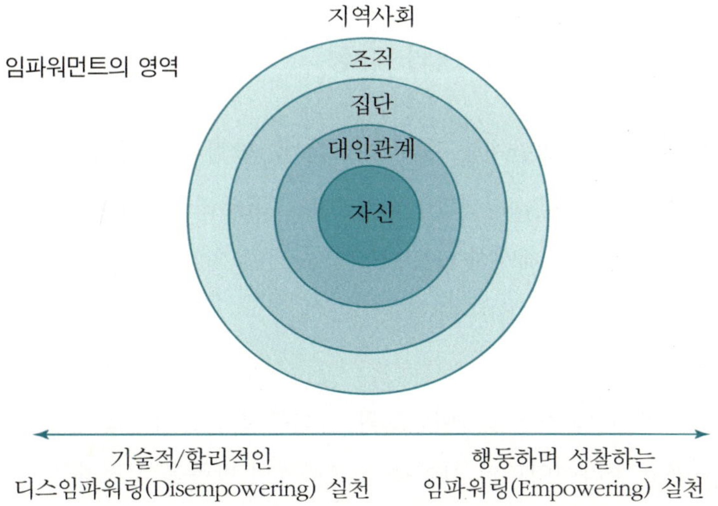

[그림 12-3] 사회복지실천에서의 임파워먼트 구조

출처: 최명민(2007), p. 69에서 재인용.

표 12-4 디스임파워링 실천과 임파워링 실천 비교

	기술적/합리적인 디스임파워링(Disempowering) 실천	행동하며 성찰하는 임파워링(Empowering) 실천
대인적 · 전문적 측면	분산 격리 훈련 순종/억압	전체 통합 평생학습 적극성/임파워먼트
사회복지실천	기술/습관	성찰/실천: 딜레마와 불확실성에 대한 고려
접 근	수렴 해결중심 문제해결	발산 문제중심 문제기술
관 점	긍정적	회의적/포스트모던적
평 가	실험(가설검증)방법 관찰/과학자	임파워먼트하는 평가 참여자/공동-프로듀서

출처: 최명민(2007), p. 69에서 재인용.

5) 임파워먼트실천 단계와 과정

임파워먼트실천의 개입단계는 크게 대화단계, 발견단계, 발전단계로 구분된다(Miley, O'Melia, & DuBois, 2004: 104-110). 〈표 12-5〉는 각 단계와 관련된 구체적인 과정과 활동을 제시하고 있다.

(1) 대화단계

대화(dialogue)단계에서는 클라이언트와 사회복지사 간의 대화를 통하여 협력관계를 형성하고 클라이언트의 상황을 명료화하며 방향을 설정하는 단계다. 이 단계에서 사회복지사는 클라이언트와의 지속적인 대화를 통하여 클라이언트의 상황, 목적, 강점에 관한 정보를 수집하며, 사회복지사와 클라이언트의 관계를 서로가 함께 기여할 수 있는 협력적인 관계라고 정의한다. 사회복지사는 이 단계에서 사회복지사-클라이언트 간 관계의 목적을 명확히 하고 협력을 위한 임시 초점의 범위를 제한한다.

이 단계에서 사회복지사와 클라이언트는 수용, 존중, 신뢰에 근거한 협력관계를 확립하고, 각각의 역할을 명시하고, 도전적인 상황에 대한 클라이언트의 경험을 논의하고, 그들의 공동활동 목적을 명시하고, 변화를 위한 클라이언트

표 12-5 임파워먼트실천의 단계와 과정

단계	과정	활동
대 화 (Dialogue)	협력관계 형성	클라이언트의 특권을 인정하고 독특함을 존중하는 클라이언트-사회복지사 간의 임파워링 관계 형성
	상황의 명료화	클라이언트의 경험을 입증하고, 교환차원을 포함하고, 목표를 생각하기 위하여 반응함으로써 도전적인 상황 사정
	방향 설정	클라이언트-사회복지사 관계가 클라이언트 동기부여를 활성화하고 관련 자원탐색을 안내하도록 하기 위하여 임시목적 결정하기
발 견 (Discovery)	강점 확인	도전적 상황, 문화 정체성, 역경에 대처하면서 일반적 기능에서 클라이언트 강점 찾기
	자원 가능성 평가	가족, 사회집단, 조직, 지역사회 기관들과의 관련성을 포함하는 클라이언트-환경 간의 교환관계에서의 자원 탐색하기
	해결방안 고안	클라이언트-환경적 자원을 활용하여 원하는 목적으로 이끌 수 있는 성취 가능한 행동계획 설정하기
발 전 (Development)	자원 활성화	상담, 자원관리, 교육을 통하여 사용 가능한 자원을 동원함으로써 행동계획 실행하기
	동맹 결성	클라이언트 중에서, 클라이언트의 자연적 지지망 내에서, 서비스 전달체계 내에서 임파워링 동맹맺기
	기회 확대	프로그램 개발, 지역사회조직, 사회행동을 통한 새로운 기회와 자원 개발하기
	성공 인식	성취를 인식하고 계속적인 행동을 알리기 위하여 변화 노력의 성공 평가하기
	결과 통합	관계를 해결하고, 성공을 축하하고, 긍정적인 변화를 안정화하는 방식으로 변화과정을 마무리하기

출처: Miley, O' Melia, & DuBois(2004), p. 105를 요약함.

의 동기부여를 활성화하고, 위기욕구를 다루기 위하여 협력하게 된다. 또한 이 단계에서 사회복지사와 클라이언트는 어떤 일이 일어날지를 사정하고 클라이언트가 선호하는 임시비전을 개발하기 위하여 대화를 나눈다. 이 과정은 사회복지사와 클라이언트 간의 개방적이고 정중한 정보교환을 필요로 한다.

(2) 발견단계

발견(discovery)단계에서 사회복지사와 클라이언트는 클라이언트의 강점을 확인하고, 클라이언트의 자원 가능성을 평가하고, 해결방안을 고안한다. 즉, 도전적 상황, 문화정체성, 역경에 대처하면서 일반적 기능에서 클라이언트의 강점을 찾고, 가족, 사회집단, 조직, 지역사회기관과의 관련성을 포함하는 클라이언트의 자원을 탐색하고, 클라이언트-환경적 자원을 활용하고, 원하는 목적으로 이끌 수 있는 성취가능한 행동계획을 설정하게 된다.

이 단계에서 클라이언트와 사회복지사는 해결방안을 구축할 수 있는 자원을 체계적으로 탐색하면서 지속적으로 자원을 사정한다. 이런 자원들은 클라이언트의 사회적 · 물리적 환경에서 클라이언트 체계 내부 혹은 외부에 존재한다. 협력자로 활동하면서 사회복지사와 클라이언트는 변화계획을 개발하기 위해 수집된 정보를 조직화한다. 구체적으로 사회복지사와 클라이언트는 변화를 위한 자원으로서 클라이언트의 강점을 탐색하고, 클라이언트의 환경에서 자원의 가능성을 검토함으로써 거래적 관점을 가지게 되며, 2차 원천으로부터 관련 정보를 수집하고, 이용 가능한 자원체계의 가능성을 사정하고, 성과 목적과 목표를 구체화하고, 행동계획을 세우고, 변화를 위한 계약서를 결정한다. 이 단계에서 클라이언트체계와 실천가들은 목적을 설정하고 변화를 위해 계약하기 위하여 개인적 · 제도적 자원체계를 탐색한다.

(3) 발전단계

발전(development)단계는 클라이언트의 주위에 있는 개인, 가족, 이웃, 지역사회, 제도적 차원의 다양한 자원을 동원하여 기회를 확대함으로써 클라이언트가 향후 사용할 수 있는 새로운 자원을 창출하고 기회를 개발하는 단계다. 이 단계에서 사회복지사와 클라이언트는 자원개발을 통해 대인적 · 제도적 자원을 활성화하고 다른 체계와 동맹을 만들어 내고, 기회를 확장하기 위해 개입한다. 이 접근은 클라이언트의 능력과 그들이 가진 환경자원으로 클라이언트를 임파워먼트한다. 이 접근은 클라이언트 체계와 그들의 환경에서 만들어진 변화를 안정되게 한다.

이 단계에서는 사회복지사와 클라이언트는 행동계획을 조작화하고, 클라이언트체계 내에서 권력 경험을 늘리고, 목표를 달성하기 위해 필요한 자원에 접근하고, 행동계획을 달성하기 위하여 개인과 조직 사이에서 동맹을 맺고, 추가적인 자원을 창출함으로써 기회와 선택을 강화하고, 지속적인 향상과 성과를 평가하고, 성취와 이득을 확인하여 일반화하고, 전문적인 관계를 매듭짓는다.

6) 임파워먼트실천 성과에 대한 평가

임파워먼트실천은 과정과 성과 모두를 포함하고 있기 때문에 임파워먼트실천에 대한 평가는 복잡한 과정이라고 할 수 있다. 평가는 임파워먼트에 의한 결과나 성과에 대한 사정뿐만 아니라 일부 규명된 상황의 역동적 과정에 대한 사정도 이루어져야 한다. 전통적인 평가방식은 주로 프로그램을 통한 변화 정도를 사정하는 방식에 초점을 두어 왔지만, 원칙적으로 임파워먼트실천에 대한 평가는 원조과정에서 지속적으로 일어난다. 사회복지사는 실천과정 초기부터 자신의 개입 효과성을 판단하는 과학자로서 클라이언트와 함께하여야 한다. 그뿐만 아니라, 클라이언트-사회복지사 간의 원조관계가 종결되더라도 클라이언트는 지속적으로 변화할 것이므로, 클라이언트는 일상생활에서 다른 역할을 수행하면서 계속적으로 프로그램에 참여할 수 있도록 하는 것이 바람직하다(김혜란 외, 2006 재인용).

임파워먼트는 자신 내부로부터, 자신과 타인과의 관계에서, 그리고 정치 · 사회적 차원에서의 변모(transformation)라고 할 수 있다. 임파워먼트적 실천은 개인적 차원, 대인관계 차원, 그리고 구조적 차원에서의 다차원적 개입을 통하여 이루어진다. 따라서 임파워먼트의 성과는 개인적 차원, 대인관계 차원, 정치 · 사회적 차원에서 나타나며, 임파워먼트 성과에 대한 평가는 이러한 차원에서 이루어진다(Parsons, 2008).

첫째, 개인적 차원의 임파워먼트는 자기인식, 자기효능감, 자아존중감, 자아에 대한 신뢰, 자신의 삶에 대한 통제감, 자신의 이슈를 해결하고 영향을 미치는 능력에 대한 인식, 자신의 가치에 대한 인식 등의 결과로 나타난다.

둘째, 대인관계 차원의 임파워먼트는 타인에 대한 영향력을 의미하므로, 타인과의 상호작용을 통하여 획득되는 대인관계에 대한 지식이나 기술이라는 성과를 포함한다. 즉, 대인관계에서 어느 한쪽에 의해 일방적으로 주도되는 관계가 아니라 힘의 균형을 이루어 효율적인 상호작용이 일어나는 상태를 말한다. 이런 차원의 임파워먼트 성과는 자기주장, 한계설정, 도움요청, 문제 해결, 자원동원 등이다.

셋째, 정치 · 사회적 임파워먼트의 성과는 자조와 상호 원조 노력을 용이하게 하거나 방해할 수 있는 사회제도에 영향을 미치는 정치 · 사회적 행동을 포함한다. 다시 말하면, 사람들은 정치 · 사회적 상황과 같은 사회구조를 변화시킴으로써 새로운 기회와 자원을 가지게 된다. 이러한 세 가지 차원의 임파워먼트는 서로에게 영향을 주며 복잡하게 얽혀 있지만, 인지된 능력과 해방에 대한 전체 역학의 부분으로서 역할을 한다(Parsons, 2008).

임파워먼트의 성과를 평가할 때에는 클라이언트의 초기 관심사들이 다루어졌는지, 그리고 개인적, 대인관계적, 정치·사회적 차원의 세 가지 차원에서 클라이언트의 역량이 획득되었는지에 대한 사정이 이루어져야 한다. Gutiérrez, Parsons 그리고 Cox(1998)가 제시한 임파워먼트 기반 프로그램의 성과에 대한 구체적인 내용은 〈표 12-6〉과 같다.

개인적 차원의 임파워먼트에 대한 성과 측정은 자기효능감, 자기인식, 자기수용, 본래의 자기모습이 되기, 자기존중, 권리감, 비판적 사고 등에 대한 클라이언트 자신의 인식을 다룬다. 대인관계 차원의 임파워먼트에 대한 측정은 클라이언트가 사회적으로 수용되는 방식으로 타인에게 영향을 미치는 능력의 획득 정도를 사정함으로써 가능하다. 예를 들어, 지식·기술, 주장성, 주는 것의 한계 결정, 도움요청, 문제 해결, 새로운 기술연습, 자원에 대한 접근성 등이다. 마지막으로 정치·사회적 차원의 임파워먼트에 대한 사정에서는 사회복지사와 클라이언트는 지역사회의 지위를 향상시킬 수 있는 상호원조집단, 이웃집단, 정치적 활동에의 클라이언트의 관여가 관계를 통해 어떻게 효과적으로 증가하였는지에 대하여 검토할 수 있다(김혜란 외, 2006 재인용).

표 12-6 임파워먼트실천의 성과

	개인적 차원	대인관계 차원	정치·사회적 차원
구체 내용	자기효능감 자기인식 자기수용 본래의 자기모습이 되기 자기존중 권리감 비판적 사고	지식·기술 주장성 주는 것의 한계 결정 도움요청 문제 해결 새로운 기술연습 자원에 대한 접근성	정치적 행동·참여 기득권 반환 기여하기 통제하기(행동)

출처: 김혜란 외(2006), p. 46을 재인용하여 일부 수정하였음.

13

지역사회복지운동

1. 사회운동과 지역사회복지실천

1) 사회운동

사회운동은 사회적 목표(지역, 정부, 산업이나 공장, 또는 사회적 규범, 그리고 실천 등)를 변화시키기 위해 시도하는 느슨하게 연결되어 있는 집단들의 연합으로도 정의되지만(Swank & Clapp, 1999), 기본적으로 사회적 갈등, 그리고 집합적 행동과 깊은 연관이 있다. Harper(1998)는 사회행동을 변화를 만들어 내고 변화를 예방하는 집합적 행동이라고 정의하였다. Melucci(1980)는 집합적 행동을 사회체계에서 갈등에 기초한 다양한 유형의 행동들의 총체로서 바라보았으며, 집합적 행동은 분명한 연대성을 가진 두 행위자들의 사회적 가치와 자원의 전유와 적응을 위한 투쟁에 의해서 나타나는 것으로 보았다. Wood와 Jackson(1982)은 사회운동을 다양한 수준의 공식적 조직들이 급진적이고 개혁적인 형태의 변화를 창출하거나 방어하는 것이라고 정의하였다. 사회운동은 사회조직들이 사회·문화적 변화를 만들어 내는 중요한 과정이라고도 할 수 있다. 즉, 한 지역사회에서 일어나는 사회변화는 집합적 행동의 사회운동을 통해서 달성된다고 할 수 있다(Harper, 1998). 결국, 사회운동은 사회의 변화를 추구하기 위하여 지역에 기반을 둔 조직들의 집합적 행동에 의해서 이루어진다고 할 수 있다.

사회학의 관점에서 사회운동은 크게 행위자나 체계를 강조하는 관점과 사회통합이나 사회갈등을 강조하는 관점으로 나뉘는데, [그림 13-1]과 같다(Touraine, 1985).

	체계	행위자
통합	사회체계	전략
갈등	불평등	사회운동

[그림 13-1] 사회운동의 관점

[그림 13-1]과 같이 체계의 통합을 강조하는 기능주의적 관점은 사회체계를 강조하는 반면, 체계의 내재적 갈등을 주장하는 갈등주의적 관점은 불평등을 강조한다. 한편, 변화의 관리를 강조하게 되면 조직적 측면에서 행위자는 조직이 되고 변화를 위한 전략을 강조하게 된다. 그리고 행위자와 갈등을 강조하게 되면 사회운동이 강조된다. 결국, 사회운동은 갈등을 해결하기 위한, 또는 변화를 위한 행위자들의 집합적 행동을 의미한다고 할 수 있다.

사회운동은 기본적으로 다음과 같은 두 종류로 나뉜다(Rothman, 1996). 첫째, 사회운동은 정치, 사회, 경제체계로의 완전한 참여를 이루지 못한 집단들의 권리를 성립시키기 위해서 주도되는 운동(예, 여권운동, 시민권리운동 등), 둘째 사회운동은 입법이나 정책의 변화를 증진시키거나 인식이나 인지를 획득하지 못한 사람들을 돕기 위해 발전된 운동(예, 동물보호운동, 환경운동 등)이다.

2) 자원동원이론과 사회운동

자원동원이론은 사회운동조직의 역할과 한계를 지적하는 데 유용하게 사용된다. 자원동원이론에 따르면, 사회운동조직은 구성원을 모집하고, 자금을 확충하고 자격 있는 구성원을 모집함으로써 발전된다. 따라서 사회운동을 위해 조직은 구성원을 모집하고, 자금을 증액하고, 지지회원모집을 발전시킬 수 있어야 한다. 또한 조직은 구성원들이 행동에 참여할 수 있도록 동원할 수 있어야 한다. 자원동원이론에 따르면, 사회운동을 발전시키기 위한 노력이 효과적인지 또는 아닌지를 조사하기 위해 조사되어야 하는 부분으로 사회운동을 위한 자원은 어디인가, 어떻게 자원이 조직되는가, 어떻게 국가는 자원유동을 촉진 또는 방해하는가, 성과(outcomes)는 무엇인가를 지적하였다(Muller, 1992).

사회운동조직에서 중요한 기본적인 것은 구성원 사이에 집합적 동질감을 불어넣어 주는 것이다. 집합적 동질감은 집단구성원들이 함께 소속되어 있고 사회운동에 관련되어 있다는 집단구성원들의 인식을 의미하는데, Hyde(1994)에 따르면 집합적 동질감의 인식은 구성원들 사이의 연대성과 응집력을 증가시킨다. 조직구성원들의 연대성이 높으면 조직의 활동에 대한 참여는 함께 증대된다. 또한 조직은 많은 조직원을 확보하고 있어야 하며, 예산의 크기는 일반적으로 조직이 얼마나 힘이 큰지를 보여 준다. 힘이 있는 조직은 그들의 주장을 증진시키기 위해 대중매체에 보다 용이하게 접근할 수 있다. 조직 외부의 자원에 많이 의존하는 조직은 외부자원의 통제가 훨씬 큰 조직임을 의미한다. 자원동원이론에 따르면 이를 극복하기 위해서, 즉 외부의 자원의존을 줄이기 위해서 구성원과 기부자들을 확보해야 한다(Piven & Cloward, 1979).

자원동원이론에 따르면, 사회운동은 다음과 같은 가정을 전제로 한다(Hardina, 2002). 첫째, 사회운동은 어떤 집단이나 생각들이 정치적 과정에서 반영되지 않는다는 인식에 대한 응답으로서 나타났다. 둘째, 사회저항은 사회운동조직들이 대중의 인식과 정당성을 얻기 위해 행하는 기본적인 방법 중 하나다. 셋째, 사회운동의 효과성은 자금을 증액하고 회원을 모집하는 능력과 이러한 임무를 수행할 수 있는 적절한 조직구조를 발전시키는 능력에 달려 있다. 넷째, 성공적인 사회운동은 회원들이 사회운동에 대한 동기를 인정하고 집합적 동질감을 만드는 것을 허락하는 분위기를 만드느냐 하는 데 있다. 다섯째, 조직이 이야기하려는 것에 대한 중요성이 회원의 모집을 증가시킨다. 여섯째, 자원조달을 위한 행동의 욕구는 사회운동조직이 가지고 있는 양 칼날이다.

이러한 가정은 사회운동조직뿐만 아니라 지역에 기초한 지역사회복지운동조직에도 동일하게 적용될 수 있다.

3) 사회운동과 지역사회복지실천

Weil과 Gamble(1995)에 따르면, 사회운동의 기대된 성과는 특정 인구집단이나 사회적 이슈에 대응하는 사회나 사회조직을 위해 새로운 패러다임을 제공하는 사회변화를 위한 행동을 조장하는 것이다. 사회변화를 위한 표적은 대중이나 지역사회구성원이 될 수도 있고 정치체계나 사회구조가 될 수도 있다. 역사적으로 사회운동을 통한 사회변화는 지역사회의 변화발전에 중요한 밑거름이 되었으며, 지역사회가 발전하는 데 사회운동은 중요한 분기점이 되었다. 장애인권리운동이나 게이-레즈비언옹호운동 등 특정집단을 위한 운동부터 여성운동이나 민주화운동에 이르기까지 대부분의 사회운동은 동등한 권리나 시민의 권리를 강조하며 사회·경제적 불평등을 개선하기 위한 노력을 수행하게 되고, 이러한 노력으로 지역사회는 변화·발전하게 된다. 갈등이 존재하지 않는 지역사회는 존재하지 않으며, 갈등은 대립된 양자들 사이에 긴장과 대립을 가져다준다. 갈등주의관점에서 본다면, 갈등은 사회발전 또는 사회변화의 원동력이라고 할 수 있다. 따라서 갈등을 해결하기 위한 노력이 필요하고 이러한 노력 또는 행동이 바로 사회운동으로 나타나게 된다고 할 수 있다.

일반적으로 지역사회운동이나 지역사회복지운동은 사회운동에 포함되는 부분집합이라고 할 수 있다. 지역사회복지실천현장에서 일하는 사회복지사들은 수많은 사회운동에 자원봉사자나 조직구성원으로 참여하게 되는데, 이는 사회운동을 지역사회발전의 토대로 인식하기 때문이다. 따라서 사회운동에서 사회복지사들은 지지자나 촉진가의 역할을 수행하게 된다.

2. 지역사회복지운동

1) 지역사회복지운동의 필요성

(1) 진보주의적 관점

신마르크스주의자들은 자본주의하에서 국가가 자본축적과 사회조화의 증진이라는 두 기본적인 기능을 한다고 보았으며, 사회조화의 증진을 사회복지제도나 정책, 그리고 서비스를 통해 이룬다고 강조하였다. 즉, 사회복지가 자본주의 국가의 정당성 확보를 위해 사용된다고 본 것이다. 이는 사회복지를 위한 투자가 사적 자본을 위해 직접이익을 창출하지는 않지만, 사회조화를 위해 사용된다고 보는 것을 의미한다.

신마르크스주의적 관점에 따르면, 사회복지는 자본의 측면, 즉 첫째 사회복지가 자본의 이윤창출을 위해 노동자에게 최소의 생활조건과 노동력 재생산의 물질적 조건을 제공함으로써 노동생산성을 유지 혹은 확대하기 위해 사용된다는 측면, 둘째 계급의식의 생성과 발전에 따른 노동운동의 발전이 자본주의 경제체제의 테두리를 벗어나지 않도록 하기 위해서 사회복지를 확대 재생산하게 되었다는 측면의 두 속성을 갖는다.

결국, 신마르크스주의적 관점에 따르면 자본주의하에서 사회복지는 양면성을 갖는다. 즉, 사회복지는 지역주민이나 클라이언트들의 욕구를 해결하기 위해 다양한 사회적 서비스 또는 프로그램을 제공하기도 하지만, 한편으로는 사회통제를 위한 수단으로 작용한다. Fabricant와 Burghart(1992)는 신마르크스주의적 관점으로 국가가 자본의 영향력에 대한 지원을 강화하기 위해 사회복지사를 노동계급의 태도와 행동을 변화시키는 데 사용한다고 주장하였다.

Rojek(1986)는 사회복지에 대한 갈등주의(마르크스)관점의 세 유형을 다음과 같이 구분하였다. 첫째, 진보적 관점으로 사회복지는 변화의 긍정적 대리인이다. 사회복지사는 변화를 성취하기 위해 인식을 고취시키고 집합적 행동을 증진하는 중요한 역할을 수행한다. 둘째, 재생산적 관점으로 사회복지사는 노동자계급에 대한 자본주의 사회의 억압을 개선하는 계급통제의 대리인이다. 셋째, 모순적 관점으로 사회복지사는 자본주의 통제의 대리인이기도 하면서 또한 계급사회를 손상시키는 대리인이다. 사회통제를 위한 대리인으로서 사회복지사는 노동자계급의 수행능력을 개선하지만 또 다른 한편으로는 노동자계급을 클라이언트화하여 계급사회를 용해시킨다.

사회복지에 대한 진보적 관점에서 보면, 사회운동의 측면에서 지역사회복지운동은 지역사회를 변화시키며 사회복지사는 지역사회를 변화시키는 대리인의 역할을 수행한다. 이는 Mullaly(1997)가 강조하였던 구조주의 사회복지의 핵심이라고 할 수 있다. Mullaly는 사회복지를 진보적 관점으로 바라보았는데 그에 따르면 진보적 사회복지는, 첫째 인본주의, 지역사회와 평등에 대한 소명감, 둘째 사회적 목적을 실현하기 위한, 그리고 사회의 자원을 형평성 있게 분배하기 위한 정부개입의 필요성에 대한 신념, 셋째 참여민주주의를 위한 정치적 신념, 넷째 복지국가 형성을 위한 실천모델의 추구, 다섯째 사람들을 존경하고 통합과 존엄을 향상시키며, 지역주민이나 클라이언트들이 자기결정을 할 수 있도록 능력을 고양시키고, 서로의 차이를 인정하며 사회정의를 증진시키는 사회복지의 추구의 내용을 포함한다.

진보주의적 관점의 사회복지는 사회평등과 연대성 구축, 그리고 인간 개개인에 대한 존경과 서로의 차이점 인정, 실천활동을 통한 복지국가형성을 강조하는 것이라고 할 수 있고, 이러한 사회복지의 내용은 사회복지사의 역할증대와 지역주민의 역량강화를 통한 조직화와 지역사회복지운동과 사회복지운동으로의 참여에 의해서 채워질 수 있다.

자본주의 사회에서 가장 흔하게 일어나는 사회복지사의 역할에 대한 억제(즉, 역할억제)는 사회복지사가 갖추어야 하는 실천윤리와 임무(사회적 약자의 편에 서서 사회정의를 추구한다는 임무), 그리고 역할에 대해 국가의 억제를 받는 것이다. 이는 정부가 사회복지서비스나 프로그램에 대한 예산삭감이나 사회 프로그램의 축소, 그리고 사회복지노동에 대한 자선적 의미의 강조와 사회문제 해결에서 가족적 · 개인적 치료를 강조함으로써 일어난다. 이러한 사회복지 축소에 대처하기 위해 사회복지사들은 불이익을 받는 지역이나 집단 또는 사회소외집단의 사회조건을 개선하고 복지지출을 증대시키기 위한 지역사회운동, 특히 지역사회복지운동과 지역조직화에 참여해야 하는 필요성이 제기된다(지은구, 2006).

(2) 통합주의적 관점

지역사회의 갈등은 모든 지역사회가 내재적으로 가지고 있으며, 갈등을 해결하지 않고는 지역사회의 통합은 요원하다고 할 수 있다. 특정 지역사회에 내재하는 사회갈등 요소를 해결하기 위해서 사회복지사는 그 지역이 가지고 있는 갈등요소를 분석하고 갈등을 해결할 수 있도록 하는 집단적 행동을 하게 된다. 사회복지사의 행동은 사회기획을 통한 다양한 사회 프로그램의 실행으로 해결될 수 있지만, 지역주민과 사회복지사가 함께 지역사회에 내재해 있는 갈등요소를 해결하기 위하여 보다 집단적인 행동을 추구할 수 있다. 집단적 행동은 바로 조직화에 있고 조직을 통해 지역주민의 연대가 구축되고, 지역주민의 사회참여에 대한 집단적 역량이 성숙하게 되며, 지역사회의 통합을 이루게 된다. 결국, 지역사회복지운동은 지역사회의 통합을 이루는 구체적인 실천수단이 된다.

2) 사회복지운동

사회복지운동은 사회운동에 포함되는 사회운동의 한 영역이라고 할 수 있다. 현외성(2006)은 사회복지운동이 자본주의사회에서 사회변동으로 발생하는 각종 사회문제 중에서 생활문제 혹은 인간다운 생활의 확보와 관련된 제반문제를 해결하고 예방함은 물론이고 그 근본적인 구조적 · 환경적 여건을 변화시키려는 노력과 활동이라고 정의하였으며, 남세진과 조홍식(1995)은 사회복지운동을 사회구성원의 삶의 질을 높이기 위한 목적의식적 조직적인 활동으로 정의하였다. 이인재(1995)는 사회복지운동을 사회복지관련자나 시민단체가 주체가 되어 사회복지발전을 위한 적극적인 요구투쟁이라고 정의하였다. 이와 같은 정의에 입각하여 살펴보면, 결국 사회운동 중에 사회복지와 관련된 구체적인 요구를 내포하고 사회복지의 추진을 직접적인 목표로 삼는 운동을 사회복지운동이라고 할 수 있다.

3) 지역사회복지운동

지역사회복지운동은 지역사회를 단위로 이루어지는 사회복지운동이므로 사회복지운동의 한 영역이라고 할 수 있다. 지역사회복지운동은 특정 지역사회의 문제를 해결하고, 지역주민의 삶의 질을 개선 또는 향상시키는 지역사회복지의 구체적인 요구를 내포하고, 지역사회복지의 추진을 직접적 목표로 삼는 운동이라고 정의할 수 있다. 지역사회복지운동에는 지역사회가 당면한 문제를 해결하거나 예방하려는 복지운동도 있으나 문제를 발생시키는 사회 · 정치 · 경제적 구조를 변화시키려는 노력, 그리고 변화를 가져오기 위한 주민의 인식, 태도 및 지식을 증진시키기 위한 활동 등이 모두 포함될 수 있다(현외성, 2006).

사회복지운동이 특정 지역사회를 중심으로 일어난다는 것은 지역사회에 대한 다음과 같은 전제에 기초한다. 첫째, 지역사회는 주민이 함께 살아가는 공간적 현장이자 생활공동체로서 지역주민의 생활에 직 · 간접적으로 영향을 미치는 실체다. 둘째, 지역사회는 각종 사회문제를 포함하여 다양한 생활문제가 실제로 일어나며, 지역주민이 공동으로 해결과 예방을 위해 노력하여야 하는 실체다. 셋째, 지방분권으로 정치 · 행정적으로 지방화가 진전됨에 따라서, 그리고 주민의 의식고양과 민주주의의 발달에 따라 지역사회를 구체적인 단위로 하여 생활문제와 관련된 사회복지정책과 프로그램을 계획하고 실행하는 것이 일상화되었다(현외성, 2006). 넷째, 지역사회는 그 지역만이 가지고 있는 특정 문제가 있으며, 특정 지역사회문제를 해결하기 위해서는 지역사회중심의 문제 해결구조를 가지고 있어야 한다.

이와 같은 지역사회의 중요성이 강조되면서 지역사회복지운동은 지역주민의 삶에 부정적인 영향을 미치는 지역의 문제를 해결하는 확실한 역할을 부여받았다고 할 수 있다. 현외성(2006)은 지역사회복지운동을 지역사회주민운동, 지역사회주민참여운동, 그리고 지역사회교육운동으로 구분하였다. 그는 지역사회주민운동은 지역사회에서 주민이 주체적으로 지역사회문제를 예방, 해결하거나 지역사회에서 바람직한 변화를 추구하기 위하여 전개하는 지역사회복지운동이라고 정의하였고, 지역사회주민참여운동은 지역사회주민이 각종 사회복지정책, 제도, 프로그램 및 실천 등에 참여함으로써 지역사회의 문제를 예방·해결하고 특정의 변화를 달성하려는 사회복지운동의 한 형태로 정의하였으며, 지역사회교육운동은 지역사회주민이 특정 쟁점이나 문제에 대하여 그들이 가진 생각이나 태도를 변경하는 것을 목표로 하는 운동이라고 정의하였다.

지역사회복지운동이 갖는 의의를 정리하면 다음과 같다.

첫째, 지역사회복지운동은 지역사회주민의 정체성을 확인하고 역량을 강화시킬 수 있는 지역사회의 변화를 주도하는 조직운동이다. 따라서 지역사회복지운동은 지역사회주민을 문제해결의 주체로서 인식하고, 지역사회주민의 지역사회 안에서의 역량을 강조하며, 지역주민에 대해 지역공동체의식을 함양시킴으로써 지역사회의 역량을 강화한다는 데 의의가 있다. 결국 지역사회복지운동은 주민의 의식화와 주체적인 참여 확대, 그리고 지역주민 간의 연대의식을 높이는 지역사회의 민주적 실천과정을 의미한다.

둘째, 지역사회복지운동은 주민참여의 활성화에 의해 복지권리의식과 시민의식을 배양하는 사회권 확립운동이라고 할 수 있다. 지역사회복지운동이 추구하는 목표는 지역사회주민의 복지에 대한 권리를 확보하고 시민의식을 고취시킴으로써 지역사회의 통합을 추진하는 데 있다. 특히 사회적 약자의 생존권보장에 초점을 두고 있어 사회권 나아가 복지권의 확립과 밀접한 연관이 있다.

셋째, 지역사회복지운동의 주된 관심사는 지역사회주민의 삶의 질과 관련된 생활 영역에 있기 때문에 지역사회복지의 확산과 발전을 위한 생활운동으로서의 의미가 있다.

넷째, 지역사회복지운동은 지역사회의 다양한 자원활용 및 관련 조직 간의 유기적 협력이 이루어지는 지역자원동원운동이라는 의미가 있다. 지역사회복지운동의 조직화 방식 및 활동 내용은 주민참여 외에 지역사회의 다양한 자원활용, 그리고 지역에 기초한 조직 간의 연대와 협력을 통하여 지역사회문제 해결을 도모한다(오정수, 류진석, 2004).

다섯째, 지역사회복지운동은 사회정의를 실현하는 구체적인 실천활동으로서 역할을 수행한다. 사회정의의 실현은 사회복지가 추구하는 사회적 가치로서 사회정의의 실현을 위해서 지역사회구성원을 동원하고 지역사회자원을 활용하기 때문에 가치실현의 구체적인 도구가 바로 지역사회복지운동이 된다.

결국 지역사회복지운동을 통하여 지역주민은 참여하고 조직화하며 역량을 강화하게 되고 지역사회에 있는 다양한 자원이 활용됨으로써 지역주민의 삶에 영향을 미치는 부정적인 문제에 대한 해결이 이루어지며, 궁극적으로는 사회정의가 실현된다는 측면에서 지역사회복지운동은 가장 현실적인 사회복지실천운동이라고 할 수 있다.

지역사회복지운동은 노동운동이나 민중운동과는 달리 뚜렷한 계층적 기반을 가지고 있지 못하지만 전체 지역주민이 참여할 수 있는 포괄적 운동이라고 할 수 있다. 하지만 지역사회복지운동은 지역사회에 내재해 있는 사회적 소외집단이나 사회적 약자 등의 복지욕구에 초점을 두고 있어 사회적 소외집단이나 사회적 약자가 우선순위 집단이라고 할 수 있다. 또한 지역사회복지운동은 지역사회 내의 특정 문제 해결을 위해 지역사회공론화를 통한 표출적 행위로 나타나거나 자조적인 문제 해결과정을 도모한다는 특징이 있다. 지역사회복지운동은 보다 거시적인 측면에서 보면 사회정의를 실현하는 가장 실천적인 지역단위의 실천운동이라고 할 수 있다. 현재 우리나라에서 지역사회복지운동을 주도하는 단체의 현황을 살펴보면 다음과 같다.

표 13-1 지역사회복지운동단체 현황(2008년 12월 현재)

지역 및 명칭		설립일
서울	구로건강복지센터	1997. 6.
	관악사회복지	1995. 12.
	광진주민연대	2001. 3.
	참여연대	1994. 9.
	서울복지시민연대	2007. 11.
수도권	경기복지시민연대	1999. 3.
	인천희망을만드는마을사람들	2007. 6.
	인천사회복지보건연대	2005. 1.
충청권	천안복지세상을열어가는시민모임	1998. 6.
	대전참여자치시민연대복지포럼	1998. 3.
	충북행동하는 복지연합	2005. 6.
호남권	참여자치21(광주)	1998. 4.
	한국교육복지원	2000. 1.
	참여자치군산시민연대	1998. 9.
영남권	우리복지시민연합	1994. 7.
	울산시민연대	2007. 4.
	부산장애우권익문제연구소	1999. 7.
	부산사회복지연대	2006. 12.
제주	제주참여환경연대	2000. 8.

출처: 지역사회복지운동단체네트워크 규약집(2008).

제4부

공공 지역사회복지실천 추진체계

14

지방분권화와 지역사회복지

1. 지방분권화와 지역사회복지

1991년 6월 지방의원 선거 실시와 1995년 자치단체장 직접선거로 본격적인 자방자치시대가 열렸지만, 중앙정부의 역할 축소와 지방정부의 자율성 강화에 대한 사회적 요구는 지속적으로 증가해 왔다. 특히 사회복지영역에서는 중앙정부가 사회복지서비스를 일방적으로 기획하고 지방정부가 집행하는 형태를 탈피하여 지역의 특성과 지역주민의 복지수요를 전망하고 복지자원을 조달·관리하며, 이에 부응하는 사회복지전달체계를 지역단위별로 설계하고 추진할 필요성이 제기되었다.

이에 참여정부는 '지방분권정책과 국가균형발전정책'을 주요 정책과제로 내세우면서 본격적으로 사회복지의 분권화를 추진하였다. 분권화(decentralization)란 중앙의 권한이 지방으로, 중앙정부의 권한이 지방정부로 이전되는 것을 의미하는데(강혜규 외, 2006), 2003년 7월 30일 「사회복지사업법」 일부 개정으로 지역사회수준에서 각 지역의 실정에 맞는 사회복지서비스를 주도적으로 계획하고 수행할 수 있는 다양한 제도적 장치와 환경이 마련되는 등 실질적인 지방분권 정책들이 수립되었다. 지역사회복지협의체 구성 및 운영, 지역사회복지계획 수립, 복지재정 분권 등과 관련된 법조항이 신설되었고, 주민생활지원서비스 행정체계를 수요자 중심으로 개편하는 등 사회복지전달체계에도 변화가 동반되었다. 또한 국고보조사업 정비를 통한 다양한 사회복지사업의 지방 이양 등 분권화의 가속화로 지역사회복지 환경도 다양한 변화를 맞이하고 있다.

1) 사회복지사업의 지방이양

분권화시책에 발맞추어 참여정부는 2003년 4월에 정부혁신지방분권위원회를 발족시켰고, 2003년 7월에는 지방분권 관련 법률을 제 · 개정하였으며, 국고보조사업정비 등에 관한 구체적인 계획을 발표하였다. 정부혁신지방분권위원회는 국고보조금정비추진계획을 마련하여 국고보조사업 중 명백히 중앙정부 사무가 아닌 사업이나 단순 반복적인 보조사업은 원칙적으로 지방으로 이양하도록 추진하였다. 이에 2004년 7월 6일 국무회의에서 확정된 '국고보조금 정비방안'에 의거하여 2005년부터 13개 부처 149개 사업(9,581억 원)이 지방에 이양되었다.

〈표 14-1〉에 제시된 것처럼 2005년 당시 보건복지부 소관 국고보조사업 138개(총 49,368억 원) 중 67개 사업(5,959억 원)이 지방정부로 이양되었는데, 이는 사업 건수 면에서는 48.5%, 금액기준으로 12.1%에 해당된다. 그러나 보건복지부 예산 중 중앙정부가 담당해야 할 사업인 기초생활보장급여(1조 6,771억 원)와 의료급여(1조 8,807억 원)를 제외하면 사회복지 부문 예산 중 67.1%가 지방정부에 이양된 것으로 평가된다. 지방이양사업 67개 중 장애인복지(24개 사업)와 노인복지(13개 사업) 분야의 사업이 사무 건수나 예산 규모 면에서 가장 많은 부분을 차지하였다. 사회복지 분야별 지방이양사업과 국고보조사업의 상대적 비율을 보면, 공공부조와 보건 분야 사업은 중앙정부의 국고보조유지사업 형태로 수행하고, 기타 사회복지서비스 분야는 상당 부분 지방정부로 이양되었음을 알 수 있다(곽채기 외, 2008). 〈표 14-2〉는 지방이양사업 범주별 세부사업을 보여 주고 있다.

표 14-1 보건복지부 국고보조사업의 지방이양 실적

(단위: 건, 백만 원, %)

분 야 별	지방이양 사업		국고보조유지 사업		합 계	
	건수	예산	건수	예산	건수	예산
공공부조	3 (33.3)	10,831 (0.3)	6 (66.7)	3,746,904 (99.7)	9 (100.0)	3,757,735 (100.0)
일반사회복지	7 (63.6)	109,141 (77.7)	4 (36.4)	31,365 (22.3)	11 (100.0)	140,506 (100.0)
장애인복지	24 (61.5)	176,050 (61.5)	15 (38.5)	110,184 (38.5)	39 (100.0)	286,234 (100.0)
노인복지	13 (72.2)	162,122 (32.9)	5 (27.8)	330,177 (67.1)	18 (100.0)	492,299 (100.0)
아동복지	11 (64.7)	90,254 (93.1)	6 (35.3)	6,725 (6.9)	17 (100.0)	96,979 (100.0)
모자복지	3 (60.0)	6,618 (39.0)	2 (40.0)	10,345 (61.0)	5 (100.0)	16,963 (100.0)
보 건	6 (15.4)	40,838 (28.0)	33 (84.6)	105,210 (72.0)	39 (100.0)	146,048 (100.0)
합 계	67 (48.5)	595.854 (12.1)	71 (51.5)	4,340,910 (87.9)	138 (100.0)	4,936,764 (100.0)

출처: 곽채기 외(2008), pp. 5-6에서 재인용.

한편, 사회복지 분야의 지방이양사업에 대한 분권교부세(지방이양 이전에는 국고보조금)와 지방비의 재원부담비율 경향을 살펴보면, 지방이양 이전에 비해 지방이양 이후에 지방비부담비율이 높아지고 있다. 분권교부세는 지방정부로 이양된 국고보조사업을 수행하는 데 필요한 재원이양 수단으로 신설되었는데, 이 분권교부세에 의한 중앙정부의 경비부담률은 지방이양 전인 2004년에는 47.2%이었던 반면, 지방이양 후인 2007년에는 34.4%로 감소하였고, 지방비부담률은 2004년 52.8%였던 것이 2007년에는 65.6%로 증가하였다(곽채기 외, 2008). 〈표 14-3〉은 사회복지 분야 지방이양사업에 대한 분권교부세와 지방비부담 현황을 보여 주고 있다.

표 14-2 지방이양사업 범주별 세부사업

구분 범주		세부사업	
경상적 수요	노인복지	• 경로당 운영 • 경로당 활성화사업 • 경로식당 무료급식 • 노인건강진단 • 노인복지회관 운영	• 노인일거리마련사업 • 재가노인복지시설 운영 • 저소득재가노인 식사배달 • 지역사회 시니어클럽 운영 • 치매상담센터 운영
	장애인 복지	• 공동생활가정 운영 • 시각장애인 심부름센터 운영 • 시각장애인 재활지원센터 운영 • 여성장애인 가사도우미 • 의료재활시설 운영 • 장애인 정보화지원센터 운영 • 장애인 특별운송사업 • 장애인 해피콜봉사센터 운영 • 장애인단기보호시설 운영 • 장애인복지관 운영	• 장애인생활시설치과유니트 • 장애인재가복지센터 운영 • 장애인주간보호시설 운영 • 장애인직업재활시설 운영 • 장애인체육관 운영 • 정신지체인 자립지원센터 운영 • 지체장애인 편의시설센터 운영 • 청각장애인 수화통역센터 운영 • 청각장애인아동달팽이관수술 • 편의시설설치 시민촉진단지원
	아동복지	• 가정위탁양육지원 • 가정위탁지원센터 운영 • 결식아동급식 • 결연기관 운영 • 소년소녀가장 지원	• 아동보호전문기관 운영 • 아동시설 운영 • 입양기관 운영 • 퇴소아동 자립정착금
	그 밖의 복지	• 공공보건인력개발 • 공익근무요원 인건비 • 노숙자보호 • 대도시 방문보건사업 • 모부자복지시설 운영 • 모부자복지시설 퇴소자자립정착금 • 미혼모 중간의집 운영	• 사회복귀시설 운영 • 사회복지관 운영 • 사회복지전담공무원 인건비 • 업무보조 공익근무요원 인건비 • 재가복지봉사센터 운영 • 쪽방생활자 지원
비경상적 수요	일반수요	• 결연기관 컴퓨터(PC) 구입비 • 공공보건사업 • 사회복지관 기능보강 • 장애인지역사회재활시설 차량지원	• 재가노인복지시설 개보수 • 중소도시 보건소 신축 • 지역봉사사업 • 푸드뱅크 운영 장비 지원
	특정수요	• 노인복지회관 신축 • 노인시설 운영 • 아동보호전문기관 설치(장비구입)	• 장애인복지관 기능보강 • 장애인생활시설 운영 • 장애인체육관 기능보강 • 정신요양시설 운영

주: 2008년 사업구분에서는 비경상적 수요 일반수요사업의 '결연기관 컴퓨터(PC) 구입비'는 경상적 수요 아동복지사업으로, 비경상적 수요 특정수요사업의 '아동보호전문기관설치(장비구입)'는 일반수요로 구분 조정됨.

출처: 곽채기 외(2008), pp. 13-14에서 재인용.

표 14-3 사회복지 분야 지방이양사업에 대한 분권교부세와 지방비 부담 현황

(단위: 억 원, %)

구 분		2002	2003	2004	2005	2006	2007
합계 (67개 사업)	소계	9,247	10,434	12,951	16,820	19,201	22,481
	분권교부세	4,215	4,912	6,107	5,531	6,955	7,734
	비중	45.6%	47.1%	47.2%	32.9%	36.2%	34.4%
	지방비	5,032	5,522	6,844	11,289	12,246	14,747
	비중	54.4%	52.9%	52.8%	67.1%	63.8%	65.6%
노인 (13개 사업)	소계	2,363	2,693	3,872	5,170	6,195	7,896
	분권교부세	865	1,637	2,442	1,568	2,410	2,574
	비중	40.8%	60.8%	63.1%	29.6%	38.9%	32.6%
	지방비	1,498	1,056	1,430	3,602	3,785	5,322
	비중	59.2%	39.2%	36.9%	70.4%	61.1%	67.4%
장애인 (25개 사업)	소계	3,308	3,622	4,382	5,291	5,777	6,621
	분권교부세	1,533	1,825	2,133	1,879	2,371	2,558
	비중	46.3%	50.4%	48.7%	35.5%	41.0%	38.6%
	지방비	1,775	1,797	2,249	3,412	3,406	4,063
	비중	53.7%	49.6%	51.3%	64.5%	59.0%	61.4%
아동 (10개 사업)	소계	1,236	1,350	1,725	2,516	2,825	3,268
	분권교부세	716	781	975	895	980	1,060
	비중	57.9%	57.9%	56.5%	35.6%	34.7%	32.4%
	지방비	520	569	750	1,621	1,845	2,208
	비중	42.1%	42.1%	43.5%	64.4%	65.3%	67.6%
기타 (19개 사업)	소계	2,340	2,769	2,972	3,843	4,404	4,696
	분권교부세	1,101	669	557	1,189	1,194	1,542
	비중	47.1%	24.2%	18.7%	30.9%	27.1%	32.8%
	지방비	1,239	2,100	2,415	2,654	3,210	3,154
	비중	52.9%	75.8%	81.3%	69.1%	72.9%	67.2%

출처: 곽채기 외(2008), p. 12에서 재인용.

2) 지방분권화와 지역사회복지

지방분권은 지방정부의 재정편성과 행정에 대한 자율성을 확대시켜 지방정부가 재량권을 가지고 관할지역의 특성에 맞는 복지정책을 수립 가능하게 한다. 그러나 지방정부가 당면한 상황에 따라 지방분권은 부정적 영향을 초래할

수 있다. 지방분권화가 사회복지에 미치는 긍정적 측면과 부정적 측면을 정리하면 다음과 같다.

지방분권의 긍정적 측면으로는, 첫째 중앙정부와 지방정부 간의 권력관계를 재조정함으로써 지방정부의 권한과 책임성을 강화시킨다. 이러한 지방정부의 권한과 책임성 강화는 지방정부가 지역주민의 욕구에 보다 효율적이고 적극적으로 대응하게 한다. 즉, 지역의 특수성과 지역주민의 실제 욕구에 근거한 복지사업 기획 및 복지정책 수립을 가능하게 하고 보다 현실적인 복지서비스를 제공해 줄 수 있다는 긍정적인 측면이 있다(김종해, 2004; 류진석, 2003).

둘째, 복지의 다원화와 분권화를 통해 효율적인 복지집행체계 구축이 용이해진다. 즉, 지방정부의 자율성에 근거하여 지방정부가 복지 프로그램의 내용과 규모를 결정할 수 있어 중앙정부 중심의 복지공여체계에 대한 비효율성 문제를 극복할 수 있고 지방정부에 적합한 복지집행체계를 구축할 수 있다(류진석, 2003).

셋째, 정책결정과정에서 지역주민의 적극적인 참여가 전제된다면, 지방분권화는 지역주민의 욕구표출기회가 향상되어 지역주민의 욕구에 보다 신속하게 부응할 수 있는 복지 프로그램 실험이 가능해진다. 즉, 주민투표라는 정치적 행위를 통하여 지방자치단체가 구성되므로 지방자치단체의 의사결정자들은 관할지역의 친복지행정을 실현하는 것이 차기 당선에도 유리해진다. 따라서 주민친화적 복지정책의 이전(transfer)이나 확산(diffusion)을 도모할 수 있다(류진석, 2003).

넷째, 보편적이고 일반적인 서비스를 제공하는 중앙정부 중심의 복지행정이 지역사회의 욕구에 즉각적이고 포괄적으로 대응할 수 있는 지방정부 중심의 복지행정체계로 전환될 수 있다. 중앙정부 중심의 복지행정은 전체 국민의 안녕과 복지증진을 위한 복지정책을 통해 일반적이고 보편적인 서비스를 제공하고자 하므로 각 지역의 다양성과 특수성, 지역주민의 욕구를 적극적으로 반영한 복지행정의 구현이 용이하지 않다. 그러나 지방정부 중심의 복지행정은 주민의 생활근거지인 지역사회와 지역주민의 생활적인 다양한 욕구에 즉각적이고 포괄적으로 대응할 수 있으며, 지역주민은 지역사회복지에 대하여 보다 적극적으로 그들의 의견을 표출하고 자발적으로 참여할 수 있게 된다(표갑수, 2003).

지방분권의 부정적인 측면으로는, 첫째 사회복지 행정업무와 재정을 지방에 이양함으로써 중앙정부의 사회복지책임성 약화를 초래할 수 있다. 지방분권은 중앙정부로 하여금 사회복지에 대한 국가의 의무를 다하지 못하게 하거나 중앙정부의 사회복지재정 감소를 초래하여 결국 지방정부의 사회복지재정 부담의 증가를 불러올 수 있다(박병현, 2006).

둘째, 지방정부는 경제성장을 최고의 목표로 삼아 관할지역의 복지정책보다는 개발정책을 우선순위에 두는 반면, 복지정책에 대한 관심을 상대적으로 소홀히 하여 지방정부의 복지예산이 감소될 수 있다. 지방정부는 재정건전성 확보를 위해 중앙정부에서 제시한 기준보다 복지영역에 대한 지출을 통제하거나, 지방의 지배계층에 의해 자원이 통제될 경우 해당 지역의 복지서비스 절대량이 감소할 수 있다(김종해, 2004; 류진석, 2003).

셋째, 사회복지의 급여와 재정력은 긴밀하게 연관되어 있다고 할 수 있는데, 지방자치단체들 간의 재정력 격차가 존재하는 상태에서 지방분권화를 추진하는 경우 그 재정력 격차로 인해 지역 및 계층 간에 사회 · 경제적 불평등이 심화될 수 있다(강혜규 외, 2006). 현실적으로 볼 때, 재정력이나 지역사회의 역량 면에서 서울지역과 비서울지역 간의 불균형, 도시와 농촌 간의 불균형, 같은 지방의 시 · 군이나 읍 · 면 · 동 지역 간의 불균형 문제가 존재한다. 취약한 지방정부의 재정력은 복지부문 예산을 감소시켜 지역 간 복지수준의 격차와 계층 간의 격차를 심화시켜 국민 간의 사회 · 경제적 격차를 심화시킬 수 있다. 이러한 불균형을 개선하는 조치가 없는 분권화는 사회적 분열을 초래할 수 있고 지방의 자립기반을 침식하여 사회통합을 위협할 수 있다(박병현, 2006; 진재문, 2003).

넷째, 지방분권화는 지역 간 복지발전의 불균형을 심화시켜 국민의 복지권적인 측면에서 전국적인 통일성을 저해할 수 있다. 즉, 복지행정 역량의 차이와 복지재정의 불균등성에 따라 일정한 복지행정수준에 미달되는 지방정부가 나타나게 되고, 이에 따라 복지서비스 수급권에 대한 자격요건의 통일성이 없이 지역에 따라 복지수급권이 제한되거나 복지수급 자격요건이 엄격하게 적용되어 복지급여의 수급여부가 결정될 수 있다(류진석, 2003).

3) 지방분권화에 따른 지역사회복지의 핵심과제

지방분권화에 따른 지역사회복지와 관련된 핵심과제를 크게 세 가지로 나누어 제시하면 다음과 같다. 첫째, 지방분권과 복지재정분권에 따른 가장 큰 문제점은 복지수준의 지역 간 불균형이라고 할 수 있다. 예를 들어, 지방정부의 재정수입 자체 충당 능력을 나타내는 세입분석지표인 재정자립도를 살펴보면, 지방자치단체의 재정자립도는 지속적인 하락추세를 보이고 있을 뿐만 아니라,[1)]특별 · 광역시 그리고 경기도를 제외한 다른 지역의 재정자립도는 상당히 낮은 것으로 나타났다(행정안전부, 2009c). 〈표 14-4〉와 〈표 14-5〉에 나타나듯이, 지방자치단체의 평균 재정자립도는 1999년 평균 59.6%에서 2009년 53.6%로 감소되었다(행정안전부, 2009c). 즉, 대부분의 지방자치단체의 재정자립이 매우 취약하고 지역 간 불균형이 심화되고 있음을 알 수 있다. 재정력이 취약한 지방자치단체는 결국 사회복지에 대한 예산을 삭감하게 될 가능성이 높아지므로, 중앙정부는 분권화에 따른 복지재원의 불균형과 복지의 불균형 문제를 감소시킬 수 있는 균형발전 정책을 지속적으로 개발할 필요가 있다(감정기, 백종만, 김찬우, 2005).

둘째, 복지의 지방분권화가 실질적인 효과를 거두기 위해서는 적극적인 주

표 14-4 지방자치단체의 연도별 재정자립도 현황

(단위: %)

	1999	2000	2001	2002	2003	2004	2005	2006	2007	2008	2009
전국 평균 (순계규모)	59.6	59.4	57.6	54.8	56.3	57.2	56.2	54.4	53.6	53.9	53.6
특별 · 광역시 (총계규모)	81.8	84.8	82.9	79.8	82.2	81.4	80.3	78.5	73.9	73.8	72.7
도 (총계규모)	38.3	37.9	35.6	34.6	39.4	41.3	36.6	36.1	34.9	39.5	33.3
시 (총계규모)	52	50.6	43.4	40.2	38	38.8	40.6	39.4	39.5	40.7	40.7
군 (총계규모)	23.4	22	18.1	17.4	16.3	16.6	16.5	16.1	16.6	17.2	17.8
자치구 (총계규모)	52.3	46.9	45	45.1	42.3	42.6	44.3	40.5	37.5	37.1	37.3

출처: 행정안전부(2009c), p. 132.

1) 재정자립도의 하락현상은 지방자치제 실시 이후 중앙정부가 지방에 사무를 이양하면서 재원 간, 지역 간 재정력 격차를 해소하기 위해 교부세 형태로 재원을 이전하고 있어, 지방자치단체의 가용재원은 증가하면서도 외견상 재정자립도 수치는 낮아지는 것으로 정부는 설명하고 있다(행정안전부, 2009c).

표 14-5 지역별 재정자립도 현황

(단위: %)

지 역	평 균 (순계규모)	특별시·광역시 (총계규모)	도·특별자치도 (총계규모)	시 (총계규모)	군 (총계규모)	자치구 (총계규모)
단체별평균	53.6	72.7	33.3	40.7	17.8	37.3
서 울	92.0	90.4	-	-	-	50.8
부 산	58.3	55.5	-	-	33.2	22.7
대 구	54.7	50.7	-	-	36.2	24.1
인 천	74.2	75.7	-	-	17.9	30.5
광 주	48.3	42.9	-	-	-	19.2
대 전	59.3	54.5	-	-	-	22.9
울 산	67.7	59.3	-	-	56.7	36.8
경 기	75.9	-	64.1	57.6	31.3	-
강 원	28.0	-	21.4	25.4	15.3	-
충 북	33.3	-	25.4	31.8	22.0	-
충 남	36.6	-	28.1	33.4	21.7	-
전 북	23.6	-	17.5	21.6	13.3	-
전 남	19.4	-	10.4	26.7	12.0	-
경 북	27.7	-	19.1	28.4	15.1	-
경 남	39.4	-	32.5	37.2	14.8	-
제 주	25.2	-	24.9	-	-	-

주: 1) 시·도별 전국 평균 재정자립도는 순계규모로 산출됨에 따라 단체별보다 다소 높게 나타남(의존재원인 국고보조금 등 중복계상분을 공제)

2) 특별·광역시, 도, 시, 군, 자치구의 단체별 재정자립도는 순계규모로 산출이 곤란함에 따라 총계규모로 산출.

출처: 행정안전부(2009c), p. 131.

민참여와 민간부문의 역량강화가 전제되어야 한다. 이를 위해 먼저 지역주민이 자신들의 삶에 영향을 미치는 정책결정과정에 적극적으로 참여하는 진정한 민관의 협치(governance)가 확보되어야 한다. 즉, 지방정부는 지역주민이 다양한 통로를 거쳐 지역사회문제의 정책결정과정에 조직적·집합적·직접적으로 참여할 수 있도록 적극적으로 지원하여야 한다. 물론 2003년 「사회복지사업법」 개정에 따라 지역사회복지협의체 구성 등 민관의 협치를 보장하는 물리적인 장치가 마련되었지만, 현재 지역사회복지협의체의 역할은 미미한 수준에 머물러 있다고 할 수 있다. 사회복지 기획과 집행에서 지방자치단체의 역할이 강화됨에 따라, 지역 내의 전문사회복지조직과 비영리 시민단체들은 지역주민에게 사회복지에 대한 정확한 정보를 제공하고 해결되어야 할 사안들을 이슈화하고 대안을 제시하고 정책과제로 논의할 수 있도록 전문성을 확보하여야 하며, 지방정부의 사회복지정책개발에 적극적으로 참여하고 공공부문의 서비스를 보완하는 서비스를 개발할 필요가 있다. 또한 지방정부는 지역사회문제에 대하여 사회복지협의회, 사회복지사협회 혹은 부문별 조직들, 각종 시민단체와의 동반자적 관계를 통하여 관 주도가 아닌 실질적으로 민관이 함께 고민할 수 있는 체제를 구축하여야 한다(김종해, 2004).

셋째, 복지의 분권화에 따라 향후에는 지역주민의 안녕은 지역 내에서 해결하는 체제가 될 것이므로, 공공과 민간부문의 복지 · 보건 · 고용 등 지역 내의 복지 관련 연계망이 구축되어 효과적인 서비스 제공이 이루어지도록 하여야 한다(조성숙, 지은구, 2009). 특히 대부분 지방정부의 재정자립도가 열악하다는 현실을 감안할 때, 지방정부는 관련 기관들과의 적극적인 협력에 근거하여 지역 내의 다양한 복지자원의 개발과 활용을 극대화하고 제한된 자원으로 효과적인 서비스 제공이 이루어질 수 있는 체계적인 기반을 구축하여야 한다(감정기, 백종만, 김찬우, 2005).

2. 지역사회복지계획

1) 지역사회복지계획의 개념

정부는 2003년 7월 30일 개정된 「사회복지사업법」에 지역사회복지계획에 대한 내용을 신설하여 시 · 도지사 또는 시 · 군 · 구청장은 2005년 7월 31일부터 당해 시 · 도 또는 시 · 군 · 구 지역사회복지계획을 4년마다 수립하도록 하고 있다. 지역사회복지계획이란 지역사회주민의 참여를 토대로 하여 지역의 특성과 문제, 그리고 지역주민의 사회복지욕구를 파악하여 이에 적극적으로 대처하고자 하는 지역사회수준의 종합적인 계획이다. 이는 지역사회수준에서 복지서비스에 대한 수요와 공급을 미리 전망하여 이에 적극적으로 대처하고자 하는 지방자치단체의 중 · 장기적 계획이기도 하다. 따라서 지역사회복지계획은 해당 지역주민의 욕구와 지역사회 내의 복지 관련 문제를 파악하고, 사회복지서비스 전달체계를 점검하고 인적 · 물적 복지자원을 효과적으로 조달하고, 배분하고, 관리하기 위한 방안을 체계적으로 제시하는 데 목적이 있다(강혜규, 2003).

2) 지역사회복지계획 수립의 필요성

지역사회복지계획 수립의 필요성은 다음과 같다.

첫째, 사회복지서비스에 대한 수요적인 측면으로서, 지역사회복지계획은 해당 지역주민의 복지욕구가 반영된 복지정책 마련을 위해 필요하다. 지방자치단체는 지역사회복지계획 수립과정에서 지역사회의 특성과 문제를 파악하고 지역사회주민의 복지욕구를 구체적으로 전망하여 이를 계획에 반영하여야 하므로 지역사회복지계획 수립을 통하여 지역중심, 주민중심의 사회복지정책이 마련될 수 있다.

둘째, 사회복지서비스의 공급적인 측면에서 볼 때, 지역사회복지계획은 사회복지서비스의 공급체계에 대한 전반적인 사항을 체계적으로 계획할 수 있게 한다. 즉, 이는 파악된 복지수요에 부응하기 위하여 지방자치단체가 다양한 인적 · 물적 복지자원 등 사회복지서비스 공급체계에 대한 사항을 미리 점검하고 체계적으로 준비할 수 있게 한다.

셋째, 사회복지서비스 관련 기관 간의 연계 및 유사서비스와의 연계 제공을 가능하게 한다. 지역사회복지계획은 사회복지서비스와 유사서비스인 보건의료서비스와의 연계 제공 방안을 강조하고 있고 민관협력뿐만 아니라 지역주민의 참여가 전제된 지역사회복지정책 마련을 강조하고 있다. 따라서 지역사회복지계획의 수립과정에서 지방자치단체, 민간기관 및 시민 3자 간의 지속적인 논의와 조율을 통해 지역사회복지사업에 대한 우선순위를 결정하고, 지방자치단체, 민간기관, 지역주민의 적극적인 참여를 통해 보다 실질적인 계획이 도출될 수 있게 한다(강혜규, 2003).

3) 지역사회복지계획의 법적 근거

- 「사회복지사업법」 제15조의 3(지역사회복지계획의 수립)
- 「사회복지사업법」 제15조의 4(지역복지계획의 내용)

• 「사회복지사업법」 제15조의 5(지역복지계획의 시행)
• 「사회복지사업법」 제15조의 6(지역복지계획 시행결과의 평가)
• 「사회복지사업법 시행령」 제7조의 2(지역사회복지계획의 수립방법 및 제출시기), 제7조의 3(지역복지계획의 수립시기 및 변경), 제7조의 4(지역복지계획 시행결과의 평가)

4) 지역사회복지계획 수립의 실행 주체

지역사회복지계획은 실행계획(action plan)으로서 궁극적으로 구체적인 사업의 실행을 목표로 하기 때문에 사업내용이 구체적이고, 분야별 사업 우선순위 및 목표량 설정, 인력 · 재정계획을 포함하는 실천계획의 성격을 가지고 있다. 따라서 실질적인 계획 수립은 지역의 여러 주체가 관여하고 논의하는 구도에서 진행되어야 한다. 지역사회복지계획 수립의 실행 주체는 크게 지역사회복지협의체, 시 · 군 · 구 해당 부서, 외부전문기관이라고 할 수 있다. 먼저 지역사회복지협의체는 지역사회복지계획의 실천적 성격에 따라 지역사회 전체가 참여할 수 있는 구도가 될 수 있도록 조정 · 합의하는 실행 주체가 되어야 한다. 또한 시 · 군 · 구의 해당 부서는 복지계획을 연차적으로 수행하므로 계획수립 단계부터 주관하여야 한다. 그뿐만 아니라 지역사회복지계획의 수립을 위한 지역의 욕구조사와 분석을 위해 지역사회의 전문가 및 자문가가 참여할 수 있다(안혜영, 김영종, 2009).

5) 지역사회복지계획 수립의 원칙

지역사회복지계획 수립과정의 주요 원칙은 다음과 같다(안혜영, 김영종, 2009). 첫째, 지역성으로, 지역사회복지계획은 지역 고유의 특성이 반영된 사업계획이 되어야 한다. 즉, 지역사회복지계획은 중앙정부 차원의 국고 보조사업의 집행계획이 아닌 시 · 군 · 구 단위의 복지계획 수립이 주목적이므로 지역사회의 특성을 반영한 서비스를 공급하기 위해 해당 지역사회의 특성과 지역주민의 욕구를 반영한 고유한 사업을 개발하고 실천할 수 있도록 계획한다. 둘째, 과학성으로, 지역사회복지계획은 객관성을 확보할 수 있는 과학적 기초자료에 근거하여 수립되어야 한다. 즉, 지역사회복지계획의 궁극적 목적은 지역주민의 복지욕구를 충족시키는 것이기 때문에 지역주민의 욕구에 대한 객관적 근거와 환경 및 자원에 대한 과학적인 현황분석에 근거하여 계획이 수립되어야 한다. 셋째, 연속성으로, 지역사회복지계획은 상위계획, 유관계획, 연차별 계획 등과의 연속성이 확보되어야 하며, 중·단기계획을 통해 실현 가능하도록 작성되어야 한다. 또한 이전계획 및 관련계획(보건계획 등), 중앙 시·도의 계획 방향과 연속성이 확보되어야 한다. 넷째, 실천성으로, 지역사회복지계획의 실현 가능성 확보를 위하여 관련 조직, 재정확보 등이 반드시 수반되어야 한다. 즉, 실천을 위한 행정 및 재정 계획이 갖추어진 계획이 수립되어야 한다.

6) 지역사회복지계획 수립 절차

2003년 7월 30일 개정된 「사회복지사업법」에 따라 시·도지사 또는 시·군·구청장은 2005년 7월 31일부터 당해 시·도 또는 시·군·구 지역사회복지계획을 4년마다 수립하여야 하며, 지역사회복지계획의 연차별 시행계획은 매년 수립하여야 한다. 지역사회복지계획의 수립 절차는 「사회복지사업법」 제15조의 3에 규정되어 있는데, 그 수립 절차는 다음과 같다. 먼저, 시·군·구청장은 지역주민 등 이해관계인의 의견을 들은 후 지역사회복지협의체의 심의를 거쳐 당해 시·군·구의 지역사회복지계획을 수립하고, 이를 시·도지사에게 제출하여야 하며, 지역보건의료계획과 연계하여야 한다. 그리고 시·도지사는 제출받은 시·군·구의 지역사회복지계획을 종합·조정하여 사회복지위원회의 심의를 거쳐 시·도의 지역사회복지계획을 수립하고, 이를 보건복지가족부 장관에게 제출하여야 하며, 이 경우에도 지역보건의료계획과 연계되도록 하여야 한다. 시·도지사 또는 시·군·구청장은 지역사회복지계획을 수립하는 데 필요하다고 인정하는 경우에는 사회복지 관련 기관·단체 등에 대하여 자료제공 및 협력을 요청할 수 있다. 보건복지가족부 장관 또는 시·도지사는 지역사회복지계획의 내용에 관하여 필요하다고 인정하는 경우에는 시·도지사 또는 시·군·구청장에 대하여 「보건복지가족부령」이 정하는 바에 의하여 그 조정을 권고할 수 있다. 지역사회복지계획 수립 절차는 〈표 14-6〉과 같다.

표 14-6 지역사회복지계획 수립 절차

단 계	주요활동	구체적인 활동
준비단계	계획수립 · 설계	• 시 · 군 · 구 지역사회복지계획 수립을 위한 기획, 예산확보 및 활용계획 등을 총괄하여, 계획수립과정 설계 • 복지계획 수립의 주체 간의 역할을 명확하게 하고 시 · 군 · 구의 지원 방향, 협의체에서의 사업 논의방식, 지역의 복지전문가의 참여범주 등을 결정
지역의 기초 분석단계	욕구 및 자원 조사 실시	• 지역주민의 욕구와 활용 가능한 자원 파악 • 전문성이 요구되는 과정이므로 지역의 전문연구기관이나 협의체의 내 · 외부 전문가가 주도적 역할 수행
사업계획단계	사업계획안의 구성	• 부문별 지역사회복지협의체 실무분과를 중심으로 사업계획안 진행 • 부문별 사업 우선순위 결정, 부문별 예산 흐름과 복지욕구와의 적절한 연계 분석을 통해 주력사업 선정, 사업별 부분 중기계획 수립, 개별사업별 세부계획 수립
의견수렴단계	지역의 의견수렴	• 공고, 공청회, 간담회 등을 통하여 지역주민의 의견 수렴 절차를 거쳐 계획의 정당성 확보
심의 · 확정 단계	심의 · 확정	• 지역사회복지협의체의 대표협의체 중심으로 지역사회복지계획 수립의 심의 및 계획안 확정
보고단계	보고	• 최종심의 확정된 지역사회복지계획 수립안을 시 · 도지사에게 보고 및 제출
권고 · 조정 반영단계	권고 · 조정 사항 반영	• 시 · 도지사가 제시한 권고 · 조정 사항을 협의체에서 논의하여 지역사회복지계획에 반영하고 최종 계획안 확정

출처: 안혜영, 김영종(2009), pp. 5-6을 요약 · 정리함.

7) 지역사회복지계획의 주요 내용

「사회복지사업법」 15조의 4에 따르면, 지역사회복지계획에는 다음과 같은 사항이 포함되어야 한다.

- 복지수요의 측정 및 전망에 관한 사항
- 사회복지시설 및 재가복지에 대한 장 · 단기 공급대책에 관한 사항
- 인력 조직 및 재정 등 복지자원의 조달 및 관리에 관한 사항
- 사회복지전달체계에 관한 사항
- 사회복지서비스 및 보건의료서비스의 연계제공방안에 관한 사항
- 지역사회복지에 관련된 통계의 수집 및 정리에 관한 사항

- 사회복지시설에 종사하는 자의 처우개선에 관한 사항
- 그 밖에 「대통령령」이 정하는 사항

8) 지역사회복지계획의 시행 및 평가

(1) 계획의 시행

「사회복지사업법」 제15조의 5에 따르면, 시 · 도지사 또는 시 · 군 · 구청장은 지역사회복지계획을 시행하여야 하며, 지역사회복지계획의 시행 시 필요하다고 인정하는 경우에는 민간사회복지 관련 단체 등에 대하여 인력, 기술 및 재정을 지원할 수 있다.

(2) 시행결과의 평가

「사회복지사업법」 제15조의 6에 따르면, 보건복지가족부 장관 또는 시 · 도지사는 「대통령령」이 정하는 바에 의하여 시 · 도 또는 시 · 군 · 구의 지역사회복지계획의 시행결과를 평가할 수 있다. 지역사회복지계획의 총괄적인 평가는 4년 주기로 하되 자체평가를 중심으로 진행된다. 지역사회복지계획 수립 시 이와 연계하여 연차별 시행계획을 수립하게 되는데, 연차별로 시행결과에 대한 평가를 받는다. 연차별 시행결과 평가는 지역사회복지계획의 과정 중에 이루어지는 중간점검의 성격을 가지는 과정평가라고 할 수 있다. 지역사회복지계획과 그에 대한 시행결과의 평가내용은 차기 지역사회복지계획에 반영하며, 연차별 계획의 시행 평가결과를 기존의 지역사회복지계획 실행과정에 반영하여 지역사회복지계획 변경절차에 따라 수정한다. 보건복지가족부 장관이 정하는 지역사회복지계획에 대한 평가기준으로는 지역사회복지계획 내용의 충실성, 시행과정의 적정성, 시행결과의 목표달성도, 지역주민의 참여도와 만족도가 포함된다(안혜영, 김영종, 2009).

3. 지역사회복지협의체[2)]

지역사회는 주민의 욕구를 가장 용이하고 정확하게 파악할 수 있는 기반이

2) 이 내용은 보건복지가족부(2009c)의 『지역사회복지협의체 운영지침 · 운영사례』를 주로 참고함.

되며 가장 신속히 그리고 민감하게 대응할 수 있다는 점에서 사회복지서비스 제공단위로서 많은 잠재력을 가지고 있다. 현실적으로 지역사회가 이러한 잠재력을 가지는 이유는 지역사회 내에 존재하는 다양한 민관의 다양한 주체들의 연계와 협력을 통해서라고 할 수 있다(이현주, 2003). 지역사회복지협의체는 지역사회 내의 다양한 복지 관련 주체들이 참여하여 해당 지역사회복지정책에 대한 의사결정을 행하는 민관협력체라고 할 수 있다. 개정된 「사회복지사업법」 제7조의 2에 따라 모든 시 · 군 · 구에는 지역사회복지협의체를 두어야 하는데, 이는 2005년 7월 31일부터 시행되고 있다.

지역사회복지협의체의 추진 배경은 다음과 같다. 첫째, 지방분권과 복지재정분권에 따라 국고보조금 방식으로 운용되던 사회복지서비스 예산의 상당부분이 지방으로 이양됨에 따라 사회복지서비스 전달방법에 대한 근원적인 변화가 요구되고 지역사회중심의 사회복지전달체계의 구축에 대한 필요성이 제기되었다. 둘째, 효과적이고 효율적인 사회복지서비스 전달을 위해 지역사회복지의 체계 구축과 민관협력에 근거한 지역의 복지문제 해결에 대한 필요성이 대두되었다. 셋째, 지역사회의 공동체적 기능을 회복하고 사회자본 증대를 통한 복지문제 해결에 대한 절실성이 지역사회복지협의체 운영의 배경이 되었다. 넷째, 정보통신기술의 발전에 따라 사회복지 분야에도 저비용 · 고효율의 네트워크 조직을 통한 지역사회복지시스템 구축의 필요성이 지역사회복지협의체의 추진을 본격화하게 하였다.

1) 지역사회복지협의체의 법적 근거

지역사회복지협의체에 관한 법적 근거는 다음과 같다.

- 「사회복지사업법」 제7조의 2(지역사회복지협의체)
- 「사회복지사업법 시행규칙」 제1조의 3(지역사회복지협의체의 구성 및 운영)
- 「사회복지사업법 시행규칙」 제1조의 4(실무협의체의 구성 및 운영)

〈표 14-7〉은 지역사회복지협의체의 구조, 기능 및 운영에 관한 구체적인 사항을 제시하고 있다.

표 14-7 지역사회복지협의체의 법적 근거

내 용	사회복지사업법	사회복지사업법 시행규칙
협의체 구조	지역사회복지협의체의 위원 구성(제7조의 2, ②) • 사회복지 또는 보건의료에 관한 학식과 경험이 풍부한 자 • 사회복지사업을 행하는 기관 · 단체의 대표자 • 보건의료사업을 행하는 기관 · 단체의 대표자 • 공익단체에서 추천한 자 • 사회복지업무 또는 보건의료업무를 담당하는 공무원	대표협의체 위원선출 및 임기(제1조의 3) • 위원장을 포함한 10인 이상 30인 이하의 위원으로 구성 • 위원장은 위원 중에 호선하되, 임명직 위원과 위촉직 위원 각 1인을 공동위원장으로 선출 • 위원의 임기 2년(다만, 공무원인 위원의 임기는 그 재직기간으로 함) 실무협의체 위원선출 및 임기(제1조의 4) • 위원장 1인을 포함한 10인 이상 30인 이하의 위원으로 구성 • 위원장은 위원 중에서 호선하고, 위원은 대표협의체 위원장이 임명 또는 위촉(대표협의체의 위원장이 2인의 공동위원장인 경우에는 공동으로 임명 또는 위촉) • 위원의 임기 2년(다만, 공무원인 위원의 임기는 그 재직기간으로 함)
협의체 기능	지역안의 사회복지사업에 관한 중요사항 및 지역사회복지계획 심의 또는 건의, 사회복지 · 보건의료 관련 기관 · 단체가 제공하는 사회복지서비스 및 보건의료서비스의 연계 · 협력 강화(제7조의 2, ①)	
협의체 운영	지역사회복지협의체의 조직 · 운영에 관한 사항, 시 · 군 · 구의 조례로 규정(제7조의 2, ④)	

출처: 보건복지가족부(2009c), p. 10.

2) 지역사회복지협의체의 운영목적

지역사회복지협의체의 운영목적은 다음과 같다. 첫째, 지역사회 내의 복지문제를 효율적이고 효과적으로 해결하기 위한 민주적인 의사소통 구조를 확립하여 지역사회복지계획 수립 등 지역사회복지 증진을 위한 과정에 민간의 참여기반을 마련함으로써 참여복지를 구현하는 데 목적이 있다. 특히, 서비스제공 실무자들의 문제 해결 노력이 지역사회에서 활발하게 논의될 수 있는 상향식 의사소통구조의 확립에도 기여한다. 둘째, 서비스 수요자중심의 통합적 복지서비스 기반을 마련하고 지역사회의 보건·복지서비스 제공자 간의 연결망(network)을 구축하여 서비스 수요자의 복합적 욕구에 공동으로 대응하고 주민이 필요로 하는 서비스를 Any-stop이나 One-Stop 방식으로 통합서비스를 제공하는 데 목적이 있다. 셋째, 지역사회의 잠재적 복지자원을 발굴하고 서비스 제공기관 간 연계·협력을 통해 지역사회의 복지정보 및 서비스 수요자에 대한 정보 등을 공유함으로써 자원제공의 중복과 누락을 방지하는 등 복지자원의 효율적 활용체계를 조성해 나가는 데 목적이 있다.

3) 지역사회복지협의체의 운영원칙

지역사회복지협의체는 다음의 원칙에 근거하여 운영되고 있다. 첫째, 지역성의 원칙이다. 지역사회복지협의체는 관할 지역 내의 사회복지현안에 집중하고, 지역사회복지협의체의 활동도 지역적 테두리 안에서만 이루어지므로, 지역주민, 지역욕구, 지역 내의 자원 등을 고려하여 지역사회복지협의체의 활동을 수행해 나가야 한다. 둘째, 참여성의 원칙이다. 연결망 조직을 표방하는 지역사회복지협의체가 관변단체로서의 외형을 가지지 않고 협의체 본래의 목적을 달성하기 위해서는, 법적 장치나 규제보다는 민관의 적극적이고 자발적인 참여가 선행되어야 한다. 셋째, 협력성의 원칙이다. 지역사회복지협의체의 설립목적은 연결망조직구조를 통해 지역사회가 당면한 지역사회복지시스템을 구축하는 것이다. 이는 지역사회복지의 기획과 실행기능을 위해 협의적인 의사결정, 상생적 조직관계, 지역사회공동체, 사회적 자본 등을 주요개념으로 두고, 연결망 방식에 근거하여 합리적으로 운영되어야 한다.

4) 지역사회복지협의체의 주요 기능

지역사회복지협의체의 주요 기능은 다음과 같다. 첫째, 협치(governance)기능이다. 지역사회복지협의체는 민관이 협의하여 해당 지역사회의 사회복지에 관한 정책에 대하여 의사결정 및 심의하고 개선이 필요한 사항을 시·군·구청장에게 건의한다. 둘째, 연결(network)기능이다. 지역사회복지협의체는 지역사회 인적·물적 자원을 연결하고 조직화한다. 셋째, 통합서비스 지원기능이다. 지역사회복지협의체는 협의체 내에서 각 분과 간 통합 및 조정의 역할과 효율적인 서비스 전달을 위한 지원을 제공하고, 통합서비스 제공을 위해 기존의 사회복지-보건의료서비스의 연결 · 협력 강화 및 관련 타 영역과의 연계를 통한 통합서비스 제공 기능을 한다.

〈표 14-8〉과 [그림 14-1]은 각각 지역사회복지협의체의 주요 기능을 제시한다.

표 14-8 지역사회복지협의체의 기능

주요 기능	내 용
협치기능	• 지역복지의 주요사항을 민관이 협의하여 의사결정 · 심의하고 개선이 필요한 사항을 시 · 군 · 구청장에게 건의
연결기능	• 지역사회 인적 · 물적 자원의 연계 및 조직화
통합서비스기능	• 협의체 내에서 각 분과 간 통합 및 조정의 역할과 효율적인 서비스 전달을 위한 지원 • 통합서비스 제공을 위해 기존의 보건 · 복지연계 및 관련 타 영역과의 연계 확대

출처: 보건복지가족부(2009c), p. 25.

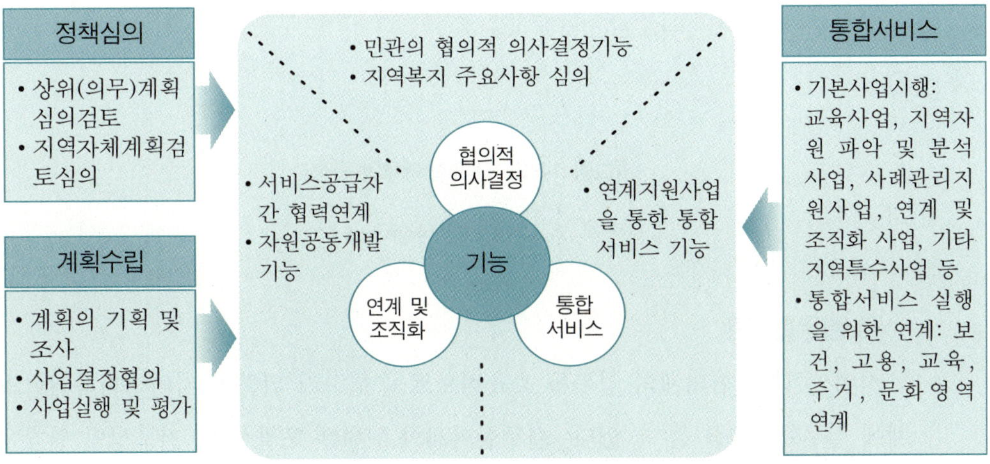

[그림 14-1] 지역사회복지협의체 기능체계

출처: 보건복지가족부(2009c), p. 24.

5) 지역사회복지협의체의 구조

지역사회복지협의체는 크게 대표협의체, 실무협의체, 실무분과로 구성된다.

(1) 대표협의체

대표협의체 위원은 해당 지역사회의 사회복지 관련 공공기관 대표, 민간서비스기관 대표, 이용자 대표 등 세 영역별 주체들과 실무협의체위원장으로 구성한다. 임기는 2년으로 1회에 한하여 연임할 수 있다. 대표협의체 위원은 위원장을 포함하여 10인 이상 30인 이내로 구성한다.

[그림 14-2]는 대표협의체의 구성을 나타낸다.

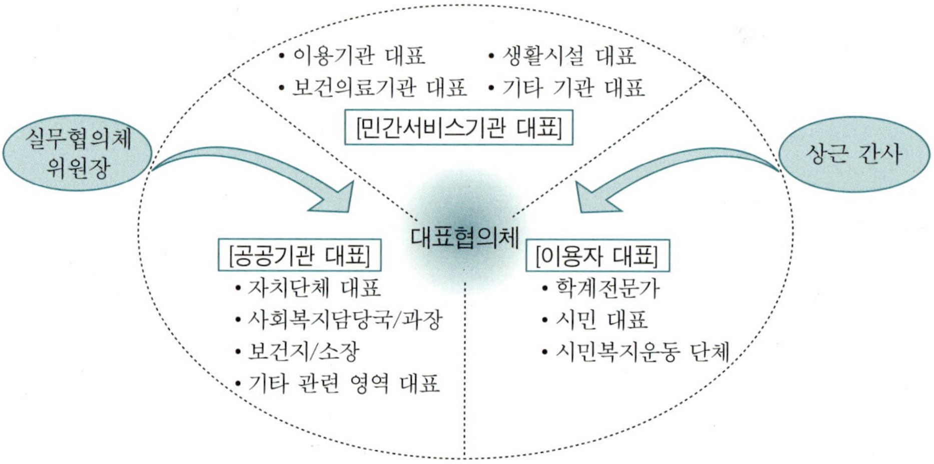

[그림 14-2] 대표협의체의 구성

출처: 보건복지가족부(2009c), p. 16.

(2) 실무협의체

지역사회복지협의체의 업무를 효율적으로 수행하기 위하여 지역사회복지협의체에 실무협의체를 둘 수 있다. 실무협의체의 위원은 포괄성 및 전문성의 원칙에 근거하여 지역사회복지 구성 주체, 즉 지역사회복지 관련 공공부문 및 민간부문 등 영역별 주체들 가운데에서 민주적 절차와 방법을 통하여 선출하여야 한다. 실무협의체는 위원장을 포함한 10인 이상 30인 이하의 위원으로 구성한다. 위원의 임기는 2년으로 하되, 공무원인 위원의 임기는 그 재직기간으로 하고 지역의 인적 자원 현황을 고려하여 연임 또는 연임제한을 별도로 규정하여 활용할 수 있다.

(3) 실무분과

실무분과의 구성은 지역사회복지협의체 활성화의 원동력이 되는 기초를 제공하므로 반드시 구성하여야 한다. 구성방식은 지역의 상황에 따라 대상별, 지역별, 기능별 등 다양한 형태로 구성이 가능하다. 먼저 노인, 아동, 장애인, 여성 등 지역의 대상별 욕구에 대응한 실무분과를 구성하거나 지역특수 욕구를 반영하여 노숙자, 이주민 분과 등 필요한 영역을 고려한 대상별 분과를 설치할 수 있다. 또한 자원이 부족한 지역에서 지역의 욕구에 대응한 대상별 분과가 불가능할 경우 읍·면·동 단위나 소생활권 단위로 분과의 구성도 가능하다. 기능별 분과는 지역에서 필요로 하는 기능적인 분과 구성 형태로, 통합적 복지서비스 제공을 위한 '통합서비스 분과'를 설치·운영하거나 효율적인 통합서비스 분과 운영을 위하여 고용, 주거, 평생교육, 문화, 관광, 생활체육 등의 분과 등을 구성할 수 있다. 각 분과의 위원 수는 지역의 실정에 따라 협의체 내의 합의를 거쳐 조정이 가능하다.

지역사회복지협의체의 주체별 주요 역할과 구조를 살펴보면 〈표 14-9〉와 〈표 14-10〉과 같다.

표 14-9 지역사회복지협의체 주체별 주요 역할

주체별	역할
대표협의체	• 지역사회복지계획의 심의 및 건의 • 지역사회복지 시책에 대한 심의 및 건의 • 사회복지서비스 및 보건의료서비스의 연계·협력 • 지역의 복지문제에 대한 협의 및 건의 • 지역사회 자원개발 및 관련 협의 • 복지정책에 대한 모니터링
실무협의체	• 공동사업개발 및 건의 • 지역사회서비스 제공 및 연계협력에 관한 협의 및 건의 • 대표협의체 심의(건의)안건 사전검토 • 실무분과에서 발의된 이슈에 대한 논의 • 실무분과 간 역할조정 및 협력도모 • 지역사회 자원개발 관련 협의 및 건의
실무분과	• 공동사업의 수행 • 대상자별 사례회의 • 서비스 제공 및 연계 • 서비스 제공 관련 건의

출처: 보건복지가족부(2009c), p. 26.

표 14-10 지역사회복지협의체의 구조

영 역		자원이 적은 지역 ← 【 농어촌 】 【 중 · 소도시 】	→ 자원이 많은 지역 【 대도시 】
대표 협의체	구성 원칙	대표성, 민주성	
	위원 구성	• 공공기관 대표 3인 • 민간서비스기관 대표 1/3 • 서비스이용자 대표 1/3 • 기타 연계영역 대표	• 공공기관 대표 3인 • 민간서비스기관 대표 1/3 • 서비스이용자 대표 1/3 • 기타 연계영역 대표
	선출 방식	• 공공기관대표: 자치단체장, 담당국장(군지역 과장), 보건소장 • 서비스 이용자 대표: 각계를 고루 대표할 수 있도록 선출	• 공공기관대표: 자치단체장 담당국장(군지역 과장), 보건소장 • 민간서비스기관 대표: 민간서비스 제공기관의 대표에게 의뢰 • 서비스 이용자 대표: 각계를 고루 대표할 수 있도록 선출
	위원장	대표협의체 위원 중 호선함	대표협의체 위원 중 호선함
	임기	2년	2년
실무 협의체	구성 원칙	포괄성, 전문성	
	위원 구성	• 공공기관 실무위원 1/3 이하 • 민간서비스기관 실무위원	• 공공기관 실무위원 1/3 이하 • 민간서비스기관 실무위원
	선출 방식	• 공공기관 실무위원: 자치단체장의 추천 • 민간서비스기관 실무위원: 실무분과의 구성원들의 합의를 거쳐 분과별 2인 이내 추천을 받아 선출하며, 해당 분과 외 영역은 공모하여 선출함 • 기관 시설 등의 자원이 없어 위원 선정이 어려울 경우 사람중심으로 선정할 수 있음	• 공공기관 실무위원: 자치단체장의 추천 • 민간서비스기관 실무위원: 실무분과의 구성원들의 합의를 거쳐 분과별 2인 이내 추천을 받아 선출하며, 해당 분과 외 영역은 공모하여 선출함
	위원장	• 실무협의체 위원 중 호선함: 대표협의체 위원을 겸직함	• 실무협의체 위원 중 호선함: 대표협의체 위원을 겸직함
	임기	2년	2년, 1회 연임 가능
실무 분과	위원 구성	• 공공기관 위원 • 민간기관 및 직능단체 실무자: 자원이 없어 분과 구성이 어려운 경우 지역의 특성에 따라 기능별, 지역별 형태 등 다양하게 분과를 구성할 수 있음	• 공공기관 위원 • 민간기관 및 직능단체 실무자

	선출 방식	• 공공기관 위원: 업무 담당자 당연직 • 민간기관 및 직능단체: 기존 실무분과위원의 추천과 합의에 의해 선출	
관련 영역	간사	• 지역복지 관련 업무 경험 • 기존 기관의 직원	• 지역복지 관련 업무 경험

출처: 보건복지가족부(2009c), p. 22.

15

공공 지역사회복지전달체계

1. 사회복지사무소 시범사업[1)]

고령화 · 핵가족화 등 사회 · 경제적 여건의 변화로 국민의 복지욕구가 급증하고 관련 복지정책과 예산이 지속적으로 확대되어 왔으며, 신빈곤층의 대두, 가족해체, 위기가정의 증가 등 신사회적 위험요소에 의해 급증하는 복지수요에 대하여 효과적인 대응체계가 마련되어야 한다는 필요성이 제기되어 왔다. 한편, 지방자치제도의 실시와 사회복지업무의 지방이양 등으로 지방의 자율성이나 책임성이 강화되었으나, 공공복지전달체계의 비효율성 · 비전문성에 따라 급변하는 복지수요에 효과적으로 대처하지 못한다는 문제가 제기되어 공공 지역사회복지전달체계 개편이 논의되었다.

사회복지전담행정기구의 필요성 등 지역사회복지전달체계 개편에 대한 논의는 사실상 1980년대 초부터 지속되어 왔다. 1992년 「사회복지사업법」에 '복지사무전담기구' 에 관한 규정을 신설하여 법적 근거를 마련하였고, 1995년부터 1999년까지 4년 동안 5개 지역에서 '보건복지사무소 시범사업' 을 실시하였다.

1) 이 내용은 보건복지부(2004;2005a)의 『사회복지사무소 시범사업 기본계획』과 『사회복지사무소 시범사업 안내』를 주로 참고하였음.

그 후 2003년 참여정부의 국정과제인 '참여복지와 삶의 질 향상'을 위한 일환으로 '사회복지사무소 설치 등 사회복지전달체계 개편' 방안이 본격적으로 논의되었다. 즉, 시·군·구청 소속 복지전담기구를 설치하여 복지업무의 효율화·전문화와 공공부조와 복지서비스의 내실화를 꾀하고, 공공 지역사회복지서비스전달체계 개편의 일환으로 사회복지사무소 설치방안을 검토하였고, 2004년 7월부터 2006년 6월까지 2년간 서울 서초구, 강원 춘천시, 충북 옥천군 등 9개 시·군·구 지역에 사회복지사무소 시범사업을 실시하였다.

1) 사회복지사무소의 법적 근거

- 「사회복지사업법」 제15조(복지사무전담기구의 설치)

2) 사회복지사무소의 목표

사회복지사무소는 다음과 같은 목표하에 추진되었다. 첫째, 사회복지사무소는 국민의 복지 체감도 및 만족도 향상을 목표로 하였다. 즉, 공공부조, 복지서비스의 전문성, 통합성, 책임성, 신속성, 공정성을 제고하였다. 둘째, 지방자치단체 복지행정업무의 효율화와 전문화를 꾀하였다. 복지행정의 효율성, 정확성, 신속성, 일관성, 전문성 제고를 목표로 하였다. 셋째, 정부-지방-민간의 협력에 의한 복지지원체계 구축을 목표로 하였다. 지방자치단체의 주민복지에 대한 자율성과 책임성을 강화하고 지역복지증진을 위한 민간참여를 활성화하고자 하였다.

3) 사회복지사무소의 업무

사회복지사무소의 주요업무는 다음과 같다. 첫째, 시·군·구, 읍·면·동에서 수행하는 기존 사회복지업무를 담당하였다. 예를 들어, 국민기초생활보장, 의료급여 및 재활사업 등 공공부조업무나 노인, 장애인, 아동, 모·부자 등 「사회복지사업법」 제2조의 개별법상 관련 업무다. 둘째, 국민기초생활보장 및 사회복지서비스를 제공하였다. 즉, 취약계층을 적극적으로 발굴하거나 방문조사·상담·관리의 효율화를 꾀하고 집중관리·지원이 필요한 가구를 발굴하여

서비스를 연계하여 제공하는 활동을 담당하였다. 셋째, 지역사회복지증진 계획을 수립하고 민관연계협력체계를 구축하는 업무를 담당하였다. 예를 들면, 지역사회복지협의체 구성 · 운영 지원, 지역사회복지계획 수립, 주민복지욕구조사 실시, 지역단위 복지사업 개발 · 실시, 지역사회 내 공공 민간자원의 관리 · 연계 · 조정 등의 업무를 담당하였다.

4) 사회복지사무소의 조직구조

보건복지부(2005a)가 제시한 사회복지사무소 조직의 기본모형은 다음과 같다.

(1) 대도시형(3개 과형)

대도시형의 적용지역은 특별시 · 광역시의 자치구(도의 시 지역 일부 포함) 중 현재 시 · 구에 사회복지 관련 과가 2개 설치된 지역으로, 인구가 약 40만 명 이상으로 비교적 민간복지자원이 풍부하며, 도시지역이므로 교통이 편리하여 접근성이 양호한 지역에 해당된다. 시범사무소 기구는 소장(4급), 3개 과(5급 과장), 약 12개 팀으로 구성된다.

(2) 일반도시(2개 과형)

일반도시형의 적용지역은 일반적인 중 · 소도시인 도의 시 지역(특별시, 광역시의 자치구 일부 포함) 중 현재 시 · 구에 사회복지 관련 과가 1개 설치된 지역으로, 인구가 약 10~40만 명 수준이고 대체로 민간복지자원의 분포가 양호하며, 도시지역이므로 접근이 어렵지 않은 지역에 해당된다. 시범사무소 기구는 소장(4급), 2개 과(5급 과장), 8~10개 팀으로 구성된다.

(3) 농 · 어촌형(1개 과형)

농 · 어촌형의 적용지역은 도의 군지역 전체, 도의 시지역 중 국단위 조직이 없는 소도시 일부가 포함된다. 지역적인 특성은 인구가 약 10만 명 이하로 대부분 활용 가능한 복지자원이 적으며, 교통이 불편하고 사무소까지의 거리가 멀어 접근성이 떨어지는 지역에 해당된다. 시범사무소 기구는 소장(5급), 6~8개 팀으로 구성된다.

5) 기대효과 및 시범사업 평가

사회복지사무소의 기대효과를 살펴보면 다음과 같다. 첫째, 사회복지사무소 설치로 복지전문인력이 효율적으로 운용될 것으로 기대되었다. 즉, 읍 · 면 · 동에서 사회복지전담공무원 1명이 모든 복지업무를 처리하는 비효율성에서 탈피하여 사회복지사무소에서 팀별 업무분담체계를 통해 효율적인 일 처리가 가능할 것으로 기대되었다. 둘째, 읍 · 면 · 동-시 · 군 · 구의 이중적인 업무절차가 단순화되고 시 · 군 · 구 복지조직의 전문성이 강화될 것으로 기대되었다. 셋째, 복지 공급자 간의 연계체계가 구축되지 않았으나 지역사회복지협의체를 통해 지역 내 복지공급기관 간 연결망이 구축되어 수요자중심의 복지서비스 제공이 가능하게 될 것으로 기대되었다.

사회복지사무소 시범사업 실시 전후, 시범지역과 비교지역의 성과를 평가하여 2006년부터 다른 시 · 군 · 구로 확대 실시될 예정이었다. 그러나 사회복지사무소 시범사업 운영에 대한 평가를 거쳐 전국적으로 확대하겠다는 당초의 계획은 실현되지 못하고 시범사업에 그치게 되었다. 사회복지사무소 시범사업 2차연도 평가 연구(백종만 외, 2006: 152-155)에 따르면, 사회복지사무소 시범사업이 실시되는 동안 시 · 군 · 구청 인지도와 방문횟수가 증가하였으나, 복지업무 인지도 개선에는 크게 기여하지 못한 것으로 평가되었다. 또 기관연계서비스 수급경험과 농 · 어촌지역의 만족도가 증가하였고, 문제 해결에 대한 신뢰성이 증가한 것으로 나타났다. 그리고 복지대상자의 시설이용편의에 대한 인식 악화를 일정 부분 방지하는 효과가 있었으나 문제 해결에 대한 도움 정도의 변화는 미흡한 것으로 나타났다.

2006년 6월 사회복지사무소 시범사업이 종료됨에 따라 2006년 7월부터 복지서비스 전달체계가 주민생활지원서비스 제공방식으로 개편되기 시작하였다. 2006년 7월부터 시 · 군 · 구 단위에 주민생활지원국이라는 새로운 복지행정조직 개편이 시범적으로 이루어졌으며, 2007년 7월부터는 전국적으로 확대되어 시 · 군 · 구와 읍 · 면 · 동에서 주민생활지원서비스를 지원하는 형태로 전환되었다.

2. 주민생활지원서비스[2)]

2005년부터 주민생활지원서비스 전달체계에 대한 논의가 본격화되었고 2006년 7월부터 공공 서비스전달체계가 단계적으로 주민생활지원서비스 전달체계로 개편되었다. 주민생활지원서비스 전달체계는 복지 영역의 서비스뿐만 아니라 보건, 교육, 주거, 문화, 고용, 체육 등 주민의 다양한 서비스 수요에 부응하기 위해 통합적 공공서비스중심으로 서비스 제공 영역의 범위가 확대되었다. 또한 복지서비스 전달체계가 주민생활지원서비스 제공방식으로 단계적인 개편을 시작하였다. 이러한 주민생활지원서비스 전달체계는 2006년 7월에 53개 시·군·구에서 시작되어, 2007년 1월부터 전국의 시 자치구로 확대되었고, 2007년 7월부터 전국의 시·군·구로 확대되었다.

서비스 전달체계 개편의 배경을 이현주(2007)는 다음과 같이 정리하고 있다. 첫째, 복지 또는 사회서비스에 대한 주민의 욕구가 양적으로나 질적으로 빠르게 증가하고 있어 이러한 욕구변화에 효율적이고 효과적으로 대응할 필요성이 대두되었다. 둘째, 지방자치제도의 실시와 재정분권이 본격화됨에 따라 서비스의 기획, 생산 및 제공에 대한 지방자치단체의 역할부여와 책무이행에 대한 사회적 요청이 증가하였다. 즉, 지방자치단체가 기존의 단순 집행업무방식에서 탈피하여 기획능력과 전문성을 확보할 필요성이 제기되었다. 셋째, 주민의 복잡한 욕구에 종합적으로 대응하는 통합적인 서비스 제공에 대한 당위성과 함께 서비스의 중복이나 누락을 개선하는 서비스 간 조정의 필요성이 증가하게 되었다.

1) 주민생활지원서비스 전달체계 개편의 목표

지방서비스 행정체계를 주민생활지원서비스 전달체계로 개편한 궁극적인 목적은 지방자치단체가 지역주민의 욕구에 민감하게 반응하고 고품질의 주민생활지원서비스를 제공하는 능력을 갖추는 것이다. 전달체계 개편의 구체적인 목

2) 본 내용은 행정안전부(2008)의 『주민생활지원서비스 업무매뉴얼』과 한국보건사회연구원(2007)의 『주민생활지원서비스 업무수행 현황과 개선방안』을 주로 참고함. 그 외의 참고문헌은 해당되는 곳에 제시함.

표는 다음과 같다(한국보건사회연구원, 2007). 첫째, 지방자치단체가 지역주민을 위한 서비스에 대한 기획력을 제고하는 것이다. 이를 위해 기획업무를 강화하도록 조직구성을 개편하고 지역사회복지협의체 등 민관협치구조를 도입하며, 기획업무를 수행할 수 있는 전문가를 양성할 필요성이 있다. 둘째, 서비스 전문화다. 주민의 서비스 수요에 효과적으로 대응하기 위하여 복지직과 행정직의 재배치와 업무재분담을 통하여 전문성을 극대화하여 인력을 효율적으로 활용하여 전문적 서비스를 제공한다. 셋째, 서비스 연계 및 통합서비스의 제공 목적이다. 즉, 서비스 수요자의 다양한 욕구에 적극적으로 대응하기 위하여 연계가 필요한 서비스 제공 주체를 조직적으로 결합하고 국(局)을 신설하며 시·군·구 내의 부서 간, 시·군·구-읍·면·동 간, 시·군·구와 공공기관 및 민간기관과의 협업을 통하여 통합적 서비스 제공을 마련하고자 하였다. 넷째, 서비스 대응성을 향상시킬 목적이 있다. 읍·면·동의 조직을 서비스중심체제로 보강하고, 사례관리 주체의 욕구에 대한 정확한 파악, 찾아가는 방문상담, 밀도 있는 관리 등 서비스 대응성을 향상시켰다.

2) 주민생활지원서비스 전달체계 개편의 주요 내용

(1) 조직 개편을 통한 인력 및 업무 재배치

먼저 주민생활지원서비스 전달체계의 개편으로 시·군·구에 주민생활지원 전담부서를 설치하였다. 즉, 복지, 보건, 주거, 고용, 평생교육, 생활체육, 문화, 여가 등 8대 서비스의 추진부서를 통합하여 지역주민에 대한 포괄적 서비스를 제공할 수 있도록 하였다. 지역주민에게 효과적인 통합서비스를 제공하고 취약계층에 대한 서비스와 주민생활서비스의 연계를 위해 읍·면·동에 주민생활지원담당을 설치하였다. 그뿐만 아니라 사회복지직과 행정직의 배치 조정을 통하여 시·군·구 주민생활지원부서의 총괄기획담당, 서비스연계담당, 통합조사담당은 사회복지직을 우선으로 배치하여 업무수행에 어려움이 없도록 충분한 인력을 배치하였다.

주민생활지원서비스 전달체계 조직 개편의 모형은 다음과 같다. 첫째, 대도시형은 평생교육, 문화, 복지, 고용, 여성·보육지원, 주거복지, 청소년 등 주민생활지원 관련 업무를 하나의 부서로 통합하여 전담부서인 주민생활지원국을 설치하였다. 국(局) 아래 주민생활지원국의 주무 총괄기능을 수행하는 주민생활지원과를 설치하고 총괄기획, 서비스 연계 등의 담당을 신설하였다. 둘째, 중·소도시형은 개편의 전체적 골격은 대도시형과 유사하나 국 간 형평성의 문제가 야기되므로 주민생활지원국 산하에 주민생활지원 기능 외에 유사기능을 수행하는 과의 설치를 다소 허용하였다. 셋째, 국(局)제 미운영 지역모델은 주민생활지원국을 설치하지 않으며, 주민생활지원기능을 수행하는 부서를 가급적 직제에서 순차적으로 배치하는 모델이다. [그림 15-1]은 대도시형 본청기구 개편에 대한 예시다.

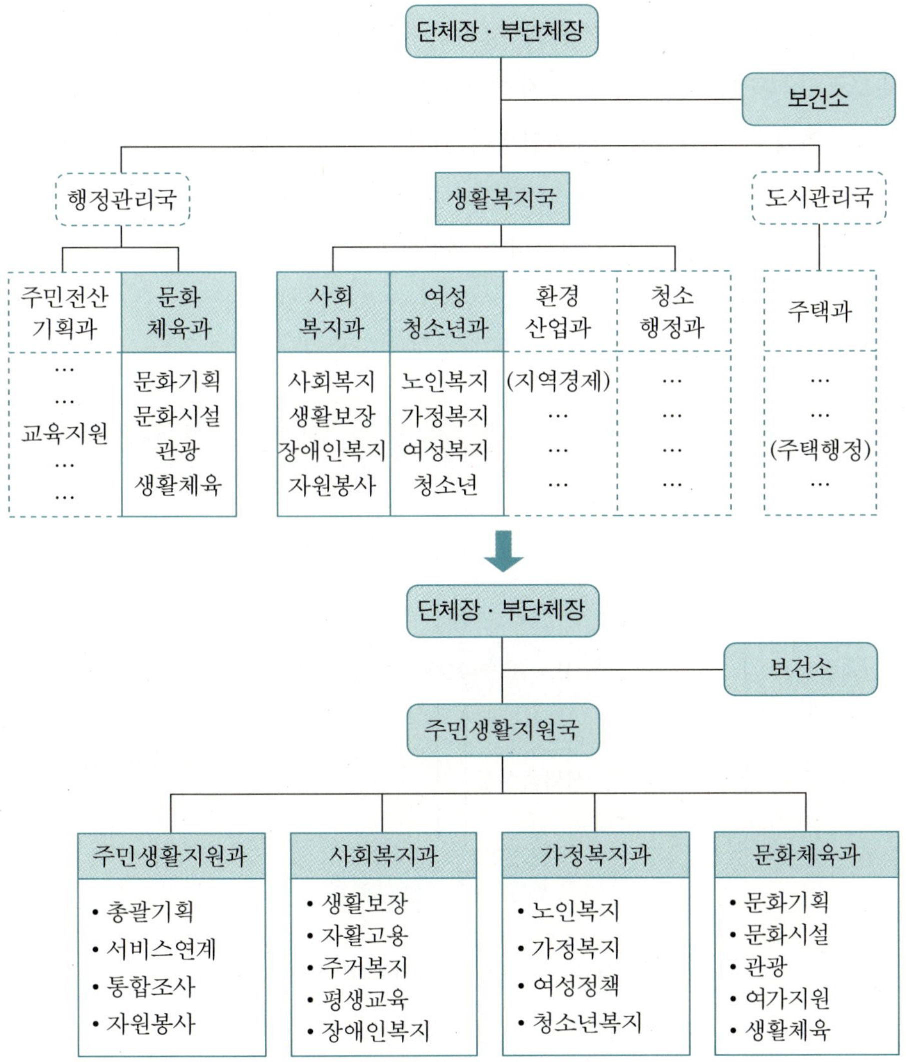

[그림 15-1] 대도시형 본청기구 개편(예시)

출처: 한국보건사회연구원(2007), p. 8.

(2) 주민에 대한 통합서비스 제공체계 마련

주민생활지원서비스 전달체계 개편의 핵심목적은 공급자중심으로 제공되던 서비스를 수요자중심으로 변화시켜 복지, 보건, 주거, 고용, 평생교육, 생활체육, 문화, 여가 등 주민의 복합적인 욕구를 충족시키기 위하여 공공 · 민간의 서비스를 종합적으로 제공하는 것이다. 효과적인 통합서비스 제공을 위해 읍 · 면 · 동 주민생활지원담당 공무원은 주민에 대한 통합서비스 제공의 최일선 창구로서 8대 서비스의 신청접수를 받고 서비스 실시계획을 수립한다. 이 과정에서 시 · 군 · 구(통합조사팀 서비스연계팀 등), 고용지원센터, 민간복지자원 등 필요한 모든 서비스의 제공기관과 서비스를 연계하고 사후관리를 한다. 또한 시 · 군 · 구는 읍 · 면 · 동에서 지역주민에 대한 상담－신청접수－서비스계획수립－연계－사후관리의 업무진행이 원활하게 이루어질 수 있도록 통합서비스 제공 네트워크의 구축 등 주민생활서비스 인프라를 제공하는 역할을 한다.

[그림 15-2]는 주민생활지원서비스 제공체계도를 보여 준다.

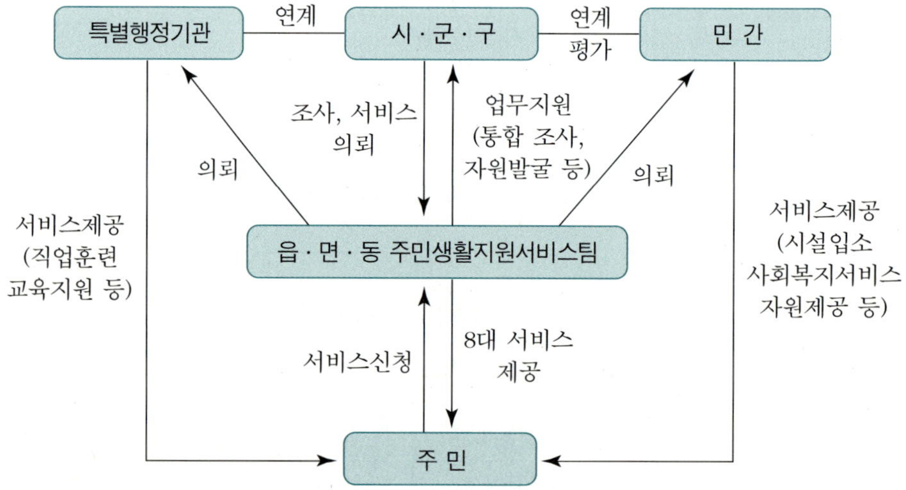

[그림 15-2] 주민생활지원서비스의 제공체계도

출처: 행정안전부(2008), p. 10.

(3) 주민생활기능 강화

복지, 교육, 문화, 보건, 고용 등 주민의 생활수요에 대한 밀착된 서비스 제공에 따라 관련 공공기관 및 민간부문의 서비스를 함께 확대하고 연계 · 제공되도록 한다. 개편을 통하여 초기상담, 찾아가는 서비스, 통합서비스의 연계 · 제공 실시, 서비스 제공결과 관리 등 대민서비스를 향상시키고 통합조사의 전문화, 서비스 연계, 부서 간 · 기관 간 협력 증가, 고도화된 업무전산화 추진을 통하여 정책집행의 효율화와 합리화를 추구한다.

(4) 업무 및 서비스 여건 개선

업무 및 서비스 여건 개선을 위하여 업무효율화 및 실질적 연계를 위한 주민생활포털 및 주민생활 행정정보시스템 등 통합정보시스템을 구축한다. 즉, 지방자치단체, 공공기관, 민간기관을 연결하여 주민에게 필요한 각종 정보제공, 온라인 서비스 신청, 자격 조회, 이력관리뿐만 아니라 주민생활 8대 서비스와 관련된 공공 · 민간의 급여 서비스를 통합관리할 수 있는 업무환경을 구축한다. 그 외에도 대민서비스가 이루어지는 일선 행정창구에서 상담 여건 향상을 위하여 상담실을 설치하고 슈퍼비전 및 사례회의 등 민주적 의사소통체계의 마련, 상세한 업무지침의 제시 및 중앙정부의 지속적 모니터링 실시 등을 포함하고 있다.

3) 사회복지전달체계 개선 종합대책

(1) 사회복지전달체계 개선 종합대책의 주요 내용[3)]

IMF 경제위기에 따라 다양한 복지사업이 확대되면서 사회안전망이 확대 · 강화되었고, 복지예산도 크게 증가하여 사회안전망은 상당 수준 발전하였다. 그러나 이러한 복지사업의 확대에도 불구하고 복지사업의 유사 · 중복에 따라 예산집행의 비효율성과 수급자 간 형평성 저하로 수혜자의 복지체감도가 낮았으며, 공급자 위주의 복지전달체계로 서비스 전달의 비효율성이 나타났다. 또한 복지사업 확대에 비해 담당인력이 부족하여 읍 · 면 · 동 복지담당 공무원 1인당 복지수혜자 691명을 담당하는 등 업무부담이 과중하다는 문제점이 지적되었다. 최근에는 일부 복지예산 관련 부정사례로 유사 · 중복사업 정비 및 사

3) 이 내용은 관계부처 합동(2009. 6. 12)의 『사회복지전달체계 개선 종합대책』과 국무총리실 보도자료(2009. 6. 15)를 주로 참고함.

회복지전달체계 제도개선이 복지전달체계의 시급한 당면과제로 대두되었다. 이에 정부는 관계부처 합동으로 2009년 6월 12일 사회복지전달체계 개선 종합대책을 발표하였는데, 주요 내용은 다음과 같다.

첫째, 현재 9개 부처가 수행하는 249개 복지사업 중 90개를 정비하여 복지사업을 159개로 조정하기로 하였다. 즉, 지원대상과 내용이 모두 다른 103개는 현행대로 유지하고, 유사한 사업 146개를 정비한다. 이는 복지사업 수 증가와 사업 세분화에 따른 수혜자의 혼란과 불편, 중복수혜, 수혜자 간 형평성 저하, 집행기관의 과도한 행정부담, 유사서비스 사업의 분리운영에 따른 신축적인 자금집행 곤란 등 각종 부작용과 비효율성을 개선하고자 하는 것이다.

둘째, 보건·복지서비스의 개인별·가구별 통합관리를 위해 '사회복지통합관리망'을 2009년 11월까지 구축하기로 하였다. '사회복지통합관리망'이 구축되면 복지부에서 사업별로 관리하는 119개(복지 분야 105개, 보건 분야 14개) 서비스에 대한 개인별·가구별 지원현황 파악이 가능해 부정·중복 수급을 방지할 수 있다. 2010년 6월까지는 복지부, 교과부, 노동부 간 전산망 연계를 통해 부처별 현금급여의 개인별·가구별 지급현황을 통합 관리·운영한다.

셋째, 수급자에게 지급되는 모든 현금성 복지급여를 단일계좌로 통합관리(1인 1계좌)하는 '복지관리계좌'를 도입하기로 하였다. 단일계좌를 통해 현금급여를 개인별·가구별로 통합관리함에 따라 상시적인 급여내역 모니터링이 용이하여 공무원 횡령과 복지급여의 유사·중복수급을 방지하고 수급자는 모든 복지급여의 지급내역을 통합적으로 알 수 있어 복지체감도가 제고될 것으로 기대된다.

넷째, 최근 지방자치단체에서 발생한 공무원의 횡령 등 부정행위를 방지하기 위해 새올시스템을 개선하고 예산집행 실명제를 도입키로 하였다. 횡령 등 부정행위를 사전에 방지하기 위해 그동안 일부 문제점이 있었던 지방자치단체 새올시스템을 개선하고 시범운영 중인 '기초보장관리단'을 '복지급여통합관리단(가칭)'으로 확대·개편하여 현금성 급여의 부정수급 방지와 조사단속 등 사후관리를 강화한다.

다섯째, 사회복지시설 이용의 편리성과 접근성을 높이고 복지서비스 전달을 효율화하기 위해 사회복지시설의 기능조정을 실시하기로 하였다. 유사기능을 가진 사회복지시설 유형의 과다 및 중복에 의한 수요자들의 불편과 예산운용의 비효율성을 해소할 수 있도록 사회복지시설 유형을 현행 103개에서 55개로 조정한다.

여섯째, 일선 공무원의 과중한 업무부담을 완화하기 위해 사회복지담당 공무원의 인력을 보강해 나가기로 하였다. 그간 결원이 있어도 충원이 지연되어 왔던 사회복지직렬 결원인력 175명을 2009년 중으로 충원하고 지방자치단체별로 구성·운영하고 있는 '대체인력 풀(pool)'을 확대하여 사회복지직렬공무원의 육아·출산휴직으로 인한 업무공백을 최소화한다.

일곱째, 지방자치단체조직과 기능의 조정을 통하여 급증하는 복지수요에 대응하고 일선 복지담당인력의 업무부담도 완화키로 하였다. 일선 동(洞)의 6급 공무원 팀장제를 폐지하여 실무를 담당토록 하고, 읍·면·동 사회복지인력은 종전의 8대 서비스(보건, 복지, 고용, 교육, 주거, 문화, 체육, 관광)에서 5대 서비스(보건, 복지, 고용, 교육, 주거) 업무에 집중할 수 있도록 조정하였다. 시·군·구의 경우에도 주민생활지원부서가 5대 서비스와 생업자금융자 등 민생안정 중심으로 업무를 전담할 수 있도록 조정하였다.

이 대책은 유사·중복사업의 정비 및 효율적이고 투명한 복지전달체계로 복지서비스 공급의 효율성과 수혜자 복지체감도를 제고하고, 사회복지담당공무원의 업무부담을 완화하고, 민관협력을 통해 복지자원을 효율적으로 활용하게 될 것으로 기대된다.

(2) 시·군·구(읍·면·동) 복지전달체계 개선 대책의 주요 내용[4)]

2009년 6월 발표된 '사회복지 전달체계 개선 종합대책'의 후속조치로서 정부는 2009년 11월 6일 국무총리실, 행정안전부, 보건복지가족부 합동으로 수립한 '시·군·구 복지전달체계 개선 대책'을 발표하였다. 특히, 시·군·구 사회복지업무 지원시스템인 사회복지통합관리망이 2010년 1월부터 본격 가동됨에 따라 이에 적합하도록 업무과정과 조직·기능·인력을 정비함으로써 정보시스템 사용의 효과를 높이고, 업무효율성을 높이고자 추진하였다. [그림 15-3]은 본 개선 대책으로 변화될 복지전달체계 개선 및 업무지원체계를 보여 주고 있다.

시·군·구(읍·면·동) 복지전달체계 개선에 대한 주요 내용은 급여 자격관리업무의 일원화 및 복지시설 자활지원업무 통합을 통한 조직인력의 효율화,

4) 이 내용은 보건복지가족부(2009b)의 『시·군·구 복지전달체계 개선 대책』을 주로 참고함.

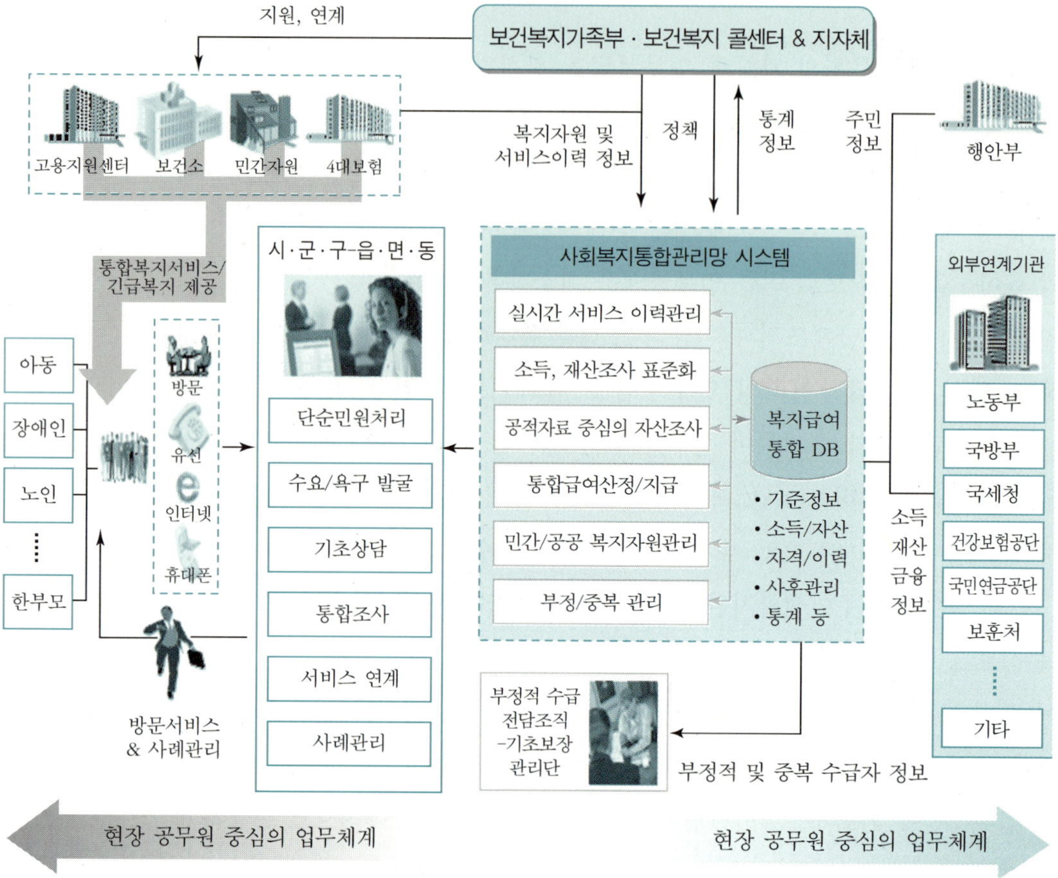

[그림 15-3] 복지전달체계 개선 및 업무지원체계

출처: 보건복지가족부(2009b), p. 1.

부적정 수급관리기능 강화와 근로능력판정의 체계화를 통한 급여관리 적정화, 읍 · 면 · 동의 찾아가는 행정 강화 및 민관협력 등 서비스 연계 강화를 통한 서비스의 신속한 발굴 · 지원으로 요약할 수 있다.

[그림 15-4]는 이 대책으로 개선될 복지전달체계의 체계도(예시)를 제시하고 있는데, 시 · 군 · 구 복지전달체계 개선 대책의 구체적인 내용은 다음과 같다.

첫째, 시 · 군 · 구-읍 · 면 · 동 사무조정을 통한 역할 명확화다. 먼저 조사, 선정, 자격관리 업무를 시 · 군 · 구청으로 일원화한다. 즉, 복지급여 · 서비스 신청자에 대한 소득 · 재산조사, 대상자 결정, 자격변동사항 관리업무를 전문화하고, 통합조사팀을 통합조사관리팀으로 기능을 확대한다. 그리고 읍 · 면 · 동은 급여 · 서비스에 대한 상담, 신청 · 접수, 사례관리 대상을 발굴한다. 즉, 소득 · 재산조사 업무부담 경감에 따라 복지수요자를 위한 상담 및 서비스 안내,

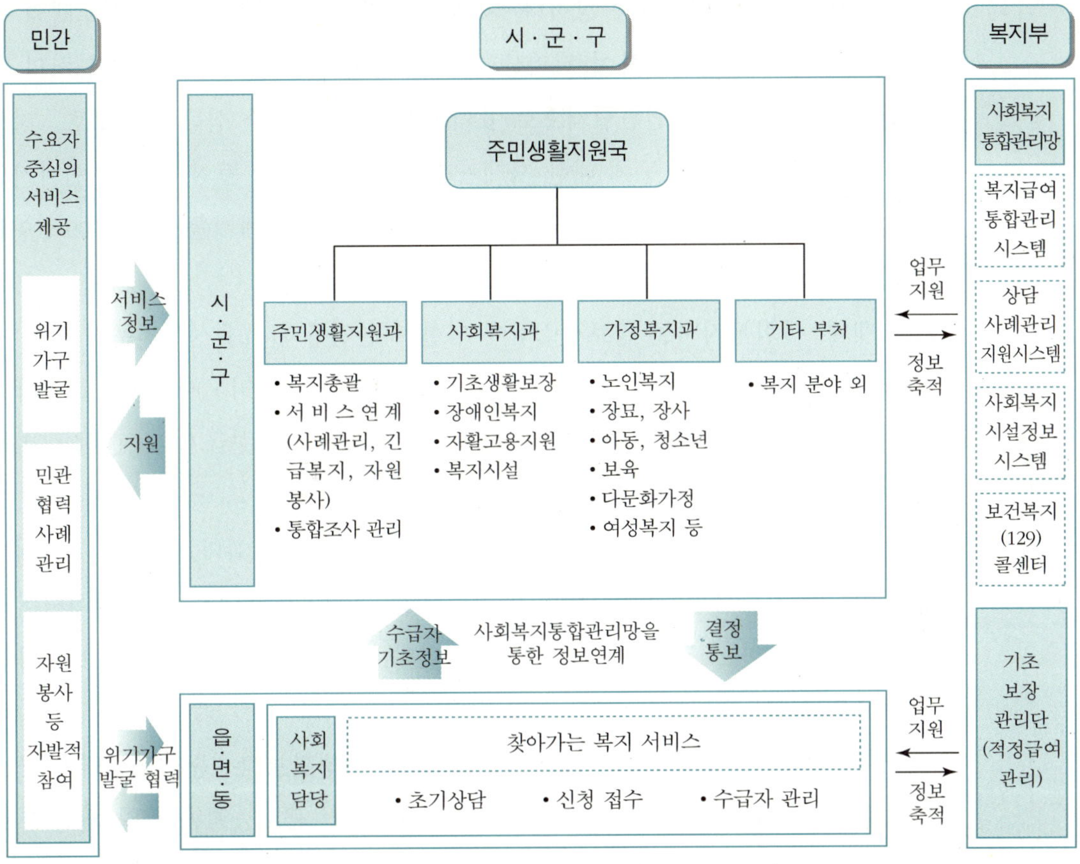

[그림 15-4] 복지전달체계 개선 체계도(예시)

출처: 보건복지가족부(2009b), p. 3.

지역사회 지원이 필요한 가구 발굴 등 찾아가는 서비스를 강화한다. 저소득 밀집지역(洞)의 경우 자산조사 · 사후관리, 사례관리를 직접 수행하되, 최종 결정은 시 · 군 · 구에서 수행한다. 동 주민센터에서는 사회복지 담당공무원의 '담당구역'을 지정하고 담당구역 내 복지대상자에 대한 급여 · 서비스 자격변동사항 발견 시 시 · 군 · 구에 보고 및 대상자 발굴기능을 강화한다.

둘째, 지역복지기획능력 강화다. 중앙정부 정책의 단순집행이 아닌 지역단위의 복지 수요 · 공급관리 등 사업기획 · 관리능력을 강화한다. 즉, 지역 내 자원의 총량 파악과 관리를 통해 한정된 자원을 효율적으로 배분하고 활용한다. 그뿐만 아니라 지역사회복지 자원파악 · 연계 · 활용능력을 제고하고, 지역사회복지계획 수립 내실화 등을 추진하여 현행 시 · 군 · 구 주민생활지원과의 기획기능을 강화한다.

셋째, 서비스 연계기능 강화다. 자원봉사 및 사회복지시설 정보시스템의 복지시설 정보연계를 통하여 지역사회 내 자원 총량을 파악하고 민관협력의 기반을 강화한다. 즉, 민관협력으로 유기 · 학대 및 장기간 심층적인 보호 · 지원이 필요한 위기가구 등에 대한 사례관리, 긴급복지지원 등의 서비스 연계지원을 강화하고, 보건복지 콜센터와 시 · 군 · 구 연계상담체계를 구축(2009년 9월)하여 신속한 상담 및 서비스 안내를 실시한다.

넷째, 사회복지시설 정보시스템에 의한 시설업무의 효율성 · 전문성 강화다. 노인, 장애인, 부랑인 등 각 사업담당 팀의 복지시설 관리 · 지원업무를 통합관리한다. 즉, 사회복지시설 정보 · 시스템 활용으로 시설수급자 및 관련 서비스 연계 및 보조금 관리를 강화한다.

다섯째, 근로능력자 자립지원을 위한 사업 간 연계 강화다. 각각의 부서에서 관리되던 자활사업, 취업 · 일자리 지원사업, 융자 · 대출업무, 지역사회서비스 혁신사업을 한 조직으로 집중하여 관리한다. 단, 보육바우처 사업은 보육사업 담당부서에서 수행한다.

여섯째, 근로능력판정의 체계적 관리다. 기초생활보장 · 통합조사팀의 근로능력판정 관리기능 강화 및 담당인력을 보강하고, 근로능력판정 및 재심사 결과 등을 사회복지통합관리망을 통해 관련 부서에 자동으로 상시 전달한다.

3. 주민자치센터[5)]

주민자치센터란 주민편의 및 복리증진을 도모하고 주민자치기능을 강화하여 지역공동체 형성에 기여하도록 하기 위하여 주민이 이용할 수 있도록 읍 · 면 · 동에 설치된 각종 문화 · 복지 · 편익시설과 프로그램을 총칭한다. 1998년 김대중 정부의 읍 · 면 · 동사무소 기능전환정책이 100대 국정개혁과제로 선정됨에 따라 읍 · 면 · 동 기능전환계획에 의거하여 읍 · 면 · 동의 업무가 상위기관에 대폭 이관되었고, 이에 따라 발생한 여유시설과 공간을 지역주민을 위한 문화복지공간으로 꾸며 주민에게 개방한다는 취지에서 주민자치센터가 구상되었다(강은숙, 2003).

5) 이 내용은 『주민자치센터설치및운영조례준칙』을 주로 참고함. 그 외의 참고자료는 해당되는 부분에 제시함.

당초 행정자치부는 읍 · 면 · 동사무소를 폐지하여 주민자치센터로 전환하려는 계획을 세워 시 · 군 · 구에 시달하였으나 읍 · 면 · 동 폐지가 민원처리에 차질을 빚고 행정의 효율성을 떨어뜨릴 것이라며 시 · 군 · 구 공무원들이 반발하였다. 이에 행정자치부는 읍 · 면 · 동 폐지방침에서 한 걸음 후퇴하여 읍 · 면 · 동사무소의 기능과 인력을 축소하여 존속시키되 이에 따른 여유시설과 공간에 주민자치센터를 설치하는 방향으로 계획을 수정하였다. 따라서 읍 · 면 · 동사무소 기능전환정책은 읍 · 면 · 동사무소 축소와 주민자치센터 설치로 귀착되었다(안성호, 2006). 그 결과, 2006년 현재 도시지역 94개 시 · 구의 1,654개 모든 동사무소와 농촌지역 138개 도 · 농복합 시 · 군의 절반 이상에서 읍 · 면 · 동사무소의 기능과 인력이 상당 부분 시 · 군 · 구로 이관되었고, 전국 2,266개 읍 · 면 · 동 중에서 1,759개 읍 · 면 · 동에 주민자치센터가 설치되었으며(안성호,

표 15-1 주민자치센터 설치현황

(단위: 개)

지역	총 읍·면·동 수				자치센터 설치 실적			
	계	읍	면	동	계	읍	면	동
계	3,487	211	1,205	2,071	2,605 (75%)	124 (59%)	526 (44%)	1,955 (94%)
서울	436			436	442			442
부산	215	2	3	210	215	2	3	210
대구	143	3	6	134	135	1	1	133
인천	143	1	19	123	139	1	19	119
광주	91			91	91			91
대전	76			76	76			76
울산	56	4	8	44	56	4	8	44
경기	537	31	111	395	491	27	83	381
강원	193	24	95	74	84	7	23	54
충북	154	14	89	51	147	11	85	51
충남	211	24	147	40	141	20	87	34
전북	241	14	145	82	167	7	81	79
전남	295	31	198	66	150	15	69	66
경북	333	36	202	95	59	13	18	28
경남	320	20	177	123	169	9	44	116
제주	43	7	5	31	43	7	5	31

출처: 행정안전부(2009b), p. 1.

2006), 2009년 3월 현재에는 전국 3,487개의 읍 · 면 · 동 중 75%인 2,605개의 읍 · 면 · 동에 주민자치센터가 설치되어 있다(행정안전부, 2009b). 2009년 3월 현재의 주민자치센터 설치현황은 〈표 15-1〉과 같다.

1) 주민자치센터의 기능과 프로그램

주민자치센터는 읍 · 면 · 동사무소에 설치하는 것을 원칙으로 하나, 필요한 경우에는 해당 읍 · 면 · 동의 관할 구역 내에 있는 다른 시설 및 공간을 주민자치센터의 시설 등으로 활용할 수 있다. 주민자치센터는 주민자치기능, 주민을 위한 문화 · 복지 · 편익기능을 수행하며, 그 기능을 예시하면 〈표 15-2〉와 같다.

표 15-2 주민자치센터의 기능

기 능	구체 사례
주민자치	지역사회문제 토론, 마을환경가꾸기, 자율방재활동 등
문화여가	지역사회문화 행사, 전시회, 생활체육 등
지역복지	건강증진, 마을문고, 청소년공부방 등
주민편익	회의장, 알뜰매장, 생활정보제공 등
시민교육	평생교육, 교양강좌, 청소년교실 등
지역사회진흥	내집앞 청소하기, 불우이웃돕기, 청소년지도 등

출처: 행정자치부(2005), pp. 2-3을 요약 · 정리함.

2009년 3월 현재 전국의 주민자치센터에서는 문화여가프로그램(49%)이 가장 많이 제공되고 있고, 다음으로 시민교육프로그램(19%), 지역복지프로그램(11%), 주민자치프로그램(7%)과 지역사회진흥프로그램(7%), 주민편익프로그램(5%), 기타(1%) 순으로 나타났다. 전국의 주민자치센터에서는 〈표 15-3〉과 같은 프로그램이 제공되고 있다.

2) 주민자치센터의 운영

주민자치센터의 시설 및 프로그램 운용은 위원회의 심의를 거쳐 읍 · 면 · 동장이 하되, 읍 · 면 · 동장은 위원회의 의견을 들어 소속공무원, 위원회의 위원 또는 자원봉사자로 하여금 주민자치센터 운영에 관한 사무를 전담 또는 분

표 15-3 주민자치센터 프로그램 운용현황

(단위: 개)

지 역	총 계	주민 자치	문화 여가	지역 복지	주민 편익	시민 교육	지역사회 진흥	기 타
계	33,144	2,428 (7%)	16,177 (49%)	3,737 (11%)	1,813 (5%)	6,246 (19%)	2,316 (7%)	427 (1%)
서 울	9,607	970	3,924	1,166	568	1,849	915	215
부 산	3,052	262	1,142	402	220	683	318	25
대 구	750	10	460	115	30	108	10	17
인 천	1,830	75	1,038	134	154	335	68	26
광 주	597	32	338	71	18	114	24	0
대 전	709	55	337	132	66	78	40	1
울 산	690	47	429	62	24	82	41	5
경 기	8,636	314	4,532	866	331	2,103	413	77
강 원	786	66	396	94	50	114	58	8
충 북	1,055	91	691	80	43	82	65	3
충 남	841	25	548	114	40	98	14	2
전 북	1,159	99	688	123	46	112	83	8
전 남	860	82	424	123	54	133	38	6
경 북	300	7	193	39	11	45	5	0
경 남	1,649	183	830	141	96	223	142	34
제 주	623	110	207	75	62	87	82	0

주: '09. 3월 현재 운용 중인 프로그램 총수, ( ) 안은 총계대비 비율
출처: 행정안전부(2009b), p. 3.

담하여 수행하게 할 수 있다. 위원회는 소속공무원을 제외한 위원회의 위원 또는 자원봉사자에게는 업무량과 근무시간 등을 감안하여 수강료 징수액 중 일정금액을 봉사활동비로 지급할 수 있다. 시 · 군 · 구청장은 필요하다고 인정하는 경우에는 당해 읍 · 면 · 동장과 위원회의 의견을 들어 주민자치센터의 운영을 공무원이 아닌 자 또는 단체에 위탁할 수 있으며, 이 경우 시 · 군 · 구청장은 주민자치센터 운영을 수탁한 자나 단체에 사업비 등을 지원할 수 있다. 시 · 군 · 구청장은 주민자치센터의 건전한 운영과 발전을 위해 운영비 등 필요한 예산을 적극적으로 지원하되, 징수 가능한 수강료의 수입 총액을 감안하여 적정 수준의 예산을 지원하는 것을 원칙으로 한다. 시 · 군 · 구청장은 주민자치센터 운영에 대한 효율적인 정책수립, 연구 · 개발, 협조 · 지원 등을 위해 필요한 경우에는 시 · 군 · 구별로 전문가, 관련 분야 종사자, 시민 · 사회단

체 관계자 등 10인 이내로 자문단을 구성 · 운영할 수 있다. 시 · 군 · 구청장과 읍 · 면 · 동장은 관할구역 내 주민자치센터와 유사한 기능을 수행하는 기관 · 단체들과의 연계방안을 적극 강구하여야 한다.

3) 주민자치위원회의 구성과 기능

읍 · 면 · 동의 주민자치센터 운영에 관한 사항을 심의하거나 결정하기 위하여 읍 · 면 · 동에 주민자치위원회를 둔다. 주민자치위원회는 주민자치센터 운영에 관한 사항을 심의하거나 결정하는 기능을 수행한다. 주민자치위원회의 주요 심의사항으로는 주민자치센터의 시설 등 설치 및 운영에 관한 사항, 주민의 문화 · 복지 · 편익증진에 관한 사항, 주민의 자치활동 강화에 관한 사항, 지역공동체 형성에 관한 사항, 기타 주민자치센터의 운영에 관하여 필요한 사항이다.

주민자치위원회는 위원장, 부위원장 각 1인을 포함하여 25인 이내로 구성하되, 3인 이내의 고문을 별도로 둘 수 있다. 읍 · 면 · 동장은 당해 읍 · 면 · 동의 관할구역 내에 거주하거나 사업장에 종사하는 자 또는 단체의 대표자로서 당해 읍 · 면 · 동에 소재하는 각급학교, 통 · 리장 대표, 주민자치위원회 및 교육 · 언론 · 문화 · 예술, 기타 시민 · 사회단체에서 추천하는 자, 공개모집방법에 의하여 선정된 자 중 봉사정신이 투철하거나 주민자치센터의 운영에 필요한 전문지식을 갖춘 자를 위원으로 위촉하여야 한다.

읍 · 면 · 동장은 제2항에 의한 위원을 위촉함에 있어서 교육계, 언론계, 문화 · 예술계, 관계, 경제계, 일반 주민 등 각계각층이 균형 있게 참여할 수 있도록 하되, 어느 한 계층에 소속된 위원이 전체 위원의 1/3을 초과해서는 아니되며, 특히 여성위원의 참여를 적극 장려하여 전체 위원의 1/3 이상이 되도록 노력하여야 한다. 위원장과 부위원장은 위원 중에서 호선하되, 위원장은 공무원이 아닌 자 중에서 선출하여야 한다. 고문은 읍 · 면 · 동장이 위촉하되, 당해 읍 · 면 · 동의 관할구역 내에 거주하거나 사업장에 종사하는 자로서 전문적 식견을 갖추었거나 덕망이 높은 자를 위촉한다.

위원장, 부위원장, 위원 및 고문의 임기는 2년으로 하되, 연임할 수 있다. 다만, 위원장은 1회에 한하여 연임할 수 있다. 위원장은 위원회를 대표하고 위원회의 직무를 통할한다. 부위원장은 위원장을 보좌하며 위원장의 유고 시 그 직무를 대행한다. 고문은 주민자치센터의 원활한 운영에 기여할 수 있도록 자

표 15-4 주민자치위원 구성현황

(단위: 명)

지역	계	자영업	통·리 반장	직능 단체	주부	회사원	전문직	지방 의원	비영리 민간 단체	농축 산업	기타
계	65,435 (19,455)	23,611 (36%)	4,395 (7%)	7,345 (11%)	9,176 (14%)	3,058 (5%)	3,117 (5%)	1,843 (3%)	2,352 (4%)	6,377 (10%)	4,161 (6%)
서울	10,806 (3,383)	3,726	558	1,998	1,943	422	774	356	306	8	715
부산	5,592 (1,277)	2,925	117	353	559	246	419	194	155	80	544
대구	3,513 (737)	1,967	97	305	348	205	158	118	86	60	169
인천	3,566 (1,035)	1,480	237	357	473	191	143	162	101	193	229
광주	2,426 (658)	1,197	142	195	223	109	119	35	56	154	196
대전	1,693 (376)	866	51	171	170	135	97	38	20	45	100
울산	1,271 (437)	474	58	147	184	92	36	45	79	89	67
경기	12,167 (4,161)	4,434	751	1,379	1,978	714	720	236	345	946	664
강원	2,603 (650)	811	279	321	223	146	62	150	181	253	177
충북	3,863 (1,198)	969	304	439	546	152	68	99	122	1,013	151
충남	3,555 (1,071)	855	379	344	473	118	90	92	256	755	193
전북	4,454 (1,261)	1,139	490	443	575	105	118	154	210	919	301
전남	3,721 (1,088)	847	446	330	498	144	83	101	142	798	332
경북	1,313 (445)	347	132	71	224	30	25	43	84	296	61
경남	3,820 (1,344)	1,274	289	338	668	190	149	20	160	515	217
제주	1,072 (334)	300	65	154	91	59	56	0	49	253	45

주: 상단 계란의 (　)는 분야별 위원 수의 전체대비 비율이며, 좌측 계란의 (　)는 여성위원 총수임.
출처: 행정안전부(2009b), p. 2.

문 · 조언 등의 역할을 수행한다. 위원은 매월 소정의 시간을 주민자치센터 운영을 위한 자원봉사활동을 할 수 있도록 노력하여야 하며, 월별 각 위원의 근무일자 · 근무시간 · 자원봉사 내용 등은 위원회에서 정한다. 위원은 주민자치센터 운영에 대한 주민의 의견을 수렴하기 위하여 노력하여야 하며, 주민자치센터 운영과 관련한 각종 교육 · 연수 등에 적극 참여하여야 한다.

주민자치센터의 주민자치위원회의 구성실태를 살펴보면, 2009년 3월 현재 전체 주민자치센터의 주민자치위원회 위원은 65,435명으로 구성되어 있는 것으로 나타났다. 직종별로는 자영업이 23,611명(36%)으로 가장 많았고, 그다음이 주부 9,176명(14%), 직능단체 7,345명(11%), 농축산업 6,377명(10%), 통 · 리 반장 4,395명(7%) 등의 순으로 나타났다. 여성위원은 전체의 29.7%인 19,455명인 것으로 나타났다(행정안전부, 2009b). 2009년 3월 현재 전국 주민자치위원의 구성실태는 〈표 15-4〉와 같다.

4. 사회복지전담공무원

사회복지전담공무원은 지방자치단체의 일선에서 공공복지서비스를 전달하는 사회복지 전문인력이라고 할 수 있다. 사회복지전담공무원은 「사회복지사업법」 제14조에 의거하여 시 · 도, 시 · 군 · 구 및 읍 · 면 · 동에 배치되어 다양한 사회복지사업에 관한 업무를 담당하고 있다. 1987년부터 서울, 부산, 대구, 인천, 광주, 대전 등 전국의 6대 도시 저소득층 밀집지역의 동사무소에 별정직 공무원인 사회복지전문요원이 신규로 임용 · 배치되기 시작하였으나, 이들에 대한 법적인 근거는 1992년 12월 8일 「사회복지사업법」 개정을 통해 마련되었고 사회복지전담공무원이라는 명칭으로 불리게 되었다. 그리고 별정직이던 사회복지전담공무원은 「사회복지사업법」 개정으로 2000년 1월부터 별정직에서 일반직인 사회복지직으로 전환되었다. 사회복지전담공무원은 초창기인 1987년에 49명으로 시작되었으나, 국민의 복지수요가 증가하고 국민기초생활보장제도의 시행으로 지속적으로 확충되어 2007년 12월 31일 현재 전국적으로 10,113명이 배치되어 활동하고 있다(보건복지가족부, 2008).

1) 사회복지전담공무원의 법적 근거

- 「사회복지사업법」 제14조(사회복지전담공무원)

2) 사회복지전담공무원의 주요업무

사회복지전담공무원의 주요직무[6)]는 〈표 15-5〉와 같다.

표 15-5 사회복지전담공무원의 주요 직무 내용

직무 분야	직무 내용
서비스 대상자 조사 및 선정	• 기초생활보장 대상 및 부양자에 대한 재산 · 소득조사 • 노인, 장애인, 소년소녀가장, 한부모가족 등 서비스 대상자 조사 및 선정 • 노인장기요양보험, 사회서비스 바우처사업, 지역사회서비스 투자사업 대상자 선정
급여지급	• 생계 · 교육 · 의료 등 국민기초생활보장 급여지급 업무 • 장애수당, 장애아동부양수당, 기초노령연금 등 각종 급여지급 업무
서비스 및 행정	• 취약계층의 가정 문제 등 고충상담 후 해당기관 연계 • 자활, 생업자금 융자, 취업훈련 등 자립지원 • 장애인, 노인, 보육아동, 여성 등에 대한 각종 지원시책 안내 및 제공 • 자원봉사, 결연사업 등 민간복지자원 발굴 · 연계 • 복지 · 고용 · 교육 · 문화 등 주민생활지원서비스 제공

출처: 오정수, 류진석(2009), p. 201.

3) 사회복지전담공무원제도의 문제점과 대책

사회복지전담공무원제도의 문제점과 그에 따른 대책은 다음과 같다(이현주, 2007). 첫째, 인력부족과 그에 따른 업무량 과다의 문제다. 1987년 사회복지전문요원이 임용 · 배치된 이래 사회복지전담공무원의 수가 점차 확충되어 사회복지전담공무원이 담당하는 평균 수급가구 수가 감소되고 있지만, 아직까지 절대적인 업무량은 과다하다고 할 수 있다. 사회복지전담공무원 1인당 담당인

6) 사회복지전담공무원의 업무에 관한 규정은 보건복지가족부 훈령 제39호(1997. 9. 29)인 「사회복지전문요원의 직무 및 관리운영에 관한 규정」에 상세히 명시되어 있었으나, 행정규칙으로서의 실효성이 없어져 2009년 8월 31일 폐지되었음.

구는 2007년 6,786명으로 영국(337명), 호주(806명), 일본(2,134명)보다 월등히 많은 사례를 담당하고 있는 것으로 나타났다. 인력부족과 업무량 과다는 결국 수급자에 대한 복지서비스의 질 저하를 가져오기 때문에 사회복지전담공무원의 인력이 증원되어야 한다.

둘째, 전문인력의 배치와 활용의 비효율성 문제다. 주민생활지원서비스 전달체계로의 개편에 따라 전문적인 업무의 명확한 구분이 없어 사회복지전문직의 전문적 업무수행에 혼선이 초래되었다. 예를 들어, 주민생활지원국 주민생활지원과의 통합조사팀에서 근무하는 사회복지전문직과 읍 · 면 · 동에서 근무하는 사회복지전문직의 업무 대부분은 자산조사인 반면, 기획, 상담, 사례관리의 업무수행에서 전문직의 업무비중이 낮은 것으로 나타났다. 사회복지전담공무원은 사회복지 관련 업무를 효과적으로 수행하도록 하기 위해 사회복지사 1급 자격증 취득자들 중에서 공개채용하여 선발하고 있으나, 이들은 복지관련 업무 외에 일반행정업무도 동시에 수행하고 있으며, 복지업무 담당공무원 중에서 일반직의 비중이 오히려 큰 것이 사실이다. 이러한 문제점을 고려하여 업무의 전문성을 고려한 역할재분담과 업무재배치에 대한 수정이 이루어져야 한다.

제5부

민간 지역사회복지실천 추진체계

16

사회복지관[1)]

1. 사회복지관의 정의 및 목적

지역주민의 복지증진과 삶의 질을 향상시키기 위한 민간부문의 지역사회복지실천의 거점이 되는 대표적인 기관으로 사회복지관을 들 수 있다. 「사회복지사업법」 제2조 3의 2에 따르면, 사회복지관이란 '지역사회를 기반으로 일정한 시설과 전문인력을 갖추고 지역주민의 참여와 협력을 통하여 지역사회복지문제를 예방하고 해결하기 위하여 종합적인 복지서비스를 제공하는 시설' 을 말한다. 사회복지관은 모든 지역주민을 대상으로 보호서비스, 재가복지서비스, 자활을 위한 교육훈련 등 사회복지서비스를 제공하고, 가족기능 강화 및 주민상호 간 연대감 조성을 통한 각종 지역사회문제를 예방 · 치료하는 종합적인 복지서비스 전달기구로서 지역주민의 복지증진을 위한 중심적 역할을 수행하여야 한다.

1) 이 내용은 보건복지가족부(2009e)의 『2009년도 사회복지관 운영관련 업무처리 요령안내』를 참고함.

2. 사회복지관의 역사

우리나라 사회복지관의 역사는 다음과 같다.

- 1906년 원산 인보관운동에서 사회복지관사업 태동
- 1921년 서울에 최초로 태화여자관 설립
- 1926년 원산에 보혜여자관 설립
- 1930년 서울에 인보관 설치(총독부)
- 1975년 국제사회복지관연합회 회원국 가입
- 1976년 한국사회복지관연합회 설립(22개 사회복지관)
- 1983년 「사회복지사업법」 개정으로 사회복지관 운영 국고보조
- 1988년 사회복지관 운영, 국고보조사업지침 수립
- 1989년 「주택건설촉진법」 등에 의해 저소득층 영구임대아파트 건립 시 일정 규모의 사회복지관 건립의 의무화
- 1989년 사회복지법인 한국사회복지관협회 설립
- 2001년 전국 350개소 설치 · 운영
- 2009년 전국 414개소 설치 · 운영(2009년 12월 현재)

3. 사회복지관의 법적 근거

- 「사회복지사업법」 제2조(정의), 제34조(시설의 설치)
- 「사회복지사업법 시행규칙」(보건복지부령), 제21조(사회복지관의 설치기준), 제22조(사회복지관의 운영기준)
- 임대단지 사회복지관의 법적 근거: 「주택법」 제2조 및 제7호, 「주택건설기준 등에 관한 규정」 제5조 및 제6호, 「주택건설기준 등에 관한 규칙」 제5호

4. 사회복지관 운영의 기본원칙

사회복지관은 지역성, 전문성, 책임성, 자율성, 통합성, 자원활용, 중립성, 투명성의 원칙에 따라 운영되어야 한다. 첫째, 지역성의 원칙이다. 지역주민의 복지증진을 목적으로 하는 사회복지관은 지역사회의 특성과 지역주민의 문제나 욕구를 신속하게 파악하여 사업계획 수립 시에 이를 적극적으로 반영하고 주민에게 서비스를 제공하여야 한다. 또한 지역주민의 능동적 역할과 책임의식을 조장하여 적극적인 참여를 유도하여 지역사회문제를 해결하여야 한다. 둘째, 전문성의 원칙이다. 다양한 지역사회문제에 적극적으로 대처하기 위하여 사회복지관은 일반 프로그램뿐만 아니라 특정문제 해결을 위한 전문 프로그램이 제공될 수 있도록 지식과 기술을 보유한 전문인력이 사업을 수행하여야 하며, 전문인력에 대하여 지속적으로 재교육을 실시하는 등 이들 인력의 전문성을 증진시켜야 한다. 셋째, 책임성의 원칙이다. 사회복지관은 서비스 이용자의 욕구충족과 지역사회문제 해결을 위하여 수행하는 사업에서 효율성과 효과성의 극대화를 위하여 최선의 노력을 기울여야 한다. 넷째, 자율성의 원칙이다. 사회복지관은 사회복지서비스의 효율적인 제공을 위하여 복지관의 능력과 전문성이 최대한 발휘될 수 있도록 자율적으로 운영되어야 한다. 다섯째, 통합성의 원칙이다. 사회복지관은 다양한 사업을 수행하는 데 지역사회 내에서 활동하는 공공복지기관 및 민간복지기관 간의 연계성과 통합성을 극대화하여 지역사회복지체계가 효율적이고 효과적으로 운영되도록 하여야 한다. 여섯째, 자원활용의 원칙이다. 사회복지관은 지역주민의 다양한 욕구에 부응하기 위해 지역사회 내의 인적 · 물적 자원 등의 복지자원을 최대한 동원하고 활용하여야 한다. 일곱째, 중립성의 원칙이다. 사회복지관은 정치활동이나 영리활동 혹은 특정 종교활동 등을 위해 이용되지 않도록 중립성을 유지하여야 한다. 여덟째, 투명성의 원칙이다. 사회복지관은 지역사회 주민의 욕구를 충족하고 지역사회 문제 해결을 위해 동원된 인적 · 물적 자원을 효율적으로 활용하고 자원의 활용과 사업운영과정의 투명성을 유지하여야 한다.

5. 사회복지관 사업대상과 사업내용

1) 사업대상

사회복지관의 제반사업은 사회복지서비스에 대한 욕구를 가지고 있는 모든 지역주민을 대상으로 하나, 다음의 대상을 우선적인 사업대상으로 포함하여야 한다.

- 국민기초생활보장 수급자, 차상위계층 등 저소득 주민
- 장애인, 노인, 한부모가정 등 취약계층 주민
- 직업 · 부업훈련 및 취업알선이 필요한 주민
- 유아, 아동 또는 청소년의 보호 및 교육이 필요한 주민
- 기타 긴급지원이 필요하다고 인정되는 주민

2) 사업내용

사회복지관은 지역사회의 특성과 지역주민의 복지욕구에 대한 조사결과를 바탕으로 사업내용을 자율적으로 결정할 수 있으나, 다음 분야별 단위사업 중에서 해당 사회복지관의 실정에 적합한 프로그램을 선정하여 수행하여야 한다. 앞에서 제시한 우선사업 대상자를 위해 8개 이상의 프로그램을 선정하여 수행하되, 우선사업으로 지정된 다음 프로그램 중에서 분야별로 각 1개 이상을 포함하여야 한다. 또한 이 경우 관할 시 · 군 · 구청장이 지역적 특성을 감안하여 특히 필요하다고 인정한 때에는 사업 분야 및 단위사업을 조정하거나 별도의 사업을 개발 · 추진할 수 있다. 사회복지관의 사업 분야, 단위사업, 우선사업대상 프로그램은 〈표 16-1〉과 같다.

표 16-1 사회복지관의 사업 내용

분 야	단위사업	우선사업대상 프로그램
가족복지사업	• 가족관계증진 • 가족기능 보완 • 가정문제 해결 · 치료 • 부양가족지원	• 개인 및 가정문제 등 상담 • 방과 후 아동보호 프로그램
지역사회보호사업	• 급식서비스 • 보건의료서비스 • 경제적 지원 • 일상생활 지원 • 정서서비스 • 일시보호서비스	• 급식서비스(식사배달, 밑반찬 배달, 무료급식 등) • 주간보호소 · 단기보호소 운영
지역사회조직사업	• 주민조직화 및 교육 • 복지네트워크 구축 • 주민복지 증진 • 자원봉사자 양성 및 후원자 개발 · 조직	• 주민조직체 형성 및 운영 • 복지네트워크 구축
교육 · 문화 사업	• 아동 · 청소년 기능교육 • 성인 기능교실 • 노인 여가문화 • 문화복지	• 노인 · 여가 · 문화 프로그램 • 아동 · 청소년 · 사회교육 프로그램
자활사업	• 직업기능 훈련 • 취업알선 • 직업능력 개발 • 자활공동체 육성	• 취업 · 부업 안내 및 알선 • 취업 · 부업 기능훈련 및 공동장업장 운영

출처: 보건복지가족부(2009e), p. 10.

사회복지관의 각 사업에 대하여 구체적으로 살펴보면 다음과 같다.

(1) 가족복지사업

- 가족관계증진사업: 가족구성원 간의 의사소통을 원활히 하고 각자의 역할을 수행함으로써 이상적인 가족관계를 유지함과 동시에 가족의 능력을 개발 · 강화하는 사업(가족문제 예방프로그램 포함)
  - 교육 · 훈련 프로그램: 가족교육, 부모교육, 가족역할훈련, 대인관계훈련, 의사소통향상교육 등
  - 상담 및 검사: 부부상담, 부모상담, 가족상담 등(법률 의료상담, 심리검사 등 포함)

- 가족기능 보완사업: 사회구조 변화로 부족한 가족기능, 특히 부모의 역할을 보완하기 위하여 주로 아동 · 청소년을 대상으로 실시되는 사업
  - 아동 대상 프로그램: 방과 후 아동보호 및 보육
  - 청소년 대상 프로그램: 공부방 및 도서관 운영(학습 및 독서지도 포함), 사회성 향상, 감성교육, 심성발달 프로그램, 진로탐색 및 지도, 학교사회사업
- 가정문제 해결 · 치료사업: 문제가 발생한 가족에 대한 진단 · 치료 · 사회복귀 지원사업
  - 신체적 장애 관련 프로그램: 장애아동 조기교육, 음악 · 놀이 · 미술 등 특수치료, 장애인 사회적응 프로그램 등
  - 정신적 장애 관련 프로그램: 정신보건서비스, 알코올 및 약물중독치료, 정신장애인, 정신지체인, 발달장애인 서비스 등
  - 청소년 프로그램: 청소년 범죄예방 사업, 학교부적응 또는 징계학생을 위한 지도 프로그램 등
  - 위기가정 문제: 이혼가정, 해체위기가정 등
  - 폭력 · 학대: 아동학대 및 방임, 노인학대, 성폭력, 가정폭력
- 부양가족지원사업: 보호대상 가족을 돌보는 가족구성원의 부양부담을 줄여주고 관련 정보를 공유하는 등 부양가족 대상 지원사업
  - 치매노인 가족지원, 장애인 가정지원, 만성질환자 부양가족모임, 장애아동 부모상담, 그 밖에 부양가족 지원사업

(2) 지역사회보호사업

- 급식서비스: 지역사회에 거주하는 보호대상 노인이나 결식아동 등을 위한 식사제공 사업
  - 식사배달, 밑반찬 배달, 경로식당, 무료급식
- 보건의료서비스: 노인, 장애인, 저소득층 등 재가복지사업 대상자들을 위한 보건의료 관련 사업
  - 의료서비스(통원 및 방문진료), 간병서비스, 물리치료, 재활치료, 보건교육, 방문간호(보건기관 연계), 영양서비스(영양지도 및 상담)
- 경제적 지원: 경제적으로 어려운 지역사회주민을 대상으로 생활에 필요한 현금 및 물품 등을 지원하는 사업

- 의료비 · 교육비 · 생활비 등 지원, 후원품 제공, 생활용품 지원 등

- 일상생활 지원: 자립생활능력이 부족한 대상자가 사회복지시설이 아닌 곳에서 자립적인 생활을 하도록 하기 위하여 필요한 기초적인 일상생활 지원사업
  - 청소 · 세탁 · 장보기 · 취사 등 가사서비스, 목욕, 이 · 미용, 심부름, 차량지원, 주거환경개선 등
- 정서서비스: 지역사회에 거주하는 독거노인이나 소년소녀가장 등 부양가족이 없는 보호대상자들, 또는 사회적으로 정서적 소외로 지원이 필요한 가족을 위한 비물질적인 지원사업
  - 말벗, 안부전화 등 노인정서지원, 의형제 · 의부모 관계맺기, 멘토링
- 일시보호서비스: 독립적인 생활이 불가능한 노인이나 장애인 또는 일시적인 보호가 필요한 실직자 노숙인, 가정폭력 피해자, 가출청소년 등을 위한 보호사업
  - 노인 주간단기보호, 치매노인센터, 장애인 주간단기보호, 실직자 쉼터, 노숙인 쉼터, 공동생활가정

(3) 지역사회조직사업

- 주민조직화 및 교육: 주민이 지역사회 문제에 스스로 참여하고 공동체 의식을 갖도록 주민조직의 육성을 지원하고, 이러한 주민협력 강화에 필요한 주민의식을 높이기 위한 교육을 실시하는 사업
  - 주민조직체 형성 운영: 주민조직, 성인동아리 등
  - 지역주민이 주체가 되어 지역문제를 해결하는 사업: 녹색가게, 소비자 이동고발, 쓰레기 재활용운동 등
  - 주민의식교육: 주민지도자교육, 사회복지교육 등 의식교육, 환경교육, 소비자교육 등
- 복지네트워크 구축: 지역 내 복지기관 시설들과 네트워크를 구축함으로써 복지서비스 공급의 효율성을 제고하고, 사회복지관이 지역복지의 중심이 되는 역할을 강화하는 사업
  - 네트워크 구축: 지역복지협의회 활동, 연계사업 등
  - 지역복지중심기관 역할: 지역복지 대변자로서의 활동, 지역문제의 발굴 등

• 주민복지증진: 지역단위 행사 또는 주민편의시설 운영을 통하여 주민복지를 증진하고 공동체 의식을 높이는 사업
  - 지역행사: 경로잔치, 절기행사, 마을잔치 등 지역주민행사
  - 시설개방: 시설 대여, 경로당 운영, 주민사랑방 운영
  - 정보제공: 일상생활 및 복지 관련 정보제공
• 자원봉사자 양성 및 후원자 개발 · 조직: 지역사회 내에서 취약계층을 돕고자 하는 자원봉사자를 모집, 양성하고 복지사업에 관심이 있는 주민 또는 기업 등을 후원자로 개발 · 조직하는 사업
  - 자원봉사자가 희망하는 복지사업 분야에서 활동할 수 있도록 연계 관리
  - 정기적 또는 비정기적으로 제공하는 후원금품을 노인, 장애인, 청소년 등 취약계층에 직접 전달하거나 관련 복지사업비 등으로 사용

(4) 교육 · 문화사업

• 아동 · 청소년 기능교육: 아동 및 청소년을 대상으로 하는 기능교실 운영사업
  - 주거환경이 열악하여 가정에서 학습하기 곤란하거나 경제적 이유 등으로 학원 등 타 기관의 활용이 어려운 아동 · 청소년에게 필요한 경우 학습내용 등에 대하여 지도하거나 각종 기능교육(컴퓨터, 피아노, 미술, 태권도, 서예 등) 실시
• 성인 기능교실: 기능습득을 목적으로 하는 성인사회교육사업(저소득층을 위한 직업훈련 및 일반주민을 위한 단순기능교육을 포함)
  - 조리사, 이 · 미용, 양재, 포장, 제과 · 제빵, 도배사, 에어로빅강사 등 기능교육 및 자격증 취득을 위한 교육
  - 교양강좌: 꽃꽂이, 서예, 독서지도, 종이접기 등
• 노인 여가문화: 노인을 대상으로 제공되는 각종 사회교육 및 취미교실운영사업
  - 건강운동교실: 체조교실, 생활체육, 단전호흡, 수영교실 등
  - 여가 프로그램: 노래교실, 춤교실 등
  - 교양교육 프로그램: 노인대학, 컴퓨터, 한글교육 등
  - 경로당 지원사업
• 문화복지: 일반주민을 위한 여가 · 오락 프로그램, 문화 소외집단을 위한 문화 프로그램, 그 밖의 각종 지역문화행사사업

- 일반주민 여가 프로그램
- 소외집단 대상 프로그램: 장애인 문화체험, 한부모 또는 해체가정 청소년 일일캠프 등
- 주민문화행사: 영화 상영, 춤 축제, 음악회 등

(5) 자활사업

- 직업기능 훈련: 저소득층의 자립능력배양과 가계소득에 기여할 수 있는 기능훈련을 실시하여 창업 또는 취업을 하도록 지원하는 사업
  - 봉제, 이 · 미용, 조리, 컴퓨터훈련, 공예품 제작, 창업교실, 건축 관련 세부기술, 서비스 교육
- 취업알선: 직업훈련 이수자, 기타 취업희망자를 대상으로 취업에 관한 정보 제공 및 알선사업
  - 가사도우미, 산모도우미, 간병인, 경비직, 조리원, 사무원, 일용직 등의 알선
  - 취업 · 부업안내센터, 창업정보센터, 창업지도, 고령자 취업센터
- 직업능력개발: 근로의욕 및 동기가 낮은 주민의 취업욕구 증대와 재취업을 위한 심리 · 사회적인 지원 프로그램 실시사업
  - 지역봉사자를 위한 전문지도, 재활 프로그램, 근로의욕고취 프로그램
- 자활공동체 육성: 비슷한 경험과 능력을 소지한 저소득층이 공동창업방식을 통하여 서비스 또는 제품의 생산으로 자립할 수 있도록 지원하는 사업
  - 자활공동체 창업, 공동작업장, 노인부업실 등

6. 사회복지관 현황

사회복지관은 시설규모에 따라 가형(건평 2,000㎡ 이상), 나형(건평 1,000㎡~2,000㎡), 다형(건평 1,000㎡ 미만)의 세 가지 유형으로 구분된다. 2009년 12월 현재 사회복지관은 414개로 가형 171개소, 나형 203개소, 다형 40개소인 것으로 나타났다. 시 · 도별로 보면, 서울지역이 95개소로 가장 많은 수의 사회복지관이 설치 · 운영되고 있는 것으로 나타났고, 울산지역이 8개소로 가장 적은 수의 사회복지관이 설치된 것으로 나타났다. 또한, 법인 유형별로 보면, 사회복

지법인 소속 사회복지관이 299개소로 가장 많았고, 재단법인 소속 사회복지관이 49개소로 그 뒤를 이었다.

〈표 16-2〉와 〈표 16-3〉은 각각 지역별 사회복지관 현황과 법인 유형별 사회복지관 현황을 보여 주고 있다.

표 16-2 지역별 사회복지관 현황

(단위: 개)

지 역	계	임대지역	일반지역	지 역	계	임대지역	일반지역
서 울	95	29	66	강 원	15	7	8
부 산	51	18	33	충 북	11	4	7
대 구	25	13	12	충 남	17	6	11
인 천	17	6	11	전 북	17	9	8
광 주	19	10	9	전 남	16	6	10
대 전	19	8	11	경 북	15	11	4
울 산	8	2	6	경 남	25	7	18
경 기	55	18	37	제 주	9	2	7
				총 계	414	156	258

출처: 한국사회복지관협회 홈페이지(www.kaswc.or.kr).

표 16-3 법인 유형별 사회복지관 현황

구 분	개 수
사회복지법인	299
재단법인	49
사단법인	12
학교법인	26
지방자치단체 직영	27
의료법인	1
총 계	414

출처: 한국사회복지관협회 홈페이지(www.kaswc.or.kr).

17

재가복지봉사센터[1)]

재가복지봉사센터란 지역사회에서 일정한 시설과 전문인력 및 자원봉사자를 갖추고 필요한 재가복지서비스를 제공하는 사회복지시설을 말한다. 가정에서 보호를 요하는 장애인, 노인, 소년소녀가장, 한부모가정 등 가족기능이 취약한 저소득 소외계층과 국가유공자, 지역사회 내에서 재가복지서비스를 원하는 사람에게 가사, 간병, 정서, 의료, 결연 등의 서비스를 제공하기 위해 정부는 1992년부터 재가복지봉사센터를 설치 · 운영하고 있다. 재가복지봉사센터는 노인, 장애인, 결손가정, 소년소녀가장 등 보호가 필요한 대상의 욕구를 파악하여 자원봉사자들로 하여금 가사서비스, 간병 및 의료서비스, 정서서비스 등을 제공하도록 연계시켜 주는 역할을 한다.

1. 재가복지봉사센터의 법적 근거

- 「사회복지사업법」 제41조의 2(재가복지서비스)

1) 이 내용은 보건복지가족부(2009e)의 『2009년도 사회복지관 운영관련 업무처리 요령안내』를 주로 참고함.

• 「사회복지사업법」 제41조의 3(보호대상자의 보호자에 대한 지원)
• 「사회복지사업법」 제41조의 4(가정봉사원의 양성)

2. 재가복지봉사센터의 기능과 역할

재가복지봉사센터는 다음과 같은 다양한 기능과 역할을 수행한다. 첫째, 조사 · 진단이다. 재가복지서비스 대상자 및 가정의 욕구조사와 문제의 진단 등을 통해 필요한 서비스의 종류를 선정한다. 둘째, 서비스 제공이다. 재가복지서비스 대상별 측정된 욕구와 문제의 진단내용에 따라 직 · 간접적 서비스를 제공한다. 셋째, 지역사회 자원동원 및 활용이다. 재가복지서비스의 내실화와 대상자 및 가정의 욕구와 문제 해결을 위해 지역사회 인적 · 물적 자원을 동원, 활용한다. 넷째, 사업평가다. 재가복지서비스 사업을 평가하기 위하여 서비스 기능, 분야별 효과, 자원동원 및 활용 효과 등에 관하여 자체 평가하고 그 결과가 사업에 활용되도록 한다. 다섯째, 교육제공이다. 자원봉사자 및 지역사회주민에게 재가복지서비스 사업, 사회복지사업 및 취미 · 교양 등에 관한 교육을 제공한다. 여섯째, 지역사회 연대의식 고취다. 지역사회 내 인적 · 물적 자원 연계를 통한 계층 간의 연대감을 고취시킨다.

3. 재가복지봉사센터 운영의 기본원칙

재가복지봉사센터의 운영원칙은 다음과 같다. 첫째, 적극성의 원칙이다. 서비스 대상자의 요청을 기다리지 않고 적극적으로 서비스 요구를 발굴하여 필요한 서비스를 제공하여야 한다. 둘째, 능률성의 원칙이다. 최소의 비용으로 최대의 효과를 거두기 위하여 인적 · 물적 자원을 효율적으로 운영하여야 한다. 셋째, 연계성의 원칙이다. 다양한 서비스 욕구를 적절히 충족시키기 위하여 행정기관, 사회봉사단체 등 관련 기관과 수시 연계체계를 갖추고 알선, 의뢰, 자원봉사 등을 수행하여야 한다. 넷째, 자립성의 원칙이다. 요보호 대상자에 대한 서비스는 본인의 신체적 · 정신적 · 사회적 자립 및 자활을 조성하는 데 주안점을 두어야 한다.

4. 시설의 설치 및 전담인력

1) 시설의 설치

- 설치 대상: 재가복지봉사센터는 설치 · 운영 중인 사회복지관 부설로 설치하여 기존 복지관의 시설, 인력, 장비를 공동 활용하며, 재가복지서비스의 효율성 제고를 위하여 별도의 전담인력 및 장비를 추가 지원하여 설치 · 운영한다.
- 설치 면적: 사회복지관 내 서비스 대상자와 자원봉사자가 이용하기에 편리한 곳에 설치하되 면적이 33㎡ 이상이어야 한다.
- 설치 운영 주체: 사회복지관을 설치 · 운영 중인 사회복지법인, 지방자치단체 및 비영리법인 등으로 하되, 지방자치단체는 이 사업의 전문성을 향상시키기 위하여 운영능력이 있는 사회복지법인 등에 위탁운영할 수 있다.

2) 전담인력

사회복지관의 관장은 재가복지봉사센터의 장을 겸직하고 업무를 총괄하고 지휘한다. 재가복지봉사센터의 효율적인 운영을 위해 사회복지관 내에 전담인력을 두되, 2인 이상의 사회복지사(과장급 1인 포함)를 포함한 총 3인을 우선 배치하여 운영토록 한다. 전담인력의 채용은 법인의 정관이 정하는 바에 따라 법인의 대표이사 또는 사회복지관 관장이 채용한다. 다만, 지방자치단체가 설치 · 직영하는 봉사센터의 경우는 예외로 한다.

5. 재가복지봉사 대상자

재가복지봉사 대상자는 지역사회 내 저소득 계층을 우선으로 한다. 구체적인 범위는 국민기초생활보장 수급권자, 기타 저소득층 가정으로서 재가복지서비스가 필요하다고 인정되는 자(무의탁 국가유공자 및 유족 등), 미신고시설 생활자(장애인, 여성, 아동, 노인 등), 재가복지서비스를 필요로 하는 지역주민 등이다.

6. 재가복지서비스의 내용

재가복지봉사센터에서 제공하는 서비스는 요보호 대상자의 인구학적 특성과 욕구 유형에 따라 필요하다고 판단되는 서비스를 제공한다. 재가복지서비스의 주요 내용은 다음과 같다.

- 가사서비스: 집 안 청소, 식사준비 및 취사, 세탁, 청소 등
- 간병서비스: 안마, 병간호 수발, 병원안내 및 동행, 통원 시 차량지원, 병원 수속대행, 보건소 안내, 약품구입, 체온측정, 신체운동, 집 안 소독 등
- 정서적 서비스: 말벗, 상담, 학업지도, 책 읽어 주기, 여가지도, 취미활동 제공, 행정업무
- 결연서비스: 서비스 대상자에 대한 생활용품 및 용돈 등의 재정적 지원 알선, 의부모, 의형제 맺어 주기 등의 서비스
- 의료서비스: 지역의료기관, 보건기관과의 연계 및 결연을 통한 정기 또는 수시방문 진료(링겔투약, 혈압체크, 질병상담 및 치료 등)
- 자립지원서비스: 탁아, 직업보도, 기능훈련, 취업알선 등 자립능력을 배양할 수 있는 내용의 서비스 등
- 주민교육서비스: 보호 대상자의 가족, 이웃, 친지 등을 포함한 지역주민을 위한 재가보호서비스 요령 및 방법교육
- 기타 사회복지관 시설을 활용한 서비스 등

7. 재가복지봉사센터 서비스 전달체계

재가복지봉사센터 서비스 전달체계는 [그림 17-1]과 같다.

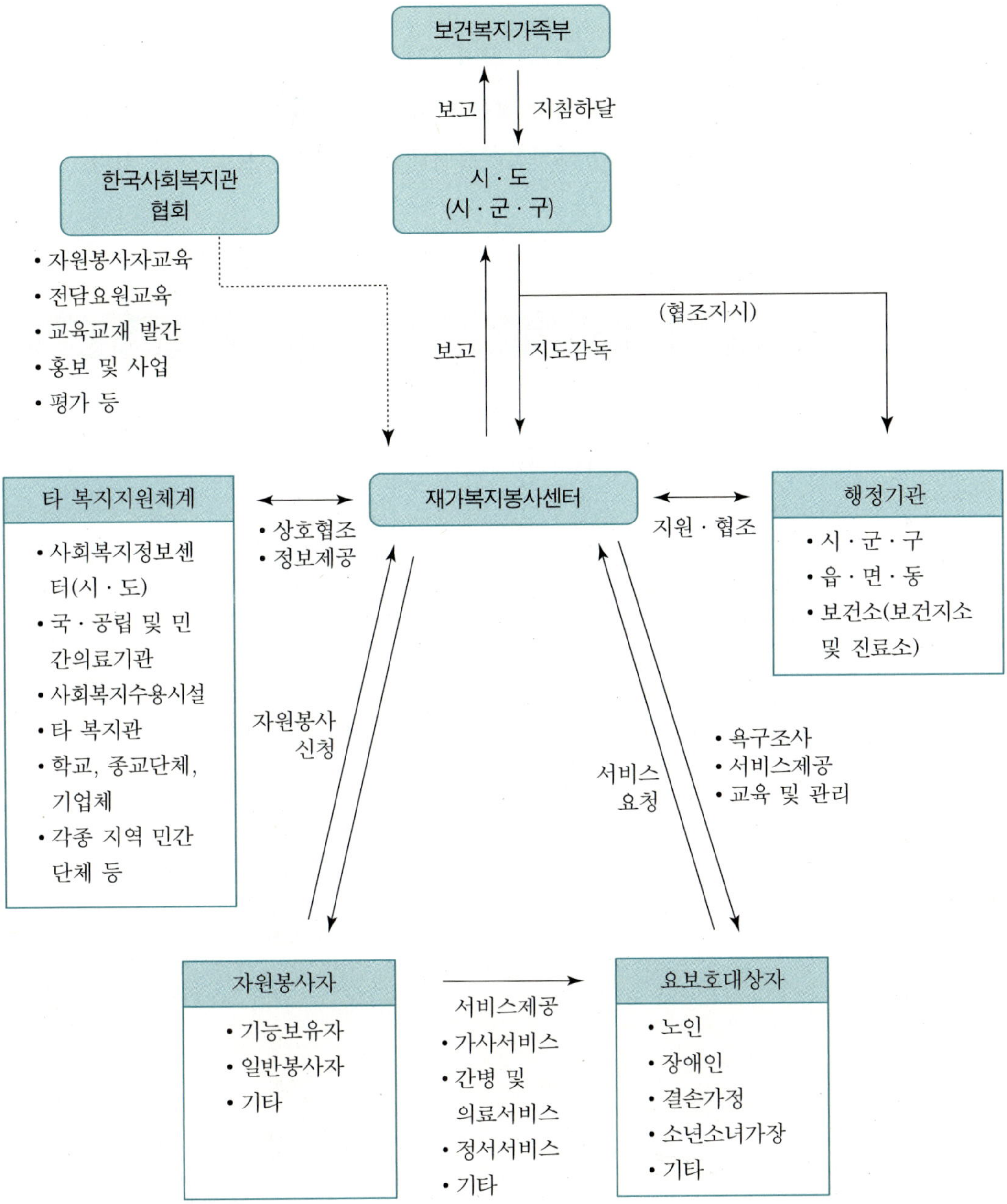

[그림 17-1] 재가복지봉사센터 전달체계도

출처: 보건복지가족부(2009e), p. 124.

8. 재가복지봉사센터 현황

재가복지봉사센터는 2009년 현재 374군데가 설치 · 운영되고 있는데, 특히 서울, 경기, 부산 지역에 가장 많은 수의 센터가 설치되어 있는 것으로 나타났다. 〈표 17-1〉은 지역별 재가복지봉사센터의 현황을 보여 주고 있다.

표 17-1 지역별 재가복지봉사센터 현황

(단위: 개)

지 역	계	임대지역	일반지역	지 역	계	임대지역	일반지역
서 울	95	29	66	강 원	11	7	4
부 산	49	18	31	충 북	10	4	6
대 구	25	13	12	충 남	13	6	7
인 천	16	6	10	전 북	17	9	8
광 주	18	10	8	전 남	15	6	9
대 전	17	8	9	경 북	13	11	2
울 산	5	2	3	경 남	16	7	9
경 기	51	18	33	제 주	3	2	1
				총 계	374	156	218

출처: 한국사회복지관협회 홈페이지(www.kaswc.or.kr).

18

자원봉사센터

자원봉사활동을 활성화하고 보다 효율적으로 지원하기 위하여 2005년 8월 4일 제정된 「자원봉사활동 기본법」은 자원봉사활동의 개념, 기본방향, 범위뿐만 아니라 자원봉사센터의 설치 · 운영 등 자원봉사활동과 관련된 기본사항을 명시하고 있다. 이 법의 제정목적은 정부의 자원봉사전달체계를 단일화함으로써 인적 자원의 중복과 낭비를 방지하고, 지역사회 자원봉사활동의 활성화를 지원하기 위함이었다(배기효 외, 2007). 동법 제3조에 따르면, 자원봉사활동이란 개인 또는 단체가 지역사회 · 국가 및 인류사회를 위하여 대가 없이 자발적으로 시간과 노력을 제공하는 행위를 말한다. 모든 국민은 연령, 성별, 장애, 지역, 학력 등 사회적 배경에 상관없이 누구든지 자원봉사활동에 참여할 수 있으며, 무보수성, 자발성, 공익성, 비영리성, 비정파성, 비종파성의 원칙에 따라 자원봉사활동이 행해질 수 있도록 국가가 지원해야 한다고 명시하고 있다.

자원봉사활동은 다음과 같은 특성이 있다(강철희, 정무성, 2006). 첫째, 자발성이다. 자원봉사활동은 다른 사람의 강요나 억압에 의해서가 아니라 사회와 이웃의 문제를 자신의 일로 받아들여 자발적인 의지로 참여하는 것을 의미한다. 둘째, 무보수성이다. 아무런 경제적 보상이나 어떠한 대가도 바라지 않는 것을 말한다. 셋째, 이타성이다. 자원봉사활동은 자신의 이익이나 목적을 위한 것이 아니라 타인에 대한 존중과 이웃과 더불어 살아간다는 이타주의적 정신에서 비롯된 것이다. 넷째, 지속성이다. 자원봉사활동은 일회성 활동이 아니라 지속적으로 활동함으로써 수요처에도 실질적인 도움이 되도록 해야 한다. 다섯째, 자아실현성이다. 자원봉사활동은 남에게 도움이 되는 활동인 동시에 봉사자 자신에게도 새로운 기술 또는 경험의 습득을 통한 개인의 전문적 성장 기회가 되고, 심리적인 만족감이나 성취감 같은 심리적 보상, 자신에 대한 잠재력 발견, 인격적 성장의 기회가 된다. 여섯째, 조직성이다. 효율적인 자원봉사활동을 위해 조달, 교육, 배치, 재원 마련 등이 조직적이고 체계적으로 이루어져야 한다. 일곱째, 교육성이다. 자원봉사활동은 사회복지에 대한 관심과 이해를 돕는 복지교육이자, 민주시민으로서의 역할과 자세를 학습하는 시민교육의 기능을 수행한다. 여덟째, 민주성이다. 자원봉사활동은 참여를 원하는 사람은 누구나 활동할 수 있으며, 서로의 의견을 절충하여 공동의 목표를 이루어 내는 민주적 과정을 거치게 된다.

1. 자원봉사센터의 기능과 역할

자원봉사활동을 활성화하고 자원봉사활동의 수요와 공급을 조정하기 위하여 다양한 종류의 자원봉사센터가 설치 · 운영되고 있다. 「자원봉사활동 기본법」 제3조에 따르면, 자원봉사센터란 자원봉사활동 개발, 장려, 연계, 협력 등의 사업을 수행하기 위하여 법령과 조례 등에 의하여 설치된 기관, 법인, 단체 등을 말한다. 자원봉사센터는 자원봉사활동이 원활하게 이루어질 수 있도록 지원하기 위하여 자원봉사자의 수요와 공급을 조정하고, 자원봉사활동을 기록 · 등록하고, 자원봉사활동을 지원하고, 자원봉사자 양성 및 연수, 홍보 · 계발, 네트워크화, 조사 · 연구 등의 기능을 가지며, 그에 따르는 역할과 업무를 수행한다. 자원봉사센터의 기능과 역할은 〈표 18-1〉과 같다.

표 18-1 자원봉사센터의 기능과 역할

기능	역할	업무
수급 조정	수급	• 모집, 상담, 연결, 관리배치
	안내(상담)	• 자원봉사활동(프로그램)에 대한 상담
기록 · 등록	기록 및 등록	• 활동의 기록 작성(활동카드, 상담카드 작성) • 등록카드 작성(등록카드, 욕구카드 작성)
자원봉사 활동 지원	기자재 · 장소 대여	• 회의장 · 기자재 제공 • 자원봉사활동에 대한 각종 지원금 소개 및 절차 안내 • 자원봉사활동을 위한 기금조성
	인정 및 보상	• 자원봉사자 보험가입 • 자원봉사활동 인정서 · 수첩 발급, 자원봉사자 표창
	상담 · 조언	• 자원봉사활동에 관한 상담 · 정보 제공 • 자원봉사활동에 관한 자료의 안내 · 제공 · 대출
	육성 · 조직	• 자원봉사자 소집단 활동의 지원(전산 프로그램 설치)
양성 · 연수	교육 · 훈련	• 자원봉사자 오리엔테이션 및 재교육 • 자원봉사자 스쿨, 워크숍
	연수	• 자원봉사 담당자 교육 및 훈련
홍보 · 개발	홍보	• 홍보지 · 포스터 발행, 자원봉사신문 발행, 사례집 발간
	개발	• 자원봉사캠페인 실시, 자원봉사체험학교
네트워크화	연결망 구축	• 자원봉사단체 간의 협의체 구성
	교류	• 자원봉사자, 자원봉사활동집단, 관계기관 · 단체, 담당자 간의 교류 • 지역연대사업(지역 내 공동의 자원봉사자대회 참가)
조사 · 연구	조사 · 연구	• 욕구, 지역 조사 등
	프로그램 개발	• 조사 · 연구를 통한 프로그램 개발

출처: 박태영(2008), pp. 299-300.

2. 자원봉사센터의 분류

자원봉사센터를 수요와 공급 중심으로 분류하면 〈표 18-2〉와 같다.

3. 자원봉사센터 현황

현행법에 근거한 대표적인 자원봉사센터로는 행정안전부 산하의 시 · 도 및

표 18-2 자원봉사센터의 분류

	주목적	사 례
수요자 중심	자원봉사자를 직접 활용하기 위함	종합사회복지관, 재가복지봉사센터, 사회복지 관련 시설, 의료사회사업실, 상담기관, 각종 시민단체 등
공급자 중심	일정한 범주적 속성을 가진 사람을 대상으로 목적사업을 수행하기 위한 부가적인 형태로 자원봉사활동 지원	민간 형태의 비사회사업적 영역에서 기관 본연의 목적을 수행하기 위해 자원봉사를 활용하고 있는 기관. 교육기관, 기업, 종교사회봉사 등
조정자 중심	지역 내에 산재한 자원을 개발하여 활용처에 공급하고, 기관 간 효율적인 연계를 통하여 자원의 적절한 활용을 위해 구성	공공형태의 4개 중앙정부부처(행정안전부, 보건복지가족부, 문화체육관광부, 여성부) 관할 자원봉사센터

출처: 박태영(2008), pp. 301-302를 요약 · 정리하였음.

시 · 군 · 자치구 자원봉사센터, 보건복지가족부 산하의 사회복지자원봉사센터와 청소년활동진흥센터, 여성부 산하의 여성자원활동센터다. 이러한 자원봉사센터의 종류와 근거법령, 주요업무는 〈표 18-3〉과 같으며, 여기서는 이러한 자원봉사센터들에 대하여 간략히 소개한다.

표 18-3 자원봉사센터의 종류

관련 부처	센터 명	근거 법령	주요업무
행정안전부	자원봉사센터	「자원봉사활동기본법」, 지방자치단체조례	지역 자원봉사 활성화
보건복지가족부	사회복지 자원봉사센터	「사회복지사업법」 제9조	사회복지 봉사활동 지원
	청소년활동진흥센터	「청소년기본법」 제31조, 「청소년활동진흥법」 제65조	청소년 활동 진흥
여성부	여성자원활동센터	「여성발전기본법 시행령」 제28조의 2	여성 봉사활동 지원

출처: 찾기쉬운 생활법령정보 홈페이지(http://oneclick.law.go.kr).

1) 자원봉사센터

자원봉사센터는 행정구조상 행정안전부에 소속되어 있으며, 자원봉사활동의 수요와 공급을 효과적으로 조정하고 자원봉사활동을 활성화하기 위해 각 지방자치단체에 1군데 설치를 목표로 추진되어 1996년부터 설치되기 시작하였다. 특별시 · 광역시 · 도 단위의 자원봉사센터 16개와 시 · 군 · 구 단위의 자원봉사센터 232개를 합쳐 전국적으로 248개의 자원봉사센터가 설치 · 운영되고 있다. 「자원봉사활동기본법 시행령」 제15조 제4항에 따르면, 시 · 도 및 시 · 군 · 자치구 자원봉사센터는 지역 자원봉사활동의 활성화를 위하여 〈표 18-4〉와 같은 기능을 수행한다.

표 18-4 특별시 · 광역시 · 도 및 시 · 군 · 구 자원봉사센터의 기능

구 분	특별시 · 광역시 · 도 자원봉사센터	시 · 군 · 구 자원봉사센터
기능	• 특별시 및 광역시 · 도 지역의 기관 · 단체들과의 상시협력체계 구축 • 자원봉사 관리자 및 지도자의 교육 · 훈련 • 자원봉사 프로그램의 개발 및 보급 • 자원봉사 조사 및 연구 • 자원봉사 정보자료실 운영 • 시 · 군 · 자치구 자원봉사센터 간의 정보 및 사업의 협력 · 조정 · 지원 • 그 밖에 특별시 · 광역시 · 도 지역의 자원봉사 진흥에 기여할 수 있는 사업	• 시 · 군 · 자치구 지역의 기관 · 단체들과의 상시협력체계 구축 • 자원봉사자의 모집 · 배치 및 교육 · 홍보 • 지역자원봉사 프로그램의 개발 · 보급을 위한 사업 • 자원봉사 관련 정보의 수집 및 제공 • 그 밖에 지역사회자원봉사 진흥에 기여할 수 있는 사업

출처: 「자원봉사활동기본법 시행령」.

2) 사회복지 자원봉사센터(사회복지정보센터)

사회복지 자원봉사센터는 자원봉사자 양성 · 파견 · 배치를 위해 1978년 9월 설치된 사회봉사안내소라는 명칭으로 시작되었다. 1983년 4월부터 시 · 도 사회복지협의회를 통해 전국단위 자원봉사자를 양성 · 파견 · 배치하였고, 1991년 4월에 시 · 도 사회복지협의회 내 지역복지봉사센터를 설치 · 운영하였다. 1994년 11월에는 사회복지 자원봉사 정보안내센터라는 명칭으로 변경되었으며, 2001년에 사회복지정보센터라는 명칭으로 다시 변경되었다(보건복지부, 2008b).

사회복지 자원봉사센터는 다음과 같은 배경 속에서 추진되었다(보건복지부, 2008b). 첫째, 다양한 사회복지욕구를 충족시키기 위해서는 국가의 제도적 개선 노력뿐만 아니라 민간부문의 참여와 자원동원을 통한 복지서비스의 양적 ·

질적 수준을 확대할 필요성이 증대되었다. 둘째, 사회복지 분야에의 자원봉사 참여자 수 확대를 통한 소외 취약계층의 지속적인 복지서비스 제공 등 지속적인 보호체계 강화의 필요성이 제기되었다. 셋째, 자원봉사자의 중도탈락을 예방하고 사회복지봉사활동에 지속적으로 참여할 수 있도록 동기를 부여하기 위해 추진되었다.

「사회복지사업법」 제9조에 따르면, 국가 및 지방자치단체는 사회복지 자원봉사활동 지원 · 육성을 위해 자원봉사활동의 홍보 및 교육, 자원봉사활동 프로그램의 개발 · 보급, 자원봉사활동 중 재해에 대비한 시책의 개발, 기타 자원봉사활동의 지원에 필요한 사항을 실시하여야 하며, 이를 효율적으로 수행하기 위해 사회복지법인이나 기타 비영리법인 단체에 위탁할 수 있다. 사회복지봉사센터는 사회복지 자원봉사를 활성화하고, 사회복지 자원봉사인증센터 및 인증요원을 지원하고, 사회복지 자원봉사 촉진을 위한 정보를 제공하고, 사회복지 자원봉사활동 거점기능 수행을 위한 지원을 강화한다는 목적으로 설치 · 운영되고 있다(보건복지부, 2008b). 사회복지 자원봉사센터의 2008년도 주요 사업은 〈표 18-5〉와 같다.

표 18-5 2008년도 사회복지 자원봉사센터 주요 사업 예시

사업 구분	사업추진 내용
인증관리사업	• 사회복지 자원봉사인증센터 카드리더 구입(200군데) • 우수인증센터 현판 제작(100군데)
교육사업	• 인증관리사업 시 · 도정보센터 전담직원 워크숍(2회) • 자원봉사관리자 육성(2회)
조사사업	• 사회복지 자원봉사 통계연보 발간
전산망 운영	• '자원봉사인증관리시스템(VMS)' 운영 • 보안서버 및 사무기기 구입 • 자원봉사 및 전산자료 구입
지역관리본부 및 인증센터 지원	• 사회복지 자원봉사 지역관리본부 평가 • 우수지역관리본부 선정 및 지원 • 우수인증센터 인증요원 활동비(150명)
사회복지자원봉사 동기부여 서비스 프로그램 개발	• 사회복지 분야 자원봉사자 상해보험 가입(70,000명) • 사회복지 분야 자원봉사대회 • 자원봉사자 인센티브 개발 • 자원봉사자 간담회 추진

출처: 보건복지부(2008b).

특히 사회복지봉사활동 인증관리사업은 전국 자원봉사단체 · 기관 상호 간 연계체계를 구축하여 자원봉사자의 봉사실적을 정확하고 체계적으로 누적관리하고 봉사실적에 대한 인센티브를 제공하기 위해 마련된 제도다. 인증관리사업은 보건복지가족부가 주관하는 사업이나, 한국사회복지협의회 및 시 · 도사회복지협의회의 감독을 받아 사회복지봉사활동 인증센터가 사회복지봉사활동의 인증실적을 관리한다.

사회복지봉사활동 인증센터란 인증관리업무를 수행하기 위해 자원봉사자의 모집 및 봉사활동지도와 봉사실적 등을 인증관리하는 사업장으로, 사회복지시설, 법인, 단체 등 연간 10인 이상의 자원봉사자가 활동하는 사업장을 말한다. 보건복지부가 2001년 11월부터 사회복지봉사활동 인증관리사업을 시행하고 있으며, 2007년 12월 현재 사회복지봉사활동 인증센터로 4,155개가 지정되어 있다(보건복지부, 2008b).

[그림 18-1]은 사회복지봉사활동 인증관리사업의 운영체계를 보여 준다.

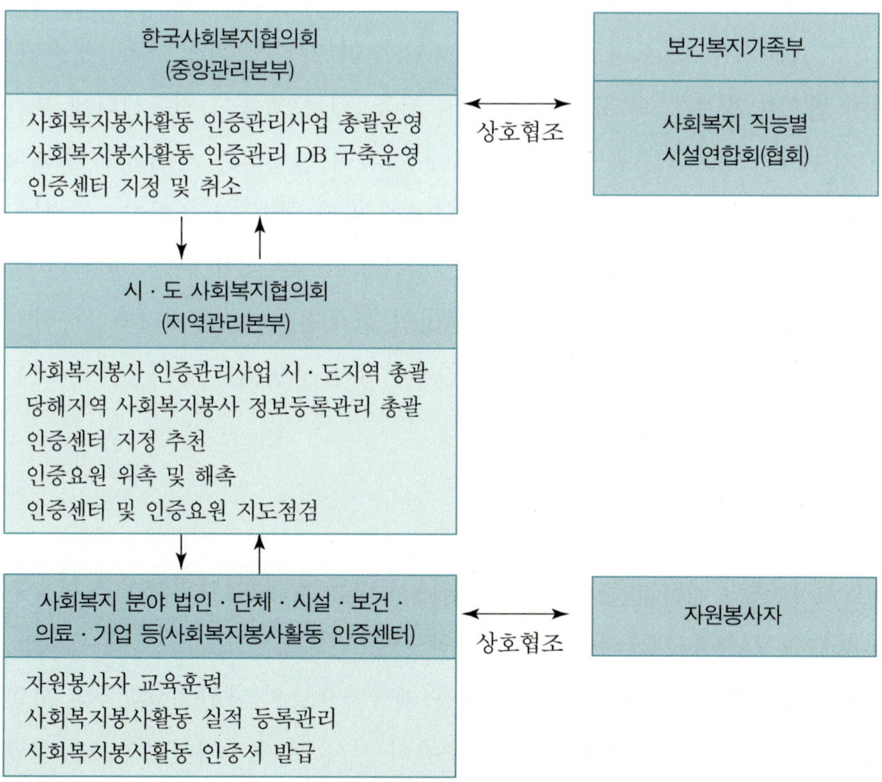

[그림 18-1] 사회복지봉사활동 인증관리사업의 운영체계

출처: 사회복지봉사활동 인증관리 홈페이지(www.vms.or.kr).

3) 청소년활동진흥센터

1995년 5 · 31 교육개혁안이 인성중심의 체험활동을 강조하고, 특히 초 · 중 · 고등학생들의 봉사활동을 의무화함에 따라 이를 사회적으로 뒷받침하고자 정부는 문화관광부 산하에 청소년자원봉사센터를 설치하여 청소년봉사활동을 장려 · 지원하기 시작하였다(http://www.sy0404.or.kr). 그 후 2004년 2월에 공포된 청소년 관련 3법(「청소년기본법」, 「청소년활동진흥법」, 「청소년복지지원법」)을 기반으로 청소년수련활동 인증제의 실시, 청소년활동 및 복지, 보호에 관한 종합적인 정보안내 및 서비스 제공, 청소년복지지원을 위한 사업 및 서비스 영역개발과 보급 등의 기능을 수행하기 위해 문화관광부 산하에 2005년 3월 한국청소년진흥센터를 개소하였고, 2006년 3월에 한국청소년자원봉사센터를 통합하였다(http://www.all4youth.net).

한국청소년진흥센터는 「청소년기본법」에 의해, 그리고 지방청소년활동진흥센터는 「청소년활동진흥법」에 의해 청소년자원봉사활동의 활성화 사업을 수행하고 있다. 「청소년기본법」 제31조에 따르면, 한국청소년진흥센터는 청소년활동 · 청소년복지 · 청소년보호에 관한 종합적 안내 및 서비스 제공, 청소년 양성에 필요한 정보 등의 종합적 관리 및 제공, 다른 법률이 진흥센터에 부여하는 기능의 수행, 그밖에 보건복지가족부 장관이 인정하는 사업을 수행하여야 한다. 그리고 「청소년활동진흥법」 제65조에 따라 국가 및 지방자치단체는 청소년자원봉사활동을 활성화할 수 있는 기반을 조성하여야 한다. 2009년 현재 보건복지가족부 산하에 1개의 중앙센터인 한국청소년진흥센터와 각 시 · 도에 16개 지역센터인 지방청소년활동진흥센터가 운영되고 있다.

4) 여성자원활동센터

여성자원활동센터는 분산된 여성자원봉사활동 창구의 지역단위 통합 · 운영을 통하여 자원봉사를 희망하는 여성의 이용 편의를 도모하고 공공서비스 분야에의 자발적인 참여와 봉사의 기회를 제공함으로써 자원봉사활동의 사회적 확산기반을 다지고자 1991년 4월 국무총리 지시 제7호 「지역별 여성자원활동센터 설치 · 운영에 관한 지침」에 의거하여 설치되었다. 1995년에는 전국에 249개의 여성자원활동센터가 운영되었고, 1998년에는 263개로 증가되었으나,

약 100여 개의 여성자원활동센터들이 해당지역의 자원봉사센터로 통합되어 2007년 현재는 157개가 운영되고 있다(박태영, 2008).

여성자원활동센터는 전국 및 지방자치단체에서 여성자원봉사활동을 지원하기 위해 전국 여성자원활동센터를 설치 · 운영할 수 있다는 「여성발전기본법」 제28조의 2 및 「여성발전기본법 시행령」 제28조의 2 제1항과 제2항에 의해 설치 · 운영되고 있다. 여성자원활동센터의 주요 기능은 다양한 여성자원봉사활동의 전문 영역을 개발하여 유휴여성인력의 참여확대를 유도하고, 여성자원봉사자의 발굴, 모집, 교육을 통하여 원활한 자원봉사 수요 · 공급을 극대화하고, 자원봉사활동을 기록 · 관리하고 수요처를 개발하며, 자원활동기관 간의 정보를 교환하고 주민들에게 홍보하기 등이다.

19

지역아동센터

지역아동센터는 1980년대에 빈곤지역의 주민과 아동 · 청소년들에 대한 교육 · 문화사업을 실시할 목적으로 순수한 민간차원의 '공부방'으로 시작되었다. 1990년대에는 대도시 외곽 빈민지역과 농어촌 지역에 방치된 아동을 돌보기 위해 이런 형태의 공부방이 증가하기 시작하였다. 2004년 정부는 빈곤아동의 빈곤세습을 단절하고자 2004년 1월 「아동복지법」을 개정하여 지역아동센터를 아동복지시설로 법제화하였다. 이에 정부는 사회복지법인, 종교법인 등 비영리법인, 등록된 비영리민간단체 및 개인 등이 운영하는 지역아동센터를 중심으로 국가적 지원을 시작하였고, 2008년 현재 1개당 월평균 220만 원을 지원하고 있다(보건복지부, 2008a).

「아동복지법」 제16조에 따르면, 지역아동센터란 '지역사회 아동의 보호 · 교육, 건전한 놀이와 오락의 제공, 보호자와 지역사회의 연계 등 아동의 건전양성을 위하여 종합적인 아동복지서비스를 제공하는 시설'로 규정하고 있다. 지역아동센터는 지역사회 내 보호를 필요로 하는 만 18세 미만의 아동과 가정에서 부모의 보호와 양육이 적절히 행해지기 어려운 상황에 있는 아동들이 이용하도록 되어 있으며, 지역사회의 저소득층 아동과 가정여건이 어려운 아동이 주로 이용하는 시설이므로 서비스 이용료는 무료를 원칙으로 하고 있다.

1. 지역아동센터 현황

2008년 현재 전국적으로 3,013개의 지역아동센터가 운영되고 있다. 지역아동센터의 지역별 분포를 살펴보면 경기도가 534개로 16,297명의 아동이 서비스를 받고 있는 것으로 나타나 센터 수와 센터 이용 아동 수에서 가장 많았다. 뒤를 이어 전라남도가 279개로 8,336명의 아동이, 서울이 262개로 7,483명의 아동이 이용하고 있는 것으로 나타났다. 2008년 현재 지역아동센터수와 지역아동센터 이용 아동 수는 〈표 19-1〉과 같다.

표 19-1 전국 지역아동센터 수 및 센터 이용 아동 수

(단위: 개/명)

지 역	지역아동센터 수	지역아동센터 이용 아동 수
서 울	262	7,483
부 산	134	3,638
대 구	60	1,677
인 천	143	4,425
광 주	143	3,830
울 산	49	1,330
강원도	114	3,416
경기도	534	16,297
경상북도	143	3,940
경상남도	158	4,091
충청북도	137	4,082
충청남도	125	3,302
전라북도	173	4,763
전라남도	279	8,336
제주도	42	1,504

출처: 지역아동정보센터(2008), p. 5를 재구성함.

2. 지역아동센터의 기능과 프로그램

보건복지가족부가 제시한 지역아동센터 운영사업의 추진전략은 다음과 같다(보건복지가족부, 2009d). 첫째, 빈곤·위기 아동에 대한 국가와 지역사회 차원의 적극적 해결책을 강구하고, 지역사회의 인적·물적 자원의 연계 활용을 통하여 지역사회 차원에서 통합적인 아동의 보육·보호체계를 구축한다. 둘째, 부모의 입장에서 양질의 지역아동센터에 대한 신뢰감 및 공감대를 형성하고 지역사회차원의 공적 기능이 발휘될 수 있는 정도의 운영 수준을 평준화하여 가정·학교와 지역사회 간의 상호 신뢰를 형성하고 연계한다. 셋째, 이용 아동의 성장발달에 부합하고, 부모의 눈높이에 맞는 내용과 질이 보장되는 과정 개설을 통해 아동의 요구와 부모의 기대에 부응하는 수요자중심의 운영을 목표로 한다.

지역아동센터는 아동에 대한 교육, 보호, 가족기능의 강화 등 다양한 서비스를 제공하고 있다. 지역아동센터의 구체적인 기능을 살펴보면 〈표 19-2〉와 같다.

표 19-2 지역아동센터의 기능

기 능	구체 내용
빈곤·위기아동 지역 내의 보호 개념 실현	지역사회 안에서 아동의 권리보장과 안전한 보호 및 급식지원으로 결식의 예방
교육적 기능	아동의 학습능력제고, 학교부적응 해소, 일상생활지도, 학교생활의 유지 및 적응력 강화
정서적 지원	아동의 심리·정서적 안정 및 건강한 신체발달 기능 강화
문화서비스 제공	문화적으로 소외된 아동에 대해 문화체험 및 다양한 문화경험의 장을 제공
지역사회연계	지역사회자원 확보, 발굴 및 지원 강화, 지역사회 내 아동문제에 대한 예방적 기능 및 사후 연계

출처: 보건복지부(2008a), p. 157을 재구성함.

지역아동센터는 지역사회 아동의 보호·교육 등 아동의 건전양성을 위하여 〈표 19-3〉과 같은 정규 프로그램을 기본적으로 운용하는 것을 원칙으로 하며, 아동을 위해 필요한 프로그램을 지속적으로 개발하여 운용하여야 한다. 그뿐만 아니라 주말 · 공휴일 · 일요일 프로그램, 가족기능강화 프로그램, 사랑방 프로그램, 야간보호 프로그램, 1318세대 프로그램 등을 운용한다.

표 19-3 지역아동센터의 정규 프로그램

프로그램	구체 내용
생활지원(보호) 프로그램	지역사회 내 방임아동보호, 일상생활지원, 건강생활지도, 위생지도, 안전지도, 급식제공 등(아동급식예산을 우선 활용하여 지역아동센터 이용 아동에게는 전원 급식 실시)
학습지원 프로그램	학교생활 준비지원, 학년별 학습지도하기, 학습부진아 지도, 학습지원 성과 평가하기, 숙제지도, 예체능 교육 등
놀이 및 특별활동지원	문화체험, 견학, 캠프, 공동체활동, 놀이활동 지원, 특기적성 프로그램 지원 등
이용자 사례관리	상담, 부모교육, 가족상담, 결연후원, 아동사례관리, 가족지원하기 등
지역자원 연계 프로그램	지역 내 인적 · 물적자원 확보 및 관리, 관련 기관 연계 프로그램, 홍보 등

출처: 보건복지부(2008a), pp. 176-177을 재구성함.

3. 문제점과 개선방안

2004년 지역아동센터의 법제화와 정부의 지원금 제공에 따라 지역아동센터는 양적인 면에서 급격히 성장하였다. 2004년 전국적으로 244개였던 센터가 2008년에 3,013개로 증가되어 12배 이상의 양적 확대를 가져왔다(보건복지가족부, 2009d). 그러나 이에 따른 다양한 문제점이 노출되었다. 지역아동센터의 문제점과 개선방안을 살펴보면 다음과 같다.

첫째, 지역아동센터의 양적 확대는 빈곤지역의 아동을 지역사회 내에서 보호하고 지원하는 공식적인 지원체계가 확대된다는 차원에서 바람직한 현상이지만, 이를 뒷받침할 충분한 제도적 지원과 관리체계가 미비하다는 과제를 안고 있다(지역아동정보센터, 2008). 따라서 정부는 지역아동센터에 대한 정기적인 시설평가를 강화하고 법적 시설기준과 종사인력에 대한 기준을 강화하여 센터에서 제공되는 서비스에 대한 책임성을 높일 수 있도록 하여야 할 것이다.

둘째, 센터의 양적 성장에도 불구하고 빈곤아동, 한부모가족 아동, 방치되고 있는 맞벌이가정 아동 등 170만 명에 달하는 취약아동을 보호하기에 지역아동센터의 시설은 수적으로 상당히 부족한 실정이다. 따라서 취약아동에게 적절한 서비스가 제공될 수 있도록 센터의 수가 확충되어야 한다(김미숙, 2006; 이태수, 2005).

셋째, 업무량에 비해 종사인력이 상당히 부족하여 종사인력인 생활복지사들은 과도한 업무로 소진되는 경우가 많고, 종사자에 대한 보수 수준도 매우 열악하여 직무만족도가 매우 낮은 실정이다. 특히 생활복지사 1인당 평균 22.9명의 아동을 담당하고 있는데, 과도한 업무로 종사인력의 소진은 결국 서비스를 받는 아동에게 질이 낮은 서비스를 전달하게 되므로 정부의 지원을 증가시켜 종사인력을 확충하고 이들의 열악한 근무환경이 개선될 수 있도록 적극적인 방안이 모색되어야 한다(김미숙, 2006; 이태수, 2005).

넷째, 센터에서 제공하는 급식, 학습지도, 아동 및 부모상담, 사례관리 등의 서비스가 전문적인 사회복지 기능을 다하지 못하고 있다. 지역아동센터는 시설장과 생활복지사 등의 종사자로 구성되어 있는데, 지역사회 내 아동의 다양한 욕구와 문제를 신속히 파악하고 적극적으로 대응할 수 있도록 종사인력에 대한 추가적인 보수교육과 자격증 취득 등 법적으로도 철저한 관리가 이루어져야 한다(김미숙, 2006; 이태수, 2005).

20

지역자활센터[1)]

1. 자활사업

자활사업은 「국민기초생활 보장법」상 근로능력이 있는 저소득층이 스스로 자활할 수 있도록 자활능력 배양, 기능습득 지원, 근로기회 제공 등을 통하여 기초수급자 및 차상위 계층의 자활을 촉진하는 사업이다. 이런 조건부 생계급여제도는 자활사업 참여를 조건으로 생계비를 지급받도록 하여 절대빈곤층의 기초생활을 보장하되, 국가의 보호에 안주하는 도덕적 해이를 방지하고 생산적 복지를 구현하고자 하는 제도적 장치로서 근로연계복지(workfare)제도의 대표적인 사례다.

1) 자활사업 추진체계

자활사업은 보건복지가족부, 시 · 도 및 시 · 군 · 구, 읍 · 면 · 동, 노동부, 고용지원센터가 관여한다. 자활사업의 추진체계는 〈표 20-1〉과 같다.

1) 이 내용은 보건복지가족부(2010)의 『2010 자활사업 안내』를 주로 참고함. 그 외의 참고자료는 해당되는 부분에 제시함.

표 20-1 자활사업의 추진체계

구분	기능 · 역할	비고
보건복지가족부	• 국민기초생활보장제도 총괄 • 종합자활지원계획 수립(매년 12월) • 자활프로그램 개발 · 추진 • 지역자활센터 지정 · 관리	자활정책 · 사업 총괄관리
시 · 도 시 · 군 · 구	• 지역자활지원계획 수립(매년 1, 2월) • 자활기금의 설치 · 운영 • 급여 실시여부 및 내용 결정, 지급 • 자활기관협의체 운영 • 조건부수급자 책정 및 생계급여 중지 여부 결정 • 가구별자활지원계획 수립 · 관리	자활사업 총괄시행
읍 · 면 · 동	• 조건부 수급자 확인조사	조건부 수급자 관리
노동부	• 종합취업지원계획 수립(매년 12월) • 취업지원프로그램 개발 · 추진	취업대상자 총괄관리
고용지원센터	• 개인별 취업지원계획 수립 · 관리 • 취업알선 등 취업지원 프로그램 시행 • 취업대상자의 조건이행 여부 확인	취업지원시행

출처: 보건복지가족부(2010), p. 3.

2) 자활사업 흐름도

기초생활수급자 및 저소득층은 조건부 수급자를 관리하는 읍 · 면 · 동사무소와 자활사업을 총괄 시행하는 시 · 군 · 구청을 통하여 자활사업을 수행하는 자활사업실시기관의 프로그램에 참여함으로써 자활에 이르게 된다. 자활사업의 흐름도는 [그림 20-1]과 같다.

3) 자활사업 대상자

자활사업의 대상자는 조건부수급자, 자활급여특례자, 일반수급자, 급여특례가구원, 차상위계층이며, [그림 20-2]와 같다. 그리고 학교 미진학자, 중퇴자, 가출자 등 18세 미만의 미성년자가 자활사업 참여를 희망할 경우 근로무능력자이나 사업참여를 인정하되 근로중심 프로그램의 참여를 지양하고 청소년자활프로그램, 자활인큐베이팅사업 등 개인역량을 강화할 수 있는 사업중심으로 배

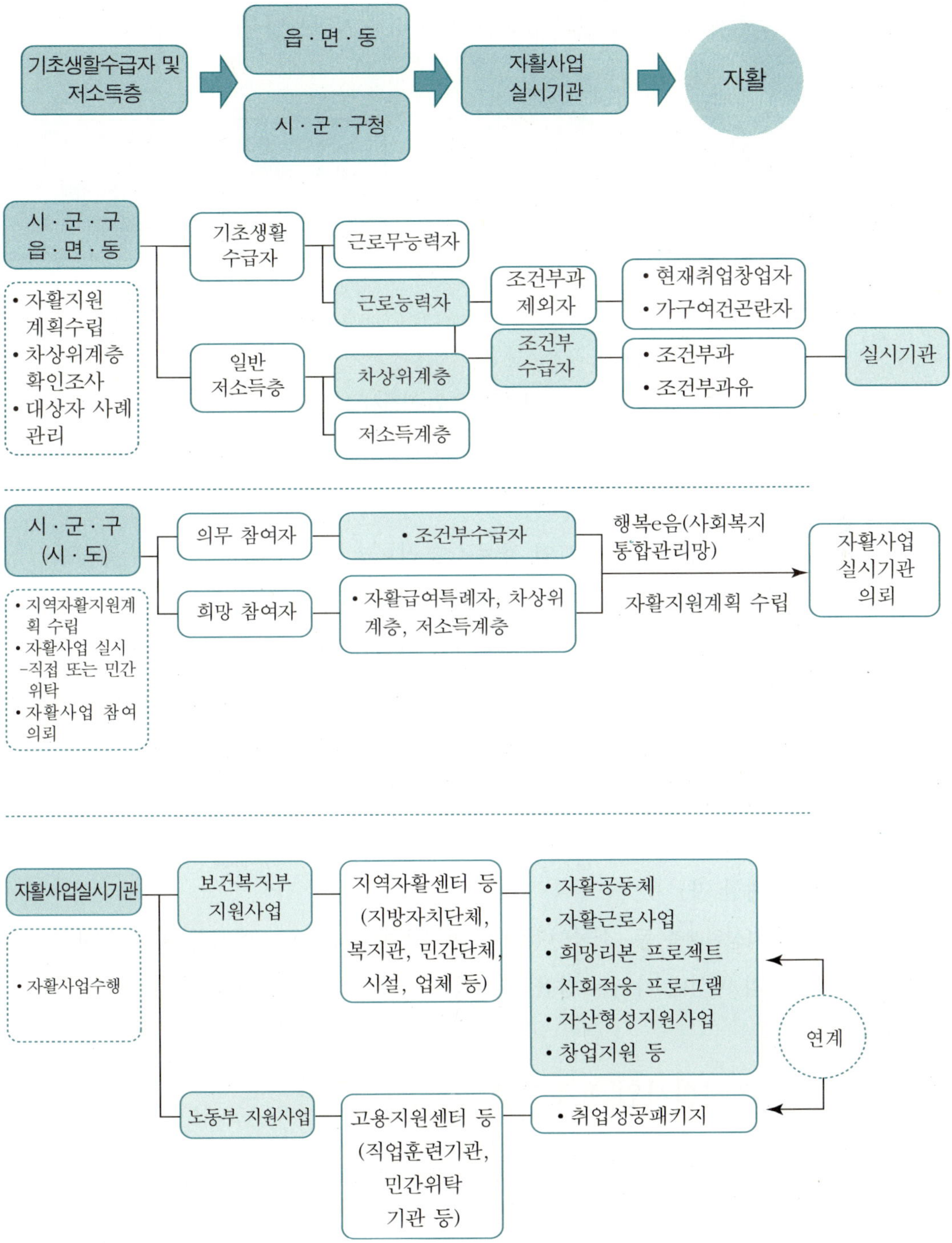

[그림 20-1] 자활사업 흐름도

출처: 보건복지가족부(2010), p. 17.

치한다. 단, 15세 미만은 자활사업 참여를 제한하고, 15~17세의 자에 대하여는 보호자 또는 후견인의 동의를 얻은 경우 자활사업 참여가 가능하다.

자활사업 대상자	=	① 조건부 수급자	+	② 자활급여 특례자	+	③ 일반수급자 ④ 급여특례 가구원 ⑤ 차상위계층

※ 의무참여: ①, 희망참여: ②~⑤
※수급자: ①, ②, ③
※ 참여우선순위: ① → ② → ③, ④, ⑤

[그림 20-2] 자활사업 대상자

출처: 보건복지가족부(2010), p. 18.

- 조건부수급자: 자활사업 참여를 조건으로 생계급여를 지급받는 수급자
- 일반수급자: 근로능력이 있으나 가구 여건, 환경적응, 근로참여 등으로 조건부과는 제외된 자 중 자활사업 참여를 희망하는 수급자
- 급여특례 가구원: 의료급여특례, 교육급여특례 가구의 근로능력이 있는 가구원 중 자활사업 참여를 희망하는 자
- 자활급여 특례자: 수급자가 자활근로, 자활공동체, 성과관리형 자활시범사업 등 자활사업에 참가하여 발생한 소득으로 소득인정액이 선정기준을 초과한 자
- 차상위계층 등: 소득인정액이 최저생계비의 120% 이하인 자로서 한국 국적의 미성년 자녀를 양육하고 있는 국적 미취득의 결혼이민자 포함

4) 자활사업 프로그램

보건복지가족부(2010)가 제시한 주요 자활사업 프로그램을 살펴보면 다음과 같다.

(1) 자활근로사업

자활근로사업은 「국민기초생활보장법」에 의한 저소득층에 자활을 위한 근로의 기회를 제공하여 자활기반을 조성하는 사업이다. 기존 공공근로사업과 같이

한시적인 일자리 제공이 아닌 저소득층의 자활촉진을 위한 공동체 창업 등을 위한 기초능력배양에 중점을 둔다. '간병 · 집수리 · 폐자원재활용 · 음식물재활용사업' 의 5대 전국표준화사업을 중점사업으로 추진하되, 영농 · 도시락 · 세차 · 환경정비 등 지역실정에 맞는 특화된 사업을 적극 개발하여 추진한다. 5대 전국표준화사업은 자활사업 표준모델의 권고사항이며, 영농사업 등 농 · 어촌 지역 특성을 감안한 지역특화사업과 외식사업 등 도시지역중심의 전략사업을 적극 개발하고, 틈새시장 개척에 노력한다. 자활근로사업은 참여자의 자활능력과 사업유형에 따라, 시장진입형, 사회서비스 일자리형, 인턴형, 근로유지형 자활근로사업으로 구분된다.

시장진입형 자활근로사업 시장진입형 자활근로사업은 매출액이 총투입예산의 20% 이상 발생하고, 일정 기간 내에 자활공동체 창업을 통한 시장진입을 지향하는 사업단 사업과 도우미형 사업으로 추진한다. 참여대상자는 기초생활보장수급자(일반수급자, 조건부수급자, 자활급여특례자) 및 차상위계층과 기술 · 전문인력(사업비 범위)이 포함된다. 대상사업은 시장진입 가능성이 높고 자활공동체 창업이 용이한 사업으로, 매출액이 총투입예산(인건비를 포함한 사업비의 총액)의 20% 이상 발생하는 사업이 해당된다. '간병 · 집수리 · 청소 · 폐자원재활용 · 음식물재활용사업' 의 5대 전국표준화사업을 중점사업으로 추진하되, 영농 · 도시락 · 세차 · 환경정비 등 지역실정에 맞는 특화된 사업을 적극적으로 개발하여 추진한다.

사회서비스 일자리형 자활근로사업 사회서비스 일자리형 자활근로사업은 사업의 수익성은 떨어지지만 사회적으로 유용한 일자리 제공으로 참여자의 자활능력 개발과 의지를 고취하여 향후 시장진입을 준비하는 사업으로, 사업단형과 도우미형이 있다. 참여대상자는 기초생활보장수급자(일반수급자, 조건부수급자, 자활급여특례자) 및 차상위계층이다. 대상사업은 공익성이 있는 사회적으로 유용한 일자리 분야의 사업을 선정하여 추진하되, 향후 시장진입 가능성을 고려하여 추진한다. 사회서비스 일자리형 사업도 수익금 창출을 지향하며, 매출액이 총투입예산의 20% 이상 발생하는 경우 시장진입형으로 전환 유도한다. 사회서비스 일자리형 자활근로사업으로 추진 가능한 사업은 사회서비스 일자리형 자활근로사업단, 복지시설도우미, 보육지원도우미, 급식도우미 등이 있으며, 각 유형별 사업의 추진 여부는 시·군·구청장이 판단하여 결정한다.

인턴형 자활근로사업 인턴형 자활근로사업은 일반기업체에서 자활사업 대상자가 자활인턴사원으로 근로를 하면서 기술과 경력을 쌓은 후 취업을 통한 자활을 도모하는 취업유도형 자활근로사업이다. 참여대상자는 기초생활보장수급자(일반수급자, 조건부수급자, 자활급여 특례자) 및 차상위계층이 포함된다. 시·도가 광역사업의 형태로 추진하거나 시·군·구가 직접 추진할 수 있다. 단순노무지원 형태를 지양하고, 수급자의 자활유도가 용이한 기술(전기, 용접, 이·미용, 요리, 정비, 운전, 제과·제빵 등) 습득이 가능한 업체와 참여신청자를 시·군·구에서 조사하여 시·도에서 조정한다.

근로유지형 자활근로사업 근로유지형 자활근로사업은 현재의 근로능력 및 자활의지를 유지하면서 향후 상위 자활사업 참여를 준비하는 형태의 사업이다. 사업의 참여대상자는 기초생활보장수급자(일반수급자, 조건부수급자, 자활급여특례자) 및 차상위계층이다. 대상사업은 노동강도가 낮은 사업 참여가 가능한 자 또는 간병·양육 등 가구여건상 관내 사업만이 가능한 자를 대상으로 자활의욕 고취가 가능한 사업이 포함된다.

근로유지형 자활근로사업 참여자를 근로능력 정도에 따라 유형화하여 참여자 특성에 맞는 사업을 발굴·시행한다. 노인·장애인 등에 대한 가사도우미, 지역환경정비, 공공시설물관리 보조 등 노동강도가 약하나 지역사회에 필수적인 공공서비스 제공사업 중심으로 추진한다.

(2) 자활공동체 지원사업

자활공동체란 2인 이상의 수급자 또는 저소득층이 상호 협력하여, 조합 또는 공동사업자의 형태로 탈빈곤을 위한 자활사업을 운영하는 업체로, 「국민기초생활보장법」에 의한 자활공동체 요건을 갖추고 보장기관으로부터 인정을 받은 인정공동체를 말한다. 자활공동체 지원사업은 이러한 공동체를 지원하는 사업으로, 수급자 등 저소득계층의 자활공동체사업 참여를 통한 탈빈곤을 목적으로 한다. 보장기관은 지역자활센터 등 자활사업 실시기관을 통해 개인신용이나 담보력이 부족한 자활공동체 참여자들이 공동창업의 형식을 통해 시장에 진입할 수 있도록 지원하여야 한다. 자활공동체사업의 원활한 수행을 위하여 차상위 등 저소득 취약계층의 참여자는 관할 시·군·구 지역 거주자에 국한하지 않으며, 사업실시지역은 관할지역을 원칙으로 하나, 부득이한 경우 관할지역을 벗어날 수 있다.

자활공동체의 인정 요건은 다음과 같다. 첫째, 자활공동체 구성원 중 기초생활보장 수급자가 1/3 이상이어야 한다. 둘째, 조합 또는 「부가가치세법」상의 2인 이상의 사업자로 설립되어야 한다. 셋째, 모든 구성원에 대해 월 50만원 이상의 수익금 배분이 가능하여야 한다. 넷째, 자활공동체 근로일수가 조건이행기준을 충족하여야 한다. 다섯째, 자활근로사업단의 공동체 전환 시 사업의 동일성이 유지되어야 한다. 보장기관은 인정조건을 갖춘 인정된 자활공동체의 조속한 사업안정을 위해 필요한 지원을 할 수 있다. 지역자활센터는 자활공동체의 설립을 도와야 하며, 운영과 판로개척 등 자활공동체 육성에 대하여 적극적으로 지원하여야 한다.

(3) 사회적응 프로그램(디딤돌사업)

사회적응 프로그램(디딤돌사업)은 근로능력은 있으나 근로의욕이 낮은 조건부 수급자에게 전문적인 상담 및 치료 등 사회적응에 필요한 서비스를 제공하여 자활의욕을 회복시키기 위한 프로그램이다. 프로그램 대상자는 다음과 같다.

첫째, 의무참여자다. 이들은 생계비수급을 조건으로 프로그램을 이용하는 대

표 20-2 사회적응 프로그램의 내용

구 분	프로그램의 내용	실시 회수
사례관리	• 내소상담: 기관방문, 치료적 면담 • 가정방문: 사례관리자가 방문상담 • 현장방문: 취업장, 자활사업장 등	월 1회
집단프로그램	• 알코올 프로그램: 알코올남용 문제 등 • 직업적응 프로그램: 취업 전 교육 등 • 자조 프로그램: 자조모임, 상호지지 등 • 자원봉사 프로그램: 사회기여 경험	주 2회
근로의욕고취 및 사회적응교육	• 자활의욕고취 및 사회적응교육 • 근로의욕증진 및 재활(P/G)교육 • 기초생활보장제도 및 자활사업안내	월 1회
지역연계활동	• 지역기관 방문, 정신건강상태 평가 등	

주: 신규참여자와 다른 자활사업참여자는 '근로의욕고취 및 사회적응'을 위한 교육을 중점적으로 실시하되, 교육시간은 근무시간으로 인정

출처: 보건복지가족부(2010), p. 143.

상자로 자활의지가 현저히 낮아 근로의욕고취가 필요한 자, 알코올남용 및 우울증 등 정신건강 문제가 경미한 자(정신질환자 제외)이다. 둘째, 지정참여자다. 신규참여자로서 시 · 군 · 구청장이 지정하는 자다.

사회적응 프로그램의 내용은 [표 20-2]와 같다.

(4) 창업지원사업

창업지원사업으로는 저소득층 생업자금 융자와 자활기금이 있다. 첫째, 저소득층 생업자금 융자는 수급자 등 저소득층의 자활을 위한 사업의 창업 · 운영 등에 필요한 자금을 장기저리로 대여하여 자립을 유도하고 생활안정을 도모하기 위한 자활사업이다. 1982년 영세민종합대책의 일환으로 처음 실시되었으며, 융자의 목적은 자활을 위한 사업의 창업 또는 운영을 위함이다. 융자 대상자는 자활의지가 있고 사업전망 · 기술 · 경영능력 등 사업계획의 타당성이 인정되어 시 · 군 · 구청장이 융자 대상자로 결정을 한 「국민기초생활보장법」상의 수급자나 저소득층 중 실제소득이 최저생계비의 150% 이하이고 재산이 1억 원 이하인 자다.

둘째, 자활기금은 「국민기초생활보장법」상 자활지원사업의 원활한 추진을 위한 재원으로 활용하기 위해 해당 지방자치단체에 조성 · 운용하는 기금이다. 지역별 여건에 부합하는 자활지원사업을 탄력적으로 수행할 수 있는 재원으로서, 기금의 설치 및 운영주체는 시 · 도지사 및 시 · 군 · 구청장이다. 기금의 조성 재원은 지방자치단체 또는 지방자치단체 외의 자로부터의 출연금, 다른 기금으로부터의 출연금, 금융기관 또는 다른 기금으로부터의 장기차입금, 기금의 대여에 따른 이자수입, 자활근로의 실시결과 발생하는 수익금, 기금의 운용수익, 국고보조금 등이다.

(5) 자활소득공제(자활장려금)사업

자활소득공제사업은 보충급여를 기본원리로 하고 있는 국민기초생활보장제도가 야기할 수 있는 수급자의 근로의욕 감퇴를 예방하는 차원에서 근로소득의 일정비율을 산정하여 '자활장려금'의 형태로 구분 · 지원하는 제도다. 기초생활수급자가 소득이 있는 경우 최저생계비와의 차액만을 지급하는 보충급여체계에서 수급자의 근로이탈을 방지하고 근로의욕을 고취하기 위해 추진되었다. 이 사업의 대상자는 생계급여 지급대상자인 기초생활보장수급자 중 근로소득이 있는 학생, 장애인직업재활 및 자활공동체 참여자, 자활근로사업(근로유지형 제외) 참여자이며, 자활장려금 지급 제외자는 차상위계층, 자활급여특례자, 보장시설수급자다.

2. 자활사업지원체계

1) 지역자활센터

지역자활센터는 근로능력이 있는 저소득층에 집중적이고 체계적인 자활지원 서비스를 제공함으로써 자활의욕 고취 및 자립능력 향상을 지원하기 위해 설치 · 운영되고 있는데, 기초수급자 및 차상위계층의 자활촉진에 필요한 사업을 수행하는 핵심 인프라의 역할을 수행하고 있다. 2006년 12월 28일 「국민기초생활보장법」 개정으로 '지역자활센터'로 명칭이 변경되었다. 1996년 시범사업 실시 이후 2000년까지 70개가 지정 · 운영되었으나, 이후 지속적으로 확대 운영

표 20-3 지역자활센터의 주요사업

주요사업	구체사업내용
자활의욕 고취를 위한 교육	근로능력이 있는 저소득층의 자활의욕 고취 및 기초능력 배양을 위한 교육 프로그램(한글학교, 컴퓨터 교실 등)을 개발 · 운영
자활을 위한 정보제공 · 상담 · 직업교육 및 취업알선	자활을 위한 각종 정보 제공, 상담, 직업교육 및 취업알선
생업(창업)을 위한 자금융자 알선	저소득층 창업 · 운영 등에 필요한 생업자금을 대여해 주는 '생업자금 대여' 제도에 대한 적극적인 알선
자영창업지원 및 기술 · 경영지도	창업을 통해 자활할 수 있도록 기술 · 경영지원을 하고, 창업 후에도 적극적인 사후관리를 통해 완전 자립할 수 있도록 지원
자활공동체의 설립 · 운영지원	기초수급자 등 저소득층이 모여 경제적으로 자립할 수 있는 공동체를 설립해 자립 · 자활할 수 있도록 체계적인 지원
사회서비스 지원사업	장애인, 산모 · 신생아, 노인돌보미 바우처사업 등 사회서비스 사업 위탁 수행
기타 자활을 위한 각종 사업	수급자 또는 차상위계층의 자녀교육 및 보육을 위한 자활지원관 설치 · 운영, 기타 수급자 등의 자활을 위한 사업

출처: 보건복지가족부(2010), p. 270을 재구성함.

되어 기초자치단체인 시 · 군 · 구에 1개씩 설치를 목표로 2009년 12월 말 현재 242개 기관이 지정 · 운영되고 있다.

「국민기초생활보장법」 제16조에 따르면, 지역자활센터는 자활의욕 고취를 위한 교육, 자활을 위한 각종 정보제공 · 상담 · 직업교육 및 취업알선, 생업(창업)을 위한 자금융자 알선, 자영창업지원 및 기술 · 경영지도, 자활공동체의 설립 · 운영지원, 사회서비스 지원사업, 기타 자활을 위한 각종 사업 등을 수행한다. 지역자활센터의 주요사업은 〈표 20-3〉과 같다.

지역자활센터의 운영과 관련하여 기본적인 사항은 보건복지부 장관이 정하는 바에 따른다. 지역자활센터 운영주체로 지정된 법인 등(비영리법인, 단체)은 센터장과 연대하여 지역자활센터사업 및 기관운영 등에 최종 책임을 지지만, 신청법인 등과는 독립적 · 자율적으로 운영되어야 한다. 「지역자활센터의 운영지침」 제3조에 따르면, 지역자활센터 운영의 기본원칙은 〈표 20-4〉와 같다.

표 20-4 지역자활센터 운영의 기본원칙

원칙	구체내용
참여주민 고유성과 존엄성	인도주의 원칙하에 주민의 개별적 고유성과 존엄성이 최대한 보장되도록 수행
주민자발성	저소득층 주민의 자발적 참여와 자조 자립할 수 있도록 지원하여 주민의 역할과 책임 장려
독립성	독립된 행정체계와 운영체계를 가져야 하며, 기존 복지관이나 시설의 프로그램 일부로 편입되어 운영되어서는 안 됨
기준시설 확보	주민과의 상담, 교육, 훈련 및 경영지도 등의 자활자립을 도모하는 종합적인 서비스를 제공하기 위하여 일정한 규모의 기준시설 확보
전문가에 의한 사업수행	지역사회복지, 지역사회조직 및 개발 관련 분야의 전문지식과 함께 지역조직활동에 전념하여 지역현장 경험을 갖춘 전문적이고 헌신적인 인력에 의해 수행
지역사회 제반자원 활용	주민의 자활자립을 위하여 지역 내 다양한 물적 · 인적 자원을 필요로 하며, 이를 위해 지역의 제반자원을 조직 · 동원하여 가용자원으로 활용
사업실행평가	주민의 생활향상과 변화의 효과, 재정투자의 효과, 사업 내용 및 방법의 적합성 등이 지속적으로 평가되어야 하며, 평가결과를 새로운 사업수행에 환류하여 활용

출처: 보건복지가족부(2010), p. 283을 재구성함.

2) 청소년자활지원관

저소득층 청소년 등을 대상으로 취업, 진학 및 자활을 위한 지속적인 지원과 건전한 문화공간을 제공함으로써 빈곤의 세대전승을 차단할 목적으로 지역자활센터의 부설기관으로 청소년자활지원관이 설치 · 운영되고 있다. 저소득층 청소년들의 자활의지 고취와 건전한 문화공간 제공을 위하여 지역자활센터의 부설 프로그램으로 1997년 10개의 청소년자활지원관을 지정 · 운영하기 시작하였다. 2007년 12월 현재 28개가 운영되고 있으며, 광역단위 자치단체에 3개씩 설치를 목표로 하고 있다. 시 · 도별 청소년자활지원관의 설치 현황은 〈표 20-5〉와 같다.

표 20-5 시 · 도별 청소년자활지원관 설치 현황 (단위: 개)

구분	계	서울	부산	인천	대전	대구	광주	울산	경기	강원	충북	충남	전북	전남	경북	경남	제주
계	28	5	3	1	1	2	3	1	2	1	1	1	2	1	1	2	1

출처: 보건복지가족부(2010), p. 279.

청소년자활지원관의 주요사업은 다음과 같다. 첫째, 저소득 청소년의 올바른 진로의식 및 직업관 확립을 위한 사업, 둘째 청소년의 창의적인 직업개발 및 창업을 위한 동아리 활동 지원, 셋째 취업 전 단계에서의 직업능력 향상 지원, 넷째 직장 및 사회적응력 배양을 위한 교육, 다섯째 실업청소년 모임을 통한 자생력 배양, 여섯째 자활공동체 사업장에의 취업 연결, 일곱째 가족역량 강화를 통한 가족자활 지원, 여덟째 이민자 자녀의 자립능력 배양 등이다.

3) 광역자활센터

기초단위에서 단편적으로 실시되는 자활지원체계를 광역단위의 자활사업 인프라 구축을 통하여 보다 종합적이고 효율적으로 만들어 자활사업의 효과성을 제고하기 위해 광역자활센터가 설치 · 운영되고 있다. 정부는 광역자활센터의 시범사업을 위해 광역단위 자활사업의 활성화가 필요한 3개 지역(인천, 대구, 경기)을 선정하여 2004년 1월부터 2006년 12월까지 3년간 시범사업을 실시하였다. 2007년 1월 시범사업기간이 종료됨에 따라 기존 광역자활센터는 자활사업전달체계로 포함되었다. 2008년 부산, 강원, 전북 3군데에 확대 설치되었으며, 2010년 서울에 추가설치됨에 따라 전국적으로 7군데의 광역자활센터가 설치 · 운영되고 있다.

광역자활센터는 광역단위의 공동사업을 추진하고 자활사업연계망 구축 등을 통해 지역 내 자활사업 활성화를 위한 다각적인 사업을 추진하고 있다. 광역자활센터의 주요사업은 〈표 20-6〉과 같다.

표 20-6 광역자활센터의 주요사업

주요사업	구체사업내용
광역단위의 저소득층에 대한 창업지원	• 자활공동체(사업단)의 설립과정에서 경영 및 사후관리 단계까지 전문인력을 통한 컨실팅 지원 • 지역 내 관련 전문가와 네트워크 구성 · 연계를 통해 경영진단 및 자문 등 지원 • 저소득층 개인창업 및 자활공동체 지원
광역단위의 저소득층에 대한 취업지원	• 자활사업 참여자 사례관리를 통해 지역밀착형 취업지원 • 지역자활사업 참여자 및 실직 빈곤층 중심의 DB 등 구축을 통한 지역사회 구인 · 구직 연계망 구성 • 지역중소기업 · 사회서비스 제공기관 등과의 일자리 연계
교육훈련 사업	• 자활사업 실무자 전문성 강화 등을 위한 교육훈련 • 자활사업 참여자 자활역량강화를 위한 교육훈련 • 전문 창업지원 인력 양성 등 전문교육 실시
지역특화형 자활프로그램 개발 · 보급	• 지역특화형 자활프로그램 개발 · 보급
자활기금 위탁운영 및 소액융자 집행	• 자활기금 위탁운영 및 소액융자 집행
기타 자활 활성화를 위한 사업	• 기타 자활 활성화를 위한 사업

출처: 보건복지가족부(2010), pp. 303-304를 재구성함.

4) 중앙자활센터

중앙자활센터는 2006년 12월 28일 「국민기초생활보장법」 개정으로 법적 근거가 마련되었고, 자활지원체계의 총괄 조정 및 자활사업 직 · 간접 참여기관 간의 협력연결망 구축을 통하여 자활지원사업의 전문성과 효율성을 제고하기 위해 설립되었다. 중앙자활센터는 중앙자활센터—광역자활센터—지역자활센터라는 자활사업전달체계에서 자활지원을 위한 조사 · 연구 및 프로그램 개발 · 평가, 민간자원 연계 등의 기능 수행 및 자활 관련 기관 간의 협력체계 구축 등의 지원업무를 전담하고 있다. 중앙자활센터의 주요사업은 〈표 20-7〉과 같다.

표 20-7 중앙자활센터의 주요사업

주요사업	구체적인 사업내용
자활지원을 위한 조사 · 연구 · 교육 및 홍보사업	• 자활사업 교육훈련 지침 개발, 자활사례관리사 전문교육 실시 • 창업컨설팅 등 전문교육 실시로 광역 · 지역자활센터 직원 전문성 강화 • 자활사업 참여자에 대한 공동교육체계 구축 • 정부 · 지방자치단체 · 자활사업수행기관 간의 성과계약 방안 연구
자활지원을 위한 사업의 개발 및 평가	• 자활프로그램 개발 · 보급 • 지역 · 광역자활센터 및 청소년자활지원관의 사업추진실적 및 성과 등에 대한 평가
자활공동체의 기술 · 경영 지도 및 평가	• 자활공동체의 기술 · 경영지도 및 평가
자활 관련 기관 간의 협력체계 및 정보연계망 구축 · 운영	• 중앙자활센터 중심의 연계망 구축으로 업무연계, 정보공유 등 활성화
기타 자활촉진에 필요한 사업으로서 보건복지부 장관이 정하는 사업	• 기타 자활촉진에 필요한 사업으로서 보건복지부 장관이 정하는 사업

출처: 보건복지가족부(2010), pp. 307-308을 재구성함.

5) 자활기관협의체

조건부수급자 등 저소득층에 대한 자활지원사업의 효율적인 추진을 위하여 시 · 군 · 구청장이 직업안정기관, 자활사업실시기관 및 사회복지시설 등의 장으로 구성한 상시적인 협의체를 자활기관협의체라고 한다. 자활기관협의체의 목적은 다음과 같다. 첫째, 조건부수급자 등 저소득층의 자활을 위한 사업을 의뢰하고 사후관리체계를 구축한다. 둘째, 지역자활지원사업의 활성화를 위한 공공·민간자원을 총체적으로 활용한다. 셋째, 수급자의 자활 및 복지욕구 충족을 위한 지역사회중심의 복지서비스 연계시스템을 마련함으로써 실질적인 사례관리(case management)체계를 구축하기 위함이다.

3. 효과적인 자활사업전달체계 방안

효과적인 자활사업전달체계를 구축하기 위한 방안은 다음과 같다(김태완, 전지현, 2009).

첫째, 자활참여자, 자활사업, 전달체계 등에 관한 모니터링과 평가가 강화되어야 한다. 먼저 중앙자활센터 차원에서는 관련 법에 명시된 사업을 역점사업으로 하여 사업을 집행해 나가면서 광역자활센터와 지역자활센터에 대한 평가를 강화하여야 한다. 광역자활센터 차원에서는 지방자치단체 공무원과의 연계, 지역사회복지자원 간의 연계망 구성 및 활성화 방안을 포함하여 광범위하게 평가기능을 강화하여야 한다. 지역자활센터 차원에서도 「국민기초생활보장법」에 명시된 대로 자활사업 참여자 지원을 위한 사업과 지역자활센터 기술·경제 지도에 대한 평가가 철저히 이루어져야 한다. 그뿐만 아니라 보건복지부와 중앙자활센터가 연계하여 개발한 사업과 지침들이 광역자활센터와 지역자활센터에서 어떻게 집행되고 있는지를 지속적으로 모니터링하여 문제가 발생할 경우 즉각 시정이 가능하도록 하는 지원기능이 수행될 필요가 있다. 이를 위해 광역자활센터는 지역자활센터의 제도집행에 대한 모니터링을 실시하고 중앙자활센터는 광역자활센터에 대한 모니터링을 실시하여 제도집행의 결과와 문제점을 분석한 후 차기 사업개발에 반영할 수 있는 체제를 구축할 필요가 있다.

둘째, 자활전달체계를 통해 전달되는 다양한 자활사업 아이템과 지역 특성을 고려한 사업개발이 이루어질 수 있도록 중앙 및 광역 차원의 적극적 지원이 전제되어야 한다.

셋째, 자활사업 참여자와 지역자활센터 직원들에 대한 교육 프로그램이 강화되어야 한다. 단순히 직업훈련이나 창업을 위한 교육이 아닌, 본인 스스로 자활사업에 참여하여 탈수급과 탈빈곤할 수 있다는 근본적인 의식의 변화가 이루어질 수 있는 교육이 제공되어야 한다.

넷째, 효율적이고 효과적인 자활지원체계의 구축을 위해 공공 간, 공공 · 민간 간, 민간 간의 유기적인 관계 설정하에 적극적인 연계가 이루어져야 한다. 이를 위해 중앙자활센터, 광역자활센터, 지역자활센터의 명확한 역할정립이 이루어져야 한다. 중앙자활센터는 중앙정부(보건복지가족부, 노동부) 등과의 업무연계가 이루어지고 광역자활센터는 지역자활센터와의 연계를 통해 자원이 부족한 지역과 충분한 지역 간의 연계를 돕고 지역 내 부족한 자원을 보충할 수 있도록 지역자활센터를 지원하여야 한다. 나아가 노동부, 고용안정센터, 직업훈련기관 등 복지부문 외의 공공기관과의 연계망이 형성될 수 있도록 하여야 한다.

21

사회복지공동모금회

한국전쟁 이후 자선기금 마련을 위한 모금행위가 산발적으로 이루어지자 정부에서는 1949년 11월에 「기부통제법」을 제정하여 기부금품의 모집을 통제함으로써 국민의 경제적 부담을 완화하고 생활안정에 기여하고자 하였으며, 1951년 11월에는 「기부금품모집금지법」을 제정하여 한국전쟁 당시 사회적 혼란기에 시국대책명분의 기부금품모집 폐해를 방지하였다(행정안전부, 2009a). 그러나 1970년에 제정된 「사회복지사업법」은 사회복지법인으로서의 사회복지공동모금회를 설립하도록 규정하였고, 1971년 한국사회복지공동모금회를 설립하여 1972년 1차 캠페인을 시도하였으나 성공하지 못하였다(김범수, 신원우, 2006: 322).

그 후 정부주도적으로 이루어진 이웃돕기모금활동의 국가예산투입에 대한 문제가 제기됨에 따라 1995년 12월 「기부금품모집규제법」 제정으로 국가 또는 지방자치단체의 기부금품모집을 금지하였고, 국제구호, 천재지변, 자선사업 등 국민의 준조세적 성격의 성금을 정비하였다(행정안전부, 2009a). 또한 민간에 의한 자발적인 복지자원개발을 지원하기 위해 1997년 3월 「사회복지공동모금법」이 제정되었으나, 이 법은 2년 후인 1999년 3월 「사회복지공동모금회법」으로 대체 입법되었다(http://busan.chest.or.kr). 또한 「기부금품모집규제법」 폐지와 함께 2006년 3월 「기부금품의 모집 및 사용에 관한 법률」이 제정됨에 따라 기부금품 모집절차를 허가제에서 등록제로 전환하고 사후관리를 강화함으로써 성숙한 기부문화를 조성하고 건전한 기부금품 모집제도를 정착하고자 하였다(행정안전부, 2009a).

사회복지공동모금이란 지역사회주민의 복지욕구를 충족시키기 위하여 과학적이고 전문적인 모금캠페인을 통하여 사회복지에 필요한 자원을 공동으로 마련하여 모금액을 복지사업에 적절히 배분하는 활동이다. 「사회복지공동모금회법」 제2조는 사회복지공동모금을 사회복지사업, 기타 사회복지활동의 지원에 필요한 재원을 조성하기 위하여 기부금품을 모집하는 것으로 규정하고 있다.

사회복지공동모금은 공동모금을 통하여 사회복지에 대한 국민의식을 개선하고 국민의 자발적인 성금으로 조성된 재원을 효율적이고 공정하게 관리 · 운용함으로써 사회복지증진에 이바지함을 목적으로 한다. 즉, 지역사회주민의 자발적인 참여를 통하여 지역사회주민의 자원봉사활동을 활성화하고, 개별모금의 서비스가 상호 중복, 누락되는 것을 보완해 지역사회 자원배분의 합리성을 높이고, 창조적이고 수준 높은 사회복지 프로그램을 개발하는 데 사회복지공동모금의 목적이 있다(사회복지공동모금회, 2005).

공동모금회의 명칭은 시대마다, 국가마다 상이하게 사용되고 있다. 예를 들어, 미국, 캐나다, 호주에서는 United Way라는 명칭을 사용하는 반면, 우리나라, 일본, 싱가포르는 Community Chest라는 명칭을 사용하고 있다. 기관연합모금회라는 폐쇄적인 멤버십 모델에 입각하여 모금이 이루어지는 미국의 United Way와는 달리, 우리나라의 사회복지공동모금회는 충족되지 않은 지역사회의 복지욕구에 대응하여 복지수준 향상을 위해 민간자원을 동원하고 배분하는 개방적인 모금과 배분체계를 가지고 있다(석재은 외, 2008).

1. 공동모금의 필요성

공동모금의 필요성은 다음과 같다. 첫째, 산발적으로 이루어지는 자선이나 기부의 창구를 일원화하여 보다 효율적이고 효과적으로 민간자원을 동원하고 배분할 수 있게 한다. 모금에 참여하는 지역사회주민의 입장에서는 어떤 복지기관에 기부할 것인지 고민하지 않게 함으로써 의사결정과정의 효율성을 꾀할 수 있고, 모금을 하는 기관의 입장에서도 비용과 노력을 절감할 수 있다(김범

수, 신원우, 2006). 둘째, 공동모금은 지역사회주민이 공동체의식과 함께 지역사회문제에 보다 많은 관심을 가지고 문제 해결에 주체적으로 참여할 수 있는 자원봉사의 기회를 제공하고, 지역사회복지운동과 시민운동 활성화에 기여한다. 셋째, 공동모금은 사회복지사업에 대한 국민의 인식을 개선하는 데 기여한다. 국민은 모금사업을 통한 홍보 및 모금활동을 통하여 공동모금회가 수행하는 사업들과 사회의 소외된 계층에 대하여 보다 많은 관심을 가질 수 있게 된다(김범수, 신원우, 2006; 사회복지공동모금회, 2005). 넷째, 공동모금은 선별적 수혜경쟁을 통하여 재원이 배분되므로 사회복지기관이나 시설이 창조적이고 양질의 사회복지 프로그램을 개발할 수 있게 하여 서비스의 질적 향상과 전문성 제고에 기여한다(표갑수, 2003).

2. 공동모금의 특성

공동모금의 특성은 〈표 21-1〉과 같다.

3. 공동모금의 기본원칙

지역공동모금제도의 기본원칙은 다음과 같다(대구광역시 사회복지협의회, 1998). 첫째, 공동모금은 시민의 자발적 참여를 기본전제로 민간에 의해 조성되므로 지역사회문제를 지역주민 스스로 해결하기 위한 민간 사회복지서비스 재원으로 활용되어야 한다. 현대사회의 각종 사회문제, 사회복지서비스에 대한 국민의 욕구에 대해서는 정부가 공적 책임을 다하고, 민간재원인 공동모금은 민간 사회복지서비스 프로그램의 질적 향상 및 활성화, 시민의 지역사회 참여의식 강화의 목적 등으로 사용되어야 하며, 지역사회문제를 지역주민 스스로 해결하고자 하는 지역복지의 정신을 실행하는 데 이용되어야 한다.

둘째, 공동모금을 효과적으로 관리·운영하기 위한 공동모금회가 설립되어야 한다. 즉, 전국단위의 공동모금사업을 관리하기 위한 전국공동모금회와 지역단위 공동모금사업을 관리하기 위한 시·도 단위 지역공동모금회를 설치하여 운영하여야 한다. 효과적인 업무수행을 위하여 전국공동모금회는 지역공동

표 21-1 공동모금의 특성

특성	내용
민간복지 활동	사회연대, 상부상조정신을 바탕으로 한 지역주민의 자발적이고 자주적인 민간봉사활동
지역사회에 기반	지역사회를 단위로 하여 지역주민을 동원함으로써 해당 지역사회의 거주자와 기부자, 수혜자와 민간사회복지조직의 협력에 의해 그 지역의 특성에 맞는 지역사회복지증진을 도모
일원화 및 효율성	각 시설이나 단체들이 개별적으로 모금하는 경우 낭비와 어려움에 직면하게 되는데, 모금을 일원화하고 면밀한 조사와 적정한 평가를 통해 배분함으로써 기부금을 효율적으로 활용. 기부금의 모집, 관리, 배분을 일원화함. 기부자의 입장에서는 의사결정에 드는 비용이 절감되고 기관의 입장에서는 기부금 모집에 대한 노력, 시간, 경비 절약
공개성	모금실시 전에 각 회원시설·단체들로부터 신청된 필요액을 심사해 배분 계획을 세우고 모금목표액을 결정하여 공표함으로써 기부자인 지역주민에게 필요한 금액에 관한 이해를 구하고 모금결과에서 모금액의 사용 용도에 관해 공약하고, 기부금 배분이 종료된 후에도 그 결과를 공표
전국적인 협력성	각 지역공동모금회는 전국적인 협조관계를 유지함으로써 같은 기간 동안 전국적으로 일제히 모금운동을 전개하고 여론에 강력하게 호소하여 주민 개개인이 모금운동을 이해하고 참가하도록 호소
계획성	지역사회 내 민간사회복지의 자금 수요를 파악하고, 활동단체 등으로부터 배분신청을 받아 이를 심사하여 배분계획을 책정하고, 모금운동을 전개
복지교육성	모금운동을 통해 주민의 사회복지에 대한 이해를 높이고, 주민의 사회복지활동 참가를 촉진하는 역할 수행

출처: 류기형(1991), pp. 13-20, 대구광역시 사회복지협의회(1998), pp. 5-8, 강철희, 정무성(2006), p. 459를 요약·정리함.

모금회 간의 역할 및 업무 조정, 전국단위의 총괄적인 조사, 연구, 기획, 홍보 등의 역할을 수행해야 하며, 각 지역공동모금회는 지역단위의 공동모금을 효과적으로 모집, 운영, 배분하는 체계를 개발해야 한다.

셋째, 공동모금회는 대표적인 주민조직체로서의 기능을 수행하여야 한다. 지역공동모금회는 해당 지역주민의 적극적인 참여에 의하여 유지되고 실질적인 권위는 그 지역사회 여론에 의해 결정되므로 공동모금회가 해당 지역사회에 속한다는 것을 인식해야 한다. 지역공동모금회는 지역주민 대표자를 통해서 전국관계기관들과의 협력관계를 형성·유지할 수 있어야 하며, 해당 지역사회의 지역주민에게 기부행위에 대한 일반적인 기준이나 규범을 제공해야 한다.

넷째, 효과적이고 효율적인 공동모금을 위하여 전국민을 대상으로 적극적이고 통일된 홍보전략을 개발하여야 한다. 공동모금은 민간의 사회복지재원을 확충하고 궁극적으로는 국민의 사회복지의식 및 사회복지적 사고방식을 증진시키는 역할을 한다. 따라서 초기에 공동모금을 시행할 때에는 복지사회를 지향하는 친숙하고 미래지향적인 홍보전략이 필요하며, 지역공동모금회는 전국공동모금회와 연합하여 통일된 공동모금회의 심벌, 슬로건, 명칭 등을 사용할 필요가 있다.

다섯째, 기부자의 이성적이고 합리적인 기부행위를 유도하여야 한다. 즉, 온정에 호소하는 형태의 모금활동뿐만 아니라 이성과 교육에 의해 다듬어져 기부되는 모금을 지향해야 한다. 이를 위하여 지역공동모금회는 지역사회의 전문가집단, 단체 및 다른 기부원천에 관한 구체적인 기부자료를 보관하고 있어야 한다.

여섯째, 공동모금은 배분의 투명성과 효과성이 제고되어야 한다. 민간모금활동이 대다수 국민의 참여를 이끌어 내기 위해서는 모금과정뿐만 아니라 배분과정에서 정부의 지나친 관여나 개입 없이 투명하고 효과적으로 이루어져야 한다. 따라서 전국단위 및 지역단위 공동모금회는 모금활동 자체에 대한 노력뿐만 아니라 모금액의 사용 용도와 배분행위를 공개하여 재원의 사용에 투명성을 보장하여야 한다.

일곱째, 기부행위에 대한 보상제도가 마련되어야 한다. 공동모금을 활성화하기 위하여 기부자의 모금행위를 독려하기 위한 보상제도에 대한 법적 근거가 마련되어야 한다. 가장 일반적인 보상방법은 기부금에 대한 면세제도를 들 수 있다.

여덟째, 지역공동모금의 제도적 정착을 유도하여야 한다. 공동모금제도가 정착될 수 있도록 시민의 개별성, 자발성을 유도할 수 있는 하나의 공동모금제도로서 정착시켜 나가야 한다.

4. 공동모금제도의 조직구조

1) 자체구조적 측면

공동모금회 자체구조적 측면에서는 전국조직이 있는 경우와 전국조직이 없는 경우로 구분할 수 있다. 먼저 전국조직이 있는 경우는 연맹형과 중앙집중형으로 나뉜다. 연맹형은 관계구조의 특성을 최대한 살리면서 자율성을 보장하고 전국연맹이 지역공동모금회들의 상호 연락, 업무조정, 전국적인 차원에서 필요한 프로그램을 제공한다. 반면에 중앙집중형은 전통적인 조직구조로 위계구조에 입각하여 중앙에서 모든 것을 총괄·운영함으로써 지역공동모금회는 전국적인 공동모금회의 지침에 따라 일치의 활동을 전개한다. 그리고 전국조직이 없는 경우는 일부 도시지역에서만 공동모금회가 조직되어 활동이 이루어지며, 지역적인 경험을 바탕으로 전국적인 확산을 이루게 된다(사회복지공동모금회, 2005).

〈표 21-2〉는 공동모금회 자체구조에 따른 분류를 나타낸다.

표 21-2 공동모금회 자체구조에 따른 분류

	전국조직이 있는 경우		전국조직이 없는 경우
	연맹형	중앙집중형	
특 성	자율성을 최대한 보장하고 전국연맹이 지역공동모금회들의 상호연락, 업무조정, 전국적인 차원에서 필요한 프로그램 제공	전통적인 조직구조로 위계구조에 입각하여 중앙에서 모든 것을 총괄·운영함으로써 지역공동모금회는 전국적인 공동모금회의 지침에 따라 일치의 활동 전개	일부 도시지역에서만 공동모금회가 조직되어 활동이 이루어지며, 지역적인 경험을 바탕으로 전국적인 확산을 이룸
장단점	장점: 지역공동모금회가 지역사회중심으로 운영되는 특성을 살리면서 전국적인 공동보조를 취해 공동모금 캠페인에 유리한 분위기 조성	장점: 전국적인 협조 및 효율성과 일원화의 특성을 가장 잘 살릴 수 있음 단점: 지나친 전국 일원화와 효율성을 강조함으로써 지역의 특성을 살리기 어렵고 기부자의 입장에서는 기부의 결과를 직접 느낄 수 있는 기회가 적어 참여도가 낮아질 가능성 있음	장점: 내부 자체 구조의 측면은 연맹형과 같이 소지역단위별로 나누어 운영하므로 연맹형의 장점을 살리고 지역적인 응집력을 바탕으로 중앙집중형의 장점을 최대한 살릴 수 있음
채택 국가	미국, 일본, 호주, 캐나다, 영국, 필리핀, 남아프리카, 요르단 등	홍콩, 싱가포르, 벨기에, 태국 등	뉴질랜드, 인도, 베네수엘라, 버진군도

출처: 사회복지공동모금회(2005), pp. 4-5를 정리함.

2) 대정부관계 측면

공동모금회와 정부의 관계 측면에서는 자율형과 정부주도형으로 나뉜다. 먼저, 자율형은 정해진 법률 내에서는 모든 활동에 대하여 국가의 통제를 배제할 수 있고 최대한의 자율성이 보장되는 형태다. 국가의 적극적인 후원과 지지를 받을 수 없기 때문에 대규모적인 프로그램의 실시가 어렵고, 국가의 정책에 의해 부정적인 영향을 받을 가능성이 높다는 단점이 있다. 이를 채택하는 국가는 미국, 오스트레일리아, 벨기에, 캐나다, 영국, 홍콩, 인도, 싱가포르 등이 있으며, 우리나라도 민간주도의 자율형으로 규정되어 있다. 한편, 정부주도형은 국가의 적극적인 후원과 지지를 통해 광범위하고 대규모적인 프로그램을 실시함으로써 보다 효과적이고 효율적인 결과를 기대할 수 있다는 장점이 있다. 그러나 이러한 형태에서는 정부의 지나친 간섭이나 통제로 공동모금회의 활동이 위축될 수 있으며, 주민의 자발적이고 적극적인 참여를 저해할 가능성이 높다는 단점이 있다. 일본, 자메이카, 필리핀, 푸에르토리코, 대만 등이 이 유형에 속한다(사회복지공동모금회, 2005).

〈표 21-3〉은 정부와 공동모금회의 관계에 따른 유형을 보여 준다.

표 21-3 정부와 공동모금회의 관계에 따른 유형

	자율형	정부주도형
정부의 기능	• 공동모금회의 설립 · 등록에 관한 관련법 제정 • 기부금에 대한 세제상의 혜택	• 재정적 지원 • 세제상의 혜택 • 모금활동의 승인 및 허가 • 모금회 운영 감독
공동모금회의 기능	• 모금, 운영, 배분	• 공공복지의 보완적 기능
장 점	• 최대한의 자율성 확보	• 효율적인 효과 기대
단 점	• 광범위하고 대규모적인 프로그램 지원 불가	• 민간활동의 위축 • 주민의 자발적 참여 저하
채택 국가	• 미국, 한국, 호주, 싱가포르, 영국, 캐나다, 인도, 벨기에	• 일본, 대만, 필리핀, 자메이카

출처: 사회복지공동모금회(2005), pp. 5-6.

5. 공동모금제도의 모금 및 배분방법

1) 공동모금제도의 모금방법에 의한 분류

공동모금제도의 모금방법에 따라 개별형, 기업중심형, 단체형, 특별사업형이

표 21-4 공동모금제도의 모금방법에 의한 분류

	개별형	기업중심형	단체형	특별사업형
특 성	개인이나 가정의 헌금을 통해 모금함	회사, 공장 및 사업체 등과 그 근로자를 대상으로 모금함	재단, 협회 등의 단체가 모금대상이 됨	백만인걷기대회, 카니발, 오페라, 발레, 자선골프대회, 카드 발매 등 다양한 사업이나 프로그램 중심으로 모금
장 점	모든 주민이 사회복지사업을 향한 관심과 참여 제고	적은 노력과 시간을 통해 일시에 많은 금액을 모금할 수 있음. 특히 급여공제와 같은 근로자를 대상으로 하는 경우 아주 간편하고 꾸준하게 모금할 수 있음	재력이 있는 재단이나 협회로부터 보조금을 받음으로써 손쉽게 많은 액수를 모금할 수 있음	기부자에게 흥미, 오락성, 반대적인 급부 등을 제공한다는 점에서 호응도가 높고, 여론의 형성과 분위기 조성 등 최대의 홍보효과를 가져올 수 있음
단 점	많은 금액을 단기간에 모금하는 것이 어렵고, 일일이 방문해야 하므로 많은 인력과 시간이 필요함	근로자나 기업체에 강제적인 모금을 하게 할 수 있고, 대상이 재력이 있는 기업이므로 주민의 참여가 저조할 수 있음	많은 주민을 참여시킬 수 없음. 개별형과 기업중심형보다 대상이 한정됨	모금의 안정성을 확보하기 힘들고, 사치성과 낭비성에 대한 비판을 면하기 어려우며, 주민의 관심을 끌기 위한 프로그램 개발이 어려움
채택 국가	일본, 필리핀	미국, 영국, 캐나다, 호주, 홍콩, 벨기에, 싱가포르, 대만 등		홍콩, 인도, 요르단, 필리핀 등

출처: 사회복지공동모금회(2005), pp. 6-7을 정리함.

있는데, 각 유형의 특성, 장점, 단점, 채택 국가는 〈표 21-4〉와 같다.

2) 공동모금제도의 배분방법에 의한 분류

공동모금제도의 배분방법에 따라 기관배분형, 문제 및 프로그램 배분형, 혼합형, 지역배분형으로 나눌 수 있으며, 각 유형의 구체적인 사항은 〈표 21-5〉와 같다.

표 21-5 공동모금제도의 배분방법에 따른 분류

	기관배분형	문제 및 프로그램 배분형	혼합형	지역배분형
특 성	• 사회복지시설 혹은 기관을 대상으로 모금액을 배분함 • 가장 어려운 사람이나 기관에 대해 지속적인 배분이 이루어짐 • 전국적인 공동모금활동이 전개되는 경우 각 지역의 사정이 다르고 지역별로 시설 또는 기관이 골고루 분포되어 있지 않아 지역별 불균형을 초래할 수 있음	• 지역사회의 보건 및 사회문제를 해결하기 위해 배분하거나 이를 위한 구체적인 프로그램을 위해서 배분함 • 새로운 문제에 대해 신속하게 대처할 수 있음 • 새로운 문제가 아닌 경우 이를 간과하거나 소홀히 할 수 있음	• 기관배분 우선형과 문제 및 프로그램 우선형이 혼합된 경우임	• 지역을 단위로 배분하는 방법으로, 복지혜택에서 낙후된 지역을 중심으로 배분하여 지역별 특수문제를 해결하고 지역복지를 증진시키기 위함 • 지역 간의 복지 균형을 유지하고 지역복지증진을 꾀할 수 있음 • 지역중심을 지나치게 강조하면 전국적인 문제에 대처할 수 없음
채택국가	호주, 벨기에, 인도, 마우리티우스, 푸에르토리코 등	자메이카, 필리핀, 대만 등	문제 및 프로그램 우선형: 홍콩, 싱가포르, 버진군도, 미국, 한국[1] 등	일본

출처: 사회복지공동모금회(2005), pp. 7-9를 정리함.

6. 한국의 사회복지공동모금회

우리나라의 사회복지공동모금회는 중앙조직의 회장을 중심으로 이사회와 분과실행위원회가 있고, 16개 지회가 있다. 그리고 사무국에는 모금사업본부, 배분사업본부, 경영관리본부, 기획조정실, 홍보실, 감사실, 연구센터가 있다. 사회복지공동모금회의 조직도는 [그림 21-1]과 같고, 각 부서의 업무내용은 〈표 21-6〉과 같다.

1) 우리나라는 혼합형의 성격을 띠고 있는데, 중앙사회복지공동모금회에서는 궁극적으로 문제 및 프로그램을 대상으로 배분하고 있으나 지역단위로 배분하고 있어 지역 배분형도 병행한다고 볼 수 있음.

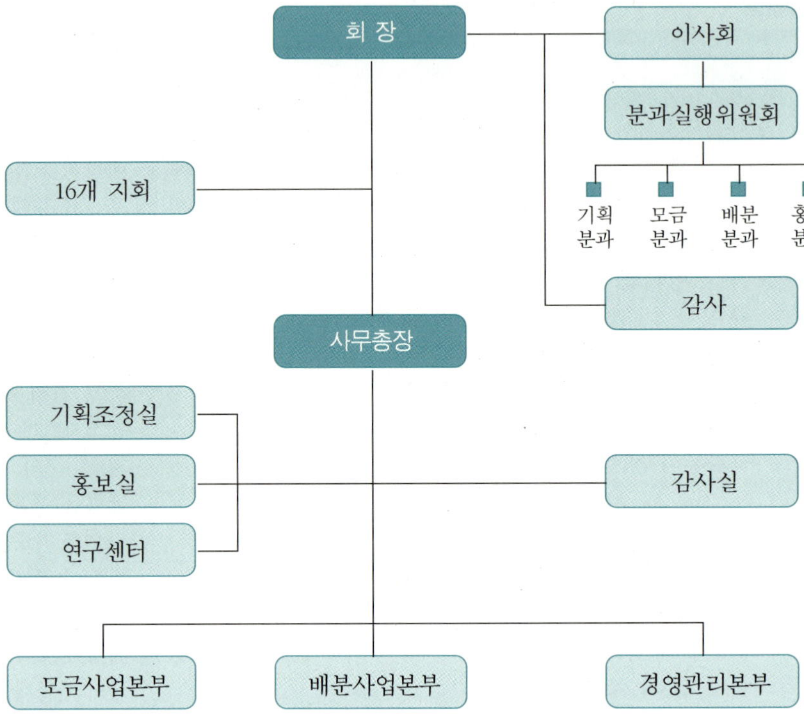

[그림 21-1] 사회복지공동모금회 조직도

출처: 사회복지공동모금회 홈페이지(www.chest.or.kr)

표 21-6 사회복지공동모금회 중앙회 부서별 주요업무

부서 구분	주요업무
모금사업본부	개인 · 기업 · 온라인 · 현물 기부 기획 및 관리, 기부자 관리, 자원봉사 운영
배분사업본부	테마 · 제안기획, 긴급지원, 북한 · 해외 지원, 지정기탁 등 배분기획 및 관리
경영관리본부	회계, 총무 · 구매, 인사 · 교육, 전산
기획조정실	전략 · 경영기획, 대외협력
홍보실	언론홍보, 광고, 온라인 홍보, 홍보물 제작, 나눔교육
감사실	정기 · 수시 감사 실시, 공익신고제도 운영
연구센터	중 · 장기 발전계획, 사업기획 · 분석, 조사 · 연구, 정보관리 · 분석

출처: 사회복지공동모금회 홈페이지(www.chest.or.kr).

22

사회복지협의회

사회복지협의회는 「사회복지사업법」 제33조에 의거하여 설립된 비영리 공익법인으로, 민간 사회복지증진을 위한 대표적인 민간 사회복지협의 조정체다. 사회복지협의회는 사회복지법인 및 사회복지사업과 관련 있는 비영리법인의 대표자, 경제계 · 언론계 · 종교계 · 법조계 · 문화계 · 교육계 및 보건의료계 등을 대표하는 자, 기타 사회복지전문가 등이 참여하여 전국단위 혹은 지방단위로 설립된다. 「사회복지사업법」 제33조에 따르면, 사회복지에 관한 조사 · 연구와 각종 복지사업을 조성하기 위하여 전국단위의 중앙협의회인 한국사회복지협의회와 시 · 도 단위에 시 · 도사회복지협의회를 둘 수 있으며, 필요한 경우에는 시 · 군 · 구 단위의 시 · 군 · 구사회복지협의회를 둘 수 있다고 규정하고 있다.

한국사회복지협의회의 목적은 "사회복지에 관한 조사 · 연구와 각종 복지사업을 조성하고 각종 사회복지사업과 활동을 조직적으로 협의 · 조정하며 사회복지에 대한 국민의 참여를 촉진시킴으로써 우리나라의 사회복지증진과 발전에 기여함을 목적으로 한다."라고 한국사회복지협의회 정관에 명시되어 있다.

한국사회복지협의회의 전신은 1952년에 설립된 사단법인 한국사회사업연합회다. 이후 1961년에 사단법인 한국사회복지사업연합회로 개칭하였다가 1970년에 사회복지법인 한국사회복지협의회로 명칭을 다시 변경하였고, 1983년 5월

21일 「사회복지사업법」 개정으로 법정법인이 되었다. 1985년에는 시 · 도 지방 사회복지협의회가 조직되었고, 1998년에 「사회복지사업법」 개정으로 시 · 도 사회복지협의회는 독립법인으로 운영하게 되었으며, 현재 16개 시 · 도 단위 사회복지협의회가 운영되고 있다. 그리고 2003년에는 「사회복지사업법」 개정으로 시 · 군 · 구협의회도 법정단체가 되었다(http://www.kncsw.bokji.net).

1. 사회복지협의회의 법적 근거

- 「사회복지사업법」 제33조(사회복지협의회)
- 「사회복지사업법 시행령」 제12조(한국사회복지협의회 등의 업무), 제13조(중앙협의회 등의 회원), 제14조(임원), 제15조(이사회)

2. 사회복지협의회의 주요업무

「사회복지사업법 시행령」 제12조에 따라 단위별 사회복지협의회는 〈표 22-1〉과 같은 업무를 담당한다.

3. 사회복지협의회의 기구

「사회복지사업법 시행령」에 따라 중앙협의회, 시 · 도협의회 및 시 · 군 · 구협의회는 임원으로 대표이사 1인을 포함한 15인 이상 30인 이하(시 · 군 · 구협의회의 경우에는 10인 이상 30인 이하)의 이사와 감사 2인을 둘 수 있다. 이사와 감사의 임기는 3년으로 하되, 각각 연임할 수 있다. 각 협의회에는 이사로 구성되는 이사회를 두어야 하며, 이사회는 정관이 정하는 바에 따라 각 협의회의 업무에 관한 중요사항을 심의 · 의결한다.

표 22-1 단위별 사회복지협의회의 주요업무

단위 구분	주요업무
중앙협의회	① 사회복지에 관한 조사연구 및 정책건의 ② 사회복지에 관한 교육훈련 ③ 사회복지에 관한 자료수집 및 간행물 발간 ④ 사회복지에 관한 계몽 및 홍보 ⑤ 자원봉사활동의 진흥 ⑥ 사회복지사업에 종사하는 자의 교육훈련과 복지증진 ⑦ 사회복지에 관한 학술도입과 국제사회복지단체와의 교류 ⑧ 보건복지가족부 장관이 위탁하는 사회복지에 관한 업무 ⑨ 기타 중앙협의회의 목적달성에 필요하여 정관으로 정하는 사항
시 · 도협의회	① 위의 중앙협의회의 업무 ①항 혹은 ⑦항의 사업 ② 시 · 도지사 또는 중앙협의회가 위탁하는 업무 ③ 그 밖에 시 · 도협의회의 목적달성에 필요하여 정관으로 정하는 사항
시 · 군 · 구 협의회	① 위의 중앙협의회 업무 ①항 혹은 ⑦항의 사업 ② 시 · 도지사, 시 · 군 · 구청장, 중앙협의회 또는 시 · 도협의회가 위탁하는 업무 ③ 그 밖에 시 · 군 · 구협의회의 목적달성에 필요하여 정관으로 정하는 사항

출처: 「사회복지사업법 시행령」

[그림 22-1]은 중앙협의회인 한국사회복지협의회의 조직도를 보여 주고 있다.

4. 사회복지협의회의 원칙과 기능

1) 사회복지협의회의 원칙

사회복지협의회는 지역사회의 민간 사회복지 관련 조직이나 개인이 보다 효율적으로 사업을 수행할 수 있도록 조정 및 협의하는 기관으로, 다음과 같은 원칙에 의거하여 운영되어야 한다(박태영, 2008 재인용). 첫째, 주민욕구 중시의 원칙이다. 사회복지협의회는 지역주민의 생활실태와 사회복지 욕구를 파악하고 그 욕구를 충족시키기 위한 활동을 수행하여야 한다. 둘째, 주민참가의 원칙이다. 사회복지협의회는 주민이 사회복지활동에 많은 관심을 가지고 주체적으로 참여할 수 있도록 개방된 조직구조와 민주적인 과정을 통하여 합의를 도출해 나가야 한다. 셋째, 전문성의 원칙이다. 사회복지협의회는 지역사회복지

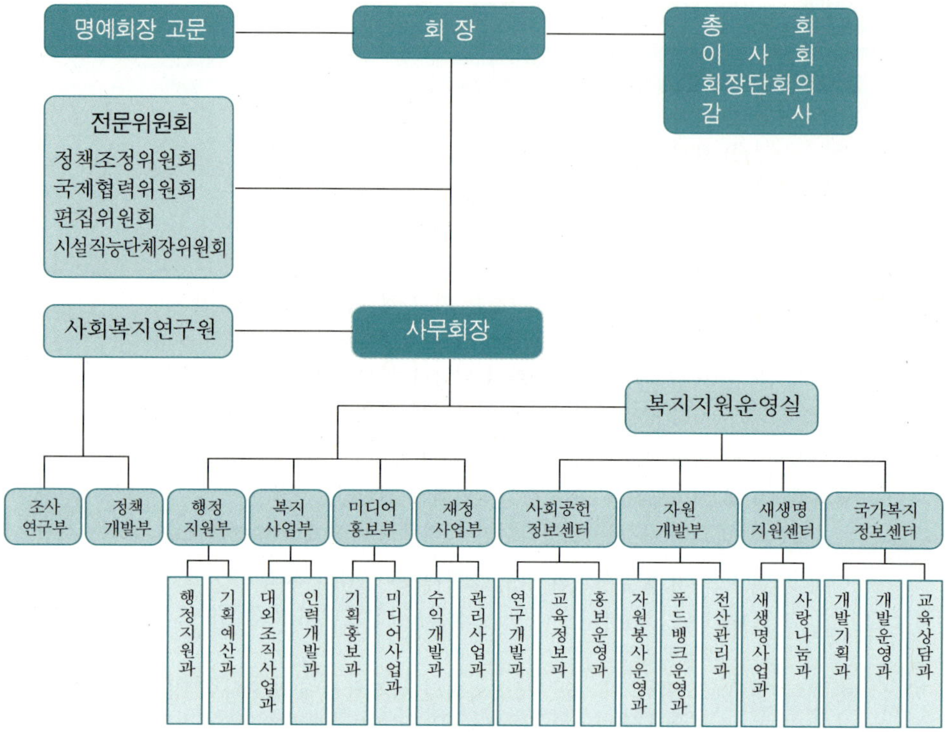

[그림 22-1] 한국사회복지협의회 조직도

출처: 한국사회복지사협회 홈페이지(http://kncsw.bokji.net)

활동을 추진해 나가는 데 지역사회복지활동의 계획 및 실시, 점검 · 평가, 조직화, 조사, 교육, 홍보 등의 분야에서 전문성을 발휘하는 활동을 수행하여야 한다. 넷째, 민간성의 원칙이다. 사회복지협의회는 공공적 성격을 지닌 민간단체로서의 특성을 충분히 발휘하여 주민의 복지욕구, 지역사회의 복지과제에 대응하는 개척성이나 적응성, 유연성을 발휘하여야 한다. 다섯째, 민관협력의 원칙이다. 사회복지협의회는 민관의 사회복지조직이나 보건 · 의료, 교육, 노동, 환경 등의 각종 관련 조직뿐만 아니라 지역주민과의 협력과 역할분담으로 지역사회복지사업을 계획적이고 종합적으로 수행해야 한다. 여섯째, 지역특성 존중의 원칙이다. 지방단위의 사회복지협의회의 조직과 구조는 지역사정에 따라 결정되어야 하며, 지역적 특성에 적절한 사업 내용과 방법을 사용하여야 한다.

2) 사회복지협의회의 역할 및 기능

사회복지협의회가 수행하여야 할 기능은 다음의 세 가지로 정리할 수 있다(박태영, 2008 재인용). 첫째, 지역사회복지활동 기능이다. 사회복지협의회는 지역주민의 생활실태와 사회복지 욕구를 파악하고 해결방안을 강구하고 계획을 세워 실행함으로써 지역사회복지를 증진시키는 데 이바지하여야 한다. 이를 위해 지역주민의 욕구와 문제를 파악하고 주민의 자발적인 참여를 유도하여야 한다. 둘째, 연락 · 조정 · 협의의 기능이다. 사회복지협의회는 지역사회복지조직이나 단체들 간의 상호 연계 · 협력을 통하여 민간복지역량을 강화하고 중복적으로 수행되는 사업을 조정하여 제한적인 민간자원의 효율적 활용을 도모하며 관련 기관 · 단체와 협력체계를 구축하여야 한다. 이를 위해 관련 기관들이 사회복지협의회를 대표성이 있는 민간기관으로 인정하고, 연락 · 조정 · 협의를 위한 모임에 적극적으로 활동하는 것이 전제되어야 한다. 셋째, 보완 · 유지의 기능이다. 사회복지협의회의 지역사회복지활동 기능과 연락 · 조정 · 협의 기능을 잘 수행할 수 있도록 조사 · 연구, 정책개발 및 제안, 교육 · 훈련, 정보제공 및 출판 · 홍보, 자원 조성 및 분배 등을 보완해 주어야 한다.

사회복지협의회 정관에 명시된 사회복지협의회의 기능은 사회복지 관련 주체와의 관계 차원에서 다음과 같이 정리될 수 있다(강철희, 정무성, 2006). 첫째, 정부와의 관계 면에서 사회복지협의회는 정부가 사회복지정책과 제도를 확립하고 추진할 수 있도록 전문적인 자문을 제공하고, 사회복지정책을 시행해 나가는 데 적극적으로 건의하는 역할을 수행한다. 둘째, 회원 및 관련 단체와의 관계 면에서 사회복지협의회는 사회복지 회원기관이나 관련 단체들이 사회복지서비스를 효과적으로 제공할 수 있도록 그들의 업무 간 연락협의 · 조정의 역할과 필요한 서비스를 개발 · 육성하고 이에 따라 지도하는 역할을 수행한다. 셋째, 지역사회와의 관계 면에서 사회복지협의회는 지역사회복지 증진을 위하여 시민참여를 촉진하고, 지역주민의 협동정신을 배양하며, 지역사회지도자를 양성 · 훈련하고 지역사회 개발계획을 수립하여 이를 실현해 나가는 데 필요한 지식과 기술을 제공하고 지도하는 기능을 가진다. 넷째, 국제기구와의 관계 면에서 사회복지협의회는 국제사회복지협의회, 국제사회복지협회, 국제사회복지사연맹 등의 회원기관으로서 사회복지 분야에 대한 국가 간의 정보를 교류하는 기능을 수행한다.

3) 발전과제

지역사회복지의 발전을 위한 사회복지협의회의 향후 발전과제는 다음과 같다(강철희, 정무성, 2006). 먼저, 사회복지협의회가 고유의 기능을 다하기 위해서는 시민의 참여가 전제되어야 한다. 이를 위해 지역사회의 사회복지 관련 집단과 조직들이 자발적으로 참여할 수 있도록 기회를 부여하고, 의사결정과정이 민주적으로 진행될 수 있도록 보장되어야 한다. 또한 지역주민의 욕구와 지역사회문제를 정확히 파악하고 효과적으로 대처할 수 있도록 기획력을 증진시키고 조정 역할이 강화되어야 한다. 둘째, 지역주민의 자원봉사를 적극적으로 이끌어 낼 수 있도록 사회복지협의회는 주도적인 역할을 하여야 한다. 그러나 우리나라의 경우 행정안전부가 자원봉사센터를 관리함으로써 시민의 자원봉사 영역에 정부가 개입할 수 있는 여지가 있다. 따라서 각 지역사회복지협의회가 자원봉사센터를 유치할 수 있도록 법적인 장치가 재정립되어 자원봉사의 효율성을 높일 수 있어야 한다. 셋째, 사회복지협의회는 독립적인 민간재원 확보방안을 모색하여야 한다. 그동안 사회복지협의회는 재정적으로 정부에 크게 의존함으로써 다양한 측면에서 정부의 통제를 받아 온 것이 사실이다. 정부, 민간, 지역사회, 국제기구와의 관계에서 조정 · 협의하는 역할을 효과적으로 수행하기 위해서 사회복지협의회는 정부보조금의 비중을 줄이고 후원회원 모집, 공동모금 배분 수입, 출판 수입, 수익사업의 확대 등을 통하여 수입원을 다양화하여야 한다. 그뿐만 아니라 공동모금회와의 협력적 관계를 구축하여 모금자금의 배분과정에서 사회복지협의회의 사회복지계획과 조정의 역할이 반영될 수 있도록 해야 한다.

감정기, 백종만, 김찬우(2005). 지역사회복지론: 이론 · 기술 · 현장. 파주: 나남출판.

강은숙(2003). 주민자치센터 평가와 지역공동체구축에 관한 연구: 군포시 사례를 중심으로. 행정논총, 41(2), 117-141.

강철희(1999). 사회복지공동모금의 시작: 과정과 과제, 월간 복지동향, 15.

강철희, 정무성(2006). 지역사회복지실천론. 파주: 나남출판.

강혜규(2003). 지방자치단체 사회복지계획 수립의 과제와 활성화 방안. 보건복지포럼, 75, 75-83.

강혜규, 최현수, 엄기욱, 안혜영, 김보영(2006). 지방화시대의 중앙지방 간 사회복지 역할분담 방안. 한국보건사회연구원.

곽채기, 김보현, 이형우, 강혜규, 정종화(2008). 복지행정의 효율화를 위한 사회복지 지방이양사업의 개선 방안. 동국대학교 사회과학연구원.

관계부처 합동(2009). 사회복지전달체계 개선 종합대책.

구자경, 유철종(1998). 변화적 리더십이 임파워먼트에 미치는 영향에 관한 연구. 경영경제, 16, 19-48.

국무총리실(2009. 6. 15.). 보도자료 '복지예산, 지원은 효율화하고 새는 돈은 막는다'.

김미숙(2006). 지역사회 빈곤아동 지원정책 고찰. 보건복지포럼, 114, 78-90.

김범수, 신원우(2006). 지역사회복지론. 일산: 공동체.

김인숙, 우국희(2002). 사회복지사가 인식하는 임파워먼트의 의미에 관한 질적 연구: 한국에서 임파워먼트 실천은 가능한가. 한국사회복지학, 49, 34-61.

김종해(2004). 지역복지와 주민참여: 지방분권화의 과제. 한국사회복지학회 추계공동학술대회 2004 자료집, 33-53.

김태완, 전지현(2009). 자활 전달체계 개편과 향후 과제. 보건복지포럼, 148, 76-86.

김혜란, 좌현숙, 차유림, 문영주, 김보미 역(2006). 사회복지실천과 역량강화. 서울: 나눔의 집.

남세진, 조흥식(1995). 한국사회복지론. 파주: 나남출판.

대구광역시 사회복지협의회(1998). 지역 사회복지공동모금회 운영 방안에 관한 연구. 대구

광역시 사회복지협의회.
류기형(1991). 지역공동모금제도에 관한 연구, 서울대학교 박사학위 논문.
류진석(2003). 지방분권과 사회복지의 지역 간 형평성: 정부 간 사회복지 재정배분체계의 재구조화. 한국사회복지행정학, 9, 1-27.
박병현(2006). 사회복지의 지방분권화에 대한 비판적 고찰. 한국사회복지행정학, 8(2), 1-31.
박태영(2008). 지역사회복지론(제2판). 파주: 학현사.
배응환(2000). 정치체제변화에 따른 정부와 경제이익집단의 정책 네트워크 연구: 산업정책에 있어서 전경련과 대한상의를 중심으로. 고려대학교 대학원 박사학위 논문.
배기효, 김한양, 김현수, 남연희, 도기봉(2007). 자원봉사론. 일산: 공동체.
백종만, 김영종, 박경숙, 이봉주, 이재완, 황선영, 박경하, 오성우(2006). 사회복지사무소 시범사업 2차연도 평가 및 사회복지 전달체계 개선방안 연구. 보건복지부 & 한국사회복지학회.
보건복지가족부(2008). 2008년도 보건복지가족통계연보.
보건복지가족부(2009a). 2008 보건복지가족백서.
보건복지가족부(2009b). 시 · 군 · 구 복지전달체계 개선 대책.
보건복지가족부(2009c). 지역사회복지협의체 운영지침 · 운영사례.
보건복지가족부(2009d). 지역아동센터 운영 지침.
보건복지가족부(2009e). 2009년도 사회복지관 운영관련 업무처리 요령안내.
보건복지가족부(2010). 2010 자활사업 안내.
보건복지부(2004). 사회복지사무소 시범사업 기본계획.
보건복지부(2005a). 사회복지사무소 시범사업 안내.
보건복지부(2005b). 2004년도 보건복지백서.
보건복지부(2008a). 2008년도 아동복지사업 안내.
보건복지부(2008b). 2008년 사회복지자원봉사센터 운영 안내.
사회복지공동모금회(2005). 나눔을 위해 일하는 세계의 공동모금회: 14개국 세계공동모금회 활동자료집.
석재은, 김가율, 이민영, 장은진, 이관호(2008). 사회복지공동모금회 기초복지 지원사업 현황분석 및 전략수립 연구(연구보고서). 사회복지공동모금회.
안성호(2006). 읍 · 면 · 동 기능전환정책과 동네분권화의 논거 · 사례 · 과제. http://www.lari.re.kr
안혜영, 김영종(2009). 시 · 군 · 구 지역사회복지계획수립 업무 매뉴얼. 보건복지가족부 & 한국보건복지인력개발원.
양난주(2007). 사회정치적 임파워먼트와 노인복지: 개념화, 지표개발 및 적용. 사회복지연구, 35, 239-266.
양옥경, 최명민(2006). 한국 사회복지에서 임파워먼트(Empowerment) 접근의 현황 및 과제. 한국사회복지교육협의회, 2 (2), 39-84.
오정수, 류진석(2004). 지역사회복지론. 서울: 학지사.
오정수, 류진석(2009). 지역사회복지론(제3판). 서울: 학지사 .
원석조(2008). 사회복지발달사. 경기: 공동체.
이강희, 양희택, 노희선(2006). 사회복지발달사. 파주: 양서원.
이인재(1995). 사회복지운동의 주체로서 사회복지실천가의 사회적 위상에 관한 연구. 한국사회복지학, 26. 한국사회복지학회.
이철수(2006). 사회복지학소사전. 높이깊이.
이태수(2005). 지역아동센터의 역할과 활성화 방안. 2005년도 한국아동복지학회 춘계학술대회.
이현주(2003). 지역사회복지협의체의 의미와 적용방안 탐색. 비판과 대안을 위한 사회복지학회 2003년 춘계학술대회, 67-103.
이현주(2007). 사회복지 전달체계 관련 조직 및 인력 개선. 한국보건사회연구원.
정익준(2005). 비영리마케팅. 형설출판사.
정현진(2001). 우리나라 자원봉사센터의 역할정립에 관한 연구. 대구대학교 대학원 석사학위논문.
조성숙, 지은구(2009). 대구지역의 사회서비스 수요 파악을 위한 탐색적 연구. 한국지역사회복지학, 30, 1-20.
조휘일(2003). 지역사회취약계층 클라이언트를 위한 옹호(Advocacy) 활동전략 및 과정에 관한 연구. 한국지역사회복지학, 13, 173-194.
지역사회복지운동단체네트워크(2008). 지역사회복지운동단체네트워크 규약집.
지역아동정보센터(2008). 지도로 보는 전국지역아동센터 현황 자료.
지은구(2003). 사회복지경제학연구. 서울: 청목출판사.
지은구(2003). 지역복지론. 서울: 청목출판사.
지은구(2005). 사회복지프로그램개발과 평가. 서울: 학지사.
지은구(2006). 자본주의와 사회복지. 서울: 청목출판사.
지은구(2006a). 지역사회복지전달체계의 개편과 공공과 민간의 역할. 사회복지정책세미나 자료집. 부산사회복지협의회.
진재문(2003). 지방분권과 공공사회복지. 지역사회, 45, 60-66.
차보현(2006). 사회복지 전달체계의 개편과 발전과제. 복지행정논총, 16 (2), 257-286.
최명민(2007). 임파워먼트와 사회복지실천. 파주: 나남출판.
최성재, 남기민(2006). 사회복지행정론. 파주: 나남출판.
최일섭, 류진석(2009). 지역사회복지론(제2개정판). 서울대출판문화원.
표갑수(2003). 지역사회복지론. 나남출판.
한국보건사회연구원(2007). 주민생활지원서비스 업무수행 현황과 개선방안.
행정안전부(2008). 주민생활지원서비스 업무매뉴얼.
행정안전부(2009a). 기부금품 모집제도 설명회.
행정안전부(2009b). 주민자치센터 설치 · 운영 현황.
행정안전부(2009c). 지방자치단체 예산개요.
행정자치부(2005). 주민자치센터설치 및 운영조례준칙 개정.
행정자치부(2006). 2006년도 자원봉사센터 활성화지침.
현외성(2006). 사회복지운동론. 서울: 집문당

Abramovitz, A. (1993). Should all social worker students be educated for social change? *Journal of Social Work Education, 29* (1), 6-10.
Abramson, L. V., Seligman, M., & Teasdale, J. D. (1978). Learned helplessness in humans: Critique and reformulation. *Journal of Abnormal Psychology, 87*, 49-74.

Adams, R. (1997). Empowerment, marketisation and social work. In B. Lesnik (Ed.), *International perspectives in social work: Change in social work*. London: Ashgate.

Adams, R. (2003). *Social work and empowerment* (3rd Ed.). UK: Palgrave Macmillan.

Alcock, P. (1996). *Social policy in Britain*. London: Macmillan.

Aldrich, H. E. (1971). Organizational boundaries and interorganizational conflict. *Human Relations, 24*, 279-281.

Aldrich, H. E. (1979). *Organizations and environments*. Englewood Cliffs, NJ: Prentice-Hall.

Alinsky, S. D. (1969a). *Reveille for radicals*. New York: Vintage Books.

Alinsky, S. D. (1969b). *Rules for radicals*. New York: Vintage Books.

Alinsky, S. D. (1971). *Rules for radicals*. New York: Random House.

Alinsky, S. D. (1974). *Reveille for radicals*. New York: Vintage.

Altman, D. G., Balcazar, F. E., Fawcett, S. B., Seekins, T., & Young, T. Q. (1994). *Public health advocacy: Creating community change to improve health*. Palo Alto, CA: Stanford Center for Research in Disease Prevention.

Anderson, E. (1990). *Streetwise: Race, class, and change in an urban community*. Chicago: University of Chicago Press.

Anderson, J. (1981). *Social work methods and process*. Belmont, CA: Wardworth.

Andrew, K., & Jacobs, J. (1990). *Punishing the poor: Poverty under Thatcher*. London: Macmillan.

Arnestein S. (1969). A ladder of citizen participation. *Journal of the American Institute of Planner, 35* (4), 216-24.

Bachay, J., & Clingel, P. (1999). Restructuring resilience: Emerging voices. *Affilia, 14* (2), 162-175.

Backman, E., & Smith, S. R. (2000). Healthy organization, unhealthy communities. *Nonprofit Management and Leadership, 10* (4), 335-373.

Bailey, A., & Koney, K. M. (2000). *Creating and maintaining strategic alliances: From affiliation to consolidation*. Thousand Oaks, CA: Sage.

Baker, M. (1997). Service needs, usage, and delivery: A look at the imbalance for African American elderly. *Journal of Poverty, 1* (1), 93-108.

Banfield, E. (1961). *Political influence*. New York: Free Press.

Barber, B. (1995). *Jihad versus McWorld*. New York: Times Books.

Barber, B. (1992). Opinion polls: Public judgment or private prejudice. *The Responsive Community*, Vol. 2, no. 2. Spring.

Barker, R. L. (1991). *The social work dictionary* (2nd ed.). Silver Spring, MD: NASW Press.

Barker, R. L. (1995). *The Social work dictionary* (3rd ed.). Washington, DC: NASW Press.

Barry, B. (1965). *Political Argument*. London: Routledge & Kegan Paul.

Beck, B. L., & Eichler, M. (2000). Consensus organizing: A practice model for community building. *Journal of Community Practice, 8* (1).

Benn, S. I., & Peters, R. S. (1965). *The principles of political thought: Social foundations of the democratic state.* New York: Free Press.

Beresford, P., & Croft, S. (1993). *Citizen involvement: A practical guide for change.* London: Macmillan.

Berg, B. (1998). *Qualitative methods for the social sciences* (3rd ed.). Boston: Allyn & Bacon.

Berlin, I. (1967). Two concepts of liberty. In Quinton (Ed.), *Political Philosophy.* London: Oxford University Press.

Berlin, I. (1969a). *Four essays on liberty.* Oxford: Oxford University Press.

Berlin, I. (1969b). Equality. In Blackston, W. T. (Ed.), *The concept of equality.* Minneapolis: Burgess.

Berton, M. (2001). *Neighborhood resiliency Journd of Community Practice, 9* (1), 21-36.

Bisman, C., & Hardcastle, D. (1999). *Integrating research into practice. Belmont,* CA: Brooks/Cole.

Blau, P. (1964). *Exchange and power in social life.* New York: Wiley.

Blumer, H. (1971). Social problems as collective behavior. *Social Problems, 18,* 298-306.

Bobo, K. Kendall, J., & Max, S. (1991). *Organizing for social change: A manual for activists in the 1990s.* Cabin John, MD: Seven Locks Press.

Bobo, K., Kendall, J., & Max, S. (1996). *Organizing for social change: A manual for activists in the 90s* (2nd ed.). Santa Ana, CA: Seven Locks Press.

Boswell, J. (1994). *Community and the economy: the theory of public co-operation.* London: Routledge.

Bourdieu, P. (1983). Forms of capital. In J. C. Richards (Ed.), *Handbook of theory and research for sociology of education.* New York: Greenwood Press.

Bradshaw, C., Soifer, S., & Gutierrez, L. (1994). Toward a hybrid model foe effective organizing in communities of color. *Journal of Community Practice, 1* (1), 25-41.

Brager, G., Specht, H., & Torczyner, J. (1987). *Community organizing* (2nd ed.). New York: Columbia University Press.

Briggs, Xavier de Souza. (1998). Forthcoming. "Brown Kids in White Suburbs: Housing Mobility and the Multiple Faces of Social Capital." *Housing Policy Debate* 9: 1.

Brooks, S. (1989). *Public policy in Canada.* Toronto: McClelland & Stewart.

Brower, A. M., & Nurius, P. S. (1993). *Social cognition and individual change: Current theory and counseling guidelines.* Newbury Park, CA: Sage Publications.

Brueggemann, W. G. (2002). *The practice of macro social work* (2nd ed.). Belmont,

CA: Brooks/Cole.

Burch, H. (1996). *Basic social policy and planning*. New York: Haworth.

Burch, H. (1999). *Social welfare policy analysis and choices*. New York: Haworth.

Burghardt, S. (1979). Tactical use of group structure and process in community organizations. In F. M. Cox, J. L. Erlich, J. Rothman, & J. E. Tropman (Eds.), *Strategies of community organization* (3rd ed.). Itasca, IL: F.E. Peacock.

Burghardt, S. (1982). *The other side of organizing: Resolving the personal dilemmas and political demands of daily practice*. Cambridge, MA: Schenkman.

Burghardt, S. (1987). Community-based social action. In *Encyclopedia of social work* (18th ed.). Washington, DC: NASW Press.

Burghardt, S., & Fabricant, M. (1987). *Radical social work* (18th ed.). Silver Springs, MD: NASW Press.

Burghardt, S., & Fabricant, M. (1992). *The welfare state crisis and the transformation of social service work*. New York: M. E. Sharpe.

Burke, J. L. (1995). Social development: An international perspective. In H. W. Johnson, *The social services: An introduction* (4th ed.). Itasca, IL: F. E. Peacock Publishers, INC.

Bush, M., & Gordon, A. (1978). The advantages of client involvement in evaluation research. In T. Cook (Ed.), *Evaluation studies eview annual*. Beverly hills, CA: Sage.

Cartwright, T. J. (1977). Problems, solutions and strategies: A contribution to the theory and practice of planning. In N. Gilbert, & H. Specht (Eds.), *Planning for social welfare: Issues, models and tasks*. Englewood Cliffs, NJ: Prentice-Hall.

Chambell, D., & Stanley, J. (1963). *Experimental and quasi-experimental designs for research*. Chicago: Rand McNally.

Chambers, D. E. (1993). *Social policy and social programs: A method for the practical public policy analyst*. Boston: Allyn & Bacon.

Chambers, D. E. (2000). *Social policy and social program: A method for the practical public policy analyst* (3rd ed.). Boston: Allyn and Bacon.

Chambers, F. (1994). Removing the confusion about formative and summative evaluation: Purpose versus time. *Evaluation and Program Planning, 17*, 9-12.

Chambers, D., Wedel, K., & Rodwell, M. (1992). *Evaluating social programs*. Boston: Allyn & Bacon.

Chambon, A. (1999). Foucaults approach: Making the families visible. In A. Chambon, A. Irving, & L. Epstein (Eds.), *Reading Foucault for social work*. New York: Columbia University Press.

Chambon, A., Irving, A., & Epstein, L. (Eds.) (1999). *Reading Foucault for social work*. New York: Columbia University Press.

Chelimsky, E. (1997). the coming transformation in evaluation. In E. chelimsky, &

W. R. Shadish (Eds.), *Evaluation for the 21st century: A handbook.* Thousnd Oaks, CA: Sage.

Cherry, A. (2000). *A research primer for the helping professions: Methods, statistics, and writing.* Belmont, CA: Brooks/Cole.

Chisholm, L. B. (1987). Exempt organization advocacy. *Indian Law Journal, 63*, 201-299.

Chow, J. (1999). Multiservice centers in Chinese American immigrant communities: Practice principles and challenges. *Social Work, 44* (1), 70-87.

Chow, J., & Coulton, C. (1998). Was there a social transformation of urban neighborhoods in the 1980: A decade of worsening social conditions in Cleveland Ohio, USA. *Urban Studies, 35* (8), 1359-1375.

Clarke, K. (1999). *Getting started geographic information systems* (2nd ed.). Upper Saddle River, NJ: Prentice-Hall.

Cnnan, R. A. (1997). Recognizing the role of religious congregations and denominations in social service provision. In M. Reisch, & E. Gambrill (Eds.), *Social work in the 21st century.* Thousand Oaks, CA: Pine Forge.

Cnnan, R. A. (1998). *Bowling alone but serving together: the congregational norm of community involvement.* Mimeo. Grand Rapids, MI: Calvin College.

Cnnan, R. A., & Rothman, J. (1995). Locality development and the building of community. In J. Rothman, J. Erlich, & J. Tropman (Eds.), *Strategies of community organization.* Itasca, IL: F. E. Peacock Publishers, INC.

Cohen, C. S. & Philips, M. H. (1997). Building community: Principles for social work practice in housing settings. *Social Work, 42* (5).

Cohen, D., & Prusak, L. (2001). *In good company. How social capital makes organizations work.* Boston, MA: Harvard Business School Press.

Coleman, J. C. (1988). Social capital in the creation of human capital. *American Journal of Sociology, 94*, 95-120.

Coombe, C. (1999). Using empowerment evaluation in community organizing and community based health initiatives. In M. Minkler (Ed.), *Community organization and community building for health.* New Brunswick, NJ: Rutgers University Press.

Cox, F. M. (1987). Communities: Alternative conceptions of community: Implications for community organization practice. In J. L. Erlich, J. Rothman, J. E. Tropman, & F. M. Cox (Eds.), *Strategies of community intervention: Macro practice* (4th ed.). Itasca, IL: F. E. Peacock.

Cummerton, J. (1986). A feminist perspective on research. What does it help us see? In N. Van Den Berge & L. Cooper (Eds.), *Feminist visions for social work.* Silver Spring, MD: NASW.

Dahrendorf, R. (1959). *Class and class conflict in industrial society.* Stanford, CA: Stanford University Press.

Dahrendorf, R. (1968). *Essay in the theory of society.* Stanford: Stanford University

Press.

Dahrendorf, R. (1987). The erosion of citizenship and its consequences for us all. *New Stateman and Society, 12.*

Decker, S., & Van Winkle, B. (1996). *Life in the gang*. New York: Cambridge University Press.

DeHoog, R. (1984). *Contracting out for human services.* Albany: State University of New York.

Delgado, G. (1996). Puerto Rican food establishments as social service organizations: Results of an asset assessment. *Journal of Community Practice, 3* (2), 57-78.

Delgado, G. (1997). *Beyond the politics of place: New directions in community organizing*. Berkeley, CA: Chardon.

Delgado, G. (1999). *Community social work practice in an urban community.* New York: Oxford University Press.

Delgado, M. (2000). *Community social work practice in an urban context.* New York: Oxford University Press.

Denn. R. (1997). Building community capacity: The role of community government. *Community Development Journal, 28* (4).

Denning J., & Verschelden, C. (1993). Using the focus group in assessing training needs. *Child Welfare, 72,* 569-79.

Dosher, A. (1977). *Networks: A key to person-community development.* Paper presented to Office of Youth Development. Department of Health, Education, and Welfare, Denver Hearings.

Douglas, R. (1995). How to use and present community data. In J. Rothman, H. Erlich, & J. E. Tropman (Eds.), *Strategies of community intervention: Macro practice* (3rd ed.). Itasca, IL: F. E. Peacock.

Doyal, L., & Gough, I. (1991). *A theory of human need.* Basingstoke: Macmillan.

Drake, R. F. (2001). *The principles of social policy.* New York: Palgrave.

Dresser, P. (1992). Patriarchy and social welfare work. In Y. Hasenfeld (Ed.), *Human service as complex organizations.* Newbury Park, CA: Sage.

Durst, D., MacDonald, J., & Parsons, D. (1999). Finding our way: A community needs assessment on violence in native families in Canada. *Journal of Community Practice, 6* (1), 45-59.

Dye, T. (1998). *Understanding public policy* (9th ed.). Saddle River, NJ: Prentice-Hall.

Eisher, R., & Shragge, E. (2000). Chellenging community oganizaing: Facing the 21st century. *Journal of Community Practice, 8* (3), 1-19.

El-Bassel, N., Chen, D., & Cooper, D. (1998). Social support and network profiles among women on methadone. *Social Service Review, 72* (3), 379-401.

Emery, F. E., & Trist, E. L. (1965). The causal texture of organizational environments. *Human Relations, 18,* 21-32.

Engels. F. (1951). *Anti-Dhring*. Lahti: Kansankulttuuri.

Etzioni, A. (1993). *The sprit of community:* The reinvention of American society. New York: Touchstone.

Etzioni, A. (1995a). *Common values*. New Statesman and Society, 12.

Etzioni, A. (1995b). *The sprit of community*. London: Fontana.

Etzioni, A. (1997). *The new golden rule: Community and morality in a democratic society*. New York: Basic Books.

Ezell, M. (1991). Administrators as advocates. *Administration in Social Work, 15* (3), 1-18.

Fabricant, M. & Burghart (1992). *The welfare state crisis and the tramsformation of social service work*. New York: M. E. Sharpe.

Fauri, D. P., Wernet, S., & Netting, F. (Eds.). (2000). *Case in social work macro practice*. Boston: Allyn and Bacon.

Fellin, P. (1995a). *The community and the social worker* (2nd ed.). Itasca, IL: F.E. Peacock.

Fellin, P. (1995b). Understanding American communities. In J. L. Erlich, J. Rothman, & J. E. Tropman (Eds.), *Strategies of community organization* (5th ed.). Itasca, IL: F. E. Peacock.

Fellin, P. (2001). *The community and the social worker* (3rd ed.). Itasca, IL: F.E. Peacock.

Fetterman, D. (1996). Empowerment evaluation: an introduction to theory and practice. In D. Fetterman, S. Kaftarian, & A. Wandersman (Eds.), *Empowerment evaluation: Knowledge and tools for self-assessment and accountability*. Thousand Oaks, CA: Sage.

Fetterman, D. (1998). *Ethnography: Step by step*. Thousand Oaks, CA: Sage.

Figueria-McDonough, J. (1991). Community structure and delinquency: A typology. *Social Service Review, 65*, 68-91.

Finks, D. (1984). *The radical vision of Saul Alinsky*. Maryknoll, NY: Orbis Books.

Fisher, R. (1984). *Let the people decide: Neighborhood organizing in America*. Boston: Twayne Publishers.

Fisher, R. (1995). Political social work. *Journal of Social Work Education, 31* (2), 194-203.

Fisher, R. (2005). History, context, and emerging issues for community practice. In *Handbook of community practice*. Thousand Oaks, CA: Sage Publications.

Fisher, R., & Shraggl, E. (2000). challemging Community Organizing Facing the 21st. *Jounal of Community Practice, 8* (3), 1-19.

Flynn, J. (1992). *Social agency policy* (2nd ed.). Chicago: Nelson-Hall.

Forester, J. (1989). *Planning in the face of power*. Berkeley: University of California Press.

Forester, J. (1999). *The deliberative practitioner: Encouraging participatory planning process*. Cambridge, MA: M.I.T.

Frankena, W. K. (1962). The concept of social justice. In Brandt (Ed.). *Social justice*. New Jersey: Prentice-Hall.

Freire, P. (1970). *Pedagogy of the oppressed*. New York: Continuum.

French, J., & Craven, B. (1959). The bases of social power. In D. Cartwright & A. Zander (Eds.), *Group dynamics: Research and theory*. New York: Harper & Row.

Friedmann, J. (1987). *Planning in the public domain: From knowledge to action*. Princeton: Princeton University Press.

Friesen, B. J., & Poertner, J. (1995). *From case management to service coordination for children for emotional, behavioral, or mental disorders: Building on family strengths*. Baltimore: Paul H. Brookes.

Fukuyama, F. (1999). *The great disruption: Human nature and the reconstitution of social order*. London: Profile Books.

Galaskiewicz, J., & Wasserman, S. (1993). Social network analysis: Concepts, methodology and directions for the 1990s. *Sociological Methods and Research*, 22, 3-22.

Galston, W. (1991). *Liberal purpose: Goods, virtues, and diversity in the liberal state*. Cambridge University Press.

Garcia, B., & Von Soest, D. (1997). Changing perceptions of diversity and oppression: MSW students discuss the effects of a required course. *Journal of Social Work Education*, *33*, 119-129.

Garvin, C. D., & Cox, F. M. (1987). In F. M. Cox, J. L. Erlich, J. Rothman, & J. E. Tropman (Eds.), *Strategies of community organization* (4th ed.). Itasca, IL: F. E. Peacock.

Germain, C. B. (1985). The place of community work within an ecological approach to social work practice. In S. H. Talor, & R. W. Roberts, *Theory and practice of community social work*. New York: Columbia University Press.

Gerth, H. H., & Mills, C. W. (1958). *From Max Webber: Essays in sociology*. New York: Oxford University.

Gharajedaghi, J. (1986). *A prologue to national development planning*. New York: Greenwood Press.

Gil, D. (1998). *Confronting injustice and oppression*. New York: Columbia University Press.

Gilbert, N., & Terrel, P. (1998). *Dimensions of social welfare policy* (4th ed.). Boston: Allyn & Bacon.

Gilchrist, A. (1995). *Community development and networking*. London: Community Development Foundation.

Ginsberg, L. (1994). *Understanding social problems polices, and programs*. Columbia, SC: University of South Carolina.

Gittell, R., & Vidal, A. (1998). *Community organizing: Build social capital as a development stratgy*. Thousand Oaks, CA: Sage.

Glasby, J. (2005). The future of adult social care: Lessons from previous reforms. *Research Policy and Planning, 23* (2), 61-70.

Gorden, W. E. (1969). Basic constructs for an integrative and generative conception of social work. In *The general systems approach: Contributions toward a holistic conception of social work*. New York: Council on Social Work Education.

Grosser, C. F., & Mondros, J. (1985). Pluralism and participation: The political action approach. In S. H. Talor, & R. W. Roberts, *Theory and practice of community social work*. New York: Columbia University Press.

Guba, E. (1987). *Naturalistic evaluation: New directions for program evaluation*. San Francisco: Jossey-Bass.

Gutiérez, L. (1990). Working with women of color. *Social Work, 35,* 149-154.

Gutiérrez, L., & Alvarez, A. (2000). Educating students for multicultural community practice. *Journal of Community Practice, 7* (1), 39-56.

Gutiérrez, L., & Lewis, E. (1994). Community organizing with women of color: A feminist approach. *Journal of Community Practice, 1* (2), 23-44.

Gutiérrez, L., & Parsons, R., & Cox, E. O. (Eds.) (1998). *Empowerment in Social Work practice: A Sourcebook*. Pacific Grove, CA: Book Cole.

Halfon, N., Wood, D., Valdez, R., Pereyra, M., & Duan, N. (1997). Medicaid enrollment and health service access by Latino children in inner city Los Angeles. *Journal of the American Medical Association, 274* (8), 636-42.

Hanifan, L. J. (1916). The rural school community center. *Annals of the American Academy of Political and Social Science 67,* 130-138.

Hanifan, L. J. (1920). *The community center*. Boston: Silver Burdett.

Hardcastle, D. A. (1992). *SOWK 631: Social work practice with communities and social service networks: A manual of readings, concepts, and exercises*. Baltimore, MD.

Hardcastle, D. A., Powers, P., R. & Wenocur, S. (2004). *Community practice theories and skills for social workers* (2nd ed.). London: Oxford University Press.

Hardcastle. D. A., Wenocur. S., & Powers, P. R. (1997). *Community practice: theories and skills for social workers*. New York: Oxford University Press.

Hardina, D. (1993). The impact of funding sources and board representation on consumer control of service delivery in organizations serving low-income communities. *Nonprofit Leadership and Management, 4*, 69-84.

Hardina, D. (1995). Do Canadian social workers practice advocacy? *Journal of Community Practice, 2* (3), 97-121.

Hardina, D. (1997). Empowering student for community organization practice: Teaching confrontation tactics. *Journal of Community Practice, 4* (2), 51-63.

Hardina, D. (2000). Models and tactics taught in community organization courses:

Findings form a survey of practice instructors. *Journal of Community Practice, 7* (1), 5-18.

Hardina, D. (2002). *Analytical skills for community organization practice.* New York: Columbia University Press.

Hardina, D., & Malott, O. W. (1996). Strategies for the empowerment of low-income consumers on community based planning boards. *Journal of Community Practice, 1* (3), 113-27.

Harper, C. L. (1998). *Exploring social change: America and the world* (3rd ed.). New Jersey: Prentice-Hall, Inc.

Harrison, W. D. (1997). Community development. *In Encyclopedia of social work* (19th ed.). Washington, DC: NASW Press.

Hartman, A. (1992). In search of subjugated knowledge. *Social Work, 37* (6), 483-484.

Hasenfeld, Y. (1979). Program development. In F. M. Cox, J. L. Erlich, J. Rothman, & J. E. Tropman (Eds.), *Strategies of community organization* (3rd ed.). Itasca, IL: F. E. Peacock.

Hasenfeld, Y. (1983). *Human service organizations.* Englewood Cliffs, NJ: Prentice-Hall.

Hawley, A. (1950). *A human ecology: A theory of community structure.* New York: Roland Press.

Hawley, A. (1968). *Urban ecology.* Chicago: Chicago University Press.

Hayek, F. A. (1960). *The constitution of liberty.* London: Routledge and Kegan Paul.

Haynes, K., & Mickelson, J. (1991). *Affecting change* (2nd ed.). New York: Longman.

Heffernan, J. (1979). *Introduction to social welfare policy.* Itasca, IL: Pecock.

Heller, K. (1989). The return to community. *American Journal of Community Psychology, 17,* 1-15.

Hemmens, G., Hoch, C., Hardina, D., Madsen, R., & Wiewel, W. (1986). *Changing needs and social services in three Chicago communities.* Chicago: School of Urban Planning and Policy, University of Illinois at Chicago.

Henderson, P., & Thomas, D. N. (1987). *Skills in neighbourhood work* (2nd ed.). London: Allen & Unwin.

Henfricks, C. O., & Rudich. G. (2000). A community building perspective in social work education. *Journal of Community Practice, 8* (3).

Hepworth, D. H., & Larsen, J. A. (1993). *Direct social work practice.* Pacific Grove, CA: Brooks/Cole.

Hepworth, D. H., Rooney, R. H., & Larsen, J. A. (1997). *Direct social work practice: Theory and skills* (5th ed.). Pacific Grove, CA: Brooks/Cole.

Hoefer, R. A., Hoefer, R. M., & Tobias, R. A. (1994). Geographic information systems and community practice. *Journal of Community Practice, 1* (3), 113-

27.

Hoffman, K. S., & Sallee, A. L. (1994). *Social work practice*. Needham Heights, MA: Allyn & Bacon.

Homan, M. S. (2004). *Promoting community change: Making it happen in the real world*. Belmont, CA : Wadsworth/Thomson Learning.

Hooks, B. (1984). *Feminist theory: From margin to center*. Boston: South End Press.

Horton, P. B., & Leslie, G. R. (1970). *The sociology of social problems*. New York: Appleton Century Crofts.

Hrebenar, R. J. (1997). *Interest group politics in America* (3rd ed.). Armonk, NY: M. E. Sharpe.

Huber, R., & Orlando, B. P. (1993). Macro assignment: Think big. *Journal of Social Work Education, 29* (1), 19-25.

Hudson, B. (1983). Comparison of current planning theories: Counterparts and contradictions. In R. Kramer, & H. Specht (Eds.), *Readings in community organization practice* (3rd ed.). Englewood Cliffs, NJ: Prentice-Hall.

Hummel, J. (1996). *Starting and running a nonprofit organization* (2nd ed.). Minneapolilis: University of Minnesota Press.

Hyde, C. (1989). *A feminist model for macro-practice: Promises in community organization practice* (3rd ed.). Englewood Cliffs, NJ: Prentice-Hall.

Hyde, C. (1994). Commitment to social change: Voices from the feminist movement. *Journal of Community Practice, 1* (2), 45-63.

Itzhaky, H., & York, A. S. (2000). Empowerment and community participation: Does gender make a difference? *Social Work Research, 24* (4), 225-234.

Jackson, A. (1998). The role of social support in parenting for low-income single, black mothers. *Social Service Review, 72* (3), 365-78.

Jackson, R. A., Brown, R. D., & Wright, G. C. (1998). Registration, turnout, and the electoral representativeness of U.S. state electorates. *American Politics Quarterly, 26* (3), 259-72.

Jacobs, J. (1961). *The death and life of great American cities*. New York: Random.

Jacobson, M., & Heitkamp, T. (1995). Working with communities. In H. W. Johnson, *The social services: An introduction* (4th ed.). Itasca, IL: F. E. Peacock Publishers, INC.

Jansson, B. (1999). *Becoming an effective policy advocate*. Pacific Grove, CA: Brooks/Cole.

Jargowsky, P. (1997). *Poverty and place: Ghettos, barrios, and the American city*. New York: Russels Sage Foundation.

Jasper, J., & Poulsen, J. (1995). Recruiting strangers and friends: Moral shocks and social networks in animal rights and anti-nuclear protests. *Social Problems, 42*, 493-513.

Johnson, H. W. (1995). Basic concepts: Social welfare, social work, and social services. In H. W. Johnson(Ed.), *The social services: an introduction* (4th ed.). Itasca, IL: F. E. Peacock.

Jones, J. F. (1981). An introduction to social development: An international perspective. In J. F. Jones, & R. S. Pandey. (Eds.), *Social development: Conceptual. Methodological and policy issues*. Delhi: Macmiliian India.

Jones, J. F., & Pandey, R. S. (Eds.). (1981). *Social development: Conceptual. Methodological and policy issues*. Delhi: Macmiliian India.

Jones, P. (1994). *Rights*. London: Macmillan.

Kahn, S. (1978). *How people get power*. New York: McGraw-Hill.

Kahn, S. (1991). *Organizing: A guide for grassroots leaders* (rev. ed.). Silver Spring, MD: NASW Press.

Kahn, S. (1994). *How people get power* (rev. ed.). Silver Spring, MD: NASW Press.

Kahn, S. (1995). Community organization. In *Encyclopedia of social work* (19th Ed.). Washington, DC: NASW Press.

Kaminsky, L., & Walmsley, C. (1995). The advocacy brief: A guide for social workers. *The Social Workers, 63*, 53-58.

Kaufman (1959). Toward an interactional conception of community. *Social forces, 38* (1).

Kavanagh, K. H. and Kennedy, P. H. (1992). *Promoting cultural diversity: Strategies for health care professionals*. Newbury Park, CA: Sage.

Kemp, S. P. (1995). Practice with communities. In C. H. Mayor and M. A. Mattaini (Eds.), *The foundations of social work practice*. Washington, DC: NASW Press.

Kettner, P. M., Moroney, R. M., & Martin, L. L. (1990). *Designing and managing programs: An effectiveness-based approach*. Newbury Park, CA: Sage.

Keyes, L. A. Schwartz, A. Vidal, & R. Bratt (1996). "Networks and Nonprofits: Opportunities and Challenges in an Era of Federal Devolution." *Housing Policy Debate, 7* (2), 21-28.

Kingsley, G. T., McNeely, J. B., & Gibson, J. (1997). *Community building: Coming of age*. Washington DC: Development Training Institute, Inc., and the Urban Institute.

Kingsley, G. T. (1996). *Community building: Coming of age*. Urban Institute.

Kirst-Ashman, K. K., & Hull, G. H., Jr. (2006). *Generalist practice with organizations and communities*. Belmont, CA: Thomson Brooks/Cole.

Klein, K. (2007). *Fundraising for social change* (5th ed.). San Francisco: Jossey-Bass.

Klosterman, R. (1990). *Community analysis and planning techniques*. Savage, MD: Rowman & Littlefield.

Klosterman, R. (1998). Farewell to the computer reports. *Journal of American Planning Association, 64* (4), 47-56.

Knight, B., & Stokes, P. (1996). *The deficit in civil society*. Birmingham: Foundation for Civil Society.

Knoke, D., & Yang, S. (2008). *Social network analysis*. New York: Sage.

Knuttila, M. (1992). *State theories: From liberalism to the challenge of feminism*. Halifax, Nova Scotia: Fernwood.

Koss, M. P., & Hatvey, M. R. (1991). *The rape victim: Clinical and community interventions* (2nd ed.). Newbury Park, CA: Sage.

Kramer, R. M., & Specht, H. (Eds.). (1975). *Reading in community organization practice* (2nd ed.). Englewood Cliffs, NJ: Prentice Hall.

Kretzmann, J., & McKnight, J. (1993). *Building communities from the inside out: A path toward finding and mobilizing a community assets*.

Kurzman, P. (1985). Program development and service coordination as components of community practice. In S. H. Taylor, & R. W. Roberts, *Theory and practice of community social work*. New York: Columbia University Press.

Kutchins, H., & Kutchins, S. (1978). Advocacy and social work. In G. Weber & G. McCall Eds.), *Social scientists as advocates: Views from the applied disciplines*. Beverly Hills, CA: Sage.

Lappin, B. (1985). Community development: Beginning in social work enabling. *Theory and practice of community social work*. New York: Columbia University Press.

Lauffer (1978). *Social planning at the community level*. Englewood Cliffs, NJ: Prentice-Hall.

Lauffer (1981). The practice of social planning at the community level. In N, Gilbert, & H. Specht (Eds.), *Handbook of the social services*. Englewood Cliffs, NJ: Prentice-Hall.

Lebow, J. (1983). Research assessing consumer satisfaction with mental health treatment: A review of the findings. *Evaluation and Program planning, 6*, 211-236.

Lee, B. (1986). *Pragmatics of community organization*. Mississauga, Ontario: Commonact Press.

Lee, B., Campbell, K., & Miller, O. (1991). Racial differences in urban neighboring. *Sociological Forum, 6* (3), 525-550.

Lee, M., & Greene, G. (1999). A social constructivist framework for integrating cross-cultural issues in teaching clinical social work. *Journal of Social Work Education, 35* (1), 21-37.

Lindblom, C. (1959). The science of muddling through. *Public Administration Review, 19*, 79-88.

Lister, R. (1990). *The exclusive society, citizenship and the poor*. London: Child Poverty Action Group.

Lohmann, R. A., & Lohmann, N. (2002). *Social administration*. New York: Columbia University Press.

Long D,. Tice C., & Morrison J. (2006). *Macro social work practice: A strengths perspective*. Belmont, CA: Thomson.

Lowenberg, F., & Dolgoff, R. (1996). *Ethical decisions for social worker practice* (5th ed.). Itasca, IL: F. E. Peacock.

Lum, D. (1996). *Social work practice and people of color: A process-stage approach* (3rd ed.). Pacific Grove, CA: Brooks/Cole.

Mackelprang, R., & Salsgiver, R. (1999). *Disability: A diversity model approach in human service practice*. Pacific Grove, CA: Brooks/Cole.

MacNair, R. (1996). A research methodology for community practice. *Journal of Community Practice, 3* (2), 1-19.

MaCroskey, J., & Meezan, W. (1992). Social work research in family and childen's services. In J. Brown & M. Weil (Eds.), Family practice. Washington, DC: Child Welfare League of America.

Mahaffey, M., & Hanks, J. (1982). *Practical politics*. Washington, DC: NASW.

Manning, S. (1997). The social worker as a moral citizen: Ethics in action. *Social Work, 42* (3), 223-31.

Maris, R. W. (1988). *Social problems*. Belmont, CA: Wardworth.

Marlow, C. (1998). *Research methods for generalist social work* (2nd ed.). Pacific Grove, CA: Brooks/Cole.

Marquand, D. (1988). *The unprincipled society*. London: Fontana.

Marquand, D. (1995). The political lowlands flood of fears. *Guardian*, 3. February.

Marti-Costa, S., & Serrano-Garcia, I. (1995). Needs assessment and community development: An ideological perspective. In J. Rothman, J. Erlich, & J. Tropman (Eds.), *Strategies of community intervention* (5th ed.). Itasca, IL: Peacock.

Martinez-Brawley, E. E. (1995). Community. In *Encyclopedia of social work* (19th ed.). Washington, DC: NASW Press.

Mary, N., Ellano, C. W., & Newell, J. (1993). Political activism in social work: A study of social work educators. In T. Mizrahi, & J. Morrison (Eds.). *Community organization and social administration*. New York: Haworth.

Massey, D. (1990). American apartheid: Segregation and the making of the underclass. *Social Service Review, 96,* 329-57.

Mazmanian, D. A., & Sabatier, P. A. (1981). The implementation of public policy: A framework of analysis. In a D. A. Mazmanian, & P. A. Sabatire (Eds.)., *Effective policy implementation*. Lexington, MA: Lexongton Books.

McCarthy, J., & Zlad, M. (1976). Resource mobilization and social movement: A partial theory. *American Journal of Sociology, 82,* 1212-1241.

Meenaghan, T., Washington, R., & Ryan, R. (1982). *Macro practice in the human service*. New York: Free Press.

Meier, A. and Usher, C. (1998). New approaches to program evaluation. In R. Edwards, J. Yanskey, & M. Altpeter (Eds.), *Skills for the effective management of nonprofit organizations*. Washington, DC: NASW.

Melucci, A. (1980). The new social movement: A theoretical approach. *Social Science Information, 19* (2). 199-226.

Menjivar, C. (1995). Kinship networks among immigrants: Lessons from a qualitative comparative approach. *International Journal of Comparative Sociology, 36* (3-4), 219-233.

Mickelson, J. S. (1995). Advocacy. In R. L. Edwards (Ed.), *Encyclopedia of social work* (19th ed.). Washington, DC: NASW Press.

Midgley, J. (1993). Ideological roots of social development strategies. *Social development Issues, 15* (1), 1-13.

Midgley, J. (1995). *Social development: the development perspective in social welfare*. London: Sage.

Midgley, J., & Livermore, M. (1993). Social capital and local economic development: Implications for community social work practice. *Journal of Community Practice, 5* (1/2), 29-40.

Miley, K. K., O'Melia, M., & DuBois, B. (2004). *Generalist social work practice: An empowering approach* (4th ed.). Boston: Pearson A and B.

Miller, D. (1990). *Market, state and community*. Oxford: Clarendon Press.

Miller, J. B. (1983). Women and power. *Social Policy, 13* (4), 3-6.

Mills, C. W. (1956). *The power elite*. New York: Oxford University Press.

Minkler, M. (1999). Community organizing among the elderly poor in San Franciscos Tenderloin District. In M. Minkler (Ed.). *Community organization and community building for health*. New Brunswick, NJ: Rutgers University Press.

Mizrahi, T., & Morrison, J. D. (Eds.) (1993). *Community organization and social administration Advances, trends and emerging principles*. New York: Haworth Press.

Mizrahi, T., & Rosenthal, B. (1993). Managing dynamic tensions in social change coalitions. In T. Mizrahi & J. D. Morrison (Eds.), *Community organization and social administration*. New York: Haworth Press.

Moise-Swanson, D., & de Meool, S. (1999). Intergroup dialogues: An innovative approach to teaching about diversity and justice in social work programs. *Journal of Social Work Education, 35,* 433-49.

Mondros, J., & Staples, L. (2008). Community organization. In T. Mizrahi, & L. E. Davis. *The encyclopedia of Social Work* (20th ed.). Washington, DC: NASW Press.

Mondros, J., & Wilson, S. (1994). *Organizing for power and empowerment*. New York: Columbia University Press.

Moore, K., Vandivere, S., & Ehrle, J. (2000). Sociodemographic risk and child well-being [On-line]. Available: *http://newfederalism.urban.org/html/series*

Mouff, C. (Ed.). (1993). *Dimensions of radical democracy: Pluralism, citizenship and community*. London: Verso.

Mullaly, B. (1997). *Structural social work*. London: Oxford University Press.

Muller, C. M. (1992). Building social movement theory. In A. D. Morris, & C. M. Muller, *Frontier in social movement theory*. New Haven, CT: Yale University Press.

Murty, S. (1998). Network analysis as a research methodology. In R. MacNair (Ed.), *Research methods for community practice*. New York: Haworth.

Naparstek A. J., & Dooley. D. (1997a). Community building. *Encyclopedia of social work* (19th ed.). NASW.

Naparstek A. J., & Dooley. D. (1997b). Countering urban disinvestments through community building initiatives. *Social Work, 12* (5).

Naparstek A. J., Dooley. D., & Smith, R. (1997). *Community building in public housing: Ties that bind people and their communities*. Washington, DC: U.S. Department of Housing and Urban Development.

National Association of Social Workers, (2003). Code of Ethics [On-Line]. Available: *http//www.naswdc.org*

Neal, T. M., & Morin, R. (1998, November 5). For voters, its back toward the middle. Washington Post [On-Line]. Available: http://www.washingtonpost.com/wpsrv/politics/campaign/keyraces98/stories/poll110598.html

Netting, F. E., Kettner, P. M., & McMurtry, S. L. (1998). *Social work macro practice*. White Plains, NY: Longman.

Netting, F. E., Kettner, P. M., & McMurtry, S. L. (2004). *Social work macro practice* (3rd ed.). London: Oxford University Press.

Norlin, J. M., & Chess, W. A. (1997). *Human behavior and the social environment: social system theory*. Boston: Allyn & Bacon.

Oliker, S. (1995). The proximate contexts of workfare and work. *Sociological Quarterly, 36,* 251-2.

O'Neill, M. (1992). Community participation in Quebecs health system. *International Journal of Health Services, 22* (2), 287-301.

Ong, P., & Blumenberg, E. (1998). Job assess, commute, and travel burden among welfare recipients. *Urban Studies, 35* (1), 77-93.

Padilla, Y., Lein, L., & Cruz, M. (1999). Community-based research in policy planning: a case study-addressing poverty in the Texas-Mexico border region. *Journal of Community Practice, 6* (3), 1-22.

Paiva, J. F. X. (1977). A conception of social development. *Social Service Review, 51* (2), 327-336.

Pampel, F. (1994). Population aging, class context, and age inequality in public spending. *American Journal of Sociology, 100* (1), 153-195.

Pandey, R. S. (1981). Strategies for social development: An analytical approach. In J. F. Jones, & R. S. Pandey. (Eds), *Social development: Conceptual. Methodological and policy issues*. Delhi: Macmiliian India.

Panitch, L. (1977). *The Canadian state and political power.* Toronto: University of Toronto Press.

Pantoja A., & Perry, W. (1992). Community development and restoration: a perspective. In Felix Rivera, & John Erlich (Eds.). *Community organizing in a diverse society.* Boston: Allyn and Bacon.

Park, R. E. (1983). Human ecology. In R. L. Warren, & L. Lyon (Eds.), *Community organizing in a diverse society.* Boston: Allyn and Bacon.

Parsons, R. J. (2008). "Empowerment practice." In T. Mizrahi, & L. E. Davis. *The encyclopedia of Social Work* (20th ed.). Washington, DC: NASW Press.

Parsons, R. J., Hernandez, S. H., & Jorgensen, J. O. (1988). Integrated practice: A framework for problem solving. *Social Work, 33* (5), 417-421.

Parsons, T. (1971). *The system of modern societies.* Englewood Cliffs, NJ: Prentice-Hall.

Patton, C., & Sawicki, D. (1993). *Basic methods of policy analysis and planning* (2nd ed.). Englewood Cliffs, NJ: Prentice-Hall.

Patton, M. (1997). *Utilization-focused evaluation: The new century text.* Thousand Oaks, CA: Sage.

Pawlak, E., & Flynn, J. (1990). Executive directors political activities. *Social Work,* 35, 307-12.

Payne, M. (1997). *Modern social work theory* (2nd ed.). Chicago, IL: Lyceum Books, INC.

Peattie, L. (1968). Reflections on advocacy planning. *Journal of American Institute of Planners, 34* (2), 80-87.

Pecukonis, E. V., & Wenocur, S. (1994). Perceptions of self and collective efficacy in community organization theory and practice. *Journal of Community Practice, 1* (2), 5-21.

Perkins, D. (1983). Evaluating social interventions: A conceptual schma. In R. Kramer, & H. Specht (Eds.), *Community Organization practice.* Englewood Cliffs, NJ: Prentice-Hall.

Pfeffer, J., & Salanick, G. (1978). *The external control of organization.* New York: Harper Collins.

Picker, L. A. (2001). The corporate support marketplace. In J. M. Greenfield (Ed.), *The Nonprofit handbook: Fundraising* (3rd ed.). New York: Wiley.

Pilisuk, M., McAllister, J., & Rothman, J. (1999). Social change professionals and grassroots organizing. In M. Minkler (Ed.), *Community organizing and community building for health.* New Brunswick, NJ: Ruhgers University Press.

Pincus, A., & Minahan A. (1973). *Social work practice: model and method.* Itasca, IL: F. E. Peacock.

Pinderhughes, E. (1983). Empowerment for our clients and ourselves. *Social Casework, 31,* 214-219.

Pinkleton, B., Weintraub, E., & Fortman, K. (1998). Relationship of media use and political disaffection to political efficacy and voting behavior. *Journal of Broadcasting and Electronic Media, 42* (1), 34-50.

Piven, F. F., & Cloward, R. (1971). *Regulating the poor*. New York: Pantheon.

Piven, F. F., & Cloward, R. (1977). *Why American dont vote?* New York: Pantheon.

Piven, F. F., & Cloward, R. (1979). *Poor peoples movement: Why they succeed, how they fail.* New York: Vintage.

Popkin, S. (1990). Welfare: Views from the bottom. *Social Problem, 37,* 65-79.

Popple, P. R. (1995). Social work profession: History. In R. L. Edwards(Ed.), *Encyclopedia of social work* (19th ed.). Washington, DC: NASW Press.

Powell, J. L. (2001). The NHS and Community Care Act (1990) in the United Kingdom: A Critical Review. Centre for Social Science, Liverpool John Moores University, UK. Retrieved December 27, 2009, from *http://sincronia.cucsh.udg.mx/nhs.htm*

Powell, W. (1990). Neither market nor hierarchy. *Research on Organizational Behavior.* Vol. 12. 95-336.

Putnam, R. D. (1995a). Bowling Alone, revisited. *The Responsive Community, 5* (2).

Putnam, R. D. (1995b). Bowling Alone: America's declining social capital. *Journal of Democracy, 6*: 1, 65-78.

Putnam, R. D. (2000). Bowling Alone: *The collapse and revival of american community.* New York: Simon and Schuster.

Raheim, S., & Alter, C. (1998). Self-employment as a social and economic development intervention for recipients of AFDC. *Journal of Community Practice, 5* (1, 2), 41-62.

Rapp, C., Shera, W., & Kisthardt, W. (1993). Research strategies for consumer empowerment of people with severe mental illness. *Social Work, 38* (6), 727-36.

Raven, B. (1965). Social influence and power. In I.D. Steiner, & M. Fishbein (Eds.), *Current studies in social psychology.* New York: Holt, Rinehart, and Winston.

Real, M. (1980). Media theory: Contributions to an understanding of American mass communications. *American Quarterly, 3,* 238-258.

Reamer, F. (1999). *Social work values and ethics.* New York: Columbia University Press.

Rees, S. (1991). *Achieving power: Practice and policy in social welfare.* North Sydney, Australia: Allen & Unwin.

Reeser, L. C., & Epstein, I. (1990). *Professionalism and activism in social work.* New York: Columbia University Press.

Reid, P. N. (1995). Social welfare history. In R. L. Edwards (Ed.), *Encyclopedia of social work* (19th Ed.). Washington, DC: NASW Press.

Reinharz, S. (1992). *Feminist methods in social research.* New York: Oxford

University Press.

Reisch, M., & Wenocur, S. (1986). The future of community organization in social work: Social activism and the politics of profession building. *Social Service Review, 60*, 55-93.

Reisch, M., & Rivera, F. (1999). Ethical and racial conflicts in urban-based action research. *Journal of Community Practice, 6* (2), 49-77.

Rescher, N. (1966). *Distributive justice: A constructive critique of the utilitarian theory of distribution*. Indianapolis: Bobbs-Merrill.

Richan, W. (1996). *Lobbying for social change*. New York: Haworth.

Richmond, M. (1917). *Social diagnosis*. New York: Free Press.

Riveira, F. G., & Erlich, J. L. (1998). *Community organizing in a diverse society*. Boston: Allyn & Bacon.

Riveira, F. G., & Erlich, J. L. (Eds). (1992). *Community organizing in a diverse society*. Boston: Allyn & Bacon.

Robinson, W., & Reeser, L. (2000). *Ethical decision making in social Work*. Boston: Allyn & Bacon.

Rodwell, M. (1998). *Social work constructivist research*. New York: Garland.

Rojek, C. (1986). The subject in social work. *British Journal of Social Work, 16* (1), 65-77.

Rose, S. (1999). Social workers as municipal legislators: Potholes, garbage and social activism. *Journal of Community Practice, 6* (4), 1-15.

Ross, M. G. (1967). *Community organization: Theory, principles and practice* (2nd ed.) New York: Harper & Row.

Rossi, P., & Freeman, H. (1982). *Evaluation: A systematic approach* (2nd ed.). Beverly Hills, CA: Sage.

Rossiter, A. (1996). A perspective on critical social work. *Journal of Progressive Human Services, 7* (2), 23-41.

Rothman, J. (1974). *Planning and organizing for social change*. New York: Columbia University Press.

Rothman, J. (1979). Three models of community organization practice: Their mixing and phasing. In F. M. Cox, J. L. Erlich, J. Rothman, & J. E. Tropman (Eds.), *Strategies of community organization* (4th ed.). Itasca, IL: F.E. Peacock.

Rothman, J. (1987). Community theory and research. In *Encyclopedia of social work* (18th ed.). Washington, DC: NASW Press.

Rothman, J. (1995). Approaches to community intervention. In J. L. Erlich, J. Rothman, & J. E. Tropman, with F. M. Cox (Eds.), *Strategies of community intervention: Macro practice* (5th ed.). Itasca, IL: F.E. Peacock.

Rothman, J. (1996). The interweaving of community intervention approach. *Journal of Community Practice, 3* (3/4), 69-99.

Rothman, J., & Tropman, J. (1987). Models of community organization and macro practice perspective: Their mixing and phasing. In J. Cox, J. L. Erlich, J. Rothman, & J. E. Tropman (Eds.), *Strategies of community intervention: Macro practice* (4th ed.). Itasca, IL: F.E. Peacock.

Rothman, J., & Zald, M. (1995). Planning and policy practice. In J. L. Erlich, J. Rothman, & J. E. Tropman, with F. M. Cox (Eds.), *Strategies of community intervention: Macro practice* (5th ed.). Itasca, IL: F.E. Peacock.

Royes, D., & Thyer, B. (1996). *Program evaluation: An introduction* (2nd ed.). Chicago: Nelson-Hall.

Rubin, A., & Babbie, E. (1997). *Research methods for social work*. Pacific Grove, CA: Brooks/Cole.

Rubin, H. (1997). Being a conscience and a carpenter: Interpretations of a community-based development model. *Journal of Community Practice, 4* (1), 57-90.

Rubin, H., & Rubin, I. (1992). *Community organizing and development* (2nd ed.). New York: Macmillan.

Rubin, H., & Rubin, I. (2001). *Community organizing and development* (3rd ed.). Boston: Allyn and Bacon.

Saleebey, D. (1999). *The strengths perspective in social work practice* (2nd ed.). New York: Longman.

Sanders. I. T. (1966). *The community: An introduction to a social system* (2nd ed.). N.Y.: Ronald Press Co.

Sarri, C. (1991). *The creation of meaning in clinical social work*. New York: Guilford Press.

Schmuck, R. (1997). *Practical action research for change*. Arlington Heights, IL: SkyLight Professional Development.

Schneider, R. L., & Lester, L. (2001). *Social work advocacy: A new framework for action*. Brooks/Cole.

Schulman, L. (1992). *The skill of helping: individuals, families, and groups*. Itasca, IL: F. E. Peacock.

Schulz, A., Israel, B., Selig, S., & Bayer, I. (1998). Development and implementation of principles for community-based research in public health. In R. MacNair (Ed.), *Research strategies for community practice*. New York: Haworth.

Scott, J. (1991). *Social network analysis: A handbook*. Thousand Oaks, CA: Sage.

Scriven, M. (1967). The methodology of evaluation. In R. W. Tyler, R. M. Gagne, & M. Scriven (Eds.), *Perspectives of curriculum evaluation*. Chicago: Rand-McNally.

Scruton, R. (1982). *A dictionary of political thought*, London: Macmillan.

Selbourne, D. (1994). *The principle of duty*. London: Sinclair-Stevenson.

Shepard, T. M., & Voss, H. L. (1978). *Social problems*. New York: Macimillan.

Sherman, S., Amey, C., Duffield, B., Ebb, N., & Weinstein, D. (1998). Welfare to what?: Early findings on family hardship and well-being[On-Line]. Available:

Shumaker, S. A., & Brownell, A. (1984). Toward a theory of social support: Closing a conceptual gap. In A. Brownell, & S. A. Shumaker (Eds.), *Social support: New perspectives in theory, research, and intervention* (pp. 11-36). New York: Plenum.

Silver, M. (1980). *Social infrastructure organizing technology.* Unpublished doctoral dissertation: University of California at Berkeley.

Simon, B. (1994). The empowerment and self-help agency practice for people with mental disabilities. *Social Work, 38* (6), 705-13.

Smith, S. (1997). Deepening participatory action research. In S. Smith, D. Wilms, & N. Johnson (Eds.), *Nurtured by knowledge.* New York: Apex.

Sohng, S. S. L. (1998). Research as an empowerment strategy. In L. Gutierrez, R. Parsosn, & E. O. Cox (Eds.), *Empowerment in social work practice: A source book.* Pacific Grove, CA: Brooks/Cole.

Solomon, B. (1976). *Black empowerment: Social work in oppressed communities.* New York: Columbia University Press.

Specht, H., & Courtney, M. (1994). *Unfaithful angles: How social work has abandoned its mission.* New York: Free Press.

Spector, M. (1985). Social problems. In A. Kuper, & J. Kuper (Eds.), *The social science encyclopedia.* New York: Routledge.

Spector, M., & Kituse, J. I. (1987). *Constructing social problems.* New York: Aldine De Gruyter.

Speeter, G. (1978). *Power: A respossesion manual.* Amherst, MA: Citizen Involvement Training Project.

Spergel, I. A. (1987). Community development. In *Encyclopedia of social work.* 18th ed. Washington, DC: NASW Press.

Spradley, B. W. (1990). *Community health nursing: Concepts and practice* (3rd ed.). Glenview, IL: Scott, Foresman.

Spradley, B. W., & McCurdy, D. W. (1972). *The cultural experience: Ethnography in complex society.* Chicago: Science Research.

Stack, C. (1974). *All our kin.* New York: Harper & Row.

Staples, L. (1984). *Roots to power: A manual for grassroots organizing.* Westport, CT: Praeger.

Staples, L. (1990). Powerful ideas about empowerment. *Administration in Social Work, 14* (2), 29-42.

Stipak, B. (1982). Using clients to evaluate programs. In E. House, S. Mathison, J. Pearsol, And H. Preskill (Eds.), *Evaluation Studies Review Annual, 7,* 585-602.

Stokey, E., & Zeckhauser, R. (1978). *A primer for policy analysis.* New York: Norton.

Strauss, A., & Corbin, J. (1990). *Basics of qualitative research.* Newbury Park, CA:

Sage.

Swank, E., & Clapp, J. (1999). Some methodological concerns when estimating the size of organizing activities. *Journal of Community Practice, 6* (3), 49-69.

Tam, H. (1998). *Communitarianism: A new agenda for politics and citizenship.* New York: New York University Press.

Taylor, E. D. (1987). *From issue to action: An advocacy program model.* Lancaster, PA: Family Service.

Taylor, S. H. (1985). Community work and social work: The community liaison approach. In S. H. Taylor, & R. W. Roberts, *Theory and practice of community social work.* New York: Columbia University Press.

Taylor, S. H., & Roberts, R. W. (1985). The fluidity of practice theory: An overview. In S. H. Taylor, & R. W. Roberts, *Theory and practice of community social work.* New York: Columbia University Press.

Telfair, J., & Mulvihill, B. (2000). Bridging science and practice. The integrated model of community-based evaluation (IMCBE). *Journal of Community Practice, 7* (3), 37-65.

Themba, M. N. (1999). *Msking policy msking change: Hoe community are taking the law into their own hands.* Berkeley, CA: Chardon Press.

Thompson, J. D. (1967). *Organizations in action.* New York: McGraw-Hill.

Thomson, D. (1949). *Equality.* Cambridge: Cambridge University Press.

Tobin, S. S., Ellor, J., & Anderson-Ray, S. (1986). *Enabling the elderly: Religious istitutions within the community service system.* New York: State University of New York.

Torrez, D. (1998). Health and social service utilization patterns of Mexican American older adults. *Journal of Aging Studies, 12* (1), 83-100.

Touraine, A. (1985). An introducation to the study of social movements. *Social Research, 52* (4), 749-787.

Tropman, J. E. (1987). Introduction to part I: common elements of practice. In J. L. Erlich, J. Rothman, J. E. Tropman, & F. M. Cox (Eds.), *Strategies of community intervention: Macro practice* (4th ed.). Itasca, IL: F.E. Peacock.

Tropman, J., Erlich, J. L. & Rothman. J. (2002). Tactics and techniques of communty intervention (4th ed.). Itasca, IL: F.E. Peacock.

Twelvetrees, A. (2002). *Community work* (3rd ed.). New York: Palgrave.

Twine, F. (1994). *Citizenship and social rights.* London: Sage.

Uehara, E., & Sohng, S. (1996). Towards a values-based approach to multicultural social work research. *Social work, 41* (6), 613-22.

UNDP (United Nation Development Programme). (1994). *Human development report 1994.* New York: Oxford University Press.

United Nations. (1955). *Social progress through community development.* New York: United Nations.

Urwin, C., & Haynes, D. (1998). A reflective model for collaboration: Empowering partnerships through focus grous. *Administration in Social Work, 22* (2), 23-39.

Van Voorhis, R. (1998). Culturally relevant practice: A framework for teaching the psychosocial dynamics of oppression. *Journal of Social Work Education, 34* (1), 121-33.

Vidal, C. (1988). Godparenting among Hispanic Americans. *Child welfare, 67* (5), 453-458.

Vlasto, G. (1962). Justice and equality. In Brandt (Ed.), *Social justice*. New Jersey: Prentice-Hall.

Wagner, D. (1994). Beyond the pathologizing of network: Alternative activities in a street community. *Social Work, 39*, 718-28.

Walzer, M. (1983). *Spheres of justice: A defense of pluralism and equality*. Oxford: Robertson.

Walzer, M. (1992). The civil society argument. In C. Mouff. (Ed.). *Dimensions of radical democracy: Pluralism, citizenship and community*. London: Verso.

Walzer, M. (1997). *The disenfranchised*. New Republic, 74-80.

Wandersman, A. Goodman, R., & Butterfoss, F. (1999). Understanding coalitions and how they operate. In M. Minkler (Ed.), *Community organizing and community building for health*. New Brunswick, NJ: Rutgers University Press.

Warren, D. I., & Rothman, J. (1981). Community networks. In M. E. Olsen and M. Micklin (Eds.), *Handbook of applied sociology*. New York: Praeger Publishers.

Warren, R. L. (1967). Application of social science knowledge to the community organization field. *Journal of Education for Social Work, 3* (1), 60-72.

Warren, R. L. (1971). Types of purposive social change at the community level. In R. L. Warren (Ed.), *Truth, love, and social change*. Chicago: Rand McNally.

Warren, R. L. (1972). *The community in America* (2nd ed.). Chicago: Rand McNally & Co.

Warren, R. L. (1978). *The community in America* (3rd ed.). Chicago: Rand McNally & Co.

Wasserman, S., & Faust, F. (1994). *Social network analysis: Methods and applications*. New York: Cambridge University Press.

Weber, M. (1984). Bureaucracy. In F. Fischer, & C. Sirianne (Eds.), *Critical studies in organization and bureaucracy*. Philadelphia: Temple University Press.

Webster, S. C. (1997). From parenting to community building. *Families in Society, 78* (2).

Weick, K. (1976). Educational organizations as loosely coupled systems. *Administrative Science Quarterly, 21*, 1-19.

Weil, M. O., & Gamble, D. N. (1995). Community practice models. In *Encyclopedia of social work* (19th ed.). Washington, DC: NASW Press.

Weinbach, R. W., & Grinnell, R. M. Jr. (1996). *Applying research knowledge: A workbook for social work students* (2nd ed.). Needham Heights, MA: Allyn &

Bacon.

Weingarten, H., & Nemon, H. (1999). A practitioners guide for working with community collaborative: From collaboration to conflict to collaboration. *Paper presented at the Annual Program Meeting of the Council on Social Worker Education*, San Francisco.

Whittaker, J. K., Garbarino, J., & Associates (Eds.). (1983). *Social support networks: Informal helping in the human services*. New York: Aldine.

Whitworth, J. M., Lanier, M. W., & Haase, C. C. (1988). The influence of child protection teams on the development of community resources. In D. C. Bross, R. D. Krugman, M. R. Lenherr, D. A. Rosenberg, & B. D. Schmitt (Eds.), *The new child protection handbook*. New York: Garland.

Williams, M. R. (1985). *Neighborhood organization: Seeds of a new urban life*. Westport, CT: Greenwood Press.

Williams, M., Unrau, Y., & Grinnell, R. (1998). *Introduction of social work research*. Itasca, IL: Peacock.

Wilson, W. (1987). *The truly disadvantaged*. Chicago: University of Chicago Press.

Wilson, W. (1996). *When work disappears*. New York: Vintage.

Winkle, C. (1991). Inequity and power in the nonprofit sector. *Nonprofit and Voluntary Sector Quarterly, 20*, 312-28.

Wint, E., & Sewpaul, V. (2000). Product and process dialectic: Developing an indigenous approach to community development training. *Journal of Community Practice, 7* (1), 57-70.

Wood, J. L., & Jackson, M. (1982). *Social movement: Development, participation, and dynamics*. Belmont, CA: Wardworth.

Woodard, K. L., & Doreion, P. (1994). Utilizing and understanding community service provision networks: A report of three case studies having 583 participants. *Journal of Social Service Research, 18,* 15-16.

Wrong. D. H. (1979). *Power: Its forma, bases, and uses*. New York: Haper Colophon Books.

Yamatani, H., Soska, T., & Baltimore, T. (1999). A study of community collaboratives: Effective, efficient, and holistic service system. *Paper presented at the Annual Program Meeting of the Council on Social Worker Education*, San Francisco.

Yip, K. (2004). The empowerment model: A critical reflection of empowerment in Chinese culture. *Social Work, 49* (3), 479-487.

York, R. O. (1983). *Human service planning: Concepts, tools, and methods*. Chapel Hill: The University North Carolina Press.

Young, I. M. (1990). *Justice and the politics of difference*. Princeton: Princeton University Press.

Zachary, E. (2000). Grassroots leadership training: a case study of an effort to integrate theory and method. *Journal of Community Practice, 7* (1), 71-93.

Zippay, A. (1992). Corporate funding of human service agencies. *Social Work, 37,* 210-214.

미국사회복지사협회 홈페이지. http://www.socialworkers.org
보건복지가족부 저소득층 복지정책 홈페이지. http://team.mw.go.kr/blss
부산사회복지공동모금회 홈페이지. http://busan.chest.or.kr
사회복지공동모금회 홈페이지. http://www.chest.or.kr
사회복지봉사활동 인증관리 홈페이지. www.vms.or.kr
서울특별시립 청소년활동지원센터 홈페이지. http://www.sy0404.or.kr
지역아동정보센터 홈페이지. http://www.icareinfo.info
찾기 쉬운 생활법령정보 홈페이지. http://oneclick.law.go.kr
한국사회복지관협회 홈페이지. http://www.kaswc.or.kr
한국사회복지사협회 홈페이지. http://www.welfare.net
한국사회복지사협회 홈페이지. http://www.kncsw.bokji.net
한국지역자활센터협회 홈페이지. http://www.jahwal.or.kr/main.php
한국청소년지원센터 홈페이지. http://www.all4youth.net

찾아보기

인 명

내 용

저자 소개

지은구

한신대학교 사회복지학과 졸업(문학사)
중앙대학교 대학원 사회복지학과 졸업(사회복지학 석사)
미국 Columbia University, School of Social Work 졸업(사회복지학 석사)
미국 The City University of New York, Department of Social Welfare 졸업(사회복지학 박사)
현재 계명대학교 사회과학대학 사회복지학과 교수

〈주요 저서 및 역서〉

사회복지경제학 연구(청목출판사, 2003년 문화관광부선정 우수학술도서, 2003), 지역복지론(청목출판사, 2003), 사회복지프로그램 개발과 평가(학지사, 2005), 사회복지행정론(청목출판사, 2005), 자본주의와 사회복지(청목출판사, 2006), 사회복지평가론(학현사, 2008), 사회서비스 사례조사연구(공저, 청목출판사, 2009), 사회복지서비스 재정지원방식(공저, 청목출판사, 2009), 복지국가와 바우처(공역, 학지사, 2009)

〈주요 논문〉

A study of the structural risk factors of homelessness in 52 metropolitan areas in the U.S.(2006) 외 다수

조성숙

중앙대학교 교육학과 졸업(문학사)
경희대학교 평화복지대학원 사회복지학과 졸업(행정학 석사)
미국 Washington University in St. Louis, George Warren Brown School of Social Work 졸업(철학박사)
현재 계명대학교 사회과학대학 사회복지학과 교수

〈주요 역서〉

이데올로기와 복지(역, 도서출판 신정, 2009)

〈주요 논문〉

Designing safe systems: Using system dynamics to understand complexity(2004), A conceptual model exploring the dynamics of government-nonprofit service delivery(2006), Building safe communities: A dynamic simulation study(2006), Methodological challenges of empirical studies on government-nonprofit service delivery: Toward a dynamic approach(2008), Dynamics between community safety and development: A dynamic simulation study(2008), 대구지역의 사회서비스 수요파악을 위한 탐색적 연구(2009) 외 다수

지역사회 복지론(Community welfare)

2010년 8월 20일 1판 1쇄 발행
2013년 9월 10일 1판 3쇄 발행

지은이 • 지은구 조성숙
펴낸이 • 김 진 환
펴낸곳 • (주) 학지사
121-837 서울시 마포구 서교동 352-29 마인드월드빌딩 5층
대표전화 • 02) 330-5114 팩스 • 02) 324-2345
등록번호 • 제313-2006-000265호

홈페이지 • http://www.hakjisa.co.kr
커뮤니티 • http://cafe.naver.com/hakjisa

ISBN 978-89-6330-399-4 93330

정가 19,000원